Daniel Yergin

Der zerbrochene Frieden

Der Ursprung des Kalten Krieges und die Teilung Europas

Societäts-Verlag

Titel des Originals: *Shattered Peace – The Origins of the Cold War and the National Security State*
Houghton Mifflin Company, New York 1977

Aus dem Amerikanischen übersetzt von Dr. Eva Rapsilber

Umschlaggestaltung August Wolf
Satz und Druck F. L. Wagener, Lemgo
Buchbinderische Verarbeitung Klemme & Bleimund, Bielefeld
ISBN 3 7973 0343 2

Für meine Mutter und
meinen Vater

Niemals zuvor hat es ein derartiges völliges Durcheinander in der öffentlichen Meinung über die amerikanische Außenpolitik gegeben. Der Präsident verstand nichts davon; der Kongreß verstand nichts davon, geschweige denn die Bevölkerung oder die Presse. Allesamt durchschweiften sie ein Labyrinth aus Unwissen, Irrtümern oder Mutmaßungen, wo die Wirklichkeit sich an hundert Stellen mit Dichtung vermischte, wo ungerechtfertigte Annahmen den Rang von Prämissen erlangten und wo keine anerkannte und bestätigte Theorie sich behauptete. Allein der Historiker der Diplomatie, der in der Muße und mit der Objektivität späterer Tage wirkt, wird dazu imstande sein, dieses unglaubliche Knäuel zu entwirren und die wirklichen Aspekte der verschiedenen verschlungenen Faktoren und Streitpunkte zu offenbaren.

George Kennan, Tagebücher, 1950

Inhaltsverzeichnis

PROLOG

Die neue Lehre

Rußland und die Balkanstaaten! Das ist schon eine alte Geschichte, Teil unserer neuen Lehre. Der deutsche Angriffsgeist wurde, oder ist fast für immer gebrochen, doch hat sich inzwischen der Pan-Slawismus im Interesse der marxistischen Weltrevolution mobilisiert.

MAYNARD BARNES
(ehemaliger amerikanischer Gesandter in Bulgarien) Oktober 1947[1]

Roosevelt kam als erster an. Am 3. Februar 1945 setzte sein Flugzeug kurz nach Mittag zur Landung auf die vereiste Piste des Flughafens Saki der sowjetischen Krimhalbinsel auf. Hier endete die neunstündige, über 2 200 Kilometer lange Reise von der Mittelmeerinsel Malta, wo er tags zuvor eine kurze Vorbesprechung mit Churchill gehabt hatte. Roosevelt blieb zwanzig Minuten in seinem Flugzeug sitzen, bis die Maschine des Premierministers eintraf. Die zwei Vertreter des Westens traten dann heraus und wurden von einer Kapelle der Roten Armee und einer Delegation hoher Sowjetbeamter willkommen geheißen.

Roosevelt und Churchill verließen Saki im Auto. Über fünf Stunden lang fuhren sie durch die Krim auf einer frischbetonierten Straße, die, von endlosen Soldatenreihen flankiert, sich durch das erst kürzlich von den Deutschen befreite Gebiet wand. Später sollte Churchill sich an den plötzlichen Wechsel erinnern, als sie von den eisigen, schneebedeckten Bergen zur Küste von Jalta in den «warmen strahlenden Sonnenschein und ein höchst ansprechendes Klima» hinabfuhren. Stalin traf am nächsten Morgen in Jalta ein. Er war den größten Teil des Weges von Moskau aus mit dem Zug herangereist.

Während der folgenden Woche blieb das Wetter für die Jahreszeit ungewöhnlich milde. Die Russen bezeichneten es als «Rooseveltwetter», zumal es der Atmosphäre während der Konferenz entsprach.

Nachdem Sieg und Kriegsende in Aussicht standen, trafen sich die drei Regierungschefs, um den Unterbau eines, wie sie hofften, dauerhaften Friedens zu schaffen. Im Tanzsaal des ehemaligen zaristischen Sommerpalastes argumentierten, verhandelten, grübelten, erwogen, postulierten, beanspruchten und versprachen sie das. Alle drei verließen Jalta grundsätzlich zufrieden. Stalin erklärte, der Friede sei zu ihrer dreier Lebzeiten gesichert, fragte sich aber, wie es in zehn Jahren aussehen würde.[2]

Sogar damals schon irrten sich die drei in einem entscheidenden Punkt – sie glaubten, bis zum Kriegsende werde noch ein Jahr oder mehr vergehen. In Wirklichkeit kam der Eintritt in die Nachkriegsepoche viel schneller und übergangsloser, als sie es sich dachten.

Am 12. April, zwei Monate nach der Zusammenkunft in Jalta, starb Roosevelt. Sein Nachfolger, Harry Truman, hatte praktisch keinerlei außenpolitische Erfahrung. Und ausgerechnet Trumans Amtsantritt fiel mit einer

Flut völlig neuer und komplexer Nachkriegsprobleme zusammen. Am 25. April trafen sowjetische und amerikanische Truppen an der Elbe zum erstenmal aufeinander. Deutschland war gespalten, und das Tausendjährige Reich nach dreizehnjährigem Bestehen untergegangen. Wenige Tage danach beging Hitler in den Trümmern des ausgebombten Berlin Selbstmord. Ende Juli büßte Churchill durch das niederschmetternde Ergebnis der britischen Parlamentswahlen ohne weitere Formalitäten seinen Posten als Premierminister ein und wurde von Clement Attlee abgelöst, einem ehemaligen Sozialarbeiter aus dem Londoner East End. Am 6. August und dann noch einmal am 9. August leiteten die Amerikaner durch Atombombenabwürfe auf Hiroshima und Nagasaki ein neues Zeitalter der Kriegsführung ein. Am 14. August streckte Japan die Waffen.

So blieb als einziger Kriegschef Joseph Stalin übrig. Im September 1945 erhielt er im Kreml den Besuch des amerikanischen Senators Claude Pepper. Stalin wies mit Nachdruck auf Offensichtliches hin. Die Große Allianz gehe auf das Vorhandensein eines gemeinsamen Feindes, Adolf Hitler, zurück, der den Krieg erklärt hatte, um in Europa die Vorherrschaft zu gewinnen. «Dieses Band existiert nicht mehr, und wir müssen für unsere künftige enge Zusammenarbeit eine neue Basis finden», bemerkte Stalin, «und das wird nicht leicht sein. Aber», fuhr der Diktator und ehemalige Schüler eines griechisch-orthodoxen Priesterseminars fort, «Christus hat gesagt: Suchet, also werdet Ihr finden».[3]

1945 hatten Tod, Zerstörung und soziale Umwälzungen die Welt gewandelt. Deutschland und Japan, zwei der mächtigsten Nationen, waren besiegt und besetzt, die alternden europäischen Reiche auf dem Wege des Zerfalls. Niederlage oder Verfall der meisten europäischen Staaten hatten das alte internationale Gefüge zerstört, und übriggeblieben waren zwei dominierende Mächte, die Vereinigten Staaten und die Sowjetunion. Auf viele grundsätzliche Fragen gab es 1945 keine Antwort, und die Siegerstaaten waren, wie Stalin es im September dieses Jahres formuliert hat, bereits emsig dabei, einander über den verwüsteten und zertrümmerten Staaten abzuschätzen, begierig, mögliche Gewinne und Verluste zu berechnen.

Die Sieger aber kamen niemals auf einen gemeinsamen Nenner. Die Große Allianz machte zwei von Grund aus feindlichen Koalitionen Platz, deren eine von den Vereinigten Staaten und deren andere von der Sowjetunion geführt wurde: diese beiden Länder waren Gegner, sowohl als Nationen und Ideologien als auch in ihren wirtschaftlichen und politischen Systemen. Nach 1945 näherten die beiden Supermächte sich einem allgemeinen Mobilisierungszustand, doch mitnichten einem allgemeinen Kriegsausbruch.[4]

Diese Konfrontation sollte den amerikanischen Alltag grundsätzlich wandeln; in einer sogenannten Friedenszeit herrschte ständige militärische Alarmbereitschaft. «Ich glaube in dieser Zeit bildet sich eine Stimmung heraus», sagte Dean Acheson Ende 1947 zu einer Gruppe von Politikern. «Im Lande gibt es ernsthafte Sorge. Sie ist von der Tatsache bestimmt, das Verhandeln mit den Russen könnte ein langwieriger Job werden. Die Leute fragen nicht mehr, ‹warum setzt Mr. Truman sich nicht mit Onkel Joe Stalin zusammen, um die Sache zu klären?› So hat man einmal gedacht. Sogar törichte Leute reden nicht mehr soviel von einem möglichen Bombardement Moskaus. Sie sehen jetzt ein, daß die Vereinigten Staaten dieses langwierige Tauziehen nur durchstehen können, wenn sie zusammenhalten, und ein Gegengewicht zur kommunistischen Macht nur bestehen kann, wenn alle anderen, in unser System gehörigen Teile der Welt gestärkt werden. Das kostet Geld, Vorstellungsvermögen, amerikanisches Geschick, technische Hilfe und viele, viele Jahre.» Acheson hoffte, die Öffentlichkeit würde mit der Zeit seine Ansichten teilen und fügte hinzu, «wir werden einsehen, daß unsere Aufgabe in der Welt alle verfügbare Macht, Denkfähigkeit und Gelassenheit erfordern wird».[5] Acheson sprach davon, daß die Vereinigten Staaten «zusammenhalten» müßten. Damit meinte er, das Land müsse sich auf ständige Konfrontation und Krieg einrichten. Die einheitlichen Verhaltensmuster, Verfahren und Institutionen, die diese Aufgabe bewerkstelligen sollten, waren für ihn Amerikas «nationaler Sicherheitsstaat». Der wurde in der Tat zu einem «Staat innerhalb eines Staates». Die Verhaltensmuster richteten sich nach den beiden Leitgedanken der amerikanischen Außenpolitik nach dem Kriege: Antikommunismus und die neue Doktrin der nationalen Sicherheit. Die Verfahren waren Eindämmung, Konfrontation und Intervention, Methoden, durch die führende amerikanische Politiker die Welt für Amerika sicher machen wollten. Zu den Institutionen gehören die Regierungsbürokratien und Privatorganisationen, die zu ständiger Kriegsvorbereitung dienen. Diese Entwicklung hat zu einem dramatischen Machtzuwachs der Exekutive der amerikanischen Regierung, insbesondere des Präsidenten, beigetragen. Denn der nationale Sicherheitsstaat erforderte, wie Charles Bohlen es 1948 ausdrückte, «ein Vertrauen in die Exekutive, das der menschlichen Natur in Wirklichkeit einen riesigen Blankoscheck ausschreibt».[6]

So folgte dem Zweiten Weltkrieg statt des verhießenen Friedens ein neuer Konflikt, der kalte Krieg, ein Waffenstillstand unter Waffen, unsicher und gefährlich, der noch heute den zentralen und bestimmenden Faktor der internationalen Beziehungen bildet.

Dieses Buch ist das Ergebnis siebenjährigen Forschens und Schreibens. Gebrauch wurde von zahlreichen Archiven und Privatsammlungen von Unterlagen gemacht, die erst jetzt der Öffentlichkeit zugänglich wurden oder es noch werden sollen*. Hier handelt es sich nicht um ein Buch für Leser, die

* Der Leser sollte nicht vergessen, daß westliche Historiker zu relevanten sowjetischen Archiven überhaupt keinen Zugang haben. Andererseits stellt kein

nur die eine Seite der Geschichte suchen, eine Moralität, eine Bestätigung von Vorurteilen, eine vernunftgemäße Deutung zugunsten oder zum Nachteil der heutigen Politik. Ich erhoffe, daß der folgende Bericht uns dazu befähigen wird, in die Mythen und Polemiken einzudringen, und daß er uns zu verstehen lehrt, wie und warum es zu einer Konfrontation zwischen den Vereinigten Staaten und der Sowjetunion kam. Nicht, wie die Menschen sich heute gerne dessen erinnern wollen, sondern wie es wirklich geschehen ist.

Ein populärer diplomatischer Sport im letzten Teil der vierziger Jahre war dic «Onus-Verlagerung», bei der jede Seite für sich einen Rekord aufzustellen und dann die andere für die Teilung Europas und den kalten Krieg verantwortlich zu machen suchte. In diesem Sinne waren viele der folgenden, sowohl «orthodoxen als auch revisionistischen» Schreibereien über den kalten Krieg nur eine Fortsetzung desselben mit anderen Mitteln. Die Neigung, Schuld zuzumessen, erklärt sich durch die Umstände. Doch schon die Bezeichnung «kalter Krieg» hat den Historikern einen wichtigen zusätzlichen Grund gegeben, viel Zeit mit dem Aufspüren der Verantwortung für den Ausbruch von Kriegen zu vertun. Der kalte Krieg war jedoch kein eigentlicher Krieg. Die Vorstellung, man hätte ihn statt dessen als «globalen Antagonismus» bezeichnen können, erklärt augenblicklich die Schwierigkeit, Schuld in des Wortes wahrster Bedeutung nur einer Seite zuzusprechen. Denn wie kann man einen einzigen Menschen – sei es Stalin, Churchill oder Truman – für ein so kompliziertes Phänomen verantwortlich machen, das Ereignisse in so vielen verschiedenen Ländern und auf so vielen unterschiedlichen Ebenen beeinflußte? Natürlich war es in den Jahren des schärfsten Antagonismus nicht leicht, einer solchen Versuchung zu widerstehen, aber vielleicht hat uns der Lauf der Zeit doch von dem Zwang befreit, Ereignisabfolgen durch Schuldzumessung zu erklären.

Um die eigentliche Quelle des kalten Krieges zu finden, müssen wir uns mit den Interessen und Verhältnissen der Nationalstaaten befassen, die in der internationalen Politik die fundamentalen Einheiten bilden. Dazu bemerkte der Historiker F. H. Hinsley: «Der unabhängige Staat ist im internationalen Gefüge außerstande, sein Hauptanliegen aufzugeben, das darin besteht, die Interessen seiner Gesellschaft gegen die der anderen zu wahren, wenn er mit ihnen zusammenarbeitet.»[7] Diese Notwendigkeit betrifft eben-

anderes Land seine diplomatischen Unterlagen so offen und uneingeschränkt zur Verfügung wie die Vereinigten Staaten, ein Umstand, der sowjetischen Wissenschaftlern in den letzen Jahren selbst von Nutzen gewesen ist. Diese Ungleichheit führt bei allen Berichten über den Kalten Krieg unausweichlich dazu, sich hauptsächlich auf westliche, in erster Linie amerikanische Politik zu konzentrieren. Kein westlicher Historiker kann wissen, wie sowjetische Führer amerikanische Absichten und Möglichkeiten unter sich interpretierten und mißinterpretierten. So muß der Historiker heute, wie der Politiker in den Nachkriegsjahren, versuchen, nach den verfügbaren Informationen eine zusammenhängende und vernünftige Interpretation zu entwickeln.

sowohl Staaten, die ihre Ideologie und Legitimität von Marx ableiten, wie jene, die sich auf Locke und das göttliche Recht berufen. Die in Europa beheimatete, vierhundertjährige Staatsform brach, durch den Ersten Weltkrieg geschwächt, im Verlauf des Zweiten zusammen. Eine neue Staatsform mußte entstehen. Über ihre künftige Gestalt war man noch keineswegs sicher und auch nicht über die beiden Länder, die sie beherrschen würden. Eines derselben, die Vereinigten Staaten, hatte an dem alten Gefüge kaum Anteil genommen, das andere, die Union der Sozialistischen Sowjetrepubliken, war in den Jahren zwischen den beiden Weltkriegen meist davon ausgeschlossen gewesen. Die USA und die UdSSR hatten wenig gemeinsame Traditionen, keinen gemeinsamen politischen Wortschatz und äußerst wenig Bindungen. Sie betrachteten sich als Konkurrenzmodelle für den Rest der Menschheit.[8] Außer dem Mißtrauen hatten sie wenig miteinander gemein.

In einem Gefüge unabhängiger Staaten leben alle Nationen ziemlich gefährlich.[9] Darum erstrebt die internationale Politik einer Nation die Verminderung der Gefahren. Ein Land kann Unternehmungen starten und politische Maßnahmen ergreifen, die es selbst für defensiv erachtet, die dem Rivalen jedoch unerklärlich, wenn nicht gar bedrohlich scheinen. Und so entwickelt sich eine Konfrontationsdialektik.

Aber warum nahm die Konfrontation des kalten Krieges eine solche Form an? Hier müssen wir näher auf die Nachkriegsdiplomatie eingehen. Denn der Hauptgedanke meiner Beweisführung ist, daß Diplomatie *wirklich* eine Rolle gespielt hat.[10] Bisher ging man viel zu sehr von der Annahme aus, das gesamte Geschehen sei ausnahmslos vorbestimmt und unabänderlich gewesen. Doch auch die Art, in der die Regierungschefs ihre Interessen wahrnahmen und nach deren Gesichtspunkten sie handelten, fiel schwer in die Waagschale.

Die sowjetische Ideologie war nicht der einzig bedeutsame Faktor, der zu der Entwicklung globaler Antagonismen beitrug. Es gab auch die amerikanische Ideologie – die Ideen und Ansichten, mit denen amerikanische Staatsmänner internationale Angelegenheiten angingen, ihr *world set*.[11] Das Verständnis, das amerikanische Führungspolitiker Geschehnissen und Möglichkeiten entgegenbrachten, bestimmte in der Konfrontationspolitik ihre Handlungen und Reaktionen.

Drei Schlüsselelemente ihres *world set* werden wir untersuchen müssen – den Wilsonianismus, die Interpretation sowjetischer Ziele und die neue Doktrin der nationalen Sicherheit.

Im 20. Jahrhundert stand im Mittelpunkt amerikanischer Außenpolitik der Wilsonianismus, eine liberal-internationalistische Ideologie. Sein Bestreben war eine Neuordnung der Welt, in der Amerika eine Rolle spielen sollte. Als die Vereinigten Staaten sich 1917–1919 mit ihrem ganzen Gewicht an dem internationalen Gefüge und dem für es wesentlichen Streit um das europäische Kräftegleichgewicht beteiligten, war W. Wilson der hervorragende Verfechter dieser Politik. Er versuchte amerikanische Werte, eine im weitesten Lockeschen Sinne vereinigte liberale Gesellschaft, in dieser Weltpolitik gültig zu machen.

Wilson meinte, wie viele amerikanische Politiker damals und heute, die oft brutale Anarchie im internationalen Gefüge und das Kräftegleichgewicht könnten durch eine an ordentliche Prozesse und allgemeine Werte gebundene internationale Organisation abgelöst werden. In dem alten Gefüge sollten die USA nur als Reformatoren mitwirken. Das als Mittelweg zwischen Reaktion und Revolution geplante Wilson-Programm umfaßte nationale Selbstbestimmung, parlamentarische Regierung, einen Völkerbund, die Abschaffung formaler Monarchien, Ablehnung revolutionärer Umstürze, demokratische Freiheiten und Menschenrechte, Abrüstung, den Glauben an eine «aufgeklärte öffentliche Meinung» und eine Weltwirtschaft der offenen Tür. Wirtschaftliche Ziele hatten einen bedeutenden Anteil, doch eben nur einen Anteil. Die USA sahen sich als uneigennützige, unschuldige Macht, deren eigene Wünsche und Ziele die Sehnsüchte aller Völker verkörperten, und deren unvermeidliche Verpflichtungen die ganze Welt betrafen.[12]

Doch fast sogleich nach dem Ersten Weltkrieg setzte eine enttäuschte amerikanische Politik die Erfüllung des Programms, wenn auch nicht seine Werte, außer Kraft. Europa glitt in ein politisches und wirtschaftliches Chaos und dann wiederum in den Krieg ab. Die Männer, die in den vierziger Jahren für die Politik der USA verantwortlich zeichneten, hatten zu ihren Lebzeiten Ereignisse erlebt, die zu einem weiteren Versuch zwangen, Woodrow Wilsons Pläne durchzusetzen. Die Große Depression galt bei ihnen als dringender Appell nach ihrer eigenen liberal-kapitalistischen Gesellschaftsform. Das Aufkommen von Diktaturen und die Erfahrung des Zweiten Weltkrieges machte ihr Verlangen nach einer anderen Weltordnung nur noch dringlicher. Sie wollten Wilsons Idee verwirklichen, so daß, wie Außenminister Cordell Hull 1943 dem Kongreß erklärte, «keine Notwendigkeit von Einflußsphären, Allianzen, Kräfteausgleich oder anderer besonderer Übereinkommen mehr besteht, durch die Nationen in der unseligen Vergangenheit ihre Sicherheit zu schützen oder ihre Interessen zu fördern suchten». Diese Männer dachten, die beste aller Welten sei eine Welt ohne Nazismus, Kommunismus und Kolonialismus. Dieser Wunsch war nicht zynisch. Sie fürchteten, eine mit Revolution oder Reaktion belastete Welt würde der amerikanischen Gesellschaft gefährlich werden und sich aus Raubgier wieder in den Krieg verwickeln. Und jegliche Autokratie verletzte ihre tiefsten demokratischen Gefühle.

Die unselige Vergangenheit belastete die amerikanischen Führungspolitiker. «Ich kann nicht sagen, wie sehr ich Ihren so tröstlichen Brief schätze, der an die Beschwernisse von 1919 erinnert», schrieb James Byrnes, der

1945 Außenminister wurde, im Dezember dieses Jahres an einen Freund, kurz bevor er nach Moskau flog, um dort die zähen Versuche fortzusetzen, mit den Russen zu einer Nachkriegseinigung zu kommen. «Als ich Ihren Brief las, wurde ich an die Hürden erinnert, die wir nach dem Ersten Weltkrieg überwinden mußten ... es ist bemerkenswert, wie die Geschichte sich wiederholt.»[13]

Aber während der Wilsonianismus meinte, die internationalen Beziehungen von Konflikten und Anarchie zu befreien, suchte er in Wirklichkeit auch die eigentliche Grundlage der Weltpolitik abzuschaffen – Kräftegleichgewicht, Einflußsphären, Machtpolitik. Sie sind die unvermeidlichen Bestandteile eines internationalen Gefüges souveräner Staaten.[14] Paradoxerweise muß ein Wilsonianist wie Franklin Roosevelt, um seine Ziele zu erreichen, den Wilsonianismus verleugnen, die Welt so sehen, wie sie ist, und nicht, wie er sie sich wünscht, und die Wilsonschen Ziele mit überlieferten Mitteln anstreben.

Die Sowjetführer auf der anderen Seite teilten keinen der wilsonschen Wertbegriffe. Obgleich sie die Sprache des marxistischen Leninismus gebrauchten, lag ihnen in erster Linie an der überlieferten Macht im internationalen Gefüge. Sie bauten sich aus den umgrenzenden Ländern eine Einflußsphäre, ein Glacis auf. Während sie damit beschäftigt waren, kam es unter den führenden amerikanischen Politikern zu Auseinandersetzungen über die Wertung sowjetischer Absichten und Möglichkeiten.[15] Würde Rußland sich mit dieser Sphäre zufriedengeben, oder war das nur der erste Schritt auf dem Wege zur Weltrevolution?

Diesen Auseinandersetzungen lagen zwei von einander unabhängige Probleme zugrunde, mit denen sich westliche Politiker bei der Ausrichtung ihrer Rußlandpolitik ständig auseinandersetzen mußten. Mit diesen beiden Problemen müssen wir uns auch heute noch befassen.

Das erste wurde im Oktober 1917 durch die Revolution selbst gestellt. Handelte es sich hier um eine Verbindung marxistisch-leninistischer Ideologie mit sowjetischer Außenpolitik? Die Ideologie proklamiert, daß der Kommunismus unausweichlich das Erbe der gesamten kapitalistischen Welt antreten wird und ruft die marxistischen Leninisten auf, bewußt für die Revolution zu agieren. Doch waren die über die Sowjetunion herrschenden Männer nicht nur Ideologen, die in zahlreichen Mußestunden von der morgigen Utopie träumten. Sie mußten sich meist mit der Gegenwart befassen, einen mächtigen Staat regieren, dessen dringende Interessen es zu schützen, Gefahren zu vermeiden, Aufgaben durchzuführen und Probleme es zu lösen galt. «Im Westen gibt es keine revolutionäre Bewegung», sagte Stalin 1918 während der Gespräche über den Vertrag von Brest-Litowsk. «Es gibt keine Fakten, sondern nur Möglichkeiten, und mit Möglichkeiten können wir nicht rechnen.»[16]

Das zweite Problem wurde brutal durch die Schrecken des Stalinismus gestellt, insbesondere durch die Kollektivisierung und den Großen Terror der dreißiger Jahre. Müssen totalitäre Praktiken im Inland eine Außenpolitik mit totalitärer Absicht zufolge haben, deren Ziel die Zerstörung des internationalen Gefüges und eine auf unaufhaltsame Weltbeherrschung abzielende Expansionspolitik sind? Adolf Hitlers Politik schien den unvermeidlichen Zusammenhang zwischen Inlandspraktiken und internationalem Verhalten zu bestätigen.

Die durch den Zweiten Weltkrieg bewirkten Umwälzungen verliehen diesen Fragen dringlichste Priorität. Welches würde die amerikanische Antwort sein? Bei den folgenden Erörterungen rangen zwei allgemeine Anschauungen, zwei Interpretationen zu Mitte der vierziger Jahre bei den führenden amerikanischen Politikern um Geltung. Mittelpunkt der einen Tendenz war das Bild der Sowjetunion als weltrevolutionärer Staat, der jegliche Koexistenz ablehnte, einen unaufhörlichen ideologischen Krieg führte und von einem messianischen Drang zur Weltbeherrschung getrieben wurde. Die andere Tendenz maß der Ideologie und den außenpolitischen Konsequenzen autoritärer innenpolitischer Praktiken geringere Bedeutung bei und sah die Sowjetunion im internationalen Gefüge eher wie eine herkömmliche Großmacht ohne Vernichtungsabsichten. Die erste nenne ich hier abgekürzt die Grundsätze von Riga, die andere die Grundsätze von Jalta.*

Die Grundsätze von Riga setzten sich in der amerikanischen Politik der Nachkriegsjahre durch und bildeten die Grundlage des antikommunistischen Konsens. Charles Bohlen faßte diese Ansicht 1949 in einem Schreiben an den ehemaligen Außenminister Edward Stettinius zusammen: «Ich selbst bin fest überzeugt und glaube auch alle, die speziell an dem Problem der Beziehungen zur Sowjetunion arbeiten, stimmen mir zu», erklärte er, «daß die Ursachen für den heute zwischen der Sowjetunion und der nichtsowjetischen Welt aufgekommenen Spannungszustand in Charakter und Natur des Sowjetstaates, den Doktrinen, denen er treu anhängt, zu finden sind und nicht in Dingen, wie der Aufhebung des Leih- und Pachtvertrages und der Frage einer Anleihe.»[17]

Solche Ansichten ließen die Bemühung um eine diplomatische Regelung sinnlos, wenn nicht gar gefährlich erscheinen, denn ihnen zufolge war die Konfrontation mittels des kalten Krieges eine fast genetische Auswirkung des revolutionären, messianischen, räuberischen Charakters der Sowjetunion.

Obgleich nicht so benannt, liefern die Grundsätze von Riga und Jalta heute noch die Anhaltspunkte für fortgesetzte Debatten darüber, wie die Beziehungen zwischen den Vereinigten Staaten und der Sowjetunion zu

* Meines Wissens hat sich nie jemand zuvor auf diese beiden Interpretationsweisen als Grundsätze von Riga und Jalta bezogen. Meine Gründe dafür werden aus dem weiteren Verlauf des Berichtes ersichtlich.

gestalten seien. Die Grundsätze von Riga fördern die Bereitschaft zum kalten Krieg, die von Jalta zielen auf Entspannung.[18]

Keiner der Grundsätze kann ein Monopol auf die Wahrheit beanspruchen. Beide betonten einige Aspekte der Wirklichkeit und verdunkelten andere. Kein menschliches Wesen, welcher politischen Einstellung auch immer, kann die Unmenschlichkeiten des stalinistischen Regimes anders als verabscheuungswürdig empfinden. Wie Solschenizyn schrieb, erstreckten sich die Gefängnislager wie ein großer Archipel durch die Sowjetunion. Stalins Tyrannei kostete zwanzig Millionen Menschen das Leben. Dieses Vermächtnis ist so schrecklich, daß die sowjetischen Führer noch heute, ein Vierteljahrhundert nach des Diktators Tod, nicht zugeben können, was Chruschtschow «Stalins Verbrechen» nannte. Ein solches Eingeständnis würde die Rechtmäßigkeit des sowjetischen Systems unterminieren.

Zur Zeit der Großen Allianz mäßigte der Terror sich lediglich. Aus ihren Erfahrungen während des Krieges berichtet Nadeshda Mandelstam, die Witwe des Dichters Osip Mandelstam: «Zu jener Zeit sprach ich mit vielen Leuten, die aus den Lagern zurückgekehrt waren (die meisten von ihnen wurden in der zweiten Hälfte der vierziger Jahre wieder dorthin zurückgeschickt).» Sie fragt, «was für Menschen sind das, die die Massenvernichtungen ihrer eigenen Leute erst anordneten und dann ausführten?» Es gibt keine sinnvolle Antwort. Aber sie mahnt, «niemand sollte, wie gefällige Ausländer es tun, unsere Erfahrungen leichtfertig übergehen in der Hoffnung, daß sich die Dinge bei ihnen – die sie so klug und kultiviert sind – anders abspielen werden.«[19]

Ich will meinerseits nicht behaupten, Stalins Charakter, Absichten und Methoden seien auf irgendeine Weise wohlmeinend oder gar freundlich gewesen. Doch auf der internationalen Bühne betrieb Stalin nicht die Politik eines einseitigen Weltrevolutionärs. Die Außenpolitik der Sowjetunion war in Wirklichkeit zwar oft plump und brutal, manchmal verworren, aber gewöhnlich vorsichtig und pragmatisch. Die UdSSR handelte wie eine traditionelle Großmacht mit der Absicht, sich innerhalb der historischen Grenzen Rußlands zu vergrößern, sie begünstigte Einflußsphären, Geheimverträge, Gruppierungen von Großmächten und andere Methoden und Sitten der «alten Diplomatie». Hätte die Sowjetunion überdies die Absicht einer unbegrenzten Expansion gehegt, wäre es ihr schwergefallen, sie in die Tat umzusetzen. Im Gegensatz zu den Vereinigten Staaten, deren Bruttosozialprodukt sich während des Krieges in Wirklichkeit verdoppelt hatte, war sie 1945 nur ein ruiniertes, verwüstetes Land.

Amerikanische Staatsmänner, die sich den Grundsätzen von Riga anschlossen, mißverstanden sowohl Reichweite wie Ausmaß der sowjetischen Gefahr und den Charakter der sowjetischen Ziele. Somit unterschätzten sie die Aussichten von Diplomatie und Übereinkunft. Die neue Doktrin der «nationalen Sicherheit» ließ sie glauben, die Sowjetunion stelle für die Vereinigten Staaten eine *unmittelbare* Gefahr dar. Diese Doktrin, eine expansive Interpretation der amerikanischen Sicherheitsbedürfnisse, war die wichtigste Neudefinierung amerikanischer Beziehungen zur übrigen Welt.[20]

Wenn amerikanische Interessen überall auf der Welt in Gefahr waren, schien die Ausübung sowjetischer Macht an jedem Ort außerhalb der russischen Grenzen verdächtig. Jede Form eines Kompromisses galt darum als bereits erprobtes, wirkungsloses Beruhigungsmittel. Die Doktrin der nationalen Sicherheit erlaubte Amerikas Nachkriegspolitikern, die widersprüchlichen Forderungen des Wilsonianismus mit der Realpolitik auszusöhnen und – zu gleicher Zeit demokratische Idealisten und pragmatische Realisten zu sein. Mit diesem Rückhalt verfolgten die amerikanischen Staatsmänner eine umfassende, oft kämpferische Außenpolitik in der Überzeugung, sie habe etwas irdischere Beweggründe als Wilsons missionarischen Eifer.

Die Geschichte wird von der Zeit geformt, in der sie geschrieben wird. Vorbereitung und Redaktion dieses Buches fallen in die letzten Jahre des Vietnamkrieges und die Zeit, die man als versuchsweise Entspannung bezeichnen könnte. Folglich wurden meine Forschungen von zwei unterschiedlichen Fragen geleitet. Erstens wollte ich, wenn möglich, die Ursprünge der Ideologien, Politik und Institutionen herausfinden, die bei der Intervention in Indochina eine führende Rolle spielten. Das heißt, was hat die Entstehung des nationalen Sicherheitsstaates veranlaßt? Natürlich wäre es simpel zu behaupten, daß Ideologie, Politik und Institutionen, die den Gegenstand dieses Buches ausmachen, von sich aus den Vietnamkrieg *verursachten.* Auch will ich nicht behaupten, die Vereinigten Staaten allein seien «schuldig», einen nationalen Sicherheitsstaat zu besitzen, oder der nationale Sicherheitsrat sei irgendeine Ausgeburt des Kapitalismus. So stark der nationale Sicherheitsstaat auch in unserem politischen und wirtschaftlichen Gefüge verankert sein mag, er ist außer Frage sehr viel fester in der Sowjetunion verwurzelt. Die Sowjetunion könnte man in der Tat als «totalen Sicherheitsstaat» bezeichnen.

Die Entspannung hat eine andere Frage aufgeworfen. War nicht eine Form von Entspannung – ein Spannungsabbau, die Schaffung einiger fester Grundregeln – früher möglich?[21] Warum schlug die Diplomatie fehl und wurde die Konfrontation beständig? Welch einem Zwang ist die Koexistenz zweier so unterschiedlicher Staatsformen unterworfen?

Bei der Potsdamer Konferenz im Juli 1945 wurde während des Mittagessens ein britischer Diplomat in eine heftige Konversation mit seinen Kollegen verwickelt. Später machte er eine Tagebucheintragung: «Debatte über die ewige Frage, ob Rußland friedlich und gesinnt ist, dem westlichen Klub beizutreten; aber wir argwöhnen, es beabsichtigt, die Welt zu beherrschen, und legt uns herein. Es ist immer sicherer, das Schlimmste anzunehmen.»[22]

Leute, die Politik betreiben, nehmen nicht immer das Schlimmste an. Sicherlich hatten die Politiker der späten vierziger Jahre das Gefühl, ihre Vorgänger in den späten Dreißigern hätten das naiv versäumt und somit niederschmetternde Resultate verschuldet. Doch immer noch steht der Diplomat in einer anarchistischen Welt unter so starkem Druck, auf Grundlage der schlimmeren oder sogar schlimmsten Annahme entscheiden zu müssen, daß dieser persönliche Ausspruch eines Diplomaten als virtueller Grundsatz bei international politischen Entscheidungen gilt. Doch kann eine solche Einstellung unter gewissen Umständen auch den Verzicht auf Möglichkeiten bedeuten, die eine echtere und dauerhaftere Gefahrenverminderung auf längere Sicht bewirkt hätten.

Politiker und Historiker sehen die Ereignisse von verschiedenen Standpunkten, denn sie haben unterschiedliche Verpflichtungen. Die Pflicht des Politikers gilt seiner Politik, er muß den Gefahren begegnen, denen sie in der Welt ausgesetzt ist. Sein Blick muß in die Zukunft gerichtet sein. Die Folgen seiner Irrtümer können, im Gegensatz zu denen des Historikers, oft unmittelbar das Leben von Millionen beeinflussen. Wenn der Historiker die Vergangenheit rekonstruiert, darf er diese Unterscheidung nicht außer acht lassen. Er muß wissen, daß die Personen, über die er schreibt, oft unzureichend informiert waren und unter Druck standen. Dieses Wissen kann ihn sogar zu der Annahme bringen, auch er, hätte er an den Ereignissen teilnehmen können, würde vielleicht Entscheidungen getroffen haben, die er als Historiker nun in Frage stellt und anzweifelt.

Aber natürlich hat der Historiker nicht die Verantwortung und braucht nicht von der schlimmsten Annahme auszugehen. In diesem Sinne ist er freier. Doch ist er anderweitig gebunden. Denn sein Ziel ist zu verstehen, zu erklären, zu enträtseln, und seine einzige Verpflichtung gilt der Wahrheit.

ERSTER TEIL

Die Große Allianz

Vielleicht nie zuvor in der Geschichte – wenigstens in der Geschichte, die uns bekannt ist – gab es je eine so tiefe Kluft wie diese.

DEWITT CLINTON POOLE

Maynard Barnes: Unser Problem ist, daß wir, um mit Rußland zu verhandeln, das Idiom lernen müssen. Die Sprache können wir bereits, nicht wahr, George?
George Kennan: Allerdings.[1]

I

Die Kluft: Die Riga-Grundsätze

Im Oktober 1917 war die Zeit reif.
Wladimir Iljitsch Lenin verließ sein Versteck in Finnland und kehrte trotz eines gegen ihn bestehenden Haftbefehls nach Petrograd, dem ehemaligen St. Petersburg, zurück. Am 18. Oktober begab er sich, mit einer Perücke verkleidet, zu einem Treffen des Zentralkomitees der Bolschewistischen Partei, die infolge seiner monatelangen Schmähungen und Schmeicheleien schließlich mit zehn zu eins für einen bewaffneten Aufstand gegen die Provisorische Regierung stimmte. Diese Regierung war kaum ein großartiger Gegner. Sie hatte die Macht erst seit dem Sturz des Zaren im vergangenen Winter inne und hatte bereits viel an Autorität und Kampfgeist eingebüßt. Am frühen Morgen des 25. Oktober besetzten die bolschewistischen Streitkräfte, die auf wenig Widerstand stießen, strategische Punkte in Petrograd. Am Nachmittag proklamierte Lenin den Sieg der Arbeiter- und Bauernrevolution. Am späten Abend fiel die letzte Festung der Provisorischen Regierung, der Winterpalast, in die Hände der Rebellen. Ein neuer Revolutionsstaat war geboren.

Autokratie wurde von Totalitarismus abgelöst. Aus dem ehemaligen Zarenreich sollte die Union der Sozialistischen Sowjetrepubliken hervorgehen, ein Wandel, der natürlich das Leben der vielen Nationalitäten verändern mußte, die dieses weite Territorium bewohnten. Desgleichen würde er großen Einfluß auf die internationale Politik haben. Aber Einfluß welcher Art? Und welche Rolle würde die Sowjetunion im internationalen Gefüge spielen? «Ich werde an die Völker der Welt einige revolutionäre Proklamationen richten und dann den Laden dicht machen», verkündete Leo Trotzkij, als er erster Volkskommissar für auswärtige Angelegenheiten wurde. Doch im April 1922 erschien der zweite Außenkommissar, Georgij Tschitscherin, auf der Genueser Konferenz mit dem Zylinder des bürgerlichen Diplomaten.

Er sprach nicht nur fließend französisch, sondern verfügte auch über den überlieferten Wortschatz der internationalen Politik.[2] War die Sowjetunion ein Staat im Dienste einer Ideologie oder eine Ideologie im Dienste des Staates?

Diese Frage – die zu einer Charakterbewertung dieser politischen Einheit, ihrer Ziele und Fähigkeiten wurde – zeichnete sich in den vierziger Jahren als allerwichtigstes Problem ab, das auf die für die amerikanische Außenpolitik Verantwortlichen zukam. Es blieb auch in den siebziger Jahren das gleiche. Doch in den ersten beiden Jahrzehnten nach der Großen Oktoberrevolution stand die Frage nur für einen kleinen Kreis amerikanischer Regierungsbeamter im Vordergrund.

Als Joseph Grew 1907 zweiter Sekretär der amerikanischen Botschaft in St. Petersburg war, repräsentierte er mit allen höfischen Amtsinsignien, einschließlich Admiralshut und goldenem Degen, und verkehrte mit seinen russischen Kollegen in Yacht-, Tennis- und Poloklubs. Die bolschewistische Revolution zerstörte auch diese angenehmen Bräuche. «Ganz abscheulich», mit diesen Worten beschrieb Grew 1922 die westlichen Verhandlungen mit den Nachfolgern des Zarenstaates in Genua und Rapallo.[3]

In den zwanziger Jahren entwickelte sich im State Department ein neuer «Sowjetdienst»; er war antibolschewistisch und widersetzte sich der diplomatischen Anerkennung der Sowjetunion. Diese Gruppe hatte ein ganz ausgesprochenes Zusammengehörigkeitsgefühl und vertrat grundsätzlich die Politik eines intellektuellen Antikommunismus. Ihr Standpunkt basierte auf persönlicher Erfahrung, Bewertung, Studium und Pessimismus. Während die Führer der Vereinigten Staaten nach dem Zweiten Weltkrieg versuchten, die sowjetische Politik zu analysieren und einen angemessenen amerikanischen Kurs zu wählen, nahm diese Gruppe eine eher extreme Stellung ein. Schließlich siegten ihre Grundsätze. Oder besser gesagt, sie siegten wieder, denn in den Zwischenkriegsjahren, als es wenig Konkurrenz gab und das Problem der Sowjetunion noch nicht in den Vordergrund getreten war, hatten sie ohnehin an erster Stelle gestanden.[4]

Ursprünglich sahen die amerikanischen Regierungsbeamten die bolschewistische Revolution als doppelten Verrat an. Die Revolutionäre schlossen 1918 in Brest-Litowsk mit den Deutschen Frieden und zogen sich zum Schaden der Alliierten aus dem Krieg zurück. Durch den Sturz der liberalen Regierung, die in den wenigen Monaten ihres Bestehens von der Koalition, die die Welt für die Demokratie sichern sollte, endlich das zaristische Stigma genommen hatte, hatten die Bolschewisten auch die Hoffnungen der aufblühenden russischen Demokratie zerstört. Und es gab sogar noch die Möglichkeit eines dritten Verrates – daß Lenin ein deutscher Agent war.

Die amerikanischen Politiker weigerten sich, das neue Regime anzuerkennen, teils weil sie hofften, es würde kurzlebig sein. Diesen Gedanken teilten »praktisch alle von uns», erinnerte sich DeWitt Clinton Poole, der nach dem Ersten Weltkrieg im State Department am russischen Problem arbeitete, nämlich, «daß Wohlstand, Recht und Ordnung Heilung vom Bolschewismus bedeuteten, der unter solchen Umständen zum Untergang verurteilt war». Nach Pooles Worten bestand eine «Kluft zwischen den Bolschewisten und der übrigen Welt». In einer wichtigen Denkschrift, die er im August 1919 an seine Vorgesetzten im State Department richtete, führte Poole Argumente gegen die diplomatische Anerkennung dieses «verfassungswidrigen Regimes» an: «sein Ziel ist die Weltrevolution ... seine Doktrinen zielen auf die Zerstörung aller zur Zeit konstituierten Regierungen.»[5]

Diese Ansicht wurde von der Regierung weitgehend geteilt, und statt die Bolschewisten anzuerkennen, gründete das State Department eine Abteilung für Russische Angelegenheiten mit einem für jene Zeit ungewöhnlichen Mandat: sie sollte die große Menge oft widersprüchlicher Informationen, die über die Kluft aus diesem neuen Rußland kamen, untersuchen und interpretieren. Dazu beanspruchte man Dienste von Professoren wie Samuel Harper von der Universität Chicago, einem der ersten akademisch wissenschaftlichen Experten für Sowjetrußland.

Die Vereinigten Staaten unterhielten einen Beobachtungsposten in der amerikanischen Mission der baltischen Hafenstadt Riga, die in den Zwischenkriegsjahren Hauptstadt der unabhängigen Republik Lettland war. 1201 von deutschen Handelsleuten gegründet, abseits in einem Meerbusen am östlichen Rande der Ostsee gelegen, ähnelte Riga mit den engen gepflasterten Straßen, giebligen Türmen und winzigen Plätzen noch einer norddeutschen Stadtanlage. Von dieser Mission aus wurden in den zwanziger Jahren viele der Untersuchungen über die Sowjetunion durchgeführt, Personal ausgebildet und grundsätzliche Standpunkte festgelegt. Von ihr gingen auch die ständigen Warnungen vor der internationalen Gefahr aus. Aus diesem Grunde habe ich Ort und Ideen assoziiert, das heißt Riga mit der grundsätzlichen Einstellung des Soviet Service im State Department in Beziehung gesetzt, obwohl sich die Ideen in der zweiten Hälfte der dreißiger Jahre weiterentwickeln und neu an Kraft gewinnen sollten.[6]

In der Mitte der zwanziger Jahre hatte das neue bolschewistische Regime Bürgerkrieg, Hungersnot und Intervention überstanden und seine Macht gefestigt. 1924 wurde die Rußlandabteilung des State Department der Osteuropäischen Abteilung einverleibt, die sich weiter auf den neuen Staat konzentrierte. Die führende Kraft war der 1926 zum Chef der Abteilung berufene Robert Kelley, der die Schaffung des Soviet Service einleitete. Der hochgewachsene, wortkarge frühere Militärattaché Kelley hatte in Harvard und an der Sorbonne studiert, sprach fehlerfrei russisch und war in russischer Literatur belesen. Er begriff, daß die Analyse des neuen Regimes von Fakten und Forschungen, nicht aber von Gefühlen ausgehen sollte, und betonte den wissenschaftlichen Stil der Untersuchung. Er überwachte die Entwicklung der Rußlandabteilung in Riga, die sich schließlich rühmte, es wenigstens auf wirtschaftlichem Gebiet jedem anderen führenden wissenschaftlichen Forschungszentrum gleichzutun.

Selbst humoristische Angriffe hatten in Riga einen eher bissigen Charakter: «Wir übten unser Russisch und schärften unseren Geist», erinnerte sich George Kennan einmal, «indem wir Prawda-Artikel entwarfen, in denen wir die Wiedereinführung des Kapitalismus in Rußland verkündeten, sie als ungeheuren Sieg der sozialistischen Staatsform bezeichneten, mit der Behauptung, nur das Sowjetsystem sei fähig, den Völkern der Welt die Vorteile der kapitalistischen Anstöße zu vermitteln, ohne sie der Ausbeutung auszusetzen.»[7]

Trotz seiner Behauptung, Gefühle seien bei Analysen fehl am Platz, war Kelley sogar in der Abteilung wegen seiner ausgesprochenen Antipathie gegen die «boles» – so nannte er sie – bekannt.[8] «Das grundsätzliche Hindernis der Anerkennung», meinte Kelley, «sind die revolutionären Ziele und Praktiken der Herrscher dieses Landes.» Unter ihm gab die Abteilung in den zwanziger Jahren regelmäßig Schriften gegen die diplomatische Anerkennung heraus. «Ich glaubte, Ihnen seien die beiden Interviews vom Weißen Haus betreffs unserer Rußlandpolitik aufgefallen», schrieb Kelley 1925 an Samuel Harper, «sie hätten kaum zeitgemäßer sein können – doch bestanden gewisse *dunkle Kräfte* darauf, sie falsch auszulegen. Unsere Politik ist oder war keine Hughes-Politik, sondern eine Wilson-Colby-Harding-Hughes-Kellogg-Politik.» Und zwei Jahre später fügte er vertraulich hinzu, «es gibt keinen Wechsel unserer Politik der Sowjetunion gegenüber – es ist keiner in Aussicht».[9]

Obwohl Kelley offensichtlich alle, die unter ihm arbeiteten, beeindruckte, übte er einen besonderen Einfluß auf jene aus, die er als «my boys» bezeichnete, die jungen State Department-Beamten, die sich eines Studienprogramms in russischer Sprache, Kultur und Geschichte unterzogen, das er 1928 ins Leben rief.[10] Der Nachdruck liegt mit Recht auf «russisch», denn in vieler Hinsicht beinhaltete das Programm eine Nostalgie nach dem 19. Jahrhundert. Er bestand darauf, daß die beiden jährlich dafür ausgewählten Beamten aus Verhältnissen kommen sollten, die denen «eines wohlerzogenen Russen aus der alten vorrevolutionären Schule» ähnelten. Nicht nur durch die Ausbildung – die von George Kennan in Berlin, von Charles Bohlen und den anderen in Paris – wurden die jungen Beamten geformt, ihr erster Kontakt mit Russen war die Bekanntschaft weißrussischer Flüchtlinge. Sie wurden Freunde und identifizierten sich mit diesen «antikommunistischen, aber hochkultivierten russischen Emigranten». Sie wurden auch in den baltischen Republiken ausgebildet, die wegen ihres großen Bevölkerungsanteils an Emigranten mehr dem zaristischen Rußland ähnelten als irgendein Teil der Sowjetunion; die Umgebung ließ diese jungen Diplomaten das Ausmaß der von Poole beschriebenen «Kluft» unterschätzen. «Die russische Intelligenz vor der Revolution bildete eine der bemerkenswertesten Menschengruppen, die es auf der Welt gab», schrieb Bohlen in seinen Memoiren. Die neuen Sowjetspezialisten fühlten sich schließlich auf irgendeine Weise selbst etwas wie Emigranten aus der zaristischen Vergangenheit.[11]

Aus diesem Grunde war die Einstellung der Amerikaner der Sowjetunion gegenüber jahrzehntelang aus Faszination und Abscheu gemischt. In diesen frühen Jahren galt bereits ihr brennendes Interesse Rußland, nicht nur in beruflicher, sondern auch weitgehend in persönlicher Hinsicht. Trotzdem wurde die diplomatische Anerkennung weiterhin als unnötige Konzession verweigert, obgleich sich ihnen dadurch in Riga und an anderen Orten die Türen verschlossen. Robert Kelley folgend, erinnert sich Kennan in seinen Memoiren, «niemals – weder damals noch zu irgendeinem späteren Datum – betrachtete ich die Sowjetunion als angemessenen Alliierten oder wirklichen oder potentiellen Verbündeten dieses Landes».[12]

Doch mit der Roosevelt-Administration kam 1933 die Anerkennung. Ein Grund war der gestiegene Druck von seiten markthungriger Geschäftsleute; ein anderer, daß sowohl Roosevelt und in geringerem Maße auch Staatssekretär Cordell Hull die Nichtanerkennung als anormal und von zweifelhaftem moralischem Nutzen ansahen. Die Sowjetunion war weder verschwunden, noch konnte man sie als Faktor der Weltpolitik ignorieren. Roosevelt meinte, daß die Anerkennung den USA bei der Lösung ihrer Probleme in Europa und Fernost nützlich sein könne. Die Russen begehrten nicht nur eine Erweiterung des Handels, ihnen lag auch an Beziehungen zu den Vereinigten Staaten, um die wachsende japanische Bedrohung in Asien auszugleichen. Bereits im Dezember 1931 hatte der Vorsitzende des Ministerrates, Molotow, die mandschurische Lage als «wichtigstes Problem unserer Außenpolitik» bezeichnet. Roosevelt überging das State Department bei den konkreten Verhandlungen, indem er zuerst William Bullitt damit beauftragte und sie dann selbst übernahm. In dem Bemühen, heimische Kritik abzulenken und «wenigstens eine Majorität unseres Volkes zufriedenzustellen» – wenn auch nicht so unerbittliche Gegner wie den früheren Staatssekretär Bainbridge Colby, der 1920 machtvoll den Standpunkt der Nichtanerkennung vertreten und Rußland 1933 als «Feindstaat» bezeichnet hatte –, erlangte Roosevelt vom sowjetischen Außenminister Maxim Litwinow eine Anzahl von Garantien, deren wichtigste ein russisches Versprechen war, sich nicht in die amerikanische Innenpolitik einzumischen, und ein unverbindliches «gentleman's agreement», das eine USA-Anleihe mit einer sowjetischen Übernahme der Schulden aus Kerenskijs Provisorischer Regierung koppelte. Diese Vereinbarungen schafften aber schließlich mehr Probleme, als daß sie welche lösten.[13]

Roosevelt wählte Bullitt, der während der Kampagne von 1932 als außenpolitischer Berater fungiert hatte, zum ersten amerikanischen Botschafter in der Sowjetunion. Bullitt war ein charmanter, aber ruheloser, ehrgeiziger und sprunghafter Mann, großen Gefühlsschwankungen unterworfen, die von stärkster Loyalität bis zum tiefsten Haß reichten. Bei der Versailler Friedenskonferenz nach dem Ersten Weltkrieg hatte er der amerikanischen Delegation angehört. Im Februar und März 1919 hatte er sich wegen geheimer, aber amtlich gebilligter Gespräche mit Lenin und den anderen Bolschewiken in der Sowjetunion aufgehalten. Er war mit Vorschlägen zurückgekehrt, die er als gesunde Grundlage eines politischen Waffenstillstandes zwischen den Bolschewiken und den siegreichen Alliierten ansah. Aber Woodrow Wilson und David Lloyd hatten ihn desavouiert, und im Mai 1919 hatte er seinen Abschied eingereicht. Er war, wie er dem Präsidenten schrieb, «einer von Millionen» gewesen, die an Wilson geglaubt hatten, und fügte hinzu, «schade, daß Sie unseren Kampf nicht zu Ende geführt haben». Überzeugt, persönlich verraten worden zu sein, griff Bullitt Wilson und die Versailler Abmachungen vor dem Foreign Relations Committee des Senats an und ging dann nach Europa zurück, wo ihn der Umgang mit kultivierten Kreisen anzog.

Fast fünfzehn Jahre lang hatte er mit der bitteren Erfahrung gelebt. Nun, durch diese neue Mission konnte er sein Recht und Wilsons Unrecht beweisen; er konnte sich rehabilitieren und das hohe Ansehen erlangen, das ihm einst vorenthalten worden war.

Bei seiner Ankunft in Moskau im Dezember 1933 wurde Bullitt in seiner Hotelhalle die Ehre einer Begrüßung durch Marx zuteil – durch Harpo Marx, der zur gleichen Zeit in der russischen Hauptstadt angekommen war. Die beiden Männer wurden von den Bolschewiken willkommen geheißen. Harpo bezauberte eines Abends ein kleines Publikum, indem er aus Litwinows Kleidung Messer, Löffel und Gabeln «herausholte». Bullitt dachte, er könnte das Publikum zu Hause damit bezaubern, daß er aus Litwinow und den anderen bolschewistischen Führern einige schlecht definierte Zugeständnisse herausholte.[14]

Die Amerikaner waren zu einem sehr denkwürdigen Zeitpunkt in der Geschichte der Sowjetunion angekommen. Das Ende des Jahres 1933 und 1934 bescherte der Sowjetunion eine Atempause, einen Stillstand zwischen Schreckensherrschaften. Es war eine Pause zwischen den Stalinisierungsphasen. Die von oben befohlene Revolution – Industrialisierung und Kollektivisierung – hatte einen schrecklichen Tribut gefordert. Die Kollektivisierung hatte nicht nur eine der schlimmsten Hungersnöte der gesamten russischen Geschichte erzeugt, sondern auch zur Deportierung und Tod von Millionen Bauern geführt – nach Solschenizyns Formulierung eine «ethnische Katastrophe». Aber während der ersten Monate der neuen amerikanischen Mission hatte der Druck sowohl auf das Land wie auch auf die Industrie nachgelassen. Die große Hungersnot flaute ab, der neue Fünfjahresplan war realistischer, die Wirtschaft erholte sich, und die Lebensbedingungen wurden besser. Die Unterdrückung war weniger offensichtlich.[15]

Diese Veränderungen hatten Auswirkungen auf die Diplomatie. Die sowjetischen Führer waren, wie Bullitt sofort berichtete, «intelligente, gebildete, tatkräftige» Männer, die man nicht überreden konnte, ihre Zeit mit gewöhnlichen, konventionellen Diplomaten zu vergeuden». Glücklicherweise waren sie äußerst begierig nach Kontakt mit jedem, «der erstklassige Intelligenz und menschliches Format hatte. Sie waren zum Beispiel von dem jungen Kennan, der mit mir kam, begeistert.» Überzeugt, daß er in der «Innenbahn» liefe, glaubte Bullitt, dort mit Stalin wieder anzufangen, wo er mit Lenin aufgehört hatte. «Mir liegt daran, Ihnen zu versichern, daß, wann immer Sie mich zu sprechen wünschen, bei Tag oder Nacht», sagte Stalin ihm zu, «Sie mich das nur zu wissen lassen brauchen, und ich werde sofort zu Ihnen kommen.» Bullitt berichtete Roosevelt, Stalin gliche «einem drahtigen Zigeuner, dessen Wurzeln und Gefühle jenseits meines Erfahrungsbereiches liegen». Der Botschafter bewunderte die «herrliche Stirn» Molotows, die ihn an «einen erstklassigen französischen Wissenschaftler, große Ausgeglichenheit, Freundlichkeit und Intelligenz» erinnerte.[16]

Das intellektuelle Erbe der russischen Experten war nicht so bedeutend, doch die unter Bullitts Charme stehenden Mitglieder der Botschaft teilten seine Begeisterung und Hoffnungen. Während dieser Flitterwochen wirkte Moskau farbig, anheimelnd, sogar vergnüglich. Die Diskussionen setzten sich endlos fort. Russische Beamte, einschließlich prominenter Bolschewiken wie Nikolai Bucharin und Karl Radek, kamen zum Dinner ins Spaso-Haus, den Wohnsitz des Botschafters, früher das Heim eines reichen Wodkahändlers, und hielten sich dort lange auf, um von Bullitt aus Hollywood angeforderte Filme anzusehen. Der Botschafter führte auch Poloausrüstungen ein, um Offiziere der Roten Armee das Spiel zu lehren und so ihre Freundschaft zu gewinnen. Dem Attaché der amerikanischen Luftwaffe, Thomas White, wurde gestattet, sein Flugzeug, das einzige private Flugzeug des ganzen Landes, in Moskau zu unterhalten. Obgleich Kennan in seinen Memoiren versichert, schon vor seiner Ankunft in Moskau eine festgefügte Einstellung gehabt zu haben, beweist der Augenschein, einschließlich seines eigenen Zeugnisses, daß man sich in der Tat von den Maßstäben der zwanziger Jahre abwandte: «In Wahrheit war es eine wunderbar aufregende Zeit ... ein Beispiel dessen, was sowjetisch-amerikanische Beziehungen unter anderen Umständen hätten sein können ... die meisten von uns erinnern sich, glaube ich, jener Tage, wie an den Höhepunkt des Lebens.»[17] Innerhalb eines Jahres endeten die Flitterwochen in bitteren Zwistigkeiten. Infolge der Stabilisierung im Fernen Osten entfiel die von beiden Seiten empfundene Notwendigkeit für ein besseres Verständnis. Im Dezember 1934 wurde Sergei Kirow, der Leiter der Leningrader Parteiorganisation, ermordet, und damit begann eine lange Kette von Prozessen und Verhaftungen, die ihren Höhepunkt in den Säuberungen des Großen Stalinterrors fanden.[18]

Die kleine amerikanische diplomatische Kolonie jedoch beklagte die russischen Verstöße gegen das Roosevelt-Litwinow-Abkommen. Viel Zeit wurde über der eigentlich trivialen Frage der sowjetischen Schuldenübernahme der Provisorischen Regierung vergeudet, doch kam es zu keiner Entscheidung. Roosevelt, der dazu neigte, jede Vereinbarung in «sehr liberaler Sicht» zu akzeptieren, überließ Bullitt den Großteil der Verhandlungen. Der Botschafter nahm jedoch eine gegensätzliche Stellung ein und ärgerte sich zunehmend über die sowjetische Weigerung, sich seiner Auffassung anzuschließen.* «Jedem Vertreter der Sowjetunion, der unmittelbare Kredite vorschlägt, sollte man sofort das Gesicht zertrampeln», riet er. Die Schuldenfrage wurde Anfang 1935 ad acta gelegt. Die meisten Amerikaner waren außerstande, das Widersprüchliche ihrer eigenen Position einzusehen, und warfen den Russen Betrug vor.[19]

Bullitt sah es als brennende persönliche Beleidigung und auch als Vergewaltigung des bedeutendsten Übereinkommens an, daß die sonst als Komintern bekannte kommunistische Internationale eine Abordnung der Kommunistischen Partei Amerikas einlud, ihrem siebenten Kongreß in Moskau beizuwohnen. Er erkannte nicht, daß die im Sommer 1935 in Moskau abgehaltene Zusammenkunft eine verspätete Wiedergutmachung der Feindschaft des 6. Kongresses von 1928 war, der die Sozialdemokraten als «Sozialfaschisten» angegriffen, die Linke in Europa aufgespalten und so dazu beigetragen hatte, Adolf Hitlers Machtübernahme den Weg zu ebnen. Dieser siebente Kongreß sollte die Parteilinie mit einem Aufruf zu umfassender antifaschistischer Frontbildung wandeln.[20]

Bullitt wechselte nun zum anderen Extrem über und stellte in Washington die Frage, ob man die diplomatischen Beziehungen abbrechen solle.[21] Er wollte Moskau von Moskau her angreifen, ermutigte Journalisten, antibolschewistische Artikel zu schreiben, und «verteufelte» die Russen. Den Wunsch, in Rußland zu bleiben, hatte er nicht mehr.[22] Er war bei schlechter Gesundheit und fürchtete die Folgen eines weiteren Aufenthaltes in Moskau. Der polnische Botschafter hatte bereits einen Nervenzusammenbruch

* Ursprünglich machte Bullitt eine auf offensichtlichen Vorurteilen beruhende Unterscheidung zwischen ethnischen Russen und einer sowjetischen Minderheit. Einige amtliche Gemeinheiten der Sowjets, so beklagte er sich bei R. Moore, hätten ihre Ursache «im Einfluß von Mr. Umanski, dem verdammten Itzig ... Das Foreign Office ist, wie Sie wissen, kürzlich von allen nichtjüdischen Mitgliedern gereinigt worden, und es ist vielleicht natürlich, daß wir mit den Mitgliedern dieser Rasse schwerer verhandeln können als mit den Russen selbst. Der Moskauer Sowjet, der rein russisch ist, war allgemein freundlich und kooperativ. Bullitt wußte offenbar nicht, daß Stalin sein Vorurteil teilte.

erlitten, und der britische schien kurz davor zu stehen, als er eines Tages Bullitt anvertraute: «Wenn ich in meinem Garten zwischen den Schneebänken hin- und hergehe, fühle ich mich wie ein Gefangener, außerstande zur Flucht.» Im März 1936 schrieb Bullitt klagend, «Rußland ist ein gutes Land für Nadelbäume, Bernhardiner und Polarbären, und ich muß offen sagen, daß ich Heimweh habe.» In der Mitte des Jahres verließ er Moskau für immer und übernahm die Botschaft in Paris.[23]

Die Desavouierung durch Wilson und Lloyd George in Versailles verblaßte nun vor der viel härteren Abfuhr, die ihm, wie er glaubte, von den Russen zuteil geworden war. Es war, als seien ihm persönlich gemachte Versprechen gebrochen worden. Er schied verletzt, gekränkt, verbittert. Im Oktober 1934, noch während der Flitterwochen, hatte er einen quasi optimistischen Bericht über die sowjetische Entwicklung geschrieben: «Kein Allgemeinurteil über die Sowjetunion kann mehr als Augenblickswert haben.» Doch innerhalb weniger Monate hatte er sich selbst zu Allgemeinurteilen bekannt, an denen er für den Rest seines Lebens festhalten sollte. Vor dem Verlassen Moskaus faßte er 1936 seine Ansichten zusammen. Von dem Bullitt von 1919 war nichts mehr geblieben. «Darum ist das Problem der Beziehungen zur Sowjetregierung ein untergeordneter Teil des Problems, das der Kommunismus als militanter Glaube aufgibt, dessen Ziel die Weltrevolution und ‹Liquidierung› (das heißt Ermordung) aller Ungläubigen ist.» Angesichts einer solchen Gefahr konnten die Vereinigten Staaten wenig unternehmen, «außer die Versöhnung zwischen Frankreich und Deutschland zu fördern». Bullitt und offensichtlich auch einige von denen, die er in der Botschaft zurückließ, glaubten, daß nur Nazideutschland dem sowjetischen Vordringen in Europa Einhalt gebieten könne. «Aus Furcht vor der Sowjetunion», hatte er ein Jahr vor seiner Abreise geschrieben, «fallen die Länder schnell in den Zustand zänkischer griechischer Stadtstaaten zurück, die Makedonien fürchteten. Athen und Sparta, Frankreich und Deutschland, Philipp von Makedonien – Stalin. Der Vergleich mißfällt mir, doch kann ich ihn nicht aus dem Kopf verbannen.»

Nach Bullitts Abreise igelten die Berufsdiplomaten der Botschaft sich ein. Sie teilten völlig Bullitts Meinung, hatten seine Ansichten teilweise mitgeprägt und waren auf ihren kleinen kalten Krieg mit den sowjetischen Behörden vorbereitet. Sieben Monate nach Bullitts Abreise bemerkte Arthur Bliss Lane, der amerikanische Gesandte in Riga, daß «die Politik, die der frühere Botschafter nach der Enttäuschung von 1935 verfolgt hatte, auch nicht um ein Jota verändert worden war». Der harte Kurs wurde in der Botschaft fast vorbehaltlos unterstützt. Wenn jemand von dem Botschaftspersonal in den ersten paar Jahren der Beziehungen einen Schnappschuß gemacht hätte, würde man auf dem Foto viele der Männer finden, die Mitte und Ende der vierziger Jahre – der Ära der Ursprünge des kalten Krieges und Entstehens des Nationalen Sicherheitsstaates – im State Department

Experten für sowjetische und kommunistische Angelegenheiten werden sollten.[24]

Loy Henderson, einer der Begründer des Soviet Service und eine Hauptfigur in der Geschichte des Auswärtigen Dienstes, zeichnete sich bereits als Führer dieser vage definierten, höchst einflußreichen Gruppe ab. Er war ein Mann von festen Grundsätzen, beträchtlichen Fähigkeiten, beständiger Loyalität und einer Integrität, die alle beeindruckte, die mit ihm im State Department arbeiteten. Wie Lane bemerkte, schuf sich «Mr. Henderson durch Takt, Fähigkeit und Standfestigkeit einen beneidenswerten persönlichen Ruf». Der in den Ozarks geborene Henderson hielt sich immer für einen Abkömmling «der alten, zum Aussterben verurteilten Pionierkultur», litt aber trotzdem an dem «städtischen Pesthauch», der dazu «beitrug, den Kodex der Ethik und Ideale zu zerstören». Ein steifer rechter Arm, das Ergebnis rauher Jungenspiele, hinderte ihn, während des Ersten Weltkrieges in die Armee einzutreten, und so kam er zum Roten Kreuz, arbeitete bei der Repatriierung russischer Gefangener mit und half dann – aus Sorge, die Bolschewiken könnten aus dem Elend Kapital schlagen – 1919 dabei mit, Litauen zu stützen. Während der nächsten paar Jahre war er Zeuge der verfehlten Aufstände der Linken in Deutschland. Damals war er fast schon von Anfang an zu der Überzeugung gekommen, daß das bolschewistische Rußland Frieden und Stabilität der Welt bedrohte. Nachdem er dem Foreign Service beigetreten war, begann er 1925 am sowjetischen Problem zu arbeiten und wurde dem Observationsposten in Riga zugeteilt. Er wurde ein faszinierter, aber mißtrauischer und in Kelleys Tradition emotionsloser Beobachter der sowjetischen Angelegenheiten. In Moskau wurde er dienstältester Beamter und Geschäftsträger der Botschaft.[25]

Wenn Henderson das beherrschende Mitglied der Gruppe war, so war Kennan der bedeutendste Ideologe. Der Foreign Service war für ihn fast wie eine Familie, ein Heim, und das bedeutete für einen Mann, der sich leicht als Außenseiter fühlte, sehr viel. Dieses Gefühl hatte sich bereits zu Beginn der zwanziger Jahre während seiner Studentenzeit in Princetown entwickelt. Als er dort in *The Great Gatsby* las, wie F. Scott Fitzgerald, ein Kommilitone, die Reaktion eines Mittelwestlers auf den eleganten Ostler schilderte, wurde Kennan zu Tränen gerührt. Ihn beherrschte der Gedanke, daß er der Laufbahn eines Verwandten mit gleichem Geburtstag, eines anderen George Kennan, folgen (dieser Cousin seines Großvaters war in der spätzaristischen Zeit Reisender und Diplomat gewesen) und zu einer bedeutenden Persönlichkeit in der Geschichte Rußlands und des Westens werden könne. So wollte er es halten. Während seiner diplomatischen Laufbahn näherte sich der junge George Kennan den Machthabern als eine Art Hofintellektueller und Berater. Man nannte ihn «Bullitts schlauen Boy». Als Kennan sich 1935 in Wien von einer Erkrankung erholte, schrieb Bullitt nach Washington: «Er ist der beste Beamte, den ich hier hatte, und wenn er zurückkehrt, könnte ich zwei andere freistellen. Doch möchte ich sicher sein, daß er es in Moskau aushält. Das Klima ist nicht angenehm. Jetzt schreiben wir den 10. Mai, und diese Woche hat es fünfmal geschneit. Ich möchte Kennan gern haben, ihn aber nicht umbringen.» Kennan, der an Magengeschwüren litt und eine fast asketische Erscheinung bot, wirkte auf andere arrogant, reizbar, ehrgeizig und äußerst geistvoll. Ein Gutachten aus Riga führt 1933 diese Qualitäten auf: «Hohe Intelligenz, scharfer Verstand, anpassungsfähig und wohlausgeglichen, abgesehen von vielleicht einer Neigung ... intellektuelle Begriffe eher gefühlsmäßig zu hegen, und bei etwas mehr Reife wäre er sicher nicht ganz so idealistisch oder hoffnungslos zynisch.» Kennan sah sich gern als Realisten mit scharfem Auge für Macht und die weniger offensichtlichen Züge des menschlichen Charakters, aber wie ein Historiker schrieb, «in George Kennan rang der presbyterianische Kirchenälteste mit dem bismarckschen Geopolitiker». Der innere Kampf wurde auch durch eine Romantik verstärkt, mit der er sich eine «geheimnisvolle Wahlverwandtschaft» mit Rußland einbildete und als Freund und Erbe der kultivierten Intellektuellen der Jahrhundertwende betrachtete, deren Lebensstil von den Bolschewiken zerstört worden war.

Er achtete sehr auf Stil, sowohl in seinem persönlichen Verhalten als auch in seiner Prosa; für die Oberschichtklassen der ganzen Welt hatte er eine Vorliebe. Viel später in seinem Leben beschrieb er sich «als konservativen Menschen, einen naturgeborenen Altertümler, der fest an die Kontinuität der Lebensformen über die Generationen hinweg glaubte». Wie Henderson fühlte er sich nicht nur aus seiner amerikanischen Heimat entwurzelt, sondern auch von Amerika im Stich gelassen. Und ähnlich den Weißrussen, mit denen er in Berlin und Riga so gern verkehrt hatte, war auch er ein Emigrant, obwohl sein Exil geistiger Natur war.[26]

Noch zwei andere auf diesem imaginären Schnappschuß bleiben zu erwähnen. In bezug auf Hintergrund und Einstellung war Charles Bohlen das Musterexemplar eines Diplomaten, elegant, charmant und von meisterhaftem Geschick, weniger leidenschaftlich und einseitig festgelegt als seine Kollegen, «äußerst befähigt», aber doch von einer «offensichtlich sorglosen Einstellung» (nach den Worten eines Amerikaners in Moskau). Sein Vater war ein Gentleman gewesen, der seinen Neigungen nachgehen konnte, und er war viel mit seiner Mutter in Europa gereist, der er einen großen Teil seiner Erziehung verdankte. Seine Freunde aus Harvard, wo er 1927 graduierte, waren Bankiers, Rechtsanwälte und Börsenmakler geworden, Bohlen trat in den Foreign Service ein. Zwei Jahre nach Kennan stieß er zu dem russischen Spezialistenprogramm. Kennan erkennt ihm «eine führende Rolle unter den bildenden Einflüssen zu», die sein eigenes Verständnis des Sowjetkommunismus prägten. Doch waren seine Ansichten anfänglich, da er noch etwas von Riga abhängig war, nicht so klar umrissen; er schloß sich Meinungen anderer leichter an und war weder auf eine Position festgelegt, noch empfand er es als notwendig, sich Kurswechseln mehr anzupassen.[27]

Elbridge Durbrow, ein untersetzter, energischer, redegewandter Graduierter aus Yale, der in Rußland und Polen gedient hatte, war von Anfang an skeptisch. Er hatte nicht dieselbe akademische Ausbildung wie die Männer aus Riga und war in seinen Ansichten immer offenherzig, plump und kategorisch. In den ersten eineinhalb Jahren hörte er als Vizekonsul in Moskau auf etwa zweihundert Arbeiter aus den Vereinigten Staaten, die entweder in Rußland geboren oder gebürtige Amerikaner waren und sich während der Depression durch Vorspiegelung hochbezahlter Arbeitsplätze in die Sowjetunion hatten locken lassen. «Durch die Unterhaltung mit diesen Burschen, die Arbeiter waren und zurück wollten, lernte ich eine Menge über dieses verdammte Land», erinnert er sich. «Die Revolution genoß keinen guten Ruf ... wenn man einmal angekommen war, dort lebte, aus dem Fenster schaute und sah, was für einer Hölle es ähnelte, wurden die schlimmsten Befürchtungen bestätigt.»

Die amerikanische Botschaft arbeitete im neuen Stil, sie führte die Riga-Tradition fort, es gab wenig konsularische Arbeit, und ihre Mitglieder konnten sich mit Studien und Analysen beschäftigen. In der Botschaft wurden weiter täglich endlose Diskussionen und Debatten geführt. «Zwischen uns gab es Meinungsverschiedenheiten», erinnert sich Loy Henderson, «während sich alle über die Lage in der Sowjetunion einig waren, ging der Streit um das Ausmaß, in dem wir zulassen sollten, daß sie die Beziehungen zwischen den USA und der UdSSR beeinträchtigten.» Die Umwelt förderte eine vereinheitlichte Einstellung der Beamten; ihre «Ausbildung» führte sie nach dem angenehmen Durcheinander der Flitterwochen zu einer vereinfachten Neuformulierung der Grundsätzen von Riga zurück. Alexander Kirk, Charles Thayer, Edward Page und andere, die in den dreißiger Jahren im diplomatischen Dienst waren, teilten meist die gleichen Ansichten. Eine der wenigen Ausnahmen machte der Erste Militärattaché, Oberst Philipp Faymonville. Er stand abseits, sein Ruf bei den anderen tritt in der kurzen Beschreibung in Bohlens Memoiren zutage: «Rötlich angehaucht.»[28]

Gewisse Faktoren stärkten das Zusammengehörigkeitsgefühl der Gruppe. Die Lebensbedingungen vermittelten dem Botschaftskorps ein Gefühl der Isolierung, sogar des Eingeschlossenseins; wie auf einer Bühnenprobe für den kalten Krieg fühlten sich als Belagerte. Die formlose Geselligkeit mit den Russen war vorbei, amerikanische Diplomaten konnten keinem Sportklub mehr angehören. Das Essen war schlecht, die Russen gehässig und das Leben nicht leicht. Belästigungen aller Art nahmen zu. Schnüffelei und Spionage wurden so offensichtlich, daß Kennan sich eines Tages dagegen aussprach, in Moskau überhaupt einen Botschafter zu unterhalten.[29] Man lebte wie in einem Land, «wo man von Amts wegen als übel und gefährlich, als eine Art Abgesandter des Teufels gilt, der zu meiden ist», schrieb er 1938 in einem Memorandum. «Persönliche Freundschaft würde jeden, dem sie gälte, wie ein gewaltiger Fluch ins Verderben stürzen.»

Das Ausmaß, in dem die Säuberungsaktionen mit ihren Schauprozessen und plötzlichem Verschwinden von Personen das Bild, das sich die amerikanischen Diplomaten von der Sowjetunion machten, veränderten, kann nicht hoch genug eingeschätzt werden. Die Ermordung Kirows leitete eine zweite stalinistische Terrorphase ein – die jetzt gegen Staats- und Parteiapparat gerichtete Schreckensorgie. Die erstmaligen spektakulären Schauprozesse – die nicht nur in den Großstädten, sondern in fast allen Bezirken *(oblastnoij)* stattfanden – lieferten als Produkt endlose Serien völlig widersinniger Geständnisse, die «bewiesen», daß Trotzkisten und ausländische Agenten die sowjetische Gesellschaft mit Verschwörungen unterminierten. Millionen gingen bei dieser Massenvernichtung zugrunde. Nach den schlichten Worten von Roy Medvedev «brach Stalin zwischen 1936 und 1938 alle Rekorde politischen Terrors». Die Bedrohung wurde zum wesentlichen Bestandteil des sowjetischen Alltags. 1939 trugen die Säuberungsaktionen dazu bei, einen hochzentralisierten, bürokratischen, vom Terror regierten totalitären Staat fest zu etablieren; die gesamte Nation war zur Dienerin des Staates und seines Beherrschers geworden.

Wer konnte auf dieses Schauspiel anders als mit Schrecken und Abscheu reagieren? Der Terror bestärkte alle Befürchtungen der amerikanischen Diplomaten; seine totalen Auswirkungen beseitigten die letzten Zweifel, die die Männer des Soviet Service über den Charakter des Regimes noch hätten bewahren können. «Keiner scheint zu wissen, wer als nächster verschwindet», schrieb Henderson im April 1937 an Robert Kelley. «Da während der letzten zehn Jahre fast für niemand in der Sowjetunion ein Überleben möglich war, ohne hie und da ein Gesetz zu brechen, und da fast jeder irgendwann einmal in einem unbedachten Augenblick bestimmte Verhaltensweisen der Sowjetführer kritisiert hat, gibt es praktisch niemand mehr ohne schuldbeladenes Gewissen.» Eine Erklärung für den Grund der Säuberungsaktionen schien Henderson wenig plausibel, er glaubte nicht an Stalins Antisemitismus, hielt es jedoch für möglich, daß Stalin gegen «Leute mit einer Mentalität, wie sie bei so vielen osteuropäischen Juden anzutreffen ist, unduldsam und mißtrauisch eingestellt sein könnte». Doch gab er zu, daß man sich die «schicksalsschweren Entwicklungen» in der Botschaft nicht erklären konnte. «Es schien beinah so, als suche Stalin einen Vorgänger in Mißkredit zu bringen, der das Land in den letzten fünfzehn Jahren unweise regiert hatte.» Doch unter Berücksichtigung aller Umstände glaubte Henderson zu jener Zeit auch, daß in den Anklagen etwas Wahres enthalten sein könnte. «Dieses Verfahren wird zweifellos vom sowjetischen Baum viele völlig vermorschte Äste kappen. Trotzdem beginnt man sich zu fragen, wieviel Schneiden und Pfropfen noch nötig sein wird, bis man auf gutes, solides Holz stößt.»

Die Debatten in der Moskauer Botschaft dauerten bis weit in das Jahr 1938 hinein an. Warum hatten die Säuberungsaktionen stattgefunden? Was war ihr Ziel? War Stalin irrsinnig? Steckte dahinter eine andere Absicht? Wieviel Wahrheitsgehalt steckte in den Anklagen? Kennan, den man ins State Department nach Washington zurückberufen hatte, beschäftigte sich den größten Teil des heißen Sommers mit Hunderten von Seiten der Zeugenaussagen des Radek-Prozesses, studierte alles, was er über oppositionelle Aktivitäten seit Stalins Tod finden konnte, machte von Karteikarten und Chronologien Gebrauch, weil er etwas rekonstruieren wollte, «das den ungeheuerlichen Anklagen und absurden Bekenntnissen, die zur Erbauung der Außenwelt gemacht worden waren, mehr Sinn verlieh».[30]

Die amerikanischen Spezialisten fanden ihre Lage an der Peripherie dieser Ereignisse verwirrend, sogar niederschmetternd. Alle Kanäle und Kontakte, die sie einmal zur sowjetischen Gesellschaft gehabt hatten, waren dahin. 1937 war ihre Isolierung infolge der Säuberungsaktionen vollkommen. In der Oper wurden sie von ehemaligen Freunden geschnitten. Aber damals war bereits bekannt, daß die beliebteste Hinrichtungsmethode in einem Genickschuß bestand. Der geheimnisvolle «Baron» Steiger, der einzige vertrauenswürdige Verbindungsmann zum Kreml, der Kanal, durch den Edgeworth-Pfeifentabak aus der amerikanischen Botschaft an Stalin gelangte, berichtete Charles Thayer, «es herrscht sehr gefährliches, sehr verräterisches Wetter; in solchen Zeiten muß man sein Genick besonders sorgfältig schützen». Bald danach tippte man Steiger während eines Essens mit einigen Amerikanern im Hotel Metropol auf die Schulter; kurze Zeit darauf wurde seine Hinrichtung angekündigt. «Keine Verhaftung der letzten Jahre, noch nicht einmal die von höchsten Sowjetbeamten, hatte auf das diplomatische Korps einen solchen Eindruck gemacht», berichtete Henderson. Steiger war der einzige sowjetische Beamte, der mit ausländischen Diplomaten «wie mit intelligenten menschlichen Wesen gesprochen hatte», fügte Henderson hinzu. «Die anderen erzählten ihnen Dinge, an die nur eine Person mit kindlicher Intelligenz glauben konnte.» Die Amerikaner erfuhren, daß viele der höchsten Beamten – Zivildienst, Militär, sogar Geheimdienst – einer nach dem anderen verhaftet, abgeurteilt, hingerichtet worden oder einfach verschwunden waren. Eine der erschütterndsten Erfahrungen war der Prozeß, zu dessen Angeklagten der bolschewistische Theoretiker Bucharin gehörte, mit dem die Amerikaner eine Verständigung möglich und sogar unterhaltsam gefunden hatten. Bohlen war Zuhörer, als Bucharin sich mit dem Ankläger Andrej Wyschinskij in einer Sprache duellierte, die er nicht verstand. Als er schließlich die Urteilsverkündungen dieses Prozesses – «Tod durch Erschießen ... Tod durch Erschießen ... Tod durch Erschießen» – vernahm, fühlte er sich so benommen, als ob sein

Kopf sich drehte, und noch einen Monat danach litt er an Schlafstörungen.

Die Amerikaner sahen ein, daß alle jene Bolschewiken, die sie in irgendeiner Weise als achtenswerte Gesprächspartner angesehen hatten – die Intellektuellen, Gebildeten und Kosmopoliten –, ausgerottet worden waren. Stalin hingegen wirkte irrational fanatisch, grenzenlos machthungrig, total rücksichtslos und eines Vertrauens völlig unfähig. In seinen Memoiren scheint Kennan seine Schlußfolgerung zurück zu datieren, schätzt aber die endgültigen Auswirkungen der Prozesse genau ein: «Eine Art liberale Erziehung zum Terror des Stalinismus.» Stalin war nicht nur ein Diktator, er war ein Tyrann. Die in Führungspositionen Überlebenden schienen so mittelmäßig, eingeschüchtert und kompromittiert, daß ihr Gewissen und Geist dem Generalsekretär der Partei schwer verpfändet gewesen sein muß. Auf ganz fundamentale Art schien in Stalin und seiner Umgebung etwas völlig korrupt. Nie wieder konnten die amerikanischen Spezialisten, unter was für Umständen auch immer, an Stalin und seine Helfer denken, ohne sich dabei ihrer blutigen Hände zu erinnern.[31]

Der Leninismus hatte über die Sowjetunion die erste entscheidende Frage aufgegeben: Welche Beziehung bestand zwischen ihrer Ideologie und ihrem Verhalten im internationalen Gefüge? Der Stalinismus unterstrich jetzt nachdrücklich die zweite der beiden Fragen: Welche Verbindung bestand zwischen innenpolitischem Totalitarismus und sowjetischer Außenpolitik? Wie bei der ersten war die Antwort nicht leicht. Gewiß hatten die amerikanischen Diplomaten mit ihrem Urteil über die Korruption des stalinistischen Systems recht. In Wirklichkeit war es sogar noch zurückhaltend, denn sie konnten nur die Oberfläche des Schreckens sehen, und viele Jahre sind vergangen, bis der Westen endlich vom vollen Ausmaß der stalinistischen Tyrannei erfuhr. Doch vertraten diese Diplomaten noch die Auffassung, daß zwischen dem Charakter eines Staates und seiner Außenpolitik zwangsweise vollkommene Übereinstimmung herrschen und ein im Inland totalitäres System eine totalitäre Außenpolitik führen müsse. Auch wenn ihre Antwort zu kategorisch und sogar falsch war, kann man doch verstehen – nach dem, was sie über die Kollektivisierung, die Säuberungen, das tägliche Leben voller Schrecken und Heuchelei sahen –, wie sie darauf kamen.

Das Einheitsgefühl der Gruppe wurde sogar noch gekräftigt, weil sie sich Angriffen aus anderer Quelle – Washington, D. C. – ausgesetzt sah. Diese «Angriffe» verstärkten das Gefühl ihrer Isolierung und bestätigten die Auffassung, daß der New Deal ein Gegner sei. Der erste Schlag kam in Gestalt von Joseph Davies, der als tiefgehaßter Nachfolger Bullitts Botschafter wurde. Die traditionellen Geschichtsschreiber des kalten Krieges wie auch der Rigaer Kreis selbst haben Davies als naiv, wirrköpfig und unehrlich – einen gefährlichen, vorwitzigen Narren dargestellt. Dieses Bild stimmt nicht.[32] Davies, ein Rechtsanwalt aus Wisconsin, der als Vertreter der Standard Oil Vermögen gemacht und eine Erbin von General Foods geheiratet hatte, war zuverlässiger Progressist geblieben. Als Lohn für seine Leistungen in Woodrow Wilsons Wahlkampagne von 1912 war ihm nach dessen Wahlsieg das Amt eines Botschafters in Moskau angetragen worden, doch hatte er sich statt dessen für den Vorsitz bei der Federal Trade Commission entschieden. Während des Ersten Weltkrieges unterstützte er die Bemühungen des stellvertretenden Marineministers Franklin D. Roosevelt, sich als Präsidentschaftskandidaten aufstellen zu lassen. Er trug zu Roosevelts Wahlkampagne dann großzügige Geldspenden bei und wurde darum erwählt, Bullitt in Moskau abzulösen. Als er im Frühjahr 1937 in der russischen Hauptstadt ankam, war ihm das Gerücht vorausgeeilt, er würde «fünf Diener, 25 Eisschränke und einen Durst nach Unterhaltung» mitbringen. Er gab sich selbst etwas der Lächerlichkeit preis – er verbrachte viel Zeit auf seiner vor Leningrad ankernden Jacht, und wegen seines Magenleidens nahm er aus dem Ausland eingeführte Tiefkühlkost zu sich. In anderer Hinsicht verdiente er diesen Ruf nicht. Vor den Reinigungsprozessen schloß er nicht völlig die Augen. Seine Berichte zeigen dieselbe Verwirrung wie die der Berufsbeamten. Er fand die Prozesse «entsetzlich», empfand sie «als Schock für unsere Mentalität» und erklärte, «der Terror hier sei eine erschreckende Tatsache». Die Sowjetunion bezeichnete er als «Tyrannei, die dem Proletariat keinerlei Schutz von ‹Leben, Freiheit und Streben nach Glück› sicherte».

Doch widersprach Davies' politische Rolle der üblichen Berufsmission außenpolitischer Beamter. Er war nicht nach Moskau gesandt worden, um Tatsachen zu untersuchen, zu analysieren und zu berichten, sondern um aufgrund Roosevelts wachsender Besorgnis über die europäische Krise «das Vertrauen Stalins zu gewinnen». Seine Berichte wurden nicht nur für ein Publikum in Washington, sondern auch für das in Moskau verfaßt; er war sicher, die Russen würden auf diese oder jene Weise von dem, was er sagte, Wind bekommen. Aber vor seiner Ankunft in Moskau ärgerten sich die Berufsbeamten über die von ihnen als kränkend erachtete Entsendung eines «unseriösen» Botschafters, machten sich über ihn lustig, erhoben Beschwerden und planten Revolten – das ging so weit, daß Loy Henderson sich veranlaßt fühlte, vor Davies Ankunft ein scharfes Memorandum herumgehen zu lassen, in dem er die Botschaftsangehörigen aufforderte, dem neuen Botschafter mit Achtung zu begegnen.[33] Auch wenn die offenen Klagen nachließen, so blieb die grundsätzliche Feindschaft doch ungemindert. Nur Loy Henderson, obgleich auch er Moskau nicht als geeigneten Ort für Botschafter mit «politischer Einstellung» ansah, gelang es, eine freundlichere Beziehung aufzubauen.*

* Als Davies zwei Jahrzehnte später starb, gehörte Henderson in der Tat zu seinen Sargträgern.

Die anderen, insbesondere Bullitts früherer Protegé George Kennan, verübelten Davies seine engen Beziehungen zu britischen und amerikanischen Journalisten und seine Gewohnheit, die Entwicklungen mehr mit ihnen als mit den Botschaftsangehörigen zu besprechen. Überdies wies Davies ihre Ansichten zurück: er glaubte nicht an den «Revolutionsstaat». Seiner Meinung nach war der Kommunismus von Natur aus zum Untergang verurteilt, hatte das stalinistische Rußland sich auf einen Staatssozialismus zurückgezogen, und somit war es unnötig, sich über die in Amerika wenig angesehene Komintern Gedanken zu machen, weil der Kommunismus keine Bedrohung der Vereinigten Staaten darstellte. Er glaubte auch, Sowjetrußland könne sich beim Spiel der Kräfte auf dem europäischen Kontinent als bedeutender Faktor erweisen. Die Botschaftsangehörigen nahmen das alles nur widerwillig hin; sie waren sehr erleichtert, als er 1938 nach Brüssel entsandt wurde. Danach blieb Davies für die Rußlandspezialisten der Urtyp des wirrköpfigen amerikanischen Liberalen, der die Wahrheit nicht so sehen wollte wie sie.[34]

Die Diplomaten waren ebenfalls schockiert und verärgert, als die Abteilung für Osteuropäische Angelegenheiten, die sie ernährt und ihre Arbeitstradition geschaffen hatte, der Europa-Abteilung des State Department eingegliedert wurde. «Wir sind liquidiert worden», schrieb Robert Kelley. Sie erachteten die Verschmelzung als Bedrohung ihrer eigenen Expertise und waren über Kelleys Zwangsversetzung auf einen Posten in der Türkei bestürzt. Die Gruppe argwöhnte ein «Komplott» der linken New Dealers, vielleicht sogar von Eleanor Roosevelt und Harry Hopkins.[35]

Doch scheint es, als habe die Rigaer Gruppe das «Komplott» falsch ausgelegt. Die plötzliche Aktion – sie war hauptsächlich während eines Wochenendes erfolgt – war das Ergebnis eines Zusammentreffens verschiedener Faktoren und ging teilweise auf eine Auseinandersetzung zwischen Staatssekretär Sumner Welles auf der einen Seite und Hull sowie dem ebenfalls als Staatssekretär amtierenden R. Walton Moore auf der anderen zurück.[36] Außerdem hatte kurz zuvor die Auflösung der Mexiko-Abteilung stattgefunden, die, wie die Entmachtung der Abteilung für Osteuropäische Angelegenheiten, dem gleichen Ziel diente, das State Department wirksamer zu machen.

Die Osteuropa-Abteilung hatte unter ihrem Insulanertum sehr gelitten. Arthur Bliss Lane, dessen antikommunistische Einstellung über jeden Zweifel erhaben war, hatte sich eine Weile darüber beklagt, daß, wer in ihr arbeite, «infolge der Überspezialisierung auf russische Angelegenheiten dazu gekommen sei, Rußland mehr als gesonderte Einheit zu betrachten, denn an seine [Rußlands] Beziehungen zu Europa und zur übrigen Welt zu denken». Die Abteilung könne nicht verstehen, erklärte er, «daß das osteuropäische Gebiet (mit der Ausnahme Rußlands) an sich vielleicht das unwichtigste aller Gebiete der Welt sei, mit denen die Vereinigten Staaten zu verhandeln haben».* «Ich teile vollkommen Ihre Ansicht über die Engstirnigkeit des Systems, das in dem osteuropäischen Gebiet aufgekommen zu sein scheint», schrieb James Dunn, ein höherer Beamter der Europa-Abteilung, der selbst ausgesprochener Antikommunist war, an Lane. Die russische Politik des State Department wurde weiterhin von Konservativen bestimmt, und Kennan wurde faktisch heimberufen, um ihnen dabei zu helfen.[37]

Solche Wechsel waren jedoch mehr organisatorischer als ideologischer Natur. Umstände und Erfahrung hatten die Voreingenommenheiten bestätigt und der vorherrschenden Reaktion amerikanischer Diplomaten auf die bolschewistische Revolution neue Kraft verliehen. Gegen Ende der dreißiger Jahre hatten sich das Bild des Revolutionsstaates und die mit ihm verbundenen Ideen fest im Geist der Sowjetspezialisten und solcher Leute eingeprägt, die wie Bullitt von ihnen «gelernt» hatten. «Ich neige zu der Annahme, daß alle von uns, die mit den Geschehnissen selbst engen Kontakt gehabt haben, nach und nach zu einer gemeinsamen Ansicht gelangen werden», bemerkte Henderson 1940. «Es gibt nur wenige Ausnahmen unter den emotional veranlagten und Vorurteilen leicht zugänglichen Burschen.» Diese Ansichten waren so kodifiziert worden, daß wir sie jetzt als Grundsätze darlegen können – obgleich wir Sorge tragen sollten, Grundsätze nicht mit blinden Dogmen zu verwechseln.[38]

Die Spezialisten glaubten, die sowjetische Politik würde von Doktrin, Ideologie und einem Geist angeborener Aggressivität gestaltet. Darum strebte die Sowjetunion nach Weltrevolution und unbegrenzter Expansion. Folglich befanden sich nicht nur die Länder an Rußlands Grenzen, sondern die Vereinigten Staaten selbst im Belagerungszustand und mußten ständig auf der Hut sein. Die «Kluft» von 1919 war immer noch sehr real und konnte nur durch größere Umwälzungen überbrückt werden.[39]

Seltsamerweise waren die sowjetischen Staatsmänner trotz ihres ideologischen Fanatismus kühle Denker, sehr viel kühler als ihre westlichen Kollegen. «Wenn es auf dieser Welt überhaupt Realisten gibt, sind sie es», schrieb 1940 Botschafter Laurence Steinhardt, Davies' Nachfolger. Die sowjetischen Staatsmänner setzten sich ihre Ziele immer ganz klar. «Die russische Politik ist sehr viel mehr als die anderer Länder», schrieb Henderson 1936, «auf eine Reihe bestimmter Ziele» ausgerichtet. Sowjetische Beamte werden nach «den Fortschritten» beurteilt, die sie «in Richtung dieser Ziele» machen können. Die Russen standen immer auf sicheren Füßen, in Strategie und Taktik waren sie Meister.

Der Historiker muß hier einflechten, daß die grundsätzliche Annahme,

* Wir werden Gelegenheit bekommen, auf diese Feststellung zurückzugreifen, wenn wir die Kontroverse zwischen den Vereinigten Staaten und der Sowjetunion nach dem Zweiten Weltkrieg behandeln.

die Sowjets arbeiteten nach einem außenpolitischen Plan, der, von der Ideologie bestimmt, genaue Ziele verfolgte, ihnen nicht nur mehr Bedeutung zumaß, als sie verdienten, sondern auch die Bewertung der Sowjetpolitik nach dem Kriege dem Wesen nach verfälschte. Die amerikanischen Diplomaten wurden so verleitet, die politische Kohärenz des Kreml – die Rolle der Ideologie und bewußten Absichten – zu überschätzen. Gleichzeitig unterschätzten sie in der russischen Politik die Rolle von Zufall, Verwirrung und Unsicherheit und sahen bloße Reaktionen oft als geplante Handlungen an. Ein ähnliches Mißverständnis herrschte zweifellos auf der anderen Seite; was die Amerikaner unternahmen, um sich durch dieses oder jenes Problem hindurchzulavieren, konnte bei den Sowjets als Teil einer umfassenden kalkulierten Politik gelten. Man könnte in der Tat noch weiter gehen und annehmen, bei internationalen Beziehungen herrsche die allgemeine Tendenz, die politische Kohärenz des Gegners zu überschätzen.

In den Augen der amerikanischen Staatsmänner der dreißiger Jahre war die Sowjetunion gefährlich und nicht vertrauenswürdig, weil sie ein vollkommen unmoralischer Staat war, in dem das menschliche Leben nichts galt. Stalins Schreckensherrschaft hatte mächtige Auswirkungen. Kennan erinnerte sich, wie er 1938 aus seinem Fenster auf den Roten Platz auf die «schneebedeckten Türme . . . mit den dicken asiatischen Rabenkrähen schaute, die vor einem bleiernen Himmel darüber kreisten, als ob sie fühlten, daß sie sich über einem der blutigsten Flecken der Erde befänden». Das Bild der Rabenkrähen paßt auch in anderer Hinsicht, denn die Russen waren die Aasfresser des Krieges und der internationalen Krise. «Der Krieg wird so schreckliches Leiden bringen, daß er mit einer allgemeinen Revolution enden wird», schrieb Bullitt 1936, «die einzigen Gewinner werden Stalin und Co. sein.»[40]

Diesen Annahmen lag insgesamt die Auffassung zugrunde, die sowjetischen Staatsmänner seien eine kollektive «Persönlichkeit», deren Denken so tief von Aggressivität und Unsicherheit durchdrungen wäre, daß sie ständig an Krieg dächten. Man konnte als «grundsätzlich» ansehen, schrieb Henderson 1938, daß die sowjetischen Staatsmänner die Anwesenheit ausländischer Diplomaten «als Übel ansahen, daß die Weltlage sie hinzunehmen zwingt». Eine solche Einstellung der Russen machte fast jegliche Art konstruktiver Beziehungen unmöglich.

Die Amerikaner glaubten, der sowjetische Standpunkt sei ein Spiegelbild der Verschmelzung bolschewistischer Doktrinen und Praktiken mit dem russischen Nationalcharakter. In einem 1938 gehaltenen Vortrag, dessen Bedeutung darin liegt, daß er den Ursprung des nach dem Kriege verfaßten «Mr. X»-Artikels und der Freudschen Konzepte zeigt, die ihn beeinflußten, zog Kennan es vor, die «abgedroschene Frage, wie weit der Bolschewismus Rußland wandelte», zu übergehen und statt dessen die Frage zu stellen, «wie weit Rußland den Kommunismus gewandelt hat».

Die natürliche Umgebung, insbesondere die asiatische Grenze (die Furcht, das Bedürfnis, das «Gesicht zu wahren» und ein «vages Gefühl von Universalismus» erzeugte); die Kultur vom Schwarzen Meer; die griechisch-orthodoxe Kirche (mit ihrem starken Dogmatismus, ihrer Intoleranz und ihren Intrigen); die Rückständigkeit des Landes im Vergleich zum Westen – all das hatte einen Staat «mit einer sehr ausgesprochenen Persönlichkeit» entstehen lassen. Kennan fuhr fort: «Schließlich sind Nationen wie Individuen weitgehend die Produkte ihrer Umwelt; und viele ihrer Eigenheiten, Befürchtungen und Neurosen sowie ihrer Fähigkeiten sind durch die Eindrücke dessen bedingt, was wir als ihre frühe Kindheit bezeichnen können.» Sowohl in internationalen wie auswärtigen Angelegenheiten sah er einen deutlichen Zusammenhang der Lebensanschauungen aus der Zarenzeit mit der unter Stalin.[41]

Angesichts eines solchen potentiellen Gegners mußten die Vereinigten Staaten stets vorsichtig und wachsam sein. Um es mit der russischen «Persönlichkeit» aufzunehmen, brauchte man viel Geduld, einen festen Gegenkurs und bewußte «Härte». Im Oktober 1940 schrieb Steinhardt an Henderson: «Annäherungen Britanniens oder der Vereinigten Staaten müssen hier als Zeichen von Schwäche ausgelegt werden, und die bestmögliche Politik ist die der Zurückhaltung, die von Stärke zeugt ... Wie Sie aus Ihren eigenen Erfahrungen wissen, stellen diese Leute hier, sobald sie merken, daß wir sie ‹beruhigen, ihnen nachgeben oder sie benötigen›, sofort ihre Mitarbeit ein ... Meine Erfahrung hat bewiesen, daß sie nur Gewalt verstehen, und kann diese nicht angewandt werden, einen rein orientalischen Schacher oder Tauschhandel ... Das ist nach meiner Ansicht die einzige Sprache, die sie verstehen, und auch die einzige, die Erfolge zeitigt.»[42] Daraus ergab sich die Schlußfolgerung, daß Diplomatie mit der Sowjetunion nicht nur abenteuerlich, sondern geradezu gefährlich war.

Ende der dreißiger Jahre hatten die Sowjetspezialisten und ihre Anhänger das Bild der Sowjetunion als weltrevolutionierender Staat voll abgerundet. Es war eine Ausarbeitung der in Riga vertretenen Ansichten, die ursprünglich auf Wilsons Nichtanerkennung der bolschewistischen Revolution beruhten, doch wurde es durch die seit der Anerkennung gemachten Erfahrungen, insbesondere von dem, wenn auch nur teilweise wahrgenommenen Stalin-Terror, verstärkt. Die Diplomaten besaßen eine Sprache, um Sowjetrußland und seine Rolle bei internationalen Beziehungen zu beschreiben, und sie hatten, wie Steinhardt erklärte, auch ein Idiom, um *mit* den Russen zu reden.

Der deutsch-sowjetische Nichtsangriffspakt, der am 23. August 1939 in Moskau geschlossen wurde, war für die Sowjetspezialisten ein ebenso großer Schock wie für die linke Volksfront. Bereits im Mai 1937 hatte Henderson «die äußerst interessanten Entwicklungen der deutsch-sowjetischen Beziehungen für die kommenden zwei Jahre» vorausgesagt. Er glaubte nicht, daß die Sowjetunion, um die Nazis zu beruhigen, «ihre international revolutionären Ideen offiziell aufgeben und offen eine diktatorische Regierungsform annehmen» würde, doch könne sie die deutschen Kommunisten den Erfordernissen eines «Verständnisses» opfern, wenn Hitler Rußland mehr Freundschaft zeigte, und nach und nach «seine Kampagne gegen das internationale Judentum» abstoppen. Henderson erklärte: «Bitte gewinnen Sie aus der von mir letztgenannten Bedingung nicht den Eindruck, daß ich die Sowjetunion für von Juden beherrscht halte. Trotzdem bin ich überzeugt, die Sowjetunion wird mit der Zeit erkennen, daß das internationale Judentum sie in internationalen Angelegenheiten wirksam unterstützt, und weiter glaube ich, daß sie es wenigstens zum gegenwärtigen Zeitpunkt vorzieht, schlechte Beziehungen mit Deutschland beizubehalten, als den international eingestellten Juden den Eindruck zu geben, sie habe sie im Stich gelassen.»[43]

Die Ereignisse, die auf den Pakt von 1939 folgten: die sowjetische Rolle bei der Aufteilung Polens, der Winterkrieg in Finnland, die Annexion der Balkanstaaten und Bessarabiens – all diese Schritte hatten Deportationen und eine Ausweitung des Terrors zufolge –, bestätigten den Standpunkt von Riga und gaben seinen Vertretern den Mut zu einer noch kategorischeren Sprache. Der Krieg gegen Finnland brachte in den Vereinigten Staaten eine allgemeine antisowjetische Stimmung zum Zuge und kühlte die russisch-amerikanischen Beziehungen ab. Der Abscheu, der zwei Jahrzehnte zuvor zu DeWitt Clinton Pooles scharfer Kritik geführt hatte, lebte nun noch kraftvoller wieder auf.[44]

Selbst in den höchsten Kreisen gewann man zum Rigaer Bild Zutrauen. Mitte des Jahres 1940 griff Henderson seine Vorgesetzten an: «Kennt die Regierung der Vereinigten Staaten allein Beurteilungs- und Verhaltenskriterien für Angriffe Deutschlands und Japans und nicht für die sowjetische Aggression?» Jetzt kam die Antwort: Deutschland und Rußland waren vom gleichen Stamm; beides waren totalitäre Diktaturen. Am Vorabend der deutschen Invasion Rußlands summierte Cordell Hull die in den dreißiger Jahren gesammelten Erkenntnisse: «Von unseren eigenen Erfahrungen und Beobachtungen der Erfahrungen anderer Regierungen ausgehend, dürfe die amerikanische Rußlandpolitik ‹keine Annäherungen an die Sowjetunion machen›, müsse ‹irgendwelche Annäherungen der Sowjets mit Vorbehalt aufnehmen› und solle ‹prinzipiell zwecks Verbesserung der Beziehungen keine Opfer bringen›».[45]

Diese Grundsätze schienen Rußlands Rolle auf der Weltbühne hinreichend festzulegen und den Vereinigten Staaten einen angemessenen Kurs zu weisen. Sie bestimmten die Interpretation der Geschehnisse bis zur deutschen Invasion Rußlands in der Nacht vom 21. zum 22. Juni 1941.[46] Durch sie verloren die Rigaer Grundsätze plötzlich viel von ihrer Relevanz. In den russisch-amerikanischen Beziehungen begann eine neue

Phase, die zu einer Erkenntnis führte, die sich weitgehend von der des Rußlanddienstes während der Zwischenkriegsjahre unterschied. Ein neues, auf anderen Voraussetzungen basierendes Bild trat in den Vordergrund. Außerdem wurden politische Probleme nun unter Umgehung des State Department gehandhabt.[47]

Diejenigen, die in dem kleinen kalten Krieg der Zwischenkriegsjahre an der Front gestanden hatten, befanden sich nun auf dem Abstellgleis. Ihre Interpretationen und Erklärungen paßten nicht länger zur Situation. Die Männer, die sie formuliert hatten, fürchteten, Roosevelt sei ein irregeleiteter Träumer, der dem falschen und gefährlichen Pfad eines Joseph Davies folgte. Doch hatten ihre Ansichten keine Bedeutung, sie waren machtlose Opposition geworden. Henderson bekämpfte die neue Roosevelt-Politik und die durch sie bedingten Verfahren, so hart er konnte. Er wollte nicht zusehen, wie die Vereinigten Staaten «die Prinzipien [eines] normalen internationalen Verkehrs über Bord würfen», wußte aber, daß Politik «nicht von Leuten wie ich, sondern von den höchsten Autoritäten unserer Regierung» gemacht würde. Im März 1942 schrieb er an Samuel Harper: «Hier in Washington herrschen interessante Zeiten, aber eines kann ich Ihnen versichern – es ist nicht die angenehmste Lage, in der wir weitermachen müssen.» Nachdem man ihn schließlich zu oft abgewiesen hatte, beschloß er, nicht mehr weiterzumachen. 1943 bat er um Enthebung von seinen Amtspflichten als Leiter der Europa-Abteilung und wurde als Botschafter auf einen Posten im Irak verbannt.

Charles Bohlen trat in Washington seine Nachfolge an und hielt wenigstens anfänglich an den Ansichten von Riga fest. Doch wurde er zu Roosevelts engstem außenpolitischen Mitarbeiterkreis hinzugezogen und Verbindungsmann zwischen State Department und Weißem Haus. Damit büßte er seine Anhänglichkeit an die Rigaer Grundsätze ein, und er ging mit vorsichtigem Optimismus in das Roosevelt-Lager über. Im Februar 1945 schrieb George Kennan Bohlen einen persönlichen Brief, in dem er auf eine Aufteilung Europas in Einflußsphären, in Wahrheit aber auf die Bildung eines antisowjetischen Blocks hindrängte. Kennan kritisierte den sowjetischen Einfluß in Ost- und Mitteleuropa als «so gefährlich für alles, was wir in Europa zu erhalten wünschen».

«Ich glaube nicht, daß es in diesem Krieg je eine Zeit gab, in der man wirklich ganz anders hätte handeln können als wir», schrieb Bohlen zurück, «ist das nicht eher eine Frage von Realitäten als von Papierkram? Entweder haben unsere Freunde die Absicht, Zurückhaltung zu üben, oder nicht. Ich gebe, wie die Briten sagen, zu, daß die Antwort nicht eindeutig ist. Deutlich ist aber, daß die Sojuz [Sowjetunion] hier als einer der bedeutendsten Weltfaktoren bleiben wird. Mit ihnen streiten wäre leicht, aber das können wir immer noch.»[48]

Kennan hatte seine gegenteilige Meinung fast vier Jahre zuvor in einem

Brief an Loy Henderson dargelegt, den er zwei Tage nach dem deutschen Angriff auf Rußland schrieb. In jedem Grenzland ist «Rußland allgemein mehr gefürchtet als Deutschland»; Rußland als «Verbündeten bei der Verteidigung der Demokratie willkommen zu heißen würde eine Identifizierung der Vereinigten Staaten mit der sowjetischen Unterdrückung Osteuropas in der Innenpolitik eines Regimes bedeuten, das in diesem Teil der Welt weitgehend gefürchtet und verhaßt ist». Zu Beginn des Krieges hatte Kennan die Ausübung deutscher Macht auf dem europäischen Kontinent keine Sorge bereitet. «Man kann nicht behaupten, die deutsche Politik würde von irgendwelchen sadistischen Wünschen motiviert, andere Völker unter deutscher Herrschaft leiden zu machen», schrieb er im April 1941. «Den Deutschen liegt im Gegenteil viel daran, daß ihre neuen Untertanen unter ihrer Obhut glücklich sind. Um das zu erreichen, sind sie bereit, in ihren Augen bedeutende Kompromisse zu machen, und sie können nicht verstehen, warum diese Maßnahmen keinen Erfolg haben sollten.»[49] In Wirklichkeit hatte Kennan während des Krieges hauptsächlich mit nichtrussischen Fragen zu tun; erst in Deutschland (wo er nach Amerikas Kriegseintritt für einige Zeit interniert war) und dann bis zum Sommer 1944 in London und Lissabon.

Schließlich wurde Elbridge Durbrow der Leiter einer neugebildeten Abteilung für Osteuropäische Angelegenheiten, und weiterhin strömten, wie zu Kelleys Zeiten, aus dem State Department Warnungen vor Rußlands revolutionären Zielen, seiner Gier nach Macht und Ländereien, seiner Doppelzüngigkeit und den Gefahren einer Beschwichtigungspolitik. Die Warnungen blieben ungehört.

Die Rußlandpolitik Amerikas lag nun nicht länger in Händen des State Department. In einer durch die Zwischenkriegsjahre radikal veränderten Umwelt war die Rigaer Schule völlig überholt, denn Roosevelt baute an einer kühnen, neuen Brücke, um in der Nachkriegszeit die Kluft zwischen Amerika und Rußland zu schließen.[50]

... der hervorstechende und gefährliche Fehler fast jeden, sowohl des akademischen wie des volkstümlichen Denkens über internationale Politik in englischsprechenden Ländern von 1919 bis 1939 ist – die fast vollkommene Vernachlässigung des Machtfaktors.

E. H. CARR: The Twenty-Years Crisis, 1939

Es war an der Zeit, realistisch zu sein.

FRANKLIN ROOSEVELT, 1941[1]

II

Die Jalta-Grundsätze: Roosevelts großer Plan

Eines Abends im März 1943 speiste der britische Außenminister Anthony Eden im Weißen Haus privat mit Präsident Roosevelt und Harry Hopkins. Die drei verfielen in eine lange, nachdenkliche Unterhaltung, die bis spät in die Nacht andauerte. Mit einer Leichtigkeit, die nur jener Handvoll Leute zu eigen ist, die über Weltgeschichte entscheidet, überprüften sie die offenstehenden Fragen des gesamten Erdballs, spielten mit Grenzen, versetzten Regierungen wie Schachfiguren und mutmaßten die politischen Schattierungen auf der künftigen Weltkarte der Nachkriegszeit. «Ein Zauberer, der geschickt mit Dynamitbällen jonglierte», so sah Eden Roosevelt in jener Nacht. «Die große Frage, die Roosevelts Denken zu Recht beherrschte, war, ob es möglich sein würde, jetzt, nach dem Kriege, mit Rußland zusammenzuarbeiten», erinnerte er sich.[2]

Roosevelt fragte Eden, was er von der «Bullitt-These» hielte, wobei er sich auf ein langes, auf den Rigaer Grundsätzen basierendes Memorandum bezog, das Bullitt vor einigen Wochen ins Weiße Haus gesandt hatte. Bullitt, dessen Begeisterung von vor zehn Jahren seit langem zu Furcht und Unruhe geworden war, sagte voraus, den Russen würde es gelingen, den Kontinent mit Erfolg kommunistisch zu machen – wenn die Vereinigten Staaten und Britannien nicht «das Hineinströmen der roten Amöbe nach Europa» aufhielten.

Eden erwiderte, eine endgültige Beantwortung dieser Frage sei nicht möglich. Aber «sogar wenn sich diese Befürchtungen bestätigen sollten», fuhr er fort, «würden wir durch einen Versuch, mit Stalin zusammenzuarbeiten, die Lage nicht verschlechtern». Eden pflichtete Roosevelt bei, es sei besser, von Bullitts Meinung entgegengesetzten Annahmen auszugehen – daß es möglich sein würde, einen Weg zu finden, *mit* der und nicht *gegen* die Sowjetunion zu arbeiten. Auch Roosevelt glaubte nicht, daß es eine kategorische Antwort gäbe. Er war der Meinung, die sowjetischen Bestrebungen und Methoden würden teilweise von Stalins persönlicher Einschätzung amerikanischer und britischer Absichten und Möglichkeiten bestimmt werden.

Das gewiß wichtigste Ziel von Roosevelts Nachkriegsdiplomatie war die Gewinnung einer Basis für die Zusammenarbeit mit der Sowjetunion nach dem Kriege. Er hatte von der Nachkriegsregelung, die er wünschte, und deren Durchführung eine klare Vorstellung. Diese Vorstellung wurde ebenfalls von einer Anzahl von Grundsätzen geleitet, von denen einige aus der Zeit vor dem Kriege stammten, während andere während desselben entstanden waren. Roosevelts Grundsätze waren immer provisorischer als die von Riga, aber auch in ihrem Mittelpunkt stand – von Erfahrung, Einschätzung und Optimismus geprägt – ein Bild Sowjetrußlands.

Der Kriegsminister Henry Stimson wetterte einmal über Roosevelts «verdammte Sorglosigkeit».[3] Dieses gewohnheitsmäßige Verschleppen, die Neigung, ein Problem elegant beiseite zu schieben, wurde oft als Charakterzug des Präsidenten festgestellt. Aber er hatte nicht aufgeschoben, über die Nachkriegswelt nachzudenken, und zeitig als erstes Postulat aufgestellt, daß dieser Friede auf der Grundlage von Machtrealitäten ruhen müsse.

Kurz nach Edens Besuch hatte er seine Gedanken der Öffentlichkeit mitgeteilt. Ein Journalist namens Forrest Davis hatte ein Wochenende im Weißen Haus verbracht, um mit dem Präsidenten über seine Konzeption der Nachkriegswelt zu reden. Der vor dem Druck vom Präsidenten überprüfte Artikel erschien im Frühjahr 1943 in der *Saturday Evening Post*. Aus dem State Department drang durch, daß man den Artikel als authentisch ansehen könne, er enthielte des «alten Mannes Großen Plan».

Dieser neue Friede sei auf dem «Faktor der Macht» zu errichten, schrieb Davis. Die Versailler Abmachungen waren fehlgeschlagen, weil man bei der Friedensregelung nach dem Ersten Weltkrieg versäumt hatte, die Machtfaktoren zu berücksichtigen. Der Völkerbund sei ein idealistischer Traum ohne eigentliche Grundlagen gewesen. «Bestrebungen nach einer besseren Welt» waren nicht Roosevelts Hauptanliegen, sondern eher die «kalten, rationalistischen Verfahren und Mittel zur Durchsetzung dieser Bestrebungen . . . Das Problem der Sieger war die Machtfrage. Wie würden sie ihre Macht anwenden?»

Davis stellte klar Roosevelts Annahme heraus, die Vereinigten Staaten würden am Frieden mitwirken. Auch die Sowjetunion müsse hinzugezogen werden. «Mit einem geschwächten Deutschland und einem zerstörten Frankreich wird Rußland zur einzigen erstklassigen Militärmacht auf dem Kontinent.»[4]

Solch eine Auffassung unterschied Roosevelt von den meisten amerikanischen Planungen für die Nachkriegswelt, sowohl innerhalb wie außerhalb der Regierungskreise. Wenn er weiterhin von W. Wilson als «meinem Präsidenten» sprach, bedeutete das mehr als eine bloße Erinnerung an seinen Dienst als Stellvertretender Marineminister während des Ersten Weltkrieges. Denn er blieb Wilsons Ziel einer (wie er es ausdrückte) «besseren Welt, einer geordneten Welt» verpflichtet. Aber, so bemerkte er auch einmal, bald nach seinem Amtsantritt hatte er auch W. Wilsons Fehler begriffen. Er suchte nach «realistischeren» Methoden, um die Nachkriegsprobleme Deutschlands und Japans zu lösen, den Frieden zu bewahren, Aggressionen einzudämmen und den Verlust der Stabilität zu verhindern, die Allianz der Sieger zu bewahren und die unvermeidlichen Auseinandersetzungen zwischen ihnen gelassen zu regeln. Die Dinge wurden noch erschwert, weil der Mechanismus der Regelung dem amerikanischen Volk gelegen kommen mußte, denn ohne eine angemessene Zustimmung des Volkes konnten die Vereinigten Staaten nicht die führende Rolle spielen, die Roosevelt für sie erstrebte. Der Gedanke, einen solchen Mechanismus zu schaffen, begeisterte ihn, denn er genoß es, Macht zu manipulieren. Dieser Wilsonsche Renegat, denn das war er eigentlich, plante – er war eingedenk der Lehren des verflossenen Vierteljahrhunderts ein sehr viel feinerer und pragmatischerer Politiker als der Vorkriegspräsident, einfühlender für Schattierungen von Persönlichkeiten und internationalen Beziehungen –, Einflußsphären und andere überlieferte Taktiken aus der «alten Diplomatie» zur Schaffung eines neuen Systems zu verwenden.[5]

Dem Mittelstück von Wilsons Planung, dem Völkerbund, brachte er keine Geduld entgegen. Obwohl er 1920 für den Bund geworben hatte, war er 1935 von ihm als «nichts anderes als eine debattierende und dazu noch armselige Gesellschaft» abgetan worden. Bei der Atlantikkonferenz im August 1941 weigerte er sich standhaft, trotz der britischen Vorstellung, diese Auslassung könne tragische Folgen haben, auch nur die Erwähnung einer neuen internationalen Organisation in die Atlantik-Charta mit einzubeziehen. Solch eine Referenz, behauptete der Präsident, würde in den Vereinigten Staaten nur auf Verdacht und Ablehnung stoßen. «Es war an der Zeit, realistisch zu sein», sagte er. Er räumte ein, daß er nach einer langen Übergangsphase irgendeine Organisation wohl unterstützen könnte, aber am besten eine, die sich nur mit Sicherheitsfragen befaßte und keinerlei politische Bedeutung hätte.[6]

Die einzig vernünftige Art, eine neue internationale Ordnung zu organisieren, bestand für Roosevelt auf der Grundlage eines Konsortiums der Großmächte, in dem die Vereinigten Staaten eine aktive Rolle spielen sollten. Weniger als zwei Monate nach Pearl Harbor beklagte er sich, daß Churchill sich nicht viel mit der Nachkriegsordnung und der Lösung «des deutschen Problems» befaßt habe. Die Vereinigten Staaten würden Hand anlegen müssen, «sogar so weit, daß sie sich für einige Zeit an der politischen Arbeit beteiligten». Nach allem, erklärte der Präsident, «müßte bei Anzeichen, daß die Deutschen wieder loslegen wollten, jemand in der Lage sein, ihnen gewaltig eins auf den Deckel zu geben».[7]

Bald darauf sprach Roosevelt – er verstand es, wesentliche Probleme in der bäuerlichen Ausdrucksweise eines Landedelmannes zu erläutern – von internationalen «Sheriffs» und den Vier Polizisten – den USA, Großbritannien, Rußland und China. 1942 und 1943 legte er beiden, dem sowjetischen Außenminister Molotow (der ihn unter dem Pseudonym «Mr. Brown» besuchte) und Anthony Eden, seine Vorstellungen dar, denen zufolge diese Allianz mittels der Vier Polizisten, die «genügend Streitmächte zur Aufrechterhaltung des Friedens unterhalten sollten», nach dem Kriege am Leben gehalten werden sollte.

Auf China reagierten beide Außenminister skeptisch. Eden dachte, China werde wohl nach dem Krieg eine Revolution durchmachen, und offengestanden «gefiel ihm der Gedanke der den Pazifik auf und ab eilenden Chinesen sehr wenig». China war eine von Roosevelts großen Illusionen, was bei jemand, der so auf den Machtgedanken fixiert war, ziemlich überrascht. Doch fürchtete er, ein schwaches China könne eine Art Spanischen Bürgerkrieg größten Ausmaßes veranlassen, und hoffte, eine Behandlung als Großmacht könne dem Land bei der Lösung seiner internationalen Probleme helfen. Er dachte auch, daß ein asiatischer Polizist notwendigerweise den asiatischen Nationalismus bekämpfen und Japan kontrollieren helfen und daß China eine Barriere gegen den sowjetischen Einfluß bilden würde.[8]

Doch schon zur Zeit von Edens Besuch im Frühjahr 1943 zwang die öffentliche Meinung Roosevelt, seinem Großmächtekonsortium ein Wilsonsches Mäntelchen umzuhängen. Als Präsident reagierte er sehr empfindlich auf die Meinung des Pöbels. In den dreißiger Jahren hatte er den nationalen Trend zum Isolationismus als starke Hemmung empfunden, die ihn daran hinderte, bei den in Europa und Asien aufkommenden Konflikten den amerikanischen Einfluß geltend zu machen. Die öffentliche Meinung engte ihn ein. Genau zwei Monate vor Pearl Harbor berichtete Lord Halifax, der britische Botschafter, an Churchill, der Präsident habe gesagt, «es sei sein persönliches Problem, einen Kurs zwischen zwei Faktoren zu steuern, der erste werde von dem Wunsch von 70 Prozent Amerikanern vertreten, sich aus dem Krieg herauszuhalten, und der zweite von dem Wunsch von 70 Prozent Amerikanern, alles zu tun, um Hitler zu vernichten, und sei es mit kriegerischen Mitteln. Wenn er eine Kriegserklärung fordere, würde er sie, meinte er, nicht bekommen und die öffentliche Meinung sich gegen ihn wenden. Darum habe er die Absicht, weiterhin das bestmögliche zu tun, um uns zu helfen, und Kriegserklärungen seien, sagte er, außer Mode ... das bestätigt durchaus meine Ansicht, die Sie, glaube ich, teilen, nämlich, daß er sich eher in den nichterklärten Krieg als in den offiziellen begeben wird, obwohl die Dinge, wenn das Richtige passiert, sich zweifellos über Nacht ändern könnten.»[9]

Während Roosevelt früher geglaubt hatte, das amerikanische Volk würde keine internationale Organisation akzeptieren, war er 1943 der Ansicht, der Verzicht auf eine solche Organisation sei unverzeihlich. Es gab kaum eine Wahl; sich einer Organisation widersetzen hieße, gegen eine reißende Strömung schwimmen. Er hatte nicht zu Wilsons Glauben zurückgefunden – aber ein großer Teil des Landes hatte ihn wiedergewonnen.

1943 hatte die öffentliche Meinung eine breite Schwenkung gemacht, die für die restliche Kriegszeit bis in den kalten Krieg hinein einen beträchtlichen politischen Einfluß haben sollte. Das amerikanische Volk machte eine internationalistische Phase durch, eine inbrünstige Wiedergeburt des Wilsonianismus, die teilweise, so schrieb ein Historiker, durch ein «beherrschendes Schuldgefühl» angeregt wurde, demzufolge der Zweite Weltkrieg weitgehend darauf zurückging, daß die Vereinigten Staaten es nach dem Ersten versäumt hatten, die ihnen zukommende Rolle zu übernehmen. Der Meinungsforscher George Gallup hatte bereits im Sommer 1942 «einen tiefgehenden Wechsel des Standpunktes bei internationalen Angelegenheiten» im amerikanischen Volk festgestellt; im Mai 1943 waren 74 Prozent für eine Teilnahme der USA an der internationalen Polizeitruppe, die den Frieden bewahren sollte.[10]

Der Kongreß spiegelte diesen Wandel wider. «Gottverdammich, jeder rennt hier herum, als ob er eine Macke hätte, und brüllt über Nachkriegsbeschlüsse», explodierte einmal Tom Connally, der Vorsitzende des senatorischen Komitees für auswärtige Beziehungen. Schließlich gingen beide Häuser über die Fulbright- und Connally-Beschlüsse hinaus und stimmten mit überwältigender Mehrheit für eine Nachkriegsorganisation.

Die Veränderung des öffentlichen Denkens spiegelte nicht nur Schuldgefühle, sondern auch eine verwandelte Umwelt wider. Senator Robert Taft hatte 1939 die wesentliche Voraussetzung des Isolationismus propagiert: «Meine Gesamtkonzeption der Außenpolitik basiert weitgehend auf der Voraussetzung, daß Amerika in der Lage ist, sich erfolgreich gegen den Rest der Welt zu verteidigen.» Pearl Harbor und die nachfolgenden Feindseligkeiten zerstörten den Glauben an diese Lage. Die Mobilisierung der gesamten Nation zugunsten des totalen Krieges veränderte weiterhin die Einstellung. Die Entwicklung der Bipartnerschaft – allgemeine Übereinstimmung und Zusammenarbeit von Kongreß und Exekutive wie auch der beiden Parteien – bedeutete, daß die Außenpolitik nicht länger eine trennende Streitfrage heimischer Parteien war. Eine der bedeutendsten Persönlichkeiten in dieser Entwicklung war John Foster Dulles, der wichtigste außenpolitische Berater des republikanischen Präsidentschaftskandidaten Thomas Dewey im Jahre 1944, der mit Staatssekretär Hull einen Zweiparteienwaffenstillstand aushandelte, der während der ganzen Präsidentschaftskampagne anhielt.[11]

Noch bedeutender war Arthur Vandenberg, der führende senatorische

Sprecher der republikanischen Außenpolitik, dem es gelang – Spuren purpurner Rhetorik hinter sich lassend –, als Verkörperung neuer Ansichten der öffentlichen Meinung gleichzeitig sowohl bei der Republikanischen Partei wie auch beim Senat aufzutreten – und das alles mit einem gemessenen Mangel an Bescheidenheit. Einmal versuchte Mrs. Robert Taft auf Drängen ihres Mannes bei einer Dinnerparty «Van zu schmeicheln», mußte aber berichten, daß die Aufgabe unausführbar gewesen sei – «er schmeichelte sich selbst so gründlich, daß ich keine ungeschmierte Stelle mehr finden konnte». Vor dem Krieg hatte er Tafts Vorstellungen von der nationalen Selbstverteidigung geteilt und war Isolationist gewesen. Nach Pearl Harbor war er, durch Argumente Luftwaffenangehöriger – sein Neffe war der General der Luftwaffe Hoyt Vandenberg – beeinflußt und auch dem eigenen Wunsche folgend, aus der Opposition in die aktive Politik überzuwechseln, dazu übergegangen, den Vereinigten Staaten in internationalen Angelegenheiten der Nachkriegszeit eine aktive Rolle zuzubilligen. Sein im Januar 1945 vor dem Senat abgegebenes «Bekenntnis» der Irrtümer des Isolationismus übertrumpfte den bereits weitgehend entwickelten internationalen Konsens in der heimischen Politik.

Zu jener Zeit hatte Roosevelt bereits eingesehen, daß sein Großer Plan wenigstens oberflächlich neu angelegt werden mußte, um diesen bedeutsamen Wandel der öffentlichen Meinung Amerikas zu berücksichtigen. Statt die öffentliche Meinung zu bekämpfen, wollte er sie sich nutzbar machen. Darum sollte die Neuformulierung des Völkerbundes, die Vereinten Nationen, die amerikanische Stellung in der Nachkriegswelt öffentlich absichern, ihre Rolle legitimisieren und einem Rückfall in den Isolationismus vorbeugen. Daraus entwickelte sich ein Zwiespalt seiner Politik, den viele zu jener Zeit – und auch danach – übersehen haben.[12] Im Herbst 1943 stellte er sich die Vereinten Nationen bestehend aus einer allen Nationen zugänglichen Versammlung und einem beschränkteren Exekutivkomitee vor, das sich aus den Großmächten zusammensetzte. Gleichzeitig sollten die Vier Polizisten ihre Rolle als Friedenshüter vollständig außerhalb des Rahmens der UNO ausüben.

Die öffentliche Meinung Amerikas betrachtete die «Großmachtpolitik» weiterhin mit höchstem Mißtrauen. Inzwischen war Roosevelt zu der Überzeugung gelangt, ein den Großen Vier und den Vier Polizisten unterstelltes Exekutivkomitee könne diesen Zweck genausogut erfüllen. Im Februar 1944 genehmigte er eine Einbeziehung des Polizeidepartments in das Exekutivkomitee.[13] Dieser Wandel befriedigte die Gefühle von Volk und Kongreß, doch war er mehr Schein als Wirklichkeit, denn die neue Organisation blieb in einer zweigleisigen Spur, die die Vorherrschaft der Großmächte sicherte. Mit anderen Worten, die Vereinten Nationen selbst stellten eine Verbindung zweier verschiedener Auffassungen der Nachkriegsordnung dar – einen Frieden in Wilsons Sinne, vertreten durch die künftige Generalversammlung, und einen Großmachtfrieden, der sich im künftigen Sicherheitsrat verkörperte. Der eigentliche Gegensatz zwischen diesen beiden Standpunkten blieb während des größten Teils des Zweiten Weltkriegs verborgen. Nach dem Krieg wurde der Konflikt offensichtlich und zu einer der Hauptquellen des kalten Krieges.

Die langwierige Geburt der Vereinten Nationen änderte nichts an Roosevelts unterschwelligen Absichten. Von grundsätzlicher Bedeutung war für ihn, daß der Friede auf den Realitäten der Macht basierte, was wiederum hieß, daß er in den Großmächten verwurzelt sein mußte. Die Alliierten «stimmen zu etwa 95 Prozent überein», erklärte Roosevelt im März 1943 auf einer Pressekonferenz, «ich wünschte, manche Leute würden sich das hinter die Ohren schreiben».[14]

Das war nur eine leichte Überbewertung der anglo-amerikanischen Beziehungen. Es kam zu einigen scharfen Auseinandersetzungen über die Rolle General de Gaulles, Chinas, der europäischen Kolonialreiche und über die wirtschaftlichen Vereinbarungen der Nachkriegszeit. Trotzdem herrschte weitgehend eine Atmosphäre gegenseitigen Verständnisses. Die beiden Länder waren nicht nur durch einige strategische Notwendigkeiten und ihre militärische Koordination aneinander gebunden, auch nicht nur durch die engen freundschaftlichen Beziehungen zwischen Roosevelt und Churchill, sondern auch durch tiefere Gemeinsamkeiten der Sprache, Wirtschaft, kultureller und politischer Traditionen und gesellschaftlicher Verbindungen.[15] Die wichtigsten politischen Ziele der Briten waren auch die ihrer atlantischen Verbündeten. Der Augenschein beweist, daß Roosevelt und die meisten, wenn auch nicht alle, seiner Umgebung sich nach und nach zu der Voraussetzung bekannten, die Walter Lippmann 1944 formulierte: «Die Übereinstimmung mit Britannien sehe ich vielleicht nicht als gewährleistet, doch als grundlegend an.» Was auf Großbritannien zutraf, braucht nicht für die Sowjetunion zu gelten. Die Kluft zwischen den USA und der UdSSR – gemessen an Ansichten, Erfahrungen, Überlieferungen, Gewohnheiten und Beziehungen – war sehr weit. Die unterschiedlichen Beziehungen der Vereinigten Staaten zu ihren beiden Partnern der Großen Allianz sind zwar offensichtlich, müssen aber noch genauer erläutert werden. Stimsons Tagebuch strotzt von Erklärungen über die Notwendigkeit, die anglo-amerikanische Zusammenarbeit nach dem Kriege fortzusetzen, diese Meinung wurde von höheren britischen und amerikanischen Beamten ebenso leidenschaftlich vertreten. In der Tat schienen Stimson und viele der Engländer fast der gleichen Gesellschaft anzugehören.

Freundlichkeit und gegenseitiges Verständnis kontrastierten scharf mit dem Abstand, den Stimsons Bericht vom ersten Treffen mit dem neuen sowjetischen Botschafter in Washington, Andrej Gromyko, verdeutlicht. «Durch ein Wunder bekam ich zu ihm recht gute menschliche Beziehungen – das erstemal, daß dies bei irgendeinem der Russen geschah. Ich hatte meine Landkarte von Rußland ausgebreitet ... fragte ihn dann, wo er wohnte, und er zeigte auf einen Ort im nordwestlichen Teil Rußlands, der jetzt durch die Nazis besetzt war. Tränen traten ihm in die Augen, als er mir erzählte, daß er von keinem seiner Verwandten wieder gehört hätte und nicht wüßte, ob sie noch am Leben seien. Ich sagte ihm, ich hoffte, die Russen würden ihre alte Hauptstadt Kiew nicht völlig zerstört finden, er aber meinte, er habe diesbezüglich wenig Hoffnung. Er ist ein junger Mann und schien einem menschlichen Wesen mehr zu ähneln als die anderen Sowjets, die ich hier gehabt habe.»[16]

Über Rußland konnten die Amerikaner sich nie sicher sein. Die Errichtung diplomatischer Beziehungen in Roosevelts erster Amtsperiode hatte wenig Früchte getragen. Roosevelt selbst hatte sich in den dreißiger Jahren zwiespältig verhalten. Er hatte einige Neugier über die Sowjetunion gezeigt, einen mäßigen Respekt vor ihren Leistungen und eine gewisse Sympathie für ihre Ziele sozialer Gerechtigkeit, obgleich er daran zweifelte, daß man «Utopia an einem Tage» erreichen könne. Solche Ansichten verminderten nicht seinen Abscheu vor der Art der kommunistischen Herrschaft und ihrem Atheismus. Im Oktober beklagte er sich in dem Kommentar über ein von Sowjetland begeistertes Buch, daß es «zu sehr den Preis an Hunger, Tod und Bitterkeit der entwurzelten Menschen überginge, die für die außergewöhnlichen Leistungen des Sowjetregimes in den letzten fünfzehn Jahren hatten zahlen müssen». Er hatte den Import der sowjetischen Revolution in die Vereinigten Staaten nicht für möglich gehalten und erkannte, daß sie als Staatsmacht in der Weltpolitik wachsende Bedeutung gewinnen würde.

Der Nazi-Sowjet-Pakt vom August 1939 und der folgende russische Angriff auf Finnland wandelten seine Gefühle zu Zorn; er rechnete Rußland nun wie Deutschland zu den totalitären Diktaturen. Als Studenten der extremen Linken ihn 1940 bei einer Konferenz im Weißen Haus in die Zange nahmen, erwiderte Roosevelt, «jeder, der den Mut habe, den Tatsachen ins Angesicht zu sehen», wisse, daß die Sowjetunion von «einer Diktatur beherrscht wird, die ebenso absolut ist wie alle anderen auf der Welt». Doch immer noch hielt er sich eine Hintertür für Verhandlungen mit den Russen offen, denn er glaubte, der Nazi-Sowjet-Pakt sei im Grunde unbeständig, und sein Versagen könne einer Allianz zwischen der Sowjetunion und dem Westen den Weg öffnen.[17]

Die Deutschen hoben den Pakt plötzlich auf, als sie in der Nacht vom 21./22. Juni 1941 einen Bestrafungsangriff auf die Sowjetunion starteten. «Das wird die Befreiung Europas von der Naziherrschaft zufolge haben», schrieb Roosevelt kurz darauf fast glücklich an Admiral William Leahy. «Und gleichzeitig glaube ich nicht, daß wir uns wegen einer möglichen russischen Vorherrschaft sorgen müßten.» Obgleich die Vereinigten Staaten erst ein halbes Jahr später offiziell in den Krieg eintreten sollten, sahen der Präsident und Churchill sofort, daß Rußland nun mit Großbritannien und den Vereinigten Staaten einen gemeinsamen Feind hatte. Die Notwendigkeit machte die Sowjetunion zum natürlichen Verbündeten des Westens, und in einer solchen Allianz lag die beste Siegeshoffnung.[18]

Die Grundlagen für das später als Große Allianz bezeichnete Bündnis wurden von Harry Hopkins, Roosevelts zweitem Ich, einen Monat nach der deutschen Invasion geschaffen.

«Ein komischer Kauz, aber ein sehr netter Kerl», hatte Lord Halifax einst über Hopkins geurteilt. Gewiß glich er wenig einem Diplomaten. Formlos, witzig, zynisch, ohne Interesse für bürokratische Verhaltensweisen, mit einer unauslöschbaren Leidenschaft für Kaffeehäuser und Rennbahnen, war Hopkins, der Sohn eines Pferdegeschirrhändlers aus Iowa, Roosevelt zuerst bei seiner Sozialarbeit in den Slums von New York City aufgefallen. Er wurde wichtigster Manager des Arbeitsbeschaffungsprogramms im New Deal und dann Handelsminister. Roosevelt mag ihn als möglichen Nachfolger in Betracht gezogen haben, aber 1937 verlor Hopkins infolge einer Magenkrebsoperation allen Präsidentschaftsehrgeiz und einen großen Teil seiner Zähigkeit. Danach wirkte er, wie Jonathan Daniels es einmal formulierte, wie eine «aufgewärmte Leiche auf dem Wege zum Ballsaal». Schließlich lebte er nur noch für ein Ziel – Franklin D. Roosevelt zu dienen. Im Mai 1940 zog er ins Weiße Haus ein, wo er die nächsten fünf Jahre verblieb. Instinktiv ging er auf Roosevelts Stimmungen und Wünsche ein und verstand es auch, sie zu konkretisieren. Seine Treue zu FDR war unbestritten; er handelte als Agent des Präsidenten, löste Probleme, förderte Kriege und stiftete Frieden, sowohl in den Büros von Washington wie auch in der Hochdiplomatie. Ende Juli 1941 nahm er, einen von Winston Churchill geborgten Homburg tragend, in Schottland ein Wasserflugzeug, flog nach Archangelsk und stieg dort in ein anderes Flugzeug nach Moskau um, wo er Stalin eine Empfehlung Roosevelts vorlegte: «Ich bitte Sie, ihm mit dem gleichen Vertrauen entgegenzukommen, das Sie bei einem persönlichen Gespräch mit mir empfinden würden.»[19]

Hopkins war wie viele westliche Politiker der Kriegszeit von dem Gedanken fasziniert, dem einsamen Herrscher des Kreml zu begegnen. Sie fanden weder den bolschewistischen Revolutionär noch den blutigen Tyrannen, sondern einen eher untersetzten, stämmigen, eigenwilligen Georgier – mit seinem zurückgebürsteten borstigen Haar schien er dem ständigen Untersekretär des britischen Foreign Office einem Igel ähnlich –, der beim Reden Männchen malte und lakonisch und ohne Umschweife rundweg auf den springenden Punkt losging.

Zaghaft um Sicherheit und Geheimhaltung, aber keineswegs um Menschenleben besorgt, versuchte er jeder Bedrohung in der gründlichsten Form zu begegnen. Die Aufgabe war unendlich, denn wie seine Tochter schrieb, «sah er überall Feinde». Im letzten Interview vor seinem Tode mit einem Ausländer erzählte Stalin eine kleine Parabel, wie man mit Feinden umgehen solle: Der russische Bauer, der einen Wolf sieht, kennt dessen Absicht, und so versucht er weder den Wolf zu zähmen, noch zögert er, sondern er tötet das Tier so schnell wie möglich. So hatte Stalin sich den Sowjetvölkern gegenüber verhalten. «Er hat sich selbst im innersten Kreis der Hölle eingeschlossen», schrieb Victor Serge über ihn. «Obgleich er furchtlos ist, lebt er in Angst. Er ist schlau und lebt in Mißtrauen. Heute befiehlt er Mord, morgen Verherrlichung.»

Stalins brutales und blutiges Auftreten – «das despotische Regime einer Diktatur der industriellen Entwicklung» – trieb Rußland mit Riesenschritten in das Industriezeitalter. Doch war Stalin über das, was sich jenseits der Kremlmauer und denen seiner Feriendatschas abspielte, immer weniger auf dem laufenden. In den dreißiger Jahren, inmitten des Alptraums der Kollektivisierung, zeigte man ihm gefälschte Filme über das glückliche, zufriedene Leben der Bauern auf den Kolchosen. Nach dem Kriege drückte er seiner Tochter gelegentlich Geld in die Hand, obgleich er selbst von dessen Wert und den Lebenshaltungskosten keine Ahnung hatte. Die einzig ihm bekannte Währung war die der Vorrevolutionszeit. Er selbst gab niemals Geld aus; es gab keinen Ort, wo er es hätte ausgeben, und nichts, was er damit hätte kaufen können.

Doch erkannte der Westen auch Stalins Qualitäten als Organisator, Verwalter und Befehlshaber, die ihn Lenin empfohlen und schließlich die umstrittene Führung verschafft hatten. «Stalins größtes Talent», schrieb ein Historiker, war das «eines Baumeisters bürokratischer Strukturen, und das bestimmte seine Auffassungen und Methoden ... er reagierte ... er handelte, wie zu erwarten, indem er den Hebel ansetzte, dessen Gebrauch er am besten verstand; er berief sich auf Gewalt mit den angemessenen Kontrollen». Um spezifische Aufgaben besorgt, seien es Grenzfragen, Kohleförderung oder Eisenbahnnetze, schien Stalin wenig Zeit für umfassende Planungen oder große Absichten, eigene oder die anderer zu haben. «Eine Deklaration sehe ich als Algebra an», sagte er während des Krieges einst zu Eden, «ich ziehe die praktische Arithmetik vor.»

Begriffe der Weltrevolution waren für ihn Algebra. In der internationalen Politik zog er die praktische Arithmetik des Realismus vor; sein Ziel, und somit auch das Bestreben der sowjetischen Außenpolitik, war, das Spiel der Nationen zu spielen. Ab und zu wurde das von Ausländern verstanden. «Die sowjetischen Behörden sind äußerst realistisch, und es ist sehr schwer, sie mit abstrakten Argumenten zu überzeugen», berichtete der japanische Botschafter in Moskau in den letzten Tagen des Zweiten Weltkrieges. Zu fast genau dem gleichen Zeitpunkt traf der amerikanische Botschafter in Moskau, Averell Harriman, genau dieselbe Feststellung. «Ich fürchte, Stalin wird nie und nimmer unsere Interessen an einem freien Polen als Prinzipiensache verstehen», meinte er. «In seinen Handlungen ist er realistisch, und es fällt ihm schwer, unseren Glauben an abstrakte Prinzipien zu würdigen.»

Die jugoslawischen Partisanen, die Grund gehabt haben mögen, anders zu denken, machten, als sie Ende 1943 ein antifaschistisches Konzil einberiefen, die gleiche Erfahrung. Der Boß – so wurde Stalin von einem kleinen Moskauer Kreis genannt – war wütend. «Er betrachtet das», berichtete einer seiner Abgeordneten den Jugoslawen, «als Messer im Rücken der Sowjetunion und einen Schlag gegen die Teheraner Abmachungen.» Als Kommentar auf den scharfen Wind aus Moskau konnte Mosa Pijade, ein führender jugoslawischer Kommunist, 1943 nur schlußfolgern, «Stalins revolutionäre Tage sind vorüber. Er ist ein Staatsmann geworden und hat kein Gefühl mehr für die Bedürfnisse einer Revolution. Seine Sorge gilt den Grenzen großer Staaten und den Abmachungen über Einflußsphären.»[20]

Was war nun Stalins größte Leistung? Daß er die Industrialisierung leitete, die nicht nur die Sowjetunion modernisierte, sondern sie auch zu einer Weltgroßmacht machte? Daß er als stählerner Mann die Sowjetunion durch den großen patriotischen Krieg geführt hatte, in dem zwanzig Millionen Bürger umkamen? Daß er ein neues Reich in einem Zeitalter aufbaute, wo Reiche zum Niedergang und nicht zum Aufstieg bestimmt waren? Daß so viele in dem Krieg starben, den er unaufhörlich und brutal gegen sein eigenes Volk führte, wie in dem Zweiten Weltkrieg? Daß er – eines der besten Gaunerstücke des 20. Jahrhunderts – die von ihm so bezeichneten «ehrlichen Tröpfe» sowohl daheim wie im Ausland so erfolgreich hinters Licht führte, indem er sie glauben machte, Moskau sei der Schmelzofen einer künftigen besseren Welt und er die Verkörperung des künftigen Utopia? Daß er, nach den Worten eines Jugoslawen, mehr «gute Kommunisten umbrachte als die gesamte Bourgeoisie der ganzen Welt»? Oder nur, daß er das alles überlebte, fast ungestört über drei Jahrzehnte geherrscht hat und dann in seiner Datscha vor den Toren Moskaus eines natürlichen Todes starb – obwohl es schrecklich mitanzusehen gewesen sein muß, wie er infolge eines Schlaganfalls mehrere Tage langsam erstickte?

Das war 1953. Zwölf Jahre zuvor, im Juni 1941, während der ersten Tage der deutschen Invasion, hatte Stalin einen Nervenzusammenbruch erlitten. Doch hatte er sich zum Zeitpunkt von Hopkins Ankunft erholt und das Ruder wieder übernommen. Es gelang ihm, sich als zwar ungehobelten, aber mutigen potentiellen Verbündeten in Bedrängnis darzustellen. Sogar als der Blitzkrieg die Deutschen schnell nach Rußland hineinführte, sprach Stalin mit Hopkins sehr viel persönlicher, intimer und ehrlicher, als er es je zuvor mit einem westlichen Politiker getan hatte. In meisterhafter, aber sachlicher Weise beschrieb er Rußlands schreckliche Probleme und bezeichnete die benötigten Waffen und Materialien. (So meisterhaft die Darstellung auch war, es besteht dennoch Grund zu der Annahme, daß Stalin Waffen und Material anforderte, die Rußlands dringendsten Problemen nicht entsprachen.) Während dieser Unterhaltungen behandelte Stalin Hopkins deutlich als verlängerten Arm Roosevelts, der er zu jener Zeit auch war.

Hopkins verließ Moskau am 1. August. Seine Reise hatte nicht nur einen Leih- und Pachtvertrag mit der Sowjetunion, sondern auch die Große Allianz selbst in Gang gebracht. Stalin hatte Hopkins beeindruckt, wenn auch mehr provisorisch. «Der Kaviar und der Räucherlachs waren fast zuviel», schrieb Hopkins eine Woche, nachdem er Moskau verlassen hatte. «Ich kann Onkel Joe kaum als angenehmen Menschen bezeichnen, obwohl er recht interessant war, und ich glaube bekommen zu haben, was ich wollte, obwohl man dessen nie sicher sein kann.»

Hopkins schied auch mit der Überzeugung, daß die Allianz nur auf höchster Ebene geführt werden könne, außerhalb der üblichen bürokratischen Wege, sicherlich aber nicht durch Laurence Steinhardt, den amerikanischen Botschafter in Moskau. «Nach meinem Gespräch in Rußland mit Stalin schien mir, daß der Präsident persönlich mit Stalin verhandeln sollte», bemerkte er im Oktober 1941. «Es war vollkommen klar, daß Stalin kein Vertrauen in unseren Botschafter oder irgendeinen unserer Beamten in Moskau hatte. Ich erkannte, daß er, hätte man ihn gefragt, sich wohl in gleicher Weise über das State Department geäußert hätte.»[21] Die Erfahrung mit anderen persönlichen Abgesandten, wie Averell Harriman und Joseph Davies, bestätigte diese Annahme, obwohl Roosevelt Stalin nicht vor der Teheran-Konferenz mit Churchill, Ende November, Anfang Dezember 1943, begegnen sollte.

Die wichtigsten in Teheran zu klärenden Fragen waren militärischer Art. Stalin, der gegen die Briten verbittert und mißtrauisch war, bestand auf der Eröffnung einer zweiten Front gegen die Deutschen in Westeuropa. Roosevelt und Churchill versprachen eine Invasion für das ausgehende Frühjahr 1944. Die Russen ihrerseits verpflichteten sich zu einer koordinierten Offensive im Osten. Allgemein stimmten die drei Regierungschefs überein, Deutschland nach dem Kriege aufzuteilen. Sie waren sich auch über einige unbestimmte Grenzverschiebungen zwischen Rußland und Polen (zugunsten Rußlands) und Polen und Deutschland (zugunsten Polens) einig. Roosevelt und Stalin sprachen darüber, Frankreich seiner Kolonien in Indochina zu entledigen.

Roosevelt trug Stalin die amerikanischen Pläne für die Vereinten Nationen vor. Stalin äußerte schwere Bedenken gegen eine solche Organisation. FDR hielt mit seinen Ansichten nicht hinter dem Berg und versicherte Stalin, er habe die fruchtlosen Debatten des Völkerbundes nicht vergessen. Im Mittelpunkt seiner Bestrebungen stand weiterhin das Konsortium der Großmächte.

Stalin wies während der Konferenz darauf hin, daß bei ihm die «Kommunisierung» Europas an erster Stelle stünde. Als Antwort auf Churchills Geständnis, er habe nach dem Ersten Weltkrieg alles getan, um den Bolschewismus niederzuhalten, erklärte Stalin ironisch, die Russen hätten entdeckt, daß «die Errichtung kommunistischer Regime nicht leicht sei».

Trotzdem ließ er viele Fragen offen. Bei einem Essen fragte Churchill nach den Territoriumsbestrebungen der Sowjetunion nach dem Kriege.

«Zum gegenwärtigen Zeitpunkt besteht kein Anlaß, über irgendwelche sowjetischen Wünsche zu reden», erwiderte Stalin, «aber wenn die Zeit gekommen ist, werden wir reden.»[22]

«Ich glaube als Wanderbotschafter zum erstenmal keine Schnitzer gemacht zu haben», schrieb Roosevelt nach der Konferenz an Sumner Welles. Teheran vermittelte Roosevelt auch eine gewisse Bestätigung der von ihm beabsichtigten Nachkriegsordnung.[23] Wie schon erwähnt, glaubte Roosevelt, der Friede müsse auf den Realitäten der Macht, das hieß auf der Grundlage eines Großmächtekonsortiums, aufgebaut werden. Die Briten paßten sich dieser Auffassung gut an. Die Schlüsselfrage betraf die Rolle der Sowjetunion. Hier operierte Roosevelt mit einer Reihe von Grundsätzen, die sich weitgehend von denen der Sowjetspezialisten im State Department unterschieden.

Er glaubte, man könne Rußland nicht länger als außerhalb der Moralgrenzen und internationalen Politik stehenden Außenseiter betrachten. Was das für den Krieg bedeutete, war bereits offensichtlich. Der Präsident erkannte, daß der wichtigste Landkrieg Europas sich an der Ostfront abspielte; dort konnte Deutschland besiegt werden, was folglich eine Verminderung amerikanischer Opfer bedeutete. Es kam zu einer Art Vergleich. Der Beitrag der Russen bestand in Menschen, Toten und Verwundeten, während die Vereinigten Staaten ihre Industriemaschine anheizten. Ein Jahr nach der deutschen Invasion Sowjetrußlands erklärte Roosevelt, das «russische Durchhaltevermögen» sei «immer noch die wichtigste Kraft».

Der Krieg, der in Europa ein bedeutendes Großmachtvakuum zu hinterlassen versprach und gleichzeitig alle Zweifel über Rußlands Macht und Leistungskraft beseitigte, machte das Aufkommen Rußlands als Spitzenmacht und unerläßlichen Bestandteil des internationalen Gefüges der Nachkriegszeit, insbesondere in Europa, unvermeidlich. Somit würde die Alternative zu allgemeiner Einigung eine Nachkriegswelt voller feindlicher Koalitionen, ein Wettrüsten – ein neuer Krieg sein.[24]

Eine gewisse Einigung war möglich, denn die während der bolschewistischen Revolution entstandene Kluft hatte sich verengt und konnte noch schmaler werden. Roosevelt hielt die Sowjetunion weniger für eine revolutionäre Vorhut als eine konventionelle imperialistische Macht, deren Ambitionen eher denen des Zarenregimes ähnelten. Mit anderen Worten,

Roosevelt sah in der Sowjetpolitik mehr die Erfordernisse des Staates als die ideologische Rolle. Im Gegensatz zu den Grundsätzen von Riga ging er von der Annahme aus, daß ein innenpolitisch totalitärer Staat nicht unbedingt eine totalitäre Außenpolitik führen müsse. Er sah in der internationalen Politik des Kreml weniger Zusammenhang und Zielstrebigkeit als jene, die mit an den Grundsätzen von Riga beteiligt gewesen waren. Da die Sowjetunion nicht ein ausgesprochener Weltrevolutionsstaat war, glaubte Roosevelt, die Große Allianz könne nach dem Kriege in Form von «geschäftsähnlichen Beziehungen» fortgesetzt werden. Er wußte auch, daß die Sowjetunion nach dem Krieg mit der gewaltigen Aufgabe des Wiederaufbaus beschäftigt sein und damit zutiefst an Stabilität, Ordnung und Frieden interessiert sein würde.[25]

Erfolgreiche Zusammenarbeit der Großmächte würde viele Jahre lang sowjetische Feindschaft und Mißtrauen beschwichtigen. Roosevelt sah in dem Abbau des Mißtrauens eine seiner wichtigsten Aufgaben. Die Vereinigten Staaten würden ihren guten Willen beweisen, indem sie sich an die Abmachungen hielten. Sogar, wenn der Westen nicht sofort durch die versprochene zweite Front Erleichterung schaffen konnte, würde er wenigstens die zugesagte Hilfe leisten – und sich auf diese Weise selbst von größtem Nutzen sein. Immer wieder befahl Roosevelt, Produktion und Auslieferung der Leih- und Pachtlieferungen zu beschleunigen und die Mengen zu erhöhen. Es war ein Kampf unter der Gürtellinie. «Offen gesagt», ermahnte der Präsident scharf einen Untergebenen, «als Russe hätte ich das Gefühl, man habe mich in den Vereinigten Staaten von Pontius zu Pilatus geschickt.»[26]

Persönliche Begegnungen auf höchster Ebene waren das wichtigste Mittel, um Mißtrauen zu zerstreuen und Grundlagen für die Nachkriegspolitik zu legen. Das war der wichtigste Grund der Gipfeltreffen während des Krieges. Mit der Zeit wurde sich Roosevelt des Erfolges immer sicherer.

Der offensichtliche Erfolg dieser Taktik zeitigte einen anderen Grundsatz – man könne mit Stalin verhandeln. Nach Hopkins Moskaureise im Juli 1944 erschien Stalin zunehmends in neuem Licht – ein realistischer, vernünftiger Staatsmann. Dieses neue Bild wurde durch die Teherankonferenz gewiß sehr gefördert. Auch die Bedeutung der Gipfeltreffen wurde dadurch noch hervorgehoben. «Ich weiß, daß Sie mir meine brutale Offenheit nicht verübeln werden, wenn ich Ihnen sage, daß ich mit Stalin persönlich besser zu verhandeln glaube als Ihr Foreign Office oder mein State Department», hatte Roosevelt bereits im März 1942 an Churchill geschrieben. «Stalin haßt den Schneid all Ihrer Spitzenkräfte. Er glaubt, mich besser zu mögen, und ich hoffe, er wird dabei bleiben.»

Dieses Vertrauen auf formlose persönliche Beziehungen entsprach durchaus Roosevelts eigenen Neigungen, seinem Selbstvertrauen, das vielleicht Vermessenheit war. 1943 präzisierte Stimson in der Tat scharf den «Roosevelt-Standpunkt» von «guter Verwaltungsarbeit»: «Er will alles selber machen.»[27] Um nachweisbare Ergebnisse zu erzielen, verließ sich Roosevelt immer auf eine unschätzbare Eigenschaft, seinen berühmten Charme, mit dem er Menschen an sich zu binden und zu manipulieren und seine innen- wie außenpolitischen Ziele zu erreichen verstand. Dieser Charme wiederum basierte auf einem beträchtlichen Selbstvertrauen und einem lebhaften und bewährten, obwohl keineswegs naiven Optimismus.

Es gab zwei andere wichtige Gründe, diese Aufgabe zu übernehmen. Roosevelt, der meinte, Staatssekretär Cordell Hull «lebe in den Wolken», hatte in die Bürokratie des State Department kein Vertrauen. Darum war das State Department während des Krieges von den wichtigsten diplomatischen Vorgängen meist ausgeschlossen, und seine Beamten verbrachten ihre Zeit entweder damit, umfangreiche Pläne für eine Wilsonsche Nachkriegswelt zu machen, oder sie drehten Daumen. Historiker, die Bestrebungen des State Department bei Fragen wie den Vereinten Nationen oder der Wirtschaftsplanung mit denen von FDR verwechseln, können hier einem ernsthaften Irrtum verfallen.[28]

Die Entscheidungen auf sowjetischer Seite wurden offensichtlich nur auf höchster Ebene getroffen. Alle unterhalb derselben – dort stand in gewissem Sinn jedermann außer Stalin – wurden durch die Furcht, Instruktionen zu verletzten, in Schach gehalten. Wichtige Angelegenheiten konnten nur mit dem Diktator besprochen werden.

In seiner grundlegenden Annahme ging Roosevelt davon aus, eine realistische Einschätzung der sowjetischen Macht und der von ihr angestrebten Einflußsphäre sei für die USA lebenswichtig, und eine genaue Beobachtung von Stalins «Sicherheitsmaßnahmen» würde sich auszahlen. Einflußsphären bedeuteten keine «Vogel-friß-oder-stirb-Politik», sie waren vielmehr ein Fundament internationaler Beziehungen.

Aber gerade das Wissen um diese Notwendigkeiten brachte Roosevelt in Schwierigkeiten. Er mußte zwei Sprachen sprechen. Mit den Russen redete er von dem auf Realitäten internationaler Politik basierenden Großmächtekonsortium. Daheim versuchte er dieses Grundprogramm mit einer idealistischen Wilsonsprache zu verschleiern, die jetzt zur lingua franca jeglichen Nachkriegsdenkens geworden war. Lord Halifax kennzeichnete die Krux anglo-amerikanischer Beziehungen zu den Russen, als er 1942 schrieb, «was für eine Bedeutung all dieses Sicherheitsdenken in Stalins Geist wohl habe und wie weit es möglicherweise seine Beurteilung einer Zusammenarbeit mit uns beeinflussen werde». Halifax erhoffte eine mögliche Lösung, die «sowohl unsere moralischen Verpflichtungen als auch die realpolitischen Kräfte, die in vielen künftigen Jahren in Europa für 80 Millionen mürrischer Deutscher in seiner Mitte entscheidend sein werden, in Betracht zieht».[29] Die Organisation des Friedens durch eine Lösung der noch vorhandenen Spannung zwischen diesen beiden Methoden – Realpolitik und Wilsonianismus – würde alle Improvisationstalente des verschlagenen Schwindlers Franklin Roosevelt beanspruchen.

Inzwischen versuchte Roosevelt, das Problem mittels verbaler Doppelzüngigkeit zu umgehen. Schon früh hatte er festgestellt, daß die sowjetischen Grenzen einen östlichen Brocken von Polen, Bessarabien, die Balkanstaaten und einen Teil Finnlands umfassen würden. Er wußte auch, daß der russische Einfluß sich bis weit nach Europa hinein erstrecken würde. Unter solchen Umständen war es sinnlos, sich Stalins unmittelbaren Ansprüchen zu widersetzen, die zu erzwingen er ohnehin die Macht hatte, und besser, zu versuchen, die Art des sowjetischen Einflusses im Rahmen einer umfassenderen Verständigung zu mäßigen.

Im Januar 1945 schien Roosevelt bei einem Treffen mit einer Gruppe von Senatoren anzudeuten, daß die Einflußsphären, der Schandfleck von Wilsons Ideologie, in Teheran zur Sprache gebracht und dann aufgegeben worden seien. Danach jedoch erklärte er genau das Gegenteil. «Die Besatzungsmächte hatten Gewalt in den von ihnen besetzten Gebieten, und jeder wußte, daß die anderen eine Auseinandersetzung nicht forcieren würden.» Der Präsident fügte hinzu, was offensichtlich war: «Die Russen besaßen in Osteuropa die Macht.» Zwiefellos war es unmöglich, mit ihnen zu brechen. *«Der einzig gangbare Weg war, den Einfluß, den wir besaßen, zur Verbesserung der Lage einzusetzen.»* Dieselbe Schlußfolgerung zog Roosevelt, als die Frage eines Großmachtvetos in der internationalen Organisation akut wurde. «Einstimmigkeit war praktisch unvermeidlich und konnte ebensogut formal zugestanden werden.» Man mußte die Welt so nehmen, wie sie war; Rußland würde die seine Grenzen betreffenden Sicherheitsinteressen selbst definieren. Bei manchen Gelegenheiten konnte es nicht nur unnütz, sondern sogar gefährlich sein, Rußland den amerikanischen Willen aufzwingen zu wollen.[30]

Churchill bemühte sich, oft von den gleichen Voraussetzungen ausgehend, selbst um eine praktische Lösung, als er sich im Oktober 1944 in Moskau aufhielt – es war der Anlaß des berühmten Prozenthandels bei der Teilung des Kontinents, wobei den Russen die Vorherrschaft in Europa zugestanden wurde. Diese Auffassung scheint gewiß paradox, wenn nicht zynisch, im Lichte Churchills bitterer Klagen über eben diese Teilung in seiner eineinhalb Jahre später erfolgten Eisernen-Vorhang-Rede.

Aber Churchill befand sich selbst im Zwiespalt, ein seinen Zeitgenossen offensichtliches Problem. «Winstons radikaler Stimmungsumschwung Rußland gegenüber hat mich wider Willen beeindruckt», bemerkte Halifax 1942. Nachdem er Eden «mit allen Schimpfnamen von Hund bis Schwein traktiert hatte, weil dieser eine Übereinkunft mit Stalin vorschlug, setzt er jetzt alles auf eine Botschaft an den Präsidenten». Zwei Wochen nach dem Moskauer Treffen bemerkte Churchills Arzt, «der Premierminister schiene zwischen zwei Handlungsalternativen zu schwanken ... jetzt will er mit dem Präsidenten für eine gemeinsame Front gegen den Kommunismus stimmen, und im nächsten Augenblick will er sich um Stalins Freundschaft bemühen. Manchmal wechseln beide Taktiken mit bestürzender Schnelligkeit.»[31]

In Moskau suchte Churchill die «Übereinkunft»; die Algebra sollte beiseite gelegt und die Arithmetik ausgearbeitet werden – beiderseits annehmbare Regeln, die mit den Interessen und der Stärke der wichtigsten Siegerstaaten übereinstimmten. Eine ausgesprochene Regelung der Einflußsphären würde die Unklarheiten beseitigen, die unter den Mitgliedern der Großen Allianz Anlaß zu Streitigkeiten geben könnten. Schon die Anerkennung von Einflußsphären konnte deren Monopol abbauen, denn keine der Seiten brauchte nunmehr unbedingt ihre Verteidigung zu stärken, um einen gefürchteten Vorstoß aus einer anderen Sphäre abzuwehren.

In seinen Memoiren hat Churchill die Szene lebendig beschrieben. Das erste Zusammentreffen mit Stalin fand am 9. Oktober um zehn Uhr abends statt. «Der Augenblick war reif für Verhandlungen.» Churchill nahm ein halbes Papierblatt und notierte darauf die Prozentsätze, die dem jeweiligen Anteil an «Vorherrschaft» entsprechen sollten: Rumänien 90 Prozent für die Russen; Griechenland 90 Prozent für die Briten (in Zusammenarbeit mit den Vereinigten Staaten); Bulgarien 75 Prozent für die Russen; Ungarn und Jugoslawien 50 : 50.

Er schob das Papier Stalin zu. Nach einer Weile machte der Diktator mit Blaustift einen großen Haken darauf und gab es zurück.

«Lassen Sie uns das Papier verbrennen», sagte Churchill.

«Nein, behalten Sie es», erwiderte Stalin.

Wegen des offensichtlichen Zynismus dieser Gesten und der in der Nachkriegszeit folgenden Schwierigkeiten in Verlegenheit, wollte Churchill die Bedeutung dieser Abmachung in seinen Memoiren herunterspielen. Die Teilung bezog sich, wie er schrieb, nur auf «unmittelbare Vereinbarungen während des Krieges ... alle wichtigeren Fragen wurden beiderseits bis zu dem nach dem gewonnenem Krieg erhofften Friedensgespräch zurückgestellt.» Aber die meisten Historiker, die Churchills Prinzip der vollendeten Tatsachen unkritisch akzeptierten, hatten unrecht. Der eigentliche Verlauf der Unterredung zeigt, daß Churchill genau wußte, was er tat, und ein dauerhaftes Verständnis anstrebte. «Die Zeit würde kommen, wo sie sich beim Waffenstillstand gemeinsam an den Tisch setzen würden, an dem auch der Friede etabliert werden konnte», meinte er, «die Amerikaner würden gemeinsame Verhandlungen während des Waffenstillstandes leichter finden, weil der Präsident dann entscheiden konnte, während bei Verhandlungen in Friedenszeiten der Senat befragt werden mußte.» Mit anderen Worten, solche «zeitweisen» Vereinbarungen sollten zu *faits accomplis* gemacht werden.

Stalin «verstand» Churchill. «Für Britannien war es sehr schwerwiegend», erklärte der Sowjetdiktator, «das Mittelmeer nicht in Händen zu haben.» Wie man Rußland die «erste Stimme» in Rumänien zugestand, willigte Stalin ein, England in Griechenland die «erste Stimme» zu geben. In Bezug auf Italien gewann Churchill Stalin ein weiteres Zugeständnis ab. Obwohl er die Ansicht vertrat, es sei leichter, die Spitze der italienischen kommunistischen Partei zu beeinflussen, wenn diese sich in Moskau befände, gab Stalin trotzdem Churchills Wunsch nach, die Sowjetunion möge «die Kommunisten in Italien mit Samthandschuhen anfassen . . . und sie nicht aufstören».

Churchill verbarg nicht, was ihm auf der Seele lag. «Der Premierminister hielt es für besser, diese Dinge in diplomatischen Wendungen auszudrücken und den Satz ‹Teilung in Einflußsphären›, der die Amerikaner schockieren konnte, zu vermeiden. Aber solange er und Marschall Stalin einander verstanden, konnte er dem Präsidenten die Dinge erklären.»[32]

Die Russen ließen keinen Zweifel, daß sie diese praktische Arithmetik der Algebra von Deklarationen vorzogen. «In Moskau hieß man uns sogar noch wärmer willkommen als letztes Jahr, wo ich mit Eden dahin kam, und insgesamt war der Besuch ein großer Erfolg», schrieb General Hastings Ismay, Churchills Kabinettchef. Stalin kam zum Essen in die britische Botschaft («noch nie zuvor hatte er in irgendeiner ausländischen Botschaft eine Mahlzeit eingenommen»), besuchte mit dem Premierminister das Bolschoi-Ballett und begab sich zur Verabschiedung der britischen Delegation sogar im strömenden Regen zum Flughafen. «Ich verstehe die russische Mentalität nicht besser als zu Beginn des Krieges», fügte Ismay hinzu, «aber ich glaube, wenn wir und die Amerikaner ihre Freundschaft nicht erringen und bewahren, gibt es wenig Hoffnung für einen Weltfrieden.»[33]

Churchill hatte Stalin versichert, er könne Roosevelt die Dinge erklären, aber hier schienen beträchtliche Erklärungen nötig zu werden. Die freundlichen Gefühle und auch Churchills Ansehen in Moskau waren durch Botschaften Roosevelts etwas unterminiert worden. Der Präsident teilte Stalin mit, daß die Moskauer Unterredungen nur als Vorgespräche zu einem anderen Treffen der Großen Drei gelten könnten. Hinzu fügte er eine grundlegende Stellungnahme zur neuen Weltpolitik, die Amerika nach dem Kriege führen sollte und in der Einflußsphären anscheinend keinen Platz mehr hatten. «In diesem Weltkrieg gibt es überhaupt keine militärische oder politische Frage, an der die Vereinigten Staaten nicht interessiert wären. Das werden Sie natürlich verstehen.»

Roosevelts Rückzieher war das Ergebnis einer Intervention von Hopkins und Charles Bohlen. Letzterer hatte für diese bilateralen Gespräche zwei mögliche Ergebnisse vorausgesagt: «Ein erstklassiges britisch-sowjetisches Rennen um europäische Probleme oder . . . die Teilung Europas in Einflußsphären auf der Basis der Machtpolitik.» Beide, so warnte er, «würden katastrophal sein».

Allerdings zog Roosevelt nicht etwa plötzlich gegen Wilsons Glauben zu Felde; seine Motivationen waren anderer Art. Er war dahin gekommen, Großbritannien als untergeordnetes Mitglied der Großen Allianz zu betrachten, wollte keinen seiner eigenen Ansprüche aufgeben und sich auch nicht (wie Halifax Hopkins mitteilte) «selbst auf einen Rücksitz relegiert finden». Überdies mußte er, vor allem in den Wochen vor den Präsidentschaftswahlen von 1944, sehr behutsam die Aufdeckung irgendwelcher kompromittierender «Geheimverträge» einschließlich der im Lande explosiv wirkenden osteuropäischen Frage vermeiden. (Natürlich handelte es sich bei dieser Prozentteilung nicht um einen Vertrag, sondern eher um ein Einverständnis, einen Modus vivendi.) Churchills Befürchtung, Einflußsphären könnten die öffentliche Meinung Amerikas schockieren, war sicherlich berechtigt. Anfang 1945 schrieb Halifax an Churchill: «Der Ärger mit diesen Leuten ist ihre völlige Abhängigkeit von Etiketten: ‹Machtpolitik, Einflußsphären, Kräftegleichgewicht usw.› Als ob es je so ein Abkommen über Einflußsphären wie die Monroe-Doktrin gegeben hätte! Und wenn sie davon reden, übervorteilt zu werden, kann ich ihnen nur sagen ... daß sie beim Erwerb von Louisana ganz offensichtlich selbst andere übervorteilt haben.»[34]

«Roosevelt-Wetter» hieß bei den politischen Mitarbeitern von FDR das gute Wetter, das während aller vier Novembertage, während denen seine Wahl zum Präsidenten stattfand, den Sieg anzukündigen schien. Die Russen gebrauchten dieselbe Formulierung, um das ungewöhnlich milde Klima der ersten beiden Februarwochen 1945 auf der Krim zu beschreiben, die unterhalb der Ukraine ins Schwarze Meer hineinragt. In dem Badeort Jalta, an der südlichen Krimküste, hatte der letzte Zar seinen Sommerpalast gehabt. Dort trafen die Großen Drei vom 4. bis 11. Februar zur letzten Konferenz während des Krieges zusammen, unter einem klaren, hellen Himmel, der ein Vorbote des Sieges nicht nur für den Krieg, sondern auch für das noch unvertraute Gelände der Nachkriegspolitik schien. In dem Bemühen, die Grundlagen für sein Grand Design zu festigen, machte Roosevelt sich das praktisch zunutze. Die angenehmen Tage und Nächte entsprachen dem Klima der Konferenz selbst – sie verhießen Roosevelts Außenpolitik den Sieg.[35]

Die Jaltakonferenz bedeutete den Höhepunkt der alliierten Einheit; sie war ein Scheideweg, eine Phase zwischen Anfang und Ende. Das Ende des Krieges war wenigstens in Sichtweite, die verbleibenden letzten Tage des Dritten Reiches offenkundig gezählt. Stalin kam den verbündeten Regierungschefs mit weiteren Zugeständnissen entgegen, Rußland sollte drei Monate nach Beendigung der Kampfhandlungen in Europa in den Krieg gegen Japan eintreten und dafür gewisse Gebietsabtretungen im Fernen Osten erhalten.

Neben dieser Hauptfrage betrafen die wichtigsten Ergebnisse in Jalta vor allem die Nachkriegspolitik. Die Entscheidungen waren für die drei ermüdeten Männer eine schwere Last. «Ich halte Onkel Joe für den bei weitem eindrucksvollsten», schrieb Alexander Cadogan, der Unterstaatssekretär des britischen Foreign Office, an seine Frau, «der Präsident war unruhig, und P. M. donnerte, aber Joe ließ alles über sich ergehen und wirkte beinah amüsiert. Wenn er sein Scherflein beitrug, gebrauchte er nie überflüssige Worte und redete haarscharf zur Sache.»[36]

Im großen ganzen machten die Russen mehr Zugeständnisse als der Westen, und wenn sie eigene Vorschläge einbrachten, handelte es sich in Wirklichkeit oft nur um einfache Alternativlösungen zu denen, die ihnen die Westmächte zu früheren Zeiten gemacht hatten.

Eingedenk ihrer Schwierigkeiten mit dem Völkerbund, die zu ihrem Ausschluß geführt hatten, waren sie in Sorge, in einer von den Vereinigten Staaten und dem Vereinigten Königreich kontrollierten neuen internationalen Organisation durch ihre Alliierten, Schützlinge, Dominions und «gute Nachbarn» isoliert zu werden. Die Russen akzeptierten einen amerikanischen Kompromiß, durch den die Großmächte sich im Sicherheitsrat ein Vetorecht vorbehielten, und die westlichen Regierungschefs versprachen, die Zulassung von zwei bis drei konstituierten Sowjetrepubliken zu befürworten. Die Briten erreichten, daß man Frankreich, das sowohl eine Besatzungszone in Deutschland als auch einen Sitz in der deutschen Kontrollkommission erhalten sollte, eine modifizierte Großmachtrolle zubilligte.[37]

Roosevelt schlug mit Erfolg eine «Deklaration über das befreite Europa», ein ungenau definiertes moralisches Druckmittel für westliche Intervention in Europa, vor. Sie bedeutete für Roosevelt hauptsächlich einen Trick, um die öffentliche Meinung zu Hause zufriedenzustellen. Er ging erst darauf ein, als er einen verbindlicheren Vorschlag des State Department für eine Hohe Kommission in den befreiten Gebieten zu Fall gebracht hatte, weil er eine «flexiblere Vereinbarung vorzog».[38] Auch über eine Reihe weniger dringlicher Fragen kam es zur Übereinstimmung.

Zwei Probleme erwiesen sich als schwieriger: die Hauptfrage Deutschland und die hoffnungslos verworrene Lage Polens. Polen, das Symbol des frühen kalten Krieges, beanspruchte bei der Konferenz mehr Zeit als jedes andere Problem. Die Alliierten waren sich darin einig, daß die polnisch-russische Grenze nach Westen zur Curzonlinie vorgeschoben werden sollte, und sie waren – wenn auch in nicht sehr genauen Formulierungen – weiterhin bereit, Polen in Richtung Westen durch ehemalige deutsche Territorien zu entschädigen. Mehr Schwierigkeiten bereitete die Art von Polens neuer Regierung, das heißt, ob man die vom Westen unterstützte stark antisowjetische Londoner Exilregierung oder die wenig mehr als eine sowjetische Marionette fungierende Lublin-Regierung einsetzen sollte.

Großbritannien zog in den Krieg, um Polen «frei und souverän» zu machen, erklärte Churchill. Sein einziges Interesse, so versicherte er den anderen Regierungschefs, «war das der Ehre, denn es hatte gegen Hitlers brutalen Angriff für Polen das Schwert gezogen». Natürlich, fügte er hinzu, dürfe die polnische Unabhängigkeit kein Deckmantel für «feindliche Absichten» gegen die Sowjetunion sein.

Stalin war jedoch noch immer für die praktische Arithmetik. «Für Rußland ist das nicht nur eine Frage der Ehre, sondern auch der Sicherheit.» Was die Ehre betraf, «so werden wir aus den Büchern viele Dinge streichen müssen». Hinsichtlich der Sicherheit: «Polen ist nicht nur ein angrenzendes Land, sondern ist in der Geschichte stets ein Durchgangsland zum Angriff gegen Rußland gewesen.» «Unser deutscher Feind hat während der vergangenen dreißig Jahre zweimal diesen Korridor passiert.»

Churchill erwiderte, er habe wenig Sympathie für die Londoner Polen, wodurch die westliche Position bei der polnischen Frage weiterhin geschwächt wurde. «Zugegeben», kommentierte ein britischer Diplomat, «Onkel Joes meisterhafte Darlegung der russischen Einstellung gegen Polen klang aufrichtig und war wie immer überrealistisch.»

Schließlich kamen die Alliierten überein, die Lublin-Regierung mit einigen Männern aus London und aus der polnischen Untergrundbewegung zu «reorganisieren», doch wurden die Einzelheiten Molotow und den beiden allierten Botschaftern in Moskau zur Ausarbeitung überlassen.[39]

In der deutschen Frage drängten die Russen auf Zerstückelung; ihr Anliegen entsprach dem Vorschlag, den Roosevelt in Teheran gemacht hatte. Die beiden westlichen Regierungen gaben widerstrebend nach.

Die Russen bestanden auch auf Reparationen von Deutschland. Von den Vereinigten Staaten waren Reparationen bei Nachkriegsplanungen allgemein abgelehnt worden. Amerika hatte an Reparationen sowieso keinen Bedarf; sie waren sowohl in England als auch in den Vereinigten Staaten in schlechten Ruf geraten, seit kurz nach dem Ersten Weltkrieg J. M. Keynes *Economic Consequences of the Peace* erschienen war. «Wir sind gegen Reparationen», hatte Roosevelt vor Jalta unumwunden erklärt.

In Jalta mußten die westlichen Länder jedoch mit der dringlichst auf genaue Reparationen bedachten Sowjetunion verhandeln. Schon im September 1941 hatte Stalin bei Gesprächen mit Averell Harriman und Lord Beaverbrook unumwunden gefragt: «Wie steht es damit, die Deutschen den Schaden bezahlen zu lassen?» Stalins «zweite Revolution» war eine industrielle Revolution, eine Umwälzung gewesen, die viele Menschenleben gekostet und die Lebensbedingungen der Übriggebliebenen verändert hatte. Die Reparationen, nach denen Stalin drängte, waren als Wiedergutmachung wie auch als Strafe gedacht; er wollte damit zu dem künftigen, gewaltigen Wiederaufbau beitragen. 1945 hatten die Deutschen ungeheure Zerstörungen angerichtet. Zwanzig Millionen Menschen waren ums

Leben gekommen – obwohl der Kreml das volle Ausmaß der Verluste erst Jahre später enthüllen sollte. Sieben Millionen Pferde waren verloren, desgleichen 20 von 23 Millionen Schweinen, 4,7 Millionen Häuser, 1 710 Städte und 70 000 Dörfer waren zerstört worden. Fünfundzwanzig Millionen Menschen waren obdachlos. Fünfundsechzigtausend Kilometer Eisenbahnstrecke waren demoliert, 15 800 Lokomotiven und 428 000 Güterwagen entweder beschädigt oder vernichtet.

Hier jedoch gingen die sowjetischen Forderungen über das einfache Rechenexempel der Zerstörungen hinaus. Wenn der Historiker die Konzepte der aufeinanderfolgenden Treffen während und nach dem Kriege überliest, muß er feststellen, daß Reparationen nach dem Kriege für Moskau nicht nur ein Hauptproblem, sondern auch ein äußerst wichtiges Symbol darstellten – auch wenn sie für die Amerikaner immer nur von nebensächlichem Interesse waren. Vielleicht blieb den Russen die Art der amerikanischen Sorge um Osteuropa unverständlich; gleichfalls konnten die Amerikaner nie den starken Gefühlswert begreifen, den diese Reparationen für die Russen hatten. Reparationen mögen für die Russen ebensosehr ein «Testfall» gewesen sein, wie Osteuropa es für die Amerikaner werden sollte.[40]

In Jalta widersetzte sich Churchill unerbittlich den Reparationen und warnte, England «könne an einen deutschen Leichnam gefesselt werden». Der wirtschaftlichen Folgen und Kritiken in Amerika eingedenk, zauderte Roosevelt, bis Hopkins ihm eine Notiz zusteckte: «Die Russen haben in diese Konferenz so viel hineingesteckt, daß man sie meiner Ansicht nach nicht im Stich lassen sollte.» Schließlich bewilligte der Präsident als weitere Diskussionsgrundlage 20 Milliarden, die Hälfte davon für die Russen, allerdings unter der Voraussetzung, diese Reparationen seien nicht in bar, sondern in Waren, Produkten und Fabrikanlagen zu leisten. Die Briten lehnten ab, sich auf eine Ziffer festzulegen. Ihre Ansicht formulierte einer ihrer Delegierten, der die russischen Zahlen «als phantastische Arithmetik, völlig außerhalb des Möglichkeitsbereiches» bezeichnete.

Obwohl die westlichen Politiker später bestritten, von einer Diskussionsgrundlage von 20 Milliarden ausgegangen zu sein, und folglich ihre Bedeutung herunterspielten, entsprach das nicht den Tatsachen. «Die Russen hatten ein sehr sorgfältig ausgearbeitetes Programm», berichtete Außenminister Stettinius Mitte März 1945 Stimson und dem Marineminister James Forrestal. «Der Präsident unterstützte dieses Programm, weil es relativ gemäßigt war und Europa nicht den wirtschaftlichen Ruin bringen würde.»[41]

Die vorherrschende britische Einstellung kommt in einem Brief Cadogans vom letzten Tage zum Ausdruck: «Ich habe die Russen noch nie so entgegenkommend und bereitwillig erlebt. Insbesondere Joe war ganz prima. Er ist ein großer Mann, und vor dem Hintergrund der beiden alternden Staatsmänner macht er einen starken Eindruck.» Churchill war im Verlauf der Konferenz enttäuscht und mutlos geworden, teilweise weil er Großbritanniens Macht sinken sah. Doch auch er berichtete seinem Arzt gegen Ende des Treffens, von Stalins Humor, Verständnis und Mäßigung sei er beeindruckt. Bei seiner Rückkehr nach London drückte er sich lebhafter aus. Solange Stalin da sei, sagte er einigen Kabinettsmitgliedern, «könne die anglo-russische Freundschaft erhalten bleiben. Der arme Neville Chamberlain glaubte, er könne Hitler trauen. Er hatte unrecht. Doch glaube ich Stalin nicht falsch zu beurteilen.»[42] Roosevelt war ein Realist; er wußte, daß alles auf die Durchführungen der Vereinbarungen ankam und diese wiederum von Absichten und künftigen Gruppierungen abhingen. Er setzte etwas aufs Spiel. Dieses Bewußtsein ist in einer Notiz zu erkennen, die er seiner Frau an dem Tage schrieb, an dem er Jalta verließ: «Wir haben die Konferenz abgewickelt – ich glaube mit Erfolg.»[43]

Also schied Roosevelt von der Krim zweifellos optimistisch und zufrieden. Leahy zog aus Gesprächen mit Roosevelt die Schlußfolgerung, daß dieser «die den Russen gemachten Zugeständnisse nicht bedauerte. Er hielt sie für gültige Ansprüche.» Aber FDRs Zufriedenheit ging über Vereinbarungen selbst hinaus. Er sah in der Konferenz eine hoffnungsvolle Antwort auf die Frage der Nachkriegszusammenarbeit mit Rußland, die er Eden vor zwei Jahren im Verlauf ihrer Bestandsaufnahme nach dem Essen im Weißen Haus gestellt hatte. Dieses Gipfeltreffen auf der Krim war eine Probe, oder noch besser: eine Bestätigung dessen gewesen, was wir als Franklin Roosevelts «Grundsätze von Jalta» bezeichnen können.

Stalin selbst war über seinen eigenen Schatten gesprungen, indem er die Voraussetzung akzeptierte, die Roosevelts Grand Design unterlag. Der Diktator hatte darauf hingewiesen, daß es eine «ernsthaftere Frage» als die einer internationalen Organisation gab. Man sollte sich nicht zuviel um die kleinen Nationen sorgen. «Die größte Gefahr war ein Konflikt zwischen den drei Großmächten.» Die Hauptaufgabe bestand darin, Streitigkeiten zwischen ihnen zu verhindern und «ihre Einheit für die Zukunft zu sichern».[44]

Die Wahrheit ist, daß Roosevelt gleich nach seiner Heimkehr eine ganz im Wilsonianismus gehaltene Ansprache hielt, in der er erklärte, Jalta bedeute das Ende der einseitigen Handlungen, exklusiven Allianzen, Einflußsphären, Machtblöcken und «all der anderen Notbehelfe, die seit Jahrhunderten ausprobiert wurden – und immer versagten». Aber hinter dem Rücken der Öffentlichkeit betonte er weiterhin die Machtrealitäten und die grundlegende Struktur eines Großmächtekonsortiums.

Zwei Tage nach seiner Kongreßansprache sagte er in einer Privatunterhaltung über Deutschland, «offensichtlich werden die Russen in den von ihnen besetzten Gebieten nach eigenem Gutdünken handeln». Doch hoffte er, durch Zusammenarbeit im größeren Rahmen könne die sowjetische

Einflußsphäre so weit eingedämmt werden, daß sie sich nicht zu einer Kontrollsphäre auswuchs.[45]

Sein Optimismus wurde auf der ganzen Linie geteilt, sogar von einigen Angehörigen des State Department wie auch prominenten außenpolitischen Sprechern außerhalb der Regierung. «Die allgemeine Atmosphäre der Konferenz war äußerst günstig, und es war immer deutlich, daß die Russen zu einer Vereinbarung bereit waren», berichtete H. Freeman Matthews, deputierter Leiter des Büros für Europäische Angelegenheiten. John Foster Dulles hatte vormals die Atlantik-Charta kritisiert, weil diese «ein statisches und nicht genügend dynamisches Konzept der Welt» beinhaltete. Aber jetzt war er mit dem Lob schnell bei der Hand. Jalta eröffnete «eine neue Ära ... Die Vereinigten Staaten gaben eine Form der Zurückhaltung auf, die sie viele Jahre geübt hatten, und die Sowjetunion akzeptierte gemeinsame Aktionen bei Angelegenheiten, die selbst zu erledigen in ihrer Macht stand.» Und James Byrnes, der Leiter des Büros für Kriegsmobilisierung, der bereits vorher aus Jalta zurückgeflogen war, berichtete den Reportern, Stalin habe den USA freigebig Lob gespendet, und Joe sei der «Gesellschaftslöwe der Party gewesen».[46]

Nach der Konferenz hielt das Roosevelt-Wetter nicht lange an. Die Moskauer Diskussionen über Polen gerieten an einen toten Punkt über der Frage, ob die Lublin-Regierung als Grundlage der Nachkriegsregelung dienen solle oder eine neue Koalitionsregierung zu schaffen sei. Auch über die Balkanstaaten kam es zu Differenzen. Die Russen beanspruchten dort die «erste Stimme», so wie die Westmächte sie in Italien beansprucht hätten, und setzten, insbesondere in Rumänien, diese Stimme mit Gewalt durch.[47]

Zum bittersten Meinungsaustausch kam es über die sogenannten geheimen Kapitulationsverhandlungen deutscher Truppen in Norditalien. Sie wurden in der Schweiz, insbesondere in Bern, zwischen Allen Dulles vom Office of Strategic Services und dem SS-Obergruppenführer Karl Wolff geführt. Der Westen behauptete weiterhin, daß es sich um eine lokale Kontaktaufnahme handele, die mit einem westeuropäischen Separatfrieden überhaupt nichts zu tun habe. Die Russen beschuldigten ihn der Doppelzüngigkeit, weil eine solche Vereinbarung den Deutschen ermöglichen würde, Truppen aus Italien an die Ostfront zu verlegen, und gerade das hatten die Russen in Jalta verhindern wollen. Stalins Anschuldigungen wurden so unmäßig, daß Roosevelt ihm schließlich telegraphierte: «Offengestanden kann ich über Ihre Informanten, wer immer sie auch sind, wegen solch einer schändlichen Mißdeutung meiner Handlungen und derer meiner vertrauenswürdigen Untergebenen, nur bitteren Groll empfinden.»[48]

Doch bei den Gesprächen mit Wolff kam nichts heraus, und die Bitterkeit auf dem Gipfel der Allianz flaute ab. Auf Harrimans Vorstellung, daß ein scharfer Bruch bevorstünde, erwiderte Roosevelt: «Ich wünsche das Mißverständnis von Bern als nebensächlichen Zwischenfall abzutun.» Und in seinem letzten Telegramm an Churchill vom 11. April erklärte er: «Ich möchte das grundsätzliche sowjetische Problem so gering wie möglich einschätzen, denn solche Probleme tauchen in dieser oder anderer Form anscheinend täglich auf und erledigen sich, wie bei dem Treffen von Bern, von selbst. Wir müssen jedoch fest bleiben, soweit ist unser Kurs ganz richtig.»[49]

Allein die Tatsache, daß der Zwischenfall von Bern bereinigt werden konnte, gab Roosevelt für seine außenpolitische Arbeit nach dem Kriege neue Hoffnung. Aber jetzt wurden die Probleme komplizierter. Die Nachkriegszeit stand vor der Tür, Fragen konnten nicht mehr aufgeschoben werden, die durch den gemeinsamen Feind entstandene Einigung würde bald verlorengehen. Überdies blieb noch der beträchtliche Zwiespalt zwischen Roosevelts *wirklicher* Außenpolitik und seiner *heimischen* Außenpolitik. Es würde beträchtliches Geschick erfordern, zu gleicher Zeit Realist und Idealist zu sein, und das wußte Roosevelt, der Realist von eigenen Gnaden, genau. Auf den Vorschlag eines Mitarbeiters, bei dem kommenden Planungstreffen für die Vereinten Nationen in San Francisco zu erscheinen, um dort Probleme mit «einer Bewegung des Zauberstabes» zu zerstreuen, erwiderte er müde, er zweifle daran, einen solchen Zauberstab noch in der Hand zu halten.

Und noch mehr war zu beachten. Die Grundsätze von Jalta waren weitgehend von Roosevelt und einigen nur ihm treu ergebenen Unabhängigen formuliert worden. Diese Grundsätze waren aber nicht institutionell in der Regierung verankert; gerade die große Bedeutung persönlicher Kontakte auf höchster Ebene, abseits der bürokratischen Wege, schloß das praktisch aus. Im State Department genossen sie gewiß kein Ansehen.

Doch hatte die Meinung des State Department keine große Bedeutung, solange Roosevelt die Grenzen festlegen konnte, denn nur er hatte das Vorrecht, zu billigen oder abzulehnen, und als Präsident auch die Macht, Probleme bevorzugt zu behandeln oder beiseite zu schieben. Im September 1944 hatte Cadogan in seinem Tagebuch über Roosevelt vermerkt, «es lastet viel auf seiner Gesundheit». In der Notiz, die Roosevelt selbst an seinem letzten Tag in Jalta für seine Frau gekritzelt hatte, fügte der Präsident hinzu: «Ich bin etwas erschöpft, aber sonst ganz in Ordnung.»

Zwei Monate später, am 12. April 1945, mehrere Stunden, nachdem er das letzte Telegramm an Churchill entworfen hatte («Ich möchte das grundsätzliche sowjetische Problem so gering wie möglich einschätzen»), beklagte sich Roosevelt über schreckliche Kopfschmerzen und brach zusammen. Er starb noch am gleichen Tag.[50]

In jedem autoritären Staat wird Politik zu leicht zu einem Ringen um Zugang zum Herrscher und um die Kontrolle seiner Informationsquellen.
GEORGE KENNAN, September 1944[1]

III
Der Maulheld

«Erst wenn der Druck spürbar wird, werden wir wissen, woran wir wirklich mit ihm sind», sagte General George C. Marshall zu Kriegsminister Stimson, als beide nach ihrer ersten Konferenz mit dem neuen Präsidenten im Weißen Haus zum Pentagon zurückfuhren. Harry Truman war über diese Schicksalswende bestürzt. «Seit das diktiert wurde, habe ich wirklich einen Schlag erhalten», schrieb er am 13. April als Postskriptum unter einen Brief, den er während seines Vorsitzes im Senat, bevor ihn die Nachricht von Roosevelts Tod erreichte, begonnen hatte. «Aber ich werde mich dem stellen müssen.»[2]

In jenen ersten Tagen konnten die Männer, die Roosevelt gedient hatten, nicht viel mehr tun, als über den unbekannten Mann aus Missouri, der die Nachfolge des Kriegschefs angetreten hatte, Vermutungen anzustellen. «Keiner kennt die Einstellung des neuen Präsidenten – ich wenigstens nicht», bemerkte Stimson. «Die Informationsquellen waren so vielfältig, daß nur langwährende Übung ihm eine Überschau ermöglichen würde.»

«Der Mann besitzt eine Menge nervöser Energie und scheint zu blitzschnellen Entscheidungen zu neigen», urteilte Schatzsekretär Henry Morgenthau jr. «Aber schließlich ist er Politiker, und was in seinem Kopf vorgeht, wird nur die Zeit zeigen.»

Als Handelsminister Henry A. Wallace an Roosevelts Begräbnisgeleit teilnahm, erblickte er den neuen Präsidenten im Wagen neben Edwin Pauley sitzend, einem Ölmagnaten aus Kalifornien und wichtigen Mitarbeiter der Demokratischen Partei, der 1944 als Leiter des Demokratischen Konvents mitgeholfen hatte, die Machenschaften zu ersinnen, die Truman die Ernennung zum Vizepräsidenten einbrachten. Zweifellos nicht frei von Eifersucht und Ressentiment gegen einen Mann, der seinen Platz als Vizepräsident eingenommen hatte, meinte Wallace, daß «eine Ära des experimentellen Liberalismus zu Ende gegangen sei», und überlegte, was Pauley und andere seinesgleichen wohl aus «dieser Wachsfigur Truman formen würden».[3]

Doch Wallace unterschätzte Trumans starken und ausgeprägten Charakter. «Ich brauchte nicht lange, um die Maske seiner falschen Bescheidenheit zu durchschauen», bemerkte Jonathan Daniels, der in den ersten Tagen des Übergangs als Pressesekretär arbeitete. Truman ließ sich jedoch auf Gebieten, über die er nicht Bescheid wußte, beeinflussen; und auf einem Gebiet vor allem – der Außenpolitik – war er völlig ahnungslos. Seit seinem Militärdienst während des Ersten Weltkrieges war er noch nicht einmal wieder im Ausland gewesen. Harry Hopkins, der dem neuen Präsidenten näherstand als irgendein anderer aus Roosevelts Umgebung, sorgte sich darüber, daß Truman «vom Weltgeschehen absolut nichts wisse».

Truman gab seine Unwissenheit als erster zu. «Über das, was vorging, sagte man mir überhaupt nichts», klagte er nicht zu Unrecht verzweifelt über einen Monat nach seinem Amtsantritt. Er war als Vizepräsident gewählt worden, um einen Kompromiß zu treffen und Roosevelt damit die Wahl zwischen zwei erfahrenen Männern, James Byrnes und Henry Wallace, zu ersparen. Nach der Wahl behandelte man ihn quasi als Handlanger, er hatte bescheiden im Senat zu sitzen und sich um seine eigenen Angelegenheiten zu kümmern. Als Vizepräsident konferierte Truman offensichtlich mit Roosevelt nur zweimal.*

Hätte FDR anders gehandelt und Truman bei politischen Beratungen zugelassen, hätte er das unangenehme Gefühl haben können, mit seinem eigenen Tod zu rechnen. Natürlich blieb sehr wenig kostbare Zeit, um Truman in die Außenpolitik einzuführen, von den 82 Tagen seiner letzten Amtszeit verbrachte Roosevelt weniger als einen Monat in Washington.[4]

Doch die stärkste Kritik, die ein Historiker an Roosevelts Präsidentschaft üben kann, betrifft den Zustand, in dem er sie hinterließ. Sein gewählter Nachfolger war ein Innenpolitiker, der, in außenpolitischen Beziehungen unerfahren und unbewandert, einem der großen Wendepunkte moderner Geschichte gegenüberstand: der Ablösung der durch Europa beherrschten internationalen Politik durch Weltpolitik. Die Situation wurde noch dadurch erschwert, daß die Außenpolitik der Vereinigten Staaten zu dieser Zeit sehr stark von Roosevelt selbst und seinen verwickelten Bemühungen abhing, zwei gegensätzliche Ziele auf einmal zu verfolgen: den Wilsonianis-

* Etwas von der Beziehung zwischen den beiden Männern ist aus Roosevelts Instruktionen zu ersehen, die er Truman über die Kommunikation während der Jaltakonferenz gab: «Wenn Sie mir eine dringende Nachricht zukommen lassen wollen, schlage ich vor, sie mir durch den Map Room (Kommunikationszentrum) des Weißen Hauses übermitteln zu lassen. Doch sollten über den Map Room nur *wirklich dringende* Botschaften übermittelt werden. Ich möchte Sie bitten, diese so kurz wie möglich zu halten, um die Verbindung nicht zu behindern. Wenn Sie sehr lange Botschaften haben sollten, wird der Map-Room-Beamte darüber entscheiden, ob es technisch möglich ist, sie über das Radio zu übermitteln, oder ob sie per Postsack gesandt werden müssen.» Zweieinhalb Monate später schrieb Truman an FDR in Warm Springs, was vielleicht sein letzter Kontakt mit Roosevelt war: «Hoffe, daß Sie sich gut erholen. Möchte Sie nicht belästigen, muß aber einen Vorschlag machen.» Er betraf Ernennungen des Bundesanleihenverwalters und Generalpostmeisters.

mus um der öffentlichen Meinung Amerikas willen und den Realismus der Großmachtbeziehungen.

Trumans schwieriges Erbe veranschaulicht ein Problem des Präsidentenwechsels. Präsidentschaftskandidaten wählen ihre Mitarbeiter oft nach dem Gesichtspunkt politischer Nützlichkeit, nicht nach der Erfahrung und Fähigkeit. Nach dem Wahlerfolg teilen sie ihren Vizepräsidenten dann Nebenarbeiten und Routineaufgaben zu. Ein abrupter Übergang wie der vom April 1945 zwingt den neuen Präsidenten vorerst, die Kontinuität zu demonstrieren; öffentliches Vertrauen und internationales Ansehen wiederherzustellen; vom früheren Präsidenten ernannte und ihm ergebene höhere Beamte (wie auch die Kongreßmitglieder, die Presse und sogar sich selbst) zu überzeugen, daß er jetzt *der* Präsident ist; jene «vielfältigen Informationsfäden» zu sammeln; ein Urteil zu treffen, wessen Meinung anzuhören und wessen zu verwerfen ist, damit er die wirklichen Vorgänge versteht – und dann die notwendigen Entscheidungen zu treffen. Mit anderen Worten, er muß nicht nur dem Namen nach, sondern wirklich Präsident werden.

So kämpfte Truman sich durch einen großen Teil des Jahres 1945. Dieses Bemühen trug dazu bei, die entstehende sowjetisch-amerikanische Auseinandersetzung zu prägen, und verlieh dem neuen Gedanken der nationalen Sicherheit eine zunehmende Bedeutung.

Harry Truman wurde 1884 in einer frommen Baptistenfamilie geboren. Diese lebte einige Jahre auf einer Farm und zog 1890 nach Independence, Missouri, wenige Meilen östlich von Kansas City. Ein seltenes Leiden, gewöhnlich «flache Augäpfel» genannt, zwang Truman schon im Alter von fünf Jahren, eine dicke Brille zu tragen. Darum konnte er nicht an den Spielen der Altersgenossen teilnehmen und wurde zu einem übereifrigen Leser. Seine ständige Lieblingslektüre war Geschichte, insbesondere Biographien großer Männer und Militärchroniken. Sogar in späteren Jahren als praktizierender Politiker las er manchmal gleichzeitig fünf bis sechs Bücher. Nachdem ihn sowohl Westpoint wie auch Annapolis wegen seines Augenleidens abgelehnt hatten, arbeitete er einige Zeit als Bankangestellter und kehrte dann zu der Schwerarbeit auf der Familienfarm zurück. Er verließ sie erst im Alter von vierunddreißig Jahren, um während des Ersten Weltkrieges in Frankreich zu kämpfen. Das kameradschaftliche Leben in der Armee und das angenehme Gefühl, Captain Truman zu sein, änderten seinen Lebensstil. Er kehrte mit dem Entschluß heim, aus seinem Leben mehr zu machen, als das eines Farmers. Sein erstes Unternehmen, ein Geschäft für Herrenausstattung, machte wegen der Nachkriegsdepression Bankrott. Er wandte sich der Politik zu. Als streng loyaler Demokrat gewann er als Veteranenkandidat die Wahl für das Amt eines Richters in Jackson County. Er war in der Parteigruppe Tom Pendergasts mehr Verbündeter als Mitglied; doch als er 1935 als Fünfzigjähriger in den Senat der USA eintrat, widerfuhr ihm dort die Demütigung, nur als Botenjunge des Bosses aus Kansas City zu gelten. Er streifte dieses Etikett mittels harter Arbeit ab, und seine Geselligkeit gewann ihm die Freundschaft der tonangebenden senatorischen Kreise. Nationales Ansehen erlangte er als sehr tatkräftiger Vorsitzender des Kongreßausschusses für die Überwachung der Kriegsproduktion während des Zweiten Weltkrieges.

Im Gegensatz zu Roosevelt war Truman kein abtrünniger, sondern eher ein recht traditioneller Wilsonianist. Als Senator trug er entscheidend dazu bei, Amerika nach dem Kriege zum Eintritt in die Vereinten Nationen zu bewegen.[5] Die Ideen der Einflußsphären und eines Großmächtekonsortiums erregten seinen Abscheu. Truman, der selbst die öffentliche Meinung vertrat, wußte weder, daß Roosevelt zwei Sprachen gesprochen hatte, noch daß bestimmte Verhaltensweisen der Russen in Osteuropa eine Antwort auf Roosevelts Großmachtdiplomatie waren. Truman konnte nicht an die Berechtigung des russischen Sicherheitsstrebens glauben; er mußte sich fragen, von wem die Sowjetunion wohl bedroht werden könnte. Über die amerikanischen Absichten brauchte er gewiß keine Zweifel zu hegen. Als er sich schließlich mit Fragen der Außenpolitik befassen mußte, verfügte er nur über einen Geschichtsbuchstandpunkt und einen wachsenden Nationalpatriotismus. Er neigte dazu, ganz klar zwischen Recht und Unrecht, Schwarz und Weiß zu unterscheiden. Weder seine Charakteranlagen noch seine Erfahrungen verliehen ihm die Geduld für Feinheiten und Zwischentöne. Truman gab zu, «nicht über alle Einzelheiten» Bescheid zu wissen, und versuchte, «die Komplikationen unserer Außenpolitik» zu durchschauen, doch erkannte er, daß die Nation und die Welt beruhigt sein wollten, und er war entschlossen, sich zu behaupten.[6]

Die Art, wie er in der Außenpolitik aufholte, die Leute, auf die er hörte, die Wege, auf denen Informationen ihn erreichten, welche Probleme seine Aufmerksamkeit erregten – all das hatte für die Politik unmittelbare und zum Teil umwälzende Folgen. Zu dem Zeitpunkt, wo er zum ersten Mal mit einem hohen sowjetischen Beamten zusammentraf, hatte Truman genügend aufgeholt, um Molotow eine kräftige Abreibung zu verpassen. Jenes Gespräch vom 23. Juli zeigte einen folgenschweren Wandel im amerikanischen Verhalten zu den Russen an, den die in ihre eigenen Berechnungen engagierten Sowjets nicht übersehen konnten. Truman hatte Roosevelts Grundsätze zugunsten einer Reihe anderer, von den Riga- und Jalta-Grundsätzen abgeleiteter, überlieferter Annahmen aufgegeben, die allgemeine Verwirrung und Ungewißheit über die weltpolitischen Ziele der Sowjetunion widerspiegelten. Man glaubte, die Russen hätten die amerikanische Großzügigkeit, insbesondere den Leih- und Pachtvertrag, mißbraucht; außerdem brachen sie vermutlich feierlich besiegelte Abkommen. Aber wenn man, den neuen Grundsätzen entsprechend, die Russen fest behandelte, konnte man mit ihnen fertigwerden. Mit anderen Worten, die

Sowjetunion sollte gezwungen werden, auf der Nachkriegsbühne eine Nebenrolle zu spielen. Grundlage dieser neuen Auffassung war ein Bild der Sowjetunion als Staatsmacht, die eher einem «Maulhelden» als einem Revolutionsstaat glich. Es war ein «unvollendetes Bild»; unter Druck konnte die Sowjetunion zum Nachgeben und einer Änderung ihrer Verhaltensweisen gezwungen werden.[7] Zu dieser Einschätzung war Truman nicht durch Überprüfung der «Informationsfäden» gekommen, sondern die für ihn einzig mögliche Notlösung – er akzeptierte von seiner Umgebung formulierte Ideen, richtete sich so weit wie möglich nach ihnen, wie sein Instinkt, Charakteranlagen und die Situation es ihm eingaben. Vier Informationsquellen waren besonders wichtig.

Fast sogleich nach seinem Amtsantritt bat Truman Admiral William Leahy, Kabinettchef zu bleiben und ihm zu helfen, «die Fäden des Kriegsgeschäftes aufzunehmen». Leahy, der 1897 die Marineakademie absolviert hatte, war ein grobschlächtiger, konservativer, altmodischer Mann, der Ausländern grundsätzlich mißtraute. Er betrachtete sich als Experte für Explosivstoffe und war fast bis zum Abwurf der Atombombe überzeugt, diese würde als Blindgänger landen. Der Sowjetunion mißtraute er gründlich; Kommunismus war für ihn ein Schimpfwort, das «Groll und Zorn» erregte. In Jalta hatte er zu den Andersdenkenden gehört und vorausgesagt, die Vereinbarungen würden «Rußland zur beherrschenden Macht Europas machen, die in sich gewiß den Keim künftiger internationaler Zerwürfnisse und eines weiteren Krieges trägt». Leahy leitete die Vorbereitungen des Map Room Sekretariats im Weißen Haus für die meisten Informationsunterlagen des neuen Präsidenten, in denen es sich um Polen und die Geheimabmachungen wegen einer Kapitulation deutscher Truppen in Norditalien handelte. Als Leahy sie am 19. April Truman vorlegte, hob er Stalins «beleidigende Sprache» wegen der Geheimabmachungen hervor und freute sich festzustellen, daß Stalins Telegramme das «solide, altmodische Amerikanertum» des Präsidenten beleidigten. Leahy verließ die Besprechung mit der Überzeugung, sein neuer Schüler würde bei den bevorstehenden Gesprächen mit «Molly» einen «festen Stand» bewahren.[8]

Die zweite Einflußquelle war die Botschaft in Moskau, insbesondere Botschafter Averell Harriman, der zu einem von Truman meistbewunderten Ratgeber wurde. Schon als Collegesenior war er zum Direktor der von seinem Vater, dem Industriemagnaten H. E. Harriman, aufgebauten Union Pacific Railroad gewählt worden. In den Jahren zwischen den beiden Weltkriegen beschäftigte sich Harriman junior mit internationalen Bankgeschäften (einschließlich einer kurzfristigen Investition in eine große Magnesiumkonzession der Sowjetunion, die zu einer flüchtigen Bekanntschaft mit Trotzkij führte) und mit dem Polospiel, in dem er sich ein gewisses Ansehen erwarb. 1941 wurde Harriman im Alter von neunundvierzig Jahren von Roosevelt als Sonderbeauftragter zuerst nach London gesandt, um dort die wirtschaftlichen Verbindungen zwischen den Vereinigten Staaten und Großbritannien zu überprüfen, und später als Botschafter der Vereinigten Staaten nach Moskau. Dort sah er Stalin sicherlich öfter, als jeder andere Amerikaner vor und nach ihm. Die Russen wurden nicht recht schlau aus ihm. «Wie kann ein Mann mit hundert Millionen Dollar so traurig aussehen?» fragte Maxim Litwinow einst einen Kollegen Harrimans.

Als er den Posten in Moskau antrat, glaubte Harriman, die Russen würden trotz des «nach unseren Maßstäben rohen und abscheulichen Benehmens» an der Nachkriegswelt mitarbeiten. Im März 1944 schrieb er, «trotz gegenteiliger Annahmen deutet nichts darauf hin, daß er [Stalin] die Errichtung eines unabhängigen Polen unterbinden würde». Im Spätsommer 1944 hatte der amerikanische Botschafter jedoch viel von seinem Optimismus eingebüßt. Schwierigkeiten beim militärischen Hilfsprogramm hatten ihn stets verwirrt, aber der eigentliche Wendepunkt kam, als Stalin sich weigerte, zur Befreiung der polnischen Untergrundbewegung während des in jenem August beginnenden Warschauer Aufstandes beizutragen. Harriman schloß, daß die Russen ihr Eingreifen zynisch hinauszögerten, bis die Deutschen störende antisowjetische, westlich orientierte Polen getötet hätten. «Zum erstenmal seit meiner Ankunft in Moskau bin ich wegen des sowjetischen Verhaltens zutiefst besorgt», telegraphierte er nach Washington. «Diese Männer sind aufgeblasen vor Macht ... Fraglos rechnen sie damit, ihre Entscheidung uns wie allen Ländern aufzuzwingen.»[9]

Zu jener Zeit stand der Botschafter weitgehend unter George Kennans* Einfluß, der 1944 zur Botschaft gekommen war. Harriman verbrachte viel Zeit, mit seinem neuen Chargé d'affaires zu reden und von ihm zu lernen, nach seinen eigenen Worten «Haare zu spalten», Diskussionen abzubrechen, um sie am nächsten Tage wieder aufzunehmen, in dem Bemühen, für die «ständig verwirrenden Entwicklungen» der Sowjetpolitik einige Erklärungen zu finden.[10]

Das will nicht heißen, daß die beiden Männer völlig gleicher Meinung waren. Kennan war dafür, wie er sich später erinnerte, es wegen Osteuropa mit der Sowjetunion auf eine «richtiggehende, realistische Kraftprobe» ankommen zu lassen.[11] Wenn der Westen nicht gewillt war, schrieb er zur Zeit von Jalta an Bohlen, «aufs Ganze zu gehen» und die Sowjetunion zu frustrieren, blieb nichts anderes, als Deutschland zu spalten, den Kontinent in zwei Einflußsphären aufzuteilen und die Grenze festzulegen, «über die hinaus wir den Russen nicht erlauben können, unbeeinträchtigt Macht aus-

* Trotz seiner Identifizierung mit George Kennan, der sein Namensvetter, Cousin seines Großvaters und Rußlandforscher war, vergißt dieser George Frost Kennan in seinen Memoiren eine sehr seltsame Beziehung – der ältere George Kennan veröffentlichte 1922 eine zweibändige Biographie über Averell Harrimans Vater.

zuüben oder rein einseitige Handlungen zu vollziehen». Dieser Standpunkt entwickelte sich zu der sogenannten Eindämmungsdoktrin. Kennan drängte Botschafter Harriman, eine klare Aufteilung der Einflußsphären zu akzeptieren und alles in seiner Macht Stehende zu tun, um die öffentliche Meinung Amerikas gegen den neuen Feind einzunehmen. Doch im Dezember 1944 schloß Kennan ein an Harriman gerichtetes Memorandum: «Ich weiß, daß Sie diese Dinge nicht so schwarz sehen wie ich, und daß Sie diese Ansichten wahrscheinlich nicht teilen.»[12]

Harriman sah Rußland nicht als revolutionären Staat, sondern als Maulhelden an, und während Kennan die sowjetischen Absichten für unwandelbar hielt, glaubte Harriman, man könne den Russen ein anderes Spiel aufzwingen. «Schon früh in diesem Jahre wurde mir die unterschiedliche Meinung von Stalins Ratgebern hinsichtlich unserer Zusammenarbeit bewußt», schrieb Harry Hopkins im September 1944. «Jetzt habe ich das Gefühl, daß jene, die sich der von uns angestrebten Zusammenarbeit widersetzen, sich kürzlich mit Erfolg durchsetzen konnten.» Sein wichtigster Punkt: «Wenn wir uns mit der gegenwärtigen Politik abfinden, wird sich die Sowjetunion allen Anzeichen nach, wo immer ihre Weltinteressen im Spiel sind, zu einem Maulhelden entwickeln.» Und die Lösung? «Ich bin überzeugt, daß wir diesen Trend abfangen können, aber nur, wenn wir unsere Politik der Regierung gegenüber auch tatsächlich ändern ... Ich habe nicht die Absicht, irgendwelche drastischen Aktionen vorzuschlagen, sondern nur eine freundliche *quid pro quo*-Haltung.» Er beschrieb auch seine eigene Stimmung: «Ich bin enttäuscht, aber nicht entmutigt. Die Aufgabe, der Sowjetunion bei internationalen Angelegenheiten eine angemessene Rolle zuzuweisen, wird jedoch schwieriger sein, als wir hofften.»[13]

Doch vertrat Harriman weiterhin zwei Ansichten; Zusammenarbeit mit den Sowjets war möglich, obgleich er unter Zusammenarbeit eine russische Abhängigkeit vom amerikanischen System, oder wie er es formulierte, «unseren Konzepten» verstand. Für ihn waren «Einflußsphären» die «unbeliebte Formulierung».

«Averell hängt sein Mäntelchen nach dem Wind», hatte der britische Botschafter in Moskau bemerkt, und Harriman schloß sich jetzt näher an Kennan an, indem er einräumte, die amerikanischen Führungskräfte müßten vor der bevorstehenden Krise gewarnt werden. Er verstärkte seine Warnungen, daß es nötig sei, einen festeren Standort einzunehmen. «Ich glaube nicht, den Präsidenten von der Bedeutung einer wachsamen, festen Politik bei Verhandlungen über politische Aspekte in verschiedenen osteuropäischen Ländern überzeugt zu haben», bemerkte Harriman bedauernd, als er im November 1944 wieder in Washington mit Roosevelt zusammengetroffen war, obwohl er das State Department für diese Notwendigkeit «sehr aufgeschlossen» fand.

In den ersten Monaten von 1945, besonders nach Jalta, geriet er wegen der Schwierigkeiten auf dem Balkan und der Bildung einer neuen polnischen Regierung fast in Raserei. «Der Krieg läuft jetzt bestens», schrieb Harrimans Tochter Kathleen am 8. März 1945 aus Moskau an ihre Schwester. «Doch werden die Nachrichten leicht von unseren tapferen Alliierten getrübt, die sich im Augenblick hundsgemein betragen. Averell ist sehr geschäftig – mit Polen, PWs und, ich glaube, den Balkanländern. Das Haus ist voll rennender Füße, Stimmen und nächtelang klingelnder Telefone – bis zum Morgengrauen.» Aber Roosevelt lehnte Harrimans Auslegung weiterhin ab und gab seinem Verlangen heimzukommen, um dort persönlich über die verschlechterten Beziehungen zu berichten, nicht nach.[14]

Der Tod des Präsidenten und Stalins folgende Entscheidung, Molotow zur Konferenz von San Francisco zu schicken, gaben Harriman Gelegenheit, nach Washington zurückzukehren, um dort seine Meinung zu vertreten und ermöglichten ihm auch, seine Stellung bei dem neuen Präsidenten zu festigen. Indem er nach Westen über den Atlantik flog, gelang es ihm, Molotow um zwei Tage zu schlagen; dieser bevorzugte eine sicherere Route über Sibirien und Montana.

Harriman kam bei seiner Paul Revere Mission an, mit einem Zucken im rechten Auge, den bevorstehenden Bruch befürchtend, doch davon überzeugt, daß Alarm geblasen werden müsse. «Der russische Plan, Satellitenstaaten zu schaffen, ist für uns und die Welt eine Bedrohung», berichtete er den Beamten des State Department und fügte hinzu, die Vereinigten Staaten säßen, insbesondere durch die Wirtschaftshilfe, «am längeren Hebelarm». Er warnte den Marineminister James Forrestal, «wir könnten wohl einem ideologischen Kreuzzug ausgesetzt werden, der ebenso massiv und gefährlich wäre, wie Faschismus oder Nazismus». Er erklärte dem neuen Präsidenten, die Vereinigten Staaten hätten «eine barbarische Invasion Europas» zu erwarten. Der Gedanke kam an. «Die Sowjetunion legt unser Verhalten als Zeichen von Schwäche aus», warnte Unterstaatssekretär Nelson Rockefeller, was sich in «vielen Lateinamerikanischen Ländern widerspiegelt, wo die Vereinigten Staaten wegen ihres zu häufigen Nachgebens vor den Russen bei den Regierungen im Ansehen gesunken sind.»

Die Heimreise hatte Harrimans persönlichem Ziel gedient: er wollte sich beständigen unmittelbaren Zugang zum Weißen Haus sichern und fundierte Beziehungen zum neuen Präsidenten gewinnen. Doch paßte nicht allen im State Department sein Erfolg. «Ich bin über Harrimans Verhalten außer mir», klagte Außenminister Stettinius am 22. April. «Er besuchte den Präsidenten, ohne daß wir davon wußten, und hat bis jetzt noch niemand berichtet, was dabei herausgekommen ist.»[15]

Edward R. Stettinius war im Alter von achtunddreißig Vorsitzender des Aufsichtsrates der United States Steel geworden. Er war ein sich prahlerisch gebender, gutaussehender Mann mit frühzeitig weiß gewordenem Haar, einem breiten Lächeln und blendend weißen Zähnen. (Lateinamerikanische Diplomaten nannten ihn oft *Los Dientes*, «die Zähne»). Im State Department, wo man ihn Big Brother Ed nannte, war er bei vielen zwar recht beliebt, aber nicht sehr geachtet. Um mehr Macht in den eigenen Händen zu sammeln, hatte Roosevelt den schwachen Stettinius Ende 1944 ausdrücklich als Nachfolger Hulls auserwählt. Der neue Minister verstand es, Sitzungen geschickt zu leiten, und hatte ein scharfes Auge für Public Relations und für Korrektheit, doch mit der Diplomatie hatte er nicht viel im Sinn. Wie ernst konnte man einen Minister nehmen, der sich mehr darum kümmerte, daß die an den Präsidenten gerichteten Botschaften auf der speziellen Großletternmaschine des State Department getippt wurden, als um den Inhalt der Botschaften, und der FDR begeistert drängte, jeden Mittwoch mit den «ankommenden und abreisenden» ausländischen und amerikanischen Botschaftern eine Stunde Tee zu trinken?

Da Stettinius durch Roosevelts Tod auf die erste Liste der möglichen Nachfolger kam, waren seine Tage als Außenminister gezählt.[16] Trotzdem hatte er zu diesem Zeitpunkt einigen Einfluß. Als wichtigster Verbindungsmann zwischen Truman und dem State Department übermittelte er dem Präsidenten die institutionellen Anliegen des Amtes. Sein erstes Memorandum vom 13. April informierte Truman: «Seit der Konferenz von Jalta hat die sowjetische Regierung bei fast allen wichtigen Fragen eine kompromißlos feste Haltung eingenommen.» Aber Stettinius hatte den Optimismus von Jalta geteilt und setzte in die von ihm inszenierte Posse der Vereinten Nationen, die nun bald in San Francisco stattfinden sollte, immer noch Hoffnungen. Bis zu einem gewissen Grade beeinflußte er die Ansichten der Berufsbeamten. Stettinius und H. Freeman Matthews, der Leiter der Europa-Abteilung im State Department, folgerten übereinstimmend: «Ein spektakulärer Wechsel von der Hochstimmung der Konferenz zu der neueren, ungünstigeren Entwicklung kann durch die Beeinflussung führender Politiker erklärt werden, von denen Stalin sich bei seiner Rückkehr nach Moskau Rat einholen mußte. Diese Politiker mögen Stalin wohl weisgemacht haben, daß man ihn in Jalta ‹verkauft› habe. Sie sind das Gegenstück zu unseren Isolationisten.» Sowohl Stettinius wie Matthews bewahrten weiterhin von Stalin selbst ein günstiges Bild. Matthews erklärte, Stalin sei der einzige ihm bekannte Diktator, der Sinn für Humor habe.[17]

Während der Krieg in Europa sich dem Ende zuneigte, drängten die Briten, man solle den Sowjets gegenüber einen festeren Standpunkt einnehmen. Bei Polen handele es sich nicht nur um eine Frage der «Ehre», wie Churchill in Jalta erklärt hatte; es war für ihn schon eine Zwangsvorstellung. Auch wenn Churchill nach Jalta noch einen gewissen Optimismus gehegt haben mag, wurde er durch ein Zusammentreffen von Umständen – die sowjetische Lage, politischer Druck im Inland, Starrköpfigkeit von seiten der Londoner Polen – zunichte gemacht.[18]

Roosevelts Tod gab Churchill Gelegenheit, seinen Standpunkt neu vorzubringen, und er verlor damit keine Zeit. Truman war für Churchills hohes Prestige sehr empfänglich und eher geneigt, die Auslegungen des Premierministers zu akzeptieren, als der vorige Präsident. «Es ist wichtig, die Gemeinsamkeit unserer Ansichten und Handlungen zum frühesten Zeitpunkt zu verdeutlichen», kabelte Churchill sofort. Anthony Eden unterbrach seine Reise nach San Francisco in Washington, um den neuen Präsidenten zu beschnuppern und ihm nahezulegen, was Churchill bescheiden als «unsere Eindrücke von den wirklichen Vorgängen in Moskau und Warschau» beschrieb. Eden traf zweimal mit Truman zusammen, und beide einigten sich schnell über die Polenfrage. Der Außenminister erklärte, die anglo-amerikanischen Beziehungen seien niemals enger gewesen; er hatte seinem willigen Zuhörer mit Erfolg den britischen Standpunkt auseinandergesetzt, demzufolge man die Sowjetunion «kraß mit den Realitäten konfrontieren» und die «anglo-amerikanische Stärke» glaubhaft machen mußte.[19]

Trumans Einschätzung – und schließlich die der Vereinigten Staaten – der Sowjetunion beruhte auf einem Sammelsurium von Teilansichten, die man ihm aus vier anderen Informationsquellen aufdrängte: Leahy, Stettinius, Harriman und Churchill. Doch waren deren Ansichten nicht die einzigen, die im Oval Office Gehör fanden. Truman ließ sich auch von Leuten informieren, die als Spezialagenten für Roosevelt gearbeitet hatten. Daß sie an keine Bürokratie noch Organisation gebunden waren, hatte der verstorbene Präsident, der glaubte, jeder von ihnen teile bis zu einem gewissen Grad seine Einschätzung der sowjetischen Beziehungen, vorteilhaft gefunden. Harry Hopkins berichtete Truman, Stalin sei ein «aufrechter, rauher, zäher Russe . . . mit dem man offen reden kann». Hopkins war jedoch hoffnungslos leidend; er hatte sein Bett in der Mayo-Klinik nur wegen der verheerenden Nachrichten aus Warm Springs verlassen. Obgleich er mit Truman über seine Beobachtungen sprach, war er nicht in der Lage, sich gegen die Ansichten der anderen zu behaupten. Auch Joseph Davies lag im Krankenhaus und konnte auf einige Zeit nach Trumans Amtsantritt nicht mit ihm zusammentreffen.[20] Bernard Baruch, der alte «Puh-bah»[21] – wie Roosevelt ihn einmal nannte –, sandte Truman ein Memorandum, in dem der Historiker D. F. Fleming einen kurzen Abriß der russisch-westlichen Beziehungen seit der Revolution gab und den amerikanischen Politikern wenigstens zu dem Versuch riet, den russischen Standpunkt zu verstehen. Es gibt keine Anzeichen, daß Truman sich Zeit nahm, diese Schrift zu lesen. In jedem Falle wäre der Ratschlag durch andere aus seiner unmittelbaren Umgebung übertönt worden.[22]

Als einzig ernstzunehmender Andersdenkender konnte Kriegsminister Harry Stimson sich Gehör verschaffen. Im Gegensatz zur Mehrheit war er weder ein Anwalt für die Vereinten Nationen noch für Amerikas Weltmission. Auch war er nicht von der unvermeidlichen Feindschaft zwischen den Vereinigten Staaten und der Sowjetunion überzeugt. Roosevelts eigenem Konzept eines Großmächtefriedens stand er am nächsten. Im Dezember 1944 und Januar 1945 warnte er Roosevelt und Stettinius, es sei unrealistisch, mit einer internationalen Organisation arbeiten zu wollen, ehe man unter den Großmächten eine Verständigung erzielt habe. Sowohl Stimson wie Roosevelt räumten ein, daß die Interessen der Sowjets in deren Grenzgebieten, wenn auch den Amerikanern nicht gerade angenehm, doch auf jeden Fall vor denen anderer Staaten Vorrang haben müßten; beide Männer waren im Gegensatz zu vielen anderen Politikern in der Lage, sich eine Art mexikanischer Analogie zu München vorzustellen. Darum konnten sie sich auch die Beunruhigung der USA vorstellen, falls Mexiko potentieller Bündnispartner einer anderen Großmacht würde. Stimson, der nicht wie Roosevelt durch innenpolitische Rücksichten behindert wurde, konnte sich klar ausdrücken.[23] Anfang Mai 1945 hatte er ein Telefongespräch mit dem Stellvertretenden Kriegsminister John J. McCloy, der sich in San Francisco aufhielt:

Stimson: Ich glaube, es ist nicht zuviel verlangt, hier unser kleines Gebiet zu haben, das nie jemand gestört hat.

McCloy: Ja.

Stimson: Ich meine, wir gehen nicht ins Ausland, wenn es sich nicht um einen Weltkrieg handelt ... Die Sache sollte so zurechtgestutzt werden, daß wir durch das, was ich sonst örtliche Unruhen Europas nenne, nicht überrannt werden.

McCloy: Ja, ja.

Stimson: Gut, meinen Sie, Rußland würde auf sein Recht verzichten, allein auf diese angrenzenden Nationen einzuwirken, die es für so ruiniert hält – die nützlich sind, wie Polen, Rumänien und andere – meinen Sie, es wird für uns darauf verzichten?

McCloy: Oh, das wird es gewiß nicht ...[24]

Stimson hatte Sorge, daß «einige Amerikaner sich begierig an übertriebene Auslegungen der Monroedoktrin hängen und gleichzeitig in jede Frage verbeißen, die in Mitteleuropa aufkommt».[25] Am 16. April hatte er bereits in sein Tagebuch geschrieben: «Unsere Einflußsphären müssen geographisch nicht zusammenprallen, und ich glaube, aus künftigen Zusammenstößen können wir uns allgemein heraushalten.» Er wollte um jeden Preis vermeiden, in die «Balkanwirren»[26] hineingezogen zu werden.

Nur einmal hatte Stimson Gelegenheit, Truman solche Ansichten zu unterbreiten, und das geschah während Molotows Besuch. In den frühen Morgenstunden des 13. April, als eine Party durch die Nachricht von Roosevelts Tod ein jähes Ende gefunden hatte, war Molotow erschienen, um der amerikanischen Botschaft in Moskau seine Aufwartung zu machen. Vor Nervosität zitternd, lobte Molotow den verstorbenen Präsidenten in den höchsten Tönen, obwohl er nach Ansicht einiger Anwesender dabei noch eine gewisse Zurückhaltung bewahrte. Danach erkundigte er sich nach dem neuen Präsidenten.[27] Nun, kaum eine Woche später, befand er sich in Washington, um einen entscheidenden persönlichen Eindruck zu gewinnen. Bei seiner Ankunft am Sonntag, dem 22. April, fand zwischen Molotow und Truman ein Höflichkeitstreffen statt. Für den Spätnachmittag des nächsten Tages wurde eine weitere Begegnung angesetzt. Vor dem zweiten Treffen versicherte Stettinius, mit dem von Elbridge Durbrow vorbereiteten «Grundreferat» ausgerüstet, den Briten, daß er im Falle eines Stagnierens dem Präsidenten vorschlagen würde, «Molotow eine Standpauke zu halten». Um die Nachmittagsmitte wurde Stimson wider Erwarten zu einer Sitzung mit Truman und seinen anderen höheren Ratgebern ins Weiße Haus gerufen, um dort das nächste Zusammentreffen mit Molotow vorzubereiten. «Ohne Vorwarnung wurde ich einer der schwierigsten Situationen ausgesetzt, die ich seit meinem Hiersein erlebt habe», schrieb Stimson in sein Tagebuch.[28] Von Anfang an führte der Präsident die Diskussion, indem er seine eigenen Ansichten darlegte und auf die von ihm erwarteten Antworten hinwies: «Unsere Vereinbarungen mit der Sowjetunion sind bisher eine Einbahnstraße gewesen, die zu einer Sackgasse wurde; es hieß jetzt oder nie.» Truman wollte die Pläne für San Francisco weiterverfolgen, «und wenn die Russen nicht mit uns mitmachen wollen, sollen sie zur Hölle fahren».

Erst dann fragte der Präsident um Rat. Die meisten Anwesenden sprachen ihm nach dem Mund. «Wir sollten es besser jetzt auf eine Kraftprobe ankommen lassen als später», meinte Marineminister Forrestal.

Trotz seiner Zwangslage setzte Stimson alles ein, um Zurückhaltung zu predigen. Er glaubte, die bevorstehende Krise ginge eher auf Ungeschicklichkeiten des State Department und die amerikanische Vorliebe für «Idealismus» und «Altruismus» als auf «starre Realitäten» zurück. Harriman und der amerikanische Militärabgeordnete John Deane hatten kleine Kränkungen und Empfindlichkeiten zu grundsätzlichen Streitfragen hochgespielt, und jetzt sah Stimson, wie die Politiker «Hals über Kopf» den Bruch herbeiführten. In dem Bemühen, sie wenn auch nicht aufzuhalten, so doch zu bremsen, schlug er die zusätzliche Berücksichtigung verschiedener entscheidener Punkte vor: politische Demokratie konnte man nicht leicht Gesellschaften aufzwingen, die keine liberale Tradition kannten; nur die Vereinigten Staaten und die Vereinigten Königreiche «wissen wirklich, was unabhängige freie Wahlen bedeuten». Er wies darauf hin, daß die Russen bei den wichtigsten Kriegsvereinbarungen ihr Wort gehalten hätten und die Behörden der Vereinigten Staaten sich jetzt darauf verlassen könnten. In Wahrheit hatten sie «ihre Versprechungen oft übertroffen». Es war nicht klug, Polen als Exempel zu nehmen: «Wenn wir der großen Bedeutung der polnischen Frage für die Russen kein volles Verständnis entgegenbringen, könnten wir uns auf sehr gefährlichen Boden begeben.»

Dann wies er auf einen der bedeutendsten Faktoren hin: «Vielleicht hatten die Russen hinsichtlich ihrer eigenen Sicherheit realistischere Vorstellungen als wir.»

Stimson stand jedoch allein. Nur Marshall pflichtete bei, daß die Amerikaner es vermeiden sollten, sich gegen die Russen zu wenden, doch seine Begründungen hörten sich eingeschränkter an: die Russen könnten ihren Eintritt in den Pazifischen Krieg hinauszögern, «bis wir all die Schmutzarbeit getan haben». Obwohl Admiral Leahy gegen Stimson argumentierte, machte er ein seltsames Zugeständnis: «Die Vereinbarungen von Jalta könnten zweifach ausgelegt werden.»

Truman war über Stimsons Ratschlag offensichtlich enttäuscht. Er erklärte, er würde seine Entscheidung mit Harriman, Leahy und dem Vertreter des State Department treffen – und verabschiedete Stimson, Forrestal und die anderen Dienststellenchefs.[29] Doch war seine Haltung schon durch das in den vorangegangenen elf Tagen Gehörte bestimmt. Admiral Leahy maß den Meinungsverschiedenheiten geringe Bedeutung bei und formulierte präzise die vorherrschende Ansicht: die Vereinigten Staaten sollten hart werden. «Die Konferenzteilnehmer teilten die Meinung, die Zeit für ein festeres amerikanisches Verhalten der Sowjetunion gegenüber sei gekommen, und selbst wenn Rußland seine Bemühungen in Europa und Asien vermindern oder sogar abbrechen sollte, würde das unsere Kriegspläne jetzt nicht mehr sonderlich beeinträchtigen.» Dem Maulhelden würde man es schon zeigen.

Etwa zur gleichen Zeit traf Molotow mit Joseph Davies zusammen. Der Russe hatte Sorge, daß die «gründliche Information» mit Roosevelt gestorben sei, und daß es zu «Meinungsverschiedenheiten und allen möglichen Komplikationen kommen könne, die zu Roosevelts Lebzeiten nicht aufgekommen wären». Beunruhigt, daß Truman «sich auf andere verlassen» und «vorschnelle Urteile» fällen könne, riet Davies Molotow, um Gelegenheit zur Darlegung der russischen Lage zu ersuchen.[30]

Molotow traf am 23. April mit dem Präsidenten zusammen. In der unerwartet spannungsgeladenen Situation bemühte er sich, Davies' Rat zu folgen, und versuchte, den russischen Standpunkt besonders hinsichtlich der Polenfrage zu erläutern.

Der Präsident war jedoch für Unklarheiten nicht in Stimmung. Drei Tage zuvor hatte er nach einer Besprechung mit Harriman und Stettinius erklärt: «Wir können natürlich nicht erwarten, 100 Prozent des Gewünschten zu bekommen», doch meinte er, daß wir «bei wichtigen Angelegenheiten in der Lage sein sollten . . ., 85 Prozent zu erhalten». Um diesen Brokken zu ergattern, tat Truman Molotows Ausführungen ab und verpaßte dem Russen statt dessen, wie Leahy es ausdrückte, «eine gut amerikanische Standpauke». Die Russen hatten sich an die Vereinbarungen zu halten, so wie sie von Washington ausgelegt wurden. Beziehungen konnten nicht länger die Form einer «Einbahnstraße» haben.

Bei der Standpauke wurde Molotow kreidebleich. «So hat noch nie in meinem Leben zu mir gesprochen», sagte er.*

«Halten Sie sich an Ihre Vereinbarungen, und niemand wird so zu Ihnen sprechen», erwiderte Truman trocken.[31]

Diejenigen, die Truman ihre Ansichten aufgedrängt hatten, freuten sich über seine Show. Leahy bemerkte in seinem Tagebuch, «der starke amerikanische Standpunkt des Präsidenten» ließe den Russen nur zwei Möglichkeiten, «sich entweder unserer deutlich formulierten Polenpolitik anzupassen», oder die neue internationale Organisation zu verlassen. Er fügte noch hinzu: «Das Verhalten des Präsidenten hat mir überaus gefallen, und ich glaube, es wird auf das sowjetische Verhalten der übrigen Welt gegenüber einen wohltätigen Einfluß zeitigen. Sie haben immer gewußt, daß wir die Macht haben, und nun sollten sie auch wissen, daß wir gewillt sind, uns für das erklärte Recht aller Völker einzusetzen, ihre eigene Regierungsform zu wählen.» Am gleichen Tag hatte Eden Churchill versichert, «der neue Präsident ließe sich von den Sowjets nicht einschüchtern».[32]

Die strenge Lektion, die der Präsident der Vereinigten Staaten dem sowjetischen Außenminister erteilt hatte, wurde kaum zur Ursache des kalten Krieges. Doch symbolisierte dieser Wortwechsel die beginnende Nachkriegsverstimmung, die zur Konfrontation führte. Und sie signalisierte den allzeit mißtrauischen Russen, daß Roosevelts Politik wohl zu Ende sein könne, und die Amerikaner, die seit Beendigung des Krieges in Europa die Russen nicht mehr brauchten, wohl deren Vorherrschaft in Osteuropa bedrohen könnten. Sie machte den Spitzenpolitikern der Vereinigten Staaten auch blitzschnell klar, daß Trumans Weg sich von dem seines Vorgängers unterschied.

Warum diese verbale Auseinandersetzung? Und speziell über Polen? Die Sowjets hatten ihre Lektion über russische Sicherheit leidvoll gelernt und waren nicht in der Lage, sie zu vergessen. Grundlage ihrer gesamten Strategie waren bedeutende Landarmeen, die sich zwischen Deutschland und Rußland bewegten. Sie wollten jene mit so viel Blut gewonnenen polnischen «Tore» nicht an eine Gruppe aufgeben, die Molotow als «geheimen Feind» bezeichnete – und die Londoner Polen hätten dieser Charakterisierung zustimmen müssen. Admiral Leahy hatte seinen Tagebuchbericht vom 23. April mit einer seltsamen Feststellung geschlossen: «Ich persönlich glaube nicht an die Möglichkeit, einen vorherrschenden sowjetischen Einfluß in Polen zu verhindern, doch ist es möglich, der Regierung Polens

* «Da er seinen Boß kannte», schrieb Adam Ulam von Molotow, «darf man annehmen, daß er übertrieben haben wird.»

nach außen hin den Anschein von Unabhängigkeit zu geben.»[33] Bedeutet diese Sorge um Äußerlichkeiten, daß Trumans wichtigstes Anliegen der Senat und die öffentliche Meinung waren? Nein, denn die öffentliche Meinung bestand zu jener Zeit aus unterschiedlichen, gegensätzlichen Strömungen, die Politiker wußten eigentlich nur, daß die Öffentlichkeit der Sowjetunion naiv und unwissend gegenüberstand.

Ein vorrangiger Grund war der Hang zu weltpolitischer Beteiligung, der die Reaktionen vieler amerikanischer Politiker bestimmte. Die Sorge der Amerikaner galt, obwohl sie ehrlich war, nicht nur dem Schicksal der osteuropäischen Völker. Man wird sich daran erinnern, daß der amerikanische Gesandte in Riga, Arthur Bliss Lane, Osteuropa mit der möglichen Ausnahme Rußlands «als das vielleicht unwichtigste aller Gebiete der Welt» bezeichnet hatte, «mit denen die Vereinigten Staaten verhandeln mußten». Die dazwischenliegenden Jahre hatten die amerikanische Auffassung geändert. Die amerikanischen Politiker begnügten sich nicht mehr damit, Diktaturen abscheulich zu finden, sie fühlten sich für alles, was auf der Welt geschah, *verantwortlich*. Sie waren wieder in den Fängen des messianischen Liberalismus, des unwiderstehlichen Dranges, die Welt zu verbessern, den man als Wilsonialismus bezeichnet hatte. Sie wünschten sich eine sowohl für die liberale Demokratie als auch den liberalen Kapitalismus gesicherte Welt. Warum waren sie sonst gegen Totalitarismus und Tyrannei in den Krieg gezogen? Wenn sie sich also der Sowjetunion in ihrer osteuropäischen Sphäre widersetzten, so geschah das aus den besten Gründen. Sie waren Befreier und keine Imperialisten.[34]

In den politischen Konferenzen gab es auf beiden Seiten Personen, die diesen Standpunkt nicht teilten, doch wurde er von der großen Mehrheit vertreten. Er entsprach Harrimans und auch Trumans Ansicht und war im allgemeinen amerikanischen Wilson-Konsens verkörpert. Truman mochte wohl glauben, er führe Roosevelts Politik weiter; er erkannte nicht, daß Roosevelt ihm die Karten eines sehr komplizierten Spiels hinterlassen hatte, in dem es den amerikanischen Konsens gegen das Großmächtekonsortium auszuspielen hieß. Truman konnte das nicht erkennen, weil er selbst diesem Konsens angehörte.

Deshalb wurde Polen zu einem Eckstein, einem Exempel russischer Absichten: Würden sich die Russen der Weltordnung – in Wahrheit einer amerikanischen Ordnung – anpassen, oder würden sie eine eigenständige, unterschiedliche Strategie verfolgen? Doch hatten die Amerikaner den Test so angelegt, daß er negative Resultate zeitigen mußte; sie hatten eine schlechte Fragestellung gewählt. Für Rußland, das hatte Stalin in Jalta hervorgehoben, war «Polen nicht nur eine Frage der Ehre, sondern der Sicherheit». Das war praktische Arithmetik. Nicht nur das stalinistische Rußland, sondern jede Großmacht, deren Armeen im Felde standen, würde sich über die politische Orientierung seiner Nachbarn abzusichern suchen. Zum Unglück wies nur ein einziger bedeutender Politiker, der seiner Persönlichkeit entsprechend zudem kein Vertrauter Trumans sein konnte, Henry Stimson, darauf hin, daß geographische Nachbarschaft mindestens ebensoviel politische Bedeutung habe, wie allgemeine Prinzipien. Einige Monate früher hatte Averell Harriman zur Polenfrage erklärt: «Mir ist unverständlich, wie wir es uns leisten können beiseitezustehen, statt die stärksten Einwände zu erheben.» Leider charakterisierte diese Feststellung Amerikas Reaktion auf die osteuropäische Schicksalswende. Aufschiebedrang, Beunruhigungsgefühl, Beleidigtsein, verbale Protesthaltung, Verpflichtung auf die Atlantikcharta, Identifizierung mit der polnischen Regierung in London, aber auch die Nichtanwesenheit amerikanischer Streitkräfte – all das bestimmte jene Rolle.[35]

Noch einen anderen Aspekt enthielt diese Einstellung. Amerikas Beziehungen zur übrigen Welt waren auf dem Wege, neu formuliert zu werden. Anstelle der antiquierten Bezeichnung «nationales Interesse» und «nationale Verteidigung» kam ein neuer Ausdruck in Anwendung, der diese Neuformulierung kennzeichnete: «Nationale Sicherheit». Um alarmierend zu wirken, brauchten Gefahren nicht mehr «deutlich und gegenwärtig» zu sein. Amerikas Sicherheit und Schutz wurden nun auch an dem gemessen, was sich weit entfernt von seinen Grenzen abspielte. Der Zweite Weltkrieg hatte die Gefahr deutlich genug aufgezeigt. Die amerikanischen Politiker wagten nicht länger beiseitezustehen und zuzusehen, wie ein anderer potentieller Hitler Schritt für Schritt seine Macht und Operationsbasis vergrößerte. Der Ablauf der Ereignisse in Polen, die sowjetische Einflußsphäre in Osteuropa – darin sah man jetzt die unmittelbare Gefahr für die Vereinigten Staaten. «Russische Pläne zur Schaffung von Satellitenstaaten sind für die Welt und für uns eine Bedrohung», erklärte Harriman in Paris den Beamten des State Department. «Sobald die Sowjetunion die Kontrolle über die Grenzgebiete erlangt hätte, würde sie versuchen, in die dahinterliegenden Nachbarländer einzudringen.» Darum mußten die Vereinigten Staaten Polen zum Streitfall erheben und versuchen, die sowjetische Einflußsphäre einzudämmen. «Der Streit mit der Sowjetunion um die gegenwärtig angrenzenden Gebiete sollte so weit wie möglich ausgetragen werden», fügte Harriman hinzu.

Truman hätte eine andere Antwort erteilen können, doch war er das Opfer seiner eigenen unzureichenden Informationen und der ihm durch die Nachfolge auferlegten Zwänge. «Auf wen konnte er sich verlassen?» Das war die Frage, die Joseph Davies am 12. April notiert hatte; eine Frage, die sich jeder ehemalige Angehörige von Roosevelts Stab stellen mußte. In dieser schwierigen Situation tat Truman das für ihn einzig Mögliche – er hörte auf jene, die er für Roosevelts wichtigste Ratgeber hielt; mit der offensichtlichen Ausnahme des quängelnden Hopkins. Mitte Mai begann er Zweifel zu hegen und sagte, vielleicht um sich zu rechtfertigen, vielleicht auch um sich zu beklagen, zu Roosevelts Tochter, daß alle seine Ratgeber ihn gedrängt hätten, «mit den Russen hart zu sein».

Franklin Roosevelt, der als ruhender Pol des nationalen Lebens gegolten hatte, war zu einem kritischen Zeitpunkt der Weltlage plötzlich verstorben. Die Menschen verlangten, einschließlich des neuen Präsidenten selbst, nach Sicherheit. Truman mußte sich bewähren, das heißt zeigen, daß er hart war, sich nicht herumstoßen ließ, Entscheidungen fällen und das Amt führen konnte. Roosevelt neigte dazu, Probleme aufzuschieben, abzuwarten, sie zu umgehen. Truman zog bei weitem krasse Lösungen vor. Während der ersten Wochen seiner Präsidentschaft bemerkten viele höhere Beamte die schnelle, selbstsichere Art, in der er Entscheidungen zu treffen schien. Aber Henry Wallace blickte besser hindurch als viele andere: «Trumans Entschiedenheit ist bewundernswert. Es bleibt nur die Frage, ob die Informationen, auf denen seine Entschiedenheit beruht, seine Entscheidungen rechtfertigen.» Wenige Wochen später vermerkte er, Truman habe sich bei einer Kabinettsitzung sehr «stur und unnachgiebig» verhalten. «Diese Neigung zu einem sturen und unnachgiebigen Verhalten hat ihre Vorteile, doch wird sie früher oder später zu einer Verfälschung der Wahrheit führen, und dann kommt es zu Ungelegenheiten.»

Sogar Trumans Freund, der Präsident des Repräsentantenhauses, Sam Rayburn, war besorgt. Er billigte Trumans Schnelligkeit beim Fällen von Entscheidungen, fügte jedoch hinzu, «ich fürchte, er wird dieser Tage einmal eine Entscheidung treffen, die auf unzureichenden Informationen beruht».

Sie wissen nicht, wie schwierig das für mich war. Keiner von denen, die etwas von Außenpolitik verstehen sollten, war im Lande.[1]

HARRY TRUMAN, Juni 1945

IV
Einmal rechts und einmal links

Überall auf der Welt spiegelte die Politik diesen neuen Kurs wider – in Indochina, Jugoslawien und Japan, bei der Konferenz der Vereinten Nationen in San Francisco und in dem Bemühen, die amerikanische Wirtschaftsmacht zur Disziplinierung des abtrünnigen Sowjetstaates einzusetzen. Der Gegendruck brachte jedoch nicht das gewünschte Ergebnis, sondern statt dessen den Beginn der Konfrontation. Also griff Truman bald auf die Grundsätze von Jalta und die Schlichtung von Meinungsverschiedenheiten durch Kompromisse zurück.

Viele Informationsfäden in jener verwirrenden Zeit liefen durch die Hände des Unterstaatssekretärs Joseph Grew, eines Beamten, der während langer Zeiträume, in denen Außenminister Stettinius den Konferenzen beiwohnte, die Routineangelegenheiten des State Departments leitete.

Grew, der zwei Drittel der Zeit von Januar bis August 1945 als Sekretär die Feder führte, hatte dem Department einundvierzig Jahre lang angehört, zehn davon als Botschafter in Japan einschließlich eines halben Jahres Internierung beim Ausbruch des Zweiten Weltkrieges. Der zutiefst konservative Grew hatte einen Gehörschaden, der seine Veranlagung zur Introversion noch verstärkte. Er hatte den Bolschewiken nie ihre Revolution verziehen und sich einen unerbittlichen Haß gegen die Sowjetunion und gegen den Kommunismus bewahrt. (Über den Zwang, mit dem russischen Botschafter in Japan gesellschaftlich verkehren zu müssen, hatte ihn nur die Möglichkeit hinweggetröstet, Kaviar zu einem Preis von wenig über zwei Dollar das Pfund erstehen zu können.) Kriegsdienst in Berlin und Wien während des Ersten Weltkrieges und in Tokio in den Jahren vor dem Zweiten brachten ihn zu der tiefen Überzeugung, daß Aggressionen zu widerstehen sei.[2]

Mehrere entscheidende Monate lang leitete und strukturierte Grew die Informationen und Stellungnahmen, die des Präsidenten Schreibtisch erreichten. Als amtierender Sekretär in einer hektischen, verworrenen Zeit traf er mit dem Präsidenten täglich, manchmal mehrmals täglich, zusammen. In vielen Fällen waren «Entscheidungen» des Präsidenten nichts als Pro-forma-Billigungen der von Grew und anderen formulierten Stellungnahmen. Truman weiß «genau, worauf es ankommt und wird sich in unserer Außenpolitik nicht mit Leisetreten begnügen, was mein Herz erwärmt», schrieb Grew am 2. Mai. «Als ich ihn heute sah, mußte ich mit ihm vierzehn Probleme durchgehen und schaffte das in weniger als fünfzehn Minuten mit einer klaren Anweisung für jedes einzelne.» Er überwachte die Vorbereitung von Berichten über die Osteuropapolitik der Sowjets für Truman und führte ihm Besucher zu, die dem Präsidenten wiederholten, was in den Berichten stand. Am 19. Mai erklärte Grew, er habe niemals einen Präsidenten gekannt, der «so echt dankbar für Rat in jeder Angelegenheit sei». Einen Monat später schrieb er Stettinius: «Der Präsident war großartig und hat fast alle meine Empfehlungen angenommen.»[3] Der Wandel in Verwaltung und Richtlinien manifestierte sich fast sogleich in der amerikanischen Indochinapolitik. Roosevelt hatte unmißverständlich zum Ausdruck gebracht, daß er, wie Außenminister Stettinius es am 3. Januar 1945 formulierte, «über dieses Gebiet einige ganz bestimmte Ansichten habe». FDR lehnte die Rückkehr der französischen Regierung ab und begünstigte statt dessen bis zur Unabhängigkeit Indochinas eine Art internationaler Treuhänderschaft. Roosevelts Pläne hatten zu jener Zeit Rückschläge erlitten, insbesondere weil sie auf der Polizistenfunktion Chinas in Asien beruhten – was Ende 1944 offensichtlich bereits ein Hirngespinst war. Außerdem unterstützten die Briten Charles de Gaulle, der sich dieser Strategie widersetzte, was Roosevelt zu der Klage veranlaßte, er habe einmal versucht, die Frage mit Churchill zu besprechen – «oder besprechen ist vielleicht das falsche Wort. Ich habe etwa fünfundzwanzigmal darüber gesprochen, aber der Premierminister sagte nie etwas».[4]

Nach FDRs Tod begannen die Führungspolitiker der Vereinigten Staaten, ohne sich der Bedeutung bewußt zu sein, die ersten Schritte zu machen, die anfänglich zur Unterstützung Frankreichs im Ersten Indochinakrieg und schließlich zur Teilnahme Amerikas am Zweiten Indochinakrieg führten. Die Beamten des State Department, die diesen Kurswechsel einleiteten, sahen Indochina im Zusammenhang mit einer weltweiten kommunistischen Bedrohung. Deshalb waren sie gegen eine stark kommunistisch orientierte Nationalbewegung und wollten gleichzeitig die Beziehungen zu Frankreich festigen – zum Teil in der Absicht, Frankreich zu einem europäischen Bollwerk gegen sowjetische Einflüsse auf dem Kontinent zu machen. James Dunn formulierte die Ansicht der Abteilung für europäische Angelegenheiten, als er am 21. April an Harriman schrieb: «Das Department setzt alles ein, um die Beziehungen mit Frankreich zu verbessern ... der schwierigste Punkt ist Indochina, ein Problem, mit dem wir uns jetzt befassen müssen. Die Abteilung für europäische Angelegenheiten schlug eine Rückkehr zum *status quo ante*, ohne irgendwelche Verpflichtungen Frankreichs vor.» Dunns Meinung zufolge war es notwendig, «Frankreich auszusöhnen».[5]

Scharfe Kritik kam aus der Abteilung für fernöstliche Angelegenheiten, deren Mitglieder glaubten, das Ansehen der europäischen Kolonialmächte sei während des Krieges durch die japanischen Siege unterminiert worden, und die nationalen Kräfte könnten nicht länger unterdrückt werden. Doch Truman war offensichtlich nicht über die sowohl von FDR als auch der Abteilung für osteuropäische Angelegenheiten vertretene Ansicht informiert, und die Abteilung für europäische Angelegenheiten setzte sich durch. «Das Protokoll enthält keine amtliche Stellungnahme dieser Regierung, welche, auch nur implizit, die französische Herrschaft über Indochina in Frage stellte», versicherte Stettinius dem französischen Außenminister Bidault einen Monat nach Roosevelts Tod.[6]

1945 war Südostasien auf der fernen Peripherie der Weltbühne nur noch von zweitrangigem Interesse. Als Schmelztiegel internationaler Politik galt Europa, und dort zeigten sich die Auswirkungen des neuen Kurses wie auch Grews Einfluß am deutlichsten. Auf ihm basierte auch der Standpunkt der USA-Regierung während der Triest-Krise im Mai, als eine bewaffnete Auseinandersetzung zwischen den Vereinigten Staaten und Großbritannien auf der einen und Jugoslawien auf der anderen Seite – manchmal stündlich – kurz vor dem Ausbruch schien. Die Krise entstand über eine Streitfrage zwischen den anglo-amerikanischen Streitmächten und den bestens organisierten jugoslawischen Partisanengruppen wegen der Okkupationsrechte und Kontrolle von Triest und des venezianischen Giulia-Hinterlandes, einem Gebiet mit gemischter italienischer und slawischer Bevölkerung, einem Zielpunkt nationalistischer Agitation beider Seiten. Entscheidende Bedeutung hatte allerdings – was die amerikanischen Politiker nicht wußten –, daß die Sowjetunion die jugoslawischen Aktionen als gefährliches und provokatives Abenteuer ansah. Trotz aller Gespanntheit war die Situation ursprünglich auf ein *lokales* Problem eingegrenzt.[7]

Alsbald nach Ausbruch des Streitfalles ging das State Department von zwei Voraussetzungen aus: die jugoslawische Besetzung eines wichtigen Gebietsstreifens war ein Fall von totalitäter Aggression, und die Jugoslawen handelten somit als russische Agenten.[8] Diese Auffassungen basierten auf den Riga-Grundsätzen. Der politische Beamte, der die alliierten Streitkräfte an Ort und Stelle beriet und die nach Hause gesandten Berichte und Stellungnahmen abfaßte, war Alexander Kirk, der vor dem Zweiten Weltkrieg in Moskau Geschäftsträger gewesen war.

Was über die Lage berichtet wurde, bestätigte lediglich, was Grew und andere über die Sowjetunion glaubten. Grew sah den Zusammenstoß von Anfang an voraus. Diese Meinung teilte auch Churchill, der es ebenfalls für unerläßlich hielt, Triest zu einer grundsätzlichen Streitfrage zu machen, Truman in diesem Sinne mehrere Botschaften sandte, einschließlich seines ersten wichtigen «Eisernen-Vorhang»-Telegramms vom 22. Mai: «Wie die Lage in ein oder zwei Jahren sein wird, wenn die britischen und die amerikanischen Armeen dahingeschmolzen sein werden»[9] . . . Grew erklärte dem Präsidenten, Triest sei von erheblicher Bedeutung «für den künftigen Frieden Europas»; das Problem bestünde darin zu entscheiden, ob die USA den Russen erlauben sollten, Satellitenstaaten zu errichten, um «die für die Zukunft der Sowjets günstigsten Staaten und Grenzen» festzulegen. Truman hatte eine bewaffnete Auseinandersetzung abgelehnt, aus Furcht, eine Handlung gegen die populären Partisanen würde in den Vereinigten Staaten zu Widerspruch führen. Doch änderte er seine Meinung und akzeptierte Grews Auslegung: «Die einzige Lösung war, ‹sie herauszuwerfen›», sagte er.[10]

Auch wenn der Präsident solche Gedankengänge akzeptierte, so blieb ihre Verwirklichung dennoch behindert, weil der oberste militärische Ratgeber, Henry Stimson, sie nicht teilte. Er hielt das State Department für «unrealistisch» und glaubte, die Briten versuchten die Amerikaner zu manipulieren. Das ist bloß «eine jener Perioden, die es in jedem Krieg gibt», erklärte Stimson dem Präsidenten am 10. Mai. «Es war nicht klug, sich in Balkanwirren einzumischen.» Es gelang Stimson, Zurückhaltung zu predigen und die Amerikaner und Briten zu veranlassen, sich mit einer Machtdemonstration zu begnügen; die Jugoslawen antworteten am 18. Mai mit einer verbindlichen Botschaft. Die Spannung ließ nach, und Eden bezeichnete die Situation bei seiner Rückkehr nach London als «gebessert».[11]

Für Grew ging die Triest-Episode über ein diplomatisches Geplänkel hinaus. Sie war die dramatische Bestätigung bereits ausgesprochener Befürchtungen. In den frühen Morgenstunden des 19. Mai wanderte Grew nach einer schlaflosen Nacht von perverser Angst getrieben die Treppe seines Hauses hinab und schrieb seine Ansichten über internationale Probleme und die «sowjet-russische Expansion» in kodifizierter Form auf. Sie entsprachen weitgehend den Riga-Grundsätzen. Der Zweite Weltkrieg hatte als Ergebnis «eine Übertragung totalitärer Diktatur und Macht von Deutschland und Japan auf die Sowjetrussen bewirkt, die in Zukunft für uns eine ebenso schwere Gefahr darstellen werden, wie die Achsenmächte». Osteuropa bedeutete «die künftige Weltordnung, die [Rußland] zu schaffen erstrebt» – Schritt für Schritt in Europa. Dann, so schrieb er, «werden sowohl der Nahe wie der Ferne Osten «nach gleichem Muster umgestaltet sein». Krieg mit der Sowjetunion ist so sicher, wie nur irgend etwas auf der Welt sicher sein kann. Die Reaktion der Vereinigten Staaten sollte darin bestehen, ihre Militärmacht zu erhalten und die Beziehungen mit Großbritannien, Frankreich und Lateinamerika zu festigen, (obwohl, wie er skeptisch bemerkte, «diese Länder uns übers Ohr hauen werden wann immer sie können».) «Das Fatalste wäre», in die «Aufrichtigkeit Rußlands irgendwelches Vertrauen zu setzen», denn es sieht «unser ethisches Verhalten als Schwäche und Trumpf für sich selbst an». Seine unmittelbare Schlußfolgerung: «Sobald die Konferenz von San Francisco vorbei ist, sollte unsere sowjetrussische Politik sich umgehend auf der ganzen Linie verhärten. Es wird bei weitem besser und sicherer sein, die Kraftprobe auszutragen, ehe

Rußland sich wieder aufbauen und seine unermeßliche potentielle militärische, wirtschaftliche und territoriale Macht entwickeln kann.»[12] Grew versuchte den Streitfall Triest, ein begrenztes und lokales Problem, als erstes Stadium dessen geltend zu machen, was er als wichtigsten und unvermeidlichen Konflikt der Nachkriegsjahre ansah.

Grew hatte auf zweierlei Weise versucht, die amerikanische Politik in Verbindung mit dem Krieg gegen Japan zu verhärten. Er formulierte diesen Versuch in dem Vorwort seines frühmorgendlichen Memorandums: sobald die Sowjetunion dem Krieg im Fernen Osten beitrat, «werden die Mongolei, die Mandschurei und Korea nach und nach in den russischen Einflußbereich geraten, und unausweichlich werden China und eventuell auch Japan ihnen folgen». Also war es besser, den Krieg schnell zu Ende zu bringen, ehe die Russen eingreifen konnten.

Mitte Mai, in der Atmosphäre wachsender Spannung mit Rußland und Jugoslawien, leitete er zusammen mit Averell Harriman eine Umfrage ein, um sicherzugehen, «ob wir das, was in Jalta geschah, absegnen werden» (das hieß, die der Sowjetunion im Fernen Osten gemachten Zugeständnisse*), oder ob diese Zugeständnisse irgendwie zurückgenommen werden sollten. Die Umfrage richtete sich hauptsächlich gegen das Verteidigungsministerium und gegen Stimson. Dem Verteidigungsministerium gelang es, sich der nochmaligen Befragung erfolgreich zu widersetzen, mit dem Argument, daß Rußland «fast die meisten Zugeständnisse mit Waffengewalt selbst erreichen könne» und nicht auf «militärische Aktionen der Vereinigten Staaten kurz vor dem Kriegsende» angewiesen sei. Das Verteidigungsministerium wollte nichts unternehmen, was den prompten Eintritt der Russen in den Krieg gegen Japan verzögerte, denn sowjetischer Beistand «wird fast gewiß ... den Krieg materiell abkürzen und somit amerikanische Menschenleben retten». Stimson hielt es auch für töricht, mit den Russen eine solche kontroverse Frage zu erörtern, ehe man sich des Erfolgs der Atombombe sicher war, und damit vielleicht die Kriegsteilnahme der Sowjetunion in Frage zu stellen.[13]

Später im Mai begannen Grew und John McCloy über die Möglichkeit zu argumentieren, ob man vielleicht eine verfrühte Lösung herbeiführen könne, indem man den Japanern zu verstehen gäbe, daß sie ihren Kaiser behalten dürften. Eine solche Deklaration kam jedoch wegen der Überfülle

* In dem Geheimen Zusatzprotokoll von Jalta hatten die Russen zugestanden, in den Krieg gegen Japan innerhalb von drei Monaten nach Beendigung der Feindseligkeiten in Europa einzutreten, im Austausch gegen einige «Zugeständnisse». Diese betrafen den Südteil der Insel Sachalin, die Internationalisierung des Hafens von Dairen, unter «vorherrschender Berücksichtigung» der russischen Interessen, Verpachtung des Hafens Port Arthur als russische Flottenbasis, den gemischt sowjetisch-chinesischen Betrieb von zwei Bahnlinien unter «vorherrschender Berücksichtigung» russischer Interessen sowie den Status quo der Äußeren Mongolei.

der auf die Politiker herabstürzenden Probleme nicht zustande: Gegensätzliche Anzeichen aus Tokio; Stimsons Wunsch, konkretere Informationen über die Entwicklung der Atombombe abzuwarten; Befürchtung, die Japaner könnten ein solches Angebot als Zeichen amerikanischer Schwäche und Ermüdungserscheinung auslegen und somit frischen Mut zur letzten Schlacht schöpfen, sowie Roosevelts Forderung nach bedingungsloser Übergabe. Diese Politik genoß nicht nur die mächtige Unterstützung der Öffentlichkeit, sondern auch die der höheren Militärs, die fürchteten, eine nicht bedingungslose Übergabe könnte zu einem «aussichtslosen» Frieden führen.[14]

Trotz ihres gemeinsamen Widerspruches gegen die Jalta-Zugeständnisse bestand zwischen Averell Harriman und Joseph Grew eine bedeutende Meinungsverschiedenheit, die Harriman auch von George Kennan und anderen Mitgliedern des Rigaer Kreises schied. Die von den Riga-Grundsätzen ausgehenden Politiker glaubten nicht, die Vereinigten Staaten könnten die unvermeidlichen sowjetischen Ziele verhindern; sie wollten die unerläßliche Barrikade so bald wie möglich errichten. Die Meinungsverschiedenheit spitzte sich Ende Mai zu, als Harriman vorschlug, die Regierungen von Bulgarien und Finnland anzuerkennen. Elbridge Durbrow, der neue Leiter der Abteilung für osteuropäische Angelegenheiten, war darin ganz anderer Meinung. Diese Anerkennung, so argumentierte er, «hieße in Wirklichkeit nur, mit einer Abordnung des Kreml zu verhandeln». Er fügte hinzu: «Wir haben zu viel Aufhebens gemacht, um in Polen eine demokratische Regierung zu installieren, um das alles [sic!] durch diese Geste in den Abfluß sickern zu lassen.»[15]

Harriman und Truman klammerten sich jedoch weiter an das überlieferte Bild Rußlands «als Maulhelden». Die Sowjetunion konnte unter Druck, insbesondere unter wirtschaftlichen Druck gesetzt werden, um sie zu überwachen, zu disziplinieren und zu bestrafen. Harriman bedeutete dem Mitarbeiterstab des Ministers am 21. April, es sei «für das Department wichtig, alle Aktivitäten der Dienststellen zu kontrollieren, die sich mit der Sowjetunion befaßten, so daß man den Druck, je nach Bedarf, verstärken oder erleichtern könne». Dieses Bemühen betraf hauptsächlich die Fragen von Nachkriegsanleihen und -krediten, Leih- und Pachtverträgen und Reparationen.

Im Januar hatten sowohl Außenminister Molotow in Moskau als auch Schatzsekretär Henry Morgenthau in Washington die Frage nach Amerikas Multimillionen-Dollardarlehen an Rußland nach dem Kriege gestellt. Obwohl Roosevelt «starkes Interesse» bekundete, hatte er die Angelegenheit aufschieben lassen.[16] Harriman und das State Department wollten den Aufschub taktisch nutzen, um ihren politischen Wert zu amortisieren. Eine sofortige Antwort, erklärte Will Clayton, Stellvertretender Wirtschaftsminister, würde den Verlust dessen bedeuten, «was als einzig konkretes Handelsobjekt bei vielen politischen und wirtschaftlichen Problemen gilt, die zwischen unseren beiden Ländern entstehen werden». Im April wurde der Aufschub noch mehr unterstrichen. «Unsere Erfahrung», kabelte Harriman, hat «unmißverständlich bewiesen, daß man in Moskau nicht allgemeinen guten Willen verbuchen kann».[17]

Für Molotow wurde ein eingeschränkterer Gegenvorschlag vorbereitet mit dem Vorbehalt, er hinge von «günstigen» politischen Umständen ab. Grew, der an den Revolutionsstaat glaubte, konnte politische Bedingungen niemals gutheißen. Ihm wäre, wie er im Mai erklärte, «sehr zuwider, in Zukunft irgendwelche Zugeständnisse unterzeichnen zu müssen». Harriman, der an Beziehungen und Verhandlungen glaubte, hielt das Darlehen für eventuell nützlich. Als Molotow im Mai nachfragte, warum er auf seine Januarbotschaft niemals eine Antwort erhalten habe, sandte Harriman ein verzweifeltes Kabel nach Washington: «Ich glaube wirklich, daß wir der Sowjetunion irgendeine Antwort oder Erklärung schulden.»

Grew, dem Stettinius die Sache übertragen hatte, ließ über die geringen Erfolgsaussichten der Anleihe keinen Zweifel offen. Aufschieben war an der Tagesordnung. Obgleich der einstweilige Staatssekretär Fred Vinson noch bis Juli eine Anleihe für «unser As im Ärmel» hielt, gehörte er der wachsenden Minderheit an. Donald Nelson, ein prominenter Geschäftsmann und ehemaliger Vorsitzender der Rüstungskommission, der 1944 mit Stalin eventuelle Handelsabkommen besprochen hatte, beklagte sich Ende Juli bei Truman, die Kredite seien «im Schubfach des State Department» gelandet.[18]

Inzwischen setzte sich Grews Meinung durch, man könne mittels der Leih- und Pachtverträge auf die Russen Druck ausüben. Das war ein klarer Umschwung von FDRs Politik[19], den die Russen nicht übersehen konnten. Man stellte sich vor, sie durch Beschränkung der Leih- und Pachtverträge zur Räson zu bringen und gleichzeitig ihre Position in der Großen Allianz zu schwächen. Die symbolische Kopfwäsche vom 23. April konnte nun in die Praxis umgesetzt werden. Auch heimische Politik spielte mit hinein, denn viele Kongreßabgeordnete fürchteten, die Leih- und Pachtverträge könnten als Trick benutzt werden, um Nachkriegsanleihen für den Wiederaufbau fremder Nationen zu begünstigen.[20] Trotzdem lassen Art und Methoden der Vertragsveränderungen, die sich eher als abrupter Abbruch denn als Beschränkung auswirkten, wenig Zweifel, daß die Motivation eher in der Außen- als in der Innenpolitik zu suchen war.

Grew nutzte die Vorteile seiner Schlüsselposition und arbeitete mit Leo Crowley, dem Leiter des Amtes für Außenwirtschaft, zusammen, um den Präsidenten am 11. Mai zur Unterzeichnung einer Order zu bewegen, die das Leih- und Pachtabkommen beendete. Das State Department, stellte ein Beamter des Verteidigungsministeriums fest, sah darin «offensichtlich eine politische Waffe gegen Schwierigkeiten in Mitteleuropa». Alle Dienststellen waren, wie Will Clayton am 11. Mai äußerte, übereinstimmend der Meinung, «das Leih- und Pachtprogramm für die Sowjetunion müsse so flexibel gestaltet werden, daß man es jederzeit abstoppen könne». Joseph Grew erwiderte: «Leih- und Pachtbeistand ist die einzige Waffe dieser Regierung gegen die Sowjetunion.»[21] Während man allgemein beschlossen hatte, die Zügel so sacht wie möglich anzuziehen, interpretierte Crowley, von Grew unterstützt, die Order so hart, daß er den Hahn zudrehte. Sogar Schiffe auf hoher See wurden zur Rückkehr beordert.

Harriman und Stettinius, die beide übereingekommen waren, die Restriktionen geschickt durchzuführen, um das Druckmittel nicht einzubüßen, waren wie Clayton über die Art der Ausführung empört. Die Briten, die ebenfalls unter dem Abbruch litten, beklagten sich bitter. Stalin beschrieb ihn später als «brutal». Die Russen ließen keinen Zweifel, daß sie dieses Verhalten als Erpressung ansahen. Der Protest zwang zu Korrekturen, bereits in den Pipelines befindliche Rohstoffe wurden weiterbefördert. Trotzdem spitzte die Lage sich so zu, daß Harriman auf Methoden zurückgriff, die er unter Roosevelt angewandt hatte, um das State Department zu umgehen, indem er Harry Hopkins am 21. Juni persönlich telegraphierte: «Ich bin höchst besorgt über die Verzögerungen beim russischen Leih- und Pachtvertrag . . ., tun Sie, was Sie können, um sofort Abhilfe zu schaffen.»[22]

Reparationen waren das dritte Mittel, um auf die Sowjetunion wirtschaftlichen Druck auszuüben.[22]

Die Russen hatten es sehr eilig, mit den in Jalta geplanten Moskauer Gesprächen zu beginnen; die Briten hatten sich williger gezeigt, die in Jalta genannte Ziffer von 20 Milliarden zu akzeptieren, und eine amerikanische Delegation unter Leitung von Isador Lubin bereitete sich vor, Mitte April 1945 abzureisen. Harriman, der die Notlage der Russen erkannte, schlug vor, Reparationen als Druckmittel gegen ihre mangelnde Gutwilligkeit «einzusetzen, eine Anzahl der auf der Krim getroffenen Abmachungen zu erfüllen». Er wollte die Reparationen in eine «weltweite Politik» integrieren. Doch bewahrte er immer noch seltsame Zwiespältigkeit und riet Lubin, er solle «sich dem sowjetischen Wunsch, von Deutschland hohe Reparationen zu erlangen, allzeit zugeneigt zeigen».[23]

Nach Roosevelts Tod wurde die Frage der Reparationen erneut gestellt und auf Harrimans Vorschlag in eine umfassendere Politik integriert. Zuerst wurden Leih-Pacht, Wirtschaftshilfe und Reparationen als gleichwertige Druckmittel eingesetzt. Zweitens beschlossen die Politiker, die Ziffer von 20 Milliarden herabzusetzen und sie praktisch fallenzulassen. Drittens beschloß Truman, dem Statistiker Lubin die Leitung der Delegation abzunehmen. «Das ist der bedeutendste Job der Vereinigten Staaten in diesem Augenblick», erklärte er ihm, «er wird die gesamte Zukunft der europäischen Wirtschaft bestimmen, und ich brauche an der Spitze der Delegation jemand, der sein Gewicht einsetzen kann.» Truman wählte an seiner Stelle den harten Ölmagnaten Edwin Pauley.[24]

Die Richtlinien für Reparationen wurden Anfang Mai neu festgesetzt, in einer Zeit wachsender Spannung mit der Sowjetunion und steigender Besorgnis über das Wirtschaftschaos in West- und Mitteleuropa, das, wie Stimson Truman warnte, «zu politischer Revolution und kommunistischer Infiltration»[25] führen konnte. Der frühere Präsident Herbert Hoover, der nach dem Ersten Weltkrieg zur Eindämmung des Bolschewismus Hilfsleistungen für Europa organisiert hatte, wurde mit der aktiven Unterstützung von Stimson, Forrestal und Truman selbst aus seinem Exil in den Gemächern des Waldorf-Astoria geholt, um an politischen Beratungen teilzunehmen. Mitte Mai hatte Hoover sowohl mit dem Präsidenten als auch mit Stimson gesprochen. Hoover und Stimson waren beide der Meinung, daß die «nichtmilitärische Industrie» weder in Deutschland noch in Japan zerstört werden sollte; ihre Fabrikanlagen waren für die Weltwirtschaft lebenswichtig.

Aber Hoover ging in der russischen Frage viel weiter als Stimson, und es ist möglich, daß seine Stimme wegen seiner beträchtlichen Erfahrung ins Gewicht fiel. Seine Ansichten entsprachen im Grunde denen von Riga. Am Tage, bevor Grew sein apokalyptisches Memorandum niederschrieb, hatte Hoover Stimson fast die gleichen Befürchtungen mitgeteilt. Er warnte den Kriegsminister, Stalin würde «weitgehend kommunistische Regierungen einsetzen, und die von Italien, Griechenland und Nordwestdeutschland würden es wahrscheinlich noch werden».[26]

In dieser Atmosphäre wurden die neuen Richtlinien für Reparationen so eng wie möglich formuliert, denn man wollte die Probleme Westdeutschlands und Europas vorrangig vor denen der Sowjetunion behandelt wissen. Es gab zwei Ausgangspunkte. Reparationen aus der laufenden Produktion – das heißt, Erzeugnisse deutscher Industrie – mußten so niedrig wie möglich angesetzt werden. Zweitens sollten alle Exporte aus dieser Produktion zuerst dazu benutzt werden, um aus dem Westen importierte Güter zu bezahlen. Erst danach rangierten Reparationsforderungen aus dem Osten. Das war das sogenannte Erstkostenprinzip. Deutschland sollte in eine vielfältige, aber von Amerikanern beherrschte Weltwirtschaftsordnung eingegliedert werden, ehe Reparationen (in Wirklichkeit Hilfsleistungen) an den Sowjetverbündeten gingen. Zu dieser Zeit machten die Amerikaner sich bereits große Sorgen wegen der Ausplünderung Deutschlands an Waren und Maschinen durch die Russen. «Sie nehmen, was sie kriegen können», sagte Robert Lowett, der bei der Revision eine wichtige Rolle spielte.[27] Die Amerikaner übersahen jedoch, daß die deutsche Industriekapazität selbst nach den Kriegszerstörungen von 1945 wahrscheinlich größer war als 1939.[28] Auch der Augenschein veranlaßte die Amerikaner, das Ausmaß der Zerstörungen in Deutschland zu überschätzen.

Die Beurteilung der sowjetischen Reparationsforderungen durch die Vereinigten Staaten beruhte weitgehend auf der Annahme, die Russen würden dabei nach einem wohldurchdachten politischen Plan vorgehen.* Die wirtschaftlichen Belange waren jedoch im Gegenteil mindestens ebenso wichtig wie die politischen, und die Anzeichen, die von amerikanischen Politikern jener Zeit wohl nicht recht gedeutet wurden, zeugen nicht nur von größter Verwirrung, sondern sogar von erbitterten Fehden bis in die höchsten Kreise der sowjetischen Regierung hinein.[29] Georgi Malenkow, «Leiter eines Sonderkomitees zur wirtschaftlichen Entmachtung Deutschlands», befürchtete, die Deutschen könnten sich so schnell erholen wie nach dem letzten Krieg, und drängte auf «wirtschaftliche Entmachtung» durch einen Agrarplan. Gegen ihn wandten sich die von sowjetischen Militärs wie auch von Andrei Shdanow, dem ideologischen Funktionär, und Anastas Mikojan, dem Außenminister, vertretenen Standpunkte. Nicholai Woznesenskij, der wichtigste Planungschef aus diesem Lager, formulierte tatsächlich das Schlagwort «Reparationen zur Erfüllung des Fünfjahresplans». Beamte, die für die Interessen ihrer eigenen Ministerien oft sogar gegen andere Ministerien arbeiteten, komplizierten die Lage in der Ostzone Deutschlands.

Diese Situation hielt sich noch bis weit ins Jahr 1946. Ein ehemaliger höherer Funktionär der ostdeutschen Regierung, Wolfgang Leonhard, erinnerte sich, wie er mit einem politischen Offizier der Roten Armee durch den russischen Sektor Berlins fuhr, dieser auf einen Wohnblock zeigte und sagte: «Dort lebt der Feind.»

«Wer – die Nazis?» fragte Leonhard.

»Nein schlimmer noch – unsere eigene Reparationsbande!»[30]

Als die Reparationskommission im Sommer 1945 in Moskau zusammentrat, war nichts bereinigt. Die Amerikaner bestanden auf ihrem prinzipiellen Vorrecht, die Russen lehnten ab. Die amerikanische Delegation stellte fest, daß den Russen zu harter Arithmetik entweder das Interesse oder die Fähigkeit fehlte.[31] Die Situation wurde dazu dadurch erschwert, daß Amerikaner und Russen von verschiedenen Dingen sprachen. Die amerikanische Delegation wollte von Waren und Gütern reden – soviel Eisenbahnlokomotiven, soviel Stahl usw. Die Russen hatten dafür kein Verständnis. Sie waren darauf eingestellt, vorrangig von Dollarbeträgen auszugehen. Während der Konferenz spazierte Isador Lubin, der in der amerikanischen Delegation als Nummer zwei galt, eines Tages mit einem höheren Wirtschaftsberater der russischen Delegation an den Ufern der Moskwa entlang.

«Sie als Wirtschaftsfachmann», sagte Lubin, «erklären Sie mir doch, welche Logik darin besteht, über Milliarden von Dollar zu reden – Milliarden von Dollar: zu welchem Preisniveau denn, dem vor oder dem nach dem

* Das beweist wieder einmal die Annahme, daß Länder Zielgerichtetheit und politische Kohäsion der von ihnen als Rivalen empfundenen Nationen zu übertreiben pflegen.

Kriege? Sie können für jede Art von Waren jede mögliche Ziffer angeben. Wir können den Wert dieser Lokomotive mit zehn Millionen Dollar ansetzen und so durch Manipulation des Preisniveaus zu Reparationen im Wert von 20 Millionen Dollar gelangen.»

«Sie sind daran interessiert, die Sowjetunion wieder aufzubauen», fuhr Lubin fort. «Wir haben Interesse, Ihnen bei dem Wiederaufbau zu helfen. Was brauchen Sie also? Was gibt es in Deutschland, das Ihnen dabei helfen kann und gleichzeitig Deutschland nicht in eine Lage bringt, in der wir es für die nächste oder die nächsten beiden Generationen unterstützen müssen?»

Der sowjetische Wirtschaftsberater blickte Lubin lächelnd an. «Wissen Sie», meinte er, auf den Kreml weisend, «jene Leute sind genau wie Sie Amerikaner – Kapitalisten.»

Der Russe hatte zweifellos recht, was die Amerikaner betraf. Einige Mitglieder der amerikanischen Delegation konnten weder ihren Antagonismus noch ihre Überzeugung unterdrücken, zu sanfte Anweisungen bekommen zu haben. Andere wiederum konnten nicht vergessen, daß sie Geschäftsleute waren. Verschiedene von Pauleys Kollegen, die aus der Ölbranche kamen, verkauften in Moskau ihre Anzüge zu einem Marktpreis von 250 Dollar das Stück.[32]

Das Bemühen, gegen Rußland «hart zu werden», mutmaßliche sowjetische Aggression und Eigennützigkeit einzudämmen, Rußland zur Annahme der amerikanischen Auslegung der wichtigsten Vereinbarungen zu zwingen – all das geschah vom Grünen Tisch aus. Stimmen aus dem State Department, die in diesen Monaten die Vereinigten Staaten gedrängt hatten, mit ihren diplomatischen Schwierigkeiten «an die Öffentlichkeit» zu gehen, wurden allgemein zurückgewiesen. Der einzige Platz, wo der Zusammenprall sichtbar wurde, war die Posse, die am 25. April im Opernhaus von San Francisco begann, die Konferenz, die die Charta der Vereinten Nationen abfassen sollte.

«Die Delegation ging unter recht günstigen Bedingungen in die Konferenz von San Francisco», hatte Außenminister Stettinius kurz vor der Eröffnung bemerkt. «Das einzige Problem war die Sowjetunion.»

«Sie war immer unser einziges Problem», erwiderte Delegationsmitglied Abgeordneter Charles Eaten trocken.[33]

Die Konferenz bedeutete eine Verquickung von internationaler und heimischer Politik. Senator Arthur Vandenberg, ein Mitglied der amerikanischen Delegation, bemerkte zu Recht, daß er und seine Kollegen sich nicht nur vor der Sowjetunion, sondern auch «vor dem amerikanischen Volk und Senat» zu verantworten hätten.[34] Vandenberg, der sich als energischstes Mitglied der Delegation profilierte, lehnte das Jalta-Konzept des Großmächtefriedens ab, hatte an dessen Stelle jedoch nur Binsenweisheiten und internationale Romantik – die UNO als «Stadtmeeting der Welt» – anzubieten. Die Sowjetunion sah er durch die polnische Brille. Kurz vor seiner Abreise nach San Francisco hatte er geschrieben, Polen sei «sowohl wegen seines eigenen hohen Wertes als auch als ‹Symbol› von Bedeutung». Für ihn gäbe es keine «höhere persönliche Befriedigung», als wenn er «Jalta und alle seine Polenbeschlüsse» öffentlich desavouieren lassen könne. Außerdem war da noch eine Frage politischen Ehrgeizes. Er war 1944 mit nur wenigen tausend Stimmen wieder ins Amt gerutscht, und Michigan wies einen hohen Bevölkerungsanteil von stimmberechtigten Polen auf.

Trotz der öffentlichen Begeisterung – die Delegierten wurden viel von Autogrammjägern belagert – war der Ton der Konferenz öfters erbittert. Alexander Cadogan, der erst wenige Monate vor Jalta Stalin für «einen großen Mann» gehalten hatte, wunderte sich nun über die Russen: «Wie kann jemand mit diesen Bestien arbeiten? Und wenn nicht, was bleibt dann für Europa noch zu erhoffen?» Senator Vandenbergs übertrieben antirussische Einstellung äußert sich in einigen Tagebucheintragungen: «Rußland soll sich zurückziehen. Wenn das geschieht, wird die Konferenz ohne die Russen weitergehen ... Die Konferenz wird heute eröffnet – mit russischen Wolken überall am Himmel. Ich weiß nicht mehr, ist das Frisco oder München ... Wir müssen ‹unter Waffen bleiben› ... das ist der Zeitpunkt, an dem wir *gewinnen und mit dieser Umschmeichelung der Roten aufhören müssen, ehe es zu spät ist.*»[35]

Das Verhalten der amerikanischen Delegation, der Konferenzton, die von dem allgegenwärtigen Harriman angebotenen Instruktionen – alle solche Faktoren verursachten bei einigen Beobachtern Besorgnis über Trumans «Landgraf, werde hart»-Politik. Am 30. April schrieb der bereits zum Außenminister designierte James Byrnes an Walter Lippmann, daß der Friede «von den Herzen der Völker von Rußland, Britannien und der Vereinigten Staaten abhängig wäre. Wir können ihn nicht fördern, indem wir das Mißtrauen gegen die Russen schüren. Wir müssen zueinander Vertrauen haben. Und wenn wir von ihnen die Einhaltung von Versprechen erwarten, müssen wir die ihnen geleisteten Zusagen peinlich genau einhalten.»

Byrnes machte noch eine Bemerkung, die seinen künftigen Kurs als Außenminister andeutete, indem er darauf hinwies, daß die Ereignisse, Lippmans öffentlichem Vorschlag, die Vertreter der Großen Drei sollten vor der Konferenz so viele Streitfälle wie möglich klären, recht gäben.

Lippmann schrieb am 10. Mai aus San Francisco zurück, er sei über «den Kurs unserer eigenen Politik beunruhigter», als er im Druck zu erklären wagte: «Obgleich der Zwist zwischen der Sowjetunion und uns offensichtlich hier zum Ausbruch kam, liegt das Geschehene nicht in der Natur der Dinge, sondern geht auf die Unerfahrenheit und emotionale Unbeständigkeit unserer eigenen Delegation zurück ... Das hätte niemals geschehen dürfen. Es wäre, meine ich, zu Präsident Roosevelts Lebzeiten gewiß nie geschehen und wird zu großen Ungelegenheiten nicht nur in der Polenfrage, sondern auch im ganzen Mittleren Osten führen, wenn wir uns nicht unseres eigenen nationalen Interesses an dieser fundamentalen Beziehung erinnern.»

Etwa zur gleichen Zeit schrieb Byrnes an Joseph Davies: «Ich teile Ihr Bedauern über die russische Lage ... Die Spannung, die in San Francisco aufkam, hat der Administration in ihrem Bemühen nicht geholfen, das schwerwiegende Problem freundschaftlich zu lösen.»[36]

Mitte Mai begann Truman selbst ernsthafte Zweifel an dem «Landgraf, werde hart»-Standpunkt zu hegen. Die «Streichung» der Leih- und Pachtverträge hatte ihn gegen Leute wie Crowley und Grew etwas argwöhnisch gemacht. Er fragte sich auch, ob er nicht von Churchill manipuliert würde. «Ich habe mit Premierminister Churchill ebensoviel Schwierigkeiten wie mit Stalin», bemerkte er in einem Memorandum vom 21. Mai. «Jeder der beiden wollte mich die Kastanien aus dem Feuer holen lassen.»[37] Truman erkannte, daß er andere Informationsquellen brauchte. «Ich bin in dieser Sache ein Neuling», sagte er am 4. Mai zu Morgenthau. Einige Wochen später fügte er hinzu: «Sie wissen nicht, wie schwierig das für mich war. Keiner von denen, die etwas von Außenpolitik verstehen sollten, war im Lande.» Für Truman war es eine schwere Zeit. «Ich bin ein Amerikaner, der nicht damit gerechnet hat, Präsident zu werden», erklärte er seinen Mitarbeitern bei einer Vormittagskonferenz im Mai. Doch vor der belastenden Verantwortung der Präsidentschaft gab es kein Entrinnen. Er versuchte sich durch tägliches Schwimmen im Weißen Haus und eine Massage vor dem Dinner zu entspannen, doch war der Arbeitsdruck überwältigend, und oft war er ermüdet. Er sollte im Mai eine neue Brille verschrieben bekommen, doch hatte er, um sich in die Regierungsgeschäfte einzuarbeiten, zu viele Reporte und Dokumente lesen müssen, so daß seine Augen zu einer Überprüfung nicht in geeignetem Zustand waren. Ihm fehlte die Geselligkeit des Senatsklubs. «Ich bin der einsamste Mensch in Washington. Ich kann nichts anderes tun, als allein spazierengehen», sagte er. «Wenn ich höre, daß eine Party in Gang ist, gehe ich herunter, um mit den Boys zusammenzusein. Freitag abend gehe ich zu Joe Davies*, um mit ihm Poker zu spielen.»[38]

Davies, der in den Rigaer Kreisen bestgehaßte Diplomat, hatte mehrmals Gelegenheit, sich Trumans Zweifel wegen des härteren Kurses anzu-

* Davies machte an diesem Abend eine Eintragung: «Es war eine Herrenparty und Marjorie hatte sich zurückgezogen. Wir hatten einen netten Abend mit Anekdotenerzählen, einen typischen netten Männerabend. Dem Präsidenten schien das gut zu tun. Er entspannte sich etwas von der ständigen Beaufsichtigung, die freilich unerläßlich ist.»

hören. Truman berichtete Davies am 30. April von dem scharfen Wortwechsel, den er eine Woche zuvor mit Molotow gehabt hatte, und erklärte: «Ich habe ihn zu hart behandelt. Ich hab's ihm gegeben. Einmal rechts und links.» Er fügte noch hinzu, die Sowjets verstünden nur den harten Kurs. Dann aber ließ er die Heldenmaske fallen. «Handele ich richtig?» fragte er.

Davies' Notizen eines Gespräches, das von vier Uhr dreißig nachmittags mit einer Abendessenpause bis Mitternacht dauerte, zeigen, wie besorgt und sogar verwirrt der Präsident war. Die in der oberen Halle des Weißen Hauses auf dem Flur gestapelten Bücher verdeutlichten deutlich das Übergangsstadium. Die Trumanfamilie war in der Tat erst vor wenigen Tagen eingezogen. Truman saß in seinem Arbeitszimmer im zweiten Stock und erwähnte gleich, «wie sehr ihn die russische Lage beunruhigte». Er beklagte sich auch, daß er so wenig Unterstützung habe. «Diese verdammten Blätter», meinte er, auf die auf seinem Schreibtisch befindlichen Zeitungen weisend, «wühlen die Dinge auf und machen sie noch schwieriger.» In seiner Verzweiflung nahm er an, Molotow sei «nach San Francisco gegangen, um Unruhe zu stiften», und behauptete auch, Tito hätte ohne Billigung des Kreml oder der «Generäle» auf Triest keinen Druck ausüben können. Zu Davies' Überraschung rechnete Truman damit, daß Stalin «bereits entmachtet» sei, und «die Generäle die Lage beherrschten». Doch lauschte der Präsident aufmerksam, als Davies die Aspekte der Kriegsdiplomatie zusammenfaßte, über die Truman schlecht informiert war. Davies meinte, die meisten Beamten im State Department, die sich mit Rußland und Europa befaßten, seien «durch ihre Feindseligkeit gegen die Sowjets befangen». Truman gab die Möglichkeit solcher Feindschaften zu und erklärte, daß sich das ändern solle.

Davies berichtete Truman auch über seine Korrespondenz mit Molotow über die verschlechterten Beziehungen. Der sowjetische Außenminister hatte dazu ausdrücklich geschrieben: «Ich glaube, ein persönlicher Kontakt zwischen unseren Regierungschefs könnte sich in dieser Angelegenheit äußerst positiv auswirken.» Truman bezeugte beträchtliches Interesse an einem Zusammentreffen auf höchster Ebene, meinte jedoch, daß Planungen für den Staatshaushalt ihn an einer Abreise vor Juli hinderten. (Eine Woche später vertraute Truman Davies an: «Ich habe einen weiteren Grund, den ich nicht jedem mitgeteilt habe», um das Treffen aufzuschieben. Dieser Grund war die Atombombe, über die er Davies in Einzelheiten berichtete.[39])

Sogar Harriman machte sich jetzt wegen eines bevorstehenden Bruches Sorgen. In dem Flugzeug, das sie aus San Francisco zurückbrachte, hatten er und Charles Bohlen daran gedacht, daß Roosevelt zu seinen Lebzeiten Harry Hopkins zur Wiederherstellung der «Freundschaftlichkeit» sowjetisch-amerikanischer Beziehungen nach Moskau geschickt hätte. In Washington erklärte Hopkins, der dünn, krank und bettlägerig wirkte, sich begeistert zu dieser Reise bereit. Truman, den seine Unterhaltung mit Davies bereits vorbereitet hatte, stimmte zu. Es wäre jedoch falsch anzunehmen, Truman hätte seine Meinung völlig geändert. Wie sein Berater Harriman hatte er zweierlei im Sinn. Er beauftragte Hopkins, Stalin nachdrücklich zu versichern, daß die Vereinigten Staaten die Abmachungen von Jalta einhalten würden und er von den Sowjets das gleiche erwarte. In seinem Memorandum über dieses Gespräch notierte Truman: «Ich sagte Hopkins, er könne die diplomatische Sprache oder auch einen Baseballschläger benutzen, wenn er das für die richtige Art hielt, Stalin nahezukommen.»

Einwände gegen diese Mission kamen von Leuten wie Grew, die darin eine Bedrohung ihrer neuerworbenen politischen Hegemonie sahen. Zur Zeit hörte Truman jedoch auf den Rat der Vertrauten des früheren Präsidenten, die nicht dem State Department angehörten, und kehrte zu einer Rooseveltschen Praxis zurück, indem er versuchte, Probleme unmittelbar auf höchster Ebene zu lösen und das gegenseitige Vertrauen durch einen verläßlichen Mittelsmann wiederherzustellen. Über die Berufsdiplomaten meinte Truman am 5. Juni zu Mitarbeitern, «bei Verhandlungen mit den Boys in gestreiften Hosen müssen Sie vorsichtig sein».[40]

Mit Hopkins' Entsendung hatten die Vereinigten Staaten in ihren Beziehungen zur Sowjetunion den Kreis wieder geschlossen. Der erste Schritt zur Zusammenarbeit, der Beginn der Großen Allianz, war Hopkins' Reise nach Moskau im Jahre 1941 gewesen. Diese Reise (abgesehen von einem Wiederholungsversuch im Dezember 1945) bezeichnete ihr Ende. Hopkins, der sich als Leiter des Protokollausschusses immer bemüht hatte, für die Sowjetunion mehr und schnellere Hilfe zu erlangen, genoß bei den Russen besonderes Ansehen und Vertrauen. Stalin sagte einst, Hopkins sei der erste Amerikaner, mit dem er *pro dushe,* aus dem Herzen gesprochen habe.

Umfang und relative Freimütigkeit der während Hopkins' zweiwöchigem Aufenthalt stattfindenden Gespräche machten das Treffen zu einem bemerkenswerten Wendepunkt in der Geschichte des kalten Krieges. Während ihres ersten Gespräches erwähnte Hopkins die wachsende Besorgnis der öffentlichen Meinung Amerikas und auch seine eigenen Befürchtungen, die «gesamte Struktur der Weltzusammenarbeit und -beziehungen», die Stalin und Roosevelt «so mühsam aufgebaut hätten, könne zerstört werden». Stalin erwiderte, er wolle die «öffentliche sowjetische Meinung» nicht als Deckmantel benutzen, sondern zöge es vor, auf «die Beunruhigung» hinzuweisen, in die sowjetische Regierungskreise durch neuere Handlungen der Vereinigten Staaten versetzt worden seien. «Seit die Niederlage Deutschlands sich abzeichnete, hatte die amerikanische Freundschaft zur Sowjetunion sich merklich abgekühlt», betonte er. Es schiene, als «wollten die Amerikaner nun ausdrücken, daß man die Russen nicht länger brauche». Offensichtlich reagierten die Sowjets auf mögliche Verletzungen der

Vereinbarungen wie ihres Großmachtstatus sehr empfindlich. Bei einem Punkt bemerkte Stalin scharf, die Sowjetunion sei nicht Albanien.[41]

Dem Sowjetdiktator lag viel daran, das Problem des amerikanischen Wirtschaftsdrucks zur Sprache zu bringen. Wenn der Abbruch der Leih- und Pachtverträge «als Druckmittel gegen die Russen beabsichtigt war, um sie weichzumachen, dann wäre das ein grundsätzlicher Irrtum», sagte Stalin. Wenn man sich den Russen «freimütig auf freundschaftlicher Basis nähere, könne vieles erreicht werden ... Repressalien in jeglicher Form würden genau die gegenteilige Wirkung zeitigen.»

Andere Fragen konnten erfolgreicher besprochen werden. Stalin versprach sogleich, daß Rußland dem Jaltaabkommen gemäß am 8. August in den fernöstlichen Krieg eintreten würde. Er stimmte einer Viermächte-Treuhänderschaft für Korea zu. Er billigte auch ein beständiges unter Tschiang Kai-schek geeinigtes China und brachte dabei sowohl die beschränkten Interessen der Sowjets in diesem Gebiet als auch sein skeptisches Urteil über den chinesischen Kommunismus zum Ausdruck. In seiner Antwort auf ein dringendes Telegramm aus Washington wies Hopkins auf die Sackgasse hin, in die die Konferenz von San Francisco wegen der Abstimmungsverfahren im Sicherheitsrat der UNO geraten war. Die Sowjetdelegation verlangte ein Veto-Recht sowohl bei der Diskussion über friedliche Regelungen als auch bei Entscheidungen über Gewaltanwendung. Hopkins erläuterte den amerikanischen Vorschlag: Freie Diskussion, ein Veto bei Entscheidungen. Stalin hörte aufmerksam zu und beriet dann vor Hopkins mit Molotow die außenpolitische Lage. «Molotow, das ist Unsinn», entschied er endlich und nahm den amerikanischen Vorschlag an. Er gab Hopkins zu verstehen, welch geringe Bedeutung er den Vereinten Nationen zuerkannte.[42]

Wie immer stellte Polen das schwierigste Problem dar.[43] Nach Jalta war man wegen der Zusammensetzung der neuen Regierung auf einem toten Punkt angelangt. Hopkins und Stalin nahmen die Frage selbst in die Hand. Ihre Gespräche wurden erschwert, weil innerhalb Polens sechzehn «Untergrund»-Polen durch die Rote Armee verhaftet worden waren. Nach tagelangen ermüdenden Diskussionen stellten die beiden Männer eine Liste von nicht zur Lublinregierung gehörigen Polen zusammen, die zu Gesprächen nach Moskau reisen sollten – und wenigstens so überwanden sie den toten Punkt.[44]

Stalin ließ über seine persönliche nüchterne Achtung Amerikas keinen Zweifel, dessen der Sowjetunion weit überlegene Macht er anerkannte. Er gestand Amerika auch das Recht einer Beteiligung an der Weltpolitik zu. Ob die Vereinigten Staaten nun wollten oder nicht, meinte er, als Weltmacht müßten sie sich mit weltpolitischen Interessen befassen. Nur durch die amerikanische Intervention sei Deutschland im Ersten Weltkrieg besiegt worden. «Alle Ereignisse und Entwicklungen der letzten dreißig Jahre hatten das bestätigt.» In der Tat hätten die Vereinigten Staaten «mehr Ursache, als Weltmacht anzutreten, als jeder andere Staat. Aus diesem Grund», erklärte Stalin, erkenne er «vorbehaltlos das Recht der Vereinigten Staaten an, bei der Polenfrage als Weltmacht mitzureden». Die sowjetischen Interessen in Polen schlössen keineswegs die Englands und der Vereinigten Staaten aus.

Hopkins' Mission war ein Erfolg. Hatte sie auch die «Freundschaft» nicht wieder hergestellt, so war es wenigstens zu einem offenen Meinungsaustausch mit anschließender Einigung über bedeutende Fragen gekommen, der – und das war ebenso wichtig – Spannung und Mißtrauen weitgehend abgebaut hatte. Harriman berichtete Truman danach, Stalin habe sich wegen der «feindseligen Entwicklungen während der letzten drei Monate besorgt gezeigt». Die Mission «war erfolgreicher, als ich erhoffte». Obgleich weiterhin «ungelöste Probleme» bestünden, habe der Besuch «ein sehr viel günstigeres Klima für Ihr Treffen mit Stalin» vorbereitet. Doch blieb Harriman ein wenn auch resignierter Wilsonianist, für den internationale Beziehungen Algebra blieben. «Ich fürchte, Stalin wird unser Interesse an einem freien Polen als Prinzip nicht oder niemals ganz verstehen. Er handelt realistisch, und es fällt ihm schwer, unseren Glauben an abstrakte Prinzipien zu würdigen.»

Die Verbesserung der sowjetisch-amerikanischen Beziehungen wurde in politischen Führungskreisen bemerkt. Mitte Juni erklärte Henry Stimson, der anscheinend das gesamte Problem abtun wollte, er sei beunruhigt gewesen «wegen der letzten Sticheleien und kleineren Zusammenstöße, die unsere Beziehungen mit Rußland trübten». Sogar Joseph Grew schrieb an Stettinius: «Ich glaube, Ihre ermutigende Beurteilung des Gesamtbildes unserer außenpolitischen Beziehungen ist zutreffend.»[45]

Doch war die durch Hopkins' Mission bewirkte Entspannung nur partiell. Truman war über das Ergebnis, Hopkins' «Erfolg» befriedigt und maß «Treffen auf höchster Ebene nun größeren Wert bei».[46] Sie beeinflußte seine unmittelbare Auslegung außenpolitischer Verhältnisse. Als die Mission sich ihrem Ende zuneigte, sagte er, Rußland sei, «wie jeder andere totalitäre Staat», von Cliquen beherrscht. «Wenn man sich mit Stalin zusammensetzen und ihm das Problem nahebringen könnte, würde er eine vernünftige Ansicht annehmen.» Doch wenn das Problem Stalin nie erreichte, könnte es von der «Molotowclique» oder der «nördlichen Clique» erledigt werden. Stalin, meinte Truman, wisse «nicht die Hälfte von dem, was vorgeht». Es schien fast, als projiziere Truman seine eigenen Probleme auf Stalin. Während der ersten Monate seiner Präsidentschaft war Truman, wie Charles Bohlen sich erinnerte, «durch gegensätzliche Ratschläge verwirrt worden». Er hatte den Mangel an gesunden Ratschlägen bitter empfunden. Anfänglich folgte Truman den Meinungen jener, die «hart werden» wollten und eine Kraftprobe verlangten. Er hatte sich jedoch weder die

Grundsätze von Riga noch das Bild eines revolutionären Staates zu eigen gemacht. Sehr oft erklärte er, die Russen wüßten «selbst nicht, was sie wollten». Jetzt hatte er einige Vorteile der Jaltagrundsätze erkannt, obgleich sie ihm nicht recht zusagten. Eher glaubte er an das von Harriman entworfene Bild des «Maulhelden». Er erwartete das bevorstehende Treffen der Großen Drei in Potsdam. Sein Ziel war es, den sowjetischen Einfluß einzudämmen. Zu den Mitteln gehörte die etwas vage Aussicht auf die Atombombe und unmittelbarer wirtschaftlicher Druck. Er beschrieb das Problem mit den Worten eines Pokerspielers. «Rußland war durch Polen ganz schön verwüstet worden», sagte er. «Wenn sie nicht sofort etwas unternahmen, um der Situation abzuhelfen, würden sie eine allgemeine Hungersnot erleiden.» Darum glaubte Truman, «die Karten in amerikanischen Händen zu halten», und schlug vor, «die amerikanischen Karten auszuspielen».

Der Präsident formulierte knapp, was er unter Beziehungen verstand, wußte jedoch Stalins Fähigkeit, abzuwarten oder zu bluffen, wenig zu würdigen. «Wir hatten es nicht nötig, wegen irgend etwas zu den Russen zu gehen; die Russen mußten ganz bestimmt wegen vieler Dinge zu uns kommen.»[47]

Harry Hopkins war offensichtlich kein konventioneller Diplomat. Im Januar 1941, kurz nachdem er ins Weiße Haus eingezogen war, hatte Roosevelt ihn «diesen halben Menschen» genannt. Obgleich er damit offensichtlich auf Hopkins' besondere Gebrechlichkeit anspielte, sah ihn Roosevelt vielleicht auch als eine Art Ergänzung seiner eigenen verkrüppelten Person. Nach Roosevelts Tod wirkte sein Mittelsmann für die Große Allianz geisterhafter denn je. Während eines großen Kremlbanketts im Verlauf seiner letzten Mission im Juni 1945 murmelte der abgemagerte Hopkins, dem der Schweiß von der Stirn perlte, Iwan Maisky zu: «Wissen Sie, der Tod hat mich nur beurlaubt.»

Er schaffte es noch ein weiteres halbes Jahr, bis Ende Januar 1946, am Leben zu bleiben. Auch die Grundsätze von Jalta vegetierten noch bis dahin weiter.[48]

ZWEITER TEIL

Friedens-bemühungen

Das sowjetische Kredo ist zu einer dynamischen Macht der Welt geworden. Die erwarteten Auswirkungen dieses Kredos halten die Vorstellung der Massen überall gefangen ... Wir könnten leicht nervös werden, und dann würden mögliche Zwischenfälle unsere Beziehungen belasten. So brauchte und sollte es nicht sein.

JOHN FOSTER DULLES, Januar 1945

V

Der höchste gemeinsame Nenner

Als die höheren Beamten Ende Juni 1945 gegen Abend das Gebäude des State Department verließen, gingen sie nicht zum Essen heim, sondern begaben sich ins Shoreham Hotel. Dort informierten sie den künftigen Außenminister James Byrnes heimlich in seinem Appartment über die wichtigsten Probleme der außenpolitischen Beziehungen Amerikas.[1] Am 3. Juni wurde Byrnes öffentlich vereidigt. Drei Tage später schiffte er sich mit Truman auf der S. S. Augusta nach Europa zur Potsdamer Konferenz ein.

Nicht lange nach Beginn des Treffens klagte Henry Stimson, Byrnes «bewahre die Angelegenheiten dieser Konferenz ziemlich tief in seinem Busen».[2] Der Verteidigungsminister war über die Art verletzt, in der Byrnes ihn von der politischen Arbeit ausschloß. Er hätte noch hinzufügen können, daß Byrnes die Dinge aus seinem Hut hervorzaubere. Denn das war die Arbeitsweise des neuen Ministers, seine in fünfunddreißig Jahren Öffentlichkeitsarbeit entwickelte Methode.

Im Verlauf des Jahres 1945 wurden von den amerikanischen Diplomaten viele gegensätzliche Meinungen über sowjetische Ziele und über eine angemessene amerikanische Außenpolitik vertreten. Benjamin Cohen, einer von Byrnes' engsten Vertrauten, erinnerte sich später: «Es kam zu beträchtlichen Konflikten, nicht nur zwischen den darin verwickelten Personen, sondern auch in jedem einzelnen.» In Byrnes' Denken wurde der Konflikt besonders heftig und noch durch seinen Charakter kompliziert. Kompromiß, Verhandlung, Annäherung gegensätzlicher Standpunkte – darin lag für ihn das Wesen der Politik. «Eine gute Regierung wird immer den höchsten gemeinsamen Nenner suchen», schrieb er. Die Suche nach dem Nenner, der Ost und West befriedigen konnte, lenkte seine Bemühungen als Außenminister.[3]

James Byrnes wurde 1879 als Sohn einer irischen Einwandererfamilie in Charleston, South Carolina, geboren. Sein Vater starb kurz vor seiner Geburt. Er wurde von seiner Mutter, einer hart arbeitenden Schneiderin, erzogen. Mit vierzehn verließ Byrnes die Schule, lernte Stenographie, wurde Gerichtsstenograph und dann Rechtsanwalt. 1910 wurde er ins Repräsentantenhaus der Vereinigten Staaten gewählt. Eine lokale Zeitschrift beschrieb ihn während dieser Kampagne rühmend als «elektrisch geladen ... Betriebskanone . . . Selfmademan». Zu jener Zeit hatte Byrnes das wichtigste Prinzip seiner Laufbahn formuliert. «Bei der Arbeit als Gerichtsstenograph begann ich einzusehen, daß Erfolg und Glück in allen Lebenslagen nur durch Bereitwilligkeit zu Konzessionen erreicht werden können.»

Im Repräsentantenhaus und später im Senat bewährte er sich in den Ausschüssen durch eine Arbeit des Gebens und Nehmens und entwickelte Geschick als Unterhändler und Schiedsrichter. Manche nannten ihn einen *fixer.* Obwohl Roosevelt ihn einst als «meinen Botenjungen» bezeichnet hatte, galt er bei den meisten als getreuer Gefolgsmann des Präsidenten, als Manager des New Deal und dann der auf den Krieg abzielenden Gesetzgebung. FDR belohnte ihn im Sommer 1941 mit der Berufung an den Supreme Court. Fünfzehn Monate später holte ihn der Präsident als für innenpolitische Probleme verantwortlichen «Präsidentschaftsassistenten» ins Weiße Haus, zuerst als Leiter des Amtes für wirtschaftliche Stabilisierung und dann des Amtes für Kriegsmobilisierung.[4] Byrnes war ein Adept bürokratischer Kriegsführung, verstand es meisterhaft, Leute und Hebel der Regierung zu manipulieren, und bahnte sich mit Genialität und Formlosigkeit und einem gewissen Quantum an Harper- und Old Taylor Bourbon-Whisky leicht seinen Weg.[5]

1944 glaubte Byrnes, daß Roosevelt seine Anwartschaft auf die Ernennung zum Vizepräsidenten unterstützen würde. Roosevelt meinte jedoch, da Byrnes sich vom Katholizismus gelöst habe und aus den Südstaaten stamme, würde seine Kandidatur sowohl die Katholiken als auch die schwarzen Wähler in den Großstädten des Nordens verstimmen. FDR wandte sich statt dessen an Truman, dessen Kandidatur im Vergleich zu Byrnes oder dem Vizepräsidenten Henry Wallace vermutlich keine Wählerstimmen kosten würde. Byrnes fühlte sich nicht nur von Roosevelt, sondern auch von Truman verraten, der seit seinem Eintritt in den Senat ein Byrnes-Protegé gewesen war und in der Tat auch zu verstehen gegeben hatte, daß er Byrnes beim Chicagoer Konvent nominieren wolle. Byrnes hätschelte seinen verwundeten Ehrgeiz und Stolz und diente – eine Zeitlang – getreu weiter. Er begleitete Roosevelt zur Jaltakonferenz und wandte seine Stenokenntnisse an, indem er sich während der Sitzungen Notizen machte. Sein offizielles Entlassungsgesuch erreichte Roosevelt am 30. März in Warm Springs, Georgia. «Zu dumm, daß manche Leute so launenhaft sind», war der ziemlich ungerechte Kommentar des Präsidenten. Endlich, am 8. April 1945, packte Byrnes seine Sachen und zog heim nach Spartanburg im Staat South Carolina, um sich dort, wie er meinte, ins Privatleben zurückzuziehen.

Vier Tage später starb Roosevelt. Marineminister Forrestal begab sich sofort in seinem Flugzeug nach South Carolina, um Byrnes nach Washington zurückzuholen. Der neue Präsident war auf Byrnes' Ratschläge begierig und dankbar für seine vertraute Gegenwart. Byrnes fuhr im gleichen Zug wie Truman hinauf nach Hyde Park und saß während des Begräbnisgottesdienstes, der in einem kleinen Garten auf Roosevelts Landsitz abgehalten wurde, mit Truman und der Familie des verstorbenen Präsidenten in der dritten Reihe. In den nächsten Wochen war Byrnes der Ratgeber, der den Präsidenten einwies, wie er mit Leuten umzugehen hätte, und gebrauchte seine Stenonotizen («meine Souvenirs», wie er sie nannte), um Truman über die Jaltakonferenz zu informieren. Er vertrat den Präsidenten im Interimsausschuß, der Ende Mai amtlich vorschlug, die Atombombe ohne Vorwarnung über Japan abzuwerfen.[6]

Am Tage, als sie von Hyde Park zurückkehrten, schlug Truman Byrnes vor, das Amt des Außenministers zu übernehmen, wo er, da es jetzt keinen Vizepräsidenten gab, nächster Anwärter auf die Präsidentschaft wurde. Byrnes nahm sofort an. Beide Männer kamen überein, die Ernennung bis nach der Konferenz der Vereinten Nationen geheimzuhalten, um Stettinius in San Francisco nicht den Boden zu entziehen. Doch enthielt das Byrnes-Truman-Team bereits den Keim des Zerwürfnisses. Byrnes konnte den Gedanken nicht loswerden, daß er selbst im Oval Office hätte sitzen können. Er behandelte seinen früheren Protegé mit einer leichten Familiarität, die kaum noch von Herablassung zu unterscheiden war; Truman, der sich an diesem Scheideweg fügsam verhielt, erwies Byrnes unbeschränktes Vertrauen und verließ sich auf sein Urteil. Byrnes hatte das Amt in der Absicht akzeptiert, seiner Karriere einen anderen Höhepunkt zu geben – wenn nicht Präsident, so konnte er Friedensmittler sein.

Byrnes begann seine Bemühungen in dem Berliner Vorort Potsdam, wo die alliierten Staatschefs Mitte Juli zur letzten großen Kriegskonferenz zusammentrafen. Churchill, der sie als *Terminal* (Endstation) bezeichnete, hatte schon Anfang Mai darauf bestanden, daß ein solches Treffen in «irgendeiner unzerstörten Stadt Deutschlands» stattfinden solle, «bevor die britischen und amerikanischen Armeen dahingeschmolzen seien», wodurch, wie er fürchtete, der Damm gegen die rote Flut aus dem Osten einbrechen würde. Auch viele von Trumans eigenen Ratgebern drängten auf ein möglichst frühes Treffen. Truman schob die Zusammenkunft auf, teilweise, weil ihm der Gedanke nicht behagte, teilweise, weil sein neues Amt zu viele Probleme brachte, aber auch, um genauere Ergebnisse über S-1, die Atombombe, abzuwarten.

Die benachbarten Vororte Potsdam und Babelsberg, letzteres war einst bevorzugte Stätte der deutschen Filmindustrie, hatten den Krieg fast ohne Zerstörung überstanden. «Hier leben wir», schrieb Cadogan, «inmitten eines verwüsteten, kahlen Landes in unserer eigenen kleinen Stadt.» Der Großteil Berlins bestand aus Ruinen, Trümmern, ausgebombten Gebäuden und zerstörter Kanalisation; Frauen, Kinder und Greise irrten umher – eine Stadt des Todes, ein Denkmal von Hitlers Träumen. In ihrer diplomatischen Enklave am Rande dieser zerstörten Hauptstadt der Besiegten begannen die Sieger an dem Frieden zu arbeiten.* [7]

Die vielen Sonderfragen wurden für Amerikaner und Briten von einem anderen Problem überlagert – ihren langanhaltenden Bemühungen, die internationalen Ziele der Sowjetunion zu überprüfen. Stimson verbrachte in Berlin viel Zeit über der Frage, wie man die russisch-amerikanischen Beziehungen im Hinblick auf den bevorstehenden Einsatz von Atomwaffen formulieren könne. Verstört und verwirrt legte er dem Präsidenten ein Memorandum «Betrachtung über uns konfrontierende grundsätzliche Probleme» vor, in dem er die beste Hoffnung darin sah, Stalin zur Errichtung bürgerlicher Freiheiten zu bewegen.[8]

Ein britischer Diplomat beschrieb eine Unterhaltung mit Kollegen während des Mittagessens: «Diskussion über die ständige Frage, ob Rußland friedlich ist und dem westlichen Klub beitreten will, uns aber nicht traut, oder ob es darauf aus ist, die Welt zu beherrschen, und uns reinlegt.» Die Schlußfolgerung ist ein virtueller Leitsatz internationaler Beziehungen: «Es scheint immer sicherer, das Schlimmste anzunehmen.»

Die Russen ihrerseits versuchten, zu dem neuen Präsidenten besseren Kontakt zu finden. Die Sowjets hätten gewußt, was von Roosevelt zu erwarten sei, sagte der Stellvertretende Außenminister Andrei Wyschinskij zu Davies, aber über Truman wüßten sie fast nichts. Am folgenden Tage fragte Wyschinskij taktlos, wie Truman und Byrnes miteinander auskämen.[9] Die Briten stellten fest, daß Truman «schnell und geschäftsmäßig» sei. Diese Anschauung hatte Truman absichtlich gefördert. «Zu Beginn der Sitzung fuhr ich mit ihnen Schlitten», schrieb Truman seiner Mutter nach dem ersten Treffen, «es war eine nervenaufreibende Erfahrung, mußte jedoch getan werden.» Auch Stalin war dafür, die Dinge schnell abzuhandeln, im Gegensatz zu Churchill, den die vor der Tür stehenden britischen Parlamentswahlen ablenkten, weil, wie er sagte, «die Ungewißheit wie ein Geier über mir kreist». Die langen rhetorischen Abschweifungen des Premierministers langweilten nicht nur Truman und Stalin, sondern sogar des Engländers eigene Mitarbeiter. «Ständig fällt er ins Wort, redet den verwirrendsten Unsinn und läuft bei jedem Punkt Gefahr, unsere Sache zu verpatzen», schrieb Cadogan. «Jede Erwähnung eines Topics veranlaßte

* Das Denkmal hatte auch eine persönliche Bedeutung. Während seines Aufenthaltes in Potsdam wurde Eden amtlich mitgeteilt, daß sein Sohn, ein Pilot der Royal Air Force, bei einem Flugzeugabsturz über einem Berg in Burma ums Leben gekommen war.

Winston zu wildem Getobe.»[10] Vor der Konferenz war Truman von drei seiner Spitzenassistenten empfohlen worden, «als renommiertem Pferdehändler aus Missouri erwartet das Volk von Ihnen, daß sie etwas mit heimbringen«. Doch das Geben und Nehmen, Manipulieren, Hin- und Herzeichnen auf den Weltkarten war ihm unangenehm. Den Rangeleien der Hochdiplomatie zog er das Pokerspiel vor. Sein wichtigstes Anliegen zu Beginn war eine sowjetische Zusage, in den fernöstlichen Krieg einzutreten; das Versprechen gab Stalin am ersten Tag. «Jetzt könnte ich heimgehen», meinte Truman. Über den langsamen Verlauf der folgenden Konferenzen verärgert, flüsterte er Byrnes während einer Plenarsitzung zu: «Warum können die in zehn Tagen zu keiner Entscheidung kommen?» Von Potsdam schied er mit dem Gelöbnis, «so etwas mache ich nicht noch einmal mit».[11]

Meistens billigte und vertrat Truman lediglich von anderen ausgearbeitete Standpunkte und Stellungnahmen. Nur ein Vorschlag lag ihm selbst wirklich am Herzen. Der Lektionen seiner Geschichtsbücher eingedenk bestand er auf der Internationalisierung der europäischen Wasserstraßen, die, wie er erklärte, «während der europäischen Geschichte stets eine Brutstätte von Kriegen gewesen seien». Der Vorschlag wurde von den anderen Regierungen nicht ernst genommen. Stalin wies nachdrücklich auf die Auslassung von Panama- und Suezkanal hin – und brachte Trumans eigene Delegation etwas in Verlegenheit.[12]

Die Verhandlungen wurden meist von Byrnes geführt. Er schloß sowohl Stimson aus, der im Verlauf seiner langen Karriere verschiedene internationale Delegationen geleitet hatte, wie auch Harriman, der ihm das nie vergab. «Jimmy B. ist etwas zu rührig», bemerkte Cadogan trocken. Aber so wollte der Präsident es haben. Wie Truman betonte, «stärkte er Jim Byrnes bis zum äußersten den Rücken».[13]

Durch den Erfolg der Hopkins-Mission ermutigt, die als augenscheinlicher Beweis galt, man könne mit Stalin verhandeln, war Byrnes recht optimistisch in Potsdam eingetroffen. Doch sah er Schwierigkeiten voraus. Er fürchtete, dem Präsidenten werde «ständig eingehämmert, mit den Soundsos hart zu sein». Byrnes selbst sorgte sich aber immer mehr über die Gewalttätigkeit, mit der Rußland Osteuropa «demokratisierte».

Eine Anzahl von Fragen konnten die Konferenzteilnehmer ohne allzu viele Schwierigkeiten erledigen: sie schufen einen Außenministerrat, in dem außer den drei Großmächten auch Frankreich und China vertreten sein sollten. Deutschland sollte einem Vier-Mächte-Kontrollrat unterstellt werden, der sich aus den Oberbefehlshabern der alliierten Besatzungsmächte (mit den Franzosen) zusammensetzte. Die besiegte Nation sollte als wirtschaftliche Einheit behandelt werden (eine Quelle der Spannung in den nächstfolgenden Jahren). Bei drei Punkten kamen die Verhandlungen jedoch nicht vom Fleck: Reparationen, die ehemaligen deutschen Satellitenstaaten (Italien und einige osteuropäische Länder) und die polnische Grenzfrage. Diese Punkte beherrschten die Verhandlungen, und es kam so weit, daß man fürchtete, die Konferenz abbrechen zu müssen, ohne eine Einigung erzielt zu haben.[14] Keine der beiden Seiten wollte in der Reparationsfrage nachgeben. Die Amerikaner bestanden weiter auf dem Prioritätsprinzip, das heißt, erst sollte die deutsche Wirtschaft ihre Importe bezahlen, dann erst sollte sie ihre Reparationsverpflichtungen erfüllen. «Das ist wie bei der Konkursverwaltung eines großen Unternehmens», versuchte Unterstaatssekretär Will Clayton dem Reparationsausschuß zu erklären. «Sonst würden die Gläubiger gar nichts bekommen.» Die Russen erwiderten, ihr Volk könne nach so vielen Opfern nicht verstehen, warum die «Wallstreetbankiers» als erste bezahlt werden sollten. «Unsere Reparationskommission und unsere Regierung werden für Reparationen nicht einmal eine Diskussionsziffer ansetzen», sagte Molotow. Am 30. Juli vermerkte Davies, die «Reparationen haben die Lage vergiftet«.[15]

Der zweite Streitpunkt, der Tage voll fruchtloser Diskussionen kostete, betraf die früheren Satellitenstaaten. Als die Amerikaner ihren Wunsch vorbrachten, die Beziehungen mit Italien wieder zu normalisieren, erwiderte Stalin, diese Frage müßte auch das Verhältnis zu Ungarn und Rumänien betreffen. Solch eine Maßnahme widersprach jedoch dem Trend der amerikanischen Osteuropapolitik. Byrnes machte nachdrücklich klar, daß die Vereinigten Staaten die gegenwärtigen Regierungen der drei östlichen Länder nicht anerkennen könnten.

Endlich konnten die Konferenzteilnehmer sich nicht darüber einigen, wieviel deutsches Gebiet Polen einverleibt werden sollte. Die Amerikaner glaubten, die Russen hätten den Polen eigenmächtig eine Besatzungszone zugeschanzt, und fürchteten, der Gebietsverlust könne Deutschland in ernsthafte wirtschaftliche und politische Schwierigkeiten bringen.

An diesem toten Punkt tauchte ein neuer Faktor auf, der die amerikanischen Politiker jetzt dringlich wünschen ließ, die Konferenz so schnell wie möglich abzuwickeln. Der Faktor war die Atombombe. Truman hatte auf einen erfolgreichen Test vor der Konferenz gehofft. Die «da oben wollen ihn so schnell wie möglich», erklärte General Groves, der Leiter des Manhattan-Projektes, den Atomwissenschaftlern am 14. Juli und drängte sie, den Test zu beschleunigen. Er fand am 16. Juli in Alamogordo im Staate New Mexico statt, «greller als tausend Sonnen und wirksamer, als die meisten gedacht hatten».[16]

Am 16. Juli brachte Stimson dem Präsidenten die erste Nachricht aus Alamogordo. «Ein herrliches Gefühl», meinte der Präsident, als er nach Erhalt des Berichtes die Treppen herunterkam. Er erzählte den Witz über ein Mädchen, das sich im Falle einer Schwangerschaft ertränken wollte, und die Antwort ihres Freundes: «Das hat mir eine große Last von der Seele genommen.»

Am 21. Juli erfuhr Truman, daß die Waffe mehr Zerstörungskraft besaß als erwartet, und die Bombe bald zum Kriegseinsatz bereit sein würde. «Er war wie ausgewechselt», bemerkte Churchill nach der Plenarsitzung vom 21. Juli über Truman. «Er sagte den Russen nur, was sie zu tun und nicht zu tun hätten, und kommandierte die ganze Sitzung herum.» S-1, so wurde die Atombombe genannt, machte Truman noch ungeduldiger. Am 22. Juli stellte er handschriftlich den Befehl zum Einsatz der Bombe aus, obwohl dieser nicht erfolgen sollte, ehe er Potsdam und die Russen verlassen hatte. Spät an jenem Nachmittag kam in Berlin ein wilder Sturm auf, der aus der zerstörten Großstadt Staub und Schutt aufwirbelte und ihn wild in die Enklave hinabfegte, wo Männer gerade über die künftige Zerstörung Japans nachdachten. Mitten am hellen Tage wurde der Himmel bereits verdunkelt.[17]

Die beruhigenden Nachrichten über die Atombombe bewirkten eine völlige Umstellung der amerikanischen Zielsetzung vor der Konferenz. Ursprüngliches Hauptanliegen war gewesen, die Russen zu einer baldmöglichen Kriegserklärung gegen Japan zu bewegen – die vielleicht allein schon die Japaner zur Kapitulation zwingen konnte. Wenn nicht, würde sie wenigstens den militärischen Druck auf Japan verstärken, die Opfer mehr unter die Alliierten aufteilen und den Krieg abkürzen. Jetzt jedoch hatte sich die Einstellung der Amerikaner gewandelt. Vielleicht war die Atombombe besser geeignet, amerikanisches Leben zu retten, als die Russen. Überdies konnten die Vereinigten Staaten jetzt eventuell den Krieg gewinnen, ehe (wie Byrnes es formulierte) die Russen «zuviel am Halali teilnehmen», d. h. auf China Ansprüche anmelden und an der Besetzung Japans teilnehmen konnten. Byrnes Vertrauter, Walter Brown, hatte am 18. Juli notiert: «JFB hatte als Konferenzergebnis eine russische Kriegserklärung gegen Japan erhofft. Nun meint er, die Vereinigten Staaten und die Vereinigten Königreiche sollten ein gemeinsames Ultimatum herausgeben, das den Japsen zwei Wochen Zeit bis zu Kapitulation oder Zerstörung läßt (die Geheimwaffe wird um diese Zeit einsatzbereit sein).» Am 24. Juli wußten Truman und Byrnes, daß Stimson und Marshall (letzterer war nicht ganz so überzeugt) nicht länger für notwendig erachteten, die Russen am Krieg gegen Japan zu beteiligen, obwohl nichts sie daran hindern konnte, in die Mandschurei einzurücken. Um die von Marshall errechneten 500 000 Todesopfer einzusparen, würde die Bombe besser geeignet sein als die russische Intervention. Truman und Byrnes hatten es nun eilig, die Konferenz abzuschließen, so daß man die Atombombe umgehend einsetzen und somit das russische Vordringen in Ostasien verhindern oder wenigstens verlangsamen konnte.[18]

Der Hauptgrund für den Einsatz der Atombombe blieb jedoch der gleiche wie zuvor – sie sollte den Pazifischen Krieg so schnell wie möglich beenden und somit amerikanische Menschenleben retten. Sie war eine Kriegswaffe, die im Krieg anzuwenden war. Die Amerikaner waren dessen nicht sicher, ob die Explosion der Bombe allein genügen würde, um die Japaner zu umgehender Kapitulation zu zwingen. Die Hoffnung, die Russen in Asien zu zügeln, war ein zusätzlicher Grund für ihren Einsatz. Doch fällt es schwer, die Entscheidung zum Atombombenabwurf mit der amerikanischen Besorgnis wegen der sowjetischen Sphäre in Osteuropa zu verquicken. Ein solches Gefühl bestand, doch war es eher latent vorhanden.[19]

Die Amerikaner mußten ihre Ungeduld zügeln. Die Konferenz mußte unterbrochen werden – Premierminister Churchill und Außenminister Eden flogen am 25. Juli nach London, um dort den Ausgang der britischen Parlamentswahlen abzuwarten, die endgültige Stimmzählung war durch die Teilnahme überseeischer Wähler verzögert worden. In der Nacht, bevor er Potsdam verließ, sah sich Churchill im Traum mit herausragenden Füßen tot unter einem weißen Leichentuch liegen. «Das könnte das Ende bedeuten», sagte er zu seinem Arzt. Labourmitglied Ernest Bevin war nicht optimistischer. Vom Wahlsieg der Konservativen überzeugt, hatte er für den ganzen Monat August ein Ferienhäuschen in Cornwall gemietet. Doch Bevin war im Irrtum, Churchills Vorahnung war richtig gewesen. Die Tories erlitten eine überwältigende Niederlage. «Auf jeden Fall sind wir fünfeinhalb Jahre verdammt in Atem gehalten worden», so verabschiedete sich Churchill amtlich von seinem persönlichen Vertreter beim Komitee der Stabschefs, General Ismay.

Attlee hatte als Mitglied der Koalitionsregierung an der Konferenz teilgenommen. Auch er war nach London zurückgereist. Am 28. April kehrte er als Premierminister nach Potsam zurück. Manche waren der Ansicht, der Sieg der Labourregierung, besonders mit Hugh Dalton als Außenminister, würde eine Linksschwenkung der britischen Außenpolitik zur Folge haben. Orme Sargent, der bald darauf ständiger Untersekretär des British Foreign Office werden sollte, gab der allgemeinen Befürchtung Ausdruck, als er «eine kommunistische Lawine über Europa, eine schwache Außenpolitik, eine innenpolitische Revolution und das Absinken Englands zu einer Macht zweiten Ranges» voraussagte. Die Labourpartei bestand jedoch kaum aus wildwütigen Revolutionären. Später wunderte sich der französische Außenminister Bidault, «allein die Engländer mit ihren phantastischen empririschen Fähigkeiten waren imstande, einen Mann wie Attlee in die sozialistischen Reihen aufzunehmen». Zu oft waren Mitglieder der Labourpartei und Sozialdemokraten in ganz Europa das Ziel kommunistischer Angriffe gewesen. Viele Jahre lang hatte der mißtrauische Attlee die Russen als «ideologische Imperialisten» beurteilt. Außerdem wurde an Daltons Stelle der ehemalige Leiter der Transport and General Workers-Gewerkschaft, Ernest Bevin, Außenminister, dessen kommunistische Antipathie während vier Jahrzehnte langer Gewerkschaftskämpfe wiederholt angeheizt worden war. Bevins Ernennung sicherte die Kontinuität der britischen Politik, abgesehen davon, daß er sein Amt mit einer aggressiven Grobheit ausübte, die sich stark von der Finesse und Eleganz Anthony Edens unterschied.[20]

Byrnes begann nun auf ein Verhandlungspaket zu drängen. Im Reparationsausschuß hatten Clayton und Cohen bereits mit der Ausarbeitung eines Kompromisses begonnen, der jedem Land erlauben sollte, Reparationen seiner eigenen Zone zu entnehmen. Wenn die Russen das akzeptierten, würde der Westen in der polnischen Grenzfrage nachgeben. Byrnes entschloß sich, wie er es nannte, zu einem «kleinen Roßhandel», indem er dem Tauschpaket die Satellitenstaaten hinzufügte und die Neiße als polnische Grenze anerkannte.[21] Am 31. kamen die Großen Drei über alle drei Punkte schnell zur Einigung, und somit konnte die Konferenz abgeschlossen werden.

Der letzte Beschluß über Reparationen besagte, daß die Sowjets sie ihrer eigenen Zone entnehmen sollten. Darüber hinaus sollten Russen und Polen 15 Prozent der «nicht erforderlichen industriellen Anlagen» aus der Westzone bekommen im Austausch gegen Nahrungsmittel und Rohmaterialien und weitere 10 Prozent ohne Gegenleistung. Trotz der Vorkehrungen zu einer «gemeinsamen Deutschlandpolitik» ging der Trend der Vereinbarungen gegen die amerikanische Forderung, Deutschland als wirtschaftliche Einheit zu behandeln, und wurde somit ein bedeutender Schritt auf dem Wege zur Spaltung. Das wurde schon während der Konferenz erkannt.

«Wenn wir nicht zu einer Einigung kommen, wird das Ergebnis dann dasselbe sein?» fragte Molotow Byrnes.

«Ja», erwiderte Byrnes.[22]

Die erste Aufgabe des Außenministerrates hinsichtlich der Satellitenstaaten sollte die Ausarbeitung eines Friedensvertrags für Italien sein. Verträge für die «anerkannten demokratischen Regierungen» von Rumänien, Bulgarien und Ungarn sollten folgen. Es wurden Meisterwerke der Unklarheit. Die eigentliche Entscheidung bestand in einem Mangel an gemeinsamen Entscheidungen. Folge war, wie ein Historiker es formulierte, daß «die Bestimmung künftiger Entscheidungen in Italien an den Westen und in anderen Satellitenstaaten an die Sowjetunion ging».[23]

Schließlich bedeutete die De-facto-Anerkennung der von Stalin vorgeschlagenen polnischen Grenze eine beträchtliche russische Handlungsfreiheit in ganz Osteuropa. Somit hatten sich die Großmächte bei ausstehenden Punkten dahin geeinigt, jedem in seiner eigenen Sphäre freie Hand zu lassen. Weil sie über Europas Verwaltung nicht übereinkommen konnten, wollten sie mit seiner Aufteilung beginnen; das war die Auslegung der Jaltabeschlüsse. In Jalta war es möglich gewesen, Stalins Erklärung zu akzeptieren, Rußland suche sich durch Gebietsverschiebungen abzusichern. Aber in Potsdam waren die sowjetischen Argumente betreffs der Westverschiebung der polnischen Grenze mit Forderungen nach einer gemeinsamen Kontrolle der Dardanellen, einer Treuhänderschaft über eine ehemalige italienische Mittelmeerkolonie (Libyen) und einem Anteil an der Verwaltung Tangers gekoppelt. Das kam einer plötzlichen Demaskierung expansionistischer Bestrebungen gleich. Byrnes fürchtete, die Russen streben nach Libyen als Aktionsbasis gegen den Westen und als Tor nach Afrika, durch das sie nach Belgisch-Kongo, dem wichtigsten Uraniumlager der Welt, gelangen konnten.

«Jemand ... machte einen schrecklichen Fehler, als er eine Situation herbeiführte, die Rußland instand setzte, mit der Macht, die es künftig haben wird, einen Krieg zu beenden», sagte Byrnes am 24. Juli. «England hätte Hitler niemals hochkommen lassen dürfen ... Unter einer demokratischen Regierung wäre das deutsche Volk ein sehr viel besserer Verbündeter gewesen als Rußland . . . Die Ideologien der USA und Rußlands sind zu unterschiedlich, als daß man mit einer langen Zusammenarbeit rechnen könnte.»[24]

Aber am Tag zuvor besprach Stimson die russischen Ansprüche mit Truman: «Er [der Präsident] hält die neuen Ansprüche der Russen größtenteils offensichtlich für Bluff.»[25] Die Annahme des Byrnes-Pakets hob bei britischen und amerikanischen Politikern allgemein die Zuversicht. Bevin sprach für viele von ihnen, als er die Konferenz am 4. August als «deutlichen Erfolg ... bezeichnete ... die eigentlichen Ergebnisse wurden in den letzten vier Tagen erzielt».[26]

Während der Konferenz fanden die Amerikaner die Russen steif, humorlos und völlig an ihre Instruktionen gebunden. Stalin selbst – offensichtlich war er nach einem kleinen Herzanfall noch bei schlechter Gesundheit – verhielt sich geschäftsmäßig und machte einen besseren Eindruck. Will Clayton, der mitten in den Reparationsverhandlungen gesteckt hatte, verließ Potsdam mit dem Eindruck, Stalin sei «recht fair» gewesen. Stalin spielte sich wieder als kaltschnäuziger, an Algebra uninteressierter Realist auf. «In der Politik», erklärte er, «sollte man sich von Machtberechnungen leiten lassen.»

Die beiden wichtigsten Amerikaner reisten etwas entmutigt ab. Walter Brown sprach für Byrnes, als er am letzten Tag vermerkte: «Die Konferenz endete sehr harmonisch . . . Offensichtlich hatte Stalin bei seiner Rede Byrnes im Auge, und dann begann er ihn für die von ihm geleistete gute Arbeit zu loben. Er stellte fest, daß Byrnes die Differenzen ausgeglichen und die Großen Drei durch viele bedeutende Entscheidungen zusammengebracht hatte. Das war von seiten Stalins eine außergewöhnliche Anerkennung.» Inzwischen sagte Truman am 28. Juni zu Forrestal, er verhielte sich den «Russen gegenüber sehr realistisch» und habe «Stalin als nicht allzu schwierigen Gesprächspartner gefunden». Auf der Heimreise berichtete Truman den Offizieren der *S. S. Augusta:* «Stalin war ein SOB [son of a beach], aber natürlich hält er mich jetzt auch für einen.»

Das war das einzige Mal, daß Stalin und Truman zusammentrafen, aber sogar noch Jahre danach hielt Truman es nicht für nötig, seinen günstigen Eindruck von dem «alten Burschen», so wie er Stalin später manchmal nannte, zu revidieren. «In Potsdam hoffte ich, die Russen würden ihre Zusagen einhalten», bemerkte er 1949 zu Jonathan Daniels. «Sie machten den Eindruck, daß sie das tun würden. Ich mag Stalin. Er ist Tom Pendergast ähnlicher als sonst jemand, den ich kenne. Er hat eine große Vorliebe für klassische Musik. Er kann ein Problem sogleich richtig durchschauen ... Ich erhielt den Eindruck, Stalin würde seine Zusagen einhalten, und auch daß er über ein Politbüro in der Art des 80. Kongresses verfügte.»[27]

Summa summarum, auch wenn die amerikanischen Politiker sich über den sowjetischen Expansionismus sorgten und sich von dem schlechten Betragen der Russen abgestoßen fühlten, schieden sie doch in recht hoffnungsvoller Stimmung aus Potsdam. Wir dürfen nur nicht vergessen, daß die Berechnungen der höheren Beamten durch einen neuen Faktor kompliziert wurden – die Atombombe. Eine große Anzahl kriegstechnischer Entwicklungen – einschließlich Mechanisierung, Schnelligkeit, Feuerkraft und Luftmacht – hatte überlieferte Pläne und Verteidigungsmuster umgemodelt und die geographische Grundlage des Krieges verwandelt. Doch ragte die Atombombe als qualitativ unterschiedlich, als riesiger Schritt in der Kriegstechnologie heraus; sie drohte Geographie bedeutungslos zu machen. Eigentlich konnte diese Entwicklung nur zu tiefer Unsicherheit führen; mit einem Schlag schienen alle Regeln der Kriegsführung ungültig. Die Militärs traten verdutzt rückwärts. Als man dem damals in Manila befindlichen General Douglas MacArthur am 1. August von der neuen Waffe und ihren möglichen Auswirkungen berichtete, sagte er schlicht: «Gut, das wird die Kriegführung ändern.»

Was für eine Sicherheit konnte diese «absolute Waffe» bringen? Kurz nach Kriegsende schrieb der Stratege Bernard Brodie: «Die überlieferten Konzepte militärischer Sicherheit, die dieses Land in den vergangenen fünfzig Jahren entwickelt hat – in denen die Flotte ganz richtig dazu bestimmt war, unsere ‹erste Verteidigungslinie› zu bilden –, scheinen der Überprüfung zu bedürfen ... Besorgnis um die Wirksamkeit der nationalen Verteidigung ist offensichtlich zur Behandlung des Atombombenproblems unzureichend.» Klar geworden war nur, daß «unsere Militärbehörden sich bei der Überprüfung aus der Vergangenheit ererbter Konzepte mächtig ins Zeug legen werden müssen».[28]

Zuerst glaubten die westlichen Politiker, mit der Atombombe eine einfache Lösung für komplizierte internationale Probleme in der Hand zu haben. «Die Lage in New Mexico hat uns große Macht verliehen», sagte Byrnes am 29. Juli in Potsdam, immer noch wegen eines erfolgreichen Abschlusses der Konferenz verzagt. «Im Grunde bedeutet sie eine Kontrolle», fügte er hinzu. Alan Brooke, der oberste Befehlshaber der britischen Streitkräfte, schrieb am 23. Juli in sein Tagebuch, Churchill sei «wegen der atomaren Neuigkeiten ganz außer sich». «Jetzt hielten wir etwas in Händen, das die Waagschale mit den Russen ausgleichen würde», sagte ihm Churchill. Das Geheimnis dieses Explosivkörpers und die Macht, ihn zu gebrauchen, würde das diplomatische Gleichgewicht, das seit der Niederlage Deutschlands verloren war, völlig verändern. Bei seiner Rückkehr nach Washington am 30. Juli drückte Stimson die Stimmung der beiden anderen Männer aus, als er auf die «veränderte Psychologie» anspielte, «die jetzt seit dem erfolgreichen Versuch besteht. Bis ich die Papiere durchsah, hatte ich noch nicht bemerkt, was für einen bedeutenden Wandel er in meinem eigenen Seelenleben bewirkt hatte.» Mit dem Hinweis auf die psychologischen Auswirkungen hatte Stimson recht. Gewiß bedeutete die Erlangung von Nuklearwaffen einen bedeutenden Zuwachs an Militärmacht. Bei internationalen Beziehungen würden sie jedoch ein plumpes Mittel darstellen.[29]

Sogar die Art, in der es eingeführt wurde, war peinlich. Wie amerikanische Beamte wußten, hatten die Sowjets versucht, sich durch Spionage über das Manhattan-Projekt ins Bild zu setzen, und ihnen war vermutlich bereits bekannt, daß die Vereinigten Staaten über eine einsatzfähige Waffe verfügten. Doch fürchtete der Westen immer noch, wenn man Stalin amtlich unterrichtete, würde dieser auf der Stelle Informationen darüber verlangen. Anderseits wollten sie in nächster Zukunft nicht der Hinterhältigkeit gegen einen Alliierten beschuldigt werden. Und so ging Truman nach der Plenarsitzung vom 24. Juli ganz beiläufig zu Stalin hinüber und ließ die Bemerkung fallen, daß die Vereinigten Staaten jetzt eine große Bombe hätten. Gut, erwiderte Stalin. Er hoffte, die Vereinigten Staaten würden davon Gebrauch machen. Truman und Byrnes schlossen daraus, Stalin habe die Bedeutung des Gesagten nicht verstanden. Stalin aber wußte im Gegenteil offensichtlich genau, wovon Truman sprach. Gleich nach der Konferenz besprach er die Angelegenheit mit Molotow. «Lassen Sie nur», erwiderte der Außenminister. «Wir werden die Sachen beschleunigen müssen.»

Auf dem langen Heimflug erörterten Bohlen und ein anderer Rußlandspezialist, Llewellyn Thompson, den möglichen Einfluß der Bombe auf die sowjetisch-amerikanischen Beziehungen. Was, wenn die Russen sich nicht rührten? Was konnte man mit der Bombe anfangen? Die Russen bedrohen? In den Krieg ziehen? Nicht auszudenken. Was blieb also übrig?[30] Vielleicht war die absolute Waffe die letzte Sanktion, eine oberste Instanz, ein Abschreckungsmittel vor allgemeinem Krieg. Trotzdem war Truman «ganz aufgedreht gewesen», als er die erste Nachricht vom Erfolg des Versuches in New Mexico erhielt. Die Nachrichten veranlaßten in der Tat eine Euphorie, ein Gefühl der Allmacht, die Frustrationen der konventionellen Diplomatie schienen wie mit dem Zauberstab hinweggeblasen. Die meisten Amerikaner, die von der Bombe wußten, meinten, man könne sie diplomatisch einsetzen, wußten aber nicht wie.[31]

Um sie im Krieg einzusetzen, blieb wenig Zeit. Die japanische Antwort auf die Potsdamer Proklamation vom 26. Juli, die eine bedingungslose Kapitulation forderte, war unklar. Am 5. August wurde der endgültige Zusammenbau der Bombe abgeschlossen. Am nächsten Tag warf eine B-29 sie über Hiroshima ab. Sie hatte die Kraft von 13 000 Tonnen TNT. Die Stadt wurde völlig zerstört, etwa hunderttausend Menschen sofort getötet, während danach über zehntausende an radioaktiver Vergiftung sterben sollten. Am 9. August marschierte die Rote Armee in die Mandschurei ein, und so zogen die Russen doch noch gegen Japan in den Krieg. Jetzt hatten im japanischen Kabinett die Befürworter des Friedens das Wort, doch beeilten sie sich nicht genug. Am selben Tag wurde die zweite Atombombe über Nagasaki abgeworfen. Die Auswirkungen waren nicht weniger schrecklich als die der ersten. Der Einsatz der zweiten Atombombe kann nicht durch Notwendigkeit erklärt werden, sondern allein durch den Druck der Ereignisse. Am 10. August gab Japan seine Bereitschaft zur Kapitulation bekannt, die auch am 14. August erfolgte, und damit war der Zweite Weltkrieg zu Ende.

Das Atomzeitalter hatte begonnen.

Sechs Wochen nach Potsdam traf sich der erste Außenministerrat in London. Der Krieg mit Japan war vorbei, und der Brennpunkt internationaler Beziehungen zentrierte sich jetzt auf die Schwierigkeiten zwischen Ost und West. Als die Vereinigten Staaten die sowjetische Sphäre in Osteuropa erneut in Frage stellten, traten die in Potsdam aufgeschobenen Probleme deutlich zutage.

Byrnes sah den Außenministerrat als seine persönliche Schöpfung an, und mit den in Potsdam erzielten Ergebnissen zufrieden, kam er mit einigem Optimismus zur ersten Sitzung. Truman hatte es eilig, sich der ihm vertrauteren Innenpolitik zuzuwenden, und war froh, Byrnes die außenpolitische Bühne zu überlassen. In London sollte er seinen Auftritt bekommen.* [32]

Byrnes war auch aus einem anderen Grund optimistisch. Er meinte, die Atombombe würde seine Verhandlungsbasis stärken. Ehe Byrnes nach London abreiste, versuchte Stimson ihn zu einer bestimmten Verhandlungstaktik den Russen gegenüber zu bewegen, aber ohne Erfolg. «Sein Kopf», bemerkte Stimson, «ist mit den Problemen des künftigen Außenministertreffens angefüllt, und die Atombombe sieht er quasi als Waffe in

* Am Abend des ersten Treffens bat Delegationsmitglied Theodore Achilles Byrnes, ein Telegramm an das State Department zu billigen, das über den Verlauf des Tages berichtete. «Um Gottes Willen», sagte Byrnes, «ich könnte dem Präsidenten das Geschehene mitteilen, aber niemals werde ich diesen kleinen Bastarden im State Department davon berichten.» So erinnerte sich Achilles.

der Hüfttasche an, um sich dabei durchzusetzen.» Stimson war nicht der einzige, der den diplomatischen Nutzen der Atombombe bezweifelte. Im September warnte der Wissenschaftler Vannevar Bush Truman, den «Revolver an unserer Hüfte» diplomatisch nicht zu überschätzen. «In dem Revolver ist kein Schießpulver, man könnte ihn nicht ziehen, und das ist sicherlich bekannt.»

Byrnes schenkte solchen Warnungen wenig Beachtung. Doch plante er nicht, die Waffe zu schwingen, sondern verließ sich, um die Russen zu beeinflussen, mehr auf das, was ein Historiker ihre «schweigende Gegenwart» nannte. Die Sowjets hatten jedoch nicht die Absicht, sie zu übersehen. Bei einem Empfang im House of Lords kurz nach Konferenzbeginn ging Byrnes nach den Worten Walter Browns «in typisch senatorischer Weise» auf Molotow zu. Der Außenminister fragte den Russen, wann er endlich mit seiner Stadtbesichtigung fertig wäre, damit man «zu den Geschäften kommen» könne. Molotow wiederum fragte Byrnes, ob er eine Atombombe in der Hüfttasche trage.

«Sie kennen die Südstaatler nicht», entgegnete Byrnes. «Wir tragen unsere Schußwaffe in der Hüfttasche. Wenn Sie mit Ihren Hinhaltemanövern nicht endlich Schluß machen, damit wir an die Arbeit gehen können, werde ich aus meiner Hüfttasche eine Atombombe ziehen, und Sie werden etwas abkriegen.»

Molotow und sein Dolmetscher lachten.

Eine Cocktailparty war Szene einer seltsamen Scharade. Molotow, der Bevin wegen verschiedener Dinge geneckt und vielleicht mehr als üblich getrunken hatte, hob plötzlich sein Glas mit den Worten: «Da ist die Atombombe – wir haben sie!» Ein anderer Russe legte schnell die Hand auf Molotows Schulter, um ihn aus dem Raum zu führen, als wolle er andeuten, daß Molotow etwas Ungehöriges gesagt habe. Bei der Szene war Byrnes anwesend. «Ob dieser Zwischenfall inszeniert war oder ob es sich um einen Versprecher handelte», kommentierte Byrnes später, «konnte man nicht wissen, höchstwahrscheinlich aber handelte es sich um einen weiteren Versuch der Russen, bei den anderen Völkern der Welt den Eindruck zu erwecken, daß auch sie die Bombe hätten.» Wahrscheinlicher ist, daß die Russen mit dem Scherz signalisieren wollten, daß sie sich durch das amerikanische Monopol bei anderen Punkten nicht zum Nachgeben zwingen ließen.[33]

Die Konferenz kam nie richtig in Schwung. Die Verhandlungen über den Italienvertrag zogen sich in die Länge. Mit Hinsicht auf «die beträchtliche Erfahrung der Sowjetunion beim Zustandebringen freundschaftlicher Beziehungen zwischen den Völkern» beanspruchte Molotow nachdrücklich die Treuhänderschaft über einen Teil der ehemaligen italienischen Kolonie Libyen. Die westlichen Politiker lehnten das ab, denn sie waren überzeugt, daß die Russen in Wirklichkeit einen Stützpunkt auf dem Weg nach Belgisch-Kongo begehrten. (Molotow schlug freundlich vor, daß die Russen sich mit Belgisch-Kongo begnügen würden, wenn man ihnen keine italienische Kolonie geben wolle.) Vielleicht war es den Russen ernst. Wahrscheinlicher ist, daß sie nur eine Zusatzforderung stellten, um diese zu einem späteren Zeitpunkt in den Handel einzubringen – vielleicht wollten sie auch nur die westliche Intervention innerhalb der sowjetischen Sphäre Osteuropas parodieren.[34] Byrnes wies auch Molotows Verlangen ab, über eine Kontrollkommission für Japan zu verhandeln. Die Briten unterstützten Byrnes trotz ihres eigenen Wunsches nach einer derartigen Organisation.

Das eigentliche Problem der Konferenz waren die Balkanländer. Die Russen hatten Konzepte für Friedensverträge vorgelegt, die die Osteuropaspezialisten der amerikanischen Delegation schockierten, einschließlich Maynard Barnes aus Bulgarien, Burton Berry aus Rumänien, Leslie Squires aus Ungarn und Cavendish Cannon, den früheren Leiter der Südeuropaabteilung und politischen Berater der Delegation. Alle bekannten sich zu den Riga-Grundsätzen und der universalistischen Konvention, daß Osteuropa «offen» bleiben müsse. Sie schlußfolgerten, daß die sowjetischen Vorschläge, «die amerikanische Beteiligung am Wiederaufbau der Balkanstaaten zu verhindern, der Sowjetunion sogar eine bedeutendere Rolle zusichern würde, als ihre materielle Position und Macht ihr zuwiesen. Dringende «Maßnahmen» waren notwendig, um «den Minister und seine Ratgeber von der Realität der sowjetischen ‹Falle› und der Notwendigkeit, die Annahme des sowjetischen Vorschlags zu verhindern, zu überzeugen.»[35] Ähnlicher Druck wurde vom State Department in Washington und von den Briten ausgeübt. Byrnes verbrachte den ganzen 16. September mit dieser Angelegenheit und stattete dann Molotow einen Privatbesuch ab, «mit der Absicht, die Karten auf den Tisch zu legen».[36] Die sowjetische Einflußsphäre in Osteuropa blieb weiterhin der Zankapfel, wobei die Amerikaner die eigene Einflußsphäre in Italien und Japan zu vergessen neigten, in denen die Sowjets ihnen freie Hand gegeben hatten.

Byrnes erklärte, es sei «für die Zukunft der Welt wesentlich, daß unsere Völker weiterhin zusammenarbeiten». Er hatte nichts gegen die Situation in Ungarn und Finnland einzuwenden, wo die Sowjets demokratische Verfahren gestatteten. Während der Konferenz gaben die Vereinigten Staaten so weit nach, daß sie Ungarn den Russen «als Belohnung» überließen. Doch würden die Vereinigten Staaten, erklärte Byrnes vor Molotow, mit Rumänien und Bulgarien keine Verträge schließen, weil deren Regierungen nicht repräsentativ seien. Byrnes wünschte sowohl demokratische als auch sowjetfreundliche Regierungen: diese beiden Erwägungen seien nicht unvereinbar. Molotow erwiderte, daß die Sowjetunion am italienischen Friedensvertrag mitarbeite. Warum sollten die Vereinigten Staaten nicht das gleiche für die Russen auf dem Balkan, bei ungarischen und finnischen Verträgen tun? Eine Weigerung der Vereinigten Staaten, drohte er, würde auf die öffentliche Meinung in der Sowjetunion einen sehr schlechten Eindruck machen.[37] Die Drohung war nicht überzeugend. Nach einem Gespräch mit Byrnes am 17. bemerkte Walter Brown, «die Aussichten sind sehr düster».[38]

Byrnes und Molotow hatten ein anderes Scharmützel. In den angrenzenden Ländern würde die Sowjetunion nie eine ihr unfreundlich gesinnte Regierung dulden, sagte Molotow. Die UdSSR, fügte er hinzu, hätte gegen das Monopol des Westens in Italien keinen Einwand erhoben. Doch seine Argumente waren überflüssig. Die Vereinigten Staaten wollten die sowjetische Einflußsphäre nicht anerkennen. Die amerikanischen Vertragskonzepte für Rumänien, Bulgarien und Ungarn (das Werk von Squires, Barnes und Berry) begannen alle mit der gleichen Präambel: die Vereinigten Staaten würden nicht über Frieden verhandeln, «bis eine weitgehend repräsentative Regierung für alle demokratischen Bestandteile der Bevölkerung eingesetzt und deren frühestmögliche Errichtung durch freie Wahlen einer dem Willen des Volkes entsprechenden Regierung gewährleistet sei, die von den Vereinigten Staaten anerkannt werden könne».[39]

Der erfinderische Byrnes hatte eine andere Idee. Vielleicht konnte er die sowjetischen Sicherheitsbesorgnisse ins Spiel bringen. Er schlug Molotow privat einen Viermächtevertrag vor, der die Entmilitarisierung Deutschlands für fünfundzwanzig Jahre sicherte. «Ein sehr interessanter Gedanke», meinte Molotow, doch würde er ihn erst in Moskau zur Sprache bringen müssen. Inzwischen wollte er etwas anderes bereinigen. Er war über die Präambeln in den Vertragskonzepten der Vereinigten Staaten empört, «sie waren eine Herausforderung gegen die Sowjetunion». Warum mußte man sie schriftlich niederlegen, fragte Molotow, warum konnten die Vereinigten Staaten ihre Einwände nicht einfach mündlich vorbringen? Byrnes zog die Präambeln nicht zurück. Dann, so sagte Molotow, würde er «zu einer Antwort gezwungen werden».[40]

Die Frage der Balkanverträge kam erstmals in einer offiziellen Tagung am 20. und 21. September zur Sprache. Zwischen Molotow und Byrnes flogen die gleichen Argumente und halben Beleidigungen hin und her. Molotow verkündete plötzlich, man habe ihn in die Defensive gedrängt. Auch er war isoliert. Britannien hatte sich hinter die Vereinigten Staaten gestellt. Vor dem Treffen war man Frankreichs nicht sicher gewesen. Hier trat es erstmals als Großmacht auf. Da in seiner Koalitionsregierung ein repräsentativer Anteil der bedeutenden kommunistischen Partei vertreten war, hatte man geglaubt, es könne zwischen Ost und West eine Brücke schlagen. Vor dem Treffen hatte Außenminister Bidault naiv die Schwäche von Frankreichs Position in der Welt eingeräumt, dem sowohl die wirtschaftliche als auch militärische Macht fehle. «Frankreich», sagte er, «muß sich auf Gerechtigkeit, Unparteilichkeit und fair play verlassen.» Er schien sich aber auch auf die Vereinigten Staaten und Großbritannien zu verlassen, da es diese am meisten abstützte. Und die chinesischen Delegierten zeichneten sich zwar vornehmlich durch Höflichkeit und Schweigen aus, doch ließen sie keinen Zweifel, auf wessen Seite sie standen.[41]

Am 22. September machte Molotow eine neue Finte. Bei der Eröffnung der Konferenz sei ein Verfahrensirrtum unterlaufen, erklärte er. Frankreich und China dürften, den Potsdamer Vereinbarungen entsprechend, nicht an der Diskussion der osteuropäischen Verträge teilnehmen, und er würde erst weiterverhandeln, wenn man sie ausgeschlossen habe.

Am nächsten Tag traf Bevin privat mit Molotow zusammen. Ihre Unterhaltung hatte einen schlechten Auftakt, weil Bevin seiner Befürchtung Ausdruck verlieh, die sowjetisch-britischen Beziehungen könnten «in die gleiche Lage abgleiten», in der wir uns mit Hitler befunden hatten. «Wie er später angab, wollte er damit nur ausdrücken, daß Mangel an Offenheit in ausweglose Situationen führen konnte.» Molotow hatte Bevin jedoch anders verstanden und antwortete rasch: «Hitler betrachtete die Sowjetunion als untergeordnetes Land, nicht anders als einen geographischen Begriff. Die Russen sähen das anders. Sie hielten sich für ebensogut wie alle anderen. Sie wünschten nicht als untergeordnete Rasse zu gelten.» Bevin erwiderte, daß weder die britische Regierung noch die Labour Party die Russen als untergeordnet ansähen. «Aber», so sagte er, «in diesem Lande ist das Gefühl aufgekommen, daß die Verhältnisse jetzt umgekehrt seien und wir von den Russen wie auch Amerikanern als untergeordnet angesehen würden.» Molotow argumentierte mühsam für eine Erweiterung der sowjetischen Rolle im Mittelmeer, einschließlich russischer Basen auf den Dardanellen. Frankreich und Italien waren keine Mittelmeermächte mehr. Großbritannien, prophezeite er, könne «im Mittelmeerraum nicht länger seine Vorrechte bewahren». Molotow beschwerte sich auch, daß die Kommission für deutsche Reparationen (so wurde er im britischen Protokoll zitiert) «überhaupt nicht ein einziges verdammtes Ding getan habe».

Das Problem der französischen und chinesischen Beteiligung führte in eine Sackgasse, und so kam es zwischen den beiden nie zu einem richtigen Gespräch. Aber am 25. September berichtete Bevin dem britischen Kabinett, daß die eigentlichen Formulierungen des (Potsdamer) Protokolls bei strikter Auslegung den sowjetischen Standpunkt zwar etwas stützten . . . jedoch nie die Absicht bestanden hätte, alle Mitglieder des Rates an allen Beratungen teilnehmen zu lassen. Byrnes gegenüber gab er privat zu, daß der russische Einwand «legal völlig gerechtfertigt, aber moralisch unrechtmäßig sei».[42]

An dem, was Molotow wirklich im Sinn trug, zweifelte keiner. Die Streitigkeiten wegen Frankreich und China, so erklärte Bevin am 25. September dem britischen Kabinett, «waren nur äußerliche Manifestationen grundlegender prinzipieller Meinungsverschiedenheiten mit der sowjetischen Delegation, die offensichtlich beabsichtigte, sich allen Vorschlägen zu widersetzen, die sich auf dem Gebiete innerhalb der von ihr als Einflußbereich angesehenen Zone bezogen». Er erhoffte kaum noch weitere Fortschritte und glaubte bereits, «daß der richtige Kurs der der Aufschiebung sei».

Byrnes faßte die eigentlichen Gründe von Molotows Finte in einem Fernschreiben an das Weiße Haus zusammen: «Er ist wütend, weil die Vereinigten Staaten und Großbritannien Rumänien nicht anerkennen wollen.»

Molotow gab weiterhin zu erkennen, daß er noch etwas verhandeln wolle. «Ich verstehe Ihren Außenminister nicht», sagte ein russischer Beamter zu Bohlen. «Bei uns gilt er als Praktiker, aber er handelt wie eine Professor. Wann wird er endlich mit dem Handel beginnen?»[43] Aber zu dem Handel kam es nicht. Die Gemüter erhitzten sich. Byrnes erklärte vertraulich, Molotow versuche «in seiner schlüpfrigen Art, das zu tun, was Hitler versucht hatte, als er kleinere Länder in seine Gewalt brachte». Nach acht Tagen sowjetischer Hinhaltemanöver explodierte Bevin schließlich während einer Tagung und erklärte, Molotows Einwände stünden «von allem, was ich je gehört habe, Hitlers Theorie am nächsten». Molotow stand auf, um den Raum zu verlassen. Aber Bevins Entschuldigungen, auf die der sowjetische Außenminister nachdrücklich an der Tür wartete, brachten ihn zurück.

«Nach wochenlanger Arbeit sind unsere Nerven am Zerreißen», sagte Byrnes, als er etwas Ruhe zu schaffen suchte. «Wir dürfen jedoch nicht die Geduld verlieren.» Es war an der Zeit, den höchsten gemeinsamen Nenner zu finden.[44]

Byrnes mag von seinen Untergebenen im State Department vor einer sowjetischen «Falle» bewahrt worden sein, aber als er dieser auswich, fiel er in eine andere. Sie war durch die widersprüchlichen Rollen entstanden, die Roosevelt seinen Nachfolgern vermacht hatte. Einerseits sollten sie ein Großmächtekonsortium managen, anderseits die universalen Prinzipien des heimischen Konsens vertreten. Über die Falle sprangen John Foster Dulles, der diensthöchste Republikaner der Delegation, als Sprecher für den heimischen Konsens und Vandenberg, der Leiter der republikanischen Außenpolitik. Im Gegensatz zu Byrnes, der von Natur aus zu Kompromissen strebte, berief sich Dulles auf absolute Prinzipien, auch wenn sie noch so verworren waren.[45]

Dulles war in seinem Auftreten gemessen und fromm, er sprach langsam und verhalten, er war ein «Schatten»-Sekretär. Aus einer Familie von Geistlichen, Missionaren und Diplomaten stammend (sein Großvater John W. Foster war Staatssekretär unter Harriman, sein Onkel Robert Lansing unter Wilson), war Dulles bei der Versailler Konferenz 1919 oberster amerikanischer Reparationsberater gewesen. In den Zwischenkriegsjahren spezialisierte er sich als Seniorpartner der Wallstreetfirma Sullivan and Cromwell auf internationales Recht. Manche hielten ihn für den höchstbezahlten Rechtsanwalt des Landes. Obgleich er einen großen Teil seines Lebens

Agnostiker gewesen war, wandte er sich Ende der dreißiger Jahre wieder der Religion zu, und der Glaube schien ihm einen ethischen Rahmen für internationale Beziehungen abzugeben. Er eröffnete auch einem Mann, den die Juristerei langweilte und rastlos machte, einen Rückweg in die Welt hoher Politik.

Er vermischte Frömmigkeit mit einer «dynamischen» Theorie sekulärer Geschichte, die er Arnold Toynbee entnahm, der, wie Dulles meinte, bewiesen hatte, daß «alle bekannten Kulturen im Rhythmus von ‹Angriff› und ‹Reaktion› aufsteigen und untergehen». Dulles nahm jede Gelegenheit wahr, um zu predigen. «Ich stelle eine Kanzel auf, und wir beginnen über Weltpolitik zu diskutieren», schrieb er 1938 auf einer Chinareise in sein Tagebuch. «Ich entwickle meine Theorien über ‹dynamischen› und ‹friedlichen› Wechsel.» Vor Pearl Harbor vertrat Dulles eine Haltung, die ihm später die Möglichkeit einer Beschwichtigungspolitik offenließ, und kritisierte die «besitzenden» Nationen Frankreich, Großbritannien und die Vereinigten Staaten, weil sie es versäumt hätten, die «nichtbesitzenden» Nationen Deutschland, Japan und Italien gerecht zu beteiligen. Nicht alle schätzten die Dulles-Mischung aus Frömmigkeit und Geopolitik als genial ein. Alexander Cadogan vom British Foreign Office verurteilte Dulles 1942 als den «verschwommendsten Typ eines nutzlosen, sich unfehlbar gebärdenden Amerikaners». Gegen Kriegsende war Dulles eine führende Persönlichkeit der außenpolitischen Elite und wichtigster außenpolitischer Berater des damaligen und künftigen Präsidentschaftskandidaten Thomas Dewey.[46]

Während des Zweiten Weltkrieges hoffte Dulles auf künftige Nachkriegsbeziehungen mit der Sowjetunion. Im Januar 1945 vermerkte er, daß «das sowjetische Kredo nun zu einer dynamischen Kraft der Welt geworden sei» und «überall die Vorstellung der Massen gefangen» hielte. Er warnte die Amerikaner: «Wir könnten leicht nervös werden, und dann würden mögliche Zwischenfälle unsere Beziehungen belasten. So brauchte und sollte es nicht sein.» Er hielt «keine Diktatur für absolut» und meinte, das Sowjetsystem würde sich dem amerikanischen angleichen.[47] Im Februar kritisierte Eugene Lyons, ein Herausgeber von *Reader's Digest,* Dulles' Versicherung, sowohl Amerikaner wie Sowjets hätten Grund, einander zu mißtrauen, als «närrisch». Der Schattensekretär erwiderte gelassen: «Allein die Tatsache, daß Millionen von Amerikanern Ihre Ansicht, man solle den Russen mißtrauen, teilen, ist, glaube ich, ein Grund für die Russen, uns zu mißtrauen. Vertrauen gilt nur gegenseitig ... eine künftige Aufgabe wird es sein, solches Mißtrauen zu zerstreuen. Wird sie von beiden Seiten vereitelt, dann ist es um den künftigen Weltfrieden schlecht bestellt.»[48]

Dulles hielt Zusammenarbeit im Rahmen einer internationalen Organisation für möglich. Seiner Ansicht nach sollte das russische Vertrauen sich durch die Bereitwilligkeit ausdrücken, sowjetische Interessen zugunsten einer Weltordnung im amerikanischen Sinne zurückzustellen. Im Frühjahr

1945 erklärte er, die Einflußsphärenregelung bedeute einen Rückschlag für die Menschheit, und beklagte, daß die Vereinigten Staaten nicht genug täten, um das zu verhindern.[49]

Als diensthöchster Berater der amerikanischen Delegation und Senator Vandenbergs «Rechtsberater» bei der Konferenz der Vereinten Nationen im Frühjahr 1945 in San Francisco widersetzte Dulles sich einem Großmächtekonsortium, weil dies der «Schiedsrichter» der Welt sein würde. Die Sowjetunion dächte jedoch nur an ihre eigenen Interessen und fürchtete jedes internationale System, das man zu deren Nachteil gebrauchen könnte. In San Francisco gelangte Dulles zu der Überzeugung, die Russen wünschten eine Weltorganisation, «um außerhalb ihrer eigenen Einflußsphäre die höchstmögliche Stimmzahl zu erringen». Dann tadelte er sie wegen der auf der Konferenz auftretenden Probleme.[50]

Jetzt weniger als sechs Monate später in London sah Dulles in dem sowjetischen Verhalten allein böswillige Absicht. Er unterstützte das Drängen wegen der Balkanfrage, zu dem Byrnes vom State Department gezwungen worden war. Byrnes behandelte Dulles wie einen «gesetzlichen Vertreter bei der Handhabung eines Falles». Am 30. September war die Zeit für endgültige Vereinbarungen gekommen. Am Sonntagmorgen besuchte Dulles den Außenminister in seinen Gemächern des Claridge. «Well, Partner», sagte Byrnes, «ich glaube, wir haben diese Kleinkinder so weit geschoben, wie es ging, und nun sollten wir an einen Kompromiß denken.» Aber Dulles hatte etwas gegen Kompromisse. Das Wort «Beschwichtigungspolitik» sollte nie wieder mit seinem Namen verknüpft werden. Gegen Ende des Krieges meinte er, Notlösungen hätten ihren Wert verloren. «Prinzip und Moral in der Welt müssen wiederhergestellt werden.» Er bestand auch auf Anwendung «der von uns so schmerzlich erlernten Lektion, daß der Friede unteilbar ist».[51] Dulles erwiderte, ein Kompromiß wäre der erste Schritt auf dem gefährlichen Wege zur Beschwichtigungspolitik. Im Falle eines solchen wollte er Byrnes öffentlich als Beschwichtigungspolitiker brandmarken.

Byrnes war erschreckt. Dulles setzte seinen Willen durch und zwang Byrnes, zwischen dem heimischen und dem Großmächte-Konsens zu wählen. Der Außenminister machte noch einen zaghaften Versuch, einen Kompromiß zu finden.[52] Später am Tage begegnete er Molotow, der das grundsätzliche Problem darin sah, für Rumänien und Bulgarien «gemeinsame Verhaltensweisen» zu finden. Der Sowjetminister ließ durchblicken, daß nach einer Anerkennung durch die Vereinigten Staaten schnell Wahlen folgen würden. Byrnes wies dieses Angebot zurück, fragte dann aber, ob man innerhalb der Regierungen nicht einige Wechsel vollziehen könne, gerade genug, «um die Welt zu überzeugen», daß sie wirklich repräsentativ seien?

Das sei nicht möglich, meinte Molotow.[53]

Die Konferenz wurde ohne Protokoll geschlossen, womit man ihr Versagen offen zugab. Zu diesem Zeitpunkt hatte Byrnes' Schöpfung, der Außenministerrat, öffentlich versagt.

Viele waren der Meinung gewesen, die internationale Politik nach dem Kriege würde sich zwischen Großbritannien und der Sowjetunion als Gegnern abspielen, und die Vereinigten Staaten würden irgendwie als unbehagliche Mittler dazwischenstehen. Aber der Londoner Außenministerrat deutete auf eine Polarisierung zwischen Ost und West hin, bei der die Vereinigten Staaten eine führende Rolle zu übernehmen hatten.[54]

Nach außen hin nahm Bevin das Fehlschlagen der Konferenz gutgelaunt hin: «Wie der Streikführer sagte, ‹Gott sei Dank besteht keine Gefahr einer Einigung›!» Doch waren die Briten zutiefst besorgt. Im Foreign Office bemerkte Dixon eine «leichte Lähmung». «Während des Krieges haben wir uns an erfolgreiche Treffen der Großen Drei gewöhnt, die mit einer Fanfare triumphaler Proklamationen an die Welt endeten.»

Die britische Darlegung der Konferenzprobleme war enger gefaßt als die der Amerikaner und ging von den überlieferten Anschauungen ihrer eigenen Diplomatie aus. Orme Sargent, der für sowjetische Angelegenheiten verantwortliche Untersekretär, meinte, die Russen wollten wohl mit dem Westen zusammenarbeiten, aber nach ihren eigenen Bedingungen und in einer möglichst starken Position. Das Foreign Office glaubte, die Sowjets wollten ihren Einfluß auf den Mittleren Osten und im Mittelmeerbecken ausdehnen. Grund dieser Absicht war, wie Attlee es nannte, «ein sehr starker Inferioritätskomplex» oder nach Dixons Worten «eine ungeheure Eifersucht auf unsere Stellung im Mittelmeergebiet und Mittleren Osten, jetzt, wo Frankreich und Italien als Weltmächte abgetreten sind». Er sah in der russischen Politik auch ein Streben nach Macht und Position. Die Bedrohung der russischen Expansion wurde für die Briten noch durch ein weiteres Problem verstärkt. Die «endlosen und endlos langweiligen Aufgaben des Empires» waren nun deutlich abgeschlossen, und diese Entwicklung wurde noch durch die Belastungen und Kosten des Zweiten Weltkrieges beschleunigt. Britische Politiker befürchteten, die Russen könnten versuchen, aus der Schwäche des Empires und des Vereinigten Königreiches selbst Kapital zu schlagen, um sowohl die Bande, die das Empire noch zusammenhielten, weiter zu lockern, als auch ihren eigenen Einfluß zu stärken.

Die Lage war besonders unbehaglich, weil die Briten sich von den Amerikanern abgetan fühlten. Während der Konferenz berichtete Bevin dem Kabinett, Großbritannien stünde «einer wachsenden Feindschaft der amerikanischen und sowjetischen Delegation gegenüber, von denen jede, ohne Berücksichtigung unseres Standpunktes, die eigene Position zu stärken suche». Das Kabinett stimmte dieser Ansicht später zu. «Wir sollten der Regierung der Vereinigten Staaten klarmachen, daß wir unmöglich mit ihnen arbeiten können, wenn sie ständig auf die internationale Sphäre einwirken und dabei, ohne uns vorher zu befragen, unsere Interessen schädigen.»[55]

Man darf annehmen, daß die Russen die Konferenz mit einem wachsenden Gefühl der Isolierung verließen. «Die Wahrheit kommt ans Licht», bemerkte Dixon. Molotow will «uns nicht dabei haben, die Amerikaner *plus* der Franzosen schlossen sich immer gegen uns zusammen». Molotow hatte die britische Auslegung sicherlich begriffen. In Potsdam hatte er sich fast kläglich bei Joseph Davies beklagt, das britische Foreign Office sei überzeugt, daß «die Sowjetunion Absichten auf ihr Empire habe. Nichts, was die Sowjetunion täte oder sagte, könne sie davon überzeugen, daß sie nicht mehr verlange, als was sie habe, ausgenommen Sicherheit gegen außen.»[56] Die westliche Unbeständigkeit in der Sphärenpolitik muß die Russen verwirrt haben. Was war aus der Churchill-Stalin-Vereinbarung vom Oktober 1944 geworden, an die sich die Russen in Griechenland so getreulich hielten? Überdies merkten die Russen, daß die Amerikaner in ihrer eigenen «kleinen Sphäre», der westlichen Hemisphäre, die Zügel straff in der Hand hielten. Am Tage nach der Konferenzeröffnung erklärte Truman, er würde «keine Einmischung nichtamerikanischer Mächte in die Angelegenheiten von Nord-, Mittel- und Südamerika dulden». Im Namen der nationalen Sicherheit beanspruchten die Vereinigten Staaten auch Inseln im Pazifik und übernahmen für Japan die alleinige Verantwortung. Während die Außenminister in London zusammensaßen, gab Truman eine Erklärung ab, in der er McArthurs (und die amerikanische) Oberherrschaft über Japan bestätigte, eine Geste, die, wie Byrnes einräumte, «nachteilig war, weil sie bei Stalin den Eindruck erweckte, wir handelten in Japan gerade so, wie er auf dem Balkan handelte».[57] Die Russen hatten Italien bereitwillig an die Vereinigten Staaten und das Vereinigte Königreich abgetreten. Darum mußte Byrnes' und Bevins' prinzipielle Haltung hinsichtlich Rumäniens und Bulgariens den Russen bedrohlich, widernatürlich und auch für ihren eigenen Großmachtstatus verletzend erscheinen.

Byrnes kehrte entmutigt nach Washington zurück. Er sorgte sich um seine öffentliche Rolle als Friedensmittler und fragte sich, ob die Russen zum Krieg oder zum Frieden rüsteten. Er wußte nicht recht, wie man mit ihnen verhandeln sollte. «Die Arbeit am Frieden ist nicht sensationell», sagte er während einer Konferenz, «sie ist ein langwieriger, ermüdender Vorgang.»[58]

Der Londoner Außenministerrat hatte ihm und anderen Politikern die Grenzen der atomaren Politik gezeigt. Als Molotow während der Konferenz auf einen Bankett-Toast antwortete, sagte er: «Natürlich müssen wir den Worten von Mr. Byrnes große Beachtung schenken, denn die Vereinigten Staaten sind die einzigen, die die Atombombe herstellen.» Zuhören würden die Russen vielleicht, rühren würden sie sich nicht. Für den direkten Einsatz bei diplomatischen Verwicklungen war die Bombe bei weitem zu schrecklich.

Als letzte Handlung seiner langjährigen Tätigkeit im Dienst der Regierung schlug Henry Stimson im September 1945 vor, den Russen die Kontrolle des neuen, schrecklichen Geheimnisses direkt anzutragen. Zu Anfang sollte ein mit russischen Zugeständnissen gekoppelter Austausch von wissenschaftlichen Informationen stattfinden. Stimson hielt einen solchen Schritt für notwendig, weil die Bombe «in einer neuen Kontrolle der Naturkräfte nur einen ersten Schritt darstellt, der für alte Konzepte zu revolutionär und gefährlich ist». Byrnes' Strategie, mit dieser «offen in der Hüfte steckenden Waffe zu verhandeln», beunruhigte ihn. Er befürchtete, sie würde lediglich die Beziehungen verbittern. Die Vereinigten Staaten sollten der Sowjetunion diese Frage unmittelbar stellen und nicht Zeit damit vergeuden, die Russen «mit unklaren Debatten» auf einer internationalen Konferenz abzuspeisen.

Während des Kabinettessens am 21. September legte Stimson seine Ansichten förmlich dar.[59] Dean Acheson, der den noch in London befindlichen Byrnes vertrat, unterstützte Stimsons Vorschlag. Intelligente Unterstützung kam auch von dem wohlinformierten Henry Wallace, einem der wenigen hohen Regierungsbeamten, der sich auf die wissenschaftlichen Grundlagen der Nuklearenergie verstand. Er stimmte dafür, das Gewußt-wie der Techniker zurückzustellen und theoretische Informationen im Austausch gegen Zugang zu den Sowjetlabors auszuwechseln.

Die heftige Opposition gegen Stimson wurde von Forrestal angeführt. Die Atombombe und das in ihr installierte Wissen, versicherte er, seien «Eigentum des amerikanischen Volkes . . . die Russen sind wie die Japaner im wesentlichen orientalischer Mentalität, und ehe wir mit ihnen nicht auf der Grundlage von Abmachungen längere Erfahrungen gemacht haben . . . scheint zweifelhaft, ob wir uns bemühen sollten, von ihnen Verständnis und Sympathie zu erkaufen. Wir versuchten das mit Hitler . . . in der Beschwichtigungspolitik gibt es kein Zurück.» Forrestal schlug statt dessen vor, «wir können zugunsten der Vereinten Nationen eine Treuhänderschaft über die Bombe ausüben».

Keine der Seiten verstand, wovon die andere eigentlich redete. Die eine schlug einen Austausch von wissenschaftlichen Informationen und eine Annäherung an die Sowjets vor. Die anderen kritisierten Vorschläge, die sie als Auslieferung der Atombombe an die Russen erachteten, und stimmten für ein multilaterales Kontrollsystem. Von der Heftigkeit der Diskussion wird einiges aus den Kommentaren zweier Beamter übereinander ersichtlich. Forrestal berichtete, Wallace sei «ganz, für immer und von ganzem Herzen dafür, sie den Russen auszuliefern». Wallace bemerkte, «Marineminister Forrestal nahm den extremistischsten Standpunkt von uns allen ein ... eine kriegerische, großflottenhafte, isolationistische Einstellung».[60]

Truman bat die Kabinettsmitglieder, ihm ihre Ansichten schriftlich vorzulegen. Der amtierende Sekretär Acheson berichtete Stimson, «die allgemeine Mißstimmung gegen die Sowjetunion scheint zu wachsen. Trotzdem kann ich nicht einsehen, warum die grundsätzlichen Interessen der beiden Nationen einander widersprechen sollten. Jedes langwährende Verständnis, das auf Beständigkeit, Offenheit und Anerkennung gegenseitiger Interessen beruht, scheint unmöglich bei einer anglo-amerikanischen Politik, die Rußland von der atomaren Entwicklung ausschließt. Wenn das unmöglich ist, wird es keinen organisierten Frieden geben, sondern nur einen bewaffneten Waffenstillstand.» Kriegsuntersekretär Robert Patterson, der Stimsons Nachfolge antreten sollte, unterstützte ebenfalls diese Ansicht.

Doch als Byrnes vom Londoner Außenministerrat zurückkam, stimmte er jenen zu, die in bezug auf die Bombe einen harten Kurs forderten. Damit wandelte er den Standpunkt des State Department. Die Unmöglichkeit, die Bombe beim Londoner Ministerrat als Tauschmittel einzusetzen, hatte ihn frustriert. Nun wollte er sehen, «ob wir einen anständigen Frieden aushandeln können», ehe es mit den Russen zu einer Zusammenarbeit in der Atompolitik kam. In Inspektionen setzte er kein Vertrauen. Wenn es den Amerikanern nicht gelang, nach Rumänien und Bulgarien hineinzukommen, sagte er, «wäre es kindisch zu glauben, die Russen würden uns sehen lassen, was sie tun». Er berief sich auf den deutsch-sowjetischen Pakt [von 1939] und die sowjetische Nichteinhaltung des Nichtangriffspaktes mit Japan, als er sagte, «es wäre unklug, uns auf ihr Wort zu verlassen».[61]

Die Auseinandersetzung über Rußland und die Atombombe hing von einer anderen Erörterung ab. Wie lang würde das Monopol dauern? Wie viele Jahre würden vergehen, bis die Sowjetunion selbst eine atomare Erfindung entwickelte? Das technische Team – Wissenschaftler und Ingenieure, die die Bombe entwickelt hatten – gab den Russen drei bis fünf Jahre. Die Wissenschaftler wußten, daß die Russen über die notwendigen wissenschaftlichen Kapazitäten verfügten. George Kistiakowskij war Leiter der Explosionsabteilung in Los Alamos. Er erinnerte sich: «Unsere Arbeit mit hochexplosiven Stoffen wurde in bedeutsamem Ausmaß durch eine theoretische Anweisung geleitet, die die Zündungstheorie erklärte und auf unser Verlangen von John von Neumann verfaßt worden war. Zur gleichen Zeit wurde völlig unabhängig eine identische Theorie in der Sowjetunion veröffentlicht.» Seltsamerweise war Neumanns Plan als geheim gestempelt, der sowjetische Plan war das nicht. Die über Nagasaki abgeworfene Bombe war mit einer Implosion versehen, die an eine geformte Ladung gebunden war. «Die Russen hatten eine gut entwickelte Technik der geformten Ladung», bemerkte Victor Weißkopf, stellvertretender Leiter der theoretischen Abteilung in Los Alamos.

Die Schlüsselfrage war, ob die Bombe funktionieren würde. «Die eigentliche Schwierigkeit war zu wissen, ob es überhaupt möglich war», sagte Kistiakowskij, «so mußten wir, um sicherzugehen, daß wir nichts übersahen, uns in verschiedenen Richtungen bemühen.» Das eigentliche Geheimnis – daß die Bombe funktionierte – wurde den Russen und der übrigen Welt im August 1945 enthüllt. Sobald sie wußten, daß die Bombe herstellbar war, würden sie sich darüber genügend aus den nicht geheimen Quellen informieren können – insbesondere durch den im August 1945 unter der Schirmherrschaft von General Groves veröffentlichten Smith-Report, der die Entwicklung der Bombe umriß. Und endlich würden sie mehr über Spione erfahren, obgleich man immer noch keinen Begriff davon hat, wieviel eingehende und wichtige Informationen aus solchen Quellen es hätte geben können.[62]

Summa summarum, seit August 1945 beschränkte sich die Aufgabe der Atombombenherstellung für die Russen auf ein technisches Problem. Wie Vannevar Bush im September 1945 an Truman schrieb, «liegt das Geheimnis hauptsächlich in Konstruktionsdetails der Bomben selbst und im Herstellungsprozeß». Es war eine Frage der Organisation und der Mittel. Bush erklärte dem Kabinett, die Russen könnten die Atombombe in fünf Jahren herstellen, «vorausgesetzt, daß sie einen großen Teil ihrer wissenschaftlichen und industriellen Mittel dafür einsetzen». Es war logisch, anzunehmen, daß sie das tun würden. Wäre die Lage andersrum gewesen, hätten die Vereinigten Staaten alles getan, um aufzuholen. Wie der Dynamismus des Wettrüstens seither gezeigt hat, können hegemonische Nationen nicht leicht Unterordnung akzeptieren, seien sie nun wirklich oder empfunden. Industrievertreter der Union Carbide, DuPont und Tennessee Eastman, die wichtigsten Privatkontrahenten des Manhattan-Projektes, stützten die theoretischen Schätzungen der Wissenschaftler bezüglich des sowjetischen Zeitplanes.

Diejenigen, die für direkte Gespräche mit den Russen stimmten – Stimson, Patterson, Acheson, Henry Wallace –, taten das, weil sie die Schätzungen der Wissenschaftler und Techniker akzeptierten. Wallace zum Beispiel warnte das Kabinett, die Vereinigten Staaten könnten «hinter einer illusionären Maginotlinie» ein falsches Sicherheitsgefühl entwickeln. Er wies darauf hin, daß die Atomforschung wesentlich «in Europa beheimatet war ... es war unmöglich darüber hinwegzusehen, egal wie sehr wir es versuchten».[63] Das Bewußtsein der politischen Abhängigkeit von wissenschaftlichen Trends kann düster stimmen. Die beste Lösung schien, diesen kritischen Fall direkt anzugehen. Doch würde eine solche Geste Risiken heraufbeschwören. Doch wenn die Russen selbst relativ kurzfristig eine solche Bombe bauen konnten, lag in einem anderen Kurs ebenfalls ein unvermeidliches Risiko.

Dem anderen, wesentlich von Militär vertretenen Standpunkt zufolge konnte das Monopol Jahrzehnte andauern. «Bei einer bestimmten, glücklicherweise seltenen Einstellung erzeugen hohe Kommandogewalten ein Gefühl der Allmacht», schrieb Vannevar Bush später über Admiral Leahy. «... Seine Ansicht entsprach der Nachkriegseinstellung mancher in der Öffentlichkeit und vieler im Kongreß: Es gab ein Atombomben-‹Geheimnis›, eine Art Zauberformel, die vielleicht auf einem einzigen Stück Papier stand. Wenn wir es bewahrten, konnten wir allein unbegrenzt über Atombomben verfügen.»

General Groves, der Leiter des Manhattan-Projektes, meinte, die Russen würden etwa zwanzig Jahre brauchen. Aber seine Vorhersage basierte auf noch verdrehteren Annahmen als die von Admiral Leahy. Groves Glaube an eine «Atempause» war an ein dreifaches amerikanisches Monopol gebunden – theoretisches Wissen, technisches Gewußt-wie sowie Industrieanlagen und Rohmaterialien. Letztere waren in gewisser Hinsicht die Grundlage seiner Aufassung. Der technische Dienst des Manhattan-Projektes hatte, um alle Rohmaterialien auf der ganzen Welt zu lokalisieren, eine ausgedehnte geheime Bestandsaufnahme in die Wege geleitet, und so, wie Ölleute einen wilden Streik feststellen, ehe die Nachricht heraus ist, wollte er sich in aller Ruhe deren Kontrolle sichern.

Um an ein Rohmaterialienmonopol zu glauben, mußte man allerdings die Bestandsaufnahme sehr selektiv lesen. Der Physiker Isidor Rabi äußerte im November 1945 bei einem Treffen von außenpolitischen Beratern, daß selbst bei Verwendung von Data «unvollständige und ziemlich alte» Lagerungen von Uraniumerz «verhältnismäßig weit gestreut sind und in Kanada, den Vereinigten Staaten, Rußland, Afrika und der Tschechoslowakei vorkommen». Vor 1939 war Rumänien für die Vereinigten Staaten ein Hauptlieferant an Uran gewesen. Nach dem Krieg beuteten die Russen die Lager im deutsch-tschechoslowakischen Grenzgebiet mit fieberhafter Eile aus. Der Chemiker war sich des Irrtums in Groves' Behauptungen durchaus bewußt und bezeichnete die Behauptung des Generals, bis zu einer atomaren Kapazität der Russen würden noch Jahrzehnte vergehen, als absurd. «Aber», so meinte er, «einige der Senatoren, denen General Groves seine Feststellung mitteilte, waren davon beeindruckt.»

Groves' Annahme wurde nicht nur von Senatoren, sondern auch von höheren Politikern akzeptiert – von Byrnes, Forrestal und offensichtlich von Truman. Der Begriff eines Rohmaterialienmonopols scheint besonders überzeugend gewirkt zu haben. «General Groves sagte mir, in Rußland gäbe es kein Uran», hatte Byrnes im Mai 1945 vertrauensvoll erklärt.[64]

Warum zogen die höheren Politiker Groves' Schlußfolgerungen denen der Wissenschaftler vor? Während die Wissenschaftler die Bombe machten, hatte die Armee das gesamte Projekt verwaltet. Gewohnheitsmäßig wurde Groves als Quelle der öffentlichen Meinung angesehen. Wissenschaftler, die von seiner Meinung abwichen, galten als Abtrünnige. Beamte wie Byrnes und Forrestal betrachteten die Wissenschaftler als wankelmütige, emotionale, naive, nicht vertrauenswürdige Gruppe, die schlecht imstande war, in der hohen Politik mitzubestimmen. Byrnes mochte sie nicht und ärgerte sich über ihre Bemühungen, sich in höhere Regierungsgeschäfte einzumischen. Außerdem war Groves' Schlußfolgerung tröstlich. Die Bombe, sagte Groves Anfang September, bedeutet «den vollständigen Sieg in unseren Händen, bis zu dem Zeitpunkt, wo eine andere Nation sie auch hat». Die Welt wurde überschaubarer, leichter zu managen. Die Vereinigten Staaten besaßen die Trumpfkarte. Hätten Byrnes und Forrestal die Behauptung der Wissenschaftler akzeptiert, wäre die internationale Politik schwierig und zufällig geworden und der Kurs sehr viel schwerer zu bestimmen gewesen.

Groves hatte sogar noch verheißungsvollere Dinge zu sagen. In einer Ansprache an die IBM-Geschäftsführung im September verbürgte er sich, das Monopol könne «als politische Handelsware benützt werden, um die Welt zu öffnen, so daß keine Nation mehr Gelegenheit habe, heimlich zu rüsten».

Doch hatte Byrnes in London erfahren, daß die Bombe nicht so viel hergab, wie er erhofft hatte. Groves hatte unrecht – die Bombe konnte in der Diplomatie nicht als Offensivwaffe eingesetzt werden. Gewiß verlieh sie noch eine nie dagewesene militärische Macht, aber nur in der Defensive – sie war ein Abschreckungsmittel. Die Vereinigten Staaten konnten der Sowjetunion nicht glaubwürdig drohen, wegen der Zusammensetzung des russischen Kabinetts Atombomben über ihr abzuwerfen. Die Drohung konnte nicht abgestuft werden, es hieß alles oder nichts.

Zwei Monate zuvor hatten die Nachrichten vom Erfolg des Manhattan-Projektes den Präsidenten ganz aufgedreht, aber jetzt war die Wirkung des Stimulanzmittels verflogen. «Auf der Welt gibt es Leute, die sich anscheinend für nichts anderes mehr interessieren als für die Anzahl unserer Divisionen», beklagte sich Truman Anfang Oktober bei Budget Director Harold Smith. Smith erkannte, daß der Präsident sich wegen des Fehlschlags des Londoner Außenministerrates sorgte, und versuchte ihn aufzuheitern.

«Mr. Präsident, Sie haben eine Atombombe im Ärmel.»

«Ja», erwiderte Truman, «aber ich bin nicht sicher, ob ich sie je herausholen kann.»[65]

Das Problem der russischen Möglichkeiten und Absichten ist so komplex, und die unbekannten Größen sind so zahlreich, daß wir die Lage unmöglich erfassen und in einer Reihe zusammenhängender Schlußfolgerungen beschreiben können.

GEROID T. ROBINSON
(Leiter des Untersuchungs- und Nachrichtendienstes im State Department) 10. Dezember 1945[1]

VI

Der A-I-Prioritätsjob

Nach dem Abbruch des Londoner Außenministerrates versuchten die amerikanischen Politiker im Herbst 1945 eine zusammenhängende Deutung des russischen Verhaltens zu erreichen. Als der Unterstaatssekretär im Kriegsministerium, John J. McCloy, Anfang November von einer Reise rund um die Welt zurückkam, sprach er über die allgemeine Furcht vor Rußland. Er berichtete den Teilnehmern eines Banketts der amerikanischen Akademie für Politische Wissenschaften: «Dieses Topic – die Beunruhigung über Rußlands Ansprüche, wie weit es gehen wolle, wie man mit ihm verhandeln könne – ist in jeder Hinsicht und in jeder Ecke der Welt im Gespräch . . . Das ist der A-I-Prioritätsjob, mit dem Staatsmänner der Welt sich zu befassen haben.»[2]

In Washington war das gewiß der Prioritätsjob. Im Herbst 1945 wurden vor allem Tatsachen gesiebt, Theorien und Auslegungen überprüft, die alle die Riga-Grundstätze immer mehr an Boden gewinnen ließen. Aber warum sollte eine Interpretation, die von unbegrenzten sowjetischen Ansprüchen ausging, sich so allgemein durchsetzen, wenn Stalin, wenigstens dem Anschein nach, eine konservative, traditionelle und sogar zurückhaltende Außenpolitik betrieb?

In dieser neuartigen Situation, in der das internationale Gefüge sich einer Neubildung unterzog, war Mißtrauen an der Tagesordnung. Es gab viele unentschiedene Streitfälle, deren Beilegung das Machtverhältnis grundlegend verändern konnte. Für das Erkennen und Verstehen der Vorkommnisse auf der Weltbühne gaben die Riga-Grundsätze, insbesondere mit Hinsicht auf die sowjetische Ideologie, einen besseren Ausgangspunkt ab als die von Jalta. Letztere waren unklarer, schwerer anzuwenden, hatten geringere moralische Überzeugung und vertraten gewiß nicht die Art der Ansicht, die allgemein Anklang finden konnte. Das durch den Krieg verstärkte amerikanische Engagement für den Wilsonianismus, die jüngsten Erfahrungen mit Hitlerdeutschland und dem Stalin-Terror – all das trug dazu bei, die sowjetische Außenpolitik im düstersten Licht erscheinen zu lassen. Roosevelts Dualismus – Wilsonianismus im Inland, Großmächtekonsortium im Ausland – war leichter zu vertreten, solange der Krieg andauerte. Nach Kriegsende wurden die Dinge problematischer. Das Grundprinzip der Allianz war nicht länger selbstverständlich, schwierige Streitfragen konnten nicht länger aufgeschoben werden. Überdies hatte die Erkenntnis des sowjetischen Expansionismus die Doktrin der nationalen Sicherheit noch zwingender gemacht. Der politische Wissenschaftler Arnold Wolfers wies einmal darauf hin, daß «jene Nationen auf Drohungen am empfindlichsten reagieren, die entweder in der jüngsten Vergangenheit angegriffen wurden oder eine längere Periode außergewöhnlicher Sicherheit erlebt haben und sich plötzlich in einer Gefahrensituation befinden». Hier dachte er besonders an das Nachkriegsamerika. Wie wir jedoch sehen werden, hatten persönliche Umstände von Politikern, bürokratische Verhältnisse und die Anforderungen der heimischen Politik ebenfalls ausschlaggebende Bedeutung.

Der A-I-Prioritätsjob, die Einschätzung russischer Absichten, fand in einer Atmosphäre der Verwirrung und wachsenden Angst statt. Dean Acheson, der neue Unterstaatssekretär, war gemäßigter als Grew und galt im Hinblick auf die Sowjetunion immer noch etwas als «Liberaler». Trotzdem fürchtete er, ein Krieg könne unvermeidlich werden. Harriman nahm etwas von seinen leidenschaftlichen Appellen des Frühjahrs zurück, als er jetzt sagte, «wir müssen uns mit der Tatsache abfinden, daß wir mit den Russen denselben Planeten bewohnen und irgendwie miteinander auskommen müssen».[3] In einem Bericht für die Kommission für einen gerechten und dauerhaften Frieden erklärte John Foster Dulles: «Um die Einigkeit zu sichern, müssen wir vielleicht einige Ideale aufgeben. Anderseits kann es möglich sein, Ideale zu bewahren, aber nur auf Kosten einer Aufteilung der Welt in Einflußsphären. Die Wahl zwischen zwei Alternativen ist nicht leicht. Doch glaube ich nicht, daß wir jetzt schon vor der Alternative stehen, denn wir haben unsere Prinzipien noch nicht mit den besten Erfolgsaussichten vertreten.» Dulles wollte die Unabwendbarkeit einer Einflußsphärenregelung nicht zugeben. Doch blieb er in seinen Auslegungen der sowjetischen Politik etwas zurückhaltend. «Rußland fürchtet wirklich, von den Vereinigten Staaten eingekreist zu werden», äußerte er bei einem außenpolitischen Treffen. «Wenn wir die Russen überzeugen können, daß wir ihre Einkreisung nicht planen, könnten sie geneigt sein, auf allgemeinen Grundlagen Frieden zu schließen.»[4]

Auf den Londoner Fehlschlag und die mit ihm verbundenen Balkankonflikte hatte der Präsident sehr scharf reagiert. Nachdem der Londoner Außenministerrat in eine Sackgasse geraten war, kabelte er an Byrnes: «Tun Sie alles, um weiterzumachen, aber wenn gar nichts mehr geht, handeln Sie nach eigenem Ermessen und sagen Sie ihnen, wenn nötig, sie sollten sich zum Teufel scheren.» In seiner Antwort aus London gab Byrnes zu verstehen, daß er das Treffen wenigstens in einer Form abschließen wolle, die ein neues Zusammenkommen ermöglichte.

Der Londoner Ministerrat hatte alsbald den beschränkten diplomatischen Nutzen des atomaren Monopols bewiesen. Der stimulierende Effekt von Juli bis August war verflogen, und wiederum stand die Truman-Administration den schon üblichen Problemen der sowjetischen Außenpolitik gegenüber. Im ganzen Monat Oktober kam der Präsident immer wieder auf die Frage der amerikanischen Militärmacht und die Stärke der nationalen Streitkräfte zurück. Als Truman am 5. Oktober mit Harold Smith über die Reduzierung der Militärmacht auf zwei Millionen Soldaten im Juni 1946 sprach, äußerte er die Besorgnis, «ob wir da nicht zu schnell demobilisieren».

Am 8. Oktober hielt Truman in Tiptonville, im Staate Tennessee, eine bedeutende Pressekonferenz, auf der er seine neuen Ansichten über die Militärmacht politisch klar formulierte. Er bekannte sich zu General Groves' Version eines amerikanischen Monopols, indem er drei Aspekte hervorhob – wissenschaftliche Kenntnis, technisches Gewußt-wie und «Rohstoffe und Industrieanlagen». Das letzte «Geheimnis», meinte Truman, war der Schlüssel. «Wenn andere Nationen», sagte der Präsident, «das einholen wollen, müssen sie es auf eigene Rechnung tun, gerade so, wie wir es gemacht haben.» Dazu hielt er sie nicht für fähig.

Am folgenden Tag, dem 11. Oktober, stattete ein alter Freund aus Missouri, namens Myke Farmer, Truman im Weißen Haus einen Besuch ab. Die Männer sprachen über die Schlagzeilen der Pressekonferenz von Tiptonville: PRÄSIDENT VERSICHERT, DIE USA WERDEN ATOMBOMBEN-GEHEIMNIS NICHT TEILEN.

«Also kommt es auf ein Wettrüsten hinaus», sagte Farmer, «nicht wahr, Mr. Präsident?»

Truman bejahte, fügte jedoch hinzu, daß die USA an der Spitze bleiben würden. Er meinte, in etwa tausend Jahren würde es zu einer Weltregierung kommen, «was jetzt nur bloße Theorie sei».

«Sein Verhalten schien mir», bemerkte Farmer später, «das eines Mannes zu sein, der einen Entschluß gefaßt hat und von der Richtigkeit seiner Entscheidung völlig überzeugt ist.»

In einer Rede am Navy Day, am 27. Oktober, gab der Präsident sogar eine noch wichtigere öffentliche Stellungnahme ab, die deutlich für Moskau bestimmt war. Amerikanische Außenpolitik, sagte er, würde sich «auf fundamentale Prinzipien von Rechtschaffenheit und Gerechtigkeit gründen». Zu diesen Prinzipien gehörten Selbstbestimmung und eine Offene Tür. Er wandte sich der Balkanfrage zu – die Vereinigten Staaten würden «keine Regierung anerkennen, die irgendeiner Nation gewaltsam durch eine andere ausländische Macht aufgezwungen worden war». Truman widersetzte sich nachdrücklich den Einflußsphären und befürwortete einen heimischen Konsens. Um solchen Worten jedoch Nachdruck zu verleihen, bekannte er sich zu einer militärischen Überlegenheit, legte jedoch aufgrund der beim Londoner Außenministerrat gemachten Erfahrungen weniger Gewicht auf die Atombombe als auf konventionelle Streitkräfte. Was er über die Bombe sagte, war jedoch sehr aufschlußreich. Die Vereinigten Staaten würden sie als «ein geheiligtes Treuepfand» auf unbegrenzte Zeit bewahren. Hierbei legte er implizit direkte Richtlinien der Sowjetpolitik fest. Doch gleichzeitig wies Truman darauf hin, daß die beiden aufkommenden Supermächte an einer Sprachbarriere litten und «Rußland in diesem Lande schlecht vertreten gewesen» sei. Er äußerte Stettinius gegenüber, es sei unvermeidlich, daß «wir echte Schwierigkeiten bekommen werden, doch sollten wir sie nicht zu ernst nehmen». Eine Entzweiung der Alliierten nach Kriegsende sei faktisch unvermeidlich gewesen. «Wenn wir uns Zeit ließen», könnten die Probleme «freundschaftlich» gelöst werden. Truman dachte offensichtlich an seine eigenen innenpolitischen Probleme, die «schlimm genug» seien, als er darauf hinwies, daß die Russen zu Hause «sehr reale Probleme hätten . . ., was einige ihrer Handlungen erklären könne». «Stalin», fügte er hinzu, «hatte im Kreml einen ‹mäßigenden Einfluß›.» Stalins Ableben zu diesem Zeitpunkt wäre eine «echte Katastrophe».[5]

Byrnes stand im Mittelpunkt der Verwirrungen und Ängste. Er mußte nicht nur einen gemeinsamen Nenner mit den Russen finden, sondern auch dem Druck standhalten, dem er in Amerika von vielen Seiten ausgesetzt wurde. Der wachsende Rigaer Kreis im State Department empfahl ihm, gegen die Russen auf harten Kurs zu gehen und die Beschwichtigungsversuche aufzugeben. Zu Beginn des Jahres 1945 war Loy Henderson nach Washington zurückgekehrt, um dort die Nahostabteilung zu leiten. Er machte aus seiner Ansicht keinen Hehl, daß der amerikanische Außenminister sich zu sehr auf seine Kompromißtalente verließe, und setzte ihm stark zu. «Aktive Teilnahme der Vereinigten Staaten an der Außenpolitik hat Risiken zur Folge», schrieb er in einem Memorandum. «Wenn wir allen Unternehmungen auf internationalem Sektor, die Risiken enthalten, konsequent fernbleiben, werden wir eine schwache und unbeständige Außenpolitik führen.»

Elbridge Durbrow erinnerte sich: «Wir vertraten mit unterschiedlichem Nachdruck etwas abweichende Standpunkte, doch im Grunde sorgten wir uns alle sehr über das, was Stalin und Co. wohl im Schilde führten, über die blinde Naivität eines Großteils der Öffentlichkeit und auch etwas über die amtlichen Stellungnahmen.» In einem Brief vom 8. Dezember 1945 sagte Durbrow: «Mein Leben ist die reine Hölle geworden ... Die Sowjets schlüpfen überall herein, in die Mandschurei, Korea, den Iran, wie auch in die üblichen östlichen und südöstlichen Gebiete Europas und andere, die von der Sowjetunion manipuliert werden ... Ich habe eine ganze Menge zu tun ..., um mit den Boys im zweiten Stock einen zu heben. Auf jeden Fall versuchen wir, uns nicht unterkriegen zu lassen.»[6] Byrnes hörte auch andere Ansichten. Ben Cohen, ein bescheidener, geschickter Rechtsanwalt, der an der Legislation des New Deal mitgewirkt hatte, war Ratgeber im State Department. Er schrieb Byrnes' Reden, war sein Vertrauter und privater politischer Berater. Er riet zu Geduld, beschwor die Vereinigten Staaten, keinen Bruch zu erzwingen. Er und andere waren der Überzeugung, es sei besonders wichtig, daß die beiden Länder miteinander redeten und versuchten Zwistigkeiten beizulegen. Durch solchen «Verlauf» könne vielleicht eine gemeinsame Sprache entstehen.[7]

Etwas von der Unsicherheit des Ministers und seinem Verlangen nach verläßlichen Interpretationen kann man einer kurzen Tagebuchnotiz entnehmen: Am 4. Oktober sandte Kennan ein Telegramm, demzufolge die «Russen den westlichen Regierungen die meisten Ungelegenheiten durch Gruppen in deren eigenen Ländern» bereiten würden. In einem persönlichen Antwortschreiben vom 8. Oktober teilte Byrnes Kennan mit, daß sein Bericht «viel Anlaß zum Nachdenken» gäbe. Zur selben Zeit stellte Byrnes sich dem Senatsausschuß für Auswärtiges, wo er wegen seiner mangelnden Festigkeit den Russen gegenüber kritisiert wurde. Am 9. Oktober erhielt Byrnes Besuch von Joseph Davies. Der ehemalige Gesandte ließ eine weitere Rede über die Notwendigkeit, dem sowjetischen Standpunkt Verständnis engegenzubringen, vom Stapel. Byrnes befand sich wegen des offensichtlichen Auseinanderbrechens der alliierten Einheit unter seiner Obhut so sehr in der Defensive, daß er explodierte. Molotow sei «unerträglich», sagte er zu Davies. Er erklärte sich fast «beschämt», weil er von Moskau so viel hingenommen habe. Wenn er dem Senat je berichtet hätte, was Molotow zu ihm gesagt hätte, fuhr Byrnes fort, wäre die Situation noch mehr verschlimmert worden.

Am 16. Oktober bewies der Minister Patterson und Forrestal anhand einer Landkarte, daß die Russen Libyen haben wollten, «um ihren direkten Zugang zu Belgisch-Kongo zu erleichtern ... Mit Libyen meinen die Russen es wirklich ernst». Er meinte, hier läge die Ursache all seiner Besorgnisse. Doch einige Wochen später äußerte Byrnes dem skeptischen Patterson, McCloy und Forrestal gegenüber, Stalins Einstellung zu Japan sei «gesund», und die Sowjets glaubten, daß die «übrige Welt sich gegen sie zusammengerottet habe».

Byrnes' Unsicherheit trat klar in einer Ansprache zutage, die er am 31. Oktober hielt. Offensichtlich beabsichtigte er, den kompromißlosen Ton der jüngsten Navy Day-Ansprache des Präsidenten zu mildern. Auch bemühte er sich, die Standpunkte von Riga und Jalta einander anzunähern. Byrnes sagte, die Vereinigten Staaten verstünden die «speziellen Sicherheitsinteressen» der Sowjetunion in den osteuropäischen Ländern. Es sei verständlich, daß Rußland in diesen Ländern nie wieder eine Politik dulden könne, die sich «ausdrücklich gegen Sicherheit und Lebensweise der Sowjetunion richte». Die Vereinigten Staaten würden «nie irgendwelche Gruppen in diesen Ländern bei feindlichen Intrigen gegen die Sowjetunion unterstützen». Doch erklärte er ebenso nachdrücklich, daß die Vereinigten Staaten sich deutlich zu einer «Weltordnung» bekannten. Im Atomzeitalter, sagte er, «leben wir in einer einzigen Welt . . ., regionaler Isolationismus ist noch gefährlicher als nationale Isolation. Wenn die Welt in exklusive Einflußsphären mit speziellen Privilegien unterteilt ist, kann die für den Frieden unerläßliche Zusammenarbeit nicht zustande kommen.«[8]

Zu jener Zeit versuchte Byrnes bereits seine Widersprüche zu lösen. Zu diesem Zweck unternahm er zwei an sich widersprüchliche Schritte. Der erste davon war die Ethridge-Mission in die Balkanländer.

«Die Geschichte der amerikanisch-sowjetischen Balkanverhandlungen nach dem Zweiten Weltkrieg ist die Geschichte der ersten wichtigen Lektion, die die Vereinigten Staaten über den Nachkriegstrend der sowjetischen Politik bekamen», schrieben Mark Ethridge und Cyril Black.[9] Die Kontroversen über jene Ecken Europas trugen dazu bei, die amerikanische Konzeption der Ost-West-Beziehungen zu gestalten. Der Report, den Ethridge und Black für Byrnes mitbrachten, trug entscheidend zur Verbreitung der Riga-Grundsätze bei.

Der Londoner Außenministerrat war an der Balkanfrage gescheitert. Byrnes ärgerte sich, von den amerikanischen Vertretern auf diesem Gebiet unzureichend informiert worden zu sein. Das hatte wenigstens Molotow versichert. Byrnes teilte in gewissem Maße Roosevelts Abneigung gegen das State Department, hielt dessen Beamte für zu konservativ und extrem antisowjetisch eingestellt und vermutete, daß die auf dem Balkan stationierten Diplomaten zu viel an den innenpolitischen Problemen dieser Länder Anteil nähmen. Beim Londoner Außenministerrat war sogar Dulles über diese Anteilnahme überrascht. Byrnes hatte Dulles mit dem Auftrag losschicken wollen, eine unabhängige Untersuchung über die Lage in den Grenzländern anzustellen. Kurz nach seiner Rückkehr aus London wählte Byrnes an dessen Stelle Mark Ethridge, den Verleger des *Louisville Courier-Journal.* «Nach dem Abbruch der Londoner Konferenz sind wir vollkommen entfremdet, und ich möchte den Kontakt wiederherstellen», sagte der Minister zu Ethridge. Er hoffte, Ethridge würde die Lage unvoreingenommen beurteilen und vielleicht mit dem Beweis zurückkehren, daß die Balkansituation schließlich doch nicht so schlimm sei.

Ethridge war auch in anderer Hinsicht bestens qualifiziert. Er war ein Südstaatler, ein Liberaler des New Deal, ein gewandter und geachteter Journalist, ein «kämpferischer Optimist» und hatte Henry Wallace 1944 bei seiner Anwartschaft auf das Amt eines Vizepräsidenten unterstützt.

Seine Frau war in Kentucky Vorsitzende des Ausschusses für russische Kriegshilfe gewesen. Ethridge hielt eine Koexistenz Rußlands und Amerikas für möglich. Wenn Ethridge jedoch anderseits die Ansicht des State Department bestätigen sollte, würde das Byrnes bei Verhandlungen mit den liberalen Bevölkerungsgruppen helfen.[10] Ethridges Missionskollege Cyril Black war ein jüngeres Mitglied der historischen Fakultät von Princetown und hatte während des Krieges im State Department Dienst getan.

Ethridge und Black legten 20 000 Kilometer zurück und sprachen mit etwa dreihundert Personen in Rumänien, Bulgarien und Moskau (einschließlich Wyschinskijs). Die ausführlichen Berichte zeigen die Verwirrung der zu jener Zeit herrschenden Ideen, die der Komplexität der Lage entsprach. Ethridge hob mit Nachdruck die Tatsache hervor, daß er weder antisowjetisch noch antikommunistisch eingestellt sei. Die russischen Vorwürfe gegen Rumänien bestanden nach seinem Report zu Recht. Die deutsche Besatzung habe Rumänien nicht nur Wohlstand gebracht, sondern es habe in Rußland auch beträchtliche Plünderungen einschließlich des gesamten Straßenbahnnetzes von Odessa unternommen. Selbst Maniu, der traditionelle demokratische Führer, habe «sein Unbehagen über die [Nazi-] Besatzung öffentlich zu wenig geäußert». Das politische Gleichgewicht stehe auf der Kippe, meinte Ethridge, so daß man mit dem Ausbruch eines Bürgerkrieges rechnen könne.[11] Trotzdem besagte die allgemeine Tendenz des Berichtes, daß Rußland «sich im schlimmsten Sinne wie eine imperialistische Macht» verhielte und örtliche kommunistische Parteien zur Errichtung einer wirtschaftlichen und politischen Herrschaft über Rumänien und Bulgarien benütze.

Ethridge schrieb, es sei «gefährlich und unrealistisch», eine Münchener Politik in Hinsicht auf irgendein jetzt von Rußland besetztes Land« zu führen. Doch blieb sein Bild der Sowjetunion immer noch das eines Maulhelden, den man zur Räson bringen könne. Er glaubte, Rußland sei hauptsächlich am Prestige gelegen, und unterschätzte das sowjetische Sicherheitsbedürfnis. «Könnten wir im Kopf der russischen Politiker lesen, würden wir, glaube ich, ernsthafte Zweifel an der Richtigkeit ihrer eigenen Politik entdecken.» Einer standhaften, festen Politik würde die Sowjetunion nachgeben. Seine Vorschläge, schrieb Ethridge, «beruhten auf dem Gefühl, daß es keinen Weg gäbe, unsere Beziehungen zu Rußland zu verbessern, wenn wir nicht in einer verständlichen Weise unterhandeln. Ich glaube, daß die Beziehungen nur auf diese Weise verbessert werden können, auch wenn sie sich vorher noch verschlechtern sollten.»*

* Mitte November wurden, während Ethridge auf seiner Mission war, in Bulgarien Wahlen abgehalten. Auf die nichtkommunistischen Politiker, die ihre Anhänger aufriefen, sich der Stimme zu enthalten, wurde beachtlicher Druck ausgeübt. Das Ergebnis war eine überwältigende Mehrheit für die «Vaterländische Front» und die Legitimierung der kommunistischen (und sowjetischen) Beherrschung des Landes.

Ethridge vertrat die Ansicht, die Beamten des State Department seien in ihren Berichten zu zurückhaltend gewesen aus Furcht, einem ihnen gegenüber bereits skeptisch eingestellten Minister zu widersprechen. Er schloß mit einem Kommentar, der nur die Vertreter des State Department in den Balkanländern hätte zufriedenstellen können: «Ich meine auch, daß das amerikanische Volk mehr über die Wahrheit erfahren sollte, als es jetzt weiß.»[12]

Die Berichte der Ethridge-Mission waren natürlich ganz im Sinne der State Department-Beamten. Sie billigten die Schlußfolgerungen und sorgten dafür, daß sie Byrnes bekannt wurden. John Hickerson, stellvertretender Leiter der Abteilung für Europäische Angelegenheiten, sagte: «Wir glauben unserer gleichfalls von Mr. Ethridge geteilten Überzeugung Ausdruck verleihen zu müssen, daß keine Lösung dieser spezifischen Probleme möglich scheint, wenn man sie als Einzelfälle behandelt.» Die Vereinigten Staaten sollten an ihren «Prinzipien» festhalten . . ., selbst die Zulassung einer beschränkten sowjetischen Einflußsphäre in diesem für die UdSSR strategisch bedeutenden Gebiet, die eine Ausdehnung auf andere Gebiete veranlassen könnte, scheint unser ständiger prinzipieller Hinweis, daß ein beständiger und dauerhafter Friede nur durch das Selbstbestimmungsrecht der Völker der befreiten Gebiete erreicht werden könne, zur Zeit der einzig offenstehende Kurs.»[13]

Solch eine Analyse stellte gewisse Probleme. Die geographische Lage der Sowjetunion diktierte faktisch ihre außenpolitischen Ziele in Osteuropa – aus diesem Gebiet sowohl eine Sphäre wie einen Schutzschild zu schaffen. Was sonst konnte man erwarten? Die Russen konnten in die Vereinten Nationen, deren Rolle in der hohen Politik bestenfalls nur gering sein konnte, nur wenig Stimmanteile einbringen. Zu jenem Zeitpunkt erachteten sie diese Organisation auch als Instrument der amerikanischen Politik. Sich auf die Vereinigten Staaten verlassen? Franklin D. Roosevelt, eine bekannte Größe, war tot, und der neue Präsident verkündete, daß die USA die Atombombe als «geheiligtes Pfand» bewahren wollten. Somit verfolgten die Russen eine autarke Sicherheitspolitik, die ihrerseits den amerikanischen Wilson-Anhängern allein als raubgierig und zweifelhaft erscheinen konnte.

Selbst wenn die Vereinigten Staaten die sowjetischen Absichten auf Osteuropa als beschränkt erachteten und implizit den Churchill-Stalin-Prozenthandel von 1944 akzeptierten, hätte das keine stillschweigende Duldung sämtlicher sowjetischer Aktionen durch die Amerikaner bedeutet. Doch konnte man von den Russen kaum erwarten, daß sie sich als Wilson-Anhänger gebärdeten, und sie hatten Macht und Gelegenheit, die für sie lebenswichtigen Ziele zu erreichen.

Es war auch klar, daß die USA in Osteuropa weniger zu sagen hatten als die Russen, wollten sie nicht einen großen Krieg riskieren, der den

Völkern Amerikas und Europas teuer zu stehen kommen würde. Obwohl weder die Beamten des State Department auf dem Balkan noch die Ethridge-Kommission zur Zeit die volle Übersicht hatten, bauten die Vereinigten Staaten überdies zur gleichen Zeit ihre eigene, sehr viel bedeutendere Einflußsphäre aus. Wie Cyril Black sich drei Jahrzehnte danach deutlich erinnerte: «Auf dem großen Schauplatz der Machtpolitik handelten die USA in Wirklichkeit das Einflußkapital in Bulgarien (sowie in Rumänien und Ungarn) gegen eine vorherrschende Rolle in Italien und Japan aus.»

Byrnes beschloß, den Ethridge-Report nicht zu veröffentlichen. Damit hätte er nämlich öffentlich zugegeben, daß er mit den Russen in eine Sackgasse, sogar zu einem Bruch gelangt war, was wiederum Byrnes' Chance vereitelt hätte, sein persönliches Ziel zu erreichen – den Friedensstifter zu spielen. Seine nächste Handlung war eine Riposte. Seine Neigung zu Kompromissen ermöglichte ihm, «hohe Prinzipien» beiseitezuschieben, als er den Versuch unternahm, die Freundschaft der Großen Allianz wiederherzustellen.

Das Ansteigen der Spannung war offensichtlich. Als Byrnes am Thanksgiving Day im leeren State Department saß, um liegengebliebene Akten aufzuarbeiten, ließ er seinen Gedanken über die unsicheren Hoffnungen der Nachkriegszusammenarbeit freien Lauf. Wenn die Sowjetunion der Atomkommission der UNO nicht beitrat, dann können wir den Vereinten Nationen «gerade noch den Abschiedskuß» geben. Das sowjetische Fernbleiben würde die gesamte Weltorganisation in ein «aufgewärmtes Huhn» verwandeln. Zu viel stand auf dem Spiel, als daß man auf einen Versuch, die Beziehungen zu verbessern, hätte verzichten können. In London hatte er nach einem Weg gesucht, um unmittelbar mit Stalin zu verhandeln. Byrnes wies darauf hin, daß die Jalta-Konferenz periodische Treffen der drei großen Außenminister vorgesehen hatte. Der in Potsdam geschaffene Fünf-Mächte-Außenministerrat hatte diesen älteren Plan nicht außer Kraft gesetzt. Byrnes beschloß, daß die Drei sich – diesmal in Moskau – treffen sollten. In der besten Roosevelt-Tradition wollte er versuchen, Mißverständnisse in Einvernehmen zu verwandeln. Er wollte mit einer kleinen Delegation nach Moskau reisen, abseits der Öffentlichkeit arbeiten, Molotow umgehen und direkt mit Stalin Kontakt aufnehmen – er würde auch über seinen eigenen Schatten springen und sich von den Briten distanzieren.[14]

Byrnes verärgerte Bevin, als er, ohne London vorher zu informieren, sich mit Molotow in Verbindung setzte. Beamte des Foreign Office fürchteten, daß «die Russen gewinnen, wir nichts bekommen, und die Amerikaner, um zu einer Einigung zu gelangen, unsere Interessen den Russen opfern werden». Am 6. Dezember äußerte Bevin, der die Franzosen nicht kränken wollte, anderen Mitgliedern des britischen Kabinetts gegenüber, daß er ein solches Treffen für zwecklos halte. Aber er wäre «auch etwas in

Schwierigkeiten, weil Molotow ein solches Treffen bereits vorgeschlagen worden sei und es nun so aussähe, als beabsichtige Mr. Byrnes, notfalls auch allein nach Moskau zu gehen». Lord Halifax faßte die Lage für die amerikanischen Beamten in Washington zusammen: «Sie haben uns etwas in die Ecke gedrängt.» Wenn auch widerstrebend, nahmen die Briten an der Konferenz teil.

Die Russen waren durch solche Meinungsverschiedenheiten nicht übermäßig beeindruckt. Nach seiner Ankunft (auch hier kam es zu Schwierigkeiten – Byrnes' Pilot verirrte sich über Moskau in einem tückischen Schneesturm und landete schließlich auf dem falschen Flugplatz) sagte Byrnes scherzend zu Stalin, daß, auch wenn man von den USA eine Blockbildung mit England erwarte, er «sogar versäumt habe, Mr. Bevin rechtzeitig zu benachrichtigen».

«Das war offensichtlich nur ein Manöver, um das Bestehen des Blockes zu verdecken», erwiderte der mißtrauische Diktator.[15]

Der anwachsende Rigaer Kreis hatte sich aus Furcht, Byrnes könne zu viel weggeben, ebenfalls diesem Treffen widersetzt. Etwas von der Einstellung der Rigaer Gruppe zu Byrnes kann man Tagebucheintragungen Kennans entnehmen, die er im Verlauf dieser Konferenz machte. Er legte dem Minister eindeutig seine eigenen Absichten in den Mund, als er schrieb, daß Byrnes in Bevins Augen nur «ein dreister, unzuverlässiger Ire» sei. Seiner persönlichen Meinung gab Kennan Ausdruck, als er schrieb, Byrnes' Schwäche den Russen gegenüber bestünde darin, daß er drauf aus sei, «irgendein Abkommen zustande zu bringen», welchen Inhalts «sei ihm ziemlich gleich. Die Wirklichkeit hinter diesem Abkommen kümmert ihn nicht, es geht ja nur um Leute wie Koreaner, Rumänen und Perser, über die er ohnehin nichts weiß. Er will das Abkommen wegen des politischen Effekts auf seine eigenen Landsleute. Die Russen wissen das. Sie werden dafür sorgen, daß er für seinen vordergründigen Erfolg einen hohen Preis in greifbarer Münze zahlt.»[16]

Kennan hatte Unrecht. Byrnes zahlte keinen hohen Preis, abgesehen von dem seiner politischen Stellung zu Hause. In Rußland war die Jalta-Strategie anwendbar. In der sonst trüben Geschichte der Nachkriegspolarisation bedeutete die Moskauer Konferenz einen Zeitpunkt der Annäherung und des Kompromisses. Das will nicht heißen, daß es während der Konferenz nicht zu frustrierenden, ärgerlichen und bitteren Auseinandersetzungen kam. Molotow befragte Byrnes unaufhörlich, wann die USA ihre Truppen aus China abberufen würden. Der Außenminister erwiderte schließlich, Molotow stelle diese Frage wohl nur, um den angenehmen Klang von Byrnes' Stimme zu hören. Molotow entgegnete, er fände Byrnes' Stimme zwar sehr angenehm, «noch angenehmer sei ihm jedoch eine Vereinbarung über die gleichzeitige Rückbeorderung von Truppen».

Der zögernde Bevin war zu Kompromissen kaum in Stimmung. Von

Anfang an hatte er Molotow klarmachen wollen, «welches Unbehagen» ihm die sowjetischen Absichten bereiteten. Wie er Byrnes erläuterte, versuchten die Russen, «die britische Position im Mittleren Osten zu unterminieren ... so wie ein britischer Admiral beim Anblick einer Insel sie instinktiv zu besetzen wünschte, so verlangte die sowjetische Regierung, sobald sie ein Stück Land sichtete, es sich anzueignen ... Die Welt schien in die Position von ‹Drei Monroes› abzugleiten. Die Vereinigten Staaten praktizierten ihre ‹Monroe›[-Doktrin] bereits auf dem amerikanischen Kontinent und dehnten sie auf den Pazifik aus.» Gegen die letzte Unterstellung erhob Byrnes Einspruch, aber Bevin wollte sie nicht zurücknehmen.

Byrnes wünschte jedoch zu verhandeln. Wie in Potsdam war er der Organisator der Moskauer Verhandlungen – mit etwas Unterstützung von einem «Freund». Die wichtigsten Vereinbarungen waren das Ergebnis zweier Privatbesprechungen zwischen Byrnes und Stalin. Der russische Diktator hatte seit vielen Jahren erstmals Erholungsurlaub genommen und war in einer (für ihn) jovialen Stimmung. Als Byrnes ihn im Verlauf einer höflichen Konversation fragte, womit er seine Ferien verbracht hätte, erwiderte Stalin: «Mit der Lektüre Ihrer Ansprachen.» Byrnes beglückwünschte ihn zu seinem guten Geschmack.

«Das war für mich Pflichtlektüre», antwortete Stalin.[17]

Die Konferenz überwand den Londoner toten Punkt betreffs der Balkanländer mittels einer Verfahrensregelung für eine Friedenskonferenz, auf der die Nachkriegsverträge verfaßt werden sollten. Inzwischen sollte Bulgarien, das gerade eine Art Wahlen abgehalten hatte, von der Sowjetregierung «angeraten» werden, in sein Kabinett zwei Nichtkommunisten aufzunehmen. Die Botschafter Harriman und Clark-Kerr sollten mit einer Kommission Wyschinskijs nach Rumänien reisen, um die Einführung der beiden Nichtkommunisten in das Kabinett zu beaufsichtigen und die Errichtung bürgerlicher Freiheiten zu sichern.

Byrnes vertrat auch einen amerikanisch-britisch-kanadischen Kontrollsystemvorschlag zur Atomenergiekommission der Vereinten Nationen. Truman, Attlee und der kanadische Premierminister Mackenzie King hatten den Vorschlag Mitte November bei einer Konferenz in Washington gebilligt. Ihr Treffen hatte das amerikanische Monopol unterstrichen, indem es die Nachkriegspartnerschaft mit den Briten und Kanadiern von einseitigen amerikanischen Entscheidungen abhängig machte.

Abgesehen von dem unvermeidlichen Widerspruch, ob die vorgeschlagene UNAEC der Vollversammlung (dem amerikanischen Standpunkt) oder dem Sicherheitsrat (dem sowjetischen Standpunkt) unterstellt werden sollte, stimmten die Russen dem Vorschlag zu. «Sehr zu jedermanns Überraschung», schrieb der Wissenschaftler James Conant Ende Dezember, «argumentierten die Russen nicht und erhoben auch keinen Widerspruch.» Als er einen Bankett-Toast ausbrachte, flocht Molotow wieder eine seiner beliebten Spötteleien ein – indem er diesmal sagte, in Conants Westentasche könne wohl ein Stück spaltbares Material stecken. Stalin erhob sich sogleich und erklärte ruhig, Nuklearenergie sei eine zu ernsthafte Sache, um als Anlaß zu Scherzen zu dienen.[18]

Auch die Amerikaner brachten einen Plan für eine Fernost-Kommission und eine Alliierte Kontrolle Japans vor. Ein höherer Beamter des Kriegsministeriums hatte am 10. Oktober berichtet, daß dem Außenminister von den Briten, Russen und möglicherweise Franzosen, Chinesen und anderen beim Wettlauf um Japan die «Hölle heiß gemacht» würde. Hinsichtlich Japans, so hatte MacArthur das Kriegsministerium unterrichtet, gab es jedoch keine Anzeichen, daß andere Mitglieder der Vereinten Nationen über die Vorgänge dort unzufrieden seien. Dann hatte Stalin – zweifellos als Antwort auf den amerikanischen Protest wegen der Balkanländer – als Harriman ihn Ende Oktober in seiner einsamen Datscha in Sotschi besuchte, unerwartet die Frage der Japankontrolle aufgebracht. Als Entgegnung dazu brachte Byrnes nun diese Fernostpläne vor. Die Russen akzeptierten sie bereitwillig. Da der Vorschlag die russischen Verfahren auf dem Balkan nachahmte, die wiederum die britisch-amerikanischen Verfahren in Italien imitierten, schwächte er MacArthurs prokonsularische Machtbefugnisse faktisch in keiner Weise.

Die Konferenzteilnehmer kamen auch überein, die amerikanischen Truppen so lange in China zu belassen, bis die japanischen Truppen entwaffnet seien. Bei einer Unterhaltung mit Byrnes erklärte Stalin, «die Sowjetregierung hätte nichts dagegen, wenn die Vereinigten Staaten ihre Truppen dort lassen wollten, doch würde sie gern darüber informiert werden». Stalin bestätigte auch seine laue Unterstützung Tschiang Kai-scheks, der die künftige Einheit Chinas schaffen sollte. China blieb offensichtlich amerikanischer Schützling, und das war auch Amerikas Ziel gewesen. Vor seiner Abreise erklärte Byrnes Reportern auf einer inoffiziellen Sitzung, er wolle in China nicht statt der Japaner die Russen sehen. «Die Interessen jeder Kirche der USA und ihre wirtschaftlichen und strategischen Interessen diktieren die amerikanische Politik in China», erklärte er.[19] China war Teil einer Nebenabsprache, die dazu beitrug, die überraschende Unbeständigkeit Rußlands hinsichtlich der libyschen Treuhänderschaft wie auch Stalins Fähigkeit zu erklären, seine Rhetorik den verschiedenen westlichen Staaten jeweils anzupassen.

«Die Vereinigten Königreiche hatten in ihrer Einflußsphäre Indien und ihre Besitzungen am Indischen Ozean, die Vereinigten Staaten hatten China und Japan, aber die Sowjets hatten gar nichts», sagte Stalin privat zu Bevin.

«Die russische Sphäre erstreckte sich von Lübeck bis Port Arthur», erwiderte Bevin trocken.*

* Stalin spielte gewiß die Rolle des *Realpolitikers.* Er sagte Bevin auch, ihm

Schließlich wurden Maßnahmen zur Einigung Koreas getroffen. Der einzige Streitpunkt, über den es nicht zur Einigung kam, betraf den Rückzug der Truppen aus dem Iran. Obgleich Byrnes echte Schwierigkeiten wegen dieser Frage vorausgesehen hatte, bestand er nicht weiter darauf. Er meinte, die Zeit zur Lösung aller Fragen würde noch kommen. Er wollte «die auf der Konferenz geleistete gute Arbeit abschließen» und sie nicht durch einen Versuch, alle Probleme auf einmal zu lösen, aufs Spiel setzen. Mit dieser Bemerkung endete die Konferenz.[20]

Byrnes hatte Mühe, sich dem Stundenplan der Russen anzupassen, die nachts arbeiteten und bis spät in den Tag hinein schliefen. Gegen Ende der Moskauer Konferenz war er erschöpft, aber doch recht zufrieden. Er schlief im Flugzeug, bis es die Azoren erreichte, und diktierte dann auf der Strecke nach Neufundland eine Rede, die seinen wiedergewonnenen Optimismus ausdrückte. Ihm zufolge waren in einer allgemein freundschaftlichen Atmosphäre wesentliche Fortschritte erzielt worden. Die schwankende Allianz war gefestigt worden, und der Erfolg der Konferenz schien Roosevelts Methode zu bestätigen. Also bestand keine Notwendigkeit, etwas über den Ethridge-Report zu verlautbaren.

Am 30. Dezember hielt Byrnes eine Ansprache über alle Radiostationen des Landes. Er sagte, «ein erfolgreicher Friede» erfordere sowohl «Gerechtigkeit wie Weisheit und die Unterstützung jener Völker, deren Einheit zur Erhaltung des Friedens wesentlich ist». Diese beiden Bedingungen, die Erhaltung des heimischen und des Großmachtkonsens waren das Ziel Franklin Roosevelts gewesen. Moskau war für Byrnes «ein großangelegtes Unternehmen, um wesentliche Ergebnisse» zu erzielen. Die Vereinbarungen würden den Abschluß der Friedensverträge mit den früheren deutschen Satellitenstaaten erleichtern, was wiederum den Rückzug von Truppen aus den besetzten Gebieten ermöglichte. Am Ende der Ansprache kam Byrnes auf sein persönliches Grundprinzip – den Kompromiß – zurück. Internationale Konferenzen waren keine Sportstadien, in denen einzelne Staatsmänner Punkte erlangen konnten. «Unsere Aufgabe ist, bei der Anknüpfung delikater gesellschaftlicher und menschlicher Beziehungen zwischen Staaten mit vielen gemeinsamen und vielen unterschiedlichen Interessen mitzuwirken. In internationalen wie nationalen Fragen können gegensätzliche Interessen nur durch offene Diskussionen und besseres Verständnis ausgeglichen werden. Das Treffen in Moskau diente dazu, ein besseres Verständnis herbeizuführen.»[21]

Zu Byrnes' Nachteil wurde das bessere Einvernehmen bei internationalen Angelegenheiten von seinen eigenen Landsleuten jedoch nicht anerkannt.

läge viel daran, «daß die Briten Ägypten nicht verließen», und sprach (wie Bevin später seinen Kollegen berichtete) «mit Sympathie und Verständnis über unsere Indienpolitik«.

In den Regierungskomitees entwickelte sich gegen Byrnes eine breite Front, an der sogar der Präsident teilhatte.

Viele Beamte des State Department waren über die Moskauer Vereinbarungen empört. Die amerikanische Mission in Bukarest sah sie als «Ausverkauf» an und erwog einen geschlossenen Rücktritt. Der Botschafter in Italien, Alexander Kirk, eine Schlüsselfigur bei der Triest-Krise und ehemaliger Chargé d'affaires in Moskau, meinte, Byrnes sei «fürchterlich» und, «wir hätten den Russen viel zu viel nachgegeben». Loy Henderson ließ bei anderen höheren Beamten ein, wie er sagte, «ganz provisorisches Memorandum» herumgehen mit dem Titel «Die gegenwärtige Lage im Mittleren Osten – Eine Gefahr für den Weltfrieden.» Kernpunkt war eine maximalistische Auslegung der sowjetischen Ziele. «Die Sowjetunion scheint entschlossen, die von Großbritannien bewahrte Struktur zu zerstören, so daß russische Macht ungehindert über die Türkei und die Dardanellen bis ins Mittelmeergebiet und durch den Iran und den Persischen Golf bis an den Indischen Ozean dringen könne. Während der letzten fünf Jahre sind die der russischen Expansion entgegenstehenden großen Barrieren zusammengebrochen, nämlich Deutschland im Westen und Japan im Osten . . ., nach den jüngsten Ereignissen im Nahen Osten zu urteilen, scheint Rußland sich nun auf die Vernichtung der dritten Barriere im Süden zu konzentrieren.» Henderson hielt die amerikanische Außenpolitik im Mittleren Osten für naiv und schwach. «Die Vereinigten Staaten sollten sich bemühen, einige Mittel zur Linderung der Situation zu finden» und «die Angelegenheit nicht treiben lassen». Sein unmittelbarer Vorschlag, eine Viermächte-Regelung, entsprach eigentlich nicht recht seiner Problemanalyse. Hendersons Ansicht unterschied sich stark von der Auffassung, die Byrnes aus Moskau zurückgebracht hatte. So standen die beiden Pole der Rigaer und der Jalta-Grundsätze wieder in scharfem Gegensatz. Aber neben Byrnes und seinem kleinen Ratgeberkreis gewannen die Riga-Grundsätze im State Department immer mehr Unterstützung. Gegen Ende 1945 erinnerte Durbrow, daß «die wirklichen Absichten [der Russen] denen, die die Entwicklungen genau verfolgten, immer klarer» würden.[22]

Anfänglich war die Opposition aus anderen Kreisen einflußreicher. Senator Vandenbergs wachsende Ungeduld richtete sich gegen die Zweiparteien-Koalition. Als Byrnes Außenminister wurde, hatte Vandenberg bissig erklärt, die Vereinigten Staaten bekämen «Byrnes und Jalta» wieder. Vandenberg vertrat die Auffassung, er werde von der neuen Regierung nicht regelmäßig und ausgiebig genug konsultiert. Er wandte sich gegen die Mitte November getroffene amerikanisch-britisch-kanadische Vereinbarung einer atomaren Kontrolle durch die Vereinten Nationen. Über Byrnes' Moskauer Vorschläge zur Atomenergie noch mehr erbost, begaben er und andere Senatoren sich November und Dezember mehrmals ins Weiße Haus, um dort zu fordern, daß die Vereinigten Staaten mit den Russen nichts teilen sollten. Nach der Veröffentlichung des Moskauer Kommuniqués verurteilte Vandenberg die hinsichtlich der Atomenergie getroffenen Maßnahmen als typisch amerikanisches «Geschenk». Truman, der den Senat immer im Auge behielt, war von dem Zwiespalt in der Koalition betroffen. Doch bekannte er sich in der Atomfrage nicht zu Vandenbergs Standpunkt, sondern unterstützte Byrnes: Beamte der Exekutive, wie Marineminister Forrestal, nahmen in jener Zeit ebenfalls eine ausgesprochene antisowjetische Haltung an.[23]

Die Person, die auf Truman den meisten Einfluß hatte, befand sich im Weißen Haus. Der Stab des Weißen Hauses war klein und unbeständig, nur wenige Leute befaßten sich eingehend mit internationaler Politik. Der wichtigste Ratgeber in außenpolitischen Angelegenheiten war der etwas ausländerfeindliche Admiral Leahy. Er hatte 1944 Roosevelt kritisiert, weil er Byrnes überging und einen Mitläufer zum Vizepräsidenten machte. 1945 hatte er Byrnes' Berufung zum Außenminister durch Truman begeistert unterstützt.[24]

Doch in diesem Herbst voller Verwirrung und Konfusion mißtraute Leahy Byrnes' Bemühungen zur Erhaltung der Kriegsallianz. Dabei spielten auch etwas persönliches Ressentiment und Abneigung mit, denn seit es einen starken Außenminister gab, war Leahys Bedeutung gesunken. Im August hatte Byrnes bereits angedeutet, daß ihm Leahy «lästig» werde, weil er sich, wie unter Roosevelt, «immer noch für den Außenminister hielt». Byrnes gab zu verstehen, daß er ihm «den Unterschied zeigen werde».

Ende Oktober sprach Leahy sich gegen Pläne für eine Fernostkommission aus, die die Besetzung Japans überwachen sollte. Obwohl die Vorschläge eine uneingeschränkte amerikanische Vorherrschaft sicherten, fürchtete Leahy, ihr Ergebnis würde «eine sowjetische Kontrolle über Japan [sein], die für Amerikas Nachkriegsinteressen in Asien äußerst schädlich wäre». Einige Tage später fühlte sich der Admiral durch Trumans Navy Day-Rede erleichtert. In seinem Tagebuch gab er der Hoffnung Ausdruck, sie würde im Ausland «genaueste Beachtung» finden. Der gleiche Tagebucheintrag zeigt, daß er nun auf das Thema München kam, mit dem er dem Präsidenten wieder in den Ohren liegen sollte. Die Navy Day-Rede, sagte er, «könnte unsere Beschwichtigungsdiplomaten zwingen, den lebenswichtigen Interessen Amerikas nähere Beachtung zu schenken».[25]

Um etwa dieselbe Zeit erfuhren höhere amerikanische Beamte die ersten Einzelheiten über die beginnenden Spionageskandale der Nachkriegszeit. Ende September reiste Premierminister Mackenzie King eilig nach Washington, um Präsident Truman persönlich über den Gouzenko-Fall zu informieren, ein sowjetisches Atomspionagenetz, dessen Mittelpunkt in Kanada war. Er berichtete dem Präsidenten, daß wenigstens ein Beamter des State Department davon betroffen sei. «Das sollte mich nicht überraschen», meinte Truman. «In den Vereinigten Staaten muß es ähnliche Infiltrationen der Russen geben.» Dean Acheson meinte, die Anspielung habe einem «Unterstaatssekretär» gegolten.* [26]

Dann, am 27. November, legte Generalmajor Patrick Hurley mit viel Aufsehen sein Amt als Botschafter in China nieder. Roosevelt hatte den großspurigen Hurley nach China geschickt, um unter Tschiang Kai-schek eine Koalitionsregierung zustandezubringen, in der auch Kommunisten vertreten waren. Als Botschafter hatte Hurley mit den amerikanischen Chinaspezialisten, die ihn in chinesischen Angelegenheiten für unbewandert und Tschiang sowie seinem eigenen Ego zu ergeben hielten, einen persönlichen Privatkrieg geführt. Durch seinen Fehlschlag erbittert, eine Koalition zustandezubringen, kehrte Hurley im Herbst 1945 in die Vereinigten Staaten zurück, drohte seine Entlassung einzureichen, wurde davon abgebracht, reichte aber dann in der Annahme, das State Department führe gegen ihn eine Pressekampagne, dennoch seinen Abschied ein – wobei er eine Breitseite abfeuerte, die sich in späteren Jahren für die rechte China-Lobby als sehr nützlich erweisen sollte. Er beschuldigte die in seinem Stab tätigen Berufsdiplomaten, sowohl den Kommunismus als auch den überlieferten Kolonialismus zu unterstützen. Allerdings räumte er ein, daß sie keine Sowjetagenten seien. Stalin hatte Hurley persönlich versichert, daß er Maos Anhänger nicht als Kommunisten ansähe und Tschiang als Einheitsbringer unterstützen wolle.**

«Der Foreign Service wurde mit vielerlei Titulierungen bedacht, doch das

* Doch war Truman über die Bedeutung dieser Entdeckung nicht übermäßig beunruhigt. Er sagte danach zu Stettinius, daß ihm die Sowjetspionage weniger Sorge bereite als Mackenzie King, denn die Atombombe war in der Tat kein «kostbares Geheimnis». Er meinte auch, daß in den Sicherheitsvorkehrungen keine beträchtliche Lücke bestünde. Nachdem die Guzenko-Affäre Mitte Februar 1946 der Presse bekanntgeworden war, machte Truman Kriegsminister Patterson privat Vorwürfe, als dieser meinte, daß «in unserem Atombombenprojekt ein gefährlicher Trend zum Zusammenbruch der Sicherheit enthalten sei». Der Präsident sagte: «Ich habe den Eindruck, daß sorgfältige Untersuchungen durch das Justizministerium und andere mit dieser Verantwortung betraute Regierungsabteilungen keine Sicherheitsübertretung seitens irgendeines Regierungsbeamten oder eines der am Manhattan-Projekt beteiligten Wissenschaftler enthüllt haben. Im Gegenteil scheint es so, als seien die Sicherheitsvorkehrungen sehr sorgfältig getroffen worden, und die Leistungen von Regierungsbeamten und Wissenschaftlern bilden zusammen eine Demonstration von Patriotismus und Integrität, auf die das Land stolz sein kann. Wenn Ihnen also Verletzungen bekanntwerden sollten, von denen ich noch nichts weiß, werden Sie mich hoffentlich beraten und sofort energisch handeln.»

** Djilas zitiert Stalin im Februar 1948: «Als der Krieg mit Japan zu Ende war, luden wir die chinesischen Genossen ein, um mit ihnen über die Erlangung eines *modus vivendi* mit Tschiang-kai-schek zu beraten. Wörtlich stimmten sie bei, doch als sie heimkamen, führten sie das auf ihre eigene Art durch.»

ist das erstemal, daß jemand darauf kam, ihn als kommunistisch zu etikettieren», überlegte John Melby, ein in China stationierter amerikanischer Diplomat. «Und gleichzeitig sollen wir noch Imperialisten sein.» Hurleys Vorwürfe stießen im State Department von Washington auf Unglauben. «Nach der heutigen Morgenzeitung könnte das mein letzter Brief an Sie sein, im Falle, daß die Boys auf Alcatraz keine Briefe an die Außenwelt senden dürfen», schrieb Elbridge Durbrow an Arthur Lane. Durbrow fügte hinzu, «der Hurley-Sturm wirbelt manches hoch, und wir werden alle überprüft werden. Seit er einige der OFS's als kommunistenfreundlich anklagte, bin ich sicher, daß jemand hier auch eine Menge Faschisten entdecken wird – und darum sage ich Ihnen Adieu.»[27]

Byrnes schenkte General Hurleys Legende wenig Beachtung. «Er hat mit Rußland zu viele Probleme», meinte der Chinaspezialist John Carter Vincent Anfang November, «so daß er ein wirkliches Verständnis dieser Situation nicht mehr aufbringt.» Zu Byrnes' Schaden komplizierte Hurleys Amtsrücktritt noch die russischen Probleme des Außenministers.

Wenige Tage vor seiner Abreise wandte Hurley sich an Admiral Leahy, um mit ihm die «Einmischung» des State Department in seine Mission zu besprechen. Seit Leahy glaubte, das State Department beherberge antiamerikanische Elemente, konnte er das Unhaltbare in Hurleys Anklagen übersehen und das darin seinen eigenen Vorurteilen Entsprechende akzeptieren. Am Tage nach Hurleys Rücktritt beurteilte Leahy die öffentlichen Angriffe des Generals «als eine sehr milde Auslegung der von mir als kommunistisch beurteilten Tendenzen und Aktionen einer Anzahl Mitarbeiter des State Department». Leahy konnte sich jetzt Byrnes' «Beschwichtigung» erklären. Am selben Tage hatte er eine Besprechung mit Truman und Byrnes sowie General George Marshall über Hurleys Nachfolge in China. Leahy vermerkte: «Heute habe ich zum erstenmal den Eindruck, daß Außenminister Byrnes gegen die kommunistisch orientierten Ratgeber in seinem Amt nicht immun ist.»[28]

Byrnes' Wiedererweckung der Jalta-Grundsätze bestätigte nur den Verdacht des alten Generals. Am 26. Dezember schrieb er verärgert in sein Tagebuch, Byrnes mache «praktische Zugeständnisse, die sich für des Präsidenten ausgesprochene (in der Navy Day-Rede dargelegte) Absicht, sich streng an eine rechtmäßige Politik in Übereinstimmung mit seiner Außenpolitik zu halten, schädlich auswirken». «Rußland wurde jede Forderung zugestanden, die den Londoner Außenministerrat zum Scheitern brachte, weil das Vereinigte Königreich und die USA zu jener Zeit nicht zustimmten.» Zwei Tage später verurteilte er das Moskauer Kommuniqué als «ein Beschwichtigungsdokument». Leahy galt bereits als Anführer der «Landgraf-werde-hart-Gruppe» um den Präsidenten.[29]

Diese Einflüsse – von Leahy, Vandenberg, der Bürokratie des State Department und anderen im exekutiven Bereich – bedrängten den Präsidenten, den komplexe, ungewohnte und anscheiend schwer zu handhabende Probleme überforderten. Auf der Rückreise von Potsdam im August hatte er sich auf dem Schiff bei einem Mitarbeiter im Weißen Haus, Samuel Roseman, beklagt, daß seine meiste Zeit bis dahin von einer außenpolitischen Krise nach der anderen in Anspruch genommen worden sei. Darum wollte er sich jetzt mehr der Innenpolitik widmen und sich von außenpolitischen Angelegenheiten fernhalten. Aber die Schwierigkeiten mit Rußland konnten nicht länger beiseite geschoben werden. Mitte Oktober gestand Truman, mit ihm sei es jetzt soweit, daß er nachts vor Sorgen wachläge. Bei seinem Amtsantritt hatte er verkündet, er wolle den Kabinettsmitgliedern ihre Selbständigkeit lassen und nur dann eingreifen, wenn sie keine rechte Arbeit leisteten. Nun begann Truman, Byrnes persönlich dafür verantwortlich zu machen. Die außenpolitischen Kopfschmerzen waren am schlimmsten, wenn es sich um die Russen handelte. «Sie stellen uns vor vollendete Tatsachen, und wir können kaum noch etwas daran ändern», sagte er Mitte Dezember bei einer Konferenz seines Mitarbeiterstabes. «Ich weiß nicht, was wir tun sollen.»

Die politischen Zwistigkeiten zwischen Truman und Byrnes wurden noch durch eine persönliche Differenz zwischen den beiden Männern verschärft. In den ersten Monaten nach seinem Amtsantritt zeigte der vereinsamte, von seiner Stellung beeindruckte Truman manchmal auf ein Bildnis Roosevelts im Oval Office und sagte: «Ich versuche so zu handeln, wie er es gewollt hätte.» Truman war willig, sogar beflissen gewesen, sich Byrnes zu fügen und bemühte sich, ihm sein besonderes Vertrauen zu zeigen. Als Truman sich später im September mit Joseph Davies wegen einer außenpolitischen Frage beriet, sagte er: «Vergessen Sie nicht, Jim Byrnes herauszustellen.»

In den letzten Monaten des Jahres 1945 hatte sich Truman jedoch an sein Präsidentenamt gewöhnt. Byrnes indes behandelte ihn aus eingefleischter Gewohnheit weiter in der Art, in der ein älterer Senator einen Neuling behandeln würde. Byrnes führte bei den Dienstagessen des Kabinetts gern das Wort. Er äußerte freimütig seine Ansichten, zollte aber (so schien es manchen wenigstens) wenig Beachtung der Meinung anderer und behandelte den Präsidenten mit offensichtlicher Herablassung. Byrnes war ein zu ehrgeiziger Mensch, als daß die bei der Konvention von 1944 erlittene Wunde jemals hätte heilen können. So sehr er sich auch bemühte, er konnte den Gedanken nicht verdrängen, daß er und nicht Truman am Kabinettstisch oben sitzen sollte. Truman verehrte das Präsidentenamt mit der Zeit geradezu wie ein Heiligtum. So fiel er leichter den Einflüsterungen jener zum Opfer, die des Außenministers herablassende Haltung nicht nur als Beleidigung seiner Person, sondern auch des Präsidentenamtes ansahen.[30]

Im November oder spätestens Anfang Dezember hatten die durch politische Ereignisse und persönliche Reibungen erzeugten Spannungen den Unmut des Präsidenten geschürt. Truman verlor das Vertrauen zu seinem Außenminister.

Damals äußerte Truman zu Harold Smith, dem Leiter des Budgetbüros, daß das Land innenpolitisch «aus der Krise heraus» sei, und die Situation sich verbessere. Sein Augenmerk richtete sich wieder auf die Außenpolitik. Ende September sagte er zu Smith, er sei «recht unglücklich» über das State Department. Eine Woche später fügte er hinzu: «Ich könnte eine recht gute Regierung haben, meinen Sie nicht auch, wenn ich ein gutes Labor Department und ein gutes State Department hätte?» Durch den besonderen Tadel dieser Departments wies der Präsident in Wirklichkeit auf die beiden größten Problembereiche der Administration hin: Beziehungen zur Arbeiterschaft und russische Beziehungen. Aber natürlich hatte es diese Problembereiche immer gegeben, ganz gleich, welchen Ministern diese Ministerien unterstanden. «Unglücklicherweise», bemerkte er, «sind einige der Dinge, über die Pat Hurley herumsalbadert, zutreffend.» Er bedauerte, Byrnes zwar zu einer Reform der Administration gedrängt zu haben, doch nichts geschehen sei. «Das State Department war vermutlich in schlimmerem Zustand, als es jemals diesbezüglich gewesen war.»

Ende der ersten Dezemberwochen versuchte ein ermüdeter, überlasteter Truman, sich während einer Wochenendkreuzfahrt zu erholen, und äußerte Davies gegenüber, Byrnes «drücke ein Auge zu». Auch er selbst «müsse manchmal ein Auge zudrücken, um das Boot auf Kurs zu halten». Einige Tage später gab Byrnes eine Stellungnahme zu der Situation der USA in Deutschland ab, ohne diese vorher mit dem Präsidenten abgesprochen zu haben. Nachdem er den Text in seiner Morgenausgabe der *New York Times* gelesen hatte, bemerkte Truman Mitarbeitern gegenüber scharf, daß er «die Außenpolitik der USA nicht aus den Zeitungen erfahren sollte».[31]

Unter solchen Umständen konnten Byrnes bei seiner Rückkehr kaum die erwarteten Huldigungen zuteil werden. Vor seiner Abreise zu der Konferenz hatte Byrnes Truman versichert, er wolle «bei einem vernünftig erscheinenden Handelsangebot» versuchen, den Präsidenten telefonisch zu erreichen, um so mit ihm die Entscheidung gemeinsam zu treffen. Die Kommunikation zwischen Moskau und Independence, wo Truman die Weihnachtsferien verbrachte, war jedoch wegen schlechter Telefonverbindungen und der Dringlichkeit der Entscheidungen kurz und bruchstückhaft gewesen. Um Außenminister Bidault in Paris telefonisch zu erreichen, brauchte Byrnes nur sechs Stunden. Außerdem glaubte Byrnes natürlich über weitreichende Vollmachten zu verfügen. Trotzdem war Truman am 28. Dezember verärgert nach Washington zurückgekehrt, weil er bei dem Kommuniqué nicht befragt worden war. Er wurde noch ärgerlicher, als er erfuhr, daß Byrnes bereits eine Radioansprache an die ganze Nation zeitlich festgesetzt hatte. Alsbald danach schiffte der Präsident sich zu einer anderen Potomac-Kreuzfahrt ein und hinterließ Byrnes nur die kurze Anweisung, ihm dorthin nachzufolgen.[32]

Am nächsten Tag kam der Außenminister in Washington an. Er war überrascht, weil der Präsident nicht auf ihn gewartet hatte, und ärgerte sich, nach der langen Reise nichts als eine Anweisung vorzufinden, die ihn zur sofortigen Berichterstattung beorderte. Trotzdem – kaum vier Stunden nach der Landung – gerade genug Zeit für Bad, Essen und einen Blick auf die Telegramme – saß Byrnes wieder im Flugzeug, diesmal in Richtung Quantico Virginia, wo er sich auf die Jacht des Präsidenten einschiffte. Am gleichen Tag beklagte sich Leahy in seinem Tagebuch (und wahrscheinlich auch dem Präsidenten gegenüber), daß die Moskauer Übereinkünfte «nicht mit den zuvor formulierten Gedanken des Präsidenten übereinstimmten». Aber Truman mag sich wohl mehr über die von ihm als persönlich empfundene Kränkung, die schlechte Kommunikation und offensichtliche Nichtachtung geärgert haben. Sobald Byrnes die *Williamsburg* betreten hatte, gingen er und der Präsident in Trumans Logis, wo sie etwa eine Stunde blieben. Als sie zum Essen herunterkamen, verhielten sie sich (wie sich später Clark Clifford, damaliger Marineattaché, erinnerte) «überaus freundschaftlich». Nach Leahys Worten hatte Byrnes offensichtlich «den Präsidenten zufriedengestellt», indem er ihm die Probleme des Kodifizierens und Entkodifizierens, die schlechten Telefonverbindungen und den Zeitdruck gegen Ende der Konferenz erklärte. Wenn des Präsidenten Zorn auch verraucht war, Leahys Mißtrauen war geblieben. Beim folgenden Dinner fragte Leahy, seinen Tagebucheintragungen zufolge, «Mr. Byrnes wiederholt nach Informationen über die für die Vereinigten Staaten erreichten Vorteile, konnte jedoch keine zufriedenstellende Antwort erlangen». Clark Clifford erinnerte sich an den Eindruck, den das auf andere machte: «Leahy stichelte auf so wirkungsvolle und freundliche Art, daß Byrnes nichts dagegen machen konnte.» Als der Eßtisch zum Pokern abgeräumt wurde, schützte Byrnes dringende Geschäfte vor und verabschiedete sich. Wegen Nebel und Eis konnte er nicht fliegen und mußte auf der Autostraße stundenlang nach Washington zurückfahren. Als Byrnes in sein Appartment im Shoreham Hotel zurückkehrte, bemerkte er, vielleicht ebenso der Straßenverhältnisse wie der politischen Schwierigkeiten eingedenk: «Diese Reise war gefährlicher als die nach Moskau.»[33]

Am 31. Dezember hielt Byrnes eine Abschiedsrede an das alte Jahr. «Letztes Jahr war ich Leiter des Mobilisierungsausschusses. Ich glaubte zwischen Pferderennen und Ausgangssperren eine schlechte Zeit zu haben, aber jetzt kann ich sagen, daß die Mobilmachung eines Landes ein leichter Job ist, verglichen mit den Anstrengungen, eine Welt für den Frieden zu mobilisieren.» Er gesellte sich zu der Party auf der *Williamsburg*. In dem Versuch, die Opposition zu umwerben und zu entwaffnen, sprach er die

Moskauer Vereinbarungen eingehend mit Leahy durch. Jeder schien bei der Neujahrsparty in besserer Stimmung, es wurden beliebte Seemannslieder vorgetragen, die dem alten Admiral besonders gefielen. Byrnes, der sich seines Tenors rühmte, übernahm die erste Stimme. Am nächsten Tag hatte Byrnes ein Neujahrsessen mit schwarzen Erbsen – er erinnerte sich an den Spruch aus den Südstaaten, demzufolge ein Mann, der zu Neujahr schwarze Erbsen ißt, das ganze Jahr über Glück hat. Sein Glück konnte höchstens gemischt sein.[34]

«Das neue Jahr beginnt, ohne daß irgendwo auf der Welt ein internationaler Krieg aufkeimt», begann Admiral Leahy sein Tagebuch am 1. Januar. Doch sein Geist war mit anderen Dingen beschäftigt. «Das amerikanische Department of State und die britische Labourregierung haben der Sowjetregierung gegenüber eine Beschwichtigungspolitik eingeschlagen, die an Chamberlain in München erinnert und für die politischen Interessen Amerikas und Englands gefährlich ist.» Leahy begann mögliche Bürgerkriege im kommenden Jahr aufzuzählen, konnte seine Gedanken jedoch nicht vom State Department losreißen. «Ich beginne ein neues Jahr in der Ungnade des State Department.»

Das Amt und sein Außenminister waren jedoch beim Präsidenten – dessen Ärger nur vorübergehend gedämpft worden war – in Ungnade. In der ersten Dezemberwoche hatte Mark Ethridge eine Zusammenfassung seines Balkanberichtes und einen darauf basierenden vierseitigen enggeschriebenen Brief verfaßt – beide auf Byrnes' Anweisung hin, ehe letzterer nach Moskau abreiste. Diese Literaturfülle lenkte die Aufmerksamkeit stärker auf die sowjetische Vergewaltigung demokratischer Traditionen. «Friede wird nur gesichert sein, wenn er auf wahrhaft repräsentativen Regierungen in allen Ländern mit westlich politischer Tradition beruht», schrieb Ethridge in der Zusammenfassung. «Jetzt eine beschränkte sowjetische Einflußsphäre zuzulassen, hieße zu künftigen weiteren Ausdehnungen herausfordern.» (Einem Historiker könnte es schwerfallen, in der autoritären Vergangenheit Rumäniens oder Bulgariens «westliche politische Traditionen» festzustellen.) Beide Schriften waren, gleichfalls auf Byrnes' Anweisung hin, vor der Moskauer Konferenz zurückgehalten worden.[35]

Erst am 2. Januar übermittelte Byrnes die erste der beiden Ethridge-Schriften, den Brief, dem Präsidenten, zusammen mit einer Begleitnotiz: «Das ist der Brief von Mark Ethridge, den ich Ihnen für Ihre Akten zu senden versprach.»

Truman erhielt den Brief erst am Morgen des 5. Januar, und wie sich ergab, gehörte das Schriftstück nicht zu den Akten, die er nur beiläufig überflog, um sie dann beiseite zu legen. Im Gegenteil, es schürte von neuem Trumans Ärger, nicht nur wegen Ethridges Beschreibung über die Monopolisierung des politischen Lebens in den Balkanländern durch die Kommunisten, sondern auch, weil Byrnes die Weiterleitung an ihn verschleppt hatte. Truman war so ärgerlich, daß er handschriftlich einen ätzenden «My dear Jim»-Brief verfaßte. Als Byrnes später am Tag ins Weiße Haus kam, um den Präsidenten aufzusuchen, lag Trumans eigener Brief auf dem Schreibtisch zwischen ihnen. In einer kurz danach verfaßten Tagebuchnotiz und folglich auch in seinen Memoiren versicherte Truman, er habe Byrnes den Brief vorgelesen. Hätte es sich so verhalten, wäre der stolze Außenminister fast gewiß zurückgetreten. Wahrscheinlicher ist, daß der Präsident ihn als Unterlage verwandte, um einen gemäßigten Wortwechsel zu führen.[36]

Trotzdem ist Trumans aufgeregter Brief ein ausgezeichnetes Anzeichen für des Präsidenten damalige Weltsicht und für seine Einstellung zur Sowjetunion. Die erste Hälfte des Briefes war Klagen über Byrnes' unabhängige Handlungsweise gewidmet. Truman bestand darauf, daß alle wichtigen Entscheidungen seiner Billigung bedürften. «Ich habe zwar unbegrenztes Vertrauen zu Ihnen und Ihren Fähigkeiten, doch sollten wir uns über die Art des Vorgehens vollkommen einig sein.» Der Brief besagte dann weiter, daß Truman gerade Ethridges Brief gelesen habe und die Anerkennung Rumäniens und Bulgariens, die er als «Polizeistaaten» bezeichnete, nicht billigen würde, bis ihre «Regierungen radikal ausgewechselt seien». Die an der Polengrenze vorgenommenen Veränderungen seien eine «eigenmächtige Ausschreitung» gewesen, aber leider «eine vollendete Tatsache». Er bedauerte nun, daß die Amerikaner in Potsdam wenigstens anfänglich der Meinung gewesen seien, sich einer frühen Teilnahme der Sowjets am Pazifischen Krieg versichern zu müssen. «Die Russen haben uns seitdem immer Kopfschmerzen bereitet.» Die jetzige Anwesenheit russischer Truppen im Iran und die Tatsache, daß Rußland «Rebellionen anzettelt», bedeutet «eine weitere Ausschreitung». Truman machte in kurzen Worten klar, daß er die Frage der sowjetischen Vorhaben durch eigenes Nachdenken gelöst habe – indem er sich hart auf die maximalistische Interpretation stützte: «Ich habe keinen Zweifel, daß Rußland eine Invasion der Türkei und die Besetzung des Seeweges vom Schwarzen Meer zum Mittelmeer plant. Wenn Rußland nicht mit eiserner Faust und fester Sprache konfrontiert wird, wird es zu einem neuen Krieg kommen. Sie verstehen nur eine Sprache: ‹Wie viele Divisionen haben Sie?› »

«Ich glaube nicht, daß wir uns länger mit Kompromissen abgeben sollten», meinte der Präsident. In ebenso brutaler Sprache setzte er eine lange Tagesordnung auf: Nichtanerkennung von Rumänien und Bulgarien, «bis sie sich unseren Anforderungen fügen», die amerikanische Position im Iran «in genauen Formulierungen» festzulegen; Internationalisierung des Kieler Kanals, der Rhein-Donau-Wasserstraße und des Bosporus; Aufrechterhaltung uneingeschränkter Kontrolle über Japan und den Pazifischen Ozean; Rehabilitierung und Schaffung starker Zentralregierungen in China und Korea; Rückgabe von Schiffen aus der Leih- und Pachtregelung an

Rußland. Um jedem Mißverständnis vorzubeugen, formulierte er den Leitsatz: «Ich habe es satt, die Sowjets zu hätscheln.»

Jedoch hatte Byrnes die Russen nicht verhätschelt, er hatte mit ihnen verhandelt. Die Moskauer Konferenz hatte am deutlichsten gezeigt, daß Machtentfaltung nicht der Weg war, mit den Russen ins Geschäft zu kommen. Sicherlich hätte so viel Nachgeben eine Abkehr von den Wilson-Grundsätzen bedeutet. Verhandlungen hatte auch Roosevelt angestrebt – und dabei, um die Beziehungen zwischen den Großmächten nach dem Kriege abzusichern, gelassen seine eigenen Grundsätze beiseite geschoben. Für die meisten Politiker hingegen hatten die Lektionen der Zwischenkriegsjahre und der Krieg selbst nur den universalistischen Trend bestärkt, ihren Glauben an die Reinheit amerikanischer Absichten bekräftigt und zu einer umfassenden Konzeption der nationalen Sicherheit geführt. Truman meinte später, diese Bemerkung, er habe es satt, die Sowjets zu verhätscheln, sei «der Ausgangspunkt unserer Politik gewesen». Roosevelts Erbe war faktisch aufgebraucht. Der Tod von Harry Hopkins, Roosevelts erfolgreichstem Mitarbeiter im Januar 1946, war wie ein Symbol dieses Wechsels. Jalta symbolisierte in höchsten Regierungskreisen nicht mehr eine realistische, auf dem «Machtprinzip» beruhende Annäherung. Es veranschaulichte in zunehmendem Maße Naivität, Schwäche und Beschwichtigung. Byrnes hatte in Moskau bewiesen, daß die Grundsätze von Jalta noch lebensfähig waren, doch galten sie der amerikanischen Regierung nicht länger als annehmbar. Ein Präsident hatte trotz starken Widerstandes aus untergeordneten Kreisen die Grundsätze von Jalta zur Basis sowjetisch-amerikanischer Beziehungen gemacht, doch verlangte sein Nachfolger den Verzicht darauf.

Truman gab auch sehr viel deutlicher zu verstehen, daß er wirklich Präsident war. Mitte Januar wurde er auf einer Pressekonferenz nach der Anerkennung von Rumänien und Bulgarien befragt.

«Ich habe immer noch das letzte Wort», erwiderte Truman scharf.

Inzwischen begann der etwas geläuterte Außenminister, sich auf einen neuen Kompromiß einzurichten. Ben Cohen erinnerte sich später: «Byrnes war sich des Widerstandes um ihn durchaus bewußt. Ihm lag an einer Annäherung ... Byrnes würde, um eine Vereinbarung zu erzielen, so weit wie möglich gehen und sich dabei auf den höchsten gemeinsamen Nenner stützen. Und als der Widerstand sich verstärkte, steifte auch er seinen Nacken.»[37]

Nachdem die A-I-Prioritätsfrage nach den sowjetischen Absichten fast beantwortet war, blieb ihm nur die Wahl, nach einem niedrigeren gemeinsamen Nenner zu suchen, den er nicht mehr bei den Großmächtetreffen, sondern nur auf dem Forum der amerikanischen Innenpolitik finden konnte.

Es wird, fürchte ich, schwierig sein, unseren Außenminister zu einem stillschweigenden Eingeständnis unserer augenblicklichen Beschwichtigungspolitik zu bringen.

WILLIAM LEAHY, 21. Februar 1946

Natürlich haben alle, die sich mit russischen Angelegenheiten befaßten, sich auf den Versuch konzentriert, die sowjetische Mentalität zu ergründen und unsere Kenntnisse über Rußland so weit zu bereichern, daß wir das mögliche Verhalten der Sowjets unter gegebenen Umständen ziemlich genau einschätzen können.

GEORGE KENNAN, Juni 1946

VII

Die richtige Einstellung

Zehn Uhr abends war der Zeitpunkt, den Stalin oft wählte, um ausländische Diplomaten zu empfangen. Zu jener Stunde Anfang April 1946 wurde Walter Bedell Smith, der frühere Generalstabschef General Eisenhowers und jetzt neuer amerikanischer Botschafter in der Sowjetunion, in einen getäfelten Konferenzraum des Kreml geführt, um dort erstmals mit dem russischen Diktator zusammenzutreffen. An der Wand hinter Stalin hingen Porträts von Suworow und Kutusow, den großen russischen Marschällen der Napoleonischen Kriege.

Smith begann mit einer Frage: «Wohin will die Sowjetunion, und wie weit beabsichtigt Rußland zu gehen?»

«Wir gehen nicht viel weiter», war Stalins anscheinend grob humorvolle Erwiderung.

Smith glaubte, er meine es ernst, und war nicht zufrieden. Er führte das Schicksal von Lettland, Litauen und Estland an sowie die Situation auf dem Balkan und im Nahen Osten. «Wir fragen uns», sagte er zu Stalin, «ob das nicht nur der Anfang war.»[1]

Smith meinte wirklich, die Antwort schon zu kennen – das *war* erst der Anfang. Denn seine Frage wurde am Ende einer Periode gestellt, während der Washington eine ideologische Formulierung erarbeitet hatte. Im Verlauf der ersten Monate des Jahres 1946 hatte die amerikanische Bürokratie aus dem größten Teil der widersprüchlichen Auslegungen des sowjetischen Verhaltens und Wollens einen zusammenhängenden Plan erarbeitet.

Die ideologische Formulierung war von oben befohlen. Im Februar hatte Präsident Truman, wie Admiral Leahy sagte, die «scharfe Mißbilligung der jüngsten Beschwichtigungspolitik Moskau gegenüber» zum Ausdruck gebracht. Die Vereinigten Staaten, sagte der Präsident, müßten «unverzüglich eine feste Haltung annehmen». Solche Äußerungen beliefen sich auf eine spezielle Kritik an Trumans eigenem Außenminister, James Byrnes. Und Byrnes, der erfahren genug war nachzugeben, begann seine Einstellung zu revidieren. Im Frühjahr konnte niemand mehr daran zweifeln, daß das Verlangen des Präsidenten ausgeführt wurde. «Sie werden eine allgemeine Verhärtung amtlicher Stellen nicht nur gegen unsere polnischen Freunde festgestellt haben», schrieb ein Beamter des State Department an den Botschafter in Polen, «aber was noch wichtiger ist, gegen den Urheber vieler unserer gegenwärtigen Schwierigkeiten und Mißverständnisse. Wir alle hoffen, sie wird Früchte tragen.» An Botschafter Smith hegte Truman keinen Zweifel, Smith ging, wie der Präsident im März äußerte, «mit der richtigen Einstellung» nach Moskau.[2]

Die Verhärtung war Teil eines breiteren Umschwungs, der Polarisierung in Ost und West. Die Allianz verlor zusehends an Kraft, und die Konfrontation des kalten Krieges nahm ihren Anfang. Dreierlei weitere Entwicklungen beschleunigten den Trend. Erstens wurden bisher hinter den Kulissen geführte Zwistigkeiten der Großmächte nun öffentlich auf der Weltbühne ausgetragen. Zweitens begannen die westlichen Staatsmänner nun, um der beargwöhnten russischen Gefahr zu begegnen, auf eine Verstärkung der Militärmacht zu drängen. Drittens wurden die auf Osteuropa beschränkten Kontroversen nun auch auf andere Gebiete jenseits der durch den Vormarsch der Roten Armee markierten Sphäre übertragen. Im Frühling 1946 wurde der Iran Schauplatz der ersten Krise des kalten Krieges.

Seit 1945 hatten die obersten Politiker es für notwendig erachtet, in den Nachkriegsabsichten der Sowjets und deren Auswirkungen auf die amerikanische Politik einen einheitlichen Kurs zu finden. Marineminister James Forrestal, dem das Problem besonders zu schaffen machte, klagte, daß er «nicht in der Lage gewesen sei, eine [Antwort] zu finden». So beauftragte er Edward Willet, einen Professor des Smith College, mit der Aufgabe. Der Minister wünschte eine «Lösung des Rußland-Geheimnisses». «Verhandeln wir mit dieser Nation lediglich als völkische Einheit, oder verhandeln wir mit einer solchen völkischen Einheit plus einer Philosophie, die einem religiösen Fanatismus gleicht?»[3] Willet erklärte in seiner Schrift, die sowjetischen Führer blieben einer weltumfassenden proletarischen Revolution verschrieben, und somit schiene «Gewalt zwischen Sowjetrußland und den Vereinigten Staaten unvermeidlich».[4]

Forrestal war von Willetts Analyse so angetan, daß er Kopien davon an den Präsidenten, Kabinettsmitglieder, andere prominente Regierungsmitglieder, Medienforscher der Industrie und sogar den Papst verteilte. «Ich weiß, wie leicht es ist, eine solche wie die von Willett erbetene Studie lächerlich zu machen», schrieb Forrestal an Henry Luce, «doch glaube ich, daß wir inmitten dieses Gelächters nicht vergessen sollten, daß wir auch über Hitler gelacht haben.»[5]

Andere Beamte suchten in das verworrene Bild etwas Sinn zu bringen. Im Februar ließ Charles Bohlen eine Reihe von gemäßigten Memoranden herumgehen, die sich sowohl auf die Rigaer wie die Jalta-Grundsätze beriefen und so seine ziemlich enge Zusammenarbeit mit Byrnes erkennen ließen. Das Hauptproblem, schrieb er, bestände darin, «die Politik einer Diktatur, die faktisch ausschließlich auf die Begünstigung der nationalen Interessen des Sowjetstaates gerichtet ist, mit den Prinzipien weltweiter Zusammenarbeit und internationaler Moral zu vereinen, die für die Entwicklung einer friedlichen und beständigen Welt wesentlich sind». Er hoffte, durch eine Evolution und Verbesserung der Bedingungen in Rußland würde sich «das sowjetische Verhalten der Außenwelt gegenüber in internationaler Politik und Methoden nach und nach wandeln». Sein Ziel war, in Wilsons Sinne, «... die Sowjetunion zu ihren eigenen und den Interessen der Welt hinzuführen», um im Geiste der Charta der Vereinten Nationen zu handeln. Aber er stimmte für Roosevelts Taktik: «Im Blick auf die Besonderheiten des Sowjetstaates und die Mentalität der sowjetischen Führer sollten die Vereinigten Staaten präliminare Dreiparteiengespräche zwischen den Briten, Sowjets und Amerikanern hinsichtlich jeder Streitfrage fördern, die eventuell vor die Weltorganisation kommen wird.»[6]

Eine Untersuchung der sowjetischen Vorhaben durch den Vereinigten Aufklärungsausschuß der vereinten Stabschefs im Februar kam zu ähnlich gemischten Resultaten. Sicherheit war das wichtigste sowjetische Ziel, und zwar das des Staates und nicht einer revolutionären Bewegung. Die Sowjets strebten vor allem nach strategischer Sicherheit und zusätzlich nach einer Position, die es den russischen Führern ermöglichte, «jeglicher Herausforderung durch ein Bündnis der Westmächte» zu begegnen.

Um die sowjetischen Absichten zu erkennen, mußte man vor allem die sowjetische Psychologie verstehen. Das JIC hatte sich mit dem Problem herumgeschlagen, die politischen und militärischen Interessen der Sowjetunion, «wie sie von einer kleinen herrschenden Gruppe verstanden werden», zu erfassen. Doch besagte der Bericht: «Es gibt keine genaue Definition, noch können alle [Fragen], wenigstens von Nichtrussen, rational erklärt werden.»[7] Zu faktisch dem gleichen Zeitpunkt sollte es jedoch einen Nichtrussen geben, der ein solches Verständnis vermitteln konnte – der, wie es schien, bis in den tiefsten Geist der stalinistischen Führerschaft dringen und somit sowohl das Problem wie auch die angemessene Antwort formulieren konnte.

Die entscheidende Neuformulierung wurde in gewisser Weise durch das Verfahren der Weltpolitik eingeleitet – die Kampagne, die im Januar und Februar 1946 für die Sitze im Obersten Sowjet geführt wurde. Die meisten Reden von Stalins Mitarbeitern konzentrierten sich auf das allumfassende Wiederaufbauproblem. Das Jahr 1946 war bereits als Zementjahr bezeichnet worden. In bezug auf die internationalen Angelegenheiten erklärten sowohl Molotow wie auch Malenkow, die Sowjetunion würde sich von anderen Ländern nicht einschüchtern lassen. Rußland sei jetzt «ein äußerst wichtiger Faktor des internationalen Lebens», sagte Molotow und fügte hinzu, daß Stalins Beteiligung an internationalen Gesprächen die beste Erfolgsgarantie sei. Molotow sprach noch vom Bedürfnis der «Alliierten» und Russen nach «einer langen Periode des Friedens und völlig gesicherter Stabilität». Nur Andrej Shdanow, antiwestlichstes und ausländerfeindlichstes Mitglied aus Stalins Umgebung, machte gegen die früheren Alliierten recht feindselige Anspielungen. «Wir müssen äußerst wachsam sein», erklärte er den kriegsmüden Einwohnern Leningrads.[8]

Die wichtigste Ansprache wurde natürlich von Genosse Stalin am 9. Februar, dem Tag vor der Wahl, im Bolschoi-Theater gehalten. Obgleich er mit der herkömmlichen Erklärung begann, daß der Zweite Weltkrieg aus kapitalistischen Widersprüchen entstanden sei, blieb er in seinen Bemerkungen über die westlichen Alliierten trotzdem vorsichtig und freundlich. Die beiden Weltkriege vergleichend, sagte er, der zweite habe «gleich von Anfang an die Befreiung vom Faschismus und auch die Errichtung demokratischer Freiheiten zum Ziel gehabt. Der Kriegseintritt der Sowjetunion habe den «antifaschistischen und befreienden Charakter» des Zweiten Weltkrieges nur verstärkt. «Auf dieser Basis wurde die antifaschistische Koalition der Sowjetunion, der Vereinigten Staaten von Amerika, Großbritanniens und anderer freiheitsliebender Völker errichtet, die folglich an der Niederlage der Achsenstreitmächte entscheidend mitwirkten.» Der Krieg hatte den Sieg aller Alliierten gebracht.

Ganz besonders hatte der Zweite Weltkrieg das Sowjetsystem auf die Probe gestellt, und der Endsieg war eine Rechtfertigung von Stalins Politik einer beschleunigten Industrialisierung. *Sein* System hatte überlebt. Ohne die Fünfjahrespläne, sagte er, wäre Rußland wie das österreichisch-ungarische Kaiserreich zusammengebrochen. Er wies Unterstellungen des Westens zurück, denen zufolge die industrielle Verwandlung entweder ein Wunder oder eine Erfindung der Tscheka sei – denn «in unserer Welt gibt es keine Wunder, und unsere Tscheka hat nicht so viel Macht, daß sie die Gesetze der sozialen Entwicklung aufheben könnte». Er machte klar, daß man das bereits bewährte Prinzip einer Bevorzugung der Schwerindustrie auch im neuen Fünfjahresplan beibehalten werde. Sein wichtigstes Anliegen war der Wiederaufbau.[9]

Der Westen übersah, daß Rußland nur wenig Entscheidungsfreiheit hatte, und interpretierte Stalins Rede als Bekenntnis zum Isolationismus und zur Remilitarisierung – oder Schlimmerem. Der Präsident des Obersten Gerichtshofes, William O. Douglas, sagte zu Forrestal, es sei «eine Erklärung des Dritten Weltkrieges».[10]

Stalins Ansprache löste im State Department allgemeine lange Diskussionen aus. H. Freeman Matthews, der Leiter der Europa-Abteilung, bezeichnete sie «als wichtigste und maßgeblichste Anleitung für die sowjetische Nachkriegspolitik» und sagte voraus, sie würde «in der ganzen Welt zur Bibel der Kommunistenfreunde werden».[11] Elbridge Durbrow, der Leiter des Amtes für osteuropäische Angelegenheiten, verkündete, die Rede sei ein Widerruf der Isolationspolitik Stalins von 1928. Wenn die Rede den Beamten des State Department auch bedrohlich schien, so bedeutete sie seltsamerweise auch eine Tröstung, weil sie ihre bereits gefaßte Meinung augenscheinlich bestätigte. Sie beeindruckte ganz Amerika. «Die Bedeutung von Stalins Aussage wurde von unserer Presse und der Öffentlichkeit in noch nie dagewesenem Maße verstanden», lobte Matthews.[12]

Doch wunderten sich die Beamten auch, daß George Kennan, der sich als wichtigster Beobachter der sowjetischen Probleme erwiesen hatte, noch keinen detaillierten Kommentar abgegeben hatte. Matthews beauftragte Durbrow, ihn «fertigzumachen». Durbrow schickte ein Telegramm in Matthews Namen, das besagte, «die Reden haben weitgehend zur Bestätigung unserer verschiedenen besorgten Telegramme beigetragen», und bat ihn um «eine Interpretation dessen, was wir künftig von diesem politischen [Programm] zu erwarten haben».[13]

Kennan hatte nichts von sich hören lassen, weil er seit dem Ablauf von Harrimans Botschafteramt mit Pflichten als Geschäftsträger der Botschaft überlastet war; überdies fesselten ihn verschiedene winterliche douleurs ans Bett – Erkältung, Fieber, Stirnhöhlenentzündung, Zahnschmerzen, Magengeschwüre, Ulzeration.

Seine Stimmung war gewiß auch ulzerös und wurde durch Manifestationen der Anhänger der Jalta-Grundsätze gewiß nicht verbessert. Im Januar äußerte er zu Durbrow und Bohlen seine Absicht, bald aus dem außenpolitischen Dienst auszuscheiden. Er ärgerte sich über die amerikanische Politik, meinte, daß man von seinen Qualifikationen nicht angemessen Gebrauch mache, und wollte in den Vereinigten Staaten wieder «Wurzeln» schlagen. Insbesondere hatte ihn Byrnes' diplomatisches Vorgehen in Moskau einen Monat zuvor verstimmt. Darum schrieb er später: «In der Welt der Diplomatie spielen Methodologie und Taktik grundsätzlich keine geringere Rolle als Konzept und Strategie.» Kurz nachdem Byrnes Moskau verlassen hatte, arbeitete Kennan eine Art Anleitung aus, eine Technik für den Umgang mit den Russen, die Roosevelts Methode total verwarf. Einige dieser Hinweise lauteten:

Setzt euch nur dann für einen Meinungsaustausch auf höchster Ebene ein, wenn die Anregung dazu mindestens zur Hälfte von seiten der Russen kommt.

Schreckt nicht davor zurück, mit großen Kanonen auf scheinbar kleine Spatzen zu schießen.

Habt keine Angst vor Szenen und vor der Austragung von Meinungsverschiedenheiten in der Öffentlichkeit.

Die auf Stalins Rede erfolgte Rückfrage von Matthews gab ihm nochmals Gelegenheit, seine Anweisungen kundzutun. Dazu formulierte er ein Telegramm, zu jener Zeit wohl das längste in der Geschichte des Foreign Service, das höchste Aufmerksamkeit und Anerkennung fand.[14]

Das wichtigste Dokument, das Kennan je verfaßte, hat einen ganz persönlichen Stil und beruht auf Ansichten, die er in den dreißiger Jahren entwickelt hatte. Das «Lange Telegramm» (unter diesem Namen wurde es bekannt) war auch ein klassisches Bekenntnis zu den Riga-Grundsätzen, das wichtigste, das in dieser Hinsicht je gemacht wurde. Mittelpunkt des Telegramms war Kennans Analyse des «sowjetischen Standpunktes». Er nahm darin die Rolle eines Arztes an, der «ein unruhiges und unvernünftiges Individuum» untersucht. Was Kennan im Sinn hatte, war eine Anatomie kollektiver Psychologie der «Leute, die den Machtapparat bilden».[15]

«Grundlegende innere russische Notwendigkeiten», und nicht eine «objektive Analyse der Situation außerhalb der russischen Grenzen», bestimmte ihr Verhalten der Welt gegenüber, erklärte Kennan. Er erklärte, «Ausgangspunkt der Weltperspektive des Kreml ist die überlieferte und instinktive Verunsicherung der Russen». Sowjetische Herrscher könnten diese nur durch ständige Angriffshaltung kompensieren, «einen geduldigen, aber tödlichen Kampf um die völlige Zerstörung der gegnerischen Macht, bei der es weder Pakte noch Kompromisse gibt». Nach Moskaus Ansicht gab es, seiner Meinung nach, keine Koexistenz.

Während Kennan den Marxismus zum «Feigenblatt ihrer moralischen und intellektuellen Achtbarkeit» erklärte, erinnerte er seine Leser auch daran, daß diese Hingabe nicht nur ein Lippenbekenntnis sei. «Niemand sollte die Wichtigkeit des Dogmas bei sowjetischen Angelegenheiten je unterschätzen.»[16] Der «sowjetische Urinstinkt» bedeute, «daß es zwischen gegnerischen Mächten keine Kompromisse geben und konstruktive Arbeit erst mit der Herrschaft der kommunistischen Macht» beginnen könne.

Für die politische Elite Washingtons malte Kennan das Bild der Nachkriegswelt in düsteren Farben: «Wir haben es hier mit einer politischen Macht zu tun, die fanatisch dem Glauben anhängt, daß es mit den USA keinen *modus vivendi* geben könne, die zur Sicherung der Sowjetmacht für notwendig erachtet, die innere Harmonie unserer Gesellschaft zu verwirren, unsere traditionelle Lebensform zu erschüttern und das internationale Ansehen unseres Landes zu zerstören.» Da die Vereinigten Staaten sich im Kriegszustand befänden, sollten sie sich die entsprechende Einstellung zulegen.[17] Vom *Kordon* ging er zur Idee (und Politik) der Eindämmung über: «Unempfindlich für die Logik der Vernunft [ist die Sowjetunion] höchst empfindlich für die Logik der Gewalt. Aus diesem Grund wird sie leicht einen Rückzieher machen – und gewöhnlich tut sie das auch –, wenn sie an irgendeinem Punkt auf starken Widerstand stößt.» Der Westen, schlug er vor, solle durch die Vereinigten Staaten in einen dichteren Block zusammengefaßt werden.[18] Das Lange Telegramm war ein langer Extrakt der Wahlansprachen von 1946 wie auch der internationalen Lage. Kennan hatte Ideologie und sogar Theorie so stark in den Vordergrund gestellt, daß er die Rolle der Realpolitik bei den Russen quasi ignorierte. Außerdem zeichnete er Stalin allzusehr als politischen Revolutionär und übersah den umsichtigen, berechnenden Realpolitiker, der sich um die Konsolidierung und den Wiederaufbau der Sowjetmacht bemühte. Stalin war schließlich ein Staatschef, der öffentlich zugegeben hatte, daß die «Kalkulation der Machtverhältnisse» bei weitem zugunsten des Westens, insbesondere der Vereinigten Staaten, ausfiel.

War die sowjetische Auffassung der «Sicherheit» so offen, wie Kennan versicherte, oder handelte es sich hier teilweise um eine Projektion der neuen amerikanischen Doktrin der «nationalen Sicherheit»? Kennan verwarf ganz einfach die Möglichkeit, die Sowjetunion könne ein Interesse an Stabilität und Kompromissen und begrenzten Zielen haben. Dabei übersah der amerikanische Beobachter das große Trauma des Krieges, die politischen Folgen der Verwüstungen und Stalins persönliches Verhalten in der internationalen Politik. Das Bild des Revolutionsstaates war so fest in Kennan eingeprägt, daß er den vielseitigen Druck übersah, dem die sowjetischen Führer ausgesetzt waren. Er hatte marxistische Rhetorik und sowjetische Realität verwechselt. Das Widersprüchliche seines Bildes der Sowjetunion und der sowjetischen Führer – der rationale Fanatiker, der verwüstete Angreifer – wurde übersehen.

In Wahrheit brachte das Lange Telegramm keine Neubewertung einer komplizierten Situation, sondern eher eine Neubestätigung der Grundsätze von Riga. Die Anhänger des Rigaer Kreises wie auch die linientreuen marxistischen Ideologen hielten friedliche Koexistenz für unmöglich, Kompromisse für eine Täuschung und Konflikt für unvermeidlich. So proklamierte Kennan, der Diplomat, die Gefahren der Diplomatie und Annäherung. Kennan reagierte auf die Frustrationen einer von Franklin Roosevelt bei Verhandlungen mit der Sowjetunion vorgeschriebenen Arbeitsweise und auch auf die von ihm wahrgenommene Gefahr. So bekam seine sachliche Botschaft eine zusätzliche Absicht – denn der Zweck des Langen Telegramms, den es auch erfüllte, war eine völlige Absage an die Grundsätze von Jalta.[19]

Die Reaktion auf dieses Telegramm war in Trumans Washington schnell und außergewöhnlich. Für viele Leute, einschließlich jener im Weißen Haus, wurde Kennans Name jetzt ein Begriff. So wie Matthews vorausgesagt hatte, daß Stalins Ansprache die Bibel der Kommunisten werden würde, wurde das Telegramm jetzt die Bibel der amerikanischen Politiker. Für viele Spitzenpolitiker präzisierte es die Streitpunkte der sowjetisch-amerikanischen Beziehungen, obgleich es eigentlich nur bereits bestehende Anschauungen ausdrückte. Eine «glänzende Analyse» war Byrnes' Kommentar.[20] Matthews bezeichnete es Kennan gegenüber als «wunderbar» und fügte hinzu: «Die Bedeutung für diejenigen, die sich mit dem Problem herumschlagen müssen, kann ich nicht hoch genug anschlagen.»[21] L. C. Stevens, der Marine-Attaché in Moskau, empfahl es allen seinen Vorgesetzten: Alle Schriften über amerikanisch-sowjetische Beziehungen, die er in zweieinhalb Jahren gelesen habe, seien von einem «Wunschdenken» ausgegangen, das Lange Telegramm jedoch sei «eine bemerkenswert klare und gesunde Darstellung der grundsätzlichen Beziehungen zwischen der Sowjetunion, den Vereinigten Staaten und der Welt». Er empfahl seinen Kollegen im Navy Department eine eingehende Lektüre des Telegramms, weil «das Problem über die Grenzen der Diplomatie» hinausginge.[22] Kopien wurden eilig an die diplomatischen Missionen der Vereinigten Staaten auf der ganzen Welt verschickt, an General Eisenhower, an Kriegsminister Robert Patterson und die wichtigsten Planer des Kriegsministeriums. Marineminister James Forrestal bekannte sich völlig zu Kennans Analyse. Er ließ zweihundert Kopien anfertigen, verteilte sie im gesamten Navy Department und (wie sich der im Weißen Haus tätige George Elsey erinnert) «versandte sie in der ganzen Stadt».[23]

Die Aufnahme des Telegrammes linderte wenigstens zeitweise Kennans Erbitterung. Nach zwei harten Moskauer Jahren war er müde und erschöpft, fühlte sich aber, wie Kennan Mitte April einem Freund schrieb, seit langer Zeit erstmals nicht mehr so niedergeschlagen. «Ich habe das Gefühl», erklärte er, «einige der gefährlichsten amerikanischen Denkweisen über Rußland sind überprüft, wenn nicht überwunden worden. Wenn wir die Hitzköpfe nur zurückhalten und die Bangemacher und die Politik auf einem festen, geraden Kurs halten können, bin ich nicht pessimistisch.»[24] Über das Lange Telegramm, das, um auf die öffentliche Meinung einzuwirken, einer Anzahl von Journalisten übermittelt worden war, erschien im *Time Magazine* ein vier Seiten langer Artikel, dazu eine Landkarte mit dem Untertitel «Kommunistische Ansteckungsgefahr», auf der der Iran, die Türkei und die Mandschurei als «infiziert» und Saudi-Arabien, Ägypten, Afghanistan und Indien als «anfällig» gekennzeichnet waren.[25]

Diese Veröffentlichung entsprach dem, wenn auch nicht eng koordinierten Bemühen der Regierungspolitiker, Kennans Vorschlägen nachzukommen, nämlich die Streitigkeiten unter den Großmächten zu dramatisieren und die öffentliche Meinung in einen Zustand der Alarmbereitschaft zu versetzen.[26] Denn ehe der antikommunistische Konsens der Nachkriegszeit sich auf die ganze Nation ausbreitete, bestand er nur im engen Kreis der politischen Elite.

Kurz nach dem Zweiten Weltkrieg war die öffentliche Meinung ein unentflechtbares Gewirr gegensätzlicher Meinungen. Die Sympathisanten der osteuropäischen Völker und der katholischen Kirchenhierarchie hatten die

Sowjetunion während des Krieges öffentlich kritisiert und verdächtigt, aber es gab auch eine bedeutende prosowjetische Linke. Andere Amerikaner klammerten sich an einen jetzt übertriebenen Isolationismus. Robert Taft, der führende Isolationist, widersetzte sich nicht nur der amerikanischen Beteiligung an der «Machtpolitik», sondern auch der zunehmenden Machterweiterung des Präsidentenamtes. Doch das Land wurde von der wilsonschen Einstellung beherrscht. Die meisten Amerikaner glaubten an die neue internationale Organisation und hofften, sie würde das Machtproblem der internationalen Beziehungen lösen. Das Weiterbestehen eines breiten internationalistischen Konsens nach dem Kriege dämpfte die Kritik der republikanischen Parteigänger. «Der Präsident und Mr. Byrnes haben einige harte Nüsse zu knacken, und ich meine, es ist für sie lebenswichtig, ein vereintes Volk hinter sich zu haben», schrieb Senator H. Alexander Smith an Robert Taft.[27] Viele maßgebliche Politiker bewahrten der Sowjetunion eine gewisse Sympathie, und auch eine Anzahl nichtlinker Politiker sprach sich gegen eine antisowjetische Haltung aus. Im Februar 1946 zog der geachtete republikanische Senator von Vermont, Charles Tobey, gegen den Versuch zu Felde, «die öffentliche Meinung gegen die Sowjetunion aufzubringen ... ich betrachte das als *gefährlich* und *unklug* ... Die grundlegenden nationalen Interessen dieser Länder werden nicht gegeneinanderstehen. Wir haben unsere Differenzen, weitere werden folgen, doch werden sie niemals so wichtig sein wie unsere *gemeinsamen* Interessen und unsere *gemeinsamen* Ziele.»

In der öffentlichen Meinung herrschte über außenpolitische Fragen in der Tat höchste Verwirrung. Viele Amerikaner dachten über internationale Politik nicht einmal nach. Sie waren mit anderen Problemen beschäftigt – Inflation, Mangel, Demobilisierung und Normalität. Viele Amerikaner hätten an einer Weltmachtstellung jegliches Interesse verloren, warnte Harriman seine Kollegen der Moskauer Botschaft, und hätten nichts anderes im Sinn, als «ins Kino zu gehen und Coca zu trinken». Einige Anzeichen über die Dauer dieser Verwirrung sind einem erst im September 1946 an John Foster Dulles gerichteten Brief zu entnehmen, in dem er gebeten wurde, die außenpolitische Lage für die Mitglieder des Foreign Relation Committees in Detroit, einer Nebenstelle des Council on Foreign Relations, zu erklären. «Offengestanden sind wir ziemlich am Schwimmen», schrieb ein Beamter der Gruppe. «Zwei- oder dreimal sind wir nach recht weitläufigen Diskussionen mit wohlinformierten Diskussionsführern zu der Schlußfolgerung gelangt, daß die Vereinigten Staaten und Rußland miteinander ‹auskommen›, in der gleichen Welt leben und ein vernünftiges Maß an Frieden und Harmonie genießen können. Wir schlußfolgerten auch, daß Rußland lediglich seine Grenzen sichern will, international auf einen weiteren Krieg nicht vorbereitet ist, folglich keinen wünscht und weder die Absicht hat, sich neues Gebiet anzueignen, noch die Welt zum Kommunismus zu bekehren. All das hat unser Komitee angenommen. Jetzt schwinden unsere Illusionen dahin, und wir brauchen dringend jemand, der informiert genug ist, um unser Denken wieder auf geraden Kurs zu bringen.»[28]

Anfang 1946 begannen maßgebliche Politiker, sich über die öffentliche Apathie angesichts der sowjetischen Bedrohung zu beunruhigen und versuchten dagegen anzugehen. Senator Vandenberg übernahm eine doppelte Aufgabe: auf Byrnes Druck auszuüben, um ihn davon abzuhalten, «um München herumzulungern», und die Nation allgemein anzusprechen. Eine Rede vom 27. Februar, in der er die Frage: «Was hat Rußland nun vor?» sehr scharf beantwortete, gewann viel Beachtung. Hamilton Fish Armstrong, der Herausgeber von *Foreign Affairs*, beglückwünschte ihn, weil er «die flockige Lösung in der mit dem Etikett ‹Amerikanische öffentliche Meinung über Sowjetrußland› versehenen Flasche geschüttelt habe.»[29]

John Foster Dulles bemühte sich erfolgreich in nicht der Regierung verpflichteten außenpolitischen Kreisen. Bei einem Treffen mit New Yorker Bankiers im März hob er Rußlands «ideologische» Aggression hervor. «Die Russen halten ihr System in einer Welt mit uns zusammen nicht für sicher», erklärte er. Bankier Russel Leffingwell von J. P. Morgan bemerkte später: «Foster ist beim Lunch geradezu überwältigend gewesen und hat mich und die anderen in einen sehr viel depressiveren Zustand gebracht als der, in dem wir uns hingesetzt hatten.»[30]

Zwei Wochen zuvor hatte Dulles beim außenpolitischen Ausschuß über das gleiche Thema gesprochen. Während des Essens hatte er mit Leffingwell nachdrücklich den Fall Thomas Lamont, Leiter der Morgan Bank und vielleicht erster amerikanischer Kapitalist, der sich während des Krieges der Gesellschaft für Sowjetisch-Amerikanische Freundschaft angeschlossen hatte, zur Sprache gebracht.

«Foster fragte sich, ob Sie Rußlands Politik noch gutheißen und warum Sie das im gegenteiligen Fall nicht öffentlich verkünden», schrieb Leffingwell.

«Ich habe nie mit der Sowjetregierung und ihrer Politik sympathisiert, tue das auch jetzt nicht und kann in einer öffentlichen Kundgebung nicht viel Sinn erkennen», erwiderte Lamont. «Sie etwa?»

Immer noch beunruhigt, schrieb Lamont zwei Tage später: «Ich weiß nicht, was ich zurücknehmen soll ... Wissen Sie das?»

«Es scheint nicht denkbar, daß viele Leute aufgrund Ihres Eintretens für Rußlands Ansprüche zu einer Zeit, als es treu mit uns gegen eine furchtbare Übermacht kämpfte, schließen können, daß Sie die gegenwärtige russische Politik ebenfalls billigen», erwiderte Leffingwell. Er riet Lamont, sich nicht zu beunruhigen, schlug ihm jedoch ein Essen mit Dulles vor, damit letzterer seine «Vorstellungen darlegen» könne.[31]

Ende Frühjahr brachte Dulles seine Botschaft an die Öffentlichkeit. «Bis vor kurzem war ich mir über die russische Außenpolitik selbst nicht genügend im klaren, um irgendeinen Kurs dem anderen vorzuziehen», schrieb er an einen Freund. «Aufgrund von Anlässen, die sich im letzten Jahr und danach boten, glaube ich nun wenigstens die fundamentalen Grundlagen der sowjetischen Außenpolitik klar erkannt zu haben.» So ermutigt, verbrachte er im April und Mai mehrere Wochen damit, einen langen Aufsatz über die sowjetische Außenpolitik zu schreiben. «Ich glaube, er wird zu einer Konkretisierung der öffentlichen Meinung Amerikas zu einem kritischen Zeitpunkt beitragen», erläuterte er dem britischen Außenminister Bevin.

Der Aufsatz erschien in zwei Folgen in *Life*.[32] Dulles malte ein ebenso düsteres Bild wie Kennan. «Friede und Sicherheit» bedeute im sowjetischen Denken die «Ausmerzung des nichtsowjetischen Gesellschaftstypus». Die russischen Führer suchten «eine Weltharmonie, eine große politische Beruhigung zu schaffen, die *Pax Sovietica*». Dulles riet den Amerikanern, «eine starke Militärmacht zu unterhalten», sich den Russen in jedem Punkt zu widersetzen, dem Ausland Hilfe zu leisten, «soziale Übel zu heilen» und öfters zur Kirche zu gehen.

Der bedeutendste aller Versuche, die öffentliche Meinung anzustacheln, war Winston Churchills Eiserner-Vorhang-Rede. Der Krieg war für ihn eine Zeit der Hochstimmung gewesen, der Höhepunkt, auf den ihn sein gesamtes Leben vorbereitet hatte. Aber inmitten des Sieges, gerade zu dem Zeitpunkt der Friedensbesprechungen in Potsdam, hatte die britische Wählerschaft ihn abgeschoben.[33] Nach dieser Niederlage wurde der erschöpfte und persönlich gedemütigte Churchill bald von Melancholie und Selbstmitleid überwältigt. Er war zwar Oppositionsführer, hatte jedoch für Parteipolitik nichts übrig. Mitglieder der Tory-Hierarchie rieten ihm zu einer langen Ruhepause.

«Warum verreisen Sie nicht einfach, Sir», meinte ein Friseur brüsk, als er dem ehemaligen Premierminister im Salon des Unterhauses, dessen Wände nun von den vielen Churchillfotografien der Nachkriegszeit entblößt waren, die Haare schnitt. «Das wäre viel besser, als jetzt hier herumzuhängen.»[34]

Die anfängliche Tröstung, die Churchill aus dem abschreckenden Einfluß der Atombombe gewonnen hatte, war verflogen. Im Herbst stiegen seine Befürchtungen vor Stalin und der Sowjetunion wieder an. Ende Oktober sprach er darüber mit dem kanadischen Premierminister Mackenzie King: «Rußland reißt ein Land nach dem anderen – eine Hauptstadt nach der anderen an sich ... man hätte mehr Widerstand leisten sollen.» Doch war Verhandeln mit den Kommunisten nicht leicht. Sie waren «wie Jesuiten, in deren Verwandtschaft Jesus fehlte». Vor allem, sagte er zu King, dürfte «die anglo-amerikanische Allianz nicht abgeschrieben werden»,[35] sie müsse «selbstverständlich sein». Lange vor Kriegsende hatte

Churchill erkannt, daß Großbritannien in seiner geschwächten Lage seinen Großmachtstatus nur als Juniorpartner der Vereinigten Staaten aufrechterhalten konnte.[36]

Eine Gelegenheit, zum Weiterbestehen der Allianz beizutragen – und sich von seiner persönlichen Depression zu befreien –, kam in Form einer Einladung vom Westminster College in Fulton, Missouri, dort einen Vortrag zu halten. Truman versprach, ihn dort vorzustellen. Da dem ehemaligen Premierminister ärztlich ein Aufenthalt in einem warmen Klima verordnet worden war, beschloß er, seine Reise nach Missouri mit einem Winterurlaub in Florida zu kombinieren.

«Der Empfang, der ihn dort erwartet, wird ihm noch besser bekommen als Sonnenschein und Ruhe», schrieb Ismay, Churchills Vertreter bei der Gruppe der Stabschefs im Kriege, erleichtert an Eisenhower. «Ich muß gestehen, daß es mir zuwider ist, ihn ständig so tief in Parteipolitik verwickelt zu sehen ... Mir wäre es lieber, er würde sich für die wirklich großen Streitfragen aufsparen und vom ‹Dorfkrickett› ablassen.»[37]

Der Labourregierung war diese Reise recht, nicht nur wegen ihrer Auswirkungen auf die russischen Beziehungen, sondern auch, weil das Vereinigte Königreich daraus eine «reflektierte Popularität» zu gewinnen hoffte, die unter Umständen zur Bewilligung eines 375-Milliarden-Dollar-Darlehens an Großbritannien durch den Kongreß beitragen konnte. Das Foreign Office half Churchill bei der Vorbereitung seiner Rede, indem es ihm geheime Papiere zur Verfügung stellte.[38]

Als Churchill im Januar 1946 in den Vereinigten Staaten ankam, begab er sich nach Florida, um dort auszuruhen und sonnenzubaden. Er sagte zu Walter Bedell Smith, er sei auf der «Suche nach Bildmotiven», und in der Tat fertigte er in drei Tagen sein erstes Gemälde an. Im nächsten Monat überarbeitete er sowohl in Florida als auch in Washington mit höheren amerikanischen Beamten, einschließlich Truman, Byrnes und Leahy, seine vorgesehene Rede. Sie wurde allgemein gutgeheißen. Weitere Absprachen erfolgten während der Bahnfahrt nach Missouri. Churchill spielte mit dem Präsidenten Poker und verlor dabei insgesamt 75 Dollar. Doch wie er später Lord Halifax berichtete, sei das «die Sache wert gewesen».[39]

In der am 5. März in Fulton gehaltenen Rede gebrauchte Churchill zum erstenmal öffentlich die Formulierung «Eiserner Vorhang». «Von Stettin an der Ostsee bis nach Triest an der Adria ist quer über den Kontinent ein Eiserner Vorhang niedergefallen.» Überall, außer in den Vereinigten Staaten und dem Britischen Commonwealth, bilden Kommunisten und fünfte Kolonnen «eine wachsende Bedrohung und Gefahr für die christliche Zivilisation». Die Russen wollten keinen Krieg: «Was sie wollen, sind die Früchte des Krieges und die unbeschränkte Expansion ihrer Macht und Doktrinen.» Da sie «nichts so sehr bewundern wie Stärke», war die einzige Zuflucht «die brüderliche Vereinigung der englischsprechenden Völker» – und insbesondere eine ständige militärische Allianz zwischen den Vereinigten Staaten und dem Britischen Commonwealth auf der Basis des atomaren Monopols und des Streitkräfteaustauschs dieser Länder.[40]

Die Rede entfesselte einen Sturm. Sich sowohl auf diese Rede wie Stalins Wahlansprache beziehend, schrieb Leffingwell: «Der größte Dienst an der Menschheit seit dem Kriege wurde meines Erachtens durch Stalin und Churchill geleistet, indem sie die Schwere der Gefahr, die Rußland für die Welt bedeutet, darlegten.» Henry Luce sagte zu Churchill, «er habe das, was das Denken so vieler Amerikaner ernsthaft beschäftigt, nur in Worte gekleidet». Handelsminister Henry Wallace jedoch rügte «jegliche Vorstellung eines ‹amerikanischen Jahrhunderts› oder ‹englischen Jahrhunderts› . . . jegliches Wiederausbrechen des Imperialismus sogar unter aufgeklärter anglo-amerikanischer Atombombenschutzherrschaft». Doch war Churchill in der öffentlichen Meinung zu weit gegangen, viele neutrale Persönlichkeiten, einschließlich einer Anzahl von gemäßigten Kabinettsmitgliedern, kritisierten die Rede ebenfalls. Bei einem Essen, das Henry Luce kurz vor Churchills Abreise aus den Vereinigten Staaten gab, probierte der ehemalige Premierminister etwas Kaviar und meinte bedauernd, «wissen Sie, Onkel Joe schickte mir sonst eine Menge davon, aber ich glaube kaum, daß ich je wieder etwas bekommen werde».[41]

Er hatte recht, denn die Rede hatte in Osteuropa und in der Sowjetunion so viel Aufregung verursacht, daß Stalin in zehn Tagen zwei Interviews gab. Er verurteilte die Rede, bezeichnete Churchill als «eingefleischten Tory» und versuchte Befürchtungen abzubauen. Die Münchner Analogie war nicht der einzige Weg, um Hitler in die Diskussion aktueller internationaler Probleme einzubringen. Stalin postulierte die der «Rassen»: Churchills Behauptung, daß «nur englischsprechende Völker überlegene Völker seien», erinnerte an Hitlers Ansprüche, die Deutschen seien das «Herrenvolk». Er versicherte Rußland und den Ausländern seine Überzeugung, daß weder die Völker noch ihre Armeen auf einen neuen Krieg aus seien, denn sie wünschten Frieden und dessen Bewahrung. Er forderte die «maßgebenden öffentlichen Kreise im Ausland» auf, die «Kriegsstifter» abblitzen zu lassen.[42]

Da ihre Länder formal noch Verbündete der Sowjetunion waren, unterzogen sich amerikanische und britische Führungspolitiker dem Ritual einer öffentlichen Distanzierung von Churchills Vorstellungen. In Wirklichkeit stimmte Bevin jedoch mit dem, was der Premierminister geäußert hatte, voll überein. Admiral Leahy beurteilte die Rede als «mutiges Bekenntnis von Mr. Churchill zu der angeborenen Rechtmäßigkeit der Macht in der englischsprechenden Welt». Beinahe glücklich sagte er ihre ungünstige Aufnahme in der Sowjetunion und bei «Rotangehauchten», wie er sagte, voraus. Präsident Truman fürchtete einen Schiffbruch der Vereinten Nationen, wenn er sich nicht öffentlich von Churchill distanzierte, und so behauptete er auf einer Pressekonferenz, die Rede vorher nicht gelesen zu haben. Seiner Mutter und seiner Schwester erklärte er, «ich glaube, sie hat etwas Gutes bewirkt, obgleich ich noch nicht bereit bin, Mr. Churchills Rede zu unterschreiben».

Einen Monat nach der Rede schrieb Lord Halifax, der britische Botschafter in Washington, an Churchill: «Der Inhalt Ihrer Fulton-Rede wurde hier zunehmend anerkannt und gewürdigt. Viele Leute, von denen eine solche Einstellung kaum zu erwarten war, meinten, Sie hätten einen immensen Dienst geleistet, indem Sie harte Realitäten beim Namen nannten und dadurch Denken und Politik der Administration beeinflußten. Ich möchte nicht bezweifeln, daß es sich so verhält.»[43]

Die Rede trug auch dazu bei, das Darlehen für das Vereinigte Königreich durchzubringen. Es war im vergangenen Herbst abgesprochen worden und sollte Großbritannien angesichts einer immensen, vom Krieg herrührenden Zahlungsbilanzkrise zum Ausgleich der notwendigen Importe verhelfen. Ohne eine solche Hilfe, so hatte John Maynard Keynes den Kabinettministern vorgetragen, gäbe es «keine Hoffnung, einem finanziellen Dünkirchen zu entrinnen». Für eine 375-Milliarden-Dollar-Anleihe forderten die Amerikaner bedeutende Zugeständnisse, deren Ergebnis eine Anpassung unter eine von Amerika beherrschte internationale Wirtschaftsregelung war. Diese Bedingungen wurden im Vereinigten Königreich hart kritisiert. Aber Halifax schrieb König George: «Ich glaube nicht, daß man sich in England allgemein darüber klar ist, wie sehr die Amerikaner bei unseren Absprachen einen Zweifrontenkrieg führen mußten; sie verhandelten mit uns und waren gleichzeitig genötigt, sich gegen allseitige Angriffe von eigenen Landsleuten zu schützen.» Der Anleihe wurden innerhalb der Vereinigten Staaten viele politische Hürden entgegengesetzt. Die Opposition kam von einer zusammengewürfelten Koalition aus Kongreßmitgliedern aus dem Mittelwesten, Irischamerikanern, Zionisten, aus der Geschäftswelt und von allen jenen, die den gemäßigten Sozialismus der Labourpartei kritisierten. Im Winter bestand eine echte Gefahr, daß der Kongreß die Anleihe nicht billigen würde.

Zu jener Zeit begannen sich jedoch die Grenzen zwischen Wirtschaft und Politik zu verwischen. Die Anleihe wurde von einer wachsenden antikommunistischen Strömung mitgetragen. Der aufkommende antikommunistische Konsens, nicht der Glaube an eine Sanierung der Weltwirtschaft, besorgten die Annahme im Kongreß. Im Mai kam eine Gruppe der republikanischen Kongreßmitglieder zusammen, um die Anleihefrage mit dem Unterstaatssekretär Will Clayton zu besprechen. «Die wirtschaftlichen Argumente zugunsten des Darlehens», schrieb der Abgeordnete Christian Herter kurz danach an Clayton, «sind für die Gruppe im ganzen weniger überzeugend als das Gefühl, das Darlehen könnte uns gut zustatten kommen, um die Hand über ein Volk zu halten, dessen Freundschaft wir in der drohenden Auseinandersetzung mit Rußland sehr brauchen werden.»

«Ich bin sicher, daß Sie recht haben», erwiderte Clayton.

Als Ergebnis antikommunistischer und internationaler Polarisationen wurde das Darlehen im Sommer schließlich gewährt.[44]

Mochte die Eiserner-Vorhang-Rede anfänglich auch gemischte Kritiken bekommen haben, sie machte die Ausrichtung der öffentlichen Meinung absolut deutlich. Nur ein immer kleinerer Kreis in Washington sorgte sich wegen der Art, in der «nackte Realitäten» dargelegt wurden. «Diese ganze Antirußlandeinstellung ist von Übel», beklagte sich Senator Claude Pepper bei Henry Wallace. Der ehemalige Vizepräsident selbst hatte in seiner Märzansprache erklärt: «Wenn sie Tamtam gegen Rußland schlugen, hatten die USA nichts zu gewinnen, sondern im Gegenteil, alles zu verlieren.»[45]

In den ersten Monaten des Jahres 1946 wurden die Tamtams jedoch unüberhörbar lauter, und keiner hörte sie deutlicher als Washingtons geübter Pfadfinder Jimmy Byrnes. Im neuen Jahr verstärkte sich der auf ihm lastende Druck. Nach der scharfen Kritik an seiner Moskaureise mußte er sowohl im Washington Trumans als auch im Ausland sein Image erneut aufbauen. Kaum war er eine Woche lang zu Hause, reiste er wieder nach London zum ersten Treffen der Vollversammlung der Vereinten Nationen. Im Februar traf Byrnes die Entscheidung, die private Großmachtdiplomatie zugunsten einer «öffentlichen Diplomatie» aufzugeben – um sowohl die Russen in ihre eigenen Grenzen zurückzuscheuchen als auch um seine eigene politische Position wiederherzustellen. Aber, wie Cohen sich später erinnerte, öffentliche Diplomatie war ein zweischneidiges Schwert: vermehrte Publicity trug dazu bei, die Leute wegen der «harten Realitäten» zu alarmieren, sie half aber auch, den «Konferenztisch von einem Forum für Verhandlungen und Vereinbarungen zu einem Propagandaforum zu machen».[46]

Bei der Vollversammlung der Vereinten Nationen im Januar 1946 in London begannen die Schwierigkeiten im Iran an die Öffentlichkeit zu dringen. Die darauf erfolgende Krise im März 1946 war ein Meilenstein in der Entwicklung des kalten Krieges, denn hier wirkte die neue, härtere Einstellung der Amerikaner sich erstmals politisch aus. Dies bedeutete auch die Verlagerung der ost-westlichen Differenzen von Osteuropa auf eine neue Konfliktperipherie, in der bereits russische und britische Interessenssphären zusammenprallten. Schließlich bedeutete sie den ersten öffentlichen Bruch zwischen den Supermächten. Die Vereinigten Staaten nahmen den Briten die Führung ab und versuchten die Russen unterzukriegen, indem sie die Stimmung in den anderen Ländern beeinflußten. Die Lage wurde noch durch einen weiteren Faktor kompliziert – das Öl. Befürchtungen über den russischen Expansionismus fielen zusammen mit amerikanischen Ängsten wegen eines bevorstehenden Ölmangels. Doch fern vom Schauplatz des kalten Krieges und seiner ideologischen und idealistischen Beteuerungen entkleidet, war die Iran-Krise anfänglich nur ein klassisches Scharmützel zwischen Großmächten – ein Gebiet, auf dem die Großmächte ihre Reibereien gewohnheitsmäßig ausgetragen hatten, um Einfluß, strategische Position und Besitz des wertvollsten aller Rohstoffe, des Öls.

Gegen Ende des Zweiten Weltkrieges war man innerhalb wie außerhalb der amerikanischen Regierung zu der allgemeinen Erkenntnis gelangt, daß die Ölreserven zu Ende gingen, deshalb dringende Notwendigkeit bestand, wichtige neue Quellen im Ausland zu erschließen und diese Bestrebungen sich aus sowohl wirtschaftlichen wie militärisch-politischen Gründen auf die reichen, ungenutzten Reserven im Mittleren Osten richten müßten. Forrestal sagte Byrnes im September 1945, das Öl im Mittleren Osten sei nicht nur von «wesentlichem Interesse» für die Flotte, sondern auch von «größtem Interesse für das gesamte Land; zuverlässige Leute aus der Privatindustrie sagen einen sehr wesentlichen Mangel unserer eigenen Reserven voraus, der eintreten wird, wenn wir den Export von Öl im selben Ausmaß wie bisher gestatten».[47] Im November 1945 formulierte Loy Henderson, jetzt Leiter der Nahostabteilung, die Lage in prägnanter Form: «Vom Standpunkt nationaler amerikanischer Interessen aus brauchen wir kaum darauf hinzuweisen, daß der Krieg die strategische Bedeutung des Nahen Ostens gesteigert hat, eines Gebietes, dessen Länder im Zustand einer intensiven politischen, gesellschaftlichen und wirtschaftlichen Neuordnung sind. Diese Regierung muß am wirtschaftlichen und politischen Schicksal des Nahen und Mittleren Ostens, insbesondere in Hinsicht auf die Ölreserven, verstärkt Anteil nehmen.»

Das Ölproblem war deshalb der eigentliche Mittelpunkt der Iran-Krise, wenn auch die amerikanischen Beamten dies fast routinemäßig leugneten. Auf dem Höhepunkt der Krise gab Byrnes dem amerikanischen Botschafter in Teheran Weisung, nicht über Ölkonzessionen zu diskutieren: «Wesentlich ist, daß niemand einen falschen Eindruck von unserem Entschluß gewinnt, unsere Verpflichtungen der Charta einzuhalten. Die Iran-Deklaration wurde zum wenigsten durch ein eigennütziges Interesse an unserem Anteil vom iranischen Öl beeinflußt.» Mochte diese Feststellung im engsten Sinne auch zutreffen, im weiteren Sinne war sie trotzdem eine Mystifikation, eine Anstrengung, die amerikanischen Interessen zu verschleiern, um eine Legitimisierung der russischen zu vermeiden.[48]

1941 hatten Russen und Briten wegen Reza Schahs naher Beziehungen zu den Deutschen den Iran gemeinsam okkupiert. Sie wollten die wichtigste Versorgungsstraße zur Sowjetunion sichern und die für den Krieg lebenswichtigen Ölfelder und Raffinerien schützen. Reza Schah wurde gezwungen, zugunsten seines Sohnes abzudanken. Im Januar 1942 unterzeichneten die beiden Großmächte mit dem Iran einen Vertrag, der versprach, das Land sechs Monate nach Kriegsende zu evakuieren. Drei Faktoren scheinen das Interesse der Sowjetunion am Iran nach dem Kriege bestimmt zu haben. Erstens wollte Stalin sein Großmachtprestige sichern und die ehemaligen Einflußbereiche des Zarenreiches zurückerlangen (und der nördliche Iran war eine traditionelle russische Einflußsphäre). Zweitens lag ihm vordringlich an Sicherheit, und die Nordgrenze des Iran war kaum mehr als 150 Kilometer von den Ölfeldern von Baku entfernt.[49] Aber drittens waren auch die Russen von dem Reichtum unter dem Erdboden hypnotisiert, der auch die Aufmerksamkeit der Amerikaner anzog. Auch wenn es sich nicht um eine produktive Region handelte, erregte der nahe den Ölfeldern von Baku angrenzende Nordiran ihre Begier, insbesondere, wenn man ihn gegen die schweren Verwüstungen hielt, die der Krieg Rußlands eigener Produktion zugefügt hatte. Gewiß war den an drastische Mängel gewohnten Russen wenigstens ebensosehr an künftigen Reserven gelegen wie den Amerikanern.

Die amerikanische Position wurde ihrerseits durch drei Gesichtspunkte bestimmt: Sicherung einer iranischen Ölkonzession, Abbremsung des russischen Expansionismus, Vorbeugung gegen eine aus der Entwicklung resultierende Bedrohung anderer amerikanischer Interessen im Mittleren Osten, insbesondere der reicheren Reserven in Saudi-Arabien. Die Vereinigten Staaten wie Rußland traten als expansionistische Macht auf die Bühne. Die Briten hielten sich inzwischen in der Defensive, versuchten ihre Interessensphäre zu erhalten und waren bereit, wenn alles schiefging, wie damals, 1907, den Russen eine nördliche Zone abzutreten, solange sie nur in ihrer südlichen bleiben konnten. Der Interessenkonflikt zwischen Briten und Amerikanern sollte nicht unterschätzt werden, doch wäre es falsch, ihn, wie manche Schriftsteller es tun, der russisch-amerikanischen Auseinandersetzung gleichzustellen.[50]

Während des Zweiten Weltkrieges waren die amerikanischen Ölgesellschaften wie die Regierung ständig bestrebt, Konzessionen zu erwerben und den amerikanischen Einfluß im Iran auszudehnen. Die Vereinigten Staaten unterstützten die Gesellschaften beim Erwerb von Konzessionen und stellten der iranischen Regierung auch ein Ratgeberteam, dem zwei der wichtigsten Ölexperten angehörten. Ende 1942 meinte Wallace Murphy, der damalige Leiter der Nahostabteilung im State Department: «Wir werden bald in der Lage sein, den Iran mittels eines eindrucksvollen Stabes amerikanischer Ratgeber wirklich zu ‹verwalten›.»[51]

Die Russen machten während des ganzen Krieges keinen Hehl daraus, daß sie den britischen und amerikanischen Konzessionen im Süden zwar «neutral» gegenüberstanden, ihren Anteil jedoch in Form exklusiver Konzessionen in den fünf nördlichen Provinzen forderten – dem in die ursprünglichen Konzessionen von 1901 nicht eingeschlossenen Gebiet im russischen Interessenbereich. Als der heiße Wettkampf unter den westlichen Gesellschaften 1944 dem Ende zuging, stürzten die Russen sich in das Scharmützel und verlangten ganz handfest eine nördliche Konzession. Um die russische Forderung, die in Teheran als Bedrohung der iranischen Unabhängigkeit angesehen wurde, abzublocken und den Truppenrückzug mit der Vergabe von Rechten zu verbinden, setzte die iranische Regierung im Herbst 1944 die Gewährung weiterer Konzessionen bis nach Kriegsende aus.

Wenige Monate später erwähnte Eden in Jalta den Iran bei einer Privatunterhaltung mit Stalin. «Sie sollten nie mit Molotow über den Iran reden», meinte der Diktator. «Wissen Sie nicht, daß er dort eine niederschmetternde politische Niederlage erlitten hat? Auf den Iran ist er stocksauer.»[52]

Einige wenige westliche Beamte vertraten die Ansicht, die Russen suchten im Iran eine Gleichbehandlung im Moskauer Sinne. «Bei unseren Aktivitäten und mehr noch denen der Amerikaner», bemerkte W. H. Young aus der Ostabteilung des British Foreign Office 1942, «können die Russen schließlich kaum unser übertriebenes Interesse an persischen Angelegenheiten übersehen.» Doch die Amerikaner zogen es vor, den Streitfall in idealistischen, hochtönenden Worten zu formulieren. In einer internen politischen Erklärung vom Mai 1945 forderte das State Department die Vereinigten Staaten auf, die Länder im Mittleren Osten zu stützen, um zu verhindern, daß diese in die britische oder russische Einflußsphäre gerieten. Es fügte hinzu: «Wir sollten jegliche Form eines sowjetischen Wirtschaftsdruckes auf mittelöstliche Länder entmutigen, der ihnen verständlicherweise unangenehm ist.»[53]

Im Herbst 1945 hatten sich die beiden Krisenanlässe herausgebildet: das Verbleiben sowjetischer Besatzungstruppen im Iran und das Bestehen eines separatistischen Regimes unter russischer Protektion im Norden, in Aserbaidschan. In diesem Gebiet, der Kornkammer des Iran, lebte ein Fünftel der Gesamtbevölkerung des Landes. Die Bevölkerung, die einen turkmenischen Dialekt, wie im sowjetischen Aserbaidschan, sprach, konnte auf eine lange separatistische Geschichte zurückblicken. Überdies war in den Jahren vor dem Zweiten Weltkrieg ihre wirtschaftliche und politische Unzufriedenheit mit der Zentralregierung angewachsen. Im November und Dezember 1945 ergriff eine von Pshewari angeführte neugebildete demokratische Partei, in der die Tudeh(die kommunistische)-Partei stark vertreten war, in der Provinz die Macht mit einem Programm, das Autonomie innerhalb des iranischen Staates und für das ganze Land Reformen verlangte. Die anfänglichen Reformbestrebungen gewannen ihr eine beträchtliche Anhängerschaft. Jedoch verlor sie wegen der Identifizierung mit der verhaßten russischen Besatzung, die eine Wiedereinsetzung der eigenen Regierung behinderte, ihre Popularität.

Als Außenminister Byrnes Ende Dezember zur Moskauer Konferenz reiste, befürchteten manche Politiker in Großbritannien und Amerika, daß die Russen auf den gesamten Iran Absichten hätten. Sie wollten die russischen Besatzungstruppen zum festgesetzten Termin am 2. März 1954 heraushaben, doch war das Bemühen fehlgeschlagen, das Problem in Moskau durch Großmächtediplomatie zu regeln.[55]

Während des Januarmonats 1946 verfolgte Byrnes dem Iran gegenüber eine etwas zurückhaltende Politik. Unter dem Druck der Briten, die über ihre eigene Sphäre nicht befragt werden wollten, versuchte die iranische Regierung, die Russen zu reizen, brachte die Frage aber schließlich Ende Januar doch vor den Sicherheitsrat.[56]

Byrnes' Zurückhaltung ging auf den Gegensatz zurück, der zwischen seinen persönlichen Gewohnheiten und dem auf ihn ausgeübten Druck bestand. Sein Instinkt riet ihm immer noch zu einem Hinterzimmerkompromiß. Weiterhin noch von der Weisheit der allgemeinen Moskauer Regelung überzeugt, meinte er, solche Methoden könnten dazu beitragen, andere Probleme, wie das des Iran, zu lösen. Doch nun war er bei seiner Rückkehr aus Moskau durch unerwartete Kritik verletzt worden. In seinem mißbilligenden «Brief» vom 5. Januar hatte Truman dem Iran in seiner Anklagerechnung einen hervorragenden Platz gegeben. «Einige seiner Freunde nennen ihn einen *fixer*, einen Kompromißmacher, einen Beschwichtigungspolitiker und sind besorgt, daß ein solcher Mensch über die amerikanische Außenpolitik wacht.» Anfang 1946 schrieb die *Fortune* über Byrnes: «Er soll sich morgens drei Hüte herauslegen, damit er auf den mittleren einen Kompromiß schließen kann.» Die Zeitschrift hob nachdrücklich hervor: «Er ist der gegenwärtige Nachfolger des Präsidenten.» Weiterhin fühlte er sich einem Druck von unten, vom State Department, ausgesetzt. Als er sich Mitte Januar in London aufhielt, wurde er von Donald Russell, dem ehemaligen Teilhaber seines Anwaltsbüros und späteren Unterstaatssekretär der Administration, vor dem Klima von Washington gewarnt: «Ich muß zugeben, daß die antirussische Einstellung offenbar stärker ist, als ich dachte.»[57]

Die antirussische Einstellung war mit ihm in London in Gestalt von Arthur Vandenberg und John Foster Dulles, beides Mitglieder seiner Delegation, die beide auch zu den erbittertsten Kritikern der Moskauer Konferenz gehörten. Vandenberg klagte wenige Monate später in einem Schreiben an Dulles, Stalin habe während des Krieges gelernt, er brauche «nur ‹hart zu bleiben›, dann würden die Amerikaner nach München gehen, um ‹ihn zu beschwichtigen›. Man muß ihm diese falsche Lektion wieder austreiben. Unsere Belehrung begann in San Francisco. Dieses Wissen haben Sie im vergangenen Herbst in London unermeßlich bereichert. Dann machte Jimmy das alles durch seinen demütigenden Gang nach Moskau zunichte. Doch haben wir diesen Winter in London wieder etwas Boden gewonnen.»

Für die beiden Republikaner bedeutete das Wiedergewinnen verlorenen Bodens einen harten Kurs in jeder möglichen Streitfrage.[58]

Als Averell Harriman während des UNO-Treffens nach London kam, fiel ihm Byrnes' allgemeine Ungnade auf. Ein prominenter Demokrat berichtete dem Botschafter, wie unzufrieden Truman «über Byrnes' Praktiken ohne vorherige Absprache» sei, und drückte selbst Zweifel aus, ob Byrnes sich halten würde. «Bei fast allen, mit denen ich sprach», bemerkte Harriman, «konnte ich eine Verstimmung [feststellen] wegen des unangemessenen Konsultationsmangels und der Behandlung, die ihnen von Byrnes zuteil geworden war ... Byrnes verfolgt seine Alleingangspolitik weiter und entscheidet alles allein.» John Foster Dulles berichtete Harriman, die Mitglieder der Delegation «achteten Byrnes wegen seiner Fähigkeiten, mißbilligten aber das von ihm geschaffene Klima der Heimlichtuerei und des Opportunismus. Alle stimmten darin überein, daß die Würde der amerikanischen Außenpolitik ... nun von Byrnes herabgesetzt werde. Wegen Byrnes wenden die Briten sich von uns ab, nicht aufgrund politischer Unstimmigkeiten, sondern nur, weil er sie durch seine Unwilligkeit zur Absprache und seine von Bevin als arrogant empfundene Haltung beleidigt. Wir dürfen nicht vergessen, daß Bevin als Labourführer durch seine Herkunft eine gewisse Empfindlichkeit aufweist.»

Da Harriman selbst Byrnes nicht übermäßig wohlgesinnt war, hatte er auch für diese Kritik ein gewisses Verständnis.

Ende Januar wurden die Iran-Debatten der UNO verschoben. Am 2. März war der Termin für den Truppenabzug noch nicht gekommen, und Rußland und der Iran stimmten dem Vorschlag des Präsidenten der Vereinten Nationen zu, mit bilateralen Besprechungen zu beginnen. Inzwischen hatte der konservative, prowestliche Politiker Ahmad Qavam das Amt eines Premierministers übernommen, was die Verhandlungen erleichterte. Denn der gerissene alte Qavam, der im Norden viel Land besaß, hatte die Absicht, einen mittleren Kurs zu steuern. Er hielt das Öl nicht so sehr für ein spezifisches russisches Beuteobjekt wie für den Kern des Problems, obgleich auch er einsah, daß russische Konzessionen ein wichtiger Öffnungskeil für eine Kontrollsphäre sein konnten.[59] Die Briten, die sich den Amerikanern gegenüber noch kritisch verhielten, waren über den Aufschub der UNO unzufrieden.

Ende Januar war Byrnes wieder in Washington. Er hielt eine Vereinbarung immer noch für möglich. Am 29. Januar schrieb er an Mark Ethridge, daß er mit den Bedingungen in Bulgarien noch nicht zufrieden sei. Aber in Rumänien, sagte er, «bemühte sich Wyschinskij wirklich, das Moskauer Vertragsabkommen zu erfüllen». Er berichtete dem Kabinett von seinen «Schwierigkeiten» mit Dulles und Vandenberg, er erklärte, daß ihre «Aktivitäten von jetzt an als die politischer Partisanen gelten könnten». Er wies auch darauf hin, daß die Russen «gern mit den Vereinigten Staaten allein über Stabilität und Frieden diskutierten». Aber jetzt bekam Byrnes die antirussische Stimmung stärker zu spüren. In Washington wurde viel über einen Riß zwischen Präsident und Außenminister geredet, und die Opposition gegen Byrnes trat deutlicher zutage.[60]

Truman selbst war in dieser Zeit entmutigt, gehetzt, verwirrt und überarbeitet. Anfang Februar wurde ihm durch seine Vettern eine Botschaft seiner Mutter übermittelt: «Sagt Harry, er soll gut und ehrlich sein, sich gut halten, doch glaube ich, daß es für ihn Zeit ist, jemand gegenüber hart zu werden.» Später im Monat besprach Truman seine vielfältigen Probleme mit Budgetdirektor Harold Smith. Ihm fehlte auch die angemessene Unterstützung durch einen Mitarbeiterstab, den er nach Smith' Ansicht nicht wirkungsvoll genug einsetzte. Nachts blieb er wach, um bis zu dreißigtausend Worte Schriftsätze zu lesen. Der Präsident verglich die gegenwärtigen Bedingungen mit denen nach dem Ersten Weltkrieg und wies auf eine Ausgabe von *The New Republic* hin, in der ein Artikel von George Soule über dieses Thema erschienen war. Ende Februar klagte er in «Verzweiflungsnotizen», wie Smith sie nannte, über die «Lawine von Dingen, die sich über mir anhäufen». Als der Präsident wenige Wochen später wieder mit Beamten des Budgetbüros zusammentraf, hielt er eine Ausgabe von *Collier's* mit einem Artikel über «Trumans unglückliches Jahr» hoch. Der Budgetdirektor erwiderte, daß man ihn als «Des Landes unglückliches Jahr» betiteln könnte.[61]

In außenpolitischen Angelegenheiten verlangte Truman eine genaue Unterscheidung zwischen Recht und Unrecht. Wenigstens auf diesem Gebiet wollte er sich nicht durch das Ausbalancieren gegnerischer Interessen erschöpfen. Aber Byrnes gab ihm nicht die Gewißheit, die der Präsident von seinem Außenminister erwartete und selbst bemerkte. Dieselben Stimmen, die bei seinem Amtsantritt so einflußreich gewesen waren, bestärkten seine gegenwärtige Meinung. Im Februar vertraute Leahy seinem Tagebuch an, Averell Harriman sei bei seiner Heimkehr nach Beendigung seiner Botschaftertätigkeit in Moskau ins Weiße Haus gegangen, um dort «unsere gegenwärtige Beschwichtigungspolitik der Sowjetunion gegenüber» zu kritisieren. Leahy fügte hinzu, nach Trumans Ansicht sollten die Vereinigten Staaten «dem sowjetischen Expansionsprogramm eine starke Dipomatie entgegensetzen, doch wird es, fürchte ich, schwierig sein, unseren Außenminister zu einem stillschweigenden Eingeständnis unserer augenblicklichen Beschwichtigungspolitik zu bringen».[62]

Doch war Byrnes Ende Februar bereit, eben das stillschweigend zuzugeben und zu beweisen, daß auch er die «richtige Einstellung» habe. Zu diesem Zeitpunkt konnte Byrnes nicht länger Roosevelt spielen. Er hatte zwischen dem heimischen Konsens und einem Großmachtkonsens zu wählen. Er wählte den einzig ihm offenen Weg, seine Stellung im Inland neu zu festigen. Loy Henderson erinnerte sich genau an den Zeitpunkt, an dem

Beamte des State Department Byrnes' Veränderung deutlich feststellen konnten. Während einer Zusammenkunft der Führungskräfte im Februar brachte Acheson den Iran zur Sprache. Benjamin Cohen vertrat den Standpunkt, das wichtigste Problem sei die Erhaltung guter Beziehungen mit der Sowjetunion. Henderson widersprach ihm scharf. «Wenn die Russen damit durchkommen, werden sie etwas Neues versuchen», sagte er. Die Vereinigten Staaten konnten die russische Aktivität nicht dulden, wenn nicht die gesamte Friedensstruktur zusammenbrechen sollte. Durch den lauten Streit im Nachbarbüro wurde der Außenminister angelockt.

«Was soll das laute Gerede?» fragte Byrnes. «Ich will wissen, was los ist.» Sie legten ihm ihre Argumente dar – erst Cohen, dann Henderson. Letzterer hatte sich kaum geäußert, als Byrnes ihn unterbrach: «Wir werden hierin fest bleiben.»[63]

Byrnes' Meinungsänderung trat am 28. Februar in einer bedeutenden außenpolitischen Rede im Overseas Press Club zutage, in der er die Sowjetunion und ihre Iranpolitik beinah deutlich angriff. Byrnes trug nun Sorge, die Rede vorher Truman zur Billigung vorzulegen, der dem Außenminister ebenfalls riet, «härter zu werden und in den kommenden drei Monaten ohne Kompromisse auszukommen zu versuchen». Die Rede zeigte Byrnes' Wendung von der Hinterzimmerpolitik zur Öffentlichkeit. Er überging die Gründe, die ihn zur Organisation des Moskauer Treffens veranlaßt hatten, und sprach aus, daß Interessenkonflikte «öffentlich enthüllt werden sollten». Wenn man sie nicht vor die Vereinten Nationen brachte, «würden diese Fora der Realität entfremdet und sich auf die Dauer als zwecklos und unnütz erweisen». Er kritisierte kleinere Schlichtungen, «die zum Öffnungskeil für weitere verdeckte Machtinfiltrationen werden könnten». Er forderte eine starke Militärmacht, weil die USA ihren Einfluß gebrauchen sollten, um sich zu versichern, daß andere Mächte «gemäß diesem [UNO-] Abkommen leben». Er sagte auch, die USA würden gegen Aggressionen aktiv einschreiten. Er bekannte sich nachdrücklich zum Globalismus, einer offenen Welt, dem Recht der Amerikaner, an jedem Punkt der Weltkarte einzugreifen: «Wir werden nicht dazu beitragen, die Welt in exklusive Blöcke oder Einflußsphären aufzuteilen. In diesem atomaren Zeitalter werden wir nicht versuchen, eine einheitliche und unaufteilbare Welt aufzusplittern.»

Politische Beratungen über den Iran hatten zu der allgemeinen Ansicht geführt, daß Großmächtevereinbarungen unmoralisch seien. Die Führer der Vereinigten Staaten wollten Macht – abgesehen von der uneigennützigen amerikanischen – irgendwie abschaffen, so daß ein heterogenes Gefüge von unabhängigen großen und kleinen, schwachen und mächtigen Staaten eine Politik nach den Prinzipien «pro Mann eine Stimme» führen könne. Mitte März vermerkte zum Beispiel John Hickerson aus der Europa-Abteilung: «Ich glaube, wir stehen am Scheidewege. Zwei Weltordnungen sind möglich. Die erste ist eine nach Auffassung der UNO auf dem Prinzip der souveränen Gleichheit aller Staaten erbaute Welt. Die andere ist eine Welt der Großmächte mit Einflußsphären. Ich glaube, die Vereinigten Staaten könnten in der zweiten schon ganz gut zurechtkommen, aber aus tausend Gründen hoffe und bete ich, daß wir das Privileg haben werden, in einer nach dem Konzept der UNO erbauten Welt zu leben. Mein Wunsch ist so stark, daß ich mich für eine solche Welt voll einsetzen möchte – und zwar sofort.»[64]

Zu dieser Zeit war Byrnes bereit, sich in der Iranfrage voll einzusetzen. Die Absichten der Perser waren nie ganz klar. Premierminister Qavam verbrachte im Februar und März drei Wochen in Moskau. Obgleich er offensichtlich stark unter Druck gesetzt wurde, strebte Qavam nach einer umfassenden Regelung, die den Rückzug der Sowjettruppen, die Vereinbarung über gemeinsame Ölbohrungen, etwas Autonomie für Aserbaidschan und die Entsendung eines neuen, weniger verhaßten sowjetischen Botschafters nach Teheran umfaßte.[65] Qavam führte in der Tat einen schwierigen Seilakt aus – er versuchte, die Entfremdung seines möglichen amerikanischen Schirmherrn zu verhindern, ohne sich dabei einen gehässigen sowjetischen Nachbarn zum Feind zu machen. Er verließ sich auf zwei Fürsprecher – einer sowjetisch, einer westlich orientiert –, um gegensätzliche politische Erklärungen abzugeben, die er dann seinerseits widerrief.[66]

Als Qavam sich anschickte, Moskau zu verlassen, verstrich der Termin des 2. März. Die Briten zogen ihre letzten Soldaten zurück, aber die russischen Truppen blieben, um nach einer Formulierung der Tass «eine unentschiedene Lage zu überprüfen». Die Überprüfung nahm eine seltsame Form an, denn ein amerikanischer Konsul im Nordiran berichtete von weitläufigen und bedrohlichen Truppenbewegungen in dem Gebiet und dann von einem «umfassenden Aufmarsch».[67] Zum erstenmal seit Kriegsende wurde die politische Elite durch eine Krise aufgeschreckt. «Im Iran entwickelt sich eine sehr gefährliche Situation», sagte Truman zu Harriman. «Die Russen weigern sich, ihre Truppen abzuziehen – wie sie den Briten vertraglich zusagten –, und das kann zu Krieg führen.» Im State Department ordnete Loy Henderson die Anfertigung einer großen mit Pfeilen besteckten Landkarte von Aserbaidschan an. Die Karte wurde zu eilig angesetzten Lagebesprechungen mit Byrnes und anderen hohen Beamten gebraucht. Man erklärte ihnen, wohin jeder Pfeil deutete – die türkische Grenze, die Irakgrenze, die persischen Ölfelder, Teheran.

«Zur politischen Unterwanderung des Iran kommt jetzt noch die militärische Invasion der Russen», rief Byrnes aus. Indem er sich mit der Faust auf die andere Hand schlug, fügte er hinzu: «Jetzt werden wir es ihnen aus beiden Läufen geben.»

Die höheren Beamten stimmten überein, daß es «nur eine Schlußfolgerung gäbe – die Sowjets schienen gesinnt, den Iran und die übrige Welt einem *fait accompli* gegenüberzustellen». Acheson riet jedoch zu etwas Vorsicht: «Wir sollten die UdSSR wissen lassen, daß wir über ihre Truppenbewegungen Bescheid wissen, ihr jedoch, wenn sie eine Kraftprobe vermeiden will, einen geziemenden Ausweg offenlassen.» Das State Department sandte eine weitere Note nach Moskau, in der «um sofortige Aufklärung über den Zweck der Truppenbewegungen» ersucht wurde.[68]

Es darf nicht überraschen, daß jene Männer, die den Krieg noch frisch in Erinnerung hatten – und die sich an Deutschlands schrittweises Vorgehen ein Jahrzehnt zuvor erinnerten –, sehr über das plötzliche Aufflackern militärischer Aktivität besorgt schienen. Truman war überdies zu der Überzeugung gelangt, die Vereinigten Staaten seien in ihren Beziehungen zur Sowjetunion benachteiligt, weil sie ständig mit einem *fait accompli* konfrontiert würden. Einer weiteren vollendeten Tatsache in Form eines sowjetischen Iran wollte er sich nicht gegenübersehen. Doch spiegelten die vom State Department gezogenen Schlußfolgerungen auch zunehmend eine Auslegung sowjetischer Verhaltensweisen nach der Riga-Regel wider. Die Pfeile auf der Karte symbolisierten die Auffassung, daß die Russen nach einem größeren Plan vorgingen. Doch noch eine weitere Hypothese war plausibel – die Truppenbewegungen könnten plumpe Angeberei und Bluff sein, nicht nur, um die Perser zu beeindrucken, sondern auch, um dem Westen zu zeigen, daß die Großmacht Rußland sich nicht in ihrem eigenen Hinterland herumstoßen lasse. Schließlich folgten die Russen nicht der Richtung der Pfeile, sondern marschierten in die entgegengesetzte Richtung, nämlich nach Hause. Sie brauchten keine lautstarken Ansprachen vor den Vereinten Nationen, um zu wissen, daß eine andersgerichtete Bewegung als Bedrohung lebenswichtiger Interessen des Westens aufgefaßt worden wäre, höchstwahrscheinlich mit einer kräftigen westlichen Reaktion verbunden.

Während Qavams Moskauer Besprechungen hatten Stalin und Molotow ausgerufen: «Uns kümmert nicht, was die USA und England denken; wir haben keine Angst vor denen.» Aber natürlich hatten sie doch Angst, und gerade in dieser Region waren sie besonders leicht verwundbar. Die Vereinigten Staaten gingen jedoch davon aus, daß die russische Aggression bevorstünde und eine angemessene Regelung dieser Krise nur durch eine öffentliche Bloßstellung der Russen erfolgen könne.[69]

Der iranische Botschafter brachte die Frage des russischen Truppenabzugs am 19. März wieder vor den Sicherheitsrat, obgleich nie richtig klar wurde, was Qavam eigentlich damit bezweckte. Am gleichen Tage beantragte Gromyko eine Terminverschiebung auf den 10. April, bis zu dem er eine Regelung erwarte; eine Woche später verkündeten die Sowjets in etwas unklaren Formulierungen die am 2. März begonnene Evakuierung einiger Gebiete. In Kürze werde sie vollzogen, die allgemeine Evakuierung in fünf bis sechs Wochen abgeschlossen sein, «wenn nichts Unvorhergesehenes dazwischenkäme». Inzwischen gingen die Verhandlungen zwischen der sowjetischen und der iranischen Regierung weiter. Der Generalsekretär der Vereinten Nationen, Trygve Lie, hielt persönliche Gespräche fern vom Rampenlicht der Vereinten Nationen für wirksamer, um die Sowjets zum Rückzug zu bewegen. «Ich dachte, eine Debatte im Sicherheitsrat würde jetzt den Streit eher verstärken als beilegen.»

Jedoch wollten weder der iranische Vertreter noch, wie Lie sich später nachdrücklich erinnerte, insbesondere die Nahostabteilung des State Department klein beigeben.[70] Die Vereinigten Staaten bedrängten den Iran, die sowjetischen Angebote zurückzuweisen und den Streitfall weiterhin vor die Vereinten Nationen zu tragen. Sowohl Byrnes wie Truman widersetzten sich jeglicher Verzögerung in der Debatte des Sicherheitsrates. «Ich habe die Absicht, jetzt auf einer völligen Regelung zu bestehen», informierte Byrnes Bevin. Byrnes begab sich zur Darlegung des amerikanischen Standpunktes persönlich nach New York und erklärte, falls die Vereinten Nationen sich nicht sofort mit der Iranfrage befaßten, würde «die UNO aus Unfähigkeit und Untauglichkeit bereits im Kindbett sterben». Gromyko, der sich zu einem Zeitpunkt, wo die Parteien einer Vereinbarung nahe waren, einer öffentlichen Schaustellung ausgesetzt fand, inszenierte wütend den ersten vieler sowjetischer Bühnenabtritte.[71]

Innerhalb weniger Tage, am 4. April, war die Irankrise plötzlich vorbei. Die Debatte im Sicherheitsrat hatte die Sowjets nicht zum Abzug aus dem Iran gezwungen. Sie machte das Problem öffentlich, ohne es zu lösen. Es endete, weil Moskau und Teheran eine Vereinbarung getroffen hatten, deren Unterbau bei Qavams Besuch in Moskau geschaffen worden war. Am 5. April gab Forrestal Byrnes gegenüber zu, Öl sei «eine heiße Sache».[72]

Die Krise hatte sich nicht zu einer ost-westlichen Konfrontation ausgewachsen, doch hatte sie die aufkeimende Polarisation gefördert. Der Streit hatte das sowjetisch-amerikanische Wettrennen in einer anderen Region eröffnet – die man später als Dritte Welt bezeichnen sollte. Infolge dieser wachsenden Polarisierung faßte jede Seite die Handlungen der anderen als provokativ auf.

Am 4. April, als die Krise in Teheran beigelegt wurde, stattete der neue amerikanische Botschafter, Walter Bedell Smith, seinen abendlichen Besuch im Kreml ab. Stalin kam gleich auf den Iran zu sprechen und ließ sich lange über das Thema aus. Er wünschte eine Teheraner Regierung, die, im Gegensatz zu der von Qavams Vorgänger, nicht offen feindselig gegen die Sowjetunion eingestellt sei. Solche Wünsche seien in den «internationalen Beziehungen Großbritanniens und Amerikas» nicht unbekannt. Er sprach sarkastisch über die «Hindernisse, die dem Erwerb von Ölkonzessionen insbesondere durch Großbritannien und die Vereinigten Staaten in den Weg gelegt» würden. Er kritisierte auch die Weigerung der Vereinigten Staaten, einer Verschiebung der Frage im Sicherheitsrat zuzustimmen.

«Hätten die Amerikaner unter ähnlichen Umständen einen solchen Antrag gestellt, würde die Sowjetunion ihm willig und mit Freuden zugestimmt haben.» Die Truppen würden nun, wie versprochen, am 5. Mai außer Landes sein. Er versicherte Smith, die Sowjetunion habe nicht die Absicht, die Vereinten Nationen zu verlassen. Dann ging Stalin zur Eisernen-Vorhang-Rede über, «eine unfreundliche Handlung und unbefugter Angriff auf seine Person und die UdSSR, die Rußland gegen die Vereinigten Staaten sich nie gestattet hätte».*

Ob er wirklich glaube, daß die Vereinigten Staaten und Großbritannien sich zu einer Allianz gegen die Sowjetunion zusammengeschlossen hätten, fragte Smith.

«Ja», erwiderte Stalin.[73]

Für die Amerikaner hatten im Iran Prinzipien auf dem Spiel gestanden. Sie hatten ihrer globalistischen Anschauung gemäß gehandelt. Bis zu einem gewissen Grad verleugneten sie ihre persönlichen Interessen sogar sich selbst gegenüber. Die Irankrise entstand zu einem Zeitpunkt, wo fast die gesamte politische Elite Amerikas sich zu der «richtigen Einstellung» bekannt hatte.

Die Rigaer Richtlinien machten eine andere Erklärung der Ereignisse unmöglich, sie verleugneten jeden Augenschein, der dazu nicht paßte, und unterstrichen das Bestehen eines umfassenden sowjetischen Planes. Im April zum Beispiel übermittelte Robert Murphy, der politische Ratgeber von General Lucius Clay, des amerikanischen Oberbefehlshabers in Deutschland, dessen Unzufriedenheit über Kennans Langes Telegramm. «Es schien Clays realistischen Arbeitsbeziehungen mit den Russen in Deutschland zu widersprechen. H. Freeman Matthews Antwort war: «Wenn Sie versuchen, aus der Berliner Erfahrung allgemeine Schlußfolgerungen zu ziehen, bekommen Sie ein völlig schiefes Bild.» Er übersandte eine knappe Zusammenfassung des Langen Telegramms, die hier ungekürzt zitiert wird, weil sie der nun herrschenden, quasi unbestrittenen Ansicht hoher politischer Kreise Ausdruck gab:

«Als ich die Aussichten als schlecht bezeichnete, hatte ich natürlich nur eine kurze Zeitspanne im Sinn», schrieb Matthews, «niemand hier glaubt auch nur einen Augenblick, die Sowjets könnten diesmal Krieg mit uns wollen. Doch herrscht im Kreml die grundlegende Doktrin, daß sowjetische und nichtsowjetische Systeme in dieser Welt nicht nebeneinander bestehen

* Truman sah den Iran ebensosehr wie Stalin als eine Art Test der sowjetisch-amerikanischen Beziehungen an. Am 23. März suchte Botschafter Smith, der sich auf seine Abreise nach Moskau vorbereitete, Truman auf. Der Präsident wies Smith, wie er in einer Tagebucheintragung berichtet, an, «Stalin zu sagen, daß ich ihn als einen Mann beurteile, der sein Wort hält. Der Verbleib der Truppen im Iran nach dem 2. März widerspräche dieser Theorie. Sagte ihm auch, er solle Stalin bewegen, nach Amerika zu kommen.»

können. Diese grundlegende Anschauung gilt bei treuen Kommunisten als Religion, und ihre Auswirkungen machen es unmöglich, sich in der Welt einen wirklichen Frieden vorzustellen, wenn nicht oder bis im sowjetischen Denken ein fundamentaler Wandel stattfindet.» Er fügte hinzu, die sowjetischen Führer wünschten «keinen Frieden noch Stabilität oder Sanierung in Europa – oder wenigstens westlich des Eisernen Vorhangs –, denn unter solchen Umständen würden ihre Unterwanderungs- und Kommunisierungsmethoden nicht gedeihen. Und diese Methoden sind eine der beiden Waffen sowjetischer Expansion – die andere ist der unmittelbare militärische Druck auf Nachbarstaaten, wie im Iran. Es besteht natürlich noch eine langfristige Hoffnung, nämlich daß ‹Erziehung› hinter dem Eisernen Vorhang möglicherweise zu einem Wandel der grundsätzlichen Sowjetpolitik führt.» Aber gegenwärtig bestand auf Einigung keine Hoffnung. «Es tut mir leid, daß ich das nicht länger ausführen kann», schloß Matthews, «aber ich bin mit Vorbereitungen für unser bevorstehendes Treffen in Paris überlastet.» Das Treffen, auf das er anspielte, war die erste Sitzung der Pariser Friedenskonferenz.[74]

Zu Beginn der Pariser Verhandlungen erklärte Byrnes dem französischen Außenminister Bidault, er werde bei einem Scheitern der Konferenz versuchen, solche Treffen «der Öffentlichkeit deutlich zu machen, daß die Weltmeinung die Lage erfassen und die Fallstricke erkennen kann». Er sei sehr von der Art beeindruckt worden, wie sich «die öffentliche Meinung hinter Amerika gestellt habe» und auch über die Iran-Beratungen im Sicherheitsrat. Zeitungen und Korrespondenten, die «kürzlich unsere Position zu Rußland mißverstanden hatten», seien nun völlig umgestimmt und über Rußlands Verhalten einem kleinen Lande gegenüber höchst schockiert. «Wenige Monate vorher», erklärte Byrnes, «sei die amerikanische Öffentlichkeit sehr darauf bedacht gewesen, mit Rußland zusammenzuarbeiten», aber die russische Politik habe «dieses Gefühl völlig zerstört».

Byrnes fügte eine bedeutsame persönliche Anmerkung hinzu: Er selbst sei «bis an die äußerste Grenze» gegangen und, weil er Rußland zu viel «beschwichtigt» und nachgegeben hätte, beträchtlicher Kritik ausgesetzt worden. Diese Zeit sei jedoch vorbei, die amerikanische Meinung nicht länger geneigt, in wichtigen Fragen Konzessionen zu machen.»

Der Außenminister überging das Wesentliche, denn der Wandel der «amerikanischen Meinung» war ganz besonders ein Wandel von Jimmy Byrnes, als deren Ergebnis seine Stellung zu Hause sich gefestigt hatte. Auf den Entwurf von Byrnes' Rede vom 28. Februar 1946, in der er seinen Meinungswechsel öffentlich kundgab, hatte Truman geschrieben: «Eine gute Rede, meine ich.» Zwei Wochen später, Mitte März, bemerkte Admiral Leahy etwas weniger nachsichtig, daß Byrnes' jüngst «verkündete Stellungnahme zur amerikanischen Außenpolitik so richtig ist, daß sie von erheblich größerem Wert gewesen wäre, wenn er sie früher bekanntgegeben hätte». Wenige Tage zuvor hatte Leahy sich sogar ins State Department begeben, um dem Außenminister persönlich zu versichern, daß er keine Kabale um seine Abschiebung betreibe. Er meinte, die undichte Stelle, durch die Anti-Byrnes-Nachrichten sickerten, sei vermutlich im State Department zu finden. Nach Byrnes' Auftritt bei der Sitzung des Sicherheitsrates im März war Arthur Vandenberg mit dem Lob schnell bei der Hand. «Letzte Woche hat Jimmy in New York tapfer etwas moralischen Boden zurückerobert», berichtete er Senator Dulles.

Doch immer noch wollte Byrnes Friedensmacher werden. Trotz seiner neuen Vorbehalte und seiner geringeren Kompromißbereitschaft hielt er eine Regelung noch immer für möglich und notwendig. Sein Bild von der Sowjetunion war noch mitnichten völlig abgerundet. Er stellte Bidault eine Frage: War russische Politik «auf einem Bestreben nach Sicherheit oder nach Expansion begründet»? Es sollte nicht lange dauern, bis seine letzte Frage zu seiner Zufriedenheit beantwortet wurde.[75]

Ein großer Teil aller Mißverständnisse geht auf den üblichen Gebrauch verkleinerter Landkarten zurück.

LORD SALISBURY

Verwechseln Sie nicht sécurité, das Gefühl, nichts fürchten zu müssen, mit sureté, der Situation, in der es nichts zu fürchten gibt.

LAROUSSE[1]

VIII

Das Evangelium der nationalen Sicherheit Vorbereitungen für den am Horizont aufgehenden Krieg

Ende Oktober 1941 faßte Kriegsminister Henry Stimson seine Überlegungen über den europäischen Krieg und die veränderten internationalen Beziehungen in einem Brief an Franklin Roosevelt zusammen. «Unsere gesamten strategischen Möglichkeiten der vergangenen zwanzig Jahre wurden durch die Weltereignisse während der letzten sechs Monate revolutioniert.»

Doch kurz danach, als die Japaner am 7. Dezember 1941 ihren Überraschungsangriff auf Pearl Harbor durchführten, traten diese Möglichkeiten weit hinter den offensichtlich gewordenen Schwächen zurück. Als Henry Stimson zehn Tage später seine Gedanken wieder zu sammeln suchte, befanden sich die amerikanischen Führer immer noch in einem Schockzustand. Stimson fragte sich, «ob unsere grundlegende Theorie der Verteidigung und des Vertrauens auf diese Festung nicht zu statisch» sei «und ob die Japaner uns nicht durch dieses schreckliche Unglück eine Situation enthüllt hätten, der abgeholfen werden müsse».[2]

Im Verlauf des Kriegsgeschehens und der Friedensvorbereitungen entwickelte sich, um Amerikas Beziehungen zur übrigen Welt zu kennzeichnen, eine neue grundlegende Theorie – eine Doktrin der nationalen Sicherheit.[3] Sie erwuchs aus technischen und politischen Veränderungen und der Art, wie die Menschen diese auffaßten und verstanden. Ein politischer und bürokratischer Kampf um das stehende Heer nach dem Kriege verlieh dieser Doktrin zusätzliche Überzeugungskraft. Ihre volle Bedeutung gewann sie jedoch erst, als sie sich im Denken amerikanischer Politiker mit den Riga-Grundsätzen verzahnte. Gegen Ende des Krieges machten amerikanische Politiker bereits bewußt von dieser Theorie Gebrauch, um ihre Auffassung von den neuen Beziehungen darzulegen. Im Herbst 1945 versammelten sich die Führer verschiedener ziviler und militärischer Dienststellen auf dem Kapitolshügel, um sich dort vor einem Senatsausschuß wegen der Frage der Zusammenarbeit der Truppengattungen festzulegen. Während bei einer früheren Runde solcher Hearings im Frühjahr 1944 von «nationaler Sicherheit» kaum die Rede gewesen war, beriefen sich die Politiker anderthalb Jahre später bei diesen Hearings ständig auf diese Idee als ihrem Ausgangspunkt.

«Unsere nationale Sicherheit kann nur durch eine sehr breite und einsichtige Frontbildung gewährleistet werden», brachte der energischste Vertreter dieses Konzeptes, Marineminister James Forrestal, vor. «Das Wort ‹Sicherheit› ziehe ich hier logisch und beständig dem Ausdruck ‹Verteidigung› vor.»

«Mir sagt Ihre Formulierung ‹nationale Sicherheit› zu», erklärte ihm Senator Edwin Johnson.[4]

Die Worte an sich waren nicht neu. Sie waren spätestens im 18. Jahrhundert in Gebrauch gekommen. In *The Federalist* sah Madison «Sicherheit gegen ausländische Bedrohung» als wichtigsten Anlaß, Machtbefugnisse von den Bundesstaaten auf die Zentralregierung zu übertragen. Doch allgemein gebräuchlich wurde die Formulierung «Nationale Sicherheit» in der politischen Sprache Amerikas erst Mitte der vierziger Jahre.[5]

Kurz vor dem Zweiten Weltkrieg war die Formulierung durch einige Gelehrte in Umlauf gebracht worden. Von besonderer Bedeutung war ein Princeton-Seminar, das Professor Edward Mead Earle für Fortgeschrittene veranstaltete. An ihm nahm eine Anzahl damaliger und späterer prominenter Spezialisten in internationalen Beziehungen teil. Ihr Ziel war, die Beziehungen zwischen militärischen und außenpolitischen Fragenkomplexen zu ergründen; «nationale Sicherheit» wurde zum vereinheitlichenden Konzept, das die Verbindung zwischen den beiden herstellen sollte. «Der Ausdruck spielte eine gewisse Rolle», erinnerte sich Felix Gilbert, der an dem Seminar teilnahm. «Man war sehr bestrebt, darauf hinzuweisen, daß ein eventueller Kriegseintritt der Vereinigten Staaten nicht aus Idealgründen in Wilsons Sinne, sondern wegen der Realpolitik, das heißt aus Gründen nationaler Sicherheit, stattfinden würde.»[6] Die prominenteste Darlegung dieses Konzeptes lieferte während des Krieges Walter Lippmann mit seinem Bestseller *U. S. Foreign Policy: Shield of the Republic*, der 1943 veröffentlicht wurde. Er legte dar, daß «das Friedensideal» und die auf Amerikas geographischer Lage beruhende «unverdiente Sicherheit» unser Augenmerk «von dem Gedanken der nationalen Sicherheit abgelenkt» hätten.

Zu bestimmten Zeiten werden ungewohnte Sätze plötzlich zu Gemeinplätzen politischer Äußerungen, und die von ihnen vertretenen Konzepte dringen so stark in das Nationalbewußtsein ein, daß sie ihm stets angehört zu haben scheinen. Das trifft 1945 auf die Formulierung «Nationale Sicherheit» in den Monaten genau vor und nach dem Ende des Pazifik-Krieges zu. «Das abstrakte Substantiv ‹Sicherheit› hat für uns eine sehr konkrete Bedeutung gewonnen», bemerkte Joseph E. Johnson, der Leiter der Abteilung für Internationale Sicherheitsfragen im State Department, im Sommer 1945, wenige Tage vor dem Atombombenabwurf in Hiroshima. «Es ist unmöglich, eine Zeitung zu lesen, ein Magazin durchzublättern oder zu einer Dinnerparty zu gehen, ohne durch eine Geschichte, einen Artikel oder eine beiläufige Bemerkung dringlich an das weitverbreitete Interesse an der künftigen Sicherheit der Vereinigten Staaten erinnert zu werden.» Die neue Sorge, meinte er, erkläre sich durch den revolutionären Wandel der nationalen Einstellung zur Sicherheit, der in direkter Verbindung zu «einer veritablen Revolution der internationalen Beziehungen» stand. Er hatte recht – der Ausdruck war überall zu hören. «Wir leben jetzt in einem anderen Bund», berichtete *Life* seinen Lesern im September 1945. «Wie sehr das Thema der Sicherheit an Bedeutung zugenommen hat, mehr als das von Armee und Flotte zusammen ...: die vor uns liegenden militärischen Probleme sind alle mit der Außenpolitik und miteinander verquickt.»

Der Satz drückt die neue konventionelle Auffassung der militärischen Ordnung nach dem Kriege aus. In einer Rede im Army Industrial College im Herbst 1945 zählte ein Planer des War Department einige grundlegende Anforderungen der nationalen Sicherheit auf – einen weitausgedehnten Nachrichtendienst, einen «nationalen Realismus, der uns erlaubt, allgemeine Kriegsvorbereitungen zu treffen, wenn wir bei einer anderen Nation aggressive Absichten feststellen», und die Möglichkeit, unverzüglich zur Kriegsmobilisierung imstande zu sein. «Ich wünschte nur, wir hätten mehr Apostel, um das Evangelium der nationalen Sicherheit zu predigen», bedeutete ihm einer der höheren Beamten am Ende seiner Rede.[7]

Wir dürfen jedoch nicht annehmen, daß «nationale Sicherheit» eine reine Modephrase geworden war, mit der ein Redner eine Zuhörerschaft oder ein Hearing im Kongreß beeindrucken konnte. Ihre plötzliche Popularität ging im Gegenteil auf die Tatsache zurück, daß sie eine Welteinstellung, eine Mentalität beinhaltete. Die Doktrin definierte nicht nur eine neue Beziehung zwischen den Vereinigten Staaten und der übrigen Welt, sondern empfahl auch Verhaltensweisen, die diesen neuen Bedingungen angepaßt waren. Man darf annehmen, daß die Amerikaner außenpolitisch stets nach einem einheitlichen Konzept, einem Leitgedanken, strebten, der Amerikas Verhältnis zur übrigen Welt darlegt, widersprüchliche Informationen integriert, Verhaltensabläufe vorschlägt und rationalisiert, bei Politikern und dem Volk als oberste Instanz gilt und Streitigkeiten und Debatten quasi wie mit einem Zauberspruch beendet. In diesem Sinne war «nationale Sicherheit» mehr als drei Jahrzehnte lang tatsächlich ein Leitgedanke der amerikanischen Geschichte.[8] Wir dürfen nicht vergessen, daß «nationale Sicherheit» kein Faktum, sondern eine Denkweise ist.

Was charakterisiert jedoch das Konzept der nationalen Sicherheit? Sie postuliert die Zwischenbeziehungen so vieler unterschiedlicher politischer, wirtschaftlicher und militärischer Faktoren, daß Entwicklungen über die halbe Erde lebenswichtige Interessen automatisch und unmittelbar zu beeinflussen scheinen. Faktisch wird jede Entwicklung auf der Welt als eventuell kritisch angesehen. Eine gegensätzliche Entwicklung an jedem möglichen Ort bedeutet Gefahr für die Vereinigten Staaten. Außenpolitische Probleme werden zu unmittelbaren Bedrohungen. Erstrebenswerte außenpolitische Ziele werden zu Kernpunkten des nationalen Überlebens hochgespielt, das Ausmaß der Bedrohungen nimmt kein Ende. Charakteristisch für die Doktrin ist die Expansion, eine Tendenz, die subjektiven Grenzen der Sicherheit immer mehr auszuweiten, immer weitere Gebiete und immer mehr Probleme in sie einzubeziehen. Sie verlangt von dem Land eine Einstellung militärischer Bereitschaft; die Nation muß ständig in Alarmfähigkeit gehalten werden. Jetzt gewannen Technologie wie die Streitkräfte selbst eine neue Bedeutung. Daraus ergaben sich institutionelle Wechsel. All das führt zu einem Paradox: das Anwachsen der amerikanischen Macht führte nicht zu einem größeren Sicherheitsgefühl, sondern eher zu einer Wahrnehmung neuer Bedrohungen, denen dringend zu begegnen war. Arnold Wolfers schrieb richtig: «Vermutlich würden sich Bemühungen um größere Sicherheit wenigstens teilweise auch als eine Funktion der Macht und Gelegenheit erweisen, durch die Nationen die Möglichkeit haben, ihre Gefährdung durch eigene Bemühungen zu verringern.»[9]

Die Doktrin der nationalen Sicherheit entstand aus dem Bewußtsein von vier Veränderungen. Erstens war das bröckelnde und auf Europa konzentrierte internationale Gefüge zu einem von zwei früheren Außenseitern, den Vereinigten Staaten und der Sowjetunion, beherrschten Weltgefüge geworden. Die konventionelle Ansicht vor dem Kriege war, daß ein vielfältiges Verteidigungssystem die amerikanische Sicherheit gewährleistete und das Land von den Problemen der Welt isolierte. Man unterstellte, das Land sei geographisch von den anderen Großmächten entfernt, die überlegene amerikanische Flotte würde es vor Angriffen schützen, die Vereinigten Staaten könnten sich auf große natürliche und industrielle Reichtümer verlassen, die bedeutender waren als die eines potentiellen Feindes. Man glaubte auch, das europäische Kräftegleichgewicht würde so langsam verfallen, daß Zeit genug bliebe, kommenden Gefahren zu begegnen. Außenpolitischer Gefahren wegen war man Mitte der dreißiger Jahre so wenig besorgt, daß Hamilton Fish Armstrong, der einflußreiche Herausgeber von *Foreign Affairs,* sich genötigt sah, darauf hinzuweisen, daß «manche Amerikaner zögerten, die Sicherheit der Vereinigten Staaten bis zu 100 Prozent zu bewerten, insbesondere im Falle eines Konfliktes auf den Philippinen oder den Karibischen Inseln».

Diese Faktoren hatten dem Isolationismus eine diskutable Grundlage gegeben, aber durch den Zweiten Weltkrieg, im Gegensatz zum Ersten ein globaler Krieg, hatten sie ihre Bedeutung verloren. Nun waren die Vereinigten Staaten als eine vorherrschende Macht aufgestiegen, die auf der ganzen Welt eine neue Rolle zu spielen hatte. Amerikanische Führer – von einem übertriebenen Missionseifer erfüllt, von ihrer weltweiten Verantwortlichkeit überzeugt und voller Selbstvertrauen, weil sie in einer verwundeten Welt unverletzt geblieben waren – verlangten nun begierig nach ihrem himmlischen Mandat. Wirklich schien es bereits in ihrer Reichweite. 1939 fuhren die höheren amerikanischen Beamten noch mit dem Schiff nach Europa. 1945 konnte ein John J. McCloy oder James Forrestal mit dem Flugzeug in wenigen Wochen wie ein Wirbelsturm um die ganze Welt brausen. Bei jeder Landung konnte er von amerikanischen Generälen oder Admiralen begrüßt werden, die allesamt stationierte Streitkräfte der USA befehligten. Amerikanische Prokonsuln verwalteten Deutschland und Japan, und die amerikanische Industriemaschine erzeugte die Hälfte der Weltproduktion. Und so konnte John J. McCloy seinen Kollegen im Kriegsrat nach seiner Rückkehr von einer Inspektionsreise rund um die Welt im Herbst 1945 mit einigem Selbstvertrauen berichten: «Die Welt schaut auf die USA als ein stabiles Land, das die Sicherheit der Welt gewährleisten wird.»[10]

Eine zweite Quelle der neuen Doktrin war eine Reaktion auf Erfahrungen – die Männer hatten eine Lektion gelernt, sie waren sich der Bedingungen, die zum allgemeinen Krieg geführt hatten, wie auch der Praktiken weltweiter Kriegsführung bewußt. Die Abfolge von Ereignissen, die für Asien 1931 in der Mandschurei und für Europa 1936 im Rheinland begann, wurde als Teil eines Musterablaufs, Teil der Dynamik diktatorischer, totalitärer Staaten angesehen.[11] In der Retrospektive sah es so aus, als seien die Nichtangreifer bei jeder Krise passiv zurückgewichen, was den Appetit der Aggressoren nur noch stimuliert hatte. Nirgends in der Retrospektive hatten friedlich gesinnte Staaten sich weniger bewährt als im September 1938 in München. Genau an dem Tage, als Chamberlain nach München flog, hatte ein unbeachteter amerikanischer Diplomat Washington gewarnt, je stärker Deutschland würde und je mehr Diplomaten Hitler nachgäben, um so mehr Gebietsansprüche würde dieser stellen. Wer in der Mitte der vierziger Jahre konnte die jüngste Vergangenheit vergessen und würde so leicht ihre Wiederholung zulassen? Doch war «München» im Denken der politischen Elite nicht nur eine Analogie, sondern ein eisernes Gesetz und moralisches Prinzip: nie wieder! Umstände, die das Prinzip hätten modifizieren können – die Art des anliegenden Falles, historische Umstände, die Aspekte internationaler Politik –, wurden übersehen. Der *Friedensmacher* der Welt, der sich leicht hatte herumstoßen lassen, war jetzt mit außenpolitischen Verteufelungen schnell bei der Hand, der schnellste Weg, einen Andersdenkenden zum Schweigen zu bringen. Und natürlich bedeutete Einlenken Schwäche, es zeugte von Blindheit und Dummheit oder schlimmer – Verrat. Um in den Nachkriegsjahren Ereignisse zu interpretieren und politische Richtlinien festzulegen, rief man sich immer wieder die Lektion von München ins Gedächtnis.

So kam es dazu, daß Hitlers «Salamitaktik» mit den Jahren zur «Dominotheorie» wurde. Die Münchner Lektion ging von der Annahme aus, daß internationale Ereignisse sich als einfache Kettenreaktionen abspielten, alle Punkte auf der Karte gleich nahe lägen und jedes Ereignis von gleicher Bedeutung sei. Solch eine Annahme lag hinter Averell Harrimans Telegramm von 1944 bezüglich der Polenfrage: «Mich beängstigt jedoch, daß, wenn immer ein Land seinen Einfluß dadurch auszuweiten beginnt, daß es sich unter dem Deckmantel der Sicherheit mit Waffengewalt außerhalb seiner Grenzen durchsetzt, man kaum noch eine Trennungslinie ziehen kann. Erkennt man der Sowjetunion das Recht zu, aus Sicherheitsgründen bei ihren nächsten Nachbarn einzudringen, muß zu einem gewissen Zeitpunkt das Eindringen in die dahinter nächstgelegenen Nachbarstaaten ebenfalls logisch scheinen.» Mit anderen Worten, jeder Schritt, den Rußland im Namen der sowjetischen «Sicherheit» über die eigenen Grenzen hinaus tat, würde durch eine solche Auslegung mit der Auffassung der amerikanischen «nationalen Sicherheit» in Widerspruch geraten. Zwei Jahre später wies Kennan genau auf diesen Punkt hin. «Wir müssen den Russen begreiflich machen», sagte er 1946, «daß sie ihre Sicherheitsforderungen dem Konzept der unseren anpassen müssen.» Die unvermeidlichen Einflußsphären konnte man nicht zulassen, weil man meinte, daß sie für den Frieden der Welt eine Bedrohung darstellten.

Drittens war man von der Notwendigkeit überzeugt, die amerikanische Position durch stationären Einsatz bewaffneter Streitkräfte glaubwürdig machen zu müssen. 1938 hatte Roosevelt bedauernd eingesehen, daß den Vereinigten Staaten die Macht fehlte, potentielle Gegner «einzuschüchtern». Ihre kleine Luftwaffe und die 185 000 Mann starke Armee genügten nicht, Diktatoren abzuschrecken.[12] 1946 wies Ferdinand Eberstadt, ein wichtiger Verfechter des «nationalen Sicherheitsstaates», jedoch darauf hin: «Die meisten Politiker glaubten, daß Außenpolitik eng mit Militär und inländischer Wirtschaft verknüpft sein müsse.» Eberstadt fügte glücklich hinzu: «In unseren Abteilungen haben wir jetzt interessierte Männer, die diese Lektion begriffen haben und sie anwenden.» James Forrestal drückte die Sache etwas offener aus. «Entweder machen wir die UNO funktionsfähig», bemerkte er im März 1946 über eine Organisation, in die er kein Vertrauen setzte, «oder wir stehen einer Welt gegenüber, in der wir eine Militärmacht unterhalten müssen, deren Überlegenheit künftigen Angreifern deutlich macht, daß sie eine Zerstörung wie die Deutschlands riskieren.»[13]

Auch die Erfahrung, einen Weltkrieg zu managen, war lehrreich gewesen. Mobilisierung war keine leichte Aufgabe, noch dazu mußte sie in größtem Ausmaß durchgeführt werden. Zwischen 1940 und 1945 war allein das Personal der Marine von 160 997 auf 3 383 196 Mann angewachsen;

während derselben Jahre produzierten die Vereinigten Staaten soviel Stahl wie die übrige Welt – Alliierte, Gegner, Neutrale – zusammen.[14] Politiker stellten fest, daß künftig zur Mobilmachung keine Zeit mehr bleiben würde und daß man folglich ständig vorbereitet sein müsse.

Hatten andere Kriegschefs diese Lektion nicht so gut gelernt? Bei einem für Churchill gegebenen Essen während ihres Treffens im Oktober 1944 brachte Stalin diesen Punkt zur Sprache. «Wenn Menschen trinken, lockert sich ihre Zunge», sagte Stalin. «Ich habe so eine Idee, warum die Alliierten auf den Krieg nicht vorbereitet waren, einen Gedanken, der paradox erscheinen mag ... Wir alle waren nicht vorbereitet, aber nicht aus Dummheit ... Die Erfahrung des Ersten und Zweiten Weltkrieges beweist, daß die friedliebenden Nationen – Großbritannien, die Vereinigten Staaten und die Sowjetunion – gerade aufgrund ihrer Friedenspolitik stets dazu verurteilt sind, auf Krieg vorbereitet zu sein ... Das ist für den Angreifer ein Vorteil und ein Nachteil für die friedliebenden Nationen. Das ist Gesetz ... Wen kann man tadeln? Die Langsamkeit mußte sein – sie war Gesetz.»

Ein Gesetz? Gab Stalin hier, soweit ihm das möglich war, seine eigenen schrecklichen Fehler Ende der dreißiger Jahre und nach dem 22. Juni 1941 zu? «Welche Schlußfolgerungen ergeben sich daraus?» fragte Stalin. In Zukunft, meinte er, würden die Organisierung der Sicherheit und die Kriegsverhütung eine größere Rolle spielen. Damit spielte er auf ein kleines stehendes Heer an, das von den Großmächten unterhalten werden sollte.[15]

Aber diese Auffassung setzte sich nicht durch. In einer Welt, in der Souveränität das eifersüchtig bewachte Vorrecht der Nationen blieb, mußte die «Organisierung der Sicherheit» zuerst auf nationaler und nicht auf kollektiver Ebene in Angriff genommen werden.

Viertens wurde die Erwartenshaltung noch durch die technische Entwicklung dramatisiert. Mechanisierung, Geschwindigkeit, Artillerie, Luftmacht – Neuerungen auf diesen Gebieten setzten überlieferte Verteidigungspraktiken außer Kraft. Wir müssen uns vorstellen, daß ein Krieg, der mit dem Angriff polnischer Kavallerie auf deutsche Tanks begann, mit der Beschießung Londons durch die V-2 und die Atombombenexplosion über Hiroshima endete. Während man weiterhin über das Verhältnis der Luftwaffe zu anderen Truppengattungen debattierte, konnte niemand leugnen, daß die Art der Kriegführung selbst sich geändert hatte. Das gleiche galt für die bedeutendste aller Neuerungen – die Atombombe. Die Technologie hatte die Welt zusammenschrumpfen lassen und die Art der Kriegführung geändert – und das auf eine Weise, die nicht immer leicht zu verstehen war. Wie der britische General Hastings Ismay 1947 bemerkte, «spielt der Krieg sich jetzt schneller ab, als wir wahrnehmen können».[16] Für die amerikanischen Politiker war nach dem Kriege klar, daß Forschung, Entwicklung und die gesamte Industriemaschine des Landes mehr denn je zuvor und ständig in das Nationalarsenal einbezogen werden mußten.

Zwei zusätzliche Faktoren präzisierten die Doktrin der nationalen Sicherheit und machten sie dringlich. Der eine war die Zusammenlegungsdebatte, in der die Kriegsmarine gegen die Luftwaffe auftrat, von denen jede sich eine neue Rolle anzueignen versuchte, die nach dem Krieg eine große Friedensstärke rechtfertigte. Jeder versuchte den anderen mit einem weitreichenden Konzept seiner Nachkriegsmission zu überbieten. Doch die kleinliche bürokratische Auseinandersetzung genügte nicht. Für ihre Debatte brauchten die Parteien einen sichtbaren Gegner. So wie der Argwohn Deutschlands sich vor dem Ersten Weltkrieg auf Rußland gerichtet und die französischen Besorgnisse in den Zwischenkriegsjahren Deutschland gegolten hatten, konnte diese Doktrin nationaler Sicherheit nur dann Bedeutung, Substanz und Zielstrebigkeit gewinnen, wenn sie sich gegen ein anderes Land – eine Gefahr von außen, einen fremden Gegner – richtete. Somit lieferte die Sowjetunion in den Jahren unmittelbar nach dem Krieg der Doktrin ihren eigentlichen Gehalt.

Doch dürfen wir nicht vergessen, daß die Doktrin nationaler Sicherheit sich nicht abseits der sowjetisch-amerikanischen Beziehungen entwickelte. Sie lieferte auch Kriterien zur Einschätzung internationaler Politik und sowjetischer Verhaltensweisen. Wie wir sehen werden, begann der nationale Sicherheitsstaat eigenständige Ideologie und Institutionen zu entwickeln, als er die Riga-Grundsätze in seine Doktrin aufnahm.

Die Zusammenlegungsdebatte war ein klassischer Fall bürokratischen Aderlasses während eines erbitterten fünfjährigen bürokratischen Ringens über die Frage, wie das stehende Heer Amerikas nach dem Kriege am wirksamsten zu organisieren sei.[17] Zu diesem Zeitpunkt würde man über weniger Geld verfügen und befürchtete so eine Auszehrung der im Kriege hoch dotierten Truppengattungen. Daraus ergaben sich mehrere Fragen: Wie konnten sie bei so stark reduzierten Geldbewilligungen überleben? Wie konnte eine Waffengattung sich verkleinern, ohne daß sie ihre Bedeutung im Verhältnis zu den anderen verlor? Wie konnte man ihre Mission zu einer Zeit rechtfertigen, die mit der Niederlage der Achsenmächte begann?

Das Heer sah Zusammenlegung als einzigen Weg, in den Nachkriegsjahren seine Kernstruktur zu bewahren und mit einem reduzierten Budget auszukommen, was nach Marshall, der sich an die Erfahrungen der Zwischenkriegsjahre erinnerte, sicher zu einem weiteren «langen Todeskampf» führen mußte. Das Heer erhoffte von einer zivilen Aufsicht finanzielle und strategische Unabhängigkeit sowie eine Beschränkung der Marineluftmacht und des konkurrierenden Marinekorps. Zusammenlegung bot also einen Weg, mit dem gefährlichen, aufrührerischen, frechen Kind, der halbautonomen Luftwaffe, fertigzuwerden.

Die Luftwaffe nahm die Zusammenlegung hin, weil sie durch dieses Arrangement eine vollkommen gleichberechtigte Unabhängigkeit erlangen und dann ihr dringendes Kapitalbedürfnis geltend machen konnte, um (so hoffte man) den größten Teil des Budgets zu erlangen. Luftwaffenoffiziere, die überzeugt waren, daß der Krieg die überragende Bedeutung ihrer Waffengattung bewiesen hatte, waren sicher, daß Unabhängigkeit ihr die Vorherrschaft sichern würde. Alle drei Waffengattungen, schrieb ein Ratgeber im September 1945 an General Spaatz, würden «unter das neue Medium, die Luft, kommen. Erst wird der Schwanz den Hund wedeln, und dann wird er zum ganzen Hund werden ... In diesem Luftwaffen-Atombombenstreit liegt für eine Institution oder Gruppe der Marschallstab bereit.»*

Als die Parteigänger der Luftwaffe die führende Rolle von Luftwaffe und Atombombe herausstellten, beurteilten sie ihre Rivalin bei Kapitalinvestierungen, die Marine, als veraltet. Das erklärt den Nachdruck, mit dem die Marine sich der totalen Zusammenlegung widersetzte. Die Marineführer waren überzeugt, daß sie nicht nur Fusion, sondern auch Verlust ihrer geschätzten eigenen Luftmacht bedeutete, faktisch also das Untertauchen und Versenken der Marine. Die Luftstreitkräfte würden sowohl die Billigung des Kongresses als auch die Sympathie der Öffentlichkeit gewinnen. Sie befürchtete, ihre Seefahrtsmission könne anachronistisch erscheinen, und sie würde auf einen dritten Platz abrutschen, wo sie vielleicht kaum mehr als eine hochgejubelte Küstenwacht gelten werde.[18]

Im November 1943 unterzeichnete General Marshall die Zusammenlegung, womit die eigentliche Auseinandersetzung um die künftige Form des stehenden Heeres begann. Heer und Flotte hatten bereits viele Streitpunkte gefunden, um die man sich rangeln konnte – so zum Beispiel, ob die Armee der Flotte im neuen Pentagongebäude eine Million Quadratfuß oder nur 800 000 zu überlassen haben würde. Die Zusammenlegung selbst trieb den Streit jedoch auf die Spitze. «Wegen eines einheitlichen Verteidigungsministeriums kommt es, fürchte ich, zwischen Armee und Flotte zu einer Spaltung», schrieb Stimson im Mai 1944 in sein Tagebuch. «So etwas habe ich schon immer befürchtet. Der Gedanke, die Marine würde sich nicht an ihre eigenen kleinen Besonderheiten klammern und für eine unabhängige Flotte eintreten, ist zu schön, um wahr zu sein.» Die Marine ihrerseits sah ebenso schwarz. «Ich habe King, Nimitz und Company mitgeteilt», schrieb Marineminister James Forrestal im September 1944, «daß die Flotte meiner Ansicht nach heute ihren Fall verloren hat und sich beim Kongreß oder einer öffentlichen Umfrage die Ansicht der Armee durchsetzen würde.» James Forrestal war nicht der Mann, der je ein Schiff aufgab, und mit ihm am Steuer begann die Marine, um eine Position in der kommenden Nachkriegsschlacht zu manövrieren.[19]

* Ende August berichtete John Snyder, der Leiter des Amtes für Kriegsmobilmachung und Produktionsumstellung, Truman, er habe eines Tages «eine Marineplanung gesehen, die für die ganze Welt gedacht war». Er fügte hinzu, er habe «unabsichtlich» nach Koordinationsplänen gefragt, doch sei ihm gesagt worden, daß es keine gäbe.

Die Luftwaffe gab vor, ihre Rolle als erster Wächter der Nation von der Marine geerbt zu haben. Ihr Ziel war, sich von der Armee gänzlich unabhängig zu machen. Darüber hinaus hatte sie ein um die ganze Erde reichendes System von Überseestützpunkten im Auge. Ursprünglich rechtfertigte sie diesen Anspruch mit dem Hinweis auf eine Oberaufsicht über die besiegten Achsenmächte und als Beitrag zu den Vereinten Nationen. Faktisch hatte eine solche Planung das Ziel, sich höhere Materialzuwendungen und somit größere Geldzuteilungen zu verschaffen.[20] In einer Variante des Planes sollten zum Beispiel Basen in Neufundland, Labrador, Baffin Island, Grönland, Island und auf den Bermudas, Azoren, in Puerto Rico, Trinidad, Britisch und Französisch Guinea, Brasilien, der Insel Ascension, Liberia, in Dakar, auf den Kapverdischen Inseln, den Kanarischen Inseln, Casablanca, dem Vereinigten Königreich, Frankreich, Belgien, Holland, Westdeutschland, Schweiz, Italien, Dänemark und längs der nördlichen und mittelafrikanischen Luftwege eingerichtet werden.[21]

Luftmacht war der wesentlichste Punkt und war somit für die Definition der nationalen Sicherheit und Amerikas Rolle in der Welt ausschlaggebend. Luftwaffenoffiziere führten an, daß ihre selbstproklamierte Mission – strategisches Bombardement – zur wichtigsten geworden sei. Die riesigen Wolken der B-17, B-24 und B-29, die in Schwärmen über Hunderte oder sogar Tausende von deutschen und japanischen Industriestädten donnerten, gaben den Vertretern der Luftmacht, wenigstens ihrer Auffassung nach, den Anspruch und auch den Berechtigungsnachweis für ihre Forderungen. Wollte die Flotte nicht den Selbstmord ihrer stolzen Waffengattung herbeiführen, mußte sie einen solchen «Beweis» widerlegen.

Die Energie, mit der man über die Wirksamkeit atomarer Bombardierungen debattierte, zeugt von der Heftigkeit des Zusammenlegungsstreites. Die USSBS, United States Strategic Bombing Survey, die objektiv zur Lösung dieser Fragen beitragen sollte, wurde selbst in eine Auseinandersetzung hineingezogen, die ein Historiker «den Krieg darüber» nannte, «wer den Krieg gewann, [der] im Sommer 1945 für jene, die die Zukunft der verschiedenen Waffengattungen planten, von brennenderem Interesse geworden war als jeder andere bedeutende Einzelfaktor». Parteigänger beider Seiten suchten mit der Inbrunst von Werbeagenten nach Beweismaterial. «Wenn wir jetzt intelligent vorgehen, haben wir eine großartige Gelegenheit», schrieb der stellvertretende Kriegsminister im Luftfahrtministerium, Robert Lovett, Ende April 1945 an General Spaatz. «Bombenschäden können wir fotografieren und ausmessen, bis uns die Zunge heraushängt, doch nichts ist so überzeugend wie eine Darlegung deutscher Führer dessen, was ihnen am meisten geschadet hat ... wir brauchen eine Menge solcher Darlegungen von militärischen Führern wie etwa Industriemagnaten, um die unvermeidlichen Ansprüche, die Befürworter anderer Waffengattungen stellen werden, auszugleichen. Gleichbedeutend mit Angaben von Deutschen sind natürlich Darlegungen unserer eigenen Führer, die Sie in der Vergangenheit so erfolgreich zu erlangen verstanden.»

Der Luftwaffe gelang es, Öffentlichkeit und Regierung für sich einzunehmen. Im Mai 1945 flog Kriegsminister Robert Patterson das Rheintal hinunter. Wohin er auch immer blickte, sah er die Auswirkungen der Bombardements. «In Deutschland sah ich keinen Zug auf den Schienen und auf den Flüssen und Kanälen keine Schiffe fahren», bemerkte er. «Schiffe können den Rhein nicht befahren, bis die zerstörten Brücken weggeräumt sind.» Aus seiner tieffliegenden Maschine sah Patterson alle Nachweise strategischer Bombardements, die er brauchte.[22]

Innerhalb und außerhalb der Regierung wurde der Standpunkt der Luftwaffe von vielen willig akzeptiert. Strategische Bombardements schienen ein einfaches Mittel, um mit künftigen Eventualitäten fertigzuwerden und den Vereinigten Staaten eine Vormachtstellung zu sichern. Doch gegen Ende des Krieges kam in der Luftwaffe Besorgnis auf. «Ich habe das unangenehme Gefühl, daß alles, was wir bisher bewerkstelligt haben, durch ein Zusammentreffen von Umständen gefährdet werden kann», fügte Lowett einem Schreiben vom April an General Spaatz hinzu. «Diesmal brauchen wir Stabilität, nicht nur, um den Eindruck zu vermeiden, daß wir leicht hysterisch sind, sondern auch, und das ist noch wichtiger, um deutlich zu machen, daß wir nicht von der Hand in den Mund leben.» Zwei Monate danach drückte General Lauris Norstad die Befürchtungen der Luftwaffe noch deutlicher aus: «Die Flotte, an deren Spitze einer unserer bedeutendsten Finanzleute steht, der sich auch in der Steuerpolitik gründlich auskennt, wird ihre Ziele nach denen der Nation ausrichten und, wenn die Armeepolitik nicht schlau ist, die Verantwortung für die nationale Verteidigung übernehmen.»

Norstads Befürchtungen waren gerechtfertigt. Die Luftwaffe hatte in Marineminister James Forrestal einen großartigen Gegner. Von allen Aposteln, die in den Jahren unseres Berichtes die nationale Sicherheit predigten, war James Forrestal in der Tat der bei weitem wichtigste. «Die Frage der nationalen Sicherheit nicht nur auf Armee und Flotte zu beschränken grenzte für mich schon an Fetischismus», sagte er ohne Übertreibung im Herbst 1945. «Wir müssen unser gesamtes Kriegspotential in Betracht ziehen, unsere Bergwerke, Industrie, Arbeitskraft, Forschungen und alle zum normalen Zivilleben gehörenden Aktivitäten. Ich glaube nicht, daß wir uns auf Kriegs- und Marineministerien beschränken sollten. Das muß ein echt globales Anliegen sein.»

«Jemand hat einmal gesagt, Krieg sei nur eine Fortsetzung der Politik», fügte er hinzu, «aber ich weiß nicht mehr, wer das war.»[23]

James Forrestals ganzes Leben war einem aktiven Streben nach persönlicher Sicherheit gewidmet. Er erlangte zwar Ruhm und Macht, niemals aber Sicherheit. Die Kränklichkeit in seiner Kindheit konnte er durch lebenslängliche Ausübung harter Sportarten und Körperertüchtigung überwinden. In Princetown war Forrestal, wie einige Jahre später Kennan, so etwas wie ein Außenseiter, doch ging er deswegen nicht auf eine Exilreise, sondern mischte sich geradezu in das bewegteste Treiben. Er war aktiver Sportler, galt in seiner Klasse als Spitzenkandidat, gab den *Daily Princetonian* heraus und stieg kurz vor dem Abschlußexamen aus. Die Gründe könnten in wissenschaftlicher Unsicherheit zu suchen sein, wenigstens würde das zur Erklärung seines Möchte-gern-Intellektualismus späterer Jahre beitragen. Er nahm die Gewohnheit an, Experten auszuwählen und zu bevorzugen, die ihn mit Namen, Zitaten und Ideen belieferten, mit denen er als tiefschürfend erscheinen konnte.[24]

Forrestal begann seine Laufbahn in der Wall Street als Verkäufer von Obligationen für das Bankhaus Dillon & Read. Während des Ersten Weltkrieges machte er außerdem einen kurzen Einsatz als Flugzeugführer bei der Marine. (Sein Vorgesetzter berichtete, er könnte einen guten Offizier abgeben, doch müßte man ihm seine «radikalsozialistische Einstellung zu den Männern und seine Bedenken, ob Soldat zu sein richtig sei, austreiben».) Energisch, überzeugend, kämpferisch, von schneller Auffassung, begierig, länger und härter als jeder andere zu arbeiten, hatte er die Eigenschaften eines Superverkäufers, die ihm nicht nur dazu verhalfen, viel Geld zu machen, sondern auch 1926 Vizepräsident und zwölf Jahre später Präsident von Dillon & Read zu werden. In den zwanziger Jahren verbrachte er seine Mittagszeit meist damit, in einer New Yorker Turnhalle zu boxen. Bei einem zu eifrigen Sparring mit einem Professionellen wurde ihm einmal die Nase gebrochen, worauf er in späteren Jahren nicht wenig stolz war.

1940 brachte Harry Hopkins ihn als Spezialassistenten des Präsidenten mit «einer Leidenschaft für Anonymität»[25] ins Weiße Haus. Aber eine solche Leidenschaft besaß Forrestal gar nicht, eher war er glücklicher, als er ins Kriegsministerium kam, wo er als Untersekretär die umfassenden Mobilisierungsarbeiten mit außergewöhnlichem Geschick leitete. 1944 wurde er Minister.

Forrestal war nicht nur ein begabter, hart arbeitender Administrator, sondern auch ein echter Baumeister von Bürokratien. Nachdem er soviel reicher geworden war als andere, wollte er nun auch mächtiger werden. Er war immer bemüht, mehr Aufmerksamkeit, Macht und Anerkennung zu erlangen, verschickte Zeitungs- und Illustriertenausschnitte, erteilte unerbetenen Rat, kultivierte die Presse, während er jegliches Interesse an Publizität leugnete; er tat also alles, um sich bemerkbar zu machen. Er nahm uneingeladen an der Potsdamer Konferenz teil; er sandte J. Edgar Hoover Bücher, in denen die Gefahren des Kommunismus erläutert wurden; typisch war für ihn, daß er einen Brief an Will Clayton mit wichtigen außenpolitischen Ratschlägen begann: «Mein lieber Will: Zwei Vorschläge, die völlig außerhalb meines Amtsbereiches liegen, doch will ich sie auf jeden Fall machen.»[26] Einmal antwortete George Marshall, nachdem er Minister geworden war, auf einen Vorschlag Forrestals mit dem nachdrücklichen Hinweis, der Zweck der amerikanischen Flotte sei es, die amerikanische Außenpolitik zu unterstützen, nicht umgekehrt.[27]

Der Zeitpunkt, zu dem Forrestal die Sowjetunion als künftigen Gegner herauszustellen begann, ist nicht genau festzustellen. Im August 1944 hatte er General de Gaulle in Algerien über kommunistische Einflüsse in Frankreich befragt und dem General «von den in Amerika weitverbreiteten Befürchtungen» berichtet, «daß anstelle der deutschen die russische Gefahr treten könnte». Doch wenige Monate später schrieb er an Harriman: «Man ist allgemein der Ansicht, daß England, Rußland und wir zusammenspielen müssen; dazu braucht es Geduld und Toleranz von allen Seiten – je weiter die Gefahr entschwindet, um so mehr werden Belastungen und Spannungen wachsen. Das sind offensichtlich Beruhigungsmittel, doch halte ich es für nützlich, sie selbst ab und zu einzunehmen, denn wie Sie und ich in den zwanziger Jahren feststellten, läuft man im Erfolg leicht Gefahr, die besten Freunde zu verstimmen.»

Doch ist kaum zu bezweifeln, daß er sich im Herbst 1944 nachdrücklich den Riga-Grundsätzen anschloß, eine Schwenkung, die zweifellos durch seine kämpferische Lebenseinstellung begünstigt wurde. Er gehörte zu den ersten Spitzenpolitikern, die überzeugt waren, die Vereinigten Staaten müßten eine beträchtliche Militärmacht unterhalten und sich auf eine langwierige Konfrontation mit der Sowjetunion einrichten. Er war ständig außer sich, weil andere «Schwierigkeiten hatten, sich für den am Horizont aufkommenden Krieg vorzubereiten».

Im September 1947 wurde er erster Verteidigungsminister, ein Posten, der ihm wie auf den Leib zugeschnitten war. Damals stand er auf dem Höhepunkt seines Einflusses und seiner Macht. Jonathan Daniels hat ihn in diesen Jahren beschrieben: «In seiner offensichtlichen körperlichen Vollkommenheit ist etwas Ruhiges, Animalisches. Er hat etwas von der äußerlichen Erscheinung eines besseren Kinogangsters, schnell, leicht, mit einer Andeutung möglicher Gewalttätigkeit und vollkommener Beherrschung an der Oberfläche.»[28]

Auch wenn der nationale Sicherheitsstaat sich seinen Wünschen entsprechend entwickelte, fand Forrestal in seinem Privatleben immer weniger Sicherheit. «Er lebte sein Leben als konfliktbelasteter Mensch, auf einem straffen Seil gehend, das an einem Ende von der Erbsünde und am anderen vom amerikanischen Traum von Erfolg und Anerkennung gehalten wurde», erinnerte sich ein Freund aus den dreißiger Jahren.[29] Er mußte einfach vom Ehrgeiz getrieben arbeiten, aber mit der Zeit war er sich der Richtung dieses Ehrgeizes immer weniger bewußt. Er sah sich von allen möglichen Gefahren bedroht, nicht nur den fernen Slawen im Ausland und den geheimen Kommunisten im Inland, sondern auch vom Präsidenten, der ihn nicht mochte, von Zionisten, Kolumnisten und Luftwaffenfürsprechern – alle zusammen unterminierten ihm politisch den Boden. Auch war er durch die Administration vielfältigem Streß und Druck ausgesetzt, dazu kamen eine schlechte Ehe und weitere Spannungen und Emotionen, die er zu verdrängen suchte.

Ein Jahr nachdem er Verteidigungsminister geworden war, begann ihm die Macht zu entgleiten, und es wurde ihm schwerer, die Rolle des harten Burschen zu spielen. Der Streß eines siebzehn- bis achtzehnstündigen Arbeitstages in dem Versuch, eine träge, streitsüchtige Bürokratie zu managen, forderte seinen Tribut. Seine Machtbefugnisse beim stehenden Heer waren durchaus nicht abgeklärt, und die Streitmächte zögerten nicht, ihn öffentlich herauszufordern. Ihm fehlte der Sinn für Humor, der die Spannungen gelegentlich hätte lockern können.

Alle, die mit ihm zusammenarbeiteten, konnten die kleinen Anzeichen des künftigen Nervenzusammenbruches voraussehen – oder erinnerten sich später daran. Mitarbeiter bemerkten, daß seine Kopfhaut durch ständiges Kratzen teilweise rot und entzündet war, und dann, im Herbst 1948, wurden sie gewahr, daß er widersprüchliche Anweisungen herausgab. Kabinettmitglieder stellten fest, daß er oft eine Zeitung in der Tasche hatte, die er, wenn er unter Druck stand, herauszog, um darin zu lesen. Mitglieder des Chevy Chase Country Club bemerkten, daß er einen Bahnrekord hielt – nicht in Hinsicht auf die Punktzahl, sondern auf die Schnelligkeit und Schweigsamkeit, mit der er sein wöchentliches Golftraining absolvierte.

Endlich wurde er im März 1949 von seinem Posten als Verteidigungsminister abgelöst. Er war so sehr unter Streß, daß er in letzter Minute bat, die Vereidigung seines Nachfolgers, Louis Johnson, drei Tage früher, am 28. März, vorzunehmen. Am nächsten Tag begab er sich zu einer Abschiedszeremonie zum Kapitol und dann wieder zurück ins Pentagon, wo er in einem kleinen Büro verschwand, das für ihn eingerichtet worden war. Ein früherer Mitarbeiter, Max Leva, fand ihn da mit dem Hut auf dem Kopf und ins Leere starrend sitzen. Leva fuhr ihn heim. Später am Tag rief Ferdinand Eberstadt im Forrestalhaus an.

«Er ist für niemand zu sprechen», sagte der Butler.

«Sagen Sie James», erwiderte Eberstadt, «daß er damit bei einer Menge Leuten durchkommt, aber nicht bei mir.»

Forrestal kam ans Telefon, doch nur, um zusammenhanglos über die Russen zu reden. Eberstadt war sehr besorgt und organisierte für ihn einen Flug nach Hope Sound, Florida, wo er sich erholen sollte. Auf der Fahrt zum Flughafen mit Eberstadt und Marx Leva wiederholte Forrestal lediglich dreimal: «Sie sind ein treuer Kerl, Marx.»

Als Robert Lovett ihn in Florida mit einem Gespräch über Golf empfing, erwiderte Forrestal nur: «Bob, sie sind hinter mir her.» Die Kabinettmitglieder daheim in Washington vernahmen sogar noch eine dramatischere Geschichte: Forrestal sei mit dem Ruf durch die Straßen gerannt: «Die Russen kommen. Die Russen kommen! Sie sind schon da. Ich habe russische Soldaten gesehen.»[30]

Während seines Aufenthaltes in Florida machte er einen Selbstmordversuch. Am 2. April wurde er nach Washington zurückgeflogen und ins Bethesda Naval Hospital eingewiesen. Dort erhielt er den Besuch seines Nachfolgers Louis Johnson, vermutlich gerade derjenige, den Forrestal nicht hätte sehen dürfen.

Einige Stunden vor Sonnenaufgang an einem Sonntagmorgen im Mai schrieb Forrestal Verse aus Sophokles' Chor über den Helden Ajax ab, «... vom Zahn der Zeit zernagt». Er legte die Feder nieder, fand ein Fenster, das zu öffnen ihm gelang, band ein Ende seines Morgenrockgürtels an die Heizung und das andere um seinen Hals, hing vielleicht einen Augenblick im Dunkeln und fiel dann sechzehn Stockwerke tief in den Tod.[31]

In den Jahren vor seinem jämmerlichen Ende war Forrestal eine der anziehendsten, kraftvollsten und dynamischsten Persönlichkeiten in Washington. Als ihn während eines Kabinettessens irgendeine Rede über auswärtige Angelegenheiten langweilte, brach Forrestal los: «Der Ärger mit Ihnen ist, daß Sie Ihre Zeit mit Reden über die internationale Bühne vergeuden; das ist rein intellektuelle Masturbation – es mag ein angenehmer Zeitvertreib sein, bringt uns aber nirgendwo hin.»[32]

Er übernahm die Leitung der Zusammenlegungsdebatte sogar noch vor dem Ende des Zweiten Weltkrieges. Als Marineminister konterte er die weite Unterstützung der Luftwaffe, indem er die Flotte dazu drängte, ihre Mission als See-Luft-Macht neu zu definieren, wobei der Nachdruck weniger auf das vielgeschmähte Schlachtschiff als auf die Flugzeugträger gelegt wurde, als Basis der Flotte von morgen. Die Flotte sollte also nicht mehr einfach andere Flotten bekämpfen, sondern auch eine potente Macht beim Angriff auf Landarmeen werden. Indem er die Ansprüche der Luftwaffe zurückwies, sollte Forrestals energisches Eintreten für die Seemacht der Flotte in jedem Krieg gegen die Sowjetunion eine führende Rolle verleihen – einem Land, das durch konventionelle Kriegsschiffe kaum zu erreichen war und für das Seemacht keine große Bedeutung besaß. Somit hatte die Kriegsmarine eine neue Rechtfertigung gefunden – amerikanische Sicherheit konnte nur dann beschützt werden, wenn die Flotte für eine weltweite Sendung ausgerüstet und mit reichlicher Kapitalausstattung versehen gegen die sowjetische Nachkriegsbedrohung ganz vorn an der Front stand.[33]

Forrestals Eintreten für die See-Luft-Macht erleuchtete die neuen Gesichtspunkte der militärischen Planung nach dem Kriege. Faktisch darin konkurrenzlos, war die Sowjetunion einziger Kandidat eines «künftigen

Gegners» geworden. Weshalb wurde die Sowjetunion so charakterisiert? Zu Anfang war es eine Art technische Übung. Soll Kriegsplanung einen Nutzen haben, braucht sie ein Ziel, einen Feind, einen Angreifer, und zu diesem Zweck bot sich die Sowjetunion an. Auf Rußland fiel die Wahl auch noch aus einem anderen, rationellen Grunde. Nach dem Zweiten Weltkrieg war die Sowjetunion als einzige für die Vereinigten Staaten militärisch bedrohliche Macht aufgestiegen, es gab kaum Bande brüderlicher Freundschaft, um diese beiden Länder fraternisieren zu lassen. Die Planer zogen solche Erwägungen angemessen in Betracht. Doch wie wir gesehen haben, bestand auch eine wachsende echte Furcht vor sowjetischen Absichten und Fähigkeiten, eine Besorgnis, daß Streitigkeiten zwischen den beiden Nationen und Systemen in eine bewaffnete Auseinandersetzung ausarten könnten. Das Ausmalen einer sowjetischen Gefahr bot den Streitmächten schließlich eine Begründung zur Erweiterung ihrer Mission. Die neue Rolle der Sowjetunion in der Weltpolitik war allen Parteien der Zusammenlegungsdebatte willkommen, denn sie stärkte den Standpunkt jeder Streitmacht und lieferte gleichzeitig Material, um Ansprüche der Rivalen zu kritisieren.

Wirkliche Furcht und bürokratische Interessen erhöhten die Bedeutung der sowjetischen Position und gaben der militärischen Planung echtes Gewicht. Es ist nicht leicht festzustellen, wann die Teilnehmer an der Zusammenlegungsdebatte aufrichtig und wann sie zynisch sprachen. Zweifellos wußten viele das selbst nicht immer genau. Schon die Tatsache, daß beide Motivationen so eng miteinander verquickt waren, macht es unmöglich, eine Grenzlinie zu ziehen.[34]

Während eines großen Abschnitts des Krieges – teilweise wegen der strategischen Bombardierungsdoktrin – hatte die Luftwaffe die künftige Gegnerschaft der Sowjetunion heruntergespielt. Wie konnte sie jedoch in einer Welt ohne echte Bedrohung ein großes Budget und aufwendige Techniken fordern?[35] Obwohl Planer 1944 von einem künftigen «eurasischen» Gegner gesprochen hatten, identifizierten sie die Sowjetunion erst Anfang 1945 damit. Diese Identifizierung verschmolz mit der Doktrin der nationalen Sicherheit, den Budgetkämpfen der Flotte und ihrem Verlangen nach einer unabhängigen Luftstreitmacht. «Landheer und Luftwaffe sind augenblicklich von gleichem Gewicht», steht in einem Gutachten des Luftwaffennachrichtendienstes vom Juli 1945. «Mit dem Eintritt des Friedens werden gemeinsame Bestrebungen auf eine völlige Entwicklung der Luftmacht gerichtet sein. Land bedeutet Gefahr für die Sicherheit der Vereinigten Staaten.»[36]

Die Luftwaffe begab sich an ihren langsamen Start. Als Forrestal und die Flotte Amerikas «Sicherheitsgrenzen» bis zu für die Russen lebenswichtigen Gebieten ausdehnten, konterte die Luftwaffe, indem sie neue verwundbare Stellen am Himmel und somit für sich selbst neue Aufgaben erörterte. Im Herbst 1945 benutzte die Luftwaffe den russischen «Gegner» bereits als Hauptgrund, um ihre mächtige Streitmacht aufrechtzuerhalten, die ihr wichtigstes organisatorisches Ziel war. Im Oktober 1945 beklagte General Spaatz, daß ein Bericht über die sowjetische Gefahr diese Bedrohung herunterspielte: «Die Schlußfolgerungen sind nicht umfassend genug», betonte er, «bei der raschen Schwächung unserer Streitkräfte in Europa und Asien ist die Sowjetunion in der Lage, auf dem Kontinent von Europa und Asien Bewegungen durchzuführen, die wir ebenso schwer akzeptieren können und die eine ebenso große Kriegsgefahr bedeuten wie jene, die von der deutschen Politik verursacht wurden.» Er räumte die geringe Wahrscheinlichkeit eines russischen Angriffes auf die Vereinigten Staaten in naher Zukunft ein. «Der nächste Krieg wird jedoch nicht unbedingt durch direkte Angriffe auf die USA ausbrechen. Bis Rußlands Inneres uns nicht mit derselben Freiheit geöffnet wird, wie ihnen die USA offenstehen, glaube ich, sollten wir bei der Demobilisierung unserer Streitmächte eher zögernd vorgehen, insbesondere mit Hinsicht auf unsere strategische Luftwaffe.»[37]

Bei den herbstlichen Hearings des Kongresses über die Zusammenlegung fand Luftwaffengeneral James Doolittle einen Weg, die amerikanische Sicherheit durch eine simple Landkartenkorrektur neu zu definieren. Die normale Mercatorprojektion sei an den irrtümlichen Theorien schuld, erklärte er, und ersetzte sie somit durch eine Polarprojektion.

«Schauen Sie sich jetzt einmal die Polarprojektion an», sagte Doolittle unschuldig ... «Unseren nächsten Gegner kennen wir noch nicht. Wir hoffen, daß es keinen mehr geben wird, doch müssen wir einen solchen in Betracht ziehen ... Wir können jedoch bestimmte Gebiete und Völker als undenkbare potentielle Feinde Amerikas eliminieren.» Die Polarprojektion gab der Welt plötzlich ein ganz anderes Aussehen. Die ausgedehnte drohende Landmasse der Union der Sozialistischen Sowjetrepubliken erstreckte sich lauernd innerhalb kurzer Flugentfernung von den Vereinigten Staaten. Die Schlußfolgerung dieser karthographischen Schaustellung war deutlich – Amerikas neue Grenze war eine «Luftgrenze». Das natürlich verlangte nach ... einer stärkeren Luftmacht. Doolittle warb für eine «Einholkampagne».[38] Seltsam bei dieser Kampagne war nur, daß es niemanden einzuholen gab. Die eigenen Schätzungen der Luftwaffe ließen keinen Zweifel darüber, daß die Russen auf diesem Gebiet viele Jahre im Rückstand waren.[39]

Die Armee war eine Streitmacht, deren Standpunkt sich nach dem Kriege weiterhin nach den Grundsätzen von Jalta richtete. Im Gegensatz zu ihrem Wunderkind, der Luftwaffe, hatte sie sich nicht zu dem gleichen expansionistischen Konzept der Sicherheit bekannt. Sie definierte statt dessen die Nachkriegsinteressen Amerikas in beschränkterer Form, befaßte sich mit

Okkupationspolitik, einer ordnungsgemäßen Demobilisierung, Zusammenlegungsfragen und allgemeiner militärischer Ausbildung. Die Armee sah Rußland nicht als Bedrohung an, weil sie weder an den unbeschränkten Expansionsdrang der Russen glaubte, noch sehen konnte, wie Rußland den Vereinigten Staaten eigentlich gefährlich werden könnte. Überdies vertrat die Armee die Ansicht, daß die durch den Krieg in Rußland verursachten Leiden und Verwüstungen nicht nur Angriffshandlungen ausschlossen, sondern auch, daß der notwendige Wiederaufbau die Sowjetunion zu einer Zusammenarbeit mit den USA veranlassen könne.[40] Das soll nicht heißen, daß alle Armeesprecher diese Ansicht teilten. «Wir scheinen uns nach rückwärts zu überschlagen, um zu den Abkömmlingen von Dschingis Khan nett zu sein», klagte General George Patton. «Wir ließen uns von ihnen Vorschriften machen, solange wir das geduldig hinnehmen konnten, und sollten nun das gleiche bei ihnen tun, und zwar sofort und unmißverständlich.»[41] Ein bedeutender Vertreter dieser Auffassung war auch John J. McCloy, Forrestals Freund, Nachbar und häufiger Tennispartner, der oberste Zivilist des Kriegsministeriums, dem militärische Aufgaben übertragen waren.[42]

Die Meinung anderer höherer Beamter, Stimsons, Marshalls, Eisenhowers, gab jedoch den Ausschlag. «Ich bin etwas beunruhigt, weil es manchmal so scheint, als ob amerikanische Soldaten unsere russischen Verbündeten zu sehr nach Äußerlichkeiten wie Smartness, Sauberkeit und manchmal nach persönlichen Angewohnheiten beurteilen», sagte Eisenhower am 6. August 1945. Er wünschte etwas «zur Indoktrinierung unseres eigenen Volkes» zu unternehmen, das verstehen müsse, was die Russen durchgemacht hatten. «In Gesundheitswesen und Erziehung haben sie nicht unsere großen Vorteile, und natürlich steht allen echten gesellschaftlichen Kontakten immer die große Sprachbarriere entgegen. Doch haben die Russen mächtig zum Gewinn dieses Krieges beigetragen. Sie haben gute Soldaten und brillante Generäle hervorgebracht und sind überdies von Natur aus eine freundliche Rasse.» Eisenhower wollte seine Soldaten «daran hindern, falsche Schlußfolgerungen zu ziehen und diese dann später zu Hause zu verbreiten, wo sie mit Sicherheit Schaden anrichten würden». Die persönlichen Beziehungen, die er zu General Schukow hergestellt hatte, bestärkten Eisenhowers eigene herzliche Gefühle.[43]

Beim Verlassen Deutschlands gab Eisenhower Ansichten kund, die ein Beamter des State Department sarkastisch als «Abschiedsinstruktionen, wie man mit Russen auskommt», beschrieb. Nachdem er als Oberkommandierender nach Washington zurückgekehrt war, berichtete Eisenhower dem Kriegsrat, Schukow habe ihm versichert, Rußland sei «entschlossen, mit den Vereinigten Staaten in Freundschaft zu leben, seinen Lebensstandard zu heben und jede beschlossene Übereinkunft einzuhalten»,[44] Auch andere führende Armeeangehörige lehnten die Riga-Grundsätze weiterhin ab.[45]

General Lucius Clays scharfe Kritik an Kennans Langem Telegramm im Februar 1946 erläutert die Einstellung der Armee in besonders anschaulicher Weise. Im Verlauf seiner allgemeinen Verbreitung wurde Kennans Telegrammtext an die höheren Offiziere im Ausland gesandt. Clays Ratgeber im State Department, Robert Murphy, berichtete H. Freeman Matthews von der Abteilung für Europäische Angelegenheiten, der General sei darüber «ziemlich aufgebracht». Clay erachtete es als eine Art alarmierender Pearl-Harbor-Warnung, die dem State Department ein schriftliches Beweismittel zum Schutz vor künftigen Anschuldigungen liefern sollte. Er faßte das Lange Telegramm auch als Beispiel der «britischen Methode» und als Erfolgszeichen für «monatelange britische Hetzereien in unserem Volk» auf. Murphy erklärte weiterhin, daß er «ein Inventar dessen, was in Deutschland geschaffen worden war, nicht zu entmutigend fände». Obwohl manche Amerikaner die Russen für alle Besatzungsprobleme verantwortlich machten, gelte «ein bedeutender Teil jeglichen Tadels deutlich der französischen Regierung, die bisher alles in ihrer Macht Stehende getan habe, um viele Prinzipien des Potsdamer Abkommens zu sabotieren». Während viele britische Beamte ebenfalls für ein geteiltes Deutschland stimmten, kann man die Sowjetvertreter «nicht beschuldigen, die Potsdamer Abmachungen zu vergewaltigen». In Wirklichkeit, sagte Murphy, «waren sie in ihrer Durchführung äußerst genau». Murphy versicherte auch, die Russen hätten Gründe, den Franzosen und Briten zu mißtrauen und sie zu verdächtigen. Er meinte «in aller Fairneß» darauf hinweisen zu müssen, daß die Russen über ihren eigenen Schatten gesprungen seien, um den Amerikanern freundschaftlich entgegenzukommen. «Schukow, Sokolowskij und Sobelew hatten mir öfters auf verschiedene Weise zu verstehen gegeben, daß ihnen an der Freundschaft der Amerikaner aufrichtig gelegen sei, daß es zwischen den beiden Ländern nie zu Krieg kommen würde und sie für das, was die Vereinigten Staaten für die Sowjetunion getan haben, wirklich dankbar sind.» (Doch fügte Murphy hinzu: «Ich überlasse es natürlich George Kennan, einen persönlichen Kontakt dieser Art selbständig auszuwerten.»)

Anfang April 1946 legte Murphy abschließend seine und Clays Ansicht dar: «Ich möchte ganz deutlich machen, daß wir in unserer beschränkten Unschuld nie und nimmer auch nur eine Minute an eine bevorstehende sowjetische Aggression glauben. Ich bin überzeugt, für jeden Russen, mit dem ich hier zusammentreffe, ist ein baldiger und umfassender Krieg das letzte, was er sich wünscht.»

General Clay stand jedoch auf immer einsamerem Posten, denn die Riga-Grundsätze hatten sich als neue konventionelle Ansicht durchgesetzt. Nach Erhalt von Murphys Brief erwiderte Matthews umgehend, Clay habe «zu 100 Prozent unrecht» in der Annahme, daß den Befehlshabern Kennans Langes Telegramm auf Drängen des State Department übersandt worden sei. «Die Initiative kam allein von der Spitze (ich meine die Spitze – nicht G-2) in den Kriegs- und Marineministerien, und es verkörpert *ausschließlich* ihre Denkweise.»[46]

Die höheren Beamten der Waffengattungen konnten in ihrer Meinung über Rußland zwar zu einem Konsens kommen, doch das traf nicht auf die Zusammenlegung zu. Der Streit der Institutionen hatte sich in der Tat noch zugespitzt. 1945 beauftragte Forrestal seinen Freund Ferdinand Eberstadt, einen Vorkämpfer des mutualen Fonds der Wall Street, mit der Leitung eines Ausschusses, der die gesamte Verteidigungsstärke überprüfen und faktisch Material gegen die absolute Zusammenlegung sammeln sollte. Der Eberstadt-Report, der die Grundlagen des Zusammenlegungsaktes von 1947 lieferte, gilt als wichtiges Dokument der Entwicklung des nationalen Sicherheitsstaates.[47] In dem Mitte September vorgelegten Bericht hieß es, daß Zusammenlegung die administrative Unwirksamkeit fördern und zu «der Unterordnung der Verwaltung unter das Militär» als Konsequenz führen würde.

Statt dessen schlug er etwas «sehr viel Drastischeres und Weitreichenderes» als die Vereinheitlichung der Waffengattungen vor – «eine vollständige Neuordnung unserer Regierungsorganisation, um unserer nationalen Sicherheit angesichts unserer neuen Weltmacht und -stellung, unserer neuen internationalen Verpflichtungen und Risiken und der epochemachenden wissenschaftlichen Entdeckungen zu dienen». Die Vereinigten Staaten sollten ständig vorbereitet und mit «einer schnellen, reibungslos arbeitenden und wirksamen Maschinerie ausgerüstet sein», so daß alle politischen, militärischen und wirtschaftlichen Mittel verfügbar wären, um jeglichem Angriff zuvorzukommen.[48]

Hier wurde der Begriff «Nationale Sicherheit» bewußt eingesetzt, um eine sehr umfassende Ansicht darzulegen. «Der wechselnde Inhalt und Anwendungsbereich der Phrase ‹nationale Sicherheit› wird durch den Unterschied unserer internationalen Verpflichtungen nach dem Ersten und dem Zweiten Weltkrieg ersichtlich.» Die neuen Verpflichtungen «haben die Sphäre unserer internationalen Verbindlichkeiten, die gegenwärtige Konzepte unserer nationalen Sicherheit in Form von Weltsicherheit widerspiegeln, sehr erweitert». Der Report verlangte ein großes stehendes Heer nach dem Kriege, als sei die Welt mit räuberischen Feinden, gleich jenen, die sich in den dreißiger Jahren heranpirschten, erfüllt.[49] Der Ausschuß empfahl größere organisatorische Umwandlungen mit dem Ziel, die Vereinigten Staaten sowohl «für einen unsicheren Frieden als auch für den Krieg» vorzubereiten. Das Schlüsselwort des Reports war *Koordinierung* und nicht *Zusammenlegung*. Ein Nationaler Sicherheitsrat, bestehend aus Spitzenpolitikern der Exekutive, sollte einen ständigen Austausch von Informationen und Gesichtspunkten gewährleisten und für abgestimmte Aktionen sorgen. Das Oberkommando sollte formal abgeschafft werden. Ein eigener Verwaltungsrat sollte für industrielle Vorbereitung, das Schlüsselelement der Militärvorbereitung, sorgen. Als wichtigsten Punkt würde es keine Vereinheitlichung, sondern statt dessen drei koordinierte Einheiten geben, an deren Spitze auch Zivilisten standen. Die Flotte würde weiterhin eine Luftmacht behalten. Eine zentrale Nachrichtenagentur sollte errichtet werden. Die Militärs würden bei der Leitung und Ausnutzung wissenschaftlicher Forschungen eine sehr viel größere Rolle spielen. Schließlich hob der Bericht hervor, daß die öffentliche Meinung von der Dringlichkeit der bevorstehenden Krise überzeugt werden müsse.[50]

Der Eberstadt-Report besänftigte niemand. Lovett äußerte Anfang November 1945 voller Erbitterung, die Armee solle «das Feuer mit Feuer bekämpfen». Ein höherer britischer Offizier in Washington berichtete im Dezember nach London, daß auch wenn «in Whitehall Chaos herrschen möge ... das, glauben Sie, nichts ist, verglichen mit der Art des Chaos» in Washington. Seiner Meinung nach war die Zusammenlegungsdebatte «mit Worten gar nicht zu beschreiben». Nach einem Besuch in Washington konnte Hastings Ismay in einem Brief an Bedell Smith nur Erstaunen über «das ungeheuerliche Handgemenge» ausdrücken, zu dem es wegen des stehenden Heeres der USA nach dem Kriege gekommen war.[51]

Truman schob seine Intervention in der Debatte so lange wie möglich hinaus. Doch schließlich sandte er Hill am 19. Dezember 1945 eine Botschaft mit dem Titel «Nationale Sicherheit», in der er eine absolute Zusammenlegung nach den Richtlinien der Armee verlangte. «Es ist unwahrscheinlich, daß irgendein Mitglied der exekutiven Abteilungen oder der Waffengattungen etwas dagegen haben könnte», bemerkte Kriegsminister Patterson am gleichen Tage.[52]

Patterson unterschätzte jedoch die Kriegsmarine, die eine Entscheidung weiterhin hinauszögerte. Am Tage dieser seiner Botschaft klagte Truman deshalb auch über die besonders «verschwenderischen und unrealistischen» Budgetforderungen der Kriegsmarine. Der Präsident wurde immer ärgerlicher. Er äußerte Forrestal gegenüber persönlich, daß ihn das Verhalten der Kriegsmarine zutiefst gekränkt habe. «die Navyleute hatten einen Komplex», stöhnte Truman Ende Februar, sie hatten «Verhaltensweisen von Stiefkindern» entwickelt.[53]

Während dieser Periode fand ein noch größerer institutioneller Wechsel statt, von dem der Nachrichtendienst betroffen war. Vor dem Zweiten Weltkrieg hatten die Vereinigten Staaten einen winzigen und wirkungslosen Nachrichtendienst. Luftwaffengeneral Hoyt Vandenberg, einer der Leiter des Hauptnachrichtendienstes nach dem Kriege, wies 1947 darauf hin, daß Amerika vor dem Kriege keinen erstklassigen Dienst gehabt habe, «weil das Volk der Vereinigten Staaten einen solchen nicht akzeptiert hätte». Er fügte hinzu: «Der bedeutendste Faktor, der den Menschen die Wichtigkeit des Nachrichtendienstes bewußt machte, war Pearl Harbor.»

In Pearl Harbor hatte der Nachrichtendienst zweifach versagt. Erstens hatte er ganz einfach das Observieren vernachlässigt. Einer der Militärattachés in Tokio vor dem Zweiten Weltkrieg erinnerte sich 1947, wie er und seine Kollegen sorgfältig Bombardierungspläne für die bedeutendsten japanischen Großstädte und Industrien aufgezeichnet und diese dann mit Angabe der wichtigsten Ziele nach Washington geschickt hatten. «Trotzdem muß ich zugeben, daß die allgemeine Mobilisierung in Japan vor unserer Nase stattfand», sagte er. «Wenn Japan uns plötzlich den Krieg erklärte, konnte das nach unserer Frühschätzung nicht vor dem 1. Juli 1942 geschehen.» Zweitens hatten die verantwortlichen Beamten es versäumt, aus den sogenannten «Hintergrundgeräuschen» die Anhaltspunkte herauszuhören, die auf einen bevorstehenden japanischen Angriff hinwiesen.

Dieser Situation wurde im Zweiten Weltkrieg nicht nur durch eine bedeutende Erweiterung des militärischen Nachrichtendienstes, sondern auch durch die Schaffung eines Strategischen Aufklärungsdienstes unter William Donovan abgeholfen. Gegen Ende des Krieges beschäftigte OSS (Office of Strategic Services) über 12 000 Mitarbeiter. Am 1. Oktober 1945 hob Truman Donovans Organisation amtlich auf und verteilte ihr Personal auf die anderen Waffengattungen und das State Department.

Eingedenk des Exempels von Pearl Harbor und ihrer neuen Supermachtrolle stimmten alle Beamten der amerikanischen Regierung darin überein, daß die Vorkriegsorganisation des Nachrichtendienstes nicht mehr ausreichend sei. In der Tat sahen sie mit Verachtung auf ihre Vorgänger herab. Meine Kollegen hier kannten im Herbst 1941 nicht den Unterschied zwischen Algerien und Französisch-Äquatorialafrika», bemerkte Sherman Kent, ein höherer Nachrichtenoffizier nach dem Krieg. «Wenn man in eines der [Nachrichten-]Büros kam und fragte, was sie über die Wasserversorgung in Libyen wüßten, zogen sie eine Akte heraus, in der sich ein von etwa 1927 datierendes Telegramm, eine Seite Skandalspalte einer Hearst-Sunday-Beilage mit dem Titel ‹Durst in der Wüste›, ein Reiseprospekt mit dem Bild einer Oase mit zwei Dattelpalmen befanden; das war die aktenkundige Information über Wasserversorgung in Libyen.»[54]

Obgleich man allgemein darin übereinstimmte, daß die Vereinigten Staaten einen sehr viel umfassenderen Nachrichtendienst brauchten, war nicht ganz klar, wer ihn kontrollieren sollte. Eine Reihe von Agenturen konkurrierte um die Vorherrschaft oder versuchte wenigstens, die anderen davon abzuhalten. Es kam zu so beträchtlichen Verwirrungen und Verleumdungen, daß Budgetdirektor Harold Smith am 9. Januar 1946 bei einem Treffen im Weißen Haus erklärte: «Ich bin mir nicht sicher, ob wir die Sache der *Intelligence* (des Nachrichtenwesens) nicht in höchst unintelligenter Weise handhaben.»

Endlich, am 22. Januar, gründete Truman eine *Central Intelligence Group* (CIG) unter der Zuständigkeit einer National Intelligence Authority. Zwei Tage später feierte der Präsident ihre Geburt mit einer privaten Zeremonie im Weißen Haus. Admiral Leahy, seinem Vertreter bei der National Intelligence Authority, und Admiral Sidney Souers, dem ersten Direktor des CIG, überreichte er schwarze Hüte, schwarze Mäntel und hölzerne Dolche. Dann zog Truman einen schwarzen Schnauzbart heraus und klebte ihn Leahy an. Andere nahmen die Gelegenheit auf ihre Weise wahr. Sosthenes Behn, der vielseitige Leiter der Internationalen Telefon- und Telegrafengesellschaft, bot Leahy im Weißen Haus großzügig «die Möglichkeit, die Dienste der Gesellschaft für den amerikanischen Nachrichtendienst in Anspruch zu nehmen».[55]

Die CIG war ein Kompromiß aus konkurrierenden Plänen. Sie sollte Informationen, die aus etwa 25 Organisationen in Washington stammten, koordinieren und abstimmen. Doch war die Mitarbeit der anderen, auf ihre Vorrechte bedachten Agenturen recht zurückhaltend. Die CIG erlangte im Juni 1946 mehr Unabhängigkeit, als General Vandenberg, der im Zweiten Weltkrieg den Armeenachrichtendienst geleitet hatte und ein Neffe Vandenbergs war, Souers in der Leitung ablöste. Vandenberg wurde aktiv tätig, um Mitarbeiterstab und Funktionen zu erweitern. Im Frühjahr 1946 beauftragte die National Intelligence Authority die CIG mit Forschungen und Analysen, die «gegenwärtig nicht [von anderen Ämtern] ausgeführt» würden. Unter Vandenberg übernahm die CIG die kritische Aufgabe, ihren eigenen Nachrichtendienst aufzuziehen. Bürokratisch erwies es sich für die CIG als einfacher, ihren eigenen Nachrichtendienst zu schaffen, als die anderer Organisationen, die an einer Koordinierung kaum Interesse hatten, zu koordinieren und abzustimmen zu versuchen. Doch sollte man nicht vergessen, daß die CIG zu jener Zeit nach den Maßstäben Washingtons relativ klein blieb.[56]

Im Winter und Frühjahr 1946 vertraten die meisten amerikanischen Führer einschließlich jener beim stehenden Heer die «richtige Einstellung». So wurde das russische Problem mit der Zukunft von Dienststellen verbunden, die mit der ausgedehnten Definition der nationalen Sicherheit befaßt waren. Forrestal blieb weiterhin an der Spitze. Im Februar bemerkte Budgetdirektor Harold Smith, daß bei einem Treffen mit Präsident Truman sich die Konversation «dem Standpunkt des Marineministers zugewandt» habe, der zu glauben schien, daß «angesichts der russischen Lage – was immer man damit bezeichnete – die Kriegsmarine keinesfalls unter 500 000» demobilisieren dürfe.

Die russische Lage sei allgemein nicht glücklich, meinte Truman, obgleich er andeutete, daß er sie nicht für so dringlich halte wie Forrestal.

Der Marineminister ließ sich nicht bremsen. Er erreichte, daß John

Foster Dulles seine Besorgnisse über die nationale Schwenkung zu einem Stadium nicht nur physischer, sondern auch geistiger Demobilisierung teilte. Forrestal drängte seinen akademischen Experten, Edward Willet, in der Schrift, die er endlos lange über die sowjetischen Ambitionen vorbereitete, besonders auf das Ziel der Russen hinzuweisen, «ihr System global zu machen». Willet verglich den mächtigen «Kreuzfahrergeist» der Sowjetunion mit dem schwachen «Antriebsgeist» der Amerikaner – der nicht viel mehr als «das etwas passive Konzept einer Selbstverteidigung» sei. Ende Februar sah Forrestal die sowjetische Bedrohung auf der ganzen Landkarte, sogar wenn er über Großbritannien sprach: «Wir müssen die Orte auf der Karte ins Auge fassen, wo russische und britische Linien sich überschneiden könnten – das Mittelmeer, die skandinavische Halbinsel, Indien, Indonesien, China, der Mittlere Osten, der Suezkanal, Ägypten, Tripolitanien, die Meerenge von Gibraltar.» Das war sicherlich eine Demonstration von Lord Salisburys geflügeltem Wort: «Ein großer Teil aller Mißverständnisse geht auf den üblichen Gebrauch verkleinerter Landkarten zurück.» Die Bedrohungen, die Forrestal sah, waren beträchtlich übertrieben. Man konnte sie nur ernst nehmen, wenn man wiederum Rußlands Militärmacht übertrieb und sogar den Verdacht hochspielte, daß die Sowjets in der neuen konventionellen Erkenntnis schon eine Rolle spielten. Doch wenn er solchen Besorgnissen Ausdruck gab, teilte Forrestal der Nachkriegsmarine auch eine bedeutende Rolle zu. Nationale Sicherheit war im Gegensatz zu dem etwas «passiven Konzept einer Selbstverteidigung» in der Tat ein Begriff für Aktivisten und Enthusiasten – der nach Aktion auf breitester Ebene auf dem ganzen Erdball rief.[57]

Forrestal versuchte die große Reichweite der amerikanischen Macht in jeder möglichen Weise zu demonstrieren. Ende Februar 1946 arrangierte er das Auftauchen der Flagge im östlichen Mittelmeer, indem er von dem Schlachtschiff *Missouri* den Leichnam des gerade verstorbenen Botschafters nach der Türkei zurückführen ließ. Byrnes und Truman stimmten aus ganzem Herzen zu. Fast sogleich versuchte Forrestal noch weiter zu gehen; er wollte die *Missouri* durch einen Kampfverband als Vorläufer der Wiedererrichtung eines amerikanischen Flottenstützpunktes im Mittelmeerraum geleiten lassen. Zu diesem Zeitpunkt, inmitten der Irankrise, lehnte die Administration den Einsatz eines Kampfverbandes jedoch als zu provokativ ab. Etwa zur gleichen Zeit gewann Forrestal, trotz Byrnes' Befürchtungen, weitere atomare Versuche der Vereinigten Staaten «könnten eine schlechte Auswirkung auf die bereits gestörte Weltlage haben», eine Erlaubnis für die im Juli auf Bikini geplanten atomaren Versuche der Kriegsmarine.[58]

Obwohl die Luftwaffe hinter ihrem maritimen Rivalen noch zurückblieb, sah auch sie den Nutzen einer sichtbaren russischen Bedrohung ein. Ende März schrieb Robert Lovett an General Spaatz, er habe mit Averell Harriman, der kürzlich von seinem Botschafterposten in der Sowjetunion zurückgekehrt war, in Hope Sound, Florida, einige Tage in der Sonne verbracht. Harriman versicherte Lovett, der einzige Sektor der amerikanischen Militärmacht, der Stalin beeindruckte, sei die Luftwaffe. Die Russen erkannten, sagte Harriman, daß unsere «Stellung und Einfluß in der Welt, soweit sie betroffen seien, in irgendeinem unmittelbaren Wertverhältnis zu unserer Überlegenheit oder deren Fehlen in der Luft stehen werden». Harriman schlug vor, die Luftwaffe solle sich für neue Flugzeuge und die erforderlichen Haushaltsmittel «entsprechend den Interessen der sogenannten russischen Lage, von der jetzt die Presse so voll ist», einsetzen. Wie im April 1945 machte Lovett sich wegen der zeitlichen Abstimmung viele Sorgen. «Die amerikanische Öffentlichkeit hört selten auf Argumente, wenn sie nicht beunruhigt ist», erklärte er Spaatz. «Da uns zum gegenwärtigen Zeitpunkt der Iran, die Mandschurei und Osteuropa täglich Sorgen bereiten, mag das eine angemessene Gelegenheit sein, darauf hinzuweisen, daß wir die notwendigen Schritte, uns in der Luft eine starke Position zu schaffen, nicht länger hinauszögern können.»

Die Zusammenlegungskontroverse selbst, die so viel zur Artikulierung der Konzeption der nationalen Sicherheit beigetragen hatte, verhinderte weiterhin eine kraftvollere Bestätigung von Amerikas sehr großer Macht. «Sie und ich, wir sind beide der Ansicht, daß es äußerst unglücklich ist, wenn sich die Waffengattungen in diesem Punkt gegeneinander stellen», schrieb Robert Patterson am 11. März 1946 an Forrestal. «Ich habe versucht, mich mit Jim Forrestal auf einen Kompromiß zu einigen», schrieb Patterson einen Monat danach an Stimson, «aber bisher ohne Erfolg.»[59]

Im Frühjahr 1946 hatten sich die beiden Denkweisen überschnitten. Erkenntnisse über sowjetische Vorhaben bestimmten die Art, in der amerikanische Führer die Auffassung nationaler Sicherheit umrissen, die der neue Botschafter, Walter Bedell Smith, einem aufmerksamen Stalin während des spätabendlichen Besuches im Kreml im April 1946 erläuterte: «In Amerika wie in der Sowjetunion haben wir die Verantwortung für wichtige langfristige Entscheidungen über unsere künftige Militärpolitik; und diese unsere Entscheidungen werden in weitem Maß davon abhängen, was unser Volk über die Politik der Sowjetunion denkt.»

Die Auslegung nationaler Sicherheit beeinflußte die Interpretation der sowjetischen Vorhaben und Fähigkeiten. Die Doktrin der nationalen Sicherheit bedeutete in der Tat eine grundlegende Revision der Auffassung der amerikanischen Beziehungen zur übrigen Welt, die Stimson 1941 als «unsere grundlegende Verteidigungstheorie» bezeichnet hatte. Die Nation hatte in ständiger Bereitschaft zu sein. Amerikas Interessen und Verantwortlichkeiten waren unbeschränkt und global. Nationale Sicherheit wurde zur vorherrschenden Regel, einem Leitgedanken. Sie lag im Herzen eines neuen und manchmal schädlichen Bildes.

An ihrer Außenpolitik ist zu beanstanden, daß sie in auswärtigen Angelegenheiten genau das zu tun versuchen, was sie fast dreißig Jahre lang im eigenen Lande gemacht haben.

JOHN FOSTER DULLES, Mai 1946

Die Bemerkungen Molotows und Wyschinskijs veranschaulichen wieder die sowjetische These, daß Beziehungen zwischen den Großmächten wichtiger waren als die genaue Einhaltung der Charta.

CHARLES BOHLEN, April 1946

IX

Die Würfel fallen: Der antikommunistische Konsens

Der Außenministerrat trat am 25. April 1946 in Paris erneut zu einer Sitzung zusammen. Polizei sicherte die Straßen der um den Luxembourgpalast gelegenen Häuserblocks; als die Delegierten die Treppen hinaufstiegen und durch die Korridore schritten, wurden sie von der Garde Républicaine mit gezogenem Säbel begrüßt, und Reporter eilten geschäftig hin und her. Für Frankreich war es ein Festtag – die Wiederzulassung zum Außenministerrat bedeutete eine Erneuerung seines Großmachtprestiges.

Während des nächsten halben Jahres war Paris der Weltmittelpunkt diplomatischer Aktivitäten. «Hinsichtlich politischer Angelegenheiten wird viel von den Ergebnissen der Pariser Konferenz abhängen», schrieb Sowjetspezialist Llewellyn Thompson an Botschafter Lane in Polen, «und darum messen wir die Zeit genau, ehe wir irgendwelche bedeutenderen politischen Entscheidungen zu treffen versuchen.»[1] Doch sollten sich die Topics, die beim Pariser Treffen nur beiläufig erwähnt wurden, bei der Ausbildung grundsätzlicher Standpunkte und Verhaltensweisen als wichtiger erweisen als jene, die im Mittelpunkt der Diskussion standen. Auch wenn im Rat wie auch bei der Ende Juli eröffneten Friedenskonferenz gewisse Fortschritte erzielt wurden, so lief der Polarisierungsprozeß zwischen Ost und West beschleunigt weiter. In den Monaten Februar und März hatte die Irankrise eine Ausweitung des Spannungsfeldes über Osteuropa hinaus bewirkt. Während die Delegierten in Paris in den Sommermonaten redeten und argumentierten, kamen in anderen Gebieten, insbesondere im östlichen Mittelmeerraum und in Deutschland – die wichtigste europäische Frage überhaupt –, Kontroversen auf. In diesem Zusammenhang gewann der Gedanke der nationalen Sicherheit für amerikanische Politiker an Bedeutung. Der Rigaer Standpunkt wurde noch mehr in eine zunehmend auf Eindämmung ausgerichtete Wirtschaftspolitik und eine Neuformulierung von Amerikas Militärposition integriert. Im Oktober, als der letzte Delegierte seine Sachen gepackt und Paris verlassen hatte, war das Evangelium der nationalen Sicherheit auf dem Wege, sich zum Dogma zu entwickeln; und der prominenteste Ketzer war bereits aus dem Tempel vertrieben worden.

Byrnes begab sich mit einer grundsätzlichen Einstellung nach Paris, die der harten Rigaer Linie im Unterschied zu vorangegangenen Konferenzen näherstand. Folglich war sein politisches Ansehen bei den eigenen Landsleuten deutlich gestiegen. «Byrnes hat an Format gewonnen», sagte Averell Harriman im April und fügte mit gewisser Genugtuung hinzu, «in Paris werden wir nicht nachgeben.» Doch fühlte sich Byrnes durchaus nicht sicher. Das Verhältnis des Außenministers zu Truman war immer noch unbeständig, und letzterer beklagte sich zu jener Zeit bei Finanzminister Harold Smith (wie dieser schriftlich fixierte), «ihm lägen schrecklich viel Dinge auf der Seele», und Byrnes habe «gestern an seiner Schulter geweint, doch er, der Präsident, habe keine Schulter, an der man sich ausweinen könne». Byrnes' Bemühen, mit den deutschen Satellitenstaaten wenigstens zu versuchen Friedensverträge auszuhandeln, hatte im State Departement, wo das Bild der Sowjetunion virtuell «abgerundet» war, beträchtliche Opposition hervorgerufen. Der Meinung der Elite hinkte Byrnes gewöhnlich hinterher.

Im Mai 1946 schrieb John Foster Dulles an einen pazifistischen Pfarrer: «Die Zuflucht sowjetischer Führer zu Zwangsmaßnahmen war innerhalb der Sowjetunion für fast dreißig Jahre und lange vor der Atombombe charakteristisch. An ihrer Außenpolitik ist zu beanstanden, daß sie in auswärtigen Angelegenheiten genau das zu tun versuchen, was sie fast dreißig Jahre lang im eigenen Lande gemacht haben.» Daraus sollte nun die neue konventionelle Anschauung erwachsen, sowjetischer Totalitarismus im Inland bedeute zwangsweise eine totalitäre Außenpolitik – das heißt eine primär von der Ideologie motivierte Außenpolitik, die auf unbegrenzte Expansion und völlige Beherrschung des internationalen Gefüges abziele. Grundlegendes Anliegen dieses Buches ist es, zu zeigen, daß dieser Zusammenhang nicht unvermeidlich war – daß Stalins Außenpolitik eher von Vorsicht als von einem unstillbaren Machthunger geleitet wurde. Doch war eine solche Unterscheidung nicht leicht zu treffen, sie war schon als solche gefährlich, wirkte wenigstens kurzfristig gesehen amoralisch, und so gaben viele die Mühe auf. «Mit Rußland streiten wir uns bereits wie zwei große Hunde um einen Knochen», war Ende 1945 das Urteil J. William Fulbrights, eines frischgebackenen Senators, der bereits ein wenig als Einzelgänger galt. Er fügte hinzu, «gegen eine Nation hart oder weich zu sein, das ist keine Politik». Doch 1946 hatte auch er den antikommunistischen Konsens unterzeichnet. «Hat Rußland nicht die Absicht, die Welt mittels einer feingesponnenen Kombination von Infiltration und Gewalt zu beherrschen?» fragte er in einer Mairede. Seine Antwort hieß: «Ja!»[2]

In Paris war Byrnes dem «Werde-hart»-Druck ständig und unentrinnbar in der Person Arthur Vandenbergs – in geringerem Maße auch der Tom Conallys – ausgesetzt. Diese beiden «senatorischen Schwergewichte» – so bezeichnete sie ein britischer Diplomat – waren ständig an Byrnes' Seite, sagten jedoch «nie etwas und hüllten sich ständig in quasi mißbilligendes Schweigen, das auf ihren Sprecher recht entmutigend, wenn nicht gar peinlich gewirkt haben muß».[3]

Privat war Vandenberg jedoch alles andere als schweigsam. «Byrnes hat sich zu hundert Prozent ‹gehalten›», schrieb Vandenberg am 13. Mai an Dulles. «Nur einmal wurde er ‹beinahe schwach› – ein Punkt, an dem ich eine meiner wohlbekannten Shows abzog. Ich bin mehr denn je überzeugt, daß sich der Kommunismus auf einem weltweiten Vormarsch befindet, dem nur Amerika Einhalt gebieten kann.» Am 28. Mai gab Vandenberg zu (Teil eines Briefes an Henry Luce, der nicht in des Senators *private papers* veröffentlicht wurde), «viele unserer gegenwärtigen Schwierigkeiten im Außenministerrat gehen auf die Tatsache zurück, daß Molotow die Potsdamer und Moskauer Vereinbarungen *wörtlich* zu seinem eigenen *technischen* Vorteil zitieren kann.» Er bemerkte weiter, daß Molotow zum Verhandeln geneigt sei, die Vereinigten Staaten sich jedoch weigerten, «Prinzipien aufs Spiel zu setzen». Und mit seinem üblichen rhetorischen Behagen verkündete Vandenberg: «Paris war ein umgekehrtes München.»[4]

Die zweite Sitzung des Außenministerrates wurde in zwei Teile aufgesplittert; das erste Treffen dauerte vom 25. August bis 16. Mai, das zweite vom 15. Juni bis 12. Juli. Es war ein Propangandakrieg, in dem Byrnes mit Hilfe von Bevin und (wenn auch in geringerem Maße) von Bidault gegen Molotow auftrat und in dem jede Seite der anderen vor den Zuschauern Punkte abzugewinnen versuchte. Doch müssen wir zugeben, daß die Russen die Kunst der Public Relations mit der «Bourgeoispresse» noch nicht beherrschten. Nachdem der Korrespondent der *Times* drei Wochen lang vergeblich versucht hatte, von Andreij Wyschinskij ein Interview zu bekommen, wurde er mit dem Rat abgespeist, es sei für ihn das beste, die *Isvestija* zu lesen.

Der erste Teil der Pariser Sitzungen wurde mit den Problemen der italienischen und österreichischen Friedensverträge, insbesondere dem Schicksal von Triest, der italienischen Kolonien und der Frage italienischer Reparationen vertan. Von den Briten kräftig unterstützt, beanspruchte Byrnes auch eine «offene Tür» nach Osteuropa und versuchte einen Termin für eine Allgemeine Friedenskonferenz festzusetzen. Letzteres beunruhigte die Russen, die eine Aufhebung des Großmächtekonsortiums fürchteten.[5] «Die Amerikaner waren bei weitem härter als in London oder Moskau», schrieb Pierson Dixon, Bevins Privatsekretär, am 6. Mai in sein Tagebuch.

Am 14. Mai fügte er hinzu: «Byrnes ließ es auf einen Bruch ankommen, vermutlich, um den Russen internationales Benehmen beizubringen. Byrnes ist ein bewundernswürdiger Vertreter der USA, schwach, wenn die amerikanische Öffentlichkeit schwach ist, und stark, wenn sie stark ist.»

Die Teilnehmer waren sich wohl bewußt, daß sie alle vor einem Publikum spielten, und darum kam es zeitweise zu einer Herzlichkeit, die beim Londoner Treffen im vergangenen Herbst nicht aufgekommen war.

«Gentlemen, ich schlage vor, daß wir uns zur Bar begeben», sagte Byrnes, als er sich von der letzten Sitzung Ende Mai erhob.

«Das war wohl der einzige Vorschlag auf dieser Konferenz, der einstimmig angenommen wurde», erwiderte Molotow, worauf die Außenminister dem Champagner zusprachen.

Auch der zweite Teil war unergiebig, bis die Russen Ende Juni, als die Diskussionen sich nun außer Sicht- und Hörweite der Presse abspielten, nachzugeben begannen. Es kam zu einem allgemeinen Kompromiß. Triest sollte internationalisiert werden, Rußland seine Reparationen von Italien bekommen, die Frage der Kolonien verschoben werden, die Friedenskonferenz Ende Juli beginnen. Die Vertragsentwürfe wurden gebilligt. Die Russen bestanden auf einem Viermächteabkommen als Basis der Friedenskonferenz. Sie wollten sich nicht in einer Miniatur-Vollversammlung überstimmen lassen.[6]

Trotz der Kompromisse gelangte Byrnes in diesen zwei Monaten zu einem Wendepunkt seines Denkens, einem festen Beschluß, der Deutschland wiederum in den Mittelpunkt brachte. Wir haben schon früher erwähnt, daß Byrnes wenige Tage nach seiner Ankunft in Paris Bidault noch vor der Eröffnung der Konferenz gefragt hatte, ob die russische Politik «von einem Streben nach Sicherheit oder nach Expansion»[7] bestimmt würde. Doch Byrnes hatte sich bereits einen Trick einfallen lassen, um die russischen Absichten zu testen – einen fünfundzwanzigjährigen Viermächtevertrag, der die deutsche Entmilitarisierung gewährleisten sollte. Die Vaterschaft des Gedankens konnte man bis zu einem Vorschlag in der Rede Vandenbergs vom Januar 1945 zurückverfolgen, in welcher der Senator seine Bekehrung zum Internationalismus bekundet hatte. Sowohl Molotow bei der Londoner Konferenz im September als auch Stalin bei der Moskauer Konferenz im Dezember hatten ein etwas laues Interesse bekundet, als Byrnes den Gedanken beiläufig zur Sprache brachte.[8]

Byrnes hoffte, der Vertrag würde die Zusammenarbeit mit Rußland in die Wege leiten und sowjetische Befürchtungen und Verdächtigungen zerstreuen. Er sollte die langwährende Anwesenheit Amerikas in Europa sichern und gleichzeitig – wenigstens nach Byrnes' Ansicht – die Ansprüche russischer Vorherrschaft in Osteuropa aufheben. Wie Truman es ausdrückte, «ließ er sie Farbe ansagen».

Nach seiner Rückkehr aus Moskau hatte Byrnes eine Besprechung mit

James Riddleberger, dem Leiter der Mitteleuropaabteilung. «Der einzige Weg, das sowjetische Mißtrauen zu zerstreuen, ist, den Vereinigten Staaten die deutsche Entwaffnung zu empfehlen», sagte der Außenminister. Er bat Riddleberger, den Vertrag so geheim zu entwerfen, daß nicht einmal dessen unmittelbare Vorgesetzte davon Kenntnis bekamen. Byrnes' Vertrauter, Ben Cohen, nahm an dieser Arbeit teil. Ein Entwurf wurde Mitte Februar an Molotow geschickt, doch dieser bestätigte den Empfang erst im April mit dem undurchsichtigen Kommentar, daß der Vertrag «ernsthafte Einwände»[9] erfordere.

Am 28. April, drei Tage nach der förmlichen Eröffnung des Außenministerrates, besprachen Byrnes und Molotow den Vertrag persönlich während eines intimen und unangenehmen Essens, das der Amerikaner in seiner Suite im Hotel Meurice gab. Molotow beschwerte sich, daß die Vereinigten Staaten im Iran nicht als «Freund»[10] aufgetreten seien. Doch Byrnes steuerte das Gespräch auf Deutschland und sein persönliches Anliegen. In den Vereinigten Staaten gäbe es viele Leute, sagte er, «die das genaue Ziel der Sowjetunion nicht verstehen könnten» – ob sie «nach Sicherheit oder nach Expansionismus» strebe. Solch ein Vertrag (und ein ähnlicher für Japan) würde «das Sicherheitsproblem wirksam beeinflussen». Obwohl er es nicht direkt aussprach, ließ er doch über die Auslegung einer sowjetischen Weigerung, seinen Vorschlag anzunehmen, keinen Zweifel. Molotow wiederholte noch einmal, daß die Sowjetunion den Vertrag im Prinzip bejahe, bestand jedoch darauf, ihn hinter anderen Angelegenheiten zurückzustellen: «Das wichtigste war, die vorherige Vereinbarung über die umgehende Entwaffnung Deutschlands zur Ausführung zu bringen.»[11] Denn für die Sowjets bedeutete, wie wir bald sehen werden, «Entwaffnung» etwas anderes als für die Amerikaner. Byrnes hatte darüber gerade eine Meinung gefaßt. Wenige Tage später teilte er einem amerikanischen Journalisten vertraulich mit, «daß er die Hoffnung auf ein vereintes Deutschland fast aufgegeben habe». Statt dessen begann er sich mit dem Gedanken zu befassen, die drei Westzonen zu einem lebensfähigen und unabhängigen Land zu vereinen.[12]

Byrnes' Meinungsschwenkung bezüglich der deutschen Frage war nicht nur eine Reaktion auf die offensichtliche Ablehnung seines Lieblingsvorschlags durch die Russen, sondern entsprach auch dem weitverbreiteten Bemühen der höheren amerikanischen Beamten, die Richtung der amerikanischen Deutschlandpolitik zu ändern. Auch wenn das Erblassen der Erinnerung und verworrene Chronologien diesen Punkt verdunkeln, so wurde Deutschland, das wichtigste aller europäischen Probleme, doch erst spät, im Frühjahr 1946, zu einem Streitfall. In den Tagen nach Potsdam, als amerikanische Beamte in Deutschland Listen der Probleme aufstellten, mit denen eine erfolgreiche Besatzung fertig zu werden hatte, setzte noch nicht einmal ein so konservativer Mann wie Robert Murphy die sowjetisch-amerikanischen Beziehungen obenan. Sogar John J. McCloy sah im Herbst 1945 in der gemeinsamen Besetzung Deutschlands einen Grund, die russisch-amerikanischen Beziehungen optimistisch zu beurteilen. Bis weit ins Jahr 1946 hinein sahen politische Sprecher weiterhin Frankreich als den größeren, die Viermächtekontrolle behindernden Bösewicht an – dieser Punkt wurde im Laufe der Entwicklung des kalten Krieges vergessen.[13] Im März kamen die vier Mächte zu einem scheinbar grundsätzlichen Abkommen über das Niveau der deutschen Stahlproduktion. Dieses Übereinkommen galt als Beweis, daß die USA und die UdSSR zusammenarbeiten könnten. «Wir sind in die Lage gekommen, wo wir uns über einen Punkt wild streiten und einen Kompromiß schließen können», sagte Clay, «der sich nicht auf unsere persönlichen Beziehungen oder weitere Punkte auswirkt, die wir zur Sprache bringen könnten.» Diese Ansicht vertrat er, wie wir im vorangegangenen Kapitel gesehen haben, sicherlich noch im April, als er Kennans Langes Telegramm scharf kritisierte.[14]

Es gab gewichtige Gegenstimmen. Viele Beamte des State Department, die sich nach den Grundsätzen von Riga richteten, begannen die französische Obstruktionspolitik herunterzuspielen und wiesen statt dessen auf den Deutschlandkonflikt mit der Sowjetunion hin. Sie wollten das Verteidigungsministerium zu ihrer Ansicht bekehren. Aus Furcht vor einer Kollaboration zwischen Rußland und einem Neuen Reich benachrichtigte Matthews Anfang April Acheson, «es ist höchste Zeit, über Deutschland einige Entscheidungen auf höchster Ebene zu treffen».[15] Kennan sah die Sache nüchterner. So wie er ein Jahr zuvor angenommen hatte, daß die Russen sich nach einem gut ausgearbeiteten Reparationsplan richteten, der in Deutschland und Westeuropa politische Ziele durchsetzen sollte, so warnte er jetzt vor einem «sowjetischen politischen Programm» mit dem Ziel, ganz Deutschland an sich zu bringen. Darum stimmte er dafür, die Teilung durch Gründung eines westdeutschen Staates «zu ihrem logischen Abschluß zu bringen». Botschafter Smith unterstützte im April Kennans Ansicht: «Ich bin seit vielen Monaten der Meinung, daß unser nächstes Ziel die Integration der westlichen Zonen Deutschlands in eine nach Westeuropa und der westlichen Demokratie orientierte Einheit sein sollte.»

Doch um die gleiche Zeit etwa klagte Smith auch, «wir haben so wenig Kenntnis über die Praktiken des [Sowjet-]Regimes».[16] Der offensichtliche Augenschein zeigt in der Tat, daß die Amerikaner das sowjetische Interesse an Deutschland, teils weil sie nicht wissen konnten, was sich innerhalb des Kremls abspielte, mißverstanden. Den Russen stellte sich das Problem anders. Churchills Rede, die amerikanische Neubewertung und Ausweitung der Luftmacht gaben ihnen unter anderem einigen Grund, die westlichen Absichten anzuzweifeln.[17]

Wichtiger war, daß die Amerikaner nicht verstanden, daß Molotow mit deutscher «Entwaffnung» sowohl Reparationen als auch die Vernichtung der Reste des deutschen Militärpotentials meinte. Die Russen waren von dem Gedanken, aus Deutschland Reparationen zu erhalten, so besessen, daß sie bis weit ins Jahr 1946 hinein noch das zweite Gleis der ostdeutschen Eisenbahnlinien abbauten – wohl kaum eine weise Strategie, wenn sie eine militärische Auseinandersetzung mit dem Westen als möglich ansahen. Reparationen aus Deutschland spielten im russischen Wiederaufbaudenken eine bedeutende Rolle. Der sowjetische Wirtschaftsplaner Woznesenskij prägte dazu das Schlagwort: «Reparationen zur Erfüllung des Fünfjahresplanes.»

Doch hatte sich das sowjetische Bemühen, aus Deutschland Reparationen zu erlangen, indem man die Industrieanlagen abbaute, im Sommer 1946 als Fehlschlag erwiesen.* Das Unternehmen stand unter dem Einfluß bitterer internationaler Antagonismen und wurde schlecht, hastig und unwirtschaftlich durchgeführt. Das bürokratische Gerangel, an dem sogar Stalins unmittelbare Vertreter teilnahmen, ging um zwei Hauptpunkte: erstens, ob man Reparationen der laufenden Produktion entnehmen oder Deutschland durch Wegnahme von Ausstattungen und ganzer Industrieanlagen zu einem Agrarstaat machen sollte, zweitens, unter wessen Oberaufsicht in der sowjetischen Bürokratie diese Maßnahme ausgeführt werden sollte. Molotow und andere Beamte wurden wegen dieser Probleme unter starkem Druck gezwungen, dem Westen Reparationen abzuverlangen. Im Juni 1946 berichtete Robert Murphy zum Beispiel, Marschall Sokolowskij, der Oberbefehlshaber der sowjetischen Besatzungstruppen, sei zu ihm zum Essen gekommen. Sokolowskij äußerte sich «nur über Wirtschaftsfragen ... Sokolowskijs Standpunkt über Reparationen aus der laufenden Produktion und Deutschlands Export-Import-Programm hat sich, wenn überhaupt eine Veränderung festzustellen ist, nur verhärtet.» Das energische Verlangen der Russen nach Reparationen geschah teilweise in der Absicht, einem (von den Russen wahrgenommenen) Trend der westlichen Politik zur Teilung Deutschlands entgegenzusteuern. Doch trug das starre, plumpe Verhalten der Sowjets seinerseits wiederum zur Verstärkung dieses Trends bei.[18]

Amerikanische Beamte waren allgemein davon überzeugt (allerdings machte Clay zeitweise dabei eine Ausnahme), Reparationen seien nicht nur Teil eines größeren politischen Programms der Sowjets zur Ausweitung der russischen Macht auf Westeuropa, sondern meinten auch, daß sie der Wiedergesundung Deutschlands und Westeuropas schadeten.** Murphy

* Im August 1946 meinte Clay, die Amerikaner hätten «von dem Umfang der Entnahmen (durch die Russen aus der Ostzone) einen übertriebenen Eindruck», weil die Russen bestrebt seien, sich auf «die Ankunft» alliierter Kontrollorgane in Berlin vorzubereiten.

** Amerikanische Beamte fürchteten auch, Reparationen könnten das stehende Heer der Sowjets vergrößern. Im September 1945 informierte das State Department das Kriegsministerium, die Sowjetunion produziere weiterhin kommentierte seine Unterhaltung mit Sokolowskij weiter: «Soweit wir feststellen können, läuft es darauf hinaus, daß die Sowjets aus der Orange den letzten Tropfen herauspressen wollen.» Doch wenn die Amerikaner Reparationen und Wiederaufbau für unvereinbar hielten, befanden sie sich vermutlich im Irrtum. Die deutsche Industriekapazität hatte während des Krieges stark zugenommen. 1943 besaßen die Deutschen vermutlich mehr Werkzeugmaschinen als die Vereinigten Staaten. Nur das deutsche Transportwesen und die Ölversorgung waren schwer getroffen; abgesehen davon, war die wirtschaftliche Infrastruktur meist noch unversehrt. 80 % der Schwerindustrie in der britischen und amerikanischen Zone hatten den Krieg überstanden. Die totale Industriekapazität übertraf überdies die Erfordernisse der Vorkriegsjahre; niemals würden mehr als die Hälfte der 22-Millionen-Tonnen-Stahlerzeugungskapazität zu friedlichen Zwecken gebraucht werden.[19]

Als die amerikanische Grundeinstellung sich neu formulierte, wurden Reparationen sogar noch unannehmbarer. Zur Verbreitung der Grundsätze von Riga und der neuen Doktrin der nationalen Sicherheit kam eine Neubewertung des Weltwirtschaftsproblems. Beamte des Verteidigungsministeriums teilten hinsichtlich des deutschen Problems zunehmend die Ansicht des State Department, das die Obstruktionspolitik mehr auf russischer als auf französischer Seite sah.[20]

Anfang Mai war General Clay sehr beunruhigt, weil die wirtschaftliche Erholung ausblieb, und auch in Sorge, weil monatelange intensive Bemühungen der Amerikaner, die Zonengrenzen durch allgemeine Kontrollkomitees zu ersetzen, fehlgeschlagen waren. Er hoffte, ein Zugeständnis zur einheitlichen wirtschaftlichen Verwaltung der vier Zonen zu erzwingen. Größtenteils aus eigenem Ermessen unternahm Clay einen Schritt, der viele amerikanische Beamte sicherlich überraschte: er ordnete in der amerikanischen Zone einen Stop des weiteren Abbaus von Industrieanlagen zwecks Reparationen an. Doch richtete sich diese Maßnahme im Gegensatz zu späteren Interpretationen wenigstens ebensosehr gegen die Franzosen wie gegen die Russen.[21]

Mitte Mai flog Clay nach Paris, um Byrnes den Fall zu unterbreiten. Der Schriftsatz, den er mit sich führte, besagte: «Das ganze Gebäude wird über unseren Köpfen zusammenbrechen ... wenn nicht bald etwas geschieht, um die Zonengrenzen aufzuheben.» Kurz danach schlug er vor, die amerikanische und britische Zone zusammenzuschließen. Noch immer war er kritischer gegen die Franzosen eingestellt als gegen die Russen, obwohl er hinzufügte: «Wenn wir in unmittelbarer Zukunft in diesem weiten Rah-

eine Höchstmenge an Kriegsmaterialien, und jeder Beistand von außen würde nur dazu beitragen, «die Kriegswaffenproduktion beizubehalten» und «die politisch-militärischen Ziele auf die Produktion abzustellen».

men nicht zu einer Übereinkunft kommen, stehen wir einer zerfallenden deutschen Wirtschaft gegenüber, die einen für die Entwicklung des Kommunismus in Deutschland günstigen Unruheherd und ein Abschreckungsmittel gegen die Demokratisierung abgeben wird.»[22] Diese Bewertung läßt die Richtung von Clays persönlichen Gedankengängen erkennen. Sie zeigt aber auch, daß Clay einen Sinn für solche Argumente hatte, die sich am besten verkaufen ließen.*

In der zweiten Juliwoche weigerte Molotow sich nachdrücklich, auf Byrnes' Vertragsvorschläge einzugehen. Der Außenminister hatte keine Zweifel mehr. Wäre den Russen nur an ihrer Sicherheit gelegen, hätten sie den Vertrag angenommen. Wie konnten sie die Absichten der USA, die amerikanische Aufrichtigkeit anzweifeln? Die Ablehnung des Vertrags gab Byrnes die Überzeugung, daß die Russen sich weiter nach Westen ausdehnen wollten und aus diesem Grunde die wirtschaftliche Lähmung und den politischen Zerfall Deutschlands zu fördern suchten. Nachdem Molotow am 10. Juli eine Rede gehalten hatte, die offensichtlich die deutsche öffentliche Meinung beeinflussen sollte, besprach Byrnes die amerikanische Situation in Deutschland noch einmal mit führenden Beamten. Er gab Clay den Weg frei, die Verschmelzung der amerikanischen und britischen Zone in die Wege zu leiten, die den für eine komische Oper passenden Namen Bizonia erhielt. Obwohl die Briten nicht gern Schritte unternahmen, die zu einer Teilung Europas führen konnten, hatten sie so schwer an den Besatzungskosten für die Ruhr zu tragen, daß sie schließlich zustimmten. Bizonia sollte am 1. Januar 1947 amtlich gegründet werden.

«Es scheint keinen Zweifel zu geben, daß Byrnes' Vorschlag, die wirtschaftliche Vereinheitlichung auf einer Teilbasis vorzunehmen, viel Seelenqualen und Spannung erzeugt hat», schrieb Charles Kindleberger am 3. August 1946 aus Berlin, «auch seien die französischen und russischen Delegationen über die Aussichten so besorgt, daß sie zum Nachgeben nicht geneigt seien. Die Sowjettaktik scheint darin zu bestehen, das Gespräch in Gang zu halten, und da die Vereinigten Staaten die Einstellung vertreten, daß Vereinbarungen für alle offen sein müssen, kommt es ganz natürlich dazu, daß die Sache etwas länger offengehalten wird, um herauszubekom-

* Nachdem er gerade von einer Beratungsreise aus Deutschland zurückgekehrt war, schrieb Walt W. Rostow vom Referat für deutsch-österreichische Wirtschaftsfragen im State Department am 10. Juni 1946 an Charles Kindleberger: «Ob es stimmt oder nicht, nach der Berliner Ansicht wird Clays Reparationsstop eher den französischen Obstruktionismus als die sowjetischen Absichten aufzeigen.» Er fügte hinzu, daß amerikanische Beamte in Berlin hinsichtlich der Sowjets einen gewissen vorsichtigen Optimismus hegten. Die Erfahrung hätte sie gelehrt, sagte Rostow, daß «hart verhandelnde, aufrichtige Amerikaner, die ihre Ziele kennen und vernünftige Ziele haben, mit den Russen ins Geschäft kommen können». Sie meinten auch, die sowjetische Politik sei immer noch bestrebt, Deutschland als wirtschaftliche Einheit zu behandeln.

men, ob die letzten sowjetischen Äußerungen wirklich bedeuten, daß sie mitmachen wollen.»

«Im Zusammenhang damit», fügte Kindleberger hinzu, «besteht ein Gefühl für die Tragik der unvermeidlichen Spaltung.» Viele Amerikaner erwarteten von den Russen nicht das geringste Entgegenkommen. Ben Cohen zum Beispiel sah die beste Hoffnung, mit der Sowjetunion freundschaftliche Beziehungen zu unterhalten, darin, so viele gemeinsame Probleme und Unternehmungen wie möglich aus dem Wege zu räumen. Beide Seiten waren durch zu viele Gegensätze geschieden, als daß sie in einer so lebenswichtigen Frage zusammenarbeiten konnten. Selbst wenn sie die gleichen Worte gebrauchten, redeten sie aneinander vorbei. Eine Teilung in zwei Deutschlands würde einem Streit, der mit einem dritten Weltkrieg enden konnte, vorzuziehen sein. Eine freundschaftliche Trennung war jedoch ebenso schwierig wie eine Zusammenarbeit. «Zusammenarbeit mit den Russen ist wie das Verhältnis von Mann und Frau, die weder miteinander auskommen noch zusammen leben können», pflegte Ben Cohen zu sagen. «Doch sobald sie sich zu einer Trennung entscheiden, finden sie heraus, daß sie sich über deren Bedingungen nicht einigen können.»[23]

Obwohl man die unmittelbaren wirtschaftlichen Schwierigkeiten nicht außer acht lassen sollte, bedeutete diese Verschmelzung der britischen und amerikanischen Zone auch einen entscheidenden Schritt bei der Schaffung eines Bollwerkes gegen die angebliche östliche Gefahr. «Durch den wirtschaftlichen Zusammenschluß mit der britischen Zone sind hier die Würfel gefallen», schrieb Clay am letzten Julitag.

«Das zwingt die Entscheidung herbei, und während wir auf eine beschleunigte Aktion der vier Partner hoffen, kann es gerade das Gegenteil bewirken. Ich konnte jedoch nicht länger in der wirtschaftlichen Stagnation verharren, und das wird wenigstens helfen.» Trotzdem vertrat Clay weiterhin zwei Anschauungen. Er war sogar geneigt, Reparationen aus der laufenden Produktion in Betracht zu ziehen, solange die Maßnahmen zur wirtschaftlichen Wiederherstellung Deutschlands den Vorrang hatten. Überdies hatte er immer noch Bedenken gegen die Anwendung der Rigaer Grundsätze in Deutschland, obwohl nicht mehr so stark wie im Frühling bei Erhalt von Kennans Langem Telegramm.

Ende Juli befragte ihn Eisenhower wegen der sowjetischen Obstruktionspolitik. «Es ist nicht leicht, den Sowjets bei Ausführung der Vereinbarungen größere Verstöße nachzuweisen, die zugunsten einer Viermächteverwaltung Deutschlands getroffen wurden», entgegnete Cohen. Entweder seien die Interpretationen wirklich unterschiedlich, erklärte er, oder die Franzosen seien ebenfalls zu tadeln.[24]

Zu etwa der gleichen Zeit bat Byrnes Ben Cohen, eine Rede auszuarbeiten, die sich gegen die sowjetischen Ansprachen an die deutsche Öffentlichkeit richtete. In einem Brief an Truman vom 2. September erklärte Byrnes seine Beweggründe. Molotows am 10. Juli vor dem Außenministerrat gehaltene Rede «hatte mit Erfolg ihr Ziel erreicht, den deutschen Beifall zu gewinnen», sagte er. «Nach Meinung der Vertreter der *New York Times*, *Washington Post* und anderer, die kürzlich Deutschland besichtigt haben, sollten wir alsbald verbreiten, daß uns die europäischen Angelegenheiten so zum Halse heraushängen, daß wir nicht länger in Deutschland bleiben wollen.»

Byrnes hielt seine Rede am 6. September in der Stuttgarter Oper. Er hoffte, das deutsche Volk durch starke Befürwortung einer eigenständigen Regierung und seiner wirtschaftlichen Wiederbelebung zu gewinnen. Er kritisierte den Fehlschlag einer Errichtung zentraler Verwaltungsorgane und wies darauf hin, daß die Abtretung deutscher Gebiete an Polen nicht als Dauerzustand zu betrachten sei. Der Außenminister vertrat Cohens Ansicht, als er sagte, daß er Deutschland nicht zum Zankapfel zwischen Ost und West werden lassen wollte. Doch ging er auch auf das Drängen von General Clay ein, als er versprach, amerikanische Besatzungstruppen so lange in Deutschland zu belassen wie die anderen Länder – das heißt die Sowjetunion. Außerdem lag dem Außenminister daran, die deutschen Führungspolitiker, die sich zum Westen bekannten, davon zu überzeugen, daß man sie später nicht im Stich lassen würde. Denn drei Tage nach seiner Rede erklärte Byrnes dem Finanzminister Snyder, «täglich bekam man das Argument zu hören, daß die Sowjets bleiben und die Amerikaner gehen würden».[25]

Doch sogar noch während in Deutschland die Würfel fielen, vermochte Byrnes weiterhin Hintergedanken zu hegen. Am letzten Abend des Außenministertreffens in Paris kam Byrnes zu einem wirklich freundschaftlichen Essen zu Molotow in die sowjetische Botschaft. Molotow, der sich zur Abwechslung einmal fast charmant verhielt, stimmte Byrnes bei, es wäre besser gewesen, wenn man so bittere Auseinandersetzungen vermieden und bei einigen Fragen den sowjetischen Standpunkt vorher bekanntgegeben hätte.

Byrnes beschloß, den Vorteil des ersten Schrittes auszunutzen. «Warum sagen Sie nicht, was Sie hinsichtlich Deutschland wirklich auf dem Herzen haben?»

Die Sowjetunion, erwiderte Molotow, wolle nur das, was sie auch in Jalta verlangt habe – zehn Milliarden Dollar Reparationen und Beteiligung an der Viermächtekontrolle der Ruhr.

Als Byrnes die Angelegenheit im folgenden Jahr überdachte, kam er zu dem Schluß, daß Molotow die Wahrheit gesprochen hatte – daß dies «die wirklichen Wünsche der obersten Sowjetregierung waren».[26]

Der Außenministerrat wurde Ende Juli von einer aus einundzwanzig Nationen bestehenden Friedenskonferenz abgelöst. Sie war nicht wegen ihrer Ergebnisse beachtlich, sondern wegen der Enthüllungen, die diese Parodie der Versailler Konferenz über die zunehmende Konfrontation brachte. Es gab viel idealistisches, aber unnützes Gerede über die Rechte kleiner Nationen, aber sehr wenig Anzeichen von geschäftsmäßigen Beziehungen zwischen den Großmächten. «Das ist ein öffentliches Schauspiel, aber keine ernsthafte Diskussion», äußerte sich Harold Nicolson, ein Veteran aus Versailles, einer der scharfblickendsten Beobachter der Vorgänge, der sich im Auftrag der British Broadcasting Company in Paris aufhielt. Wegen des auf ihm lastenden mannigfaltigen politischen Drucks und seiner persönlichen Frustrationen trug Byrnes mehr als andere dazu bei, die Treffen in diese Richtung zu steuern.

Der Außenminister war nun so weit, das «Fixieren» aufzugeben.

«Der vor uns liegende Weg ist beschwerlich», schrieb er wenige Tage nach Eröffnung der Konferenz. «Wir können nicht hoffen, das Denken der Menschen in der Sowjetunion zu verändern. Das ist unser Problem. Gewöhnlich hat man bei Übereinstimmung über den gleichen Tatsachenverhalt auch die gleichen Schlußfolgerungen zu erwarten. Das gilt nicht, wenn die Gedankengänge von Menschen so unterschiedlich sind wie die Herren, die die Sowjetunion vertreten, und die unseren.»

Kurz nach Eröffnung der Konferenz erklärte Byrnes, seine private Strategie sei es, die kleinen Mächte aufzurütteln, «um bei Streitfragen seine Argumente zu unterstützen», und dann «hinter der Bühne» im Geschworenenraum an die Arbeit zu gehen. Doch gingen die Delegierten niemals richtig im Geschworenenraum an die Arbeit. Selbst Bevin hatte von Byrnes' Publizitätssucht genug. «Das bedeutet, daß niemand mehr laut denken kann, ohne abgehört zu werden, und alle wirklichen Verhandlungen unmöglich geworden sind», erklärte er Nicolson. «Glauben Sie mir, Harold, unser Problem ist, daß die Russen Angst haben und die Yankees an Bomben denken.»[27]

Als Byrnes im August an der Pariser Friedenskonferenz teilnahm, kam es in Washington zu einer Krise. Zu Beginn des Monats überreichte die Sowjetunion der Türkei eine Note, die auch nach Washington und London gesandt wurde und in groben Formulierungen eine Revision der Konvention von Montreux forderte.* Die Russen versuchten, die Kontrolle über die Dardanellen zu erlangen, über die nur die Mächte am Schwarzen Meer verfügten, und verlangten auch einen Anteil an den Befestigungen der Meer-

* Die Konvention von Montreux gab der Türkei eine beträchtliche Kontrolle über die Rechte der Dardanellenpassage (einschließlich einer Verweigerung dieses Rechtes) von Kriegsschiffen, die anderen Mächten am Schwarzen Meer gehörten. Sie wurde im Juli 1936 von der Türkei, der Sowjetunion, Großbritannien, Frankreich, Japan und vier Balkanländern unterzeichnet. Die USA gehörten nicht dazu.

enge mit der Türkei. Die Dardanellen und ein sicherer winterfester Hafen waren natürlich historische Zwangsvorstellungen sowohl der zaristischen wie der sowjetischen Politik. Da die Türkei Deutschland gegenüber während des Zweiten Weltkrieges neutral eingestellt gewesen war, hatten solche Ansprüche zu jener Zeit bei den Westmächten wohlwollendes Gehör gefunden.

Nach den Protokollen des Moskauer Treffens vom Oktober 1944 hatte Stalin die Konvention von Montreux als Anachronismus bezeichnet. «Wie die Briten ihre Interessen im Mittelmeer hatten, vertrat Rußland gleichfalls die seinen im Schwarzen Meer», erklärte er.

«Die britische Politik hat nicht das Ziel, Sowjetrußland den Zugang zu einem winterfesten Hafen zu verweigern», erwiderte Churchill. «Sie verfolgten nicht länger die Politik Disraelis oder Curzons. Sie wollten Rußland nicht behindern. Sie wollten helfen.»

«Die Spitze des Speeres war gegen Rußland gerichtet», sagte Stalin. «Man sollte ihn fallen lassen.» Er verglich das russische Interesse an den Dardanellen mit dem Großbritanniens an Suez und Gibraltar und der Vereinigten Staaten in Panama. «Rußland war in der schlimmeren Lage.»

Churchill sagte, er wolle «die Türkei schrittweise zum Einvernehmen bringen», fügte jedoch hinzu, daß «Rußland einen rechtmäßigen und moralischen Anspruch» habe. Im Verlauf ihrer Oktobergespräche kam Stalin wieder auf die Konvention von Montreux zurück. Er bat den Premierminister, «sich dieses Themas zu erinnern».

Churchill bat Stalin, «vertraulich anzugeben», was für Verbesserungen er im Sinn habe.

Stalin erwiderte, er wolle nur, daß Churchill «sich daran erinnere, wenn die Sowjetunion das Thema erneut zur Sprache brächte.»[28] In Jalta hatte auch Roosevelt die Rechtmäßigkeit einer Revision anerkannt. In Potsdam hatten die Großmächte einer solchen zugestimmt.

Die Russen hatten jedoch keine Eile, die Türken an ihren Anspruch zu erinnern. Obwohl die letzte russische Note vom August 1946 mit den Potsdamer Vereinbarungen übereinstimmte, sahen amerikanische Politiker – ihr Gesamturteil über den Vorgang wurde jetzt neu formuliert – diesen Anspruch als provokativ und gefährlich an, als Vorspiel der sowjetischen Besitznahme des gesamten Mittleren Ostens und wesentliche Bedrohung der nationalen Sicherheit Amerikas.[29]

Im August, wenige Tage nachdem die Sowjets die Note amtlich abgegeben hatten, versammelten sich Forrestal und andere Beamte des Verteidigungs- und Marineministeriums besorgt im State Department, um mit Acheson und Loy Henderson zu beraten. «Man kam überein», notierte Forrestal, «daß es wünschenswert sei, die Politik der Vereinigten Staaten zu überprüfen und nun zu entscheiden, ob dieses Land einen festen Standpunkt einnehmen ... oder so wie in der Vergangenheit weitermachen sollte – protestieren, aber dann doch nachgeben.» Das State-War-Navy-Coordinating-Department entwarf schließlich ein Projekt, das Militäreinsatz in Erwägung zog.[30]

Bei einem Treffen am nächsten Tag in Trumans Büro gebrauchte der Anwalt Acheson den Entwurf, um die ersten klaren und wirklich eindringlichen Darlegungen der Eindämmungsdoktrin vorzutragen.

«Beschwichtigung» wurde jetzt in das übersetzt, was man später die Dominotheorie nannte. Gemeinsame Befestigungen an den Dardanellen würden zu einer sowjetischen Kontrolle der Türkei führen, die wiederum zu einer sowjetischen Kontrolle Griechenlands und des gesamten Nahen und Mittleren Ostens, was die Sowjetunion «in eine sehr viel stärkere Position brächte, um ihre Ziele in Indien oder China zu erreichen». Die Russen konnten nur durch das Wissen abgeschreckt werden, daß die Vereinigten Staaten «vorbereitet seien, Aggressionen, wenn notwendig, mit Waffengewalt zu begegnen».

«Wir sollten lieber jetzt als in fünf oder zehn Jahren herausfinden, ob die Russen auf die Eroberung der Welt aus sind», erklärte der Präsident. Er fügte hinzu, daß er die Sache bis zum Ende durchstehen wolle. Er billigte sowohl die Übermittlung einer scharfen Note an die Russen als auch die Entsendung einer mächtigen amerikanischen Streitmacht ins östliche Mittelmeer, worauf Forrestal bald deren ständige Anwesenheit in diesem Gebiet begründete.[31]

Wenige Tage später schoß Jugoslawien zwei amerikanische Transportflugzeuge ab, die unbefugt in den jugoslawischen Luftraum eingedrungen waren. Wieder schien ein offener Konflikt auszubrechen. Am 21. August überraschte Eisenhower Forrestal und Admiral Chester Nimitz mit seiner nachdrücklich formulierten Ansicht: er glaube nicht daran, daß die Russen den Krieg eröffnen würden, und weder der Abschuß der Flugzeuge noch eine russische Besetzung der Dardanellen stellten einen *casus belli* dar. «Das bewies die Unfähigkeit der Armee», klagte Forrestal später, «die Bedeutung der Kontrolle der Meere zu erfassen, und ihr mangelndes strategisches Urteilsvermögen im weitesten geographischen Sinne.»[32]

Die Russen drangen in der Tat weder in die Türkei noch anderswo ein. Ihr eigentliches Ziel hatte anscheinend nur darin bestanden, ihren Anspruch vor Ablauf des letzten Termins anzumelden. Die Sprache war hart, doch entsprach die Prozedur der in Potsdam erreichten Entscheidung.

Trotzdem führte die türkische Episode zur Erklärung des antikommunistischen Konsens durch amerikanische Politiker. Das Bild der Sowjetunion war, so könnte man sagen, «abgerundet». Die amtliche amerikanische Ansicht über Rußland war nicht länger unsicher. Jetzt waren Einschätzungen, die sich auf die Art eines besonderen Problems bezogen oder davon ausgingen, daß die Russen planlos oder nur einfach reaktiv handelten, ausgeschlossen. Interpretationen und Annahmen gingen seit jenem Zeitpunkt von dem Grundsatz aus, daß die Sowjetunion nicht eine zur Mitarbeit im internationalen Gefüge bereitwillige Großmacht, sondern eher ein weltrevolutionärer Staat war, der dieses System vernichten wollte. Diese Grundsätze schufen vereint mit der Doktrin der nationalen Sicherheit bei den Amerikanern ein ständiges Krisenbewußtsein. Hier kam zum erstenmal eine strukturelle Interpretation zum Ausdruck, von der sich die amerikanische Politik bis weit in die siebziger Jahre leiten lassen sollte.

Da die türkische Frage immer noch im Krisenfach lag, begannen Beamte des State Department eine auf Eindämmung basierende Politik der militärischen und wirtschaftlichen Hilfe zu befürworten. Das Plädoyer für eine solche Hilfe machte eine wichtige Neuorientierung der Prioritäten auf Amerikas außenpolitischem Wirtschaftsprogramm sichtbar. Die Bemühung, eine liberale Weltwirtschaft im Genre des 19. Jahrhunderts wiederherzustellen, würde aufgeschoben werden müssen. Die Wahrnehmung einer aufkommenden wirtschaftlichen Nachkriegskrise und die Furcht vor der Sowjetunion überzeugten die Politiker jetzt, daß Amerikas Wirtschaftsmacht und seine Planung für eine stabile wirtschaftliche Umwelt hinter seinen internationalen politischen Interessen zurückzustehen hatten.[33]

Die Neuorientierung wurde im Frühjahr und Anfang Sommer 1946 offensichtlich. Der in Frage stehende Fall war ein 650-Millionen-Dollar-Kredit an Frankreich, dessen wichtigste Voraussetzung nicht länger der Multilateralismus, sondern die Stärkung der prowestlichen Mächte war. Das Ziel war, wie Byrnes dem Kabinett erklärte, «diesen russischen Einfluß zu bekämpfen».[34] Darum unternahmen die Vereinigten Staaten zu Beginn des Sommers auch entscheidende Schritte, indem sie ihre Beihilfe zur Unterstützungs- und Rehabilitierungskommission der Vereinten Nationen strichen (für die sie, allerdings ohne angemessene Kontrolle, die meisten Gelder bereitgestellt hatten), statt dessen ein Exportkontrollsystem für den Sowjethandel aufzustellen begannen und amtlich alle Pläne einer Anleihe an Rußland zu Fall brachten. Statt ihre Wirtschaftsmacht zur Schaffung von Bindungen an die Sowjetunion zu gebrauchen, wollten die Vereinigten Staaten sie nun einsetzen, um Mauern gegen den Kommunismus zu errichten.[35]

Doch der entscheidende – und schließlich selbstvernichtende – Schritt wurde nicht vor August oder September unternommen. Bei der Pariser Friedenskonferenz bemerkte Byrnes, wie die tschechoslowakischen Delegierten herzlich einer Hetzrede Wyschinskijs Beifall zollten, in der er die Vereinigten Staaten des Versuchs beschuldigte, die Welt mit ihrer Wirtschaftsmacht zu manipulieren. Das war ein Beispiel des tschechischen Handels. Um ihre innenpolitische Unabhängigkeit zu bewahren, begaben sie sich in das Kielwasser der sowjetischen Außenpolitik. Nur auf diesem Wege konnte die Koalition zwischen Kommunisten und Nichtkommunisten in

Kraft bleiben, nämlich wenn man die Tschechoslowakei als mögliche Brücke zwischen Ost und West ansah. Doch ärgerte Byrnes sich unmäßig darüber, denn zu jener Zeit verhandelten die Vereinigten Staaten über einen 50-Millionen-Dollar-Kredit an die Tschechoslowakei zum Ankauf für den Wiederaufbau unerläßlicher Reste von amerikanischen Armeebeständen. «Erstaunlich war», berichtete Ben Cohen, «daß er sich emotional ganz engagiert fühlte und nicht erkannte, daß ihnen keine Alternative blieb. Er meinte, die Delegierten hätten den Vereinigten Staaten persönlich ihre Verachtung bezeugt.» Byrnes befahl, die Kredite zu streichen. Die Tschechen sollten bestraft werden. Nichtkommunistische Politiker in der Tschechoslowakei bedauerten die Aktion mehr als die Kommunisten, denn Byrnes' Entscheidung war unproduktiv – sie unterminierte die Stellung der Nichtkommunisten. Die Streichung der tschechoslowakischen Kredite war das erste Beispiel der künftigen amerikanischen Politik.

«Ich meine», kabelte Byrnes im September an Clayton, «daß Sie sich innerhalb des Department über die Entwicklung der Welt während der letzten Monate voll bewußt sein sollten.» Wirtschaftshilfe konnte nicht länger von besonderen wirtschaftlichen Bedingungen abhängig gemacht werden. Auch die Beziehung solcher Beihilfen zu Amerikas allgemeinen multilateralen Zielen mußte sekundär gewertet werden. «Die Lage hat sich so verhärtet, daß es nach meiner Überzeugung angesichts des Verhaltens der Sowjetregierung und der von ihr beherrschten Nachbarstaaten an der Zeit ist, daß wir unseren Freunden in jeder Weise helfen und von der Hilfe jener Abstand nehmen müssen, die sich entweder aus Hilflosigkeit oder anderen Gründen den von uns vertretenen Prinzipien widersetzen.»

«Ganz meine Meinung», kabelte Will Clayton zurück. Er sah ein, daß es dringendere Aufgaben gab als die Neuerschaffung einer Weltwirtschaft des 19. Jahrhunderts.[36]

Parallel zu den Pariser Treffen fanden bei den Vereinten Nationen in New York Verhandlungen über die Errichtung von Kontrollen über Atomwaffen statt.

Der erste amerikanische Schritt zur Erschaffung eines internationalen Regimes bestand in einer Studie, die unter Anleitung von Dean Acheson und David Lilienthal im März 1946 fertiggestellt wurde. Sie sah die Begründung einer internationalen Agentur, der Atomic Development Authority, vor, die sowohl Rohmaterial als auch Industrieanlagen kontrollieren sollte. Hier wurde kein großer Wert auf Inspektionen gelegt, auch waren keine Sanktionen vorgesehen.

In dem Bestreben, den Beistand von Öffentlichkeit und Kongreß zu gewinnen, ernannten Byrnes und Truman Bernard Baruch zum Bevollmächtigten bei den Verhandlungen mit den Vereinten Nationen. Acheson und Lilienthal waren mit dieser Wahl zufrieden. Baruch seinerseits hatte etwas gegen die Vorstellung, daß der Report schon quasi als politische Maßnahme galt. «Suchen Sie sich lieber einen anderen Botenjungen», fuhr Baruch Acheson an. «Die Western Union nimmt keine meines Alters mehr an.» Nachdem Truman und Byrnes ihm gut zugeredet hatten, übernahm der alte Pooh-bah (eine Bezeichnung Roosevelts) – er war außerordentlich eitel, strebte nach einer Krönung seiner Karriere, aber in seinem Verhalten nie allzu aufrichtig – die Leitung der Verhandlungen mit der Erklärung: «Ich bin eine harte Nuß.» Er hatte aber auch eine hohe Selbsteinschätzung. «Ich beschloß, die Wissenschaftler fallenzulassen, weil ich, wie ich Ihnen sagte, alles wußte, was ich wissen wollte», sagte er zu Vannevar Bush. «Es hatte einen Knall gegeben, durch den Millionen von Menschen vernichtet worden waren. Ich hielt das für ein ethisches und moralisches Problem und beschloß, nach dieser Theorie vorzugehen.» Er rekrutierte Ferdinand Eberstadt als obersten Taktiker und Strategen, den Bankier John Hancock als Leiter des Mitarbeiterstabes und andere ebenso konservative Männer, die sich bei dem Gedanken beunruhigten, daß die Uraniumlager den Privatunternehmen entgleiten könnten. In dem Bemühen, dem Acheson-Lilienthal-Report sein Imprimatur aufzudrücken, fügte Baruch in den amerikanischen Vorschlag eine Reihe von Wilson-Taktiken – einschließlich Sanktionen und Ablehnung eines Vetos – ein und bestand darauf, daß es sich um eine Vollversammlung und nicht um ein Großmächteunternehmen handelte. Er und seine Mitarbeiter, die auf General Groves hörten, hatten mehr Vertrauen in das Weiterbestehen des atomaren Monopols als viele Wissenschaftler.[37]

Im Mai erinnerte Eberstadt Baruch, daß er nun wirklich die obersten Stabschefs konsultieren sollte, um seinen Vorschlag «mit unserer Militärpolitik und den Erfordernissen unserer nationalen Sicherheit in Einklang zu bringen». Baruch holte sofort solche Meinungen ein. Die Stabschefs definierten das Problem in einer Weise, die Baruchs Aufgabe unmöglich machte: die Bombe sollte weiterhin den Schwerpunkt des amerikanischen Arsenals bilden, und es sollte ein Kontrollsystem errichtet werden, das die Russen daran hinderte, die Waffe selbst zu entwickeln. Der oberste Befehlshaben, Dwight D. Eisenhower, schrieb, daß «wir unsere Kapazität diesmal nicht darauf beschränken können, diese Waffe zu produzieren oder zu gebrauchen». Er wandte sich gegen alle Maßnahmen, die «die Weltmachtbeziehungen der USA weiterhin aus dem Gleichgewicht brächten», und bestand auf dem Schritt: «auf freien und ungehinderten Inspektionen».[38] Baruch und seine Mitarbeiter legten mehr Gewicht auf die Meinung der Militärs als auf die der Atomwissenschaftler und begingen so den grundlegenden Irrtum anzunehmen, die Russen würden nicht in der Lage sein, eine Waffe zu entwickeln – oder selbst angemessene Uranquellen anzuzapfen.[39]

Baruch legte den Vereinten Nationen seinen Plan zur Errichtung einer internationalen Atomenergiekommission Ende Juni vor. Nach einer Reihe von Stadien sollte sie völlige Kontrolle über Rohmaterialien und Atomindustrieanlagen auf der ganzen Welt ausüben. Länder, die dieses Mandat verletzten, sollten bestraft werden, und im Gegensatz zum Sicherheitsrat sollte es in der IAEA kein Veto geben.

Die Vereinigten Staaten wollten sich anderseits ein verstecktes Veto vorbehalten: Das internationale Regime sollte mit einer kompletten Übersicht über Rohmaterialien und einer Inspektion der Anlagen beginnen. Für keines der Stadien sollte ein Zeitlimit gesetzt werden, und alle Mitglieder mußten, ehe man ins nächste überging, über den Abschluß eines Stadiums übereinstimmen. Damit würden die Amerikaner, lange nachdem die Russen die entscheidenden Informationen über ihre Rohmaterialquellen und das Entwicklungstadium ihrer Forschungen gegeben hatten, ihr Atomwaffenarsenal noch lange beibehalten.

Mit gewisser Voraussicht wies eine sowjetische Zeitung darauf hin, «kein Land, das Atomenergie wünscht und sie um 1949 unabhängig zu erlangen in der Lage ist, wird auf eine Atomenergiekommission Rücksicht nehmen, deren Stadienprozeß nach Baruchs Vorschlag dieses Ereignis für viele Jahre hinausschieben würde».[40]

Andreij Gromyko brachte wenige Tage später einen Plan vor, der sich von Baruchs Vorschlag völlig unterschied. Er verlangte das Verbot von Produktion und Einsatz atomarer Waffen durch eine Konvention, worauf eine Vernichtung aller vorhandenen Waffen folgen sollte. Der Plan zog weder Kontrollen noch Sanktionen in Betracht. Ein Kontrollsystem sollte erst irgendwann in der Zukunft erfolgen. Außerdem sollte jede Nation als solche souverän bleiben. Gromyko bestand unerbittlich darauf, daß ein Veto in der IAEA nicht aufgehoben werden könne.

Der britische Botschafter in Moskau, Clark Kerr, hatte gegen Ende des Frühjahrs 1945 darauf hingewiesen, daß der Abwurf der neuen Bombe den Russen einen Schock versetzt und ihre Verunsicherung noch verstärkt hätte. Sogar Baruch war bereit zuzugeben, daß ihre beherrschende Emotion die Furcht sei. Wie konnten sie also irgendeinen allgemeinen Plan in der Art Baruchs akzeptieren? «Was für Motive auch hinter dem Angebot standen», bemerkte ein Historiker, «seine Auswirkung hätte die Sowjetunion in eine Lage ständiger Unterlegenheit gebracht.»[41]

Aufgrund mangelnder Übereinstimmung gab es für eine Übereinkunft kaum eine Basis. Im Juli 1946, gerade als die Debatte der Vereinten Nationen begann, wurden auf dem Bikini-Atoll im Pazifischen Ozean amerikanische Tests ausgeführt, so als wolle man die Realität des amerikanischen Monopols unterstreichen. Baruch und seine Mitarbeiter konnten nicht recht begreifen, warum die Russen den Vorschlag nicht annehmen wollten. «Gromyko fragte, warum die Vereinigten Staaten Bomben herstellen, wenn wir gute Absichten haben», bemerkte John Hancock, einer von Baruchs wichtigsten Mitarbeitern. «Wir glauben, daß wir fest zu unseren guten Absichten stehen.» Doch von Anfang an hatten die amerikanischen Führer auch den Eindruck, daß Baruchs Vorschläge nur formale Bedeutung hatten und er eigentlich abwartete, bis die öffentliche Meinung bereit war, einem Bruch zuzustimmmen. Nach Byrnes' Worten bereitete er «eine klare und angemessene Grundlage für einen solchen Bruch vor».[42]

«In der öffentlichen Einstellung zu Rußland hat sich ein ungeheurer Wandel vollzogen», stellte Baruch am 1. August fest. «Wir müssen alles in unseren Kräften Stehende tun, um eine Übereinstimmung zu erreichen. Trotzdem müssen wir den Tatsachen ins Gesicht sehen. Wenn wir keine Bemühungen ausgelassen haben, ein Übereinkommen zu erzielen, können wir einen Bruch reinen Gewissens akzeptieren.» Das Problem war, fügte er hinzu, «bei weitem zu wichtig, um daran herumzuhandeln». Seine Kollegen teilten diese Ansicht. Endlich, am 17. Februar, schrieb Baruch an Truman eine Notiz, die ihn amtlich über die Aussichtslosigkeit der Verhandlungen informierte.[43]

Hätte eine der Seiten die Verhandlungen wirklich ernsthaft fortsetzen können? Vielleicht war die Errichtung eines angemessenen Kontrollsystems einfach unmöglich. Die Vereinigten Staaten und die Sowjetunion wurden mit zwei unbekannten Größen konfrontiert, und die Lösung einer derselben hätte das Kräftegleichgewicht zwischen ihnen mit Sicherheit verlagert. Eine war Deutschland; die andere die Nuklearwaffen. Weder die Sowjetunion noch die Vereinigten Staaten konnten sich bewußt der Gefahr aussetzen, daß der andere auf einem Gebiet Sieger blieb. Die dauerhafteste Lösung: Jeder mußte sein eigenes Deutschland und auch sein eigenes atomares Arsenal haben. Auf diese Weise konnten ihre Beziehungen etwas stabilisiert werden. Bis dahin waren die Interessen der Vereinigten Staaten und der Sowjetunion in der Atomwaffenfrage gegensätzlich.

So reichte jeder bei der UN Vorschläge ein, die die eigene Position relativ verbessert hätten. Der Baruch-Plan hätte den sowjetischen «Vorteil» beseitigt, das heißt das Geheimnis ihrer Rohmaterialien und ihres Konstruktionsprogramms gelüftet. Der Gromyko-Plan hätte die USA ihres «Vorteils», das heißt ihres Monopols eines reichhaltigen Arsenals der aktuellen Atomwaffen, beraubt. Die Interessen der beiden Länder würden bis zur Gleichschaltung gegensätzlich bleiben. Die Gefahr nuklearer Überproduktion und die Beilegung des Risikos von Cuba begannen 1962 schließlich eine Basis für eine solche Übereinkunft zu schaffen. Das Problem der Atombombe war so heikel, daß sogar die Vereinigten Staaten und das Vereinigte Königreich, die einander nahestanden, gleiche Institutionen und Traditionen besaßen und im Krieg bei der Herstellung der ersten Bombe zusammengearbeitet hatten, ihre Zusammenarbeit nach dem Kriege nicht fortführen konnten.

Aber wie bei so vielen anderen internationalen Episoden trug der Fehlschlag – hier die Abweisung des Baruch-Plans durch die Sowjets – zu einer Verstärkung der Grundsätze von Riga bei. Die meisten Amerikaner waren der Meinung, daß die Russen böswillig ein weitreichendes, großzügiges amerikanisches Angebot abgewiesen hätten. Die amerikanische Botschaft in Moskau berichtete, daß die sowjetische Verhandlungsposition «unmittelbar auf der sowjetischen Weltideologie basiere».[44]

Im Sommer 1946 wies Präsident Truman seinen Sonderberater Clark Clifford an, einen verständlichen Bericht über die sowjetisch-amerikanischen Beziehungen vorzubereiten. Clifford, ein erfolgreicher junger Rechtsanwalt aus St. Louis, war als Marineassistent ins Weiße Haus gekommen und hatte sich bald ausgezeichnet. Auch persönliche Beziehungen trugen zu seinem schnellen Aufstieg bei, denn Truman hatte Clifford gern. Er war ein Mann aus Missouri, der nie für Roosevelt gearbeitet hatte und somit die beiden Präsidenten auch nicht stillschweigend vergleichen konnte. Er war vermutlich der fähigste Mann des Truman-Teams im Weißen Haus, und der Präsident schenkte ihm schließlich bei allen innen- und außenpolitischen Problemen unbedingtes Vertrauen.

Im Gegensatz zu vielen Missourianern, die ins Weiße Haus kamen, war Clifford nicht nur ein schlauer politischer Stratege, sondern auch ein überzeugter liberaler Pragmatiker. Bald nachdem er Trumans Mitarbeiterstab beigetreten war, ließ der Präsident Clifford zu sich rufen. Truman klagte, daß viele Personen aus Roosevelts Umgebung «verrückt und extremistisch» gewesen seien, und meinte, «ich will mit den Füßen fest auf dem Boden bleiben ... ich wünsche keine Experimente. Das amerikanische Volk hat eine Menge Experimente mitmachen müssen und will darum jetzt seine Ruhe haben.» Doch über die Richtung, die er einschlagen wollte, war sich Truman weniger im klaren. Clifford wurde der Führer der Liberalen, des unmittelbaren Ratgeberkreises um Präsident Truman. Der Sonderberater übernahm die Führung in dem kommenden zweijährigen Ringen um die Durchsetzung des innenpolitischen Programms des Präsidenten. Die Liberalen errangen schließlich den Sieg in Form des Fair Deal, und dieses Verdienst geht größtenteils auf Clifford zurück.

Um des Präsidenten Wunsch nach einem Bericht über die sowjetisch-amerikanischen Beziehungen zu erfüllen, begann Clifford in Zusammenarbeit mit George Elsey, einem anderen Mitarbeiter aus dem Weißen Haus, die Ansichten der höheren Beamten einzuholen. Selbst Verfasser von Memoranden haben gewöhnlich mehr vage als genaue Vorstellungen, aber die Rückfragen des Weißen Hauses zwangen Politiker, grundlegende Ideen zu formulieren und auszudrücken. Die in den Sommermonaten von 1946 verfaßten Erwiderungen enthüllten ein virtuell einstimmiges Bekenntnis zu dem in Kennans Langem Telegramm vertretenen Standpunkt, demzufolge sich die Vereinigten Staaten mit der Sowjetunion wirklich im Kriegszustand befänden und darum im Krieg gültige Ansichten und Verhaltensweisen anzunehmen hätten.

Der Meinungsaustausch zwischen Weißem Haus und State Department zeigt unmittelbar etwas von den Problemen, die Byrnes mit Trumans Mitarbeiterteam hatte. Am 18. Juli vermerkte Elsey, daß Admiral Leahy trotz «Überraschung und etwas Pikiertheit», weil man «ein so großes Projekt wie die Einschätzung unserer Beziehungen zu Rußland» ohne sein Wissen in Angriff genommen hatte, sich für das Unternehmen begeisterte. «Als Clifford ihn aufsuchte, war Jimmy Byrnes erschreckter als Leahy. Doch nahm er es als unmittelbare Order des Präsidenten hin und versprach, sich gleich an die Arbeit zu machen. Er plauderte noch einige Minuten mit Clifford und sagte, er könne vielleicht nicht alle ‹Vereinbarungen› beibringen, da Harry Hopkins, wie er glaubte, einige besäße und andere in Roosevelts Akten vergraben seien. Als Clifford mir das berichtete, sagte ich sofort, daß Byrnes in dieser Hinsicht meiner Meinung nach bereits als Lügner gelte. Er hatte öffentlich abgeleugnet, von der Roosevelt-Stalin-Vereinbarung in Jalta über die Kurilen Kenntnis gehabt zu haben ... während ich ihn darüber im April und Mai 1945 gewiß instruiert hatte. Byrnes, so sagte ich Clifford, versucht etwas von der Verantwortung für seinen mangelnden Erfolg bei Verhandlungen mit den Russen über ‹geheime› Abkommen im Auftrag Roosevelts abzuwälzen. Clifford stellte dann zahlreiche Fragen über verschiedene Konferenzen – Kairo, Teheran, Jalta, Potsdam –, wer dort war, was beschlossen wurde usw. Er sagte, Truman sei über diese alle, abgesehen von Potsdam, äußerst schlecht informiert.»[45] In ihrer formellen Beantwortung der von Clifford und Elsey gestellten Rückfragen definierten die beiden Militärdepartments die nationale Sicherheit im weitesten Sinne. Die sowjetische Marine – aktuell oder potentiell, ob im Arktischen oder Pazifischen Ozean, dem Schwarzen Meer oder Mittelmeer – bedrohte nach Ansicht von Chester Nimitz, dem Leiter der Marineoperationen, die nationale Sicherheit der USA. Die Russen, meinte er, bereiteten sich auf Unternehmungen wie etwa die «Neutralisierung» Großbritanniens durch Blokkade, Bombardierungen und Invasion vor und verfolgten das Ziel, U-Boot-Angriffe gegen amerikanische Küstenstädte zu richten. Um solche Bedrohungen abzuwenden, schlug er vor, «die Stärke, Position und Schlagkraft unserer Marinestreitkräfte» beizubehalten, was zufällig den institutionellen Interessen der Marine entsprach. Die Marine wollte im Atlantik und im Mittelmeer stärker vertreten sein.[46]

Auch die Armee behauptete, daß die Vereinigten Staaten in Abwehrstellung gehen müßten. Verteidigungsminister Robert Patterson und seine Mitarbeiter im Verteidigungsministerium waren der festen Meinung, daß die Russen einen Krieg vorbehaltlos erwarteten und sogar wünschten, und machten die Sowjetunion für die meisten Schwierigkeiten der Welt verantwortlich – wobei sie die innenpolitische Unruhe in vielen Ländern, den allgemeinen wirtschaftlichen Verfall, den Zusammenbruch der Kolonialreiche und den ansteigenden Nationalismus der ganzen Welt übersahen.

Sie behaupteten, die Vereinigten Staaten müßten auf einen bevorstehenden russischen «Einsatz bewaffneter Streitmächte in globalem Ausmaß» vorbereitet sein. «Angesichts dieser Einschätzungen waren sowohl politische wie militärische Sicherheitsvorbereitungen unumgänglich.» Wie der Flotte lieferte eine solche Analyse auch der Armee den Grund, die Interessen ihrer Waffengattung zu verfechten.[47]

Zusätzlich zu Kennans Langem Telegramm belieferte das State Department Clifford und Elsey mit einer überreichen Liste sowjetischer Verstöße (nach dem Buchstaben und dem «Sinn») gegen viele Vereinbarungen, einer Anzahl anderer Telegramme und einer 34seitigen politischen Anleitung. Letztere besagte, daß die Ausweitung des sowjetischen Einflusses in Europa erst im Anfangsstadium sei und nur durch «bewaffneten Widerstand von seiten anderer Großmächte in Gebieten, wo sie ihre lebenswichtigen Interessen bedroht fühlen, eingedämmt werden könne. Darum müßten die Vereinigten Staaten eine starke Militärmacht aufbauen und ihre Außen-, Wirtschafts- und Militärpolitik integrieren. Die lokalen Ausmaße eines jeden Problems standen bei weitem hinter dem großen Schema des bevorstehenden ost-westlichen Konfliktes zurück: «Wir müssen eine globale Politik führen und können nicht erwarten, unsere Interessen zu fördern, indem wir jede Frage, sobald sie auftaucht, nach ihrem offensichtlichen Wert behandeln», sagte das State Department, räumte aber, wenn auch widerstrebend, ein, daß «die Sowjets in Gebieten operieren, die berechtigt als innerhalb der sowjetischen Sicherheitszone liegend angesehen werden können».

Alle Dokumente des State Department wiesen darauf hin, daß der Kreml ein ausgezeichnet funktionierendes Meisterhirn sei. «Die Sowjetunion arbeitet auf weltweiter Basis», sagten die Autoren einer politischen Anleitung. «Jede außenpolitische Bewegung ist sorgfältig geplant und auf Bewegungen an anderen Fronten bezogen.» Dieser Glaube bezog sich auf einen sogenannten «Paradox zweier Taktiken». Am 15. Juni zum Beispiel hatte Botschafter Smith aus Moskau von einem «unterschiedlichen Verhalten» der Sowjets in Asien berichtet – Bemühung der UdSSR, in China zu vermitteln, einem ähnlichen Trend im Iran, Beilegung von Grenzschwierigkeiten mit Afghanistan. Doch empfahl Smith Washington, sich nicht von augenscheinlichen Trends zu «korrekten Beziehungen» blenden zu lassen. Die Russen hatten ihre räuberischen Absichten in Asien nicht aufgegeben; sie verfolgten sie nur einfach auf einem anderen Weg. Mit einem solchen Feind konnte Diplomatie nur gefährlich sein.[48]

Alle Politiker lehnten die Vereinbarungen mit der Sowjetunion über deutsche Reparationen ab. Trumans Reparationsgesandter, Edwin Pauley, ging sogar noch weiter. Er sagte – was nicht korrekt war –, daß die Reparationsvereinbarungen von 1945 hauptsächlich das Ziel hatten, Deutschlands Kriegskapazität zu eliminieren, und nicht, zum Wiederaufbau der UdSSR und anderer Länder beizutragen.[49]

In seinem Begleitbrief an den Präsidenten kommentierte Clifford «die bewundernswerte Übereinstimmung unter den Beamten, mit denen ich gesprochen und deren Rapporte ich studiert habe», über die Notwendigkeit, die amerikanische Sowjetpolitik neu zu orientieren. Die erste Priorität, sagte Clifford, sei, über Motive und Methoden der sowjetischen Regierung genaue Kenntnis zu gewinnen. Solche Kenntnis fand Clifford in der «Bibel», Kennans Langem Telegramm, aus dem er ausführlich zitierte.

Cliffords Begleitbrief sagte weiter, daß eine gesonderte und herkömmliche «europäische» oder «indische» oder «nahöstliche Politik» keine Grundlage mehr hätte. Alles sei einer Sowjetpolitik unterzuordnen, und alle amerikanischen Aktionen müßten im Zusammenhang mit den gesamten sowjetischen Motiven beurteilt werden. Überdies sollte die öffentliche Meinung Amerikas auf die sowjetische Gefahr und die Notwendigkeit einer «festeren Politik» aufmerksam gemacht werden. Schon die bloße Existenz der Sowjetunion bedrohte die amerikanische Sicherheit – ein wahres Spiegelbild von Kennans Ansicht über das Verhältnis der sowjetischen Führer zur Welt. Amerikanische Sicherheit sei nicht nur durch die sowjetische Militärmacht gefährdet, meinte Clifford, sondern auch durch die führende Position, die sowjetische Militäroffiziere in osteuropäischen Kontrollkommissionen innehätten, durch die Aktivitäten amerikanischer Kommunisten – und sogar durch die Rundfahrt, die einige sowjetische Beamte zu jener Zeit in wenigen amerikanischen Städten durchführten, um deren Abwässersysteme zu besichtigen.[50]

Das Clifford-Memorandum – ein großer Teil desselben stammte allerdings von George Elsey – war ein Kompendium der neuen außenpolitischen Ansichten. Die Grundsätze von Riga und die neue Doktrin der nationalen Sicherheit bildeten nun vereint den Nachkriegsstandpunkt der führenden amerikanischen Außenpolitiker. Alle Fragen internationaler Beziehungen waren an dem überragenden sowjetischen Problem zu messen. Die Frage galt nicht der Art des Stalin-Terrors. Seltsamerweise begannen in der westlichen Welt faktisch erst sehr wenige, das Ausmaß des Stalin-Terrors in der Sowjetunion zu erahnen: Das Problem war, die Rolle der Sowjetunion in internationalen Beziehungen zu veranlagen. Amerikanische Führer hätten sich mit einem grausamen, plumpen, bürokratisierten, von Angst geplagten Deportismus konfrontiert sehen können, der mit dem Wiederaufbau eines ausgedehnten, vom Krieg verwüsteten Landes beschäftigt war. Statt dessen waren die Amerikaner überzeugt, daß sie es mit einem listigen, abgesicherten Feind zu tun hatten, der unablässig nach Welthegemonie strebte.

Hohe amerikanische Beamte erkannten ebenfalls, daß die öffentliche Meinung der USA ihre Ansicht nicht ganz teilte.

Clark Clifford übergab Truman seinen Report am Ende eines Septembertages, und der Präsident widmete seiner Lektüre einen großen Teil der

Nacht. Früh am nächsten Morgen rief er Clifford zu Hause an. Truman fragte, wie viele Kopien des Reports vorhanden seien. Zehn, erwiderte Clifford. Truman befahl Clifford, ihm die anderen neun sofort zu bringen.

«Das gehört hinter Schloß und Riegel», erklärte Truman, nachdem er die anderen Kopien von Clifford erhalten hatte, später am Vormittag. «Das ist so heiß, daß es, wenn es jetzt herauskäme, einen überaus nachteiligen Einfluß auf unsere Bemühungen hätte, zur Sowjetunion einige Beziehungen herzustellen.»[51]

Das war ein taktisches Urteil. Gewiß akzeptierte Truman, wie die meisten anderen Politiker, das im Clifford-Memorandum dargestellte Image. Solch eine Einstellung ließ in den obersten Regierungskreisen wenig Raum für Meinungsabweichungen. Diesmal blieb faktisch nur ein prominenter Andersdenkender übrig, um die Männer, die Politik machten, zu verwirren.

Franklin Roosevelt hatte einmal bemerkt, daß Henry Wallace kein Mystiker, sondern nur ein liberaler Philosoph sei. Aber andere, viele Demokraten und auch Republikaner, beurteilten ihn nicht nur als Mystiker, sondern auch als Enthusiasten und wilden Verschwender, naiven und wirrköpfigen Idealisten, der jedem Hottentotten täglich seinen Liter amerikanische Milch zukommen lassen wollte. Für einen skeptischen State-Department-Beamten war er ein «Nachkriegs-Traumtänzer». Mehr als Roosevelt selbst symbolisierte Wallace schließlich während des Zweiten Weltkrieges für die Konservativen das, was sie als vergangene und künftige Gefahren des New Deal ansahen.[52]

Der schlampig wirkende Henry Wallace war ein optimistischer, intelligenter, wißbegieriger, vorausschauender Mann und ein fähiger öffentlicher Verwalter. Aus dem Farmland des Mittelwestens stammend, bewahrte er einen beständigen Glauben an «die heilende Macht der Mutter Erde». Er war ein erstklassiger Genetiker, der Autor der vielleicht ersten realistischen Wirtschaftsstudie, die je in den USA veröffentlicht wurde, und einer der hohen Regierungsbeamten der vierziger Jahre, der die wissenschaftliche Grundlage der Atomenergie wirklich *verstand.*[53]

Nach Franklin D. Roosevelts Tod blieb Wallace als Handelsminister – er und Byrnes waren Truman bei der Anwartschaft auf das Präsidentenamt unangenehm hart auf den Fersen gewesen. Doch Wallace nahm in Trumans Kabinett immer eine Sonderstellung ein. Scheu und zurückhaltend, oft befangen, hatte Farmer Wallace (wie Alice Roosevelt Longworth ihn tituliert hatte) für praktische Politik weder Gabe noch Neigung. Mit geringem taktischem Urteilsvermögen begabt, war er außerstande, in Washington und innerhalb der demokratischen Partei an den Fäden zu ziehen, Eigenschaften, die ihn im politischen Spektrum der Präsidentenwahl von 1948 als Linksextremisten erscheinen ließen. Seine Kollegen in der Truman-

Administration verdächtigten ihn gewisser Heräsien, wie des Keynesianismus, und beurteilten ihn als unrealistischen, vertrauensunwürdigen und ungeselligen Fanatiker. Während sie Poker spielten und Histörchen austauschten, verbrachte er täglich eine Stunde mit der Pflege seiner etwa 1 000 Erdbeerpflanzen.[54]

Truman beschwor Wallace ständig, doch im Kabinett zu bleiben, weil der Präsident hinter Wallace eine starke Gefolgschaft der demokratischen Linken und der Gewerkschaften vermutete. Zwischen den beiden Männern bestand eine oberflächliche Herzlichkeit. «Das einzige, was ich bereue, nachdem ich hinter mir die Brücken abgebrochen habe», schrieb Harry Truman an Wallace, kurz nachdem er 1944 zum Vizepräsidenten ernannt worden war, «ist die Tatsache, daß ich Sie schlagen mußte, um ernannt zu werden.» Truman machte oft den Eindruck, daß er vielen Dingen, die Wallace ihm sagte, beistimmte, und Wallace erinnerte ihn, Vitamintabletten gegen seine Kopfschmerzen einzunehmen.[55] In Wirklichkeit respektierte Truman zwar Wallaces Arbeit als Landwirtschaftsminister während Roosevelts erster zwei Amtsperioden, doch mochte er ihn persönlich nicht und wollte sich auch nicht vorhalten lassen, was Roosevelt wohl in dieser oder jener Situation getan hätte. Im Juni 1945 sagte Truman zu Henry Morgenthau: «Wallace ist eben nur ein Katzenbastard.» Morgenthau war verblüfft. Er hatte diesen Ausdruck nie zuvor gehört. Doch offensichtlich bedeutete er kein Kompliment.

Vielleicht übertrug Truman auf Wallace auch etwas von dem Ärger, den er gegen organisierte Gewerkschaften, insbesondere die CIO, empfand, deren Mitglieder gewöhnlich als Teil von Wallaces Wählerschaft galten. Etwas von Trumans Gefühlen wurde aus den Notizen ersichtlich, die Chester Bowles, der Leiter der Wirtschaftsstabilisierung, nach einer Unterhaltung mit Truman Ende Juni 1946 über Gewerkschaftsbeziehungen machte: «Der Präsident fiel immer wieder ins Wort, um zu sagen, daß Gewerkschaftsversprechen nicht das Papier wert seien, auf dem sie stünden ... daß Gewerkschaftler im allgemeinen unzuverlässig seien; und daß er der Präsident der Vereinigten Staaten sei und seine gesamten Vollmachten als solcher auch auszuüben gedenke ... Der Präsident unterbrach ständig, heftig und auf höchst emotionale Weise, und es war sehr schwierig, eine zusammenhängende Darstellung der Probleme und ihrer Lösung zu geben ... in der halben Stunde, die ich mit ihm verbrachte, waren ständig außergewöhnliche Flüche zu hören, und die Diskussion war die bei weitem emotionsgeladenste, die ich meiner Erinnerung nach je mit einem Regierungsbeamten gehabt habe.»[56]

Wallace mußte – wenn auch vielleicht weniger offensichtlich – wie Byrnes Groll über Trumans Aufstieg empfinden und auch die Mißachtung von Roosevelts innen- und außenpolitischem Vermächtnis argwöhnen. «Offensichtlich sind jetzt Zeiten, wo man in eine Richtung schaut und in die andere geht», beschwerte er sich im Oktober 1945. Zwei Monate später vermerkte Wallace, daß Truman «*so* viel Wert darauf legt, daß jeder, der im Augenblick um ihn ist, mit ihm übereinstimmt».[57] Er meinte, daß Truman und seine Ratgeber durch ihr kriegerisches Verhalten eine Konfrontation mit der Sowjetunion gewaltsam heraufbeschwören würden. Im Winter 1945/46 galt Wallace als Andersdenkender, der offensichtlich die *falsche* Einstellung hatte. Nach dem Rücktritt von Harold Ickes blieb er als letzter Vertreter des New Deal im Kabinett.[58]

Obgleich Wallace während des Krieges öffentlich ein unverfrorener Universalist gewesen war, hatte er die Einflußsphärenregelung als unabänderlich hingenommen. Er glaubte auch, daß die sowjetische Position durchaus von russischen Interpretationen amerikanischer Politik beeinflußt werde und selbst eine Nation, die nicht unter totalitärer Diktatur stand, sich durch eine Einkreisung mittels militärischer Basen unbehaglich fühlen könne. Wallace fürchtete einen neuen Weltbrand und sorgte sich über die Folgen des 1946 von ihm angeprangerten «Geist eines Wettrüstens». Obwohl er die einer Friedensregelung entgegenstehenden Probleme als unüberwindlich einschätzte, sah er auch «das völlige Fehlen unmittelbarer nationaler Interessenkonflikte» zwischen Rußland und den Vereinigten Staaten.[59]

Der Mann litt jedoch in falschen Momenten. Er glaubte gelegentlich sogar, daß jene, die sich besonders über die Sowjetunion beunruhigten, mindestens faschistische Mitläufer seien, und hegte ab und zu sogar den absurden Gedanken, daß amerikanische Offiziere einen Militärputsch planten. Zweitens sah Wallace leichter Ursachen für eine Bedrohung der Russen durch amerikanische Verhaltensweisen als umgekehrt. Dieser Trend zeigt sich deutlich in einem Brief, den er gegen Kriegsende an Eisenhower schrieb. «Ich habe keine Furcht, daß wir mit den Briten nicht auskommen könnten», sagte Wallace, «aber es besteht Gefahr, daß wir Rußland gegenüber eine Haltung einnehmen, die künftig Ärger bringen wird.» Natürlich schrieb sich Wallace die Rolle des Kritikers zu, der versuchte, die amerikanische Politik zu beeinflussen, um eine internationale Polarisierung zu vermeiden.

Drittens war Wallace etwas anglophob und glaubte fälschlich, die Briten, deren Interessen im Mittelmeerraum denen Rußlands zu widersprechen schienen, drängten den USA die Rolle eines Widersachers auf. «Die Briten sind sehr nette Leute», vermerkte er nach einem Essen mit Attlee und Halifax im November 1945, «doch scheint mir, daß ihr ganzes Verhalten den anderen Völkern der Welt unvermeidlich ein Gefühl der Unterlegenheit und Furcht einflößt und in ihnen darum den dringlichen Wunsch erweckt, heftig dreinzuschlagen.»[60]

Wenn Churchills «Eiserner-Vorhang-Rede» die «richtige Einstellung» im Denken der meisten amerikanischen Politiker signalisierte, dann machte sie der Öffentlichkeit auch deutlich klar, daß Wallace diese nicht teilte. «Wir sollten unsere [demokratische] Partei als Refugium für Fortschrittler offenhalten», sagte er im März zu Senator Claude Pepper, «aber gleichzeitig klarstellen, daß die Sache des Fortschritts von ihnen nicht gefördert wird, wenn sie als Minderheit in einer Partei bleiben, die niemals progressiv werden kann.»[61] So schlug Wallace auch in einem von ihm als inoffiziell angesehenen Interview mit einem skandinavischen Journalisten vor, «es wäre für die Welt besser», wenn die Vereinigten Staaten auf eine Luftbasis in Island verzichteten, weil die Russen eine solche Installation als unmittelbare Bedrohung ansehen müßten. Seine in verzerrter Form veröffentlichen Bemerkungen über Island wurden scharf kritisiert. Joseph Alsop, eine Art Sprecher der Rigaer Schule im State Department, sagte Wallace persönlich, daß er sich wie Chamberlain 1938 in München verhielte und seine Außenpolitik «der des Präsidenten und Jimmy Byrnes' genau entgegengesetzt sei».

«Joe war einem hysterischen Ausbruch nahe und mußte mir einfach leid tun», bemerkte Wallace später. «Er meint, die ganze Welt stünde vor dem Zusammenbruch, weil wir den Russen gegenüber nicht hart genug sind. Ich meine, sie wird zusammenbrechen, weil wir Rußland durch unser Konspirieren mit den Briten in eine ausweglose Lage bringen. Ich bin sicher, daß Joe und die hartgesottenen Elemente im State Department unrecht haben, und Joe ist sicher, daß ich und die Liberalen unrecht haben.»[62]

Wallace beunruhigte sich jedoch auch über die innenpolitischen Konsequenzen, denn der aufkommende starke Antikommunismus mußte unvermeidlich die Schaffung eines großen stehenden Heeres zur Folge haben. Er war kein Bewunderer des Stalin-Systems, sondern er stimmte nur mit anderen amerikanischen Politikern nicht über die angemessene strategische Form der Verhandlungen mit Sowjetrußland überein. Er meinte, ein kriegerisches Amerika würde ein kriegrisches Rußland heraufbeschwören.[63]

Im Juli legte Wallace seine abweichende Meinung amtlich in einem 5 000 Wörter langen Brief an Truman dar. Indem er die wachsende Kriegsfurcht in den Vereinigten Staaten anführte, drängte er auf eine Neubewertung der amerikanischen Politik nach zwei Gesichtspunkten. Erstens waren sowjetische Absichten nicht unveränderlich, sondern, wenigstens teilweise, eine Antwort der Sowjetunion auf die westliche Politik. Im Gegensatz zu Kennan meinte er, die Russen hätten etliche sowohl gegenwärtige als auch historische Gründe, sich unsicher zu fühlen. Militärischer Aufwand und Politik der Vereinigten Staaten «machen den Eindruck, als würden wir uns entweder darauf einrichten, (1) einen von uns als unvermeidlich angesehenen Krieg zu gewinnen, (2) oder zu versuchen, eine militärische Vormachtstellung zu erlangen, um den Rest der Menschheit einzuschüchtern». Er wies auf die Sinnlosigkeit des Baruch-Plans hin: die Russen sollten ihre beiden hohen Karten zeigen – Information über den Stand ihres Atomenergieprogramms und Daten über Rohmaterialien –, ehe sie etwas dafür erhielten. Er meinte, «Wirtschaftshilfe und Handel könnten durchaus dazu beitragen, den Nebel politischer Mißverständnisse zu lichten».

Als zweites kritisierte er die neue Theorie der nationalen Sicherheit. Eine «Bewaffnung gewährleiste keine dauernde Sicherheit», sagte er, sondern nur größere Unsicherheit. Er äußerte Bedenken über die Auswirkungen des für 1947 vorgesehenen Budgets für die Wirtschaft; weil in diesem 80 % für Krieg und kriegsbezogene Ausgaben vorgesehen waren. Er verlangte nach «einer Umstellung unseres Denkens über internationale Angelegenheiten», obwohl er außerstande war, die Unsicherheit zu erkennen, die ein nukleares Terrorgleichgewicht zur Folge haben mußte. Trotzdem brachte er vor, daß eine auf «Wettrüsten beruhende Sicherheit» den Vereinigten Staaten nur eine «Sicherheit vor Invasion (bot), nachdem all unsere Städte und vielleicht 40 Millionen unserer Stadtbevölkerung durch Atomwaffen vernichtet worden sind».

Wallace konnte kaum eine günstige Aufnahme seines Briefes erwarten, der an der neuesten Führung internationaler Affären durch Truman/Byrnes deutlich Kritik übte und einen Wandel der amerikanischen Außenpolitik verlangte. Überdies zeigte das Schreiben die Neigung des Handelsministers, die verwirrenden und unerklärlichen Aspekte des sowjetischen Verhaltens herunterzuspielen. Wenige Tage bevor Wallace seine Botschaft ins Weiße Haus sandte, hatte einer seiner Mitarbeiter auf diese Schwäche hingewiesen. «Er widmet den Gründen, das sowjetische Mißtrauen zu entschuldigen, zuviel Raum, während er die amerikanischen Anlässe, den Sowjets zu mißtrauen, verharmlost», kommentierte Richard Hippelhauser. «Der Grund unseres tiefen Mißtrauens gegen die Russen wird nicht genügend berücksichtigt. Die Furcht, mit der Kriegshetzerpresse und mit Radiokommentatoren zu spielen, betrifft nur die Erfolge des Sowjetsystems in Rußland; wir haben aber auch ehrlich Angst, daß andere Länder an der Grenze des sowjetischen Einflußgebietes gemäß russisch-kommunistischer Richtlinien totalitär werden und wir in den Vereinigten Staaten die letzte Feste politischer Freiheit und freien Unternehmertums halten müssen.»

In seinem letzten Konzept ging Wallace auf diese zweite, objektivere Quelle der Furcht nicht ein.

Truman, der Wallace bereits mißtraute, beurteilte den Brief nach Maßstäben persönlicher Loyalität und der Innenpolitik. Am 24. Juli händigte er ihn Clark Clifford aus. «Nehmen Sie das, und lesen Sie es sorgfältig durch», sagte der Präsident. «Es sieht so aus, als ob Henry einen ‹Ickes› abzieht.»

Clifford nahm den Brief in sein Büro mit, wo er ihn mit George Elsey durchging. Clifford war der Ansicht, er sei für eine Veröffentlichung geschrieben worden. «Es sieht so aus», sagte er, «als ob Wallace den Weg für einen eventuellen Bruch – und einen ganz offenen Bruch mit Truman – über die amerikanische Rußlandpolitik pflastere.»*

Elsey widersprach. «Ich glaube *nicht*, daß der Brief irgendwie darauf hindeutet, daß Wallace sich ‹absetzen› will. Hier befürwortet ein Intellektueller ernsthaft, nüchtern und sehr nachdrücklich ein Programm, an das er begeistert glaubt.»

Truman schrieb an Wallace eine flüchtige Notiz, die den Erhalt des Briefes bestätigte. «Ich habe über das gesamte Thema viel nachgedacht», schrieb der Präsident, «und werde das auch weiterhin tun.»[64] Doch dem wesentlichen Gehalt des Briefes schenkte Truman wenig Beachtung. Die Zeit arbeitete gegen Wallaces öffentliche Laufbahn. Mit der zunehmenden Polarisierung zwischen Ost und West hatten diejenigen, die den Prozeß verlangsamen wollten, immer weniger zu sagen.

Wallace plante für den 12. September 1946 eine Rede, in der er seine außenpolitischen Ansichten kundgeben wollte. Sie sollte der Höhepunkt einer Versammlung im Madison Square Garden sein, die den Anstoß zur Kongreßkampagne von 1946 geben sollte. Am 10. September ging Wallace die Ansprache Seite für Seite mit Truman durch, und der Präsident schien sie von ganzem Herzen zu billigen – was er auch Reportern gegenüber äußerte. Wallace wunderte sich, daß Truman den Widerspruch zwischen seiner Rede und Byrnes' Ansicht nicht erkannte. Aber schon damals hatte Wallace bemerkt, «ich fürchte, es hat noch nie einen Präsidenten gegeben, der sein Mäntelchen schneller nach dem Wind hängen konnte als Truman». Über den strittigen Gehalt seiner Rede hatte Wallace keinen Zweifel. «Diese Rede wird vermutlich jeden verärgern», sagte er an dem Tag, ehe er sie hielt, «doch denke ich nun einmal so, und vielleicht hilft sie die Luft reinigen.»

Am Spätabend des Vortages, dem 11. September, erwähnte ein Zeitungskolumnist die Rede beim Bridgespiel mit James Riddleberger, der damit offensichtlich als erster Beamter des State Department erfuhr, daß Wallace eine wichtige außenpolitische Kundgebung vorhatte. Am nächsten Tag mobilisierte er seine Kollegen im State Department. Nachdem Will

* Anfang 1946 hatte Innenminister Harold Ickes, neben Wallace der letzte der New Dealer im Truman-Kabinett, sich der Ernennung Edwin Pauleys als Marineuntersekretär widersetzt. Ickes fürchtete, daß Pauley, ein Ölmagnat, Kontrolle über die Ölreserven der Marine gewinnen würde; er fürchtete einen anderen Teapot-Dome-Skandal. Truman blieb dem Mann, der zu seiner Ernennung als Vizepräsident 1944 beigetragen hatte, treu und bestand auf der Ernennung. Er sah in Pauley bereits den ersten Verteidigungsminister eines einheitlichen Militärdepartments. Ickes schuldigte Pauley ätzend vor einem Senatskomitee an, trat dann zurück, wobei er gegen Truman eine Reihe von Breitseiten losließ, einschließlich der Beschuldigung, der Präsident litte an «einem Mangel an Treue zur strikten Wahrheit».

Clayton und der stellvertretende Marineminister John Sullivan herausgefunden hatten, was im Text stand, versuchten sie den Präsidenten zu erreichen, damit er die Rede verhinderte. Sie hatten keinen Erfolg. Truman wollte nicht eingreifen.[65]

Der Wallace, der im Madison Square Garden sprach, war der Henry Wallace von 1946, der in seiner kühnen und ausgeglichenen Weise versuchte, einen Ausweg aus der Konfrontation zu finden – er war noch nicht der progressive Parteikandidat von 1948. Der Mittelweg war jedoch bereits verbaut. Bei der Rede wurde Wallace häufig von extrem linken Parteigängern der Zuhörerschaft ausgezischt und niedergebrüllt. Er kritisierte die Unterdrückung und Verleugnung bürgerlicher Freiheiten in der UdSSR ebensosehr wie den «sentimentalen Pazifismus» der USA. Gleichzeitig sagte er, der Westen müsse das Bestehen einer sowjetischen Sphäre in Osteuropa akzeptieren, und fügte hinzu, «je härter wir werden, um so unnachgiebiger werden auch die Russen sich verhalten». Die eigentliche Schwierigkeit bestehe nicht in der Beilegung kleinerer Gebietsstreitigkeiten, sondern in der Art der sowjetisch-amerikanischen Beziehungen. «Wir brauchen jetzt einen echten Friedensvertrag zwischen den Vereinigten Staaten und Rußland.» Er schob die von ihm als übertrieben angesehenen Maßnahmen Amerikas dem Einfluß der Republikaner und Großbritanniens zu.[66]

Die Rede wurde allgemein richtig als Kritik an Amerikas Politik angesehen. Nicht nur, daß «jeder verärgert» war, einige gaben ihrer Wut auch lautstark Ausdruck. Truman, der Wallace nicht vor den Kongreßwahlen von 1946 verlieren wollte, bemühte sich, einen Ausweg aus dem «Wallace-Trouble» zu finden, so beschrieb er die Situation seiner Mutter. Der Präsident versuchte, seine öffentliche Billigung der Wallace-Rede zu desavouieren, den wütenden Byrnes und Baruch zu besänftigen und Wallace gleichzeitig zu bewegen, künftige außenpolitische Kommentare für sich zu behalten.

Dann aber ließ wahrscheinlich ein Mitglied des State Department dem Kolumnisten Drew Pearson gegenüber durchblicken, daß Wallace Truman im Juli einen langen Brief gesandt habe. Im Weißen Haus glaubte man, Wallace habe das selbst verraten.

Nun hatte sich die Lage noch zugespitzt. Forrestal und Patterson waren in der Lage abzustreiten, daß sie Kriegshetzer seien; Baruch und Byrnes drohten mit ihrem Rücktritt.

Mit der ausdrücklichen Versicherung, daß er kein Imperialist sei, versuchte der Präsident, Wallace am 18. September wenigstens bis zum Abschluß der Pariser Friedenskonferenz zum Schweigen zu bringen. Truman sagte Wallace, daß Byrnes ihm die Hölle heiß mache. An dem gleichen niederdrückenden Tag schrieb Truman seiner Tochter, ein Präsident könne «nicht sein eigener Mentor sein» und auch nicht «nach der Bergpredigt leben», sondern müsse sich eher wie ein Machiavelli, Ludwig XI., Caesar, Borgia, Talleyrand verhalten, «als Lügner, Schwindler, salbungsvoller Heiliger und was nicht noch, um Erfolg zu haben».

Am folgenden Tag, dem 19. September, schrieb H. Freeman Matthews, der sich mit Byrnes in Paris befand, an Robert Murphy: «Die Dinge könnten nicht schlechter stehen wie an diesem Nachmittag – natürlich meine ich den Wallace-Job –, und die düstere Stimmung um das Meurice ist dichter als der Londoner Nebel. Ich persönlich habe mich seit Kriegsende nicht so deprimiert gefühlt. Wenn man sieht, wie alles, was Mr. Byrnes mit solcher Voraussicht und Geduld aufgebaut hat, mit einem Fußtritt umgestoßen wird, ist das ganz schön hart. Aber daß dies alles nur deshalb geschieht, weil einige Leute – wie ich glaube irrtümlich – meinen, sie könnten der extremen Linken einige Stimmen abgewinnen, ohne sie anderswo einzubüßen, ist für die Welt und das Land gleichermaßen tragisch. Der einzige Trost ist die überraschende Einstimmigkeit, mit der Presse und Vereinigte Staaten Außenminister Byrnes und seine Politik abgestützt haben.»

«Das ist ein entscheidender Tag», fügte Matthews hinzu, «und in den kommenden 48 Stunden könnte die Atmosphäre sich in irgendeiner Weise aufklären.»

Byrnes, der von Vandenberg und der Presse hart bedrängt wurde und dessen Position bei der Pariser Friedenskonferenz auf dem Spiel stand, wollte nichts von einem Truman-Wallace-Kompromiß hören, der Wallace künftig je wieder erlaubte, außenpolitische Reden zu halten. Wenn man Wallace nicht für dauernd zum Schweigen brächte, so erklärte Byrnes unumwunden, würde er zurücktreten.

In einer per Fernschreiber übermittelten Unterhaltung mit Truman am 19. September fuhr Byrnes fort, «Vertreter anderer Delegationen liegen der unseren ständig mit der Frage in den Ohren, ob die Administration Wallace noch eine gegen sie gerichtete Rede gestatten wird. Diese Regierungen würden nie einem ihrer Kabinettsmitglieder so etwas erlauben, und sie können nicht verstehen, wieso wir das gestatten, wenn wir seine Ansichten nicht teilen oder im Volk eine ernste Meinungsverschiedenheit herrscht, die wir nicht zu unterbinden wagen ... Sie und ich haben fünfzehn Monate mit dem Aufbau einer Zweiparteienpolitik verbracht ... Wallace hat sie an einem Tage zerstört.»

«Die Außenpolitik wird bleiben, wie sie ist», erwiderte Truman. «Morgen wird die Lage völlig geklärt werden.»

Byrnes sagte, durch Trumans Zusage «fühle er sich wohl».

«Fühlen Sie sich weiterhin wohl», erwiderte der Präsident. Er fügte hinzu, Byrnes solle sich entspannen und einen Drink nehmen.

Truman wußte jetzt, daß er das Problem nicht umgehen konnte. Er war wütend, sich in einer solchen Lage zu befinden, und Wallace wurde zum ausgesprochenen Sündenbock. Am 19. September machte er eine Tagebucheintragung über sein am Vortag stattgefundenes Treffen mit Wallace. Wenn diese die Unterhaltung auch nicht fair darstellte, so spiegelte sie doch Trumans Ärger wider. «Ich bin nicht sicher, daß [Wallace] ein so kerngesunder Intellektueller ist, wie ich dachte ... Wallace ist ein hundertprozentiger Pazifist. Er will, daß wir unsere Streitmächte auflösen, Rußland unsere Atombombengeheimnisse mitteilen und einem Haufen Abenteurer im Politbüro des Kreml Vertrauen schenken. Ich kann einen solchen ‹Traumtänzer› nicht verstehen. Der deutsch-amerikanische Bund unter Fritz Kuhn war nicht halb so gefährlich. Die Roten, Schauspieler und ‹Salonkommunisten› scheinen sich verbündet zu haben und zu einer nationalen Gefahr zu werden. Ich fürchte, daß sie für Onkel Joe Stalin eine Sabotagefront bilden.»

Am 20. September sandte Truman Wallace einen Brief von augenscheinlich ebenso hitzigem Charakter wie die Tagebucheintragung, der den Rücktritt des Handelsministers forderte. Wallace war höflich genug, dem Präsidenten den Brief zurückzuschicken, um ihm künftige Verlegenheiten zu ersparen. Später am Tage wiederholte Truman seine Forderung telefonisch in freundlicher Weise. Truman gab den Rücktritt auf einer mit Reportern überfüllten Pressekonferenz bekannt. Es kam zu überraschten leisen Pfiffen. Nachdem der letzte Reporter den Raum verlassen hatte, setzte Truman sich auf einen Stuhl und sagte, zu seinem Pressesekretär gewandt: «Nun, der Würfel ist gefallen.»

Nachdem alles vorüber und Wallace aus der Administration ausgeschieden war, entspannte sich Truman. «Über die russische Lage wird zu viel geredet», schrieb er am 21. September an John Nance Garner, der Roosevelts erster Vizepräsident gewesen war. «Seit gestern ist die Lage, glaube ich, geklärt, und nun werden wir in stilleren Gewässern segeln. Das ist meine feste Absicht.»

Die Wut, die Truman gegen Wallace empfunden hatte, hatte sich in Verwirrung verkehrt. «Henry ist der seltsamste Bursche, dem ich je begegnet bin», so schrieb er an seine Mutter und seine Schwester.[67]

Byrnes hingegen fühlte sich bestätigt und nahm die vielen Glückwünsche entgegen, die einem Sieger gebühren.

Als John Foster Dulles die Angelegenheit noch einmal überdachte, hob er die grundlegenden Wilson-Impulse hervor – insbesondere die Ablehnung von Einflußsphären –, die zur Gestaltung des antikommunistischen Konsens beitrugen. Dulles hielt Wallaces Gedankengänge für wertvoll, «aber noch nicht anwendbar». Der Brief vom 23. Juli «zeigt die Einstellung zur Sowjetunion, die wir alle zu Beginn der Verhandlungen» bei der Konferenz der Vereinten Nationen in San Francisco hatten. Doch unter Berücksichtigung persönlicher Erfahrungen, fuhr Dulles fort, «wenn man einen Hund streichelt und er dennoch zuschnappt, sollte man nach einer anderen Annäherungsform suchen. Wallace hat immer weit vom Schuß gesessen und nie die

Erfahrung gemacht, daß ihm in die Hand gebissen wurde.» Und, sagte Dulles, die Teilung der Welt in Sphären «wird nicht gutgehen und sollte meiner Ansicht nach auch nicht gelingen».[68]

An dem Septembertag, wo bekannt wurde, daß Wallaces Brief vom 23. Juli sich in Händen von Drew Pearson befand, hielt der Mitarbeiter aus dem Weißen Haus George Elsey sich im State Department auf, um dort für den Druck und das Binden des Clifford-Memorandums über sowjetisch-amerikanische Angelegenheiten zu sorgen. In seinem Begleitschreiben hatte Clifford auf die bemerkenswerte Übereinstimmung der amerikanischen Beamten, die Rußlandpolitik neu orientieren zu müssen, hingewiesen. Mit Wallace entschwand die einzige krasse Ausnahme dieser Übereinstimmung.[69]

Selbst danach wurden die Diskussionen (wie immer seither) über besondere Einzelheiten politischer Durchführung fortgesetzt. Die Debatte über grundsätzliche ideologische Ansichten war jedoch abgeschlossen. Die standen jetzt fest. Die durch die Grundsätze von Jalta gebotenen Alternativen sollten für eine Generation ignoriert werden.

George Kennan, der zwecks Verbreitung der neuen Ansicht im ganzen Konferenzen abhielt, wurde in gewissen Kreisen bereits berühmt. Am 17. September hielt er eine Grabrede über die Unfähigkeit der Vereinigten Staaten, den Sowjets ihre Sphäre in Osteuropa streitig zu machen. «Schade», beantwortete er eine Frage nach einer Rede, «Tatsache ist jedoch, daß wir in Osteuropa keine Macht haben, sondern nur reden können. Sie verstehen, was ich meine. Das Problem scheint eher theoretisch zu sein. Wir können nicht wirklich handeln, sondern nur unseren Standpunkt vertreten.» Das war natürlich immer die Schwäche einer amerikanischen Strategie, die *unmittelbar* auf die sowjetische Sphäre einzuwirken suchte. Aber aufgrund ihrer Unfähigkeit, anders zu handeln, hatten die Vereinigten Staaten die Sphäre jetzt faktisch abgetreten, und Kennan dachte voller Sorge an die neuen Gefahren, die er schon in der bloßen Existenz des Weltrevolutionsstaats sah.

Als er zwei Wochen später, am 1. Oktober, nach New Haven reiste, um dort im Yale Institute for International Studies zu sprechen, nahm er es auf eigene Kappe, dort die von ihm als irrtümlich angesehene Beurteilung der Sowjetunion zu kommentieren. Sein Thema hieß: «Vertrauen als Faktor der internationalen Beziehungen». Er bezeichnete Wallace und Anthony Eden als naive Optimisten, die das «russische Mißtrauen» durch Vertrauensbeweise zerstreuen und «die Russen zu einer Zusammenarbeit mit uns bewegen» wollten. In Wahrheit kritisierte er jedoch die Grundsätze von Jalta und die jetzt überholte Einstellung Roosevelts zur Sowjetunion. «Viele von Ihnen haben, wie ich, jahrelang geglaubt, daß die Herren des Kreml starke und rücksichtslose Männer seien, die durch versöhnliche Gesten aus irgendeinem Lager weder besänftigt noch beschwichtigt werden können und deren Bekämpfung von diesem Land etwas mehr verlangt als ein paar versöhnliche Angebote, die ängstlich und hastig den zunehmenden Herausforderungen entgegengestellt werden.» Solche Gesten «dienen nur dazu, die Macht der arrogantesten und einflußreichsten Elemente in der russischen Psychologie und Gesellschaft zu stärken, und führen uns auf einen Weg, auf dem es kein anderes Ende gibt als die Kapitulation der Vereinigten Staaten als Weltmacht und Wächter ihrer eigenen Sicherheit».

«Einige von Ihnen könnten meinen, daß damit der Ideologie zu viel Bedeutung zugemessen wird», fuhr er fort. «Dem kann ich nicht beipflichten. Ich glaube, es wäre ein großer Fehler, die Bedeutung der Ideologie in der amtlichen Sowjetpsychologie zu unterschätzen.» Kennan forderte eine langfristige Politik der «Festigkeit, Geduld und des Verständnisses mit dem Ziel, die Russen zu jedem Zeitpunkt, wo sie anderweitig geneigt sein könnten, die Interessen einer stabilen und friedlichen Welt zu beeinträchtigen, mit einer stärkeren Macht zu konfrontieren». Doch warnte er seine Zuhörer, daß Politik, «um Mißverständnisse zu vermeiden», nicht provokativ wirken dürfe. Aufgrund dieses Widerspruchs war es George Kennans Mission, jahrelang behaupten zu können, daß seine Worte mißverstanden würden.

Andere Männer hatten jedoch für Feinheiten weder die Zeit noch Kennans Veranlagung. Truman stellte nur einfach das Wesentliche des neuen Standpunktes fest. Am Morgen des 10. September, wenige Minuten bevor Wallace ankam, um mit ihm den Entwurf seiner lästigen Rede zu besprechen, gab der Präsident selbst der Befürchtung Ausdruck, Rußland könne «völlig ausflippen».

Aktionen der Sowjetregierung auf dem Gebiet außenpolitischer Angelegenheiten lassen uns keine andere Alternative, als anzunehmen, daß die UdSSR aggressive Absichten hat. Klar scheint, daß «Übereinkünfte oder Arrangements» mit der UdSSR nicht in Frage kommen. Diese Methode wurde einst mit Hitler ausprobiert, und die Lektion dieser Bemühung ist uns noch frisch im Gedächtnis.

JOHN HICKERSON, Februar 1947

X

Das Ende der Diplomatie

Früh im neuen Jahr erklärte John Foster Dulles im Verlauf einer Rede, die einen Rückblick über die Außenpolitik der USA im Jahre 1946 gab, 1947 müssen wir fähig sein, nein zu sagen, aber wir müssen noch mehr können».[1] Im Verlauf des Jahres 1946 waren die amerikanischen Führer dazu gelangt, große Besorgnis über die sowjetischen Absichten zu teilen. Die neue Doktrin der nationalen Sicherheit war jetzt gängige Münze im politischen Prozeß. Es kam zu institutionellen Veränderungen. Doch während amerikanische Beamte bereits die Notwendigkeit empfanden, hatten sie, um ihre Anschauungen zu verkörpern, noch keine zusammenhängende Politik ausgearbeitet. James Byrnes bemühte sich weiterhin um einen Ausgleich mit den Russen, um den Zweiten Weltkrieg durch gegenseitig akzeptierbare Bedingungen zu beenden.

Schwerpunkt der internationalen Politik war weiterhin die Diplomatie, obgleich das amerikanische Interesse an diesem Verfahren auf der aus 21 Nationen bestehenden Pariser Friedenskonferenz, die nach dem Wallace-Zwischenfall noch fast einen Monat dauerte, offensichtlich nachgelassen hatte. «Am ermutigendsten hier ist das Wissen, daß wir eine starke Front bilden», schrieb Arthur Bliss Lane, der amerikanische Botschafter in Polen, am 14. Oktober während eines Besuches bei der amerikanischen Delegation in Paris. «Das sollte sich auszahlen.» Die Amerikaner spielten für die nichtkommunistische Mehrheit. Doch Bevin wechselte die Taktik und zog sich aus der öffentlichen Rauferei zurück. Er wollte die Angelegenheiten lieber «hinter den Kulissen» behandeln, statt sich ständig öffentlich mit den Russen herumzuschlagen. «Sowohl Russen als auch Amerikaner dachten zu viel an Bomben», sagte er. «Jeder hatte Angst vor dem anderen. Einige Amerikaner sagten, da sie die Bombe jetzt hätten und die Russen nicht, sollte man es lieber sofort zu einer Kraftprobe kommen lassen.» Bevin hatte eine andere, wenn auch nicht allzu klare Position eingenommen: «Ich will die Bombe nicht im Foreign Office haben.» Doch fand er die Zusammenarbeit mit den Russen genauso schwierig wie in der Vergangenheit.

«Molotow verhielt sich wie ein Kommunist in einer lokalen Labour Partei», sagte er zu Hugh Dalton. «Wenn man ihn schlecht behandelte, war er äußerst gekränkt, und wenn man ihn gut behandelte, setzte er nur seinen Preis hoch und beschimpfte einen am nächsten Tag.» Die langwierige Konferenz war sehr ermüdend, manchmal dauerten die Sitzungen von zehn Uhr morgens bis zwei Uhr dreißig am Nachmittag des folgenden Tages, es gab zwar Essens-, aber keine Schlafpausen. Aber irgendwie arbeitete man sich doch durch den Papierberg der Satellitenverträge einschließlich der dreihundert Zusatzparagraphen hindurch. Sie schloß am 15. Oktober mit einer endgültigen Übereinkunft für den Außenministerrat.[2]

Anfang November kam der Außenministerrat in New York überein, die Empfehlungen der Pariser Friedenskonferenz zu berücksichtigen und für die fünf Satellitenstaaten Verträge zu entwerfen. Kurz vor dem Treffen hatte Elbridge Durbrow, jetzt Geschäftsträger in Moskau, eine Analyse übersandt, die wieder die Gefahr hervorhob, mit den Russen Diplomatie zu treiben. «Ihre ständige diplomatische Offensive soll in Verbindung mit einem scheinbar widersprüchlichen Verhalten», erklärte Durbrow, «den Westen verwirren und zerrütten und den Rest der Welt daran hindern, gegen die Konsolidierung gegenwärtiger sowjetischer Gewinne und künftiger Expansion eine feste Front zu bilden.» Die Russen zogen Verhandlungen mit dem Westen gern in die Länge, «um ihn zu ermüden und sein Interesse an der Lage in den sowjetischen Randgebieten verlieren zu lassen». Die Sowjets hoffen, fügte Durbrow hinzu, auf eine Wirtschaftskrise im Westen.

Durbrow engte die allgemeine Ansicht der amerikanischen Politiker noch ein. Alle, die nicht beistimmten, wurden kritisiert und unter Druck gesetzt. Der State-Department-Beamte Donald Heath beklagte sich zum Beispiel bei James Riddleberger, dem Leiter der Abteilung für mitteleuropäische Fragen, daß die konsequenteste Behandlung der Russen in Deutschland «immer noch weit hinter der Schärfe, dem Realismus und der Aggressivität zurückblieb, von der Außenminister Byrnes' Handlungen in den letzten Monaten gekennzeichnet waren». Robert Murphy «versucht einen gesunden Pessimismus durchzubringen, aber seit er das Licht der Welt erblickt hat, glaubt General Clay offensichtlich immer noch an Märchen, nämlich daß wir durch herzliche persönliche Beziehungen und gelegentliche Festigkeit die Russen in Deutschland zu einer aufrichtigen Zusammenarbeit bewegen können». Heath fügte ein P. S. hinzu: «Nennen Sie mich keinen Rotenfresser. Das bin ich nicht. Nur trauriger und weiser.»[3]

Byrnes in New York war, wenn nicht trauriger und weiser, so doch frustrierter. Bei der Kleinlichkeit der Verfahrensweisen – die er als «das Feilschen über Details, die Bedeutung von Phrasen, den Austausch unwichtiger Worte» beschrieb – verlor er schnell die Geduld. Am 29. November rief er Charles Bohlen an. «Komm mit, Chip, wir wollen Molotow besuchen. Ich habe da eine Idee.» Sie begaben sich zur Suite des Russen im Ritz-Hotel. «Nachdem ich alles noch einmal überdacht habe, halte ich es wirklich für das klügste, wenn wir den Fehlschlag zugeben und die Versammlung auflösen», sagte Byrnes dem bestürzten sowjetischen Außenminister. Der Rat sei auf einem toten Punkt angelangt, fügte der Minister hinzu, und es würde besser sein, ihre Streitigkeiten der Welt zu erklären.

Molotow begann zu stottern. «Nein, Mr. Byrnes, treffen Sie keine übereilten Entscheidungen. Warten Sie bis zur Versammlung heute nachmittag, und Sie werden Fortschritte sehen.»

Als die beiden Amerikaner mit dem Hotellift hinabfuhren, sagte Byrnes: «Gut, ich hoffe, das hilft.»

Es half wirklich. Molotow bot fast umgehend besondere Vorschläge und Zugeständnisse an. Dann, am 6. Dezember, billigte der Rat offiziell die Verträge für Italien, Rumänien, Ungarn und Finnland.[4]

Byrnes' Arbeit war getan. Nachdem ihm seine Ärzte im vorangegangenen April erklärt hatten, daß er ein Herzleiden habe, hatte er ein Rücktrittsgesuch eingereicht, das nach Abschluß der Satellitenverträge in Kraft treten sollte. Spätere medizinische Untersuchungen erwiesen, daß die ersten Tests falsch gewesen waren. Aber der Brief blieb in den Akten. Gewiß spielten bei den Plänen des Ministers und deren leichter Annahme durch den Präsidenten auch der gegenseitige Vertrauensverlust zwischen Byrnes und Truman sowie politische Differenzen mit. Als die Satellitenverträge schließlich fertiggestellt waren, nahm Truman ihn beim Wort. Byrnes letzte größere Amtshandlung bestand darin, bei einer am 20. Januar 1947 im alten State-Departement-Gebäude abgehaltenen Zeremonie seine Unterschrift unter die fünf Friedensverträge zu setzen. Das muß für Byrnes ein enttäuschender Augenblick gewesen sein. Seine großen Hoffnungen waren dahin. Weder war er Präsident geworden, noch der große Friedensstifter. Das wichtigste und schwierigste Vertragsproblem – Deutschland – war immer noch nicht gelöst. Doch hatte Byrnes eine solche Strategie, die leichteren Fragen vorzuziehen und die schwierigeren oder gar unmöglichen Aufgaben für später aufzuheben, absichtlich gewählt.

In den meisten Geschichtsbüchern des kalten Krieges wird diesen Satellitenverträgen gewöhnlich kaum mehr als eine Fußnote gewidmet, was zu Mißverständnissen führt. Denn ihr Abschluß bedeutete das äußerste Limit und das Ende der Bemühungen, nach dem Zweiten Weltkrieg einen Frieden zu schaffen.

Byrnes' Entscheidung, sich zuerst mit den Satellitenverträgen zu befassen, war als solche eine Art Kompromiß – zwischen denen, die jegliche Art wirklicher Einigung für unmöglich hielten, und denen, die es für besser gehalten hätten, die ersten achtzehn Monate nach dem Krieg der wichtigsten Frage, Deutschland, zu widmen. Die erste Gruppe war größer, in der zweiten befand sich jedoch einer der scharfblickendsten Männer, Walter Lippman. Im Dezember 1946 widmete er den Bemühungen der Friedensstifter eine Lobrede. «Im Gegensatz zu allen früheren Verfahren zur Beilegung von Kriegen wählten sie als Beginn ihres Friedenswerkes die Satelliten ihres ehemaligen Feindes. Das hieß, daß sie versuchen wollten, den Mond zu beherrschen, um die Sonne zu regulieren ... Die Großen Drei beschlossen, die Weltkriegsregelung in der östlichen Hälfte Europas zu beginnen. Das war ein enormer Schnitzer ... Denn es engte den Streitfall zwischen Rußland und dem Westen genau auf das Gebiet ein, wo der Konflikt am schärfsten und eine Regelung am schwierigsten waren ... Dieses Gebiet besaßen die Russen und konnten handeln; Mr. Byrnes und Mr. Bevin konnten nur argumentieren und widersprechen. In jedem anderen Gebiet besaßen sie Macht, Einfluß und Besitz, die sie in den Handel einbringen konnten. Sie besaßen zwei Drittel Deutschlands, den bei weitem besten Teil Deutschlands. Sie hatten Japan ...

«Doch eins hatten sie nicht», fuhr Lippman fort, sie hatten keine Landarmeen, die sie der Roten Armee in dem Gebiet entgegenstellen konnten, das diese gerade siegreich und mit schrecklichen Kosten an Blut und Opfern erobert hatten. Und doch wählten sie gerade dieses Gebiet, um ihre Beziehungen zur Sowjetunion und das ganze Riesengeschäft einer Weltregelung zu testen. Mußte ihnen das nicht mit Gewißheit mißlingen, was in der Tat auch geschah, und mußte es nicht durch den Fehlschlag, eine Regelung dort zu erreichen, wo es am schwierigsten war, unendlich schwierig werden, überhaupt zu einer allgemeinen Regelung zu kommen? Keiner sollte versuchen, den Mißerfolg mit dem Hinweis zu erklären, wie brutal, engstirnig, treulos und aggressiv die Russen sich erwiesen. Je schlechter man von den Russen denkt, um so größer wird der Irrtum, die Russen zuerst auf einem Terrain herauszufordern, wo sie gewiß am fähigsten waren, sich brutal, engstirnig, treulos und aggressiv zu verhalten.

«Denn die eigentliche Antwort auf die sowjetische Beherrschung Osteuropas lag in der Gründung eines Westeuropa mit allgemeiner Regelung, in die eventuell ganz Europa einbezogen werden konnte ...

Meine Behauptung ist, daß wir den Kampf der Freiheit vielleicht edel, aber nicht gut ausgefochten haben.»

Wenn auch viele begierig waren, Byrnes zu kritisieren, so hätten das nach Lippmans Standpunkt nur sehr wenige getan. Aber damals gehörte Lippman zu der abnehmenden Anzahl jener, die sich weniger für die Theologie der Konfrontation als für die Diplomatie der Großmächte interessierten.[5]

Nach Byrnes' Abschied war es mit dem geringen Interesse, das die Amerikaner noch an Verhandlungen und Regelungen hatten, bald vorbei. Gewiß hatte Byrnes sich im Verlauf seiner eineinhalbjährigen oft frustrierenden Tätigkeit als Außenminister verhärtet; trotzdem war er ein unermüdlicher Unterhändler geblieben, der stets auf einen Kompromiß, ein geteiltes

Interesse, einen gemeinsamen Nenner hoffte. Er konnte die Diplomatie ebenso wenig verleugnen wie seinen eigenen Charakter. Das galt nicht für seinen Nachfolger, den früheren Oberbefehlshaber der Armee, General George C. Marshall.

Privat war über Marshall wenig bekannt – er schien keine größeren Sünden als einen unendlichen Appetit auf Ahornkandis und Schundliteratur zu haben. Der Gegensatz zwischen dem alten und dem neuen Außenminister konnte nicht auffallender sein. Marshall war zurückhaltend und streng; Byrnes gesellig und formlos. Byrnes operierte gern unabhängig und fixiert. Bürokratien hatten für ihn hauptsächlich den Sinn, übersehen oder hintergangen zu werden. Marshall hatte weder Talent noch Freude an Verhandlungen, dem Prozeß des Gebens und Nehmens. Er war kein Kompromißmacher, sondern eher ein für Pflicht, Ordnung und eine gesunde Administration sorgender Befehlshaber. Genau ein Jahr vorher, Ende 1945, als der Oberbefehlshaber sich auf die Pensionierung einrichtete, hatte Truman ihn angerufen – als Nachwirkung von General Patrick Hurleys turbulentem Rücktritt – mit der Bitte, nach China zu reisen, um dort die amerikanischen Bemühungen, im Bürgerkrieg zu vermitteln, weiterzuführen. Marshalls erste Antwort war: nein. Er hatte seiner Frau versprochen, in Pension zu gehen, und wie er Ismay mitteilte, war seine Geduld erschöpft. Aber Pflicht war Pflicht, und bald akzeptierte er die Mission.

Die Enttäuschungen in China erschöpften sicher den Rest von Geduld, den er noch hätte haben können. Seine während des ganzen Jahres 1946 fortgesetzten Anstrengungen, einen Kompromiß und eine Koalition zu schaffen, endeten mit einem Mißerfolg. Im November 1946 war Marshall zu der Ansicht gelangt, daß es ein Fehler war, einen Kompromiß für möglich oder wünschenswert zu halten. Er tadelte für das Mißlingen seiner Mission zu Recht die Nationalisten (deren Korruption, Unvermögen und reaktionäre Politik ihn abstießen) wie auch die Kommunisten. Er bemerkte auch, daß die chinesischen Kommunisten etwas unabhängig von Moskau handelten. Während seines Aufenthalts in China traf Marshall von Zeit zu Zeit bei gesellschaftlichen Anlässen mit Russen zusammen und hörte von ihnen ständig, wie er es nannte, «kleine Vorträge über die wahre Bedeutung der Demokratie». Das fand er, wie er sagte, unverschämt.

Anfang Januar 1947 bereitete er sich wieder einmal auf eine Abreise vor, die ihn diesmal in die Vereinigten Staaten zurückführen sollte. «Der Mann, der heute nacht packt, ist müde, wütend und enttäuscht», schrieb Foreign-Service-Beamter John Melby in sein Tagebuch. Zwei Tage später fügte Melby hinzu, «es war typisch für ihn, daß er fast unbemerkt abreiste und sein neuer Job völlig geheimgehalten wurde, bis er in der Luft und außer Reichweite von Bitten war».[6]

Marshall brachte in das Außenministeramt großes Prestige mit. Während des Krieges hatte Roosevelt trotz des offensichtlichen semantischen Problems sogar erwogen, Marshall zu dem neuen Posten eines Feldmarschalls zu ernennen. Marshall brachte jedoch auch ein großes Maß an Erschöpfung mit. Prestige und Erschöpfung bilden nicht immer eine glückliche Kombination. «Marshall ist ein viermotoriger Bomber, von dem nur ein Motor läuft», sagte Dean Acheson später während eines seiner Morgenspaziergänge mit Felix Frankfurter. «Ich weiß nicht, was mit ihm los ist. Er scheint nicht auf vollen Touren zu laufen.» Acheson fühlte, daß Truman Marshall so hoch achtete, daß der Präsident sich nie erlauben würde, Marshall gegenüber etwas zu äußern, was sich nach Kritik anhörte.[7]

Der neue Außenminister war mit der Reihe außenpolitischer Streitfälle nur wenig vertraut und mußte sich schnell für den bevorstehenden Moskauer Außenministerrat vorbereiten. So besprachen hohe State-Department-Beamte seit Ende Januar täglich etwa eine Stunde mit ihm die Problemkomplexe. Von besonderem Interesse war eine Diskussion über die Sowjetunion, die sich auf eine mit Rigaer Grundsätzen erfüllte Anleitung stützte, die die eigenen Erklärungen des State Department zusammenfaßte, warum es nicht zum Frieden gekommen war.

Zu Beginn der Akte wurde dargelegt, daß die wesentlichen Probleme der amerikanischen Politik seit dem Kriege um Rußland kreisten. Die Kommunisten verkündeten den unvermeidlichen Zusammenstoß zwischen Kapitalismus und ihrer Form des Sozialismus, während die Vereinigten Staaten von einer anderen Voraussetzung ausgingen: «die Sowjets auf einer so weiten Skala wie möglich zur Teilnahme am politischen, wirtschaftlichen und kulturellen Leben der Welt zu bewegen, mit dem Ziel, das tiefwurzelnde russische Mißtrauen gegen die Außenwelt nach und nach abzubauen und den sowjetischen Führern sowohl die Vorteile internationaler Zusammenarbeit wie die Hinfälligkeit ihrer Theorie eines unvermeidlichen Konfliktes aufzuzeigen». Die Sowjets hatten für diese Ansicht wenig Interesse bekundet und statt dessen als Vorspiel weiterer Expansion eine Kontrolle über Osteuropa errichtet. Mit anderen Worten, die Akte führte als klaren Beweis für aggressive Absichten Maßnahmen an, die man auch als Anzeichen beschränkterer und überlieferter russischer Ziele ansehen konnte.

Darauf folgte etwas Selbstkritik: «Zu jenem Zeitpunkt begann sich die amerikanische Politik, die den unmittelbaren sowjetischen Zielen in der ersten Nachkriegszeit wohlwollend gegenübergestanden und die Art der langfristigen sowjetischen Absichten nicht erkannt hatte, zu verhärten.»

Die Autoren der Akte behaupteten, amerikanische Standhaftigkeit und auch innere sowjetische Probleme hätten zu einem Nachlassen des russischen Drucks außerhalb der Landesgrenzen geführt. Sie beriefen sich jedoch auf die Analyse, die Durbrow im vergangenen Herbst gemacht hatte, indem sie sich weigerten, in solchen Verhaltensweisen echte Versöhnungsabsichten zu sehen. Es gab keine Anzeichen, daß gegensätzliche Maßnahmen von einem gegensätzlichen Druck oder auch nur Unsicherheit in Moskau zeugten: «Lenins Schlagwort ‹Ein Schritt zurück, zwei Schritt vor› ist immer noch das Evangelium der Männer im Kreml.* Durch Verringerung des Drucks hofft man, daß der Gegner seine Deckung aufgibt und somit dem nächsten Schlag ein leichtes Ziel bietet. Wir dürfen uns durch diese Taktik nicht irreführen lassen – denn ihr gegenüber hat sich die öffentliche Meinung Amerikas öfters als verwundbar erwiesen.»

Die Schrift verlangte zwei Antworten. Die erste war, die amerikanische Rußlandpolitik «auf einer weltweiten und nicht stückhaften Grundlage» zu formulieren. Weil die Vereinigten Staaten angeblich einem einheitlichen, unerbittlichen Gegner in Form des internationalen Kommunismus gegenüberstanden, besaßen Diskussionen und Vereinbarungen über einzelne Streitfälle keine echte Bedeutung, sie waren höchstens Ablenkungsmanöver. Die zweite notwendige Entgegnung war ein Bekenntnis zu einem Programm sichtbarer militärischer Stärke. «Wir können den expansionistischen Tendenzen der Sowjets nur dann wirksam begegnen, wenn wir unsere Streitmacht auf einem Niveau halten, wo sie noch Respekt einflößt.»

Amerikanische Führer sollten bald zu der Überzeugung gelangen, daß das sowjetische Bekenntnis zu einem Kreuzzug für den Weltkommunismus so unveränderlich und tiefgehend war wie der Strom eines großen, nicht eingedämmten Flusses.[8]

Die Notwendigkeit, der amerikanischen Militärmacht wieder Geltung zu verschaffen, war in politischen Beratungen zur Litanei geworden.[9] Der Stein des Anstoßes blieb weiterhin der entscheidende Kampf über die Organisation des stehenden Heeres. Im April 1946 informierte Truman seine Mitarbeiter: «Ich bin sehr an der Zusammenlegung der Streitkräfte interessiert, weil diese, wie ich glaube, das Budget stark herabsetzen wird; sie wird die Militärpolitik wirksamer machen und uns in die Lage versetzen, jedem Notfall, der auftreten könnte, sofort entgegenzutreten.»

Er fügte hinzu, daß er «lange Sitzungen» mit den höheren Offizieren gehabt habe, «und ich glaube, wir werden bald genau wissen, was gebraucht wird».

Der Präsident war viel zu optimistisch. Während eines großen Teils des Jahres 1946 schien ein Kompromiß über die Unifizierung außer Reichweite. «Das einzige Department ist nicht gegen die Marine gerichtet», sagte Patterson im April müde. «Rußland, Frankreich und China haben ihre drei Waffengattungen zu einem einzigen Ministerium vereint, und sogar das alte konservative Großbritannien hält so etwas für notwendig. Sie alle

* Der wirkliche Titel von Lenins Pamphlet war: «Ein Schritt voran, zwei zurück.» Es handelte sich um einen polemischen Angriff gegen die Rivalen der russischen Revolutionsbewegung.

scheinen zu glauben, daß diese Integration auf organisatorischem Gebiet die wichtigste Lektion des Krieges ist. Ich stimme ihnen bei.» Das taten auch die meisten Beamten der Armee und der Luftmacht. Doch die Navy wollte nicht zustimmen. «Forrestal will das Problem einfach nicht sehen», klagte Patterson im Mai 1946.

Forrestal sah natürlich weiter überall sowjetische Bedrohungen, und tat alles, was er konnte, damit die anderen sie auch sahen. Nur um sicher zu gehen, sandte er Byrnes die Kopie eines Artikels mit dem Titel «Geistige Erweckung ist unerläßlich zur Eindämmung des Kommunismus». Forrestal und die Flotte widersetzten sich auch weiterhin standhaft der Unifizierung. Ein Abteilungsstatus für die Luftmacht, sagte Admiral Arthur Radford, sei nur «ein erster Schritt zu umfassenderen und ehrgeizigeren Plänen der Luftmacht, die die gesamte nationale Verteidigung übernehmen wolle».

Dann, nach einer Kabinettsitzung am 3. Januar 1947, saß Robert Patterson mit Forrestal im gleichen Auto. Der Ton hatte sich gewandelt. Die Männer waren gleicher Ansicht über den Schaden, den die Unifizierungsdiskussion sowohl der militärischen Verteidigung als auch der militärischen Moral antat. Patterson war zu einem Kompromiß bereit. Hier begann das Ende des Unifizierungskampfes. Am 16. Januar wurde ihr Kompromiß der Öffentlichkeit bekanntgegeben. Im wesentlichen akzeptierte die Armee den von Forrestal im Eberstadt-Report vorgebrachten Plan – ein einziges Verteidigungsministerium mit koordinierten Streitkräften, ein Nationaler Sicherheitsrat und ein kleinerer Kriegsrat, ein National Ressources Security Board, eine Zentrale Nachrichtenagentur und ein allen Oberbefehlshabern unterstelltes Kommandowesen. «Das Ideal war (nach meiner Ansicht) nicht zu erreichen», erklärte Patterson bald danach. «Eine Kompromißlösung, die die Luftmacht mit Heer und Marine gleichstellte und die Schaffung einer einzigen verantwortlichen Leitung für das gesamte stehende Heer trugen weitgehend zur Lösung unserer gegenwärtigen Probleme bei und waren ein deutlicher Schritt nach vorn.»[10]

Der Kampf hatte sich jedoch nicht auf die steigende Bedeutung der Militärmacht als eine wesentliche «Lösung» des russischen Problems ausgewirkt. Im Mittelpunkt der Lösung sollte die Atombombe stehen. Die Bikiniversuche im Juli 1946 waren anfänglich enttäuschend gewesen; sie schienen zu zeigen, daß die Bombe zwar eine massive Waffe von nie dagewesener Zerstörungskraft war, aber doch ihre Grenzen hatte. Weitere Berichte zeigten weniger Enttäuschung. Als Verteidigungsminister Patterson am 1. August einen Report vom Auswertungsamt der Oberbefehlshaber erhielt, wurde er hoffnungsvoller. «Die Schlußfolgerungen über die Wirkung der Atombombe sind durchaus revolutionär und betreffen die ganze Front», berichtete er seinen Kollegen.[11]

Amerikanische Politiker erwarteten nicht mehr, daß die Bombe die Russen auf irgendeine Weise verhandlungsbereiter machen würde. Sie sahen sie jetzt in engerem Sinne als Gegengewicht zu dem Gespenst der Sowjetmacht. Wie Eisenhower Baruch im Juni 1946 mitteilte: «Der Besitz der Bombe ist in unseren Händen faktisch ein Abschreckungsmittel gegen Aggression auf der Welt.» General Spaatz äußerte sich ausführlich: «Überall treten mögliche Kriegsursachen auf, und bis jetzt konnte noch keine wirksame Kontrolle errichtet werden. Die konventionelle Militärkraft der Vereinigten Staaten wurde durch die hysterische Eile der Demobilisierung drastisch reduziert. Aufgrund ihrer Entscheidungskraft ist die Atombombe jetzt ein wesentlicher Bestandteil unserer militärischen Stärke. Unser Monopol der Bombe kann sich, wenn es auch nur vorübergehend ist, als kritischer Faktor bei unseren Bemühungen erweisen, erst beständige Verhältnisse und dann eventuell einen dauerhaften Frieden zu schaffen. In naher Zukunft würde jeder Schritt zu einem Verbot von Atomsprengstoffen militärisch gravierende nachteilige Folgen für die Vereinigten Staaten haben.»[12]

Hier war, gleich den Truppen und Flugzeugen, die Roosevelt sich 1938 gewünscht hätte, ein Werkzeug, mit dem man potentielle Gegner «einschüchtern» konnte. Der Glaube an die dauernde Macht des amerikanischen Monopols gewann mehr Anhänger. Doch beunruhigten sich die Beamten auch wegen des atomaren Inventars. Patterson und Groves gelang es, einen dritten Versuch auf dem Bikini-Atoll zu verhindern, denn sie wollten nicht noch ein Exemplar aus der beschränkten Waffenzahl verbrauchen. Zu jener Zeit kam es zu neuen Bemühungen, die Produktion zu beschleunigen; nach den Angaben des Wissenschaftlers James Conant im Oktober 1946 stellten die Vereinigten Staaten jährlich fünf Bomben her.[13]

Am 31. Dezember erzwang Baruch erfolgreich im Sicherheitsrat der Vereinten Nationen eine Auseinandersetzung über seine Vorschläge für eine Atomenergiekontrolle. Der Baruch-Plan kam mit einer Abstimmung von 10 zu 2 durch. Rußland und Polen gaben die Gegenstimmen ab – was natürlich bedeutete, daß der Baruch-Plan eigentlich überhaupt nicht gebilligt wurde. Und so kam am letzten Tage des Jahres 1946 jedes echte Bemühen, ein nukleares Wettrennen zu verhindern, zum Stillstand. Im gleichen Monat wurden, wie bereits bemerkt, die Satellitenverträge abgeschlossen. Damit kamen auch die Friedensbemühungen zum Stillstand.

Im Sommer 1946 war Robert Patterson sich nicht sicher, ob die amerikanische Sicherheitsplanung hauptsächlich von der Atombombe und der Luftmacht abhängen sollte. Doch gegen Ende des Jahres kam er der Ansicht näher, daß man sie im Zusammenhang mit der sogenannten «schlagkräftigen Streitmacht» sehen sollte.

«Heute ist allgemein klar», schrieb Vannevar Bush am 3. Januar 1947 an Patterson, daß wir uns nicht nur auf Verteidigung vorbereiten und gegen Angriffe absichern können, sondern augenblicklich mit überwältigender Macht zum Gegenschlag bereit sein müssen, wenn wir nicht zu irgendeinem Zeitpunkt einem Aggressor ausgeliefert sein wollen. Gewiß sollte eine solche schlagkräftige Streitmacht, wenn sie aufgestellt wird, mit den allerneuesten Waffen ausgestattet und hypermodern ausgebildet sein, das bedeutet Atombomben und Flugzeuge, die sie befördern, und auch die Vorkehrungen, um, wenn notwendig, Militärbasen, Fernmeldezentralen und alles übrige zu besetzen. Diese Ansicht kam in dem allgemeinen Militärbudget zum Ausdruck, in dem über 58 Prozent für die Luftwaffe bestimmt waren.

Im Verlauf einer Sitzung des Verteidigungsrates am 15. Januar gab Patterson deutlich zu verstehen, daß er diese strategische Ansicht akzeptierte. Über allen Aspekten der Verteidigung, begann er, ist «das Verteidigungsbudget zum gegenwärtigen Zeitpunkt das kritische Problem des Verteidigungsministeriums». Kenneth Royal, einer der Verteidigungsuntersekretäre, brachte vor, daß im Budget der Armee nicht genug für die üblichen Bedürfnisse derselben vorgesehen sei.

Patterson wies diese Ansicht ab. «Eine schlagkräftige Streitmacht – die Luftwaffe – und die Besatzungsprobleme sind unwiderlegbare Argumente, und jeder Punkt des Budgets kann durch seine Verwendung gerechtfertigt werden», erklärte er nachdrücklich. «Die Flotte kann dagegen nicht querschießen.»*

Zwei Monate später ließ Patterson keinen Zweifel daran, daß er sich auf die Bombe verließ, als er Eisenhower schrieb, das Verteidigungsministerium verfolge bereits «eine Politik, die einen unbeschränkten Einsatz von Atomenergie als Waffe» vorsähe.[14] Das Militär nahm sich Vannevar Bushs Ausspruch: «Die gesamte Kriegsführung wurde durch die Laboratorien revidiert», zu Herzen. «In einem Memorandum, das Forrestal Truman zukommen ließ, hieß es: «Wir stehen an der Schwelle einer neuen Ära der angewandten Wissenschaften.» Das hieß eine zunehmende Bedeutung von Forschung und Entwicklung, wie auch das bewußte Bestreben, Industriesektoren und die Universität an die Streitmächte zu binden. Im Frühling 1946 war Verteidigungsminister Patterson zu der Ansicht gekommen, daß RAND** reorganisiert und mit größerem Prestige versehen werden müßte. «Die Bedeutung dieses Werkes für die Zukunft kann nicht bezweifelt werden», erklärte er. Flotte und Armee kamen kurz danach überein, ein *Joint Research and Development Board* zu errichten, das den Entwicklungsprozeß koordinieren und leiten sollte. Die neuen Schwerpunkte wurden in anderer

* Research and development military. Stabsabteilung für Rüstungsentwicklung im Pentagon.

** Die Budgetvorteile der Atomwaffe hatte William Shockley von den Bell Telephone Laboratorys im vergangenen Jahr durch Kalkulationen hervorgehoben. «Er gab an, daß Atombombardierungen zehn zu hundert billiger seien» als konventionelle strategische Bombardierungen, was heißt, daß die Verluste des Feindes 400- bis 600mal größer sein werden als die für die Verluste notwendigen Kosten.»

Form gelegt. Das 1945 gegründete Amt für Marineforschung übernahm es, langfristige, grundlegende Forschungen zu finanzieren; und das Marineamt für Äronautik gab im im Rechnungsjahr 1946 fünfzig Prozent mehr aus als 1944. Das Forschungsprogramm der Armee belief sich auf 2 815 Millionen Dollar, im Vergleich zu 2 775 Millionen Dollar im Jahre 1944, als die Nation sich noch im Kriegszustand befand. 1947 war die militärische RAND auf etwa 500 Millionen Dollar angestiegen.

Die Entwicklung ging so schnell vonstatten, daß Untersekretär Kenneth Royall bei einem Treffen des Verteidigungsrates im Dezember 1946 fragte, ob nicht zu viel Geld und Aufwand an die RAND gingen. Eisenhower erwiderte, daß er die Projektliste der Armee sorgfältig überprüft habe und nur zwei Punkte zu beanstanden seien: eine 150-Tonnen-Floßbrücke und ein 100-Tonnen-Panzer.

Immer noch nicht zufrieden, gab Royall zu bedenken, daß militärische RAND-Programme der Industrie den Anreiz nehmen würden, eigene Forschungen zu unternehmen.

«Forschungen würden immer schwieriger», erwiderte Stuart Symington, ein Mitarbeiter der Luftwaffe. «Vieles läge außerhalb der Kapazität von Privatunternehmen. Darum muß die Regierung einen großen Teil der Entwicklung selbst finanzieren und unternehmen, indem sie die Forschungen an verschiedene Institutionen vergibt.»

Die technische Entwicklung sollte nun im Arsenal mehr Aufmerksamkeit und größere Bedeutung erhalten. Gleichzeitig trug dieser Trend jedoch auch dazu bei, die Grundlagen einer größeren politischen Wählerschaft zu bilden – die sich aus den Streitkräften, Sektoren der Industrie und der Universität zusammensetzte –, die insgesamt ein wohlerworbenes Recht auf die Entwicklung neuer Waffen hatte. Mit anderen Worten, das strategische Denken setzte jetzt in größerem Maße ein Veralten voraus, und RAND wurde unter den Waffengattungen bald zu einer Methode, um für Position und Gelder zu streiten.[15]

Die Flugzeugindustrie wurde vom Militärbudget immer abhängiger. Die Umstellung auf die Friedensproduktion erwies sich als weniger umfassend, als man erhofft hatte, und so mußten die Industriellen feststellen, daß ihre Firmen auch in Friedenszeiten hauptsächlich von militärischen Aufträgen abhängig blieben. Im Februar 1947 betrug der Dollarwert aller Industrielieferungen insgesamt 52 Millionen – davon entfielen 42 Millionen auf militärische Aufträge. Diese Abhängigkeit spiegelte nach der Fachzeitschrift *Aviation News* «sowohl die Stärke als auch die Schwäche unserer Industrie». Ein halbes Jahr später hob die Zeitschrift noch deutlicher hervor, daß der «dringende Bedarf nach einer größeren Armee- und Marineproduktion die Fluggesellschaften mit dem größten Kriegsproduktionspotential am Leben zu halten verpflichtet».[16]

Höhere Regierungsbeamte teilten dieses Interesse. Im Juni 1947 bat

Patterson Truman dringlich, die Gelder für zwei Flugzeuge – ein Langstrecken-Aufklärungsflugzeug mit Photoausrüstung und einen Allwetterjäger – wieder bereitzustellen, die aufgrund «wirtschaftlicher Erwägungen» gestrichen worden waren.

«Diese beiden Flugzeuge werden ein strategisches Bedürfnis der Luftmacht erfüllen», sagte Patterson, «und gleichzeitig werden sie der Luftindustrie zusätzliche Aufträge verschaffen, die für die Beibehaltung eines minimalen Produktionspotentials unerläßlich sind.»

«Der Finanzminister wurde gerufen», erwiderte Truman Patterson, «und angewiesen, die Vorschläge des Verteidigungsministers auszuführen. «Offensichtlich hätten die amerikanischen Politiker unklug gehandelt, wenn sie diese hohe technische Industrie, die schließlich die wichtigsten Bestandteile des amerikanischen Arsenals herstellte, hätten verfallen lassen.» Andererseits kostete diese Abhängigkeit ständig einen hohen Anteil des wachsenden Verteidigungsbudgets und wirkte sich somit auf das Wettrennen der Waffengattungen aus, wodurch es wiederum zu Alarmrufen wegen Bedrohungen kam, die nicht existierten. Ende der vierziger Jahre war die amerikanische Luftwaffe der sowjetischen weit überlegen. Jedoch hätte eine Ausgabe der *Aviation News* vom April 1947 jeden Leser davon überzeugt, daß die Sowjets weit vorn an der Spitze lagen. Sie verkündete, daß es in der Sowjetunion eine einsatzfähige Luftwaffe gäbe, «die doppelt so stark sei wie die der USA ... Während die USA ihre schwere Luftmacht nach dem Krieg auf den Hund oder auf 2 Prozent des Kriegsstandes kommen ließ ..., hätten die Russen ihre Kriegsproduktionskapazität verdoppelt ... Kongreß, wache auf!«[17]

Ein anderer Aspekt des entstehenden nationalen Sicherheitsstaates war die Entwicklung militärischer Hilfsprogramme – für die Türkei, den Iran und Lateinamerika. Von besonderer Bedeutung war der im Oktober von den Stabschefs gemachte Vorschlag, ein militärisches Hilfsprogramm für den Iran aufzustellen. Sie brachten Gründe vor, wo Militäreinheiten stationiert werden sollten, um das «Gefühl eines guten Willens für die Vereinigten Staaten» zu schaffen, der Zentralregierung zu helfen, die innenpolitische Ordnung aufrechtzuerhalten und sie zu ermutigen, die letzten Reste des aserbeidschanischen Separatismus auszumerzen. Die eigentlichen Gründe waren natürlich das iranische Öl, der Schutz der Wege zum saudiarabischen Öl und die Einrichtung von Basen und Bereitstellungsräumen nahe der Sowjetunion.

«Im Hinblick auf gegendefensive Operationen», hieß es in einem Dokument, «müssen wir wegen der nahegelegenen sowjetischen Industrien unbedingt das östliche Mittelmeergebiet und das des Mittleren Ostens halten. Dies ist eines der wenigen günstigen Gebiete für gegenoffensive Aktionen.»[18] Letzteres sollte gerade durch Stalins ausschließliche Sphäre in

Osteuropa (was diese auch bewirkte) und in anderen Gegenden des russischen Randgebietes verhindert werden.

Hier begegnen wir einem anderen Trick beim Spiel der Nationen, die Arnold Wolfers Behauptung, daß Nationen gefährlich leben, noch bestätigt. Der Iran und die Türkei wurden nun in die nationale Sicherheit Amerikas mit einbezogen, und die daraus resultierende Politik – in diesem Falle Militärbeistand – hatte das Ziel, die Gefahr zu verringern. Diese Schritte beruhten auf der Annahme, daß die sowjetischen Absichten fest und unwandelbar seien. Im Herbst 1946 hatten die Planer des Oberkommandos zum Beispiel ein langes Schreiben über mögliche Entwicklungen der Weltpolitik bis 1946 zirkulieren lassen. Die Sowjetunion, verkündeten sie, stelle für die grundlegenden Interessen des Westens eine Bedrohung dar: «Das wesentliche Ziel der UdSSR scheint die grenzenlose Ausbreitung des sowjetischen Kommunismus in Verbindung mit einer beträchtlichen Gebietsexpansion des russischen Imperialismus zu sein. Sie wird diese Politik mit Beharrlichkeit und Flexibilität verfolgen, keinen neutralen Boden und daher auch keine Neutralen anerkennen und von jedem Mittel Gebrauch machen, das ihren Zwecken dient.» Die Ausweitung amerikanischer Macht in den sowjetischen Randgebieten konnte das Gefühl der Sowjets für Gefahr jedoch nur steigern und die Russen dazu führen, gerade die Reihe der Gefahren, die die Vereinigten Staaten zu verhindern versucht hatten, statt sie abzubauen noch zu erhöhen.[19]

Die gemeinsame Schlußfolgerung der amerikanischen Führer wurde noch durch eine andere ebenso irrtümliche Annahme über Größe und Stärke der Roten Armee bestätigt. «Wir sollten die sowjetische Militärmacht gewiß nicht unterschätzen, doch ist es genauso wichtig, sie nicht zu überschätzen, und ich glaube, dazu hat eine Neigung bestanden», warnte General John R. Deane, der frühere Leiter der amerikanischen Militärmission in Moskau, im Oktober 1946. Schätzungen konnten ins Kraut schießen. Senator Warren Austin (bald amerikanischer Gesandter bei den Vereinten Nationen) erklärte im April 1946, die sowjetischen Führer unterhielten eine Armee von zehn Millionen Mann und bildeten jährlich einundeinhalb Millionen neue Rekruten aus. Doch sogar noch Deanes eigene Schätzungen blieben unter dem Schnitt. Er und andere informierte Beobachter, sowohl amerikanische Militärs wie Zivilisten, meinten, der Umfang der Roten Armee würde sich bei etwa 35, 40 bis 45 Millionen Mann stabilisieren, und daß das gesamte stehende Heer in Rußland etwa 45 bis 53 Millionen Mann betragen würde.[20]

Im Mai 1945 hatte die Rote Armee tatsächlich ihren Höchststand von 11 365 000 Mann erreicht. Am 23. Juni 1945 begann die Demobilisierung, die rasch fortschritt. Anfang 1948 sollte die Rote Armee (offensichtlich einschließlich der Luftwaffe) nur noch 2 874 000 Mann betragen. Wenn man bedenkt, daß ein bedeutender Teil der russischen Streitmacht, wie die amerikanische Armee, zu Besatzungs- und Polizeifunktionen in eroberten Gebieten eingesetzt war, scheint die Anzahl nicht so hoch. Den russischen Stand von Anfang 1948 kann man grob mit der Höchstziffer des amerikanischen Militärs am 1. Juli 1947 vergleichen – 1 070 000 in der Armee; 558 000 in der Flotte; 108 000 bei der Marine. Die britischen Streitkräfte betrugen gut über eine Million Mann. Zusätzlich waren die Vereinigten Staaten allein im Besitz der Atombombe und einer wirksamen Streitmacht durch ihre strategischen Bombereinheiten. Man kann also verstehen, warum die Russen ein Bekenntnis zur Verstärkung von Amerikas Militärmacht als verwirrend und beunruhigend ansahen.

Die Amerikaner hatten sich selbst eingeschüchtert. Trotzdem glaubten sie, sich gegen das Gespenst der russischen Stärke wappnen zu müssen.[21]

Natürlich gab es noch einen dritten Grund. Die Streitkräfte kämpften gegeneinander um Budgetanteile, und um ihre Ansprüche zu vertreten, brauchten sie Bedrohungen. Aber selbst wenn es zu einer völligen Zusammenlegung und nicht nur zu dem Patterson-Forrestal-Kompromiß gekommen wäre, könnte man immer noch annehmen, daß Offiziere sowjetische Drohungen gefunden hätten, um Entwicklungs- und Herstellungsprogramme von Waffen zu rechtfertigen, die sie in den künftigen Jahren benötigen würden oder zu benötigen glaubten – oder nur einfach gern haben wollten. Bürokratien funktionieren oft auf diese Weise.

Hanson Baldwin, der bekannte Korrespondent der *New York Times* für Militärangelegenheiten, war über diese Übertreibungen so beunruhigt, daß er sich verpflichtet fühlte, dem Offizierskorps in der Juliausgabe 1947 der Zeitschrift *Armed Force* eine halboffizielle Warnung zukommen zu lassen. «Das traurige Geschick des Schäfers, der immer ‹Wolf, Wolf!› schrie, wenn kein Wolf da war, und dessen Schreie unbeachtet blieben, als einer kam, enthält für die Streitmächte im Sommer 1947 eine besonders bedeutsame Moral», schrieb Baldwin. Zu viele Offiziere und zu viele ihrer zivilen Sprecher, fuhr er fort, «haben die militärische Stärke der Vereinigten Staaten heruntergespielt. Mit den Tatsachen sind die Warnungen nun zu einem schrillen Geheul angestiegen und führen dazu, die Vereinigten Staaten im Forum der internationalen Meinung als Lügner hinzustellen ... Potentiell sind wir noch die stärkste Militärmacht auf der Erde, und zur Zeit besitzen wir teilweise eine außergewöhnliche militärische Überlegenheit, aber auch einige deutlich schwache Punkte.»

Doch befaßten sich die amerikanischen Politiker zu viel mit den schwachen Punkten oder waren wenigstens bedacht, auf sie hinzuweisen. Darum suchten sie die amerikanische Macht dadurch zu bestätigen, daß sie das amerikanische Arsenal wieder vergrößerten.[22]

Indem die Weltanschauung amerikanischer Politiker die Bedeutung der Militärmacht hervorhob, womit eine fundamentale Konfrontation für notwendig erachtet wurde, war sie im Grunde genommen festgelegt. In ihrer Vorstellung von internationaler Politik hatte Diplomatie mit der Sowjetunion keinen Platz. «Aktionen der Sowjetregierung auf dem Gebiet außenpolitischer Angelegenheiten lassen uns keine andere Alternative als anzunehmen, daß die UdSSR aggressive Absichten hat», schrieb John Hickerson, die Nummer zwei im Amt für Europäische Angelegenheiten, im Februar 1947. «Klar scheint, daß ‹Übereinkünfte oder Arrangements› mit der UdSSR nicht in Frage kommen. Diese Methode wurde einst mit Hitler ausprobiert, und die Lektion dieser Bemühungen ist uns noch frisch im Gedächtnis. Wenn die Lektionen, die wir aus dem Verhandeln mit Hitler gelernt haben, etwas bedeuten, dann würden Konzessionen an die Sowjetunion nur noch deren Appetit nach mehr anregen.» Hickerson wies richtig darauf hin, daß das amerikanische Volk sich Wilsons Idee der Vereinten Nationen verpflichtet fühlte. Es würde sich gegen Großmachtpolitik in der Art, die Roosevelt insgeheim während des Krieges mit Stalin betrieben und die Byrnes bei den Friedensversuchen nach dem Krieg erfolglos versucht hatte, auflehnen. Die Alternative zur Diplomatie war ein ständiges Bereitsein. Die Russen konnten nicht durch politischen Handel aufgehalten werden, sagte Hickerson, sondern nur «durch den wachsamen Beschluß der Völker und Regierungen der USA und des Vereinigten Königreichs, der sowjetischen Aggression, wenn notwendig, mit Waffen entgegenzutreten».[23]

Wenige Tage, nachdem Hickerson sein Memorandum geschrieben hatte, wurden die Vereinigten Staaten mit einer schweren Krise konfrontiert, die auch einen Anlaß bot (und die amerikanischen Führer fanden schnell die erforderlichen Taktiken heraus), die «richtige» Einstellung schließlich zur richtigen tatkräftigen Politik werden zu lassen.

DRITTER TEIL

Die endgültige Trennung

Ich halte es für einen Fehler anzunehmen, man könne sich jederzeit mit den Russen zusammensetzen und Fragen lösen. Ich glaube nicht, daß wir unsere Probleme mit den Russen auf diese Weise aus der Welt schaffen werden.

DEAN ACHESON, 1. April 1947

XI

Es geht ums Ganze

Mitte Februar 1947 sagte Truman lachend, er habe sich seit vier Wochen mit keiner Krise mehr befassen müssen und könne sich nicht daran gewöhnen.

Wenige Tage später sollte Truman mit einer der dramatischsten Krisen seiner gesamten Laufbahn konfrontiert werden. Die Gegenreaktion, die am 12. März öffentlich verkündete Truman-Doktrin, bedeutete einen entscheidenden Wendepunkt der amerikanischen Außenpolitik nach dem Kriege. Mit ihr begann Politik sich zu einer Ideologie zu entwickeln.[1]

Ende 1946 waren die Debatten in den politischen Konferenzen darüber, wie man die Nachkriegsziele der Sowjetunion einzuschätzen habe, zu einer klaren Schlußfolgerung gelangt: Diese Ziele galten als aggressiv, expansionistisch, unredlich und unbegrenzt. Im Januar 1947 berichtete die Central Intelligence Group (das Hauptnachrichtenbüro) in acht Beispielen von einem anscheinend gemäßigten und versöhnlichen sowjetischen Verhalten – von Konzessionen in Triest und wesentlicher Verminderung der Besatzungstruppen in Osteuropa bis zu einer flexibleren Handhabung des Vetorechts in den Vereinten Nationen und der Bereitwilligkeit, mit der Ausarbeitung von Friedensverträgen für Österreich und Deutschland zu beginnen.

Doch unterstrichen alle diese Entwicklungen, so meinte die CIG, nur die Fähigkeit des Kreml, zwei unterschiedliche Taktiken «internationaler Zusammenarbeit und einseitiger Aggression» zu handhaben. Die offensichtlichen Anzeichen einer Mäßigung hatten keine eigentliche Bedeutung: «Neue Kompromiß- und Versöhnungstaktiken wurden nur aus Zweckmäßigkeitsgründen angewandt.» Die CIG wies darauf hin, «daß der Kreml keines seiner weitgesteckten Ziele aufgegeben habe».[2] Mit anderen Worten, alle Anzeichen sowjetischer Konzessionen und Nachgiebigkeitsbereitschaft waren als verdächtig zurückzuweisen.

Zu diesem Zeitpunkt begannen die Politiker auch einzusehen, daß die sogenannte wirtschaftliche «Übergangsphase» nach dem Krieg nicht so leicht sein würde und die Wunden weit tiefer waren, als optimistische Planer angenommen hatten. Mit der Truman-Doktrin begannen die amerikanischen Führer eine politische Richtung einzuschlagen, die zu ihrem neuen Weltbild paßte – Grundlagen der Politik waren jetzt Eindämmung, Intervention, militärische Stärkung und wirtschaftlicher Wiederaufbau. Sie hielten diese Aktionen für defensiv, doch sollte die Wirkung ganz anders sein – eine große Expansion von Amerikas politischer, wirtschaftlicher und militärischer Rolle in der Welt. Solche Schritte widersprachen dem Trend zur Verschanzung, der im August 1945 seinen Anfang genommen hatte, und führten die Vereinigten Staaten zu einer neuen Konfrontation nicht nur mit den von Moskau gelenkten Kommunisten, sondern auch mit anderen Linken, Nationalisten und den verschiedensten Progressisten, von denen manche, hätten sie statt im Ausland im Inland gewirkt, ganz gut in Trumans Fair Deal gepaßt hätten. Der Wechsel erfolgte plötzlich und wurde durch einen Nachholbedarf an Aktion gefördert, der schließlich in der amerikanischen Bürokratie seinen Ausdruck fand.

Als George Marshall Außenminister wurde, stellte er innerhalb des State Department eine neue Ordnung und deutlichere Autoritätsabgrenzungen her. Durch Marshalls Ernennung kam auch Dean Acheson an die Spitze, eine eindrucksvolle, elegante Persönlichkeit und ein sehr überzeugender Jurist. Acheson führte eine Art der internationalen Beziehungen ein, die ein Historiker als «außergewöhnlich klar gegliederte» Ideologie auswärtiger Angelegenheiten bezeichnete. Seine größte Sehnsucht galt der Pax Britannia des neunzehnten Jahrhunderts mit ihren Friedenssegnungen, ihrem Wohlstand und ihrer guten Ordnung. Er wollte selbst ein neues hegemonistisches System, eine Pax Anglo-Americana, ausarbeiten, die in Wirklichkeit jedoch eine Pax Americana war. Der Schwerpunkt eines solchen Gefüges lag bei der Macht und nicht bei Verhandlungen.[3]

Als Sohn eines Erzbischofs in Connecticut verbrachte Acheson seine Kindheit in der bequemen und sicheren Welt der Jahrhundertwende in Middleton, Connecticut. Sein Leben lang hing er an den von ihm geschätzten Werten, Sitten und Ansichten seiner oberen Mittelklasse-Kultur, die England zur Zeit von Victoria und Edward VII. mit den Vereinigten Staaten und Kanada verbunden hatte. Als er im Sommer 1911, in den Monaten zwischen Groton und Yale, mit einem Eisenbahnarbeiter-Team in Kanada arbeitete, ließ er sich einen struppigen Schnurrbart sprießen. Dieser wurde dann an den Ecken hochgezwirbelt, als ob er einem britischen Kolonialoffizier aus der Mitte des neunzehnten Jahrhunderts gehörte. Mitte des zwanzigsten Jahrhunderts sollte er in Amerika zu seinem anachronistischen Kennzeichen werden. In Yale fand er gut Anschluß und zeichnete sich im Sport aus. Sein Ruderlehrer war Averell Harriman, der ihm um nur zwei Studienjahre voraus war. An der juristischen Fakultät von Harvard war er ein Protegé von Felix Frankfurter. 1919 ging er als Kanzlist für den Richter des Obersten Gerichtshofes, Louis Brandeis, nach Washington, D. C. «Die Möglichkeit, das Leben im weiteren Rahmen intelligent anzupacken, macht ihn höchstens etwas versonnen, denn er weiß, daß es da nicht viel Intelligenz anzuwenden gibt», schrieb Acheson zu jener Zeit über Brandeis. «Ich denke nicht, daß der Richter auch nur im geringsten an eine Massenrettung durch allgemeine Sanierungspläne glaubt.»[4] Das konnte auch auf Achesons spätere Einstellung zutreffen, obwohl er natürlich nie den Glauben an seine eigene Intelligenz verlor.

In den Jahren zwischen den Weltkriegen etablierte Acheson sich in Washington als hervorragender, einflußreicher Rechtsanwalt, dessen Karriere nur durch eine kurze und unglückliche Ernennung zum Unterstaatssekretär der Finanzen während der ersten Roosevelt-Amtszeit unterbrochen wurde. Der Kriegsausbruch in Europa brachte ihm den Durchbruch in die Öffentlichkeit, da er Großbritannien als erste Verteidigungsfront der amerikanischen Zivilisation erklärte.

In zwei Ansprachen, die er vor dem Eintritt Amerikas in den Zweiten Weltkrieg hielt, legte Acheson außenpolitische Ansichten dar, die er während seiner ganzen Laufbahn beibehalten sollte, mit der Ausnahme, daß er später Sowjetrußland an die Stelle von Nazideutschland setzte. Der Zusammenbruch der Pax Britannia, so behauptete er im November 1939, habe «das Aufkommen eines totalitaristischen Militärstaates» herbeigeführt. Um dem zu begegnen, sagte er, müßten die Vereinigten Staaten sich alsbald zu einem Neuaufbau der Weltwirtschaft und größerer militärischer Bereitschaft bekennen. «Einer Nation geht es wie einem Boxer; zu den größten Sicherheiten gehört es, neben der Macht Reichweite zu haben.» Im Juni 1940 fügte er hinzu: «Wir haben es mit einer urtümlichen, unmoralischen und rücksichtslosen Macht zu tun. In der Auseinandersetzung mit ihr kann man nur einen Fehler machen. Vergessen Sie bitte nicht, ich flehe Sie an, daß das Urteil der Natur bei Irrtum den Tod bedeutet.» Die Vereinigten Staaten mußten sich auf Krieg einstellen. Zweifel, zu lange Debatten, Fragen – all das wäre nur zum Vorteil des Feindes.[5]

Während des Zweiten Weltkrieges arbeitete Acheson im State Department als Untersekretär für Wirtschaftsfragen. Als Stettinius (den die Presse jetzt «Schneewittchen» nannte) Ende 1944 Außenminister wurde, bekam Acheson (der als einer der «sieben Zwerge» des Außenministers galt) den Auftrag, die Beziehungen zum Kongreß zu bearbeiten. Diese Tätigkeit machte Acheson einige Schwierigkeiten, denn es fiel ihm schwer, seinen Witz, seine spitze Zunge und sein Selbstvertrauen im Zaum zu halten. Dean Rusk, einer von Achesons späteren Mitarbeitern, erinnerte sich: «Wenn man zum Kongreß geht, sollte man sich manchmal etwas dumm stellen. Acheson konnte das nicht.»[6]

Byrnes löste Stettinius ab; und Acheson, wie er es später formulierte, «heuerte als Maat auf dem guten Schiff ‹Jimmy Byrnes› an» – als Unterstaatssekretär. Durch seine Disziplin, administrativen Fähigkeiten und Bereitschaft zu harter Arbeit gelang es Acheson, die Arbeit des State Department fortzuführen, während Byrnes im Ausland umherreiste. (350 Tage von den 562 seiner Amtszeit als Außenminister.) Acheson war das eigentliche Bindeglied zwischen Byrnes und dessen kleinem Ratgeberkreis einerseits und dem übrigen Department andererseits. Über diese «Reise» war Acheson nicht besonders glücklich. In ihm entstand ein Mißbehagen, sowohl über Byrnes' Stil als auch die ständigen Verhandlungen des Außenministers mit der Sowjetunion. Acheson sah den Außenministerrat schließlich eher als hemmend an. Er trat in freundschaftliche Beziehungen zu Truman, die noch durch seine seltsam beschützerische Loyalität dem Präsidenten gegenüber gefördert wurden.

Truman legte sehr viel Wert auf persönliche Loyalität, wie auch auf Achtung vor dem Präsidentenamt, und Acheson zeigte beides. Mitglieder des Roosevelt-Kabinetts waren gewöhnlich zu FDRs Zug gekommen, wenn er von einer Wahlreise zurückkehrte, um ihn zum Weißen Haus zurückzugeleiten. Acheson erinnerte sich daran und ging – am Morgen nach den verhängnisvollen Wahlen vom November 1946, als die Demokraten zum erstenmal seit sechzehn Jahren die Mehrheit im Kongreß verloren hatten – zum Bahnhof, um dort Trumans Zug zu erwarten. Aber diesmal stand er ganz allein auf dem Bahnsteig, abgesehen vom Stationsvorsteher und einigen Reportern. Truman bat Acheson, mit ins Weiße Haus zu kommen, um ihm dort bei der Abfassung eines Wahlberichts zu helfen. Er vergaß diese Respektkundgebung nie.[7]

Kurz nach dem Krieg hegte Acheson einige Hoffnung, man könne mit den Russen zu Vergleichen kommen. «Insgesamt scheinen die Unstimmigkeiten mit den Russen zuzunehmen», bemerkte er im September 1945, als er Stimsons Plan unterstützte, mit den Russen direkt über Atomenergie zu verhandeln. «Doch kann ich nicht einsehen, weshalb die grundlegenden Interessen der beiden Nationen in Widerspruch stehen sollten.» In den folgenden Monaten verlor er jedoch diese Art von Optimismus gänzlich. «Wir müssen uns damit abfinden, daß wir unser Leben lang mit Gefahr und Unsicherheit fertigwerden und Bereitschaft, Anstrengung und Disziplin brauchen werden», sagte er im Juni 1946. «Das ist neu für uns und wird hart sein.» Im folgenden Jahr kritisierte er Byrnes' Zwischenspiel als Außenminister: «Wir behielten den Idealismus und zerstörten die Macht.»[8]

Durch Marshalls Ernennung wurde Achesons Stellung gewiß gestärkt. «Dean ist jetzt ‹ganz oberster Stabschef› und fast alles geht durch seine Hände», schrieb John Hickerson von der Abteilung für Europäische Angelegenheiten im Februar 1947. «Bis jetzt ist alles glatt gegangen.»

Schließlich würde Acheson in der Lage sein, das zu tun, was er für nötig hielt – das Denken in Handeln zu übertragen.[9]

Im Winter 1947 versuchten Acheson und andere Politiker nicht länger, die sowjetische Sphäre zurückzudrängen, sondern bemühten sich eher, ihre weitere Ausdehnung zu verhindern. Sie erkannten, daß wirtschaftliche Zerrüttung und Zerstörung gegen sie arbeiteten. Die Aufmerksamkeit konzentrierte sich auf den Nahen Osten. Die Türkei hatte Schwierigkeiten, ihre Streitmächte unter Waffen zu halten. Noch beunruhigender war der Niedergang Griechenlands durch Bürgerkrieg und wirtschaftlichen Zusammenbruch.[10]

Von Lincoln MacVeagh, dem amerikanischen Botschafter in Athen, waren alarmierende Nachrichten gekommen. Ende 1946/Anfang 1947 schickte man MacVeagh zwei amerikanische Sonderbeauftragte mit unbegrenzten Vollmachten des New Deal. Einer war der Zeitungsverleger Mark Ethridge, der 1945 für Byrnes den Balkan bereist hatte, und jetzt Mitglied der Kommission der Vereinten Nationen zur Überprüfung von Grenzverletzungen war. Der andere, der Rechtsanwalt Paul Porter, war der Leiter einer wirtschaftlichen Überprüfungskommission. Von diesen drei Männern kamen nun Fluten verzweifelter Berichte. Mitte Februar erklärten sie übereinstimmend, daß eine Notlage bestünde. Die griechische Regierung war gefährlich nahe am Zusammenbrechen. Ihre Lage wurde durch das Wiederaufleben der Aktivitäten linker Guerillas unterminiert, und ihr Ansehen im Volke war durch Korruption, Unfähigkeit und Wirtschaftschaos gesunken. Nach Ansicht der drei amerikanischen Beobachter trug Rußland die Verantwortung dafür und würde aus der Situation auch den meisten Profit ziehen: «Die Sowjets sehen Griechenland als reife Pflaume an, die in wenigen Wochen in ihre Hände fallen wird», warnte Mark Ethridge. Im Vergleich mit München legte er die Domino-Theorie dar: wenn Griechenland in die Hände des Kommunismus gerät, werden danach der gesamte Nahe Osten und Teile von Nordafrika unter sowjetischen Einfluß kommen.»[11]

Diese Art von Auslegung - sie ging über Loy Henderson, den Leiter der Abteilung für Nahöstliche Angelegenheiten – fand im ganzen State Department williges Gehör. Anfang Februar versuchten Beamte des Wirtschaftsministeriums eine Liste der sechs bedrohlichsten Wirtschaftskrisen aufzustellen. «Wir sind auf acht gekommen», erklärte ein Beamter im März, «und waren außerstande, zwei davon abzuziehen. Erster auf der Liste war Griechenland. Jeder gab ihm den ersten Platz.» Auf ein von Loy Henderson vorbereitetes Memorandum gestützt (vom 20. Februar) warnte Dean Acheson Marshall, daß in Griechenland ein «totalitäres linksextremes Regime an die Macht kommen würde», wenn die Vereinigten Staaten nicht sofort ein Programm erweiterter Militär- und Wirtschaftshilfe aufstellten.[12] Doch hätte die Aufstellung eines solchen Programms wohl Monate in Anspruch genommen, wenn die Briten nicht am nächsten Tag überstürzt in die Handlung eingegriffen hätten.

Monatelang hatten die Amerikaner von einer Auseinandersetzung zwischen dem British Treasury und dem Foreign Office Kenntnis gehabt, bei der es um Kürzungen von Militärausgaben im Ausland, insbesondere in Griechenland, ging. «Auch wenn wir das Geld *hätten*, meine ich nicht, daß wir es auf diese Weise ausgeben *sollten*», schrieb der Kanzler des Schatzministeriums Hugh Dalton im November 1946 an den Premierminister. «Ich habe starke Bedenken gegen diese Abstützungspolitik schwacher Staaten im östlichen Mittelmeer gegen Rußland, selbst mit amerikanischer Hilfe. Ich bin sicher, daß wir in einen ungeheuren politischen Sturm geraten würden, wenn wir eine solche Politik je öffentlich zugäben.» Zwei Monate später warnte Dalton die Labour-Regierung vor einer erstrangigen politischen und wirtschaftlichen Krise im Inland. «Ich fürchte, daß wir halb bewußtlos auf den Abgrund zutreiben.» Mit Hilfe des ungewöhnlich schlechten Wetters und einer Ölkrise trug Dalton schließlich den Sieg über das Foreign Office davon und überredete seine Kollegen, «dem endlosen Geldgetröpfel unserer britischen Steuerzahler an die Griechen ein Ende zu machen – und die Sache in Washington derart vorzutragen, daß die Amerikaner sich veranlaßt sähen, diese Verantwortung zu übernehmen.»[13]

Aber die britische Botschaft vom 21. Februar, in der die Beendigung des Londoner Hilfsprogramms an die Griechen für Ende März angekündigt wurde, rief unter den amerikanischen Beamten eine Aufregung hervor, die sogar noch die britischen Erwartungen überstieg. «Die Amerikaner bekamen Angst, die Russen könnten den gesamten Balkan und das östliche Mittelmeer überrennen», bemerkte Dalton im März. «Finanzbeamte sagten mir später, sie hätten nie an eine so schnelle und umwälzende Wirkung geglaubt.»

Aber die Amerikaner waren auf eine Krise vorbereitet. Als Loy Henderson Dean Acheson von der britischen Entscheidung unterrichtete, erklärte der Untersekretär: «Wir haben sie genau zu diesem Zeitpunkt erwartet.»[14] Für diese erste echte Krise des kalten Krieges hatten der Iran und die Türkei bereits die Kostümproben abgehalten. Die Teilnehmer waren von der Einstimmigkeit innerhalb der amerikanischen Regierung über die Dringlichkeit der Sache, ihre weltweiten Folgen, die Notwendigkeit einer kräftigen Antwort und das Bewußtsein, an einem historischen Wendepunkt zu stehen, überrascht. In Loy Hendersons Abteilung für Nahost-Fragen war die Stimmung auf dem Höhepunkt.[15] Niemand zweifelte daran, daß Geringeres auf dem Spiel stünde als die amerikanische Sicherheit und das Überleben der Nation. «Vom militärischen Standpunkt aus», erklärte Verteidigungsminister Robert Patterson, «waren die

Unabhängigkeit Griechenlands und der Türkei von lebenswichtiger Bedeutung für die strategische Lage der USA.» Marineminister Forrestal hob die Gefahren eines Sieges der Linken in Griechenland noch nachdrücklicher hervor – «Die Welt ist in zwei Teile zerschnitten.» Wenige Tage später erklärte Forrestal dem Präsidenten, der Bürgerkrieg in Griechenland sei nur die Manifestation dessen, was der Entwicklungsprozeß in den vergangenen vier Jahren gewesen sei. Er fügte hinzu: «Wenn wir auch nur eine Gewinnchance behalten wollen, müssen wir das als grundsätzliche Auseinandersetzung zwischen unserer Art von Gesellschaft und der der Russen ansehen und erkennen, daß die Russen nur der Gewalt weichen werden.»[16]

Als Präsident Truman am 27. Februar mit bedeutenden Kongreßmitgliedern und anderen führenden Beamten der Administration zusammentraf, zeichnete Marshall ein Bild des kalten Krieges, das weit bis in die Zukunft reichte. «Wir sind keine Bangemacher», erklärte er, «wenn wir feststellen, daß wir einer der ersten Krisen gegenüberstehen, deren weitere zu der sowjetischen Beherrschung von Europa, des Mittleren Ostens und Asiens führen könnten.»

Doch selbst hier war General Marshall für Acheson noch zu zurückhaltend. «Mein verehrter Vorgesetzter», schrieb Acheson später, «hatte sein erstes Argument sehr ungewöhnlich und in bedauerlicher Weise verwässert. Verzweifelt flüsterte ich ihm zu, er solle seine Angaben präzisieren. Das war meine Krise. Eine Woche lang hatte ich damit gerechnet.» Nun ergriff Acheson das Wort. Er gab die dramatische Erklärung ab, daß «ein bevorstehender sowjetischer Durchbruch (im Nahen Osten) die drei Kontinente dem sowjetischen Einfluß ausliefern könne.» Wie Äpfel in einem Faß durch einen faulen angesteckt werden, würde die Korruption in Griechenland den Iran und den gesamten Osten ..., Afrika ..., Italien und Frankreich anstecken ... Seit Rom und Karthago hatte es auf dieser Erde nicht mehr eine solche Machtpolarisierung gegeben.»

Acheson wirkte überzeugend. Die Kongreßleute schlossen sich seiner Meinung an. Vandenberg drängte den Präsidenten, seinen Fall in der Öffentlichkeit nicht weniger dramatisch darzustellen. Am 7. März teilte Truman seinem Kabinett mit, er habe «keine andere Wahl, als vorwärts zu gehen». Am 11. März konnte Acheson der amerikanischen Botschaft in Athen kabeln, daß «die Entscheidungen auf höchster Ebene, *vorbehaltlich der notwendigen Zustimmung des Kongresses,* sei, von Überbrükkungsmaßnahmen abzulassen und sich für ein substantielles Hilfsprogramm zu entscheiden, das die griechische Unabhängigkeit für mehrere Jahre sichern kann. *Das bedeutet natürlich eine wichtige Entscheidung der amerikanischen Politik.*»[17]

Der Einspruch betraf natürlich den wichtigsten Stein des Anstoßes –

die Notwendigkeit, einen Weg zu finden, der die Dringlichkeit der Exekutive einem budgetbewußtem republikanischem Kongreß und einer apathischen Öffentlichkeit klarmachte. Untersekretär John Hildring hatte im Dezember 1946 geäußert, des Departments größte Sorge sei «der Unwille unseres Volkes, auf der internationalen Bühne zu verbleiben» und seine offensichtliche Abneigung, «politische, finanzielle und persönliche Opfer zu bringen». Am 24. Februar 1947 drängte John Hickerson, das neue Programm dem Kongreß «auf eine Art vorzulegen, die das *amerikanische Volk* elektrisieren würde».[18]

Soweit die Auseinandersetzung sich innerhalb der Exekutive abspielte, kam es weder auf Fakten noch auf angemessene Reaktionen, sondern nur auf den Ton der Rede an. George Kennan hatte, wie es scheint, zu jener Zeit einige Schwierigkeiten, die allgemeine Ansicht zu akzeptieren. Sein persönlicher Antikommunismus war sehr viel intellektueller, und die Sprache der künftigen Truman-Doktrin war für ihn zu allgemein und zu fanatisch. Auch George Marshall und Charles Bohlen, die sich zu einem Außenministertreffen auf dem Weg nach Moskau befanden, kabelten, «in der Rede sei etwas zu viel feuriger Antikommunismus». Doch wurde ihnen als Antwort erklärt, daß der Senat «ohne Hinweis auf die kommunistische Gefahr» nicht mitmachen würde.

Der Mitarbeiter im Weißen Haus, George Elsey, bezweifelte, ob das der rechte Moment für eine Rede sei, in der es ums «Ganze ging». Wie er meinte, sei «nicht genügend Zeit gewesen», um die bedeutendste Rede «der Truman-Administration vorzubereiten». In der unmittelbaren Vergangenheit habe es keine offene Handlung der Sowjetunion gegeben, die als angemessener Vorwand dienen könne. Die Lage in Griechenland sei «relativ theoretisch» und das amerikanische Volk nicht vorbereitet. Er fürchtete auch, daß eine so grundsätzliche Rede zu Beginn des Außenministertreffens in Moskau «die Konferenz stören würde und die Hoffnung auf einen annehmbaren Friedensvertrag mit Österreich, wenn schon nicht mit Deutschland, zerschlage». Statt dessen schlug er eine Ansprache mit beschränkterer Thematik vor, die sich auf die amerikanische Verantwortlichkeit für den allgemeinen europäischen Wiederaufbau konzentrieren sollte.[19]

Doch am 12. März, vor Beginn einer Vollversammlung des Kongresses, hielt Truman seine Großansprache mit der Aufforderung, für Griechenland dreihundert Millionen und für die Türkei einhundert Millionen Dollar bereitzustellen. Truman zeichnete ein Schwarz-Weiß-Bild – die Existenz der griechischen Nation sei von mehreren Tausend kommunistischen Partisanenkämpfern bedroht, und dieser Zusammenstoß sei nur der Teil eines weltweiten Kampfes «zwischen Alternativformen des Lebens», daß der «Fall» Griechenlands die wackligen Dominosteine über die ganze Landkarte fallen lassen würde. «Die Politik der Vereinigten

Staaten muß darin bestehen», erklärte der Präsident, »die freien Völker zu unterstützen, Unterjochungsversuchen durch bewaffnete Minderheiten oder ausländischen Druck zu widerstehen».[20]

Trumans Rede verlieh dem antikommunistischen Konsens Ausdruck, der innerhalb der Exekutive entstanden war; die sprachliche Formulierung spiegelte auch genau den Trend der Diskussionen wider, die in den vorangegangenen Monaten innerhalb der Administration geführt worden waren. Mit anderen Worten, die Rede war kein zynisches Manöver, wie manche Schriftsteller seither behauptet haben. Sie war jedoch deutlich als «Verkaufsobjekt» konzipiert. Da die Briten ihre Verantwortung für Griechenland abgetreten hatten, war den Amerikanern Gelegenheit geboten, ihre neue feste Überzeugung auszudrücken und danach zu handeln: die Großansprache bedeutete das bewußte Bemühen, für die persönlichen Ansichten innerhalb der Regierung einen öffentlichen Konsens zu schaffen.[21] Die Meinung der Öffentlichkeit selbst war noch unsicher und unausgeprägt, das stellte ein Bericht des State Department im Februar fest: 60 Prozent der Bevölkerung waren gegen die Sowjetunion allgemein kritisch eingestellt und nur 20 Prozent versöhnlich. Andererseits hatten über 70 Prozent etwas gegen eine «Werde-hart-mit-den-Russen»-Politik einzuwenden.

Die Regierung wünschte jetzt Unterstützung für den harten Kurs. Das war ein bedeutsamer Wechsel. Als Harry Hopkins zwei Jahre zuvor, im Juni 1945, privat die Beziehungen zur Sowjetunion zu kitten versuchte, hatte Arthur Bliss Lane, damals designierter Botschafter in Polen, bedauernd bemerkt, «daß gegenwärtig keine Absicht bestünde, die unseren Differenzen mit der Sowjetunion zugrunde liegenden Fakten publik zu machen». Im März 1946 bedrängte Lane seine Vorgesetzten im State Department immer noch, die sowjetischen Unternehmungen in Osteuropa klar zu beleuchten. «Die Erziehung der Öffentlichkeit kann nicht über Nacht geschehen», mahnte er sie. «Sie wird vielleicht ein Jahr oder zwei dauern.»

Solange James Byrnes Außenminister war, konnte er die gewünschte Antwort nicht erhalten. Im März 1947 hatten sich die Umstände geändert. Wenige Tage nach der großen Rede vor dem Kongreß kam Lane ins Weiße Haus, um den Präsidenten zu beglückwünschen («die Polen tanzten vor Freude») und seine Rücktrittsabsichten anzukündigen, weil «er das amerikanische Volk über die sowjetische Politik der Beherrschung europäischer Länder in Kenntnis setzen» wollte. «Das ist wunderbar», erwiderte Truman. «Wenn Sie Ihren Vorschlag zur Ausführung bringen, werden Sie mir viel helfen.»[22]

Doch versuchte die Regierung in wenigen Wochen das auszuführen, wofür Lane ein Jahr oder zwei berechnet hatte. In allen politischen Lagern stieß das Programm auf Zweifel und Widerstand. Der konservative

Republikaner Robert Taft beunruhigte sich über die finanziellen Kosten des Programms und die Bestätigung, die es den Einflußsphären geben könnte. Der Abgeordnete Christian Herter, ein gemäßigter Republikaner, bezweifelte, daß die amerikanischen Beamten das «außerordentliche Geschick» besäßen, um erfolgreich einzugreifen. Eleanor Roosevelt wollte «die Angelegenheit unmittelbar auf höchster Ebene mit Stalin geregelt» wissen. Mitglieder der Gruppe Americans for Democratic Action (berichtete Arthur Schlesinger dem State Department) «unterstützen [das Programm] freudlos» in dem halbherzigen Glauben, seine Ziele «wären liberal».

Doch – letzten Endes brach der machtvolle, apokalyptische Aufruf der Regierung den Widerstand. Der Senat billigte das Programm mit 67 gegen 23 Stimmen, das Repräsentantenhaus mit 287 gegen 107. Am 22. Mai verlieh ihm Truman durch seine Unterschrift in einem Hotel von Kansas City Gesetzeskraft.

Zu jener Zeit konnten die Mitglieder der politischen Elite ihre Sorgen, daß die Öffentlichkeit auf die sowjetische Bedrohung, so wie sie in Washington wahrgenommen wurde, gleichgültig oder nicht wachsam genug reagierte, abzubauen beginnen. Im Frühjahr 1947 war der Antikommunismus in der Tat zu einem mächtigen Faktor der amerikanischen Politik geworden. Manche begannen jetzt schon Bedenken zu hegen, die Öffentlichkeit könne zu weit gehen. «Ich persönlich betrachte die Dinge, die jetzt in unserer Öffentlichkeit geschehen, mit Bestürzung und Unruhe», bemerkte George Kennan einen Tag, bevor die Briten ihre Absicht kundgaben, Griechenland zu verlassen. «Insbesondere bedaure ich die hysterische Art von Antikommunismus, die, wie mir scheint, jetzt in unserem Lande in Umlauf kommt.» Im Frühjahr 1947 machte der Sozialistenführer Norman Thomas, selbst ein Schlachtenveteran der Linken gegen Kommunisten, eine Reise nach Kalifornien. Er konnte im Unterschied zu einem früheren Besuch vor vierzehn Monaten einen dramatischen Wechsel feststellen. «Damals ging der Trend zu stark dahin, den Russen gefällig zu sein und sie zu beschwichtigen», schrieb er. «Jetzt herrscht hier ein hochgradiger, ziemlich hysterischer Antikommunismus, der von den Reaktionären ausgenützt wird.»

Zwischen 1945 und 1947 stieg der Prozentsatz der Öffentlichkeit, der die Russen als «aggressiv» beurteilte, von 38 auf 66 Prozent. Für Truman und viele seiner Ratgeber bedeutete Antikommunismus hauptsächlich eine antisowjetische Einstellung. Das traf jedoch auf einen großen Teil der Öffentlichkeit, die Antikommunismus im weiteren Sinne mit Umsturzbestrebungen und – meist imaginären – «inneren Feinden» assoziierte, nicht zu. Dazu gehörten sogar New Dealers und Parteigänger der neuen, bald als Fair Deal bekannten Richtung. Diese umfassendere Definition, die vom konservativen Flügel der Republikanischen Partei als Propagandaslogan gefördert wurde, sollte auf die Truman-Administration zuerst einen bedeutenden Druck ausüben und dann für viele Jahrzehnte ein bedeutender Faktor des nationalen Bewußtseins werden.

Der Sieg, den die Republikaner 1946 bei den Kongreßwahlen errangen, ging, wie man meinte, weitgehend auf den Profit zurück, den sie aus den gegen die Regierung gerichteten Anklagen der Unehrlichkeit und Subversion zogen. Im November 1946 versuchte Truman Terrain zu gewinnen, ehe der neue Kongreß handeln konnte, und ernannte eine Temporary Commission on Employee Loyalty (Zeitweilige Kommission zur Überprüfung der Loyalität von Angestellten). Ende März 1947, anderthalb Wochen nach der Truman-Doktrin-Rede, handelte der Präsident nach den Anweisungen der Kommission. Mit der Exekutivorder 9835 stellte er ein föderales Loyalitätsprogramm auf, das Ämter zur Überprüfung der politischen Ansichten und Aktivitäten aller staatlichen Angestellten, ohne Rücksicht auf deren Stellung, autorisierte. 1947 wurde vom Generalstaatsanwalt auch eine Liste «subversiver Organisationen» aufgestellt. Die Überprüfungsämter und die Liste stellten eine Beeinträchtigung der bürgerlichen Freiheiten dar und gaben Verleumdungen und Unterstellungen gesetzliche Kraft. Sie trugen dazu bei, internationale Sicherheit zu einem überzeugenden politischen Streitfall zu machen und die folgenden, sehr viel weitreichenderen Angriffe auf bürgerliche Freiheiten zu legitimieren.

Doch müssen wir zugeben, daß diese Maßnahme nicht Teil einer Kampagne zur Aufputschung innenpolitischer Erregung war, sondern, wenigstens nach Ansicht des Weißen Hauses, eher eine Bemühung darstellte, solche Leidenschaften im Zaum zu halten und mögliche Absichten des Kongresses zu vereiteln, sie zu Parteizwecken auszunutzen. Und überraschenderweise hatte die Strategie Erfolg – zwei Jahre lang. Der heimische Antikommunismus war eine unvermeidliche Reaktion und sollte bei der Polarisierung des kalten Krieges zu einem zusätzlichen Faktor werden. Wir dürfen auch nicht vergessen, daß solch eine Verrätersuche auch in der Sowjetunion im Gange war, aber dort in sehr viel grausamerer und brutalerer Weise jene betraf, die Beziehungen zum Westen unterhielten, und auch manche, die keine solchen hatten – Intellektuelle, aus deutscher Kriegsgefangenschaft heimgekehrte sowjetische Soldaten und sogar ganze Volksgruppen. Ganze Gruppen wurden als untreu abgestempelt und mußten Furchtbares erdulden.[23]

Washingtons Hoffnung und Planungen für eine liberale Weltordnung mußten zurückstehen, denn die Episode der Truman-Doktrin führte zwangsweise zu einer Verschmelzung von Politik und Wirtschaft. Die Nahost-Krise hatte für künftiges Krisendenken und eine bedeutsame Erweiterung der Präsidentenbefugnisse in Friedenszeiten einen Präzedenzfall geschaffen. Letztere wurde vom Kern des Kongresses, dem Senatsausschuß für auswärtige Politik, nur widerwillig akzeptiert.[24]

Die Hilfsmaßnahmen für Griechenland und die Türkei wurden einerseits als Defensivhandlung angesehen. Tom Connally, der dienstälteste Demokrat des außenpolitischen Ausschusses, bemerkte während der Hearings der Exekutive: «Jetzt sind sie alle wild hinter uns her.» Andererseits bedeuteten die Hilfsmaßnahmen eine Bestätigung der globalen Denkweise und des Verantwortungsbewußtseins im Zusammenhang mit einem weltumfassenden Kampf gegen Rußland und den Kommunismus. «Zur Zeit haben wir gerade einige Schwierigkeiten mit Griechenland und der Türkei», sagte General George Lincoln von der War Department's Plans and Operations Division am 2. April zu den Senatoren, «sie sind jedoch nur einer der Tasten auf der Tastatur dieses Weltpianos, auf dem zur Zeit gespielt wird.»[25] Alle höheren Beamten bekannten sich zu dieser Vorstellung, nach der im Kreml Meisterhirne herrschten. «Sie schauen sich um, sehen wie es in der Welt aussieht, in was für eine Lücke sie an diesem Tag eindringen können und versuchen, die Lücken zu ihrem Vorteil auszunutzen», erklärte Kennan. «Sie operieren schnell. Sie spielen ein sehr feines und gefährliches Spiel.»[26]

Natürlich ist es unklug, einen potentiellen Gegner in einem internationalen Gefüge zu unterschätzen, aber es ist ebenso unklug, ihn zu überschätzen. Hier begingen die Amerikaner zweifellos den Fehler, daß sie die Sowjets höher bewerteten, als es diese verdienten. Das Sowjetsystem ist gewiß durch Starrheit, Furcht und Argwohn gekennzeichnet; Stalins Hofstaat war selbst uneinig; seine Mitglieder fürchteten, dem Diktator Informationen zukommen zu lassen, die ihm nicht gefielen; nur wenige müde und überarbeitete Männer konnten die Entscheidungen treffen. Stalins Außenpolitik nach dem Kriege ist sehr viel treffender als konservativ denn als abenteuerlich zu kennzeichnen.

Wir sollten jedoch nicht annehmen, daß politische Kreise Amerikas über das Ausmaß der sowjetischen Verantwortlichkeit völlig übereingestimmt hätten. Die Situation war «klar umrissen». Das berichtete Botschafter MacVeagh, der viele Jahre in Griechenland gelebt und enge Beziehungen zu Familien der alten Gesellschaftsordnung hatte, dem außenpolitischen Ausschuß. Griechenland sei von einer gesellschaftlichen Revolution heimgesucht, beklagte er, «und nicht von einer dieser netten Revolutionen, die wir früher gewöhnlich hatten». Wichtiger war nach MacVeaghs Ansicht, *daß die Gesellschaftsrevolution vom Ausland eingeführt wurde:** «Der hierfür

* MacVeagh mag zugunsten der Kongreßleute übertrieben haben, oder seine eigenen Ansichten hatten sich gewandelt, denn im Oktober 1946 schrieb er einen Brief, in dem er sagte: «Mangel an Führung belastet dieses Land [Griechenland] gewiß am meisten – Führung, die über politische Probleme, die nicht nur örtlichen Charakters, sondern ganz überholt sind, hinaussehen kann. Die fünfjährige Metaxas-Diktatur scheint wirksam das Aufkommen einer neuen Politikergeneration verhindert zu haben, die den Platz der älteren einnehmen könnten, die aus Mangel an anderen Führern jetzt wieder im

verantwortliche Bursche war derjenige, der die kleinen Länder nördlich von Griechenland kontrollierte und ihnen bis zur Moskauer Regierung den Rücken deckte.»[27]

Die Liberalen des New Deal fanden die Situation nicht so klar umrissen, denn sie befanden sich nun in einem unangenehmen Bündnis mit jener Art von «Wirtschaftsroyalisten», die Roosevelt so stark angeprangert hatte. Diese Amerikaner sahen die Wurzel des Übels zum Teil in Griechenlands alter Gesellschaftsordnung. Sie kritisierten die Politiker, die nicht imstande waren, Rivalitäten und Korruption zu überwinden, die Sicherheitsorgane, die der Errichtung eines Weißen Terrors nicht widerstanden hatten, die reichen Familien, die sich geschickt der Besteuerung entzogen und von dem Hilfsprogramm profitierten.

Der Fall Paul Porters, eines Liberalen des New Deal, der Leiter der Preiskontrollbehörde gewesen war, veranschaulichte den schwierigen und schmerzlichen Zwiespalt, der anderen Liberalen bevorstehen sollte, als Intervention im Ausland Teil der amerikanischen Außenpolitik wurde. Während er im Winter 1947 seine Wirtschaftsprüfung durchführte, berichtete er: «Nach westlichen Begriffen existiert hier gar kein Staat. Entweder haben wir es mit einer lockeren Hierarchie individualistischer Politiker zu tun, von denen einer schlimmer als der andere ist, und die so mit ihren eigenen Machtkämpfen beschäftigt sind, daß sie keine Zeit haben, eine Wirtschaftspolitik zu entwickeln, selbst wenn sie dazu die Fähigkeit besäßen.» Als er sich später im Jahr mit Forrestal und den Journalisten James Reston und Joseph Alsop bei einem privaten Essen traf, erklärte Porter, daß Griechenland ein Schlachtfeld sei. Er berichtete, daß Premierminister Maximos der Besitzer des Hauses sei, in dem sich die amerikanische Botschaft befände, dieses an die Vereinigten Staaten vermietete, aber dafür auf einer Bezahlung in Gold auf die Federal Reserve Bank in Nex York City bestünde, und daß weniger als 2 Prozent des Einkommens in harter Währung, das die etwa hundert von den USA Griechenland zur Verfügung gestellten Schiffe einbrächten, wirklich an Griechenlad gingen. Das meiste wurde ohne Nutzen für die griechische Wirtschaft im Ausland angelegt. Die politische Unterdrückung widerte ihn an.

«Eines Tages sagte ich Maximos, die Geschichten, die hier über die Verbannung politischer Gefangener auf die Inseln herauskämen, würden in den Vereinigten Staaten ein sehr ungünstiges Meinungsbild schaffen», erinnerte sich Porter. «Zwei Tage später berichtete er mir stolz, daß auf sei-

Sattel sitzen und die immer noch in der Art des Kampfes zwischen Royalisten und Venezelisten denken und dabei völlig die Bedeutung außer acht lassen, die die Entwicklung in Europa und der Welt seit dem Zweiten Weltkrieg und das Aufkommen Rußlands mit sich gebracht haben. Kleine Leute, alte Männer, denen jener Wirklichkeitssinn fehlt, den die Situation erfordert, mit solchen haben wir es jetzt zu tun.»

nen Befehl hin nach Mitternacht keine Razzien mehr stattfänden. Das war ein bedeutendes Zugeständnis.»[28]

Während ihres Aufenthaltes in Griechenland sprachen Porter und Ethridge oft über die verworrene Situation. «Er kam nie so weit, daß er sie zur Hölle wünschte, aber er gelangte an einen Punkt, wo er es beinahe getan hätte», erinnerte sich Ethridge. Aber Ethridge überzeugte Porter mit anderen Argumenten: «Wir müssen versuchen, die griechische Regierung zu retten und die Schufte dann hinauswerfen.»[29] Porter gab schließlich zu, daß Unterdrückung und Korruption zweitrangig seien, und daß die kommunistischen Aufrührer von einer «ausländischen Macht» finanziert und gesteuert würden. Er stimmte mit Ethridge überein, daß ein Niederfallen des Eisernen Vorhangs bis zum Mittelmeer den Russen die Kontrolle über den Suezkanal einbringen würde, und dann ... «Hier lag die Saat eines neuen Krieges», so erinnerte Porter sich. Zum Teufel, wir mußten Griechenland überrennen. Uns blieb keine andere Wahl.»[30]

Die griechischen Aufrührer erhielten Unterstützung von Jugoslawien, von Bulgarien und wahrscheinlich auch von Albanien. Doch ging der Bürgerkrieg in Griechenland – denn darum handelte es sich – hauptsächlich auf heimische Ursprünge zurück. John Iatrides, einer der scharfsinnigsten Beobachter dieser Ereignisse, hat darauf hingewiesen: «Die griechische Krise ging hauptsächlich auf langschwelende inländische Konflikte zurück, die durch Spannungen und Rivalitäten auf dem Balkan verstärkt wurden. Die Sowjetunion hat die griechische Lage weder verursacht noch verschlimmert, den kommunistischen Aufruhr offensichtlich sogar mißbilligt und der griechischen Kommunistischen Partei befohlen, auf Gewaltmaßnahmen zu verzichten. 1948, und höchstwahrscheinlich sogar von Anfang an, war das der griechischen Regierung (wie aus den Archiven hervorgeht) bekannt, doch zog sie es aus offensichtlichen Gründen vor, darüber zu schweigen und bestärkte statt dessen die Ansicht, daß Griechenland gegen Mächte kämpfte, die alle westlichen und demokratischen Völker bedrohten.» Doch 1947 liehen die Amerikaner dieser Auslegung sehr willig Gehör. Wir müssen jedoch einsehen, daß ihre Interpretation der Ereignisse in Griechenland durch das allgemeine Ansehen der Grundsätze von Riga verzerrt wurde, die hinter den Kulissen aller inländischen Krisen ein russisches Meisterhirn vermuteten.

Die EAM* (und ihr militärisches Organ, die ELAS**) war eine umfassende linksorientierte Widerstandsbewegung unter lockerer kommunistischer Führung. Als die Deutschen sich im Herbst 1944 zurückzogen, hatten sie den größten Teil des kontinentalen Griechenlands kontrolliert. Die

* Nationale Freiheitsfront.
** Völkische nationale Befreiungsarmee.

EAM hatte über 700 000 aktive Mitglieder und die Unterstützung großer Teile der Arbeiter- und Bauernklasse gewonnen, die in der Vergangenheit keinerlei politischen Einfluß gehabt hatten. Sie hatte sich als die erfolgreichste Partisanengruppe der Kriegszeit bewährt und während des Krieges – wenigstens in den Teilen des Landes, die unter militärischer Kontrolle der ELAS standen – ein Reform- und Modernisierungsprogramm durchgeführt, das aus einer Mischung von Volksjustiz und Terror bestand. Während des Krieges war jedoch ein Vendettabrauchtum entstanden – Rache und wiederum Rache –, das Bande gegen Bande und Familie gegen Familie hetzte und den Nährboden für einen künftigen Bürgerkrieg schuf. Die EAM verlangte aufgrund ihrer Unterstützung im Volk und der Stärke der ELAS einen Anteil an der politischen Macht. Im Herbst 1944 begann die EAM eine allgemein gemäßigte, wenn auch verworrene Aktion. Das ging teilweise auf die Tatsache zurück, daß die griechische Kommunistische Partei (KKE) sich nicht entscheiden konnte, ob sie die Machtübernahme erzwingen oder versuchen sollte, am politischen Leben teilzunehmen. Aus Moskau empfingen die Kommunisten keine Unterstützung. Sie wurden von Stalin, der sich an seine Oktober-Vereinbarungen von 1944 mit Churchill hielt, im Stich gelassen. Griechenland wurde der britischen Sphäre zugewiesen, und Moskaus Verhalten der griechischen Linken gegenüber schwankte in jener Zeit zwischen Gleichgültigkeit und offener Feindschaft.

Gegen Kriegsende war die politische Struktur des Landes recht fein ausgewogen. Als die Polizei bei einer Demonstration der EAM im Dezember 1944 in Athen das Feuer eröffnete, fiel sie auseinander. Stalin hatte Churchill in Griechenland die erste Stimme zugestanden, und britische Truppen griffen ein – das war das einzige Mal, daß eine im Krieg entstandene Widerstandsbewegung gegen westliche Truppen kämpfte. Als die nationalistischen Truppen (des rechten Flügels) – mit britischer Hilfe – gegen die EAM/ELAS die Schlacht um Athen gewonnen hatten, arrangierten die gegnerischen Parteien schließlich im Januar 1945 einen Waffenstillstand.[31]

Churchill zog es vor, die EAM zu isolieren, statt sie in das politische Geschehen Griechenlands mit einzubeziehen. Hier wenigstens hatte Großbritannien noch die Zügel in der Hand, und Churchill war entschlossen, die Weltmachtkarte auszuspielen. Griechenland wurde kompromißlos ein britischer Vasall.

Die Briten wollten die Konservativen nicht unbedingt stärken: ihnen lag mehr daran, die griechische Linke zu neutralisieren oder zu besiegen, in der Hoffnung, daß dann gemäßigte, liberale, englandfreundliche Elemente an die Macht kämen. Leider war der Staatsapparat, insbesondere Armee und Polizei, seit der Diktatur von General Metaxas zu Ende der dreißiger Jahre in Händen der Rechten gewesen. Aus Furcht, daß die Linken davon profitieren und die Staatsautorität dadurch geschwächt würde, wollten die Briten hier keine Säuberung durchführen. Vermutlich waren sie auch nicht in der Lage, bei Beförderungen innerhalb der Sicherheitsorgane ein Veto auszuüben. Ergebnis war die Unterdrückung der Linken und die Beibehaltung der Kontrolle durch die Rechten. Als Ergebnis der während der Krise von 1944–1945 vollbrachten Greueltaten, die allgemein den Linken zugeschrieben wurden, hatte in der öffentlichen Meinung auch eine beträchtliche Rechtsschwenkung stattgefunden.

Die Rechte ergriff die Gelegenheit, einen Weißen Terror auszuüben, mit dem sie sogar gemäßigte Linke aus der aktiven Politik zu vertreiben suchte. Wie in den Tagen des Generals Metaxas blieben die eigentliche politische und wirtschaftliche Macht in den Händen einer kleinen Gruppe reicher Kaufleute und Industrieller konzentriert.[32]

Als die Linke im März 1946 beschloß, nicht an den Parlamentswahlen teilzunehmen, beging sie einen großen Fehler. Das Ausmaß dieser Stimmenthaltungen kann nur geschätzt werden, doch liegt die Zahl wahrscheinlich zwischen 30 und 40 Prozent. Höchstwahrscheinlich hätten unter diesen Umständen sowieso massive Wahlschiebungen zugunsten von konservativen Kandidaten stattgefunden, aber das neue Parlament hätte sich nicht so leicht rechts orientieren können. Korruption war nun eine Nationalkrankheit, und die aufsteigende Rechte benutzte ihr anwachsendes Machtmonopol, um gegen die Kommunisten, eine äußerst weit definierbare Gattung, eine Vernichtungskampagne in die Wege zu leiten. Dieses Programm war der Gongschlag zur «dritten Runde» des griechischen Bürgerkrieges von 1946–1949.

Der Weiße Terror kam bald voll in Gang. Die Vendetta wurde, ob von rechts oder links praktiziert, zu einer Lebensform. «Aufrechte Männer der Widerstandsbewegung», erinnerte sich David Balfour, der britische Chargé d'affaires, «bekamen keine faire Verhandlung.» Überall im Land wurden angebliche Linkssympathisanten entlassen, fanden keinen neuen Arbeitsplatz, wurden gehetzt, verfolgt, verhaftet, deportiert und oft sogar umgebracht. Um die Lage noch zu verschlimmern, vergab die Regierung Waffen an «nationalistische» Banden, die ohne die Beschränkungen einer üblichen Disziplin operierten. In dieser Lage zogen sich frühere Anhänger der EAM und auch jüngere Männer, die jetzt offiziell geächtet und der Armut ausgeliefert waren, wieder in die Berge zurück. Im Sommer 1946 begannen linke Partisanengruppen wieder einmal in größerem Ausmaß zu operieren.

Die politischen Leidenschaften wurden noch geschürt, weil die Briten auf der Abhaltung eines Volksentscheides über den emotionsgeladensten Streitpunkt, die Rückkehr des Königs, im September 1946 bestanden. Durch den Volksentscheid wurde König Georg zurückgerufen. Bevin hatte ihm empfohlen, eine konstitutionelle Monarchie zu errichten – «Könige sind heutzutage recht billig zu haben», hatte der Außenminister ihn erinnert. Doch Georgs Rückkehr verstärkte nur noch die Spannungen im

Land. Im Oktober schrieb Botschafter MacVeagh, «der König, den man als ‹Lösung› für Probleme zurückgebracht hat, mit denen die Politiker sich nicht befassen wollen, ist immer noch die alte verworrene, unentschlossene Person, die er immer war».

Die anderen Balkanstaaten, insbesondere Jugoslawien, lieferten den Partisanen außerhalb der Grenzen Ansporn und Ermutigung und gaben ihnen Nachschub, Ausbildung und Unterschlupf.[33] Die führenden griechischen Kommunisten waren in rivalisierende Fraktionen zerspalten und konnten sich über Fragen, wie den Beginn des Bürgerkrieges und die Ausweitung städtischer Unruhen auf einen Bauernaufstand nicht einigen. Doch übernahmen sie die Initiative, die Linke im Bürgerkrieg zu organisieren und nach 1946 weiter streng zu kontrollieren. Das war keine bloße Reaktion auf den Weißen Terror; sie wollten eine bewaffnete Revolution zum Sieg führen.[34]

Anfang 1947 war das Land in der Tat ein Schlachtfeld. Subhi Sadi, der Vertreter der Chase Bank im Mittleren Osten, der wohl kaum linker Neigungen verdächtig war, berichtete nach New York: «Das Land befindet sich in einem Zustand völligen Chaos' und außerhalb der Städte in einem Zustand völliger Anarchie. Zur Zeit gibt es zwei Griechenlande: Städte, wie Athen, Piräus und Saloniki, wo die Regierung, allerdings mit Hilfe starker Sicherheitstruppen, die Macht hat – insbesondere in den Vierteln der Arbeiterklasse; und das Land, wo die Regierung keine Kontrolle mehr besitzt, außer an Orten, wo bewaffnete Streitkräfte operieren.» Sadi hielt die Spaltung zwischen rechts und links für so tief, daß eine Lösung nur durch Eingreifen einer ausländischen Macht erfolgen könnte. «Während die Kommunisten (Andartes) kurz nach dem Bürgerkrieg von 1944 die Gunst verloren hatten und zu einer kleinen, gehaßten Minderheit geworden waren, ist die Lage heute ganz anders. Indem die griechische Regierung sich in den letzten drei Jahren weiter nach rechts ausrichtete, wurde sie ebenso extrem wie die Kommunisten und hat die öffentliche Unterstützung der Massen verloren, die sich aus Liberalen zusammensetzten. Wegen ihrer Exzesse und der Unwilligkeit, die Wirtschaftslage zu verbessern, haben die Massen das Vertrauen in die Regierung verloren und beginnen die Partisanen als einzige Hoffnung auf Erlösung anzusehen. Korruption, schlechte Verwaltung, Unterdrückung der meisten bürgerlichen Freiheiten, wirtschaftliches und finanzielles Chaos und Schwarzmärkte sind in Griechenland an der Tagesordnung.»

Ein wohlunterrichteter westlicher Beobachter, William Hardy McNeill, der frühere Stellvertreter des amerikanischen Militärattachés in Athen, kehrte im Frühjahr 1947 zu einer dreimonatigen Überprüfung der Lage nach Griechenland zurück. Er gelangte zu der Überzeugung, daß sich um einen kommunistischen harten Kern «ein weiterer Kreis von Sympathisanten gesammelt habe, der sich in der als EAM bekannten ‹Volksfront› gruppierte. Viele verarmte Bauern und eine Mehrheit der Arbeiterklasse in den Städten gehören zur EAM oder sympathisieren stärkstens mit ihr, obwohl die Bewegung in der gesamten Nation nur mit dem Beistand einer Minderheit der Bevölkerung, vielleicht 30 Prozent, rechnen kann.»[35]

Und wie paßte die Truman-Doktrin in diesen rauhen Rahmen? «Wir mußten uns notgedrungen in ihre internationalen Angelegenheiten einmischen, um die Streitigkeiten beizulegen», sagte Acheson Ende 1947. Aber die Streitigkeiten waren noch lange nicht beigelegt. Amerikanische Intervention und Einmischung hatten jetzt den Charakter einer großen Mission bekommen, die die Verantwortung für wichtige wirtschaftliche und politische Entscheidungen übernommen hatte. Ihre Macht war so groß, daß der Vertreter der Chase Bank im Mittleren Osten im Herbst berichtete, die Mission «habe die Verwaltung des Landes wörtlich übernommen». Je mehr die Rolle der Amerikaner sich verstärkte, um so schwächer wurde die Macht der griechischen Regierung, je mehr wurde sie der Nation in ihrer Gesamtheit entfremdet. «Zur Zeit sind wir in der unangenehmen Lage, in Wirklichkeit keine griechische Regierung zu haben, mit der wir verhandeln könnten», beklagte sich Achesons Nachfolger, Untersekretär Robert Lovett, im August 1947 bei dem griechischen Botschafter.[36]

Einige der amerikanischen Beamten erkannten, daß die griechische Oligarchie weiterhin korrupt und inkompetent geblieben war. Sie wußten zum Beispiel, daß der Minister für öffentliche Ordnung, Napoleon Zervas, Nazikollaborateur gewesen war und, wie der Leiter der amerikanischen Mission es formulierte, «mehr Kommunisten machte als ausmerzte». Sie gaben die Hoffnung nicht auf, eine Dritte Macht zu finden oder zu schaffen, die aus zwischen Reaktion und Revolution stehenden gemäßigten Progressivisten bestand.

Doch konnten diese Männer nicht begreifen, daß dies um so weniger möglich war, je mehr sie sich einmischten, denn durch ihr Eingreifen wurden sie ein Pfand der Rechten. Vielleicht, darauf wurde bereits hingewiesen, schwächt schon der bloße Interventionsakt Autorität und Moral der dadurch gestützten Regierung, polarisiert die Situation und motiviert eine nationalistische Opposition.[37]

Trotz der zunehmenden amerikanischen Einmischung wurde die Lage in Griechenland, so wie amerikanische Politiker sie beurteilten, immer schlechter. Im August 1947 sorgte sich John Foster Dulles über Gerüchte innerhalb der Administration, denen zufolge amerikanische Truppen nach Griechenland beordert werden sollten. Gegen Ende des Jahres wurden für diesen Notfall bereits Pläne ausgearbeitet.[38]

Zwar wurden amerikanische Kampftruppen nicht nach Griechenland entsandt, doch wurde die Rolle der amerikanischen Militärmission neu bestimmt; zum erstenmal seit dem Kriege kamen Interventionstechniken zur Anwendung. Bei der Planung und Organisation von griechischen Armee-

Operationen spielten amerikanische Militärberater eine bedeutende Rolle.* Hunderttausende von Menschen wurden zu Flüchtlingen. Zum erstenmal wurde Napalm eingesetzt. Dwight Griswold und General James Van Fleet, die jeweiligen Leiter der amerikanischen Wirtschafts- und Militärmission, wurden dem Obersten Sicherheitsrat Griechenlands beigeordnet, der das Land während des Bürgerkrieges in Wahrheit regierte. Außerdem spielte noch der lächerliche Zwischenfall hinein, den ein dem Ministerium für Nationalökonomie beigeordneter höherer amerikanischer Beamter verursacht hatte. Er bestand darauf, nicht nur alle Originale zu signieren, die aus dem Ministerium herausgingen, sondern auch die Kopien, weil er, nach einem Bericht an die amerikanische Botschaft, «keinen der griechischen Beamten genügend Vertrauen schenkte, daß die von dem unterzeichneten Originalentwurf gemachten Kopien auch echte Kopien seien».

Im Sommer 1949 gewannen die von den Amerikanern gestützten Regierungskräfte endlich den Sieg. Dafür gab es mehrere Gründe. Nachdem sich die Partisanen der üblichen Taktik der inneren Kriegsführung angepaßt hatten, waren sie verwundbarer geworden. Organisation, Schlagkraft und Moral der Regierung nahmen ständig zu. Nach 1948 hatten die Partisanen immer mehr Schwierigkeiten, ihre Verluste aufzufüllen, weil die Rekrutierungsgebiete für sie immer enger wurden. Auch die amerikanische Kontrolle des griechischen Armeekommandos war von Bedeutung, weil somit der politische Einfluß bei Beförderungen und Kriegsführung eingeschränkt wurde. Doch wurde vorgebracht, daß Partisanen in einem Guerillakrieg nicht zu gewinnen brauchen, sondern nur Niederlagen vermeiden müssen, womit sie schließlich die politischen Absichten des Interventionisten unterminieren. In einem für Griechenland kritischen Augenblick kam es jedoch in den Partisanenreihen zu Spaltungen – zwischen Tito und Stalin und innerhalb der Kommunistischen Partei Griechenlands. Als der Titoismus zur Häresie erklärt wurde, schlossen sich die griechischen Kommunisten dieser Verurteilung an. Die Jugoslawen antworteten mit der Schließung ihrer Grenzen, womit sie den Nachschub abschnitten und die Operationsbasis vernichteten. Die Sowjets machten keinerlei Anstalten, Hilfe zu leisten. Außerdem hatte das stalinistische Führerteam der griechischen Kommunistischen Partei aus verschiedenen Gründen Schwierigkeiten, mit einer Volksbewegung fertig zu werden: es war mehr auf seine eigene Macht und die Reinigung der Linken von Widersachern bedacht, als daß es der gesamten Bewegung eine wirksame Führung hätte anbieten können.[39]

Die Truman-Doktrin zwang die Vereinigten Staaten in eine weltweite Auseinandersetzung mit den Sowjets hinein. Die amerikanischen Führer

* Der Leser sollte jedoch nicht außer acht lassen, daß der Einfluß der Amerikaner auf Griechenland zwar gründlich, aber doch längst nicht so stark war wie der Einfluß der Sowjetunion auf Osteuropa. Außerdem sahen die Amerikaner von Gewaltmaßnahmen ab und die Russen nicht.

sahen nun schon hinter jeder Krise ein russisches Meisterhirn am Werk. Doch immer noch gaben die meisten Politiker zu, daß den Möglichkeiten der Vereinigten Staaten Grenzen gesetzt seien. Admiral Leahy grollte Ende Februar 1947: «Angesichts seines gegenwärtigen Verhaltens zur chinesischen Regierung kann ich General Marshalls offensichtliche Bereitwilligkeit nicht verstehen, sich durch die Errettung der griechischen und türkischen Regierung zu kompromittieren. Die beiden Situationen scheinen identisch, und eine beständige, nichtkommunistische Regierung in China scheint mir für Amerika von größerer Bedeutung als die Mittelmeerstaaten.» Doch im Gegensatz zu Leahy erkannten die meisten amerikanischen Politiker, daß eine Intervention in China einen massiven Einsatz erfordert hätte. Wie Kennan vor der Nationalen Kriegsakademie erklärte: «Schließlich ist China nicht klein.»[40] Und so nahmen die Vereinigten Staaten von einer direkten Intervention im chinesischen Bürgerkrieg Abstand.

Doch noch ein anderer Punkt ist klarzustellen. Selbst wenn der griechische Bürgerkrieg anfänglich nur eine inländische Angelegenheit war, so hätte ein Sieg einer der beiden Seiten doch sehr bedeutsame internationale Folgen gezeitigt. Die Unsicherheit – die Regeln internationaler Beziehungen waren nicht etabliert, es gab noch keine Art von modus vivendi – konnte zu einem neuen Krieg führen. Das Einflußsphären-Arrangement sollte die Unsicherheit verringern, den Völkern zu einem weniger gefährlichen Dasein verhelfen. Daß Griechenland zur westlichen Sphäre gehörte, hatte Stalin bei den Vereinbarungen vom Oktober 1944 anerkannt. In der Rückschau sagte Churchill im Mai 1946, die Vereinbarung habe ihm erlaubt, «sich der Wiederherstellung des Friedens in Griechenland zu widmen. Das bedeutete den Tod einer großen Anzahl von Kommunisten in Griechenland. Stalin wußte das. So ging es einen Monat weiter. Nie sagte er ein Wort. Er hielt sich an die von ihm gegebene Zusage.» In Wirklichkeit bestätigte Stalin die Vereinbarung Anfang 1948, als er die Unterstützung griechischer Partisanen durch Jugoslawien kritisierte. Das Abenteuer, so sagte er ärgerlich zu Edward Kardelj und Milovan Djilas, habe «überhaupt keine Erfolgsaussichten. Glauben Sie etwa, Großbritannien und die Vereinigten Staaten – die Vereinigten Staaten, die größte Weltmacht – würden Ihnen gestatten, ihre Verbindungslinie zum Mittelmeer zu unterbrechen? Nonsens.»[41]

Die Situation war noch komplizierter, als viele Historiker sie dargestellt haben. Die Kommunistische Partei Griechenlands hielt sich auf Stalins Linie. Bei einem Sieg der EAM hätte eine breite linksradikale Regierung sich wohl nach dem Muster von Rumänien und Bulgarien, aber kaum dem Jugoslawiens, bilden können. Der Weiße Terror hätte dann durch einen Roten Terror abgelöst werden können. Das wäre für die Sowjets eine viel zu verlockende Gelegenheit gewesen, um sie sich entgehen zu lassen, und somit hätte Griechenland Moskau in die Hände fallen können. Das wiederum hätte das internationale Gleichgewicht, das existierte, gefährlich gestört.

Überdies ist kaum anzunehmen, daß das griechische Volk, politisch oder materiell, unter jener Art von Regierungssystem besser dran gewesen wäre, als zum gegenwärtigen Zeitpunkt.

Selbst höhere amerikanische Beamte sahen in der Truman-Doktrin ein verspätetes Zugeständnis der Möglichkeit, die Ereignisse innerhalb der sowjetischen Sphäre zu beeinflussen. «Es wäre töricht anzunehmen, daß wir in Rumänien, Bulgarien oder Polen wirkungsvoll etwas unternehmen könnten», erklärte Dean Acheson. «Das ist unmöglich. In diesem Gebiet hat Rußland die materielle Macht. Wir sind davon ausgeschlossen. Es gibt andere Gebiete, in denen wir wirkungsvoll eingreifen können.» Deshalb bedeutet die Truman-Doktrin in der Geschichte des kalten Krieges einen Wendepunkt. Ein Beamter des State Department erklärte vor Eleanor Roosevelt, daß die Vereinigten Staaten sich «seit Jalta zurückgezogen» hätten. (Das war natürlich nicht ganz wahr; eigentlich war nur der Versuch, amerikanische Interessen in der sowjetischen Sphäre geltend zu machen, fehlgeschlagen.) Mit den Russen würde man nicht weiterkommen, fuhr der Beamte fort, wenn die Vereinigten Staaten «nicht sehr deutlich erklärten, daß wir nicht die Absicht haben, uns noch weiter zurückzuziehen».

Das war die Botschaft der Amerikaner an die Russen. Kurz nach Trumans Rede erhielt Mark Ethridge in Athen den Besuch seines sowjetischen Kollegen in der Grenzkommission der Vereinten Nationen, Alexander Lavrishev.

«Was hat das zu bedeuten, Mr. Ethridge?» fragte Lavrishev.

«Daß Sie das nicht machen können, Lavrishev», erwiderte Ethridge.[42]

Im Jahr zuvor waren die amerikanischen Politiker von der privaten auf die öffentliche Diplomatie umgeschwenkt. Nun, mit der Truman-Doktrin, verzichteten diese Männer – die frustriert, ungeduldig und durch die Notwendigkeit, mit der stalinistischen Tyrannei verhandeln zu müssen, immer beunruhigt waren – ganz auf Zuhilfenahme der Diplomatie mit der Sowjetunion.

»Ich halte es für einen Fehler anzunehmen, man könne sich jederzeit mit den Russen zusammensetzen und Fragen lösen», betonte Acheson während der Hearings der Exekutive des senatorischen Kommitees für auswärtige Beziehungen am 1. April 1947. «Ich glaube nicht, daß wir unsere Probleme mit den Russen auf diese Weise aus der Welt schaffen werden. Ich glaube, wir werden lange Zeit daran arbeiten und den Russen dabei ständig klarmachen müssen, daß wir genau wissen, welches unsere Interessen sind, daß wir an ihnen festhalten und notfalls zu handeln bereit sind. Dann könnten Lösungen, meine ich, möglich werden.»

«Planen Sie bald eine Zusammenkunft zur Behebung dieser Streitfragen?» fragte Senator H. Alexander Smith.

«Man kann sich nicht mit ihnen zusammensetzen», wiederholte Acheson.

Das Seltsame an Achesons Feststellung war nur, daß die Amerikaner sich gerade zu diesem Zeitpunkt in dem am 10. März 1947 in Moskau eröffneten Außenministerrat mit den Russen zusammensetzten. Aber es gab keine Anzeichen einer Regelung. «Es sieht mir so aus, als nähern wir uns gefährlich einer Situation, in der die Gegner Posten beziehen», bemerkte Bevin über den Außenministerrat in einem Brief, den er aus Moskau an Attlee schrieb. «Man ist höflich, es fallen keine lauten Worte, es gibt keine Temperamentsausbrüche, doch alles ist kühl und berechnet, und zwischen den beiden großen Mächten scheint so alles ziemlich ausgemacht.» Der französische Außenminister Bidault sagte später zu Recht, der Außenministerrat mit seinen Festen, Banketten, Trinksprüchen und anderen «gefrorenen Unterhaltungen» habe das Ende einer Epoche bedeutet.[43]

Die amerikanischen Delegierten, die Achesons skeptische Einstellung zu Verhandlungen teilten, hatten an einem Kompromiß gewiß kein Interesse. Die Werde-hart-Einstellung war zu einem Selbstzweck geworden. Ende Februar sagte ein höherer Beamter des State Department – vermutlich Bohlen – zu einem «*Time*»-Korrespondenten, die amerikanische Delegation habe wenig Interesse daran, mit den Sowjets zu verhandeln. «Marshall», so erklärte der Informant, «geht nach Moskau mit dem Wissen, daß dort für den Weltfrieden nichts entschieden werden wird ... Unsere Erfahrungen mit ihnen haben jetzt erwiesen, daß man mit ihnen nicht verhandeln kann. Entweder muß man nachgeben oder ‹nein› sagen ... Unsere eigene Politik wechselt. Ihre Politik kann nicht wechseln. Weder Molotow noch Stalin, noch das Politbüro können sie verändern. Sie ist ein Dogma. Wenn Sie lesen, was letzte Woche im ‹Roten Stern› über die kapitalistische Welt stand, werden Sie erkennen, daß es sich um genau den gleichen Kram handelt, wie er 1924 geschrieben wurde.» Doch gab der Informant den Lesern der «Time» einen Ratschlag – «für was auch immer uns bevorsteht, all unsere Kräfte und Mittel zusammenzufassen».

Leiter der amerikanischen Delegation war George Marshall. Der General war müde, nicht auf schwierige Probleme vorbereitet und konnte sich auch aus Mangel an Informationen nicht nachdrücklich einsetzen. Beträchtlichen Einfluß übte John Foster Dulles aus.[44]

Zweck des Außenministertreffens war es, mit dem deutschen und österreichischen Friedensvertrag voranzukommen. Nach Beendigung des Treffens berichtete William Draper, Clays wichtigster Wirtschaftsberater, es sei «alles andere als ein durchschlagender Erfolg» gewesen. Er unterstrich, der Stein des Anstoßes seien die Reparationen gewesen. «Die Russen verlangten, genau wie vorauszusehen, Reparationen aus der laufenden Produktion, und dieser Streitpunkt hinderte eine Regelung der Deutschlandfrage. Wenn der aus dem Wege wäre, könnten die anderen Streitpunkte, glaube ich, ohne allzu viele Schwierigkeiten aus der Welt geschafft werden.»[45] Das mag eine Übertreibung gewesen sein. Deutschland bedeutete ein unendlich viel verzwickteres Problem, das aber gleichzeitig wiederum sehr einfach war – keine der beiden Seiten konnte das Risiko eingehen, daß ein geeintes Deutschland sich mit der anderen verbündete.

Doch ließen die Russen keinen Zweifel, daß es ihnen hauptsächlich auf Reparationen ankam. «Die sowjetische Regierung verbirgt nicht die Tatsache, daß sie von Deutschland Reparationen will», sagte Molotow, «noch verheimlicht sie den geforderten Betrag.» Sie verheimlichte auch nicht das Ausmaß der Zerstörungen in Sowjetrußland. Wieder zählte Molotow klagend die Statistiken auf – die Anzahl obdachloser Menschen, zerstörter Dörfer, Bahnstationen und Kolchosen, verschwundener Kühe, Schweine und Ziegen. «In Europa stehen die Dinge insgesamt sehr schlecht», bemerkte Stalin während der Konferenz zu einem amerikanischen Besucher. Er unterließ es hinzuzufügen, daß die Dinge in Westeuropa zwar schlecht, in Sowjetrußland jedoch noch schlechter standen. In der Ukraine herrschte eine Hungersnot, und Parteifunktionäre hörten mit Entsetzen Berichte über Kannibalismus. Der sowjetische Versuch, ganze Fabrikanlagen aus Deutschland herauszuholen, hatte zu einer großen Vergeudung geführt: die russischen Diplomaten müssen wohl einem verstärkten Druck ausgesetzt gewesen sein, Reparationen aus der laufenden deutschen Produktion zu erlangen. Die Russen bezweifelten keinen Augenblick die Rechtmäßigkeit und Dringlichkeit ihres Anspruchs. Sie wußten auch, wie Stalin es formulierte, «daß die Dinge in den Vereinigten Staaten nicht schlecht» stünden.[46]

Ab und zu erkannten einige Amerikaner die Bedeutung des Wiederaufbaus für die russische Einstellung zu Deutschland. «Man braucht Rußland nur zu besichtigen, um zu erkennen, in wie starkem Maße seine Politik von schrecklicher Not diktiert wird», bemerkte Clay während der Konferenz. Clay schlug auch in Moskau vor, wie ein Delegationsmitglied es formulierte, «daß wir den Russen einige laufende Reparationen zum Kauf wirtschaftlicher Einheit in Deutschland gewähren sollten».

Die Amerikaner bestanden jedoch auf ihrer Einstellung, «keine Reparationen aus der laufenden Produktion zu entnehmen». Den meisten Amerikanern wurden die Probleme, auf denen die russischen Forderungen beruhten, nie recht verständlich. Teilweise schien die Art, in der die Russen ihre Forderungen vorbrachten, fast dazu berechnet, den westlichen Widerstand zu verhärten. Die Amerikaner nahmen an, die ständig vorgebrachten Reparationsansprüche Molotows und seiner Kollegen seien nur ein Teil der, wie Dulles es nannte, «sowjetischen Erschöpfungstaktik».[47]

Auch die amerikanischen, britischen und französischen Außenminister befaßten sich mit Westeuropas Problemen, insbesondere der Kohleversorgung und der Steigerung der industriellen Produktion. Nach Bevins Worten befürchteten sie, die Russen würden «Deutschland auf unsere Kosten ausplündern». Die westlichen Politiker wollten über Vorrechts-Prinzipien bei Reparationen keinen Kompromiß schließen. Sie wollten keine Unterstützungen an Deutschland geben, die dann von den Russen auf der anderen Seite wieder herausgesogen würden. So wie die meisten Mitglieder der amerikanischen Delegation die Sache sahen, wurde sie von dem Wirtschaftsberater Charles Kindleberger präzisiert: «Molotows Wirtschaftsplanung ist natürlich phantastisch ... Deutschland soll fähig sein, Rußland seine Reparationen zu zahlen, Reparationen in Kohle an Frankreich zu liefern, seinen Export und Import so auszubalanzieren, daß keiner Besatzungsmacht irgendwelche Kosten entstehen, seinen Lebensstandard und vor allem die Ernährung zu verbessern, inländische und ausländische Besatzungskosten zu tragen, und das alles auf einmal.» Außerdem lag den Amerikanern und Briten jetzt mehr an der Verschmelzung der drei westlichen Zonen Deutschlands, und höhere amerikanische Politiker hatten bereits die Teilung im Sinn.*

Gegen Reparationen waren noch andere Gründe anzuführen. Die Amerikaner befürchteten, der materielle Gewinn könne den Sowjets beim Aufbau ihrer Militärmacht helfen. Sie glaubten auch, die Russen betrachteten Reparationen als Mittel, um den Westen zu schädigen und, wie Botschafter Smith gewarnt hatte, «möglicherweise die Herrschaft über das kontinentale Europa» zu gewinnen.[48]

Aus allen diesen Gründen blieben die Vereinigten Staaten in der Frage der laufenden Reparationen unnachgiebig. Clay verbarg seine Mißbilligung nicht. Er befürchtete, sagte Kindleberger, daß «der Außenminister und Ben Cohen nicht wußten, was sie wollten, keinen einheitlichen Plan hatten und Deutschland schließlich wegschenken würden». Clays Reaktion, fuhr Kindleberger fort, «war heftig und ein wenig aufsässig. Er sagt, daß wir dabei die Chance, Deutschland zu einigen, verlieren werden, daß dies zeigt, wie schlecht die ganze Angelegenheit hier geführt wird, und es gelang ihm, den Russen einen Wink zukommen zu lassen, daß er nichts damit zu tun habe.»

Am 31. März erklärte Clay Marshall, er könne der Delegation nicht mehr von Nutzen sein, und verließ Moskau augenblicklich mit der Erlaubnis des Außenministers.

Andere amerikanische Delegationsmitglieder nahmen gern eine feste und bestimmte Haltung ein. Sie wußten zwar, daß die Angelegenheiten in

* In Moskau trug John Foster Dulles dazu bei, Marshall davon zu überzeugen, daß die Sowjetunion die Wurzel aller Deutschlandprobleme sei und die französischen Einwände gegen eine Behandlung Deutschlands als Einheit zu übersehen. Da Dulles die französische Ansicht unterstützte, daß die Ruhr von Deutschland zu trennen sei, geriet er dort hart mit Clay aneinander. «Clay und Draper behaupten, Deutschland würde kurz nach jedem Vorschlag, seine Souveränität über die Ruhr zu beeinträchtigen, kommunistisch werden», schrieb Kindleberger, «Dulles behauptet, Frankreich würde kommunistisch, wenn man die Forderungen der Franzosen nach Ruhrkohle nicht erfüllte.»

Moskau dadurch nicht gefördert wurden, hofften jedoch, die öffentliche Meinung andernorts zu beeindrucken. Wie Dulles an Vandenberg schrieb: «Es wird immer augenscheinlicher, daß unsere gefestigte Position in einem großen Teil Europas Unterstützung findet.»

Nach einem Besuch bei Stalin am 15. April gelangte Marshall zu einer endgültigen Überzeugung – daß die Sowjetunion Westeuropa in wirtschaftlichen und politischen Verfall bringen wolle. Das Treffen mit Stalin begann wie üblich um zehn Uhr morgens im Kreml. Marshall war von Stalins Erscheinung überrascht: der Generalissimus sah nicht gut aus, irgendwie schienen ihm die Kleider zu weit geworden. «Sie sehen genau noch so aus wie damals, als ich ihnen letztesmal begegnete», sagte Stalin, «aber ich bin eben ein alter Mann.» Nachdem solche Freundlichkeiten ausgetauscht worden waren, begaben die beiden Männer sich ans Geschäft. Marshall erhob den Vorwurf, die Sowjets hätten dem Leih- und Pachtabkommen nicht zugestimmt, und Stalin erwiderte mit dem Vorwurf, die Vereinigten Staaten hätten dem sowjetischen Anleiheprogramm nicht zugestimmt. Dann kam der Diktator zu seinem Hauptanliegen. In Jalta, sagte er, hätten die Vereinigten Staaten einer Reparationssumme von zehn Milliarden Dollar an die Sowjetunion beigepflichtet.

Nun gäbe es offensichtlich einen anderen Standpunkt, sagte Stalin – nicht mehr Reparationen zu entnehmen, als man schon genommen hätte. «Das könnte die Sowjetunion nicht akzeptieren», fuhr er fort, seinem Volk sei «die Ziffer von zehn Milliarden genannt worden. Über zwanzig Jahre verteilt, würden sie die Deutschen nicht zu sehr belasten. Die Vereinigten Staaten und England mochten auf Reparationen verzichten; die Sowjetunion könnte das nicht.»

Doch fügte Stalin hinzu, daß der tote Punkt auf der Konferenz «nicht so tragisch» sei. Das seien nur «erste Erkennungsscharmützel und Feindberührungen» bei schwierigen Fragen. «Über andere Fragen habe es vorher Schwierigkeiten gegeben, und wenn Menschen sich in Auseinandersetzungen erschöpft haben, sehen sie gewöhnlich die Notwendigkeit eines Kompromisses ein.» Stalin gab Marshall einen Rat – «Geduld zu haben und sich nicht deprimieren zu lassen».

Von den Russen war der Rat offensichtlich ernst gemeint, denn das war gegen Ende der Konferenz, trotz der Truman-Doktrin-Rede, ihre Verhaltenstaktik. «Wir können ohne Zögern erklären», schrieb die *Prawda,* «daß die Konferenz den Beginn der Lösung des Deutschlandproblems brachte.» Bevin verließ Moskau in gehobener Stimmung, er war erleichtert, den Ort zu verlassen. Als Wyschinskij ihn an der Bahnstation verabschiedete, begann der britische Außenminister ein Lied zu singen:

«Je öfter wir sind zusammen, zusammen, zusammen
Je öfter wir sind zusammen,
Um so fröhlicher werden wir sein . . .»

«Was für eine Frohnatur!» war Wyschinskijs sarkastischer Kommentar.[49]

Die Stimmung Marshalls und seiner Kollegen war bei der Abreise alles andere als fröhlich. «Endlose Stunden lang hörten wir dieselbe alte Leier, die gleiche Technik, dieselben fruchtlosen Argumente über geringfügige Sachen, dieselben Entstellungen und das gleiche Propagandagegröle», schrieb Hickerson an James Dunn. «Um den Tisch war vielleicht etwas weniger Bitterkeit, aber das ging vermutlich auf die Schwere der Streitfragen und die Tiefe des uns trennenden Abgrunds zurück. Die Franzosen waren von den Genossen besonders enttäuscht und kamen uns, weitgehend dank Molotows Grobheit und seiner Weigerung, ihnen in der Saarfrage beizustimmen, sehr viel näher, als sie seit Jahren gewesen sind.»

Marshall selbst interpretierte Stalins Rat, Geduld zu haben, als hinterlistige Aufforderung, so lange zu warten, bis die Lage in Europa sich so verschlechtert hätte, daß der gesamte Kontinent den Sowjets in die Hände fallen mußte. Er bekannte sich ganz zu der Auslegung sowjetischer Absichten, die praktisch alle Politiker teilten. Er hatte sich schnell zur Überzeugung jener bekehrt, die Verhandlungen mit den Russen und die Gefahren der Diplomatie scharf kritisierten. Auf dem ganzen Rückweg nach Washington sprach er von der Notwendigkeit, den völligen Zusammenbruch Westeuropas zu verhindern.[50]

Der Moskauer Außenministerrat bedeutete für die Amerikaner die endgültige Ablehnung von Franklin D. Roosevelts versuchsweise optimistischer Einstellung zu den sowjetisch-amerikanischen Nachkriegsbeziehungen. Wenige Monate nach dem Treffen bemerkte Edward Mason, der bei der Konferenz Marshalls wichtigster Ratgeber in Wirtschaftsfragen gewesen war, daß «Moskau in einem Sinne den Höhepunkt des Trends bedeutet, der von Jalta und der wenigstens von amerikanischen Vertretern in Jalta vertretenen Einstellung hinwegführt, daß zwischen Ost und West eine ausreichend große Interessengemeinschaft bestünde, um eine Vereinbarung über gewisse Grundprinzipien internationaler Organisation herzustellen, und daß dieser Trend jetzt zu der Ansicht führt, daß eine solche Interessengemeinschaft nicht besteht ... also zu einer ganz anderen Auffassung hin.»

John Foster Dulles fiel es zu, die «Lektionen» des Treffens, so wie sie von amerikanischen Beamten verstanden wurden, zu veranschaulichen. «Was wir auf unserem Aktivkonto zurückbringen, ist ein besseres Verständnis über den Mechanismus der sowjetischen Außenpolitik», sagte er sogleich nach seiner Rückkehr. «Von den Ergebnissen, die wir durch diplomatische Verhandlungen erreichen können, hängt wenig ab. Viel hängt von den Resultaten ab, die wir durch Durchdringung politischer Parteien und Organisationen anderer Länder herbeiführen können.»

Nachdem er noch einmal darüber nachgedacht hatte, sprach er wenige Wochen später vor dem Außenministerrat. «Solange unsere Ideen und Ideale ihre Widerstandskraft nicht bewiesen haben», sagte er, «wird Rußland weiter vordrängen.» Während er «seltsame Schwankungen» in der sowjetischen Deutschlandpolitik feststellte, machte er sich doch von dem Gedanken nicht frei, daß solche Schwankungen Improvisation und Verwirrung unter den sowjetischen Führern anzeigten. «Wahrscheinlich sind die Sowjets wirklich der Überzeugung, daß die beiden Gesellschaftsformen inkompatibel sind. Für das Ausland stellt Stalin fest, daß die beiden zusammen bestehen können, aber das entspricht nicht dem, was in sowjetischen Veröffentlichungen und Schulen gelehrt wird.»

Rußland, sagte er, war in der Offensive. Sein wichtigster Gedanke und seine Schlußfolgerung erhielten die Form einer Warnung: «Die Sowjets haben einen Weltplan, um den Kapitalismus, wo immer er auch sein mag, niederzuzwingen und durch Polizeistaaten zu ersetzen.»[51]

JAMES RESTON: Die einzige Schwäche in der sonst wunderbaren Rede des Präsidenten war – daß er zu Recht oder Unrecht den Eindruck machte, als ob die Völker, die Hilfe bekommen sollten, in verzweifelter Notlage und von einer bewaffneten Minderheit umschlossen seien; mir wäre es hingegen lieber gewesen, wenn er nachgewiesen hätte, daß man den Kommunismus auf andere Weise – nämlich wirtschaftlich – bekämpfen könne.

JAMES FORRESTAL: Die Kernfrage ist, ob Sie Deutschland als offenes Geschwür beibehalten wollen, dessen Eiter über den Rest Europas läuft?

TELEPHONISCHE UNTERHALTUNG, 13. März 1947[1]

XII

Die Sicherheitszone

Sogar als die amerikanischen Politiker die Truman-Doktrin formulierten, glaubten sie es in Westeuropa mit einer Wirtschaftskrise zu tun zu haben, die zeitweise politische Auswirkungen zeitigte. Ihre Antwort nahm Gestalt an in einer Politik, die verschiedene Fragen auf einmal beantwortete: Was sollte mit Deutschland geschehen? Was mit Westeuropa? Was mit der Sowjetunion? Es gab auch verschiedene Ziele – die wirtschaftliche Gesundung Westeuropas, die Schaffung einer demokratie-und-kapitalismusbegünstigten Welt in Westeuropa, die Aufrechterhaltung eines Kräftegleichgewichts auf dem europäischen Kontinent und die «Eindämmung» der Sowjetunion und des Kommunismus. Die Industriemacht Westdeutschlands wurde als wesentlich für die Erstarkung seiner nichtkommunistischen Nachbarn angesehen. Ein wiederhergestelltes Westdeutschland würde, auf diese Weise fest in einen gesamteuropäischen Rahmen gefügt, für das übrige Westeuropa annehmbar werden.

Das gegebene Instrument, um diese verschiedenen Ziele zu erreichen, war die amerikanische Wirtschaftsmacht. «Es ist notwendig», hatte Harry Truman die Mitglieder der Associated Press im April 1947 erinnert, «daß wir über Größe und Stärke unserer Wirtschaft ein neues Bewußtsein entwickeln.»[2]

Dieses Bewußtsein beinhaltete die Unterordnung internationaler Wirtschaft unter internationale Politik, ein wesentlicher Faktor beim Entstehen des nationalen Sicherheitsstaates. Vor 1947 wurden Wirtschaftsangelegenheiten (einschließlich Handel und Wiederaufbau) und politische Fragen gewöhnlich in verschiedenen Fächern abgelegt, obwohl diese Unterscheidung 1946 schon nicht mehr so ganz deutlich gewesen war.

Die amtliche Betrachtungsweise der internationalen Wirtschaftslage nach dem Zweiten Weltkrieg war von den Vorbereitungen auf eine multilaterale Welt bestimmt gewesen – das heißt ein von Tarifen und anderen Beschränkungen freies, offenes internationales Handelssystem, das nicht durch zweiseitige Handelsvereinbarungen behindert wurde. Trotz der Meinungsverschiedenheit über die Bedeutung des Außenhandels für die amerikanische Nachkriegswirtschaft waren viele der Meinung, die Handelsbarrieren von 1939 hätten dazu beigetragen, die Straße zum Zweiten Weltkrieg zu pflastern, und wollten eine Wiederholung vermeiden. Die Planungen wurden von einer seltsamen Art von Optimismus geleitet, man hielt es für einfach, durch die etwas unbestimmt als «Nachkriegsübergang» definierte Periode zu kommen und mit der Hauptarbeit, dem Aufbau einer neuen multilateralen Handelswelt, zu beginnen.

Das soll nicht heißen, daß die amerikanischen Beamten die durch den Krieg verursachten Schäden nicht kannten. So berichtete Henry Stimson zum Beispiel in seinem Tagebuch über den Schock, den er über das «eindrucksvolle Bild der harten Lage» empfand, das John J. McCloy nach der Rückkehr von seiner Deutschlandreise im April 1945 zeichnete – ein Bild der Verwüstung, das «schlimmer schien als wahrscheinlich alles, was je auf der Welt geschehen war».

Im allgemeinen neigten die Beamten in Washington, die gegen Ende des Krieges und danach die Politik managten, dazu, das dringende Problem der zerstörten Städte, die den Kontinent gleich Friedhöfen übersäten, herunterzuspielen. Diejenigen, die im Staatsauftrag oder privat im Ausland tätig waren, nahmen die Folgen der Kriegsverwüstungen und die Tiefe der Nachkriegsprobleme ernster. Als Colonel Sosthenes Behn, der Begründer der International Telephone and Telegraph, im Februar 1946 in die Büros seiner New Yorker Bank, J. P. Morgan, kam, war er «über die außenpolitische Lage gänzlich niedergeschlagen». Behn sagte, er «liquidiere alle Auslandsguthaben, so schnell er könne». Seine Hoffnung: «eine große inländische Gesellschaft aufzubauen».[3] Etliche Monate später war E. F. Penrose, ein in London stationierter amerikanischer Wirtschaftsbeamter, bei seiner Rückkehr nach Washington «von dem recht oberflächlichen und leichtfertigen Optimismus [überrascht], der in vielen Kreisen Washingtons über den europäischen Aufbau» anzutreffen war. 1946 setzte das State Department mehr Aufmerksamkeit und mehr Arbeitskräfte für die internationale Handelscharta und Tarifreduktion ein als für Unterstützung und Wiederaufbau. Die Administration war froh, mit der UNRRA fertig zu sein, der Hilfsorganisation der Vereinten Nationen, die von Washington zu unabhängig und für viele Kongreßmitglieder zu umstritten gewesen war. Die Neigung, die Aufgaben des Wiederaufbaus zu unterschätzen, wurde vielleicht auch von einem starken Wunschdenken bestimmt; denn noch ehe der Krieg geendet hatte, waren Beamte zu dem Schluß gelangt, daß Nachkriegshilfsprogramme in Amerika auf beträchtlichen Widerstand stoßen würden.[4]

Ende 1945 war eine unerwartet schwere Ernährungskrise das erste größere Anzeichen dafür, daß der «Nachkriegsübergang» sich als verhängnisvoller erweisen konnte, als die Planer zugegeben hatten. Anfang 1946 mußten über 125 Millionen Europäer mit täglich nicht mehr als 2 000 Kalorien auskommen; viele dieser Millionen mit nur 1 000 Kalorien – ein scharfer Gegensatz zu den in den Vereinigten Staaten üblichen 3 300 Kalorien pro Tag.[5]

Daraufhin sandte Truman im Frühjahr 1946 Herbert Hoover auf einen weiteren jener Frühjahrsstreifzüge in die Außenpolitik, die der vorige Präsident unternommen hatte, diesmal um die Hungersnot im Ausland zu überprüfen. Nach dem Ersten Weltkrieg hatte Hoover sich nicht nur als Verwaltungsfachmann zur Behebung von Ernährungssorgen in Europa, sondern auch als ausgezeichneter Stratege erwiesen, der es verstand, Lebensmittel zur Eindämmung des Kommunismus einzusetzen. So wurde er bei seiner Rückkehr in die Politik fast mit religiöser Ehrfurcht willkommen geheißen. Er nahm das im nächsten Jahr bereits allgemeingültige Thema schon vorweg, als er nicht nur in Washington, sondern auch auf seinen Auslandsreisen anführte, daß wirtschaftliche Not im Verhältnis zu dem Konflikt mit der Sowjetunion zu bewerten sei. Wie Forrestal fühlte er sich sogar genötigt, den Papst zu warnen, daß «dem Katholizismus in Europa größte Gefahr durch eine kommunistische Invasion drohe und die Hungersnot dieser weit die Türen öffnen würde». Hoover malte Attlee ein ähnliches Bild aus, war jedoch von der knappen Antwort des britischen Premierministers etwas enttäuscht; sie lautete: «Das war sehr interessant» und: «Wir werden uns beim Essen sehen.»[6]

Die Lebensmittelkrise gab später im Jahre 1946 wenigstens zeitweilig nach, und schnell fanden die amerikanischen Führer zu ihrem Optimismus zurück. Die Industrieproduktion in Europa lief an – 1947 zum Beispiel stellte Holland mehr her als vor dem Krieg, nun waren die Beamten beiderseits des Atlantik dessen sicher, daß das Schlimmste vorbei sei. Am 5. Oktober 1946 bemerkte Hugh Dalton, er und Will Clayton «stimmten überein, daß die UNRRA, wie vorgesehen, nächstes Jahr aufhören müsse und daß außer den Deutschen nur Italien, Österreich und Griechenland für weitere Unterstützungen von den USA und UK vorzusehen seien».[7] Dann kam eine als solche so schwerwiegende Krise, daß sie die Polarisierung zwischen Ost und West zu einer wirklichen Teilung Europas hochspielte.

Die Krise hatte schon immer gedroht, nicht nur aufgrund der sichtbaren Zerstörungen – Tote und Verwundete, ausgebrannte Wohnungen, vernichtete Fabriken, zerstörte Eisenbahnbrücken –, sondern auch durch unsichtbare Zerstörungen. Die wichtigsten Maschinenanlagen waren veraltet und abgebraucht. Die Arbeitskräfte in Europa waren erschöpft, unterernährt und schlecht organisiert. Technische Fertigkeiten waren verlernt worden. Die Art, in der der Neuaufbau stattgefunden hatte, hatte ein großes Bedürfnis nach amerikanischen Waren geschaffen und damit das Problem noch erschwert. Und dann schuf das Wetter – Trockenheit in den Sommern 1946 und 1947 und dazwischen ein sogenannter sibirischer Winter – alle Bedingungen zum Ausbruch der Krise. Naturgemäß war das Wetter nicht Ursache der Krise, sondern eher der Auslösefaktor.

Um die Situation klarer zu veranschaulichen, sollte das Bild nach drei Gesichtspunkten betrachtet werden. Der erste war die während des ganzen Jahres 1946 anwachsende Lebensmittel- und Rohmaterialkrise. Westeuropa konnte seinen Lebensmittelbedarf nicht länger von den traditionellen Lieferanten in Osteuropa und Fernost beziehen. Die Fruchtbarkeit des Bodens hatte in Westeuropa stark nachgelassen, und die übliche Marktverbindung zwischen Stadt und Land war abgerissen. Die europäische Weizenproduktion war 1947 auf die Hälfte derer von 1938 zurückgegangen. Die britische Kohleförderung lag 1946 20 Prozent niedriger als 1938; in den westlichen Teilen Deutschlands betrug der Kohleertrag sogar nur zwei Fünftel von 1938.

Zweitens hatte der Krieg das bestehende wirtschaftliche Gefüge innerhalb Europas und zwischen Europa und der übrigen Welt zerrüttet. Die Europäer konnten nicht mehr an ihre früheren Kunden im Ausland verkaufen. Die amerikanischen Bestrebungen, in den Sterlingblock des britischen Empires einzudringen, erschwerten Englands Wirtschaftprobleme. Nachdem die Briten dem Drängen der Amerikaner nachgegeben und das Pfund im Sommer 1947 konvertibel gemacht hatten, war es zu einem unmittelbaren, massiven und weltweiten Rush von Pfunden zu Dollars gekommen, was die Lage noch weiter verschlechterte. Die wichtigste aller wirtschaftlichen Erschütterungen ging jedoch auf den Zusammenbruch Deutschlands zurück, das zuvor sowohl als Importeur wie auch Exporteur in Europa eine Hauptrolle gespielt hatte. Vor dem Kriege hatten allein die drei Westzonen etwa ein Fünftel der gesamten Industrieproduktion Europas geliefert; in den Jahren kurz nach dem Kriege erreichte die Produktion dort kaum ein Drittel des Vorkriegsniveaus.[8]

Das Kernproblem von 1947 war jedoch die Finanzkrise. Ein Teil des Problems war die Inflation – im Jahre 1946 waren die Pauschalpreise in Frankreich um 80 Prozent gestiegen. Diese Inflation führte zu Streiks und förderte die Unsicherheit. Noch wichtiger war die Notwendigkeit, einen Weg zu finden, um sowohl die für den Wiederaufbau nötigen Anlagen als auch Lebensmittel und Rohmaterialien zu finanzieren, die Europa von den Vereinigten Staaten benötigte. Der nachteilige Trend schien sich hier noch zu verstärken, denn amerikanische Importe aus Europa waren zwischen 1946 und 1947 tatsächlich gesunken, während die Nachfrage nach amerikanischen Exporten – sowohl Fertig- wie Handelsware – noch anstieg.

Inzwischen hatte die Inflation in den Vereinigten Staaten, die Washington im März 1947 als ernsthaftes Problem anzusehen begann – die Kluft noch erweitert. Pauschalpreise in den Vereinigten Staaten stiegen zwischen Juni 1946 und September 1947 um 40 Prozent. Im zweiten Viertel des Jahres 1947 hatte der Exportüberschuß der Vereinigten Staaten die schwindelnd hohe Jahresziffer von 125 Milliarden erreicht.

Wie konnte Europa seine lebenswichtigen Einkäufe bei den Vereinigten Staaten finanzieren? Leih- und Pachtverträge waren lange abgelaufen; die UNRRA sollte sich Mitte 1947 auflösen; andere Kredite liefen aus. Die ausländischen Guthaben der europäischen Länder schmolzen dahin; diese hatten einen wesentlichen Bestandteil der indirekten Einkünfte verloren, die ihnen früher aus Investitionen in Übersee, Schiffsverkehr, Versicherungen und so weiter zugeflossen waren. Sie konnten keine Waren mehr an die herkömmlichen Märkte verkaufen, und außerdem machten eben diese Märkte den europäischen Produzenten bei amerikanischen Maschinenprodukten Konkurrenz.

Das Ergebnis wurde bekannt als «Dollarknappheit» oder «Dollarlücke». Die Europäer konnten nur dann weiter einkaufen, wenn die Vereinigten Staaten die Ankäufe auf irgendeine Art finanzierten.[9]

«Die Dollarknappheit entwickelt sich auf der ganzen Welt», stellte der britische Finanzminister Hugh Dalton im Frühjahr 1947 betrübt fest. «Die Amerikaner verfügen über die Hälfte des Welteinkommens, doch wollen sie es weder dazu ausgeben, um anderer Völker Waren aufzukaufen, noch eine ausreichend große Summe verleihen oder weggeben. Staatskasse und Banken rühren sich noch nicht. Wie bald wird diese Dollarknappheit zu einer allgemeinen Krise führen?»[10]

Als die Amerikaner die Krise endlich wahrnahmen, reagierten sie blitzschnell, zeitweise fast wie von Panik getrieben, vor allem, als sie das Problem gegen die von ihnen gesehenen sowjetischen Absichten abwogen. «Ich bin zutiefst beunruhigt über die Weltlage und deren Auswirkungen für unser Land», schrieb Will Clayton eine Woche vor der Truman-Doktrin-Rede. «Doch die Zügel der Führung entgleiten schnell Großbritanniens kompetenten, aber jetzt sehr schwachen Händen. Diese Zügel werden entweder von den Vereinigten Staaten oder von Rußland aufgenommen werden.» Doch konnten die Vereinigten Staaten diese Führung nicht übernehmen, bis «das Volk der Vereinigten Staaten dazu genügend aufgerüttelt wäre». Er wollte nicht vorschlagen, es zu täuschen, es sollte nur zur Erkenntnis der «Wahrheit» geführt werden, so wie Regierungsbeamte sie sahen und sie in den «Kabeln, die täglich aus der ganzen Welt im State Department ankommen», berichtet würde. «Rußland bohrt sich in allen Ländern der östlichen Hemisphäre und den meisten Staaten der westlichen Hemisphäre von innen her ein». Der Schlüssel war, die zur finanziellen Gesundung notwendigen Dollarbeträge zur Verfügung zu stellen und damit die politische Stabilität abzustützen.[11]

An diesem Punkt gaben die Amerikaner bewußt ihre Bemühungen auf, das Großmächtekonsortium funktionierbar zu machen. Dean Acheson stellte das am 8. April klar (als Marshall noch in Moskau war), als er erklärte, daß Diplomatie und Verhandlungen, die für ihn die wichtigsten Mittel des Landes bei der Ausübung seiner Außenpolitik waren, nicht genügt hätten, um «mit der Sowjetunion das gegenseitige Vertrauen und Verständnis und die Beendigung der Expansion (herbeizuführen), die zur Gründung politischer Stabilität notwendig sind. Darum haben wir beschlossen, in wachsendem Maße von unserem *zweiten* außenpolitischen Mittel Gebrauch zu machen, nämlich der Wirtschaftsmacht, um die Expansion und die politische Infiltration der Sowjetunion wirksam abzustoppen und somit die Grundlagen politischer Stabilität und wirtschaftlichen Wohlstandes zu schaffen.»[12] Mit anderen Worten, Acheson erklärte den Fehlschlag der Roosevelt-Politik; der angemessene Kurs hieß jetzt Eindämmung, als erstes mittels wirtschaftlicher Maßnahmen.

Drei Tage vor Achesons Rede war George Marshall zu einer ähnlichen Schlußfolgerung gelangt. Das Treffen mit Stalin am 15. April hatte den Außenminister überzeugt, daß die Russen eine Hinhaltepolitik trieben, weil sie auf einen leichten Sieg in Europa warteten. Auf dem Heimweg von Moskau hielt Marshall sich zwei Stunden lang auf dem Flughafen Tempelhof in Berlin auf. Hier wies er Clay an, den wirtschaftlichen Wiederaufbau der Bizone energisch in die Wege zu leiten. Wieder in Washington, traf der Außenminister mit einigen Journalisten zu einer inoffiziellen Aussprache zusammen. «Marshall sprach ständig von Westeuropa, insbesondere Frankreich und Deutschland», vermerkte James Reston.

Marshall ordnete an, daß das State Department mehr Leute zur Ausarbeitung eines neuen Hilfsprogramms einsetzte, das unter dem Namen Marshallplan bekanntwerden sollte. Es sollte den gesamten (oder wenigstens den halben) Kontinent berücksichtigen, einen Punkt, den er bereits im Februar hervorgehoben hatte. Auch sollte er sich mit sämtlichen europäischen Wirtschaftsfragen befassen. «Wir können nicht länger an dem Problem herumfummeln und dem amerikanischen Volk dann mit ständig neuen Krisen in den Ohren liegen», bemerkte Robert Lovett, der zu Beginn des Sommers Achesons Nachfolge als Staatssekretär antrat. Er fügte hinzu: «Es ist ebenso offensichtlich, daß der Kongreß keine Mittel bereitstellen wird, wenn keine vernünftige Aussicht besteht, daß die Ausgabe dieser Mittel sichtbare Resultate zeitigen wird; oder wenn andererseits nicht zu beweisen ist, daß die Unmöglichkeit, diese Mittel auszugeben, zu unheilvollen Umständen führt, die auf unsere nationale Sicherheit und unseren wirtschaftlichen und sozialen Wohlstand einwirken werden.»[13]

Der Marshallplan hatte zwei grundsätzliche Ziele, die allerdings kaum voneinander zu trennen sind – dem gefürchteten kommunistischen Vordringen in Westeuropa Halt zu gebieten und eine für den Kapitalismus günstige internationale Wirtschaftslage zu schaffen. Er nahm keine große

Rücksicht auf die drohende amerikanische Depression, was die Russen zu jener Zeit behaupteten und auch einige neuere Historiker anführten. Solch eine Ansicht übertreibt die Notwendigkeit und auch das allgemeine Bedürfnis nach überseeischen Märkten. Der Exportüberschuß der Vereinigten Staaten zu Europa betrug zum Beispiel 1946 und 1947 gerade zwei Prozent der Gesamterzeugung in den USA. Einflußreiche Politiker wie Harriman und Hoover befürworteten nachdrücklich eine Erhöhung der deutschen Stahlproduktion, damit die amerikanische Stahlproduktion vom Exportmarkt nicht zu abhängig würde. Der Rat der Wirtschaftsberater (Council of Economic Advisers) berichtete Präsident Truman im Oktober, daß Auslandshilfe, soweit sie Exporte finanzierte, sowohl «dem heimischen Markt eine zeitweise Unterstützung» wie «einen zusätzlichen Antrieb» gewährleistete.[14]

Es ist nicht zu übersehen, daß der antikommunistische Konsens zu jener Zeit bereits so allgemein war, daß es gegen Grundsatzprinzipien wenig Widerstand noch Debatten gab. Ein Beamter des State Department beschrieb «die Einstellung des Departments» wie folgt: «In Moskau kam es hauptsächlich deshalb zu keiner Einigung über Deutschland, weil die Sowjets auf eine weitere Verschlechterung der Lage in Frankreich, Italien und Westdeutschland warteten und außerdem auf eine amerikanische Depression hofften. Es war unerläßlich, die westeuropäische Lage zu verbessern, um eine weitere Schwächung unserer Handelsmacht zu verhindern.»

Hier war ein Brennpunkt für die expansive Doktrin der nationalen Sicherheit. Unter George Kennan kam der neue politische Planungsstab am 15. Mai zu der allgemeinen Ansicht, daß «das Hauptproblem der Sicherheit der Vereinigten Staaten heute darin besteht, die wirtschaftliche Notlage im Ausland mit der Fähigkeit und der Bereitschaft der Vereinigten Staaten, ihr wirksam und geschwind abzuhelfen, in Einklang zu bringen.» Amerikanische Beamte arbeiteten in einem Klima wachsender Spannung. Der auf Heimaturlaub befindliche Botschafter Walter Bedell Smith sagte am 16. Mai zu höheren Nachrichtenoffizieren des Verteidigungsministeriums: «Die sowjetischen Ziele kennen keine Grenzen. Lenins Aussagen, daß zwischen Kommunismus und Kapitalismus ein großer Kampf stattfinden und eine Seite dabei untergehen muß, werden von Stalin noch immer wiederholt.» Er fügte hinzu: «Sie haben keine Hemmungen.» Die Unruhe der Beamten wuchs.[15]

Auch außerhalb der Regierung nahmen solche Befürchtungen ständig zu. Wenn nicht bald etwas geschah, um das Schwinden des Vertrauens einzuhalten, würden Geschäftsleute ganz persönliche Entscheidungen treffen, die als Ganzes den Zusammenbruch Europas beschleunigen mußten. «Alles, was ich höre und lese – und ich höre und lese eine Menge –, deutet auf die in Frankreich bevorstehende schwere Krise an Lebensmitteln, Öl,

Finanzen und Kommunismus hin», schrieb Russell Leffingwell, ein Teilhaber der Morgan-Bank, im Mai. «Das hat für die Bank große praktische Geschäftsbedeutung. Wir können die Pariser Angestellten und Direktoren nicht in einem unwirklichen Polyanna-Traum lassen, und ich halte es für äußerst wichtig, daß sie die Schwere der Gefahren erkennen und ihre Geschäfte dementsprechend führen.»

Im Mai sah die Lage nicht besser aus. Lebensmittel waren in Deutschland und Österreich so knapp, daß die Rationen noch unter das amtliche Niveau von 1 550 Kalorien herabgesetzt worden waren – in manchen Gebieten bis auf 1 220 und in anderen sogar auf 900. «Wir können nicht einsehen, warum man die *New York Times* lesen muß, um zu erkennen, daß die Deutschen am Verhungern sind», kabelte General Clay im Mai ärgerlich aus Berlin an das Verteidigungsministerium. «Die Krise ist jetzt da, nicht im Juli.»

Die Amerikaner befürchteten, die Sowjetunion würde die Wirtschaftskrise ausnutzen, um ihre politische Herrschaft über den Rest Europas auszudehnen.[16] Aber hatte Moskau wirklich diese Absicht? Das ist nicht sehr wahrscheinlich. Gewiß war die Truman-Doktrin in Moskau sorgfältig gelesen und zur Kenntnis genommen worden. Doch trotz ihres evangelistischen Tones und ihrer klaren Verheißung, amerikanische Wirtschaftsmacht für bestimmte politische Ziele Amerikas und die Errichtung einer amerikanischen Militärmacht nahe dem sowjetischen Randgebiet an der Türkei einzurichten, hatten die Russen die Operation offensichtlich auf Griechenland beschränkt angesehen, ein Gebiet, das Stalin an den Westen abgetreten hatte. Stalin schien an der Beibehaltung des Konsortiums immer noch interessiert, und seine öffentlichen Aussagen bezeugten dieses Interesse. Hätte er den Kommunismus – oder um genauer zu sein, *seine Macht* – mit geringerem Aufwand nach Westeuropa ausweiten können, würde er das zweifellos auch getan haben. Doch hatte er schon immer Neigung gehabt, die Stärke seiner Feinde zu überschätzen. Innerhalb der Sowjetunion, wo das Kräftegleichgewicht für ihn günstig stand, hatte er sie vernichtet; in der internationalen Politik, wo das Gleichgewicht höchst unsicher war, respektierte er ihre Macht, versuchte zu bluffen und mit ihnen zu verhandeln und dabei gleichzeitig seine eigene Position zu festigen. Vielleicht beeindruckte ihn die amerikanische Macht in den Jahren nach dem Kriege mehr als die ängstlichen amerikanischen Politiker. Die Vereinigten Staaten besaßen nicht nur eine ungeheure Wirtschaftsmacht, auch ihre Luftmacht und Atomwaffen konnten wenigstens kurzfristig das Fehlen starker amerikanischer Landheere in Europa aufwiegen. Er erkannte zweifellos, daß ein größerer kommunistischer militärischer oder politischer Angriff auf Westeuropa bei den Vereinigten Staaten auf eine allzu starke und unvorhergesehene Reaktion gestoßen wäre. Schließlich hatten die Amerikaner gerade zum zweitenmal in weniger als drei Jahrzehnten wegen der Frage des

Kräftegleichgewichtes auf dem Kontinent in Europa eingegriffen. Stalin nahm das Gerede von einem Präventivkrieg in den Vereinigten Staaten vermutlich nicht allzu ernst, obgleich er es zweifellos zur Kenntnis nahm. Er wußte auch, daß es bei veränderten Umständen als erstes auf die Tagesordnung kommen würde. Als er den Jugoslawen befahl, ihre Einmischung im griechischen Bürgerkrieg zu beenden, erklärte Stalin, wie bereits erwähnt, daß die Vereinigten Staaten – «die Vereinigten Staaten, die mächtigste Nation der Welt» – nie eine Unterbrechung ihrer Verbindungslinien zum Mittelmeer zulassen würden. Was er über die amerikanische Reaktion auf einen kommunistischen Sieg in Griechenland sagte, hätte man in bezug auf kommunistische Bewegungen in Frankreich oder Italien vervielfachen können.[17]

Gleichzeitig hatte Stalin nicht die Absicht, seine Einflußsphäre aufzugeben. Die Große Allianz während des Krieges war eine internationale Volksfront gewesen. Als ihr Erbe und Nachfolger waren hinter ihr nationale Volksfronten, Koalitionen von Kommunisten und Nichtkommunisten, verblieben. So war die Lage in Westeuropa, in Frankreich und Italien, und auch, obwohl unter sehr viel schwierigeren Umständen, in Osteuropa, abgestuft unterschiedlich in der Tschechoslowakei, Ungarn und sogar Polen. Als die Große Allianz auseinanderbröckelte, wurden solche Koalitionen zu Anomalien, und Koalitionsmitglieder auf einer Seite der Trennungslinie Europas, die mit Kräften auf der anderen Seite verbunden waren, galten als fünfte Kolonne, als heimische Verräter. Die Erinnerung an die Komintern war so stark, daß die Amerikaner nicht richtig die Vorteile sehen konnten, die ein Verhandeln mit den nationalen kommunistischen Parteien, ihre Anerkennung als von Moskau unabhängige Gruppen mit sich brachte und den Einsatz amerikanischer Wirtschaftsmacht, um über den Abgrund eine Brücke zu bauen.

Die Verschärfung der Wirtschaftslage machte die Koalitionen in Westeuropa immer unbeständiger.* Washington erklärte den Franzosen und Italienern, daß sie um so eher Wirtschaftshilfe bekommen würden, wenn sie (so formulierte es der amerikanische Botschafter in Italien) «Mittel fänden, um die gegenwärtige Lage zu berichtigen». Die Berichtigung erfolgte. Obwohl die Kommunisten erbittert darum kämpften, um in den Regierungen von Frankreich und Italien zu verbleiben, wurden sie im Mai 1947 aus beiden verstoßen. Wenige Tage nach dem Ausschluß der Kommunisten in Frankreich verkündete John J. McCloy, der neue Präsident der Weltbank, an Frankreich eine größere Anleihe.[18]

* Natürlich schuf die Beteiligung der Kommunisten an westlichen Koalitionsregierungen Probleme. «Wir können die Diskussion nicht mehr zwischen zwei Großmächten fortführen», hatte Bevin sich bei Bidault beklagt, «wenn im Schrank eine dritte Macht mit einem Abhörgerät sitzt.»

Stalins Antwort erfolgte Ende Mai, obgleich immer noch nicht klar ist, ob es sich um eine wirkliche Antwort, eine Koinzidenz handelte, oder ob die Russen die Veränderungen in Frankreich und Italien nur zynisch für ihre eigenen Zwecke ausnutzten. Ende 1945 hatten die Ungarn unter sowjetischer Vormundschaft eine nichtkommunistische Mehrheit gewählt, in der die Kleinbauernpartei eine führende Rolle spielte. Das Land wurde nun, wie es das State Department unter sich nannte, von «einem gemäßigten Koalitionskabinett» regiert. Die Lage hielt sich nicht. Im Februar 1947 wurde der frühere Generalsekretär der Kleinbauernpartei verhaftet, bekannte sich angeblich der Spionage für schuldig und verschwand. Viele in Ungarn sahen als bedeutsames Zeichen die Tatsache an, daß seine Verhaftung nicht von örtlichen Polizeibehörden, sondern von der Roten Armee selbst durchgeführt worden war. Im Mai wurde Premierminister Ferenc Nagy in dieses «Geständnis» verwickelt, wählte das Exil, und nun erreichten die Kommunisten eine straffere Kontrolle über die ungarische Regierung. Dies war nur das offensichtlichste Beispiel der Art, wie die Sowjets jetzt im Rahmen der internationalen Polarisierung ihre Macht über Osteuropa ausbauten. Polen war zum Beispiel der erste Streitpunkt gewesen, der die Mitglieder der Großen Allianz lange vor Kriegsende entzweite. Im Januar 1947 wurde er in einer Hinsicht erledigt. Seit der Niederlage Deutschlands war die Lage des Landes noch ziemlich offen geblieben. Als der Wahltag herannahte, gingen die Kommunisten rücksichtslos gegen ihre Widersacher vor, die Wahlen selbst wurden gefälscht, und der von den Kommunisten beherrschte «demokratische Block» gewann im Parlament eine überwältigende Mehrheit.

Die Polarisierung wirkte sich auch auf den Westen aus, aber dort konnten die nun ausgeschlossenen kommunistischen Parteien unter dem Schutz des Gesetzes noch weiter bestehen. In Ungarn wurde, wie überall in Osteuropa, zur Vertreibung der Terror gefügt, worauf in der Folge nicht nur die nichtkommunistischen Parteien, sondern auch nichtkommunistische Politiker zugrunde gingen.

Die meisten amerikanischen Beamten sahen die Machtübernahme in Ungarn als weiteren Beweis der sowjetischen Expansion an. «Sie können zweifellos ermessen, bis zu welchem Grad dieser Vorfall das Department erschüttert hat», schrieb Harold Vedeler von der Abteilung für Mitteleuropäische Fragen im August 1947 an Botschafter Steinhardt in Prag. «Als der Staatsstreich erfolgte, waren viele Treffen und lange Diskussionen im State Department nötig, bis man sich entschloß, lieber eine Protestnote abzusenden, statt die Sache sofort dem Sicherheitsrat vorzutragen.» Ein weiterer Grund, weshalb man noch nicht vor den Sicherheitsrat ging, war der Wunsch, sich «auf unsere Griechenlandpolitik zu konzentrieren». Dazu kam noch, daß eine Mißbilligung der Russen «wegen einseitiger Handlungen» in Ungarn vor dem Alliierten Kontrollrat die Russen dazu veranlassen könnte, «gegen uns Vorwürfe wegen Mac Arthurs einseitiger Handlungen in Japan zu erheben».

Man hätte die Vorfälle in Ungarn als weniger alarmierend ansehen können – nicht indem man die internationalen Folgen herunterspielte, aber sie doch eher als eine defensive oder gar konservative Maßnahme Stalins ansah. Innerhalb des State Department versuchten einige erfolglos, die Sache so darzulegen. «Der kommunistische Handstreich in Ungarn ist keine ‹entscheidende Handlung im Kampf zwischen Kommunismus und westlicher Demokratie um die Herrschaft Europas›, sondern eher eine routinemäßige, voreilige Bewegung der UdSSR, um in ihrem eigenen Sicherheitssystem eine Lücke zu stopfen», meinte H. Stuart Hughes, der Leiter der Forschungsabteilung für Europa im State Department. «Die Wut der Sowjetunion auf die ungarische Regierung wurde nicht durch deren demokratischen Charakter ausgelöst. Sie richtete sich gegen deren Außenpolitik, die die Gunst der westlichen Demokratien, insbesondere der Vereinigten Staaten, kultivierte. Die ungarischen Staatsmänner aus der Kleinbauernpartei weigerten sich nur, das zu tun, was die tschechischen Führer getan hatten, nämlich die geographischen und strategischen Realitäten, die ihr Land innerhalb der sowjetischen Einflußsphäre plaziert hatten, und den folglich selbstmörderischen Charakter einer prowestlichen Politik anzuerkennen.» Hughes fügte hinzu, daß «die Truman-Doktrin den Prozeß (der Kommunisierung) beschleunigte», denn «die Entfernung kommunistischer Minister aus den Regierungen Frankreichs und Italiens deutete an, daß diese Doktrin im Westen praktisch interpretiert würde».[19]

Als die Amerikaner dieses ehrgeizige wirtschaftliche Hilfsprogramm für ein erschöpftes polarisiertes Europa aufstellten, verfolgten sie vier Aufgaben: erstens sollten die Europäer veranlaßt werden, einen Plan der Zusammenarbeit aufzustellen, der über Hilfsmaßnahmen zur Wiedergesundung führte; zweitens sollte jene Art von Kritik vermieden werden, die sich um die Truman-Doktrin gesteigert hatte, nämlich daß diese zu negativ und zu offen antikommunistisch sei; drittens sollten die Russen nicht in das Programm einbezogen werden; und viertens sollte der Kongreß das Programm durch seine Billigung unterstützen.

Marshall enthüllte das Konzept bei einer Ansprache anläßlich der Abschlußfeier in Harvard am 5. Juni 1947. Durch seine Bemerkungen verhinderte das State Department einen Teil jener Art von Kritik, der das griechisch-türkische Programm ausgesetzt gewesen war. Marshall zeichnete das Bild eines europäischen Zusammenbruchs; er verlangte ein Wiederaufbau- und kein Hilfsprogramm; er verlangte, daß die Europäer die Initiative übernähmen, und forderte alle Nationen zur Teilnahme auf, eine Aufforderung, die also implizite auch an die Sowjetunion gerichtet war.[20]

Diese öffentliche Einladung war jedoch eine List. Die Möglichkeit, die

Russen könnten sie wirklich annehmen, bereitete den Amerikanern, die die Europäische Wirtschaftkommission schon wegen der russischen Beteiligung abgeschrieben hatten, einige Besorgnis. Doch hatten sie die Verantwortung, die Russen von dem vorgeschlagenen Programm auszuschließen, nicht tragen wollen. Das hätte in Westeuropa politische Probleme geschaffen. Die USA hätten als die Macht angesehen werden können, die Europa gespalten hatte. (In jenen Jahren, in denen jede Seite das Publikum zu überzeugen suchte, daß die Schuld an der Teilung des Kontinents bei den anderen lag, war das Abschieben der Verantwortung ein Hauptanliegen der Politik.) Andererseits waren die Amerikaner kaum geneigt, Rußland irgendwelche Hilfe zu gewähren, denn sie befürchteten, es würde jedes Programm, an dem es teilhatte, zunichte machen, auch waren sie davon überzeugt, daß eine sowjetische Teilnahme zu einer umgehenden Ablehnung durch den Kongreß führen mußte. Wie Bohlen es einige Jahre später formulierte, sie hatten «ein höchst gefährliches Spiel» gespielt, als sie Rußland nicht ausdrücklich ausschlossen.

Ihre Unruhe wuchs, als Molotow Ende Juni mit über hundert Ratgebern in Paris eintraf, um mit Bevin und Bidault an den Vorbereitungen für ein europäisches Programm teilzunehmen. «Die nächsten sechs Monate bereiten mir tiefe Sorge», sagte Forrestal am 2. Juli, «ich werde die Vorgänge in Paris im Auge behalten und, was meiner Ansicht nach das Ergebnis sein muß (ich hoffe, daß mir das gelingt), daß die Russen nicht mitmachen. Wenn sie es doch täten, wäre das meiner Ansicht nach katastrophal.»[21]

Doch hätten die Amerikaner mehr Vertrauen haben dürfen. Der Vorteil war auf ihrer Seite. «Bei der Besprechung aller konkreten Vorschläge, die die amerikanische Hilfe für Europa betreffen», steht in den Geheiminstruktionen für die russische Gruppe, «soll die sowjetische Delegation so antworten, als ob Hilfe die Souveränität europäischer Länder beeinträchtigen oder ihre wirtschaftliche Unabhängigkeit schädigen würde.» Die Bedeutung dieser Worte wurde offensichtlich, als Molotow bei den Vorbesprechungen seinen eigenen Plan vorlegte: jedes Land sollte eine Liste seiner Bedürfnisse aufstellen und dann die Vereinigten Staaten bitten, die notwendige Deckung bereitzustellen. Allen Delegierten in Paris war jedoch klar, daß die Vereinigten Staaten als Gegenleistung für Hilfe Inspektionsmöglichkeiten, Öffnung der Grenzen und Kooperation verlangen würden und daß sowohl Briten wie Franzosen dieser Aufforderung nachkommen, die Russen das jedoch nicht tun würden. Wie wir sehen werden, dachten die Russen auch an die Auswirkungen, die ein solches Programm auf ihre Macht über Osteuropa haben würde, und waren sich darüber klar, daß ihnen damit fast mit Sicherheit Reparationen aus den Westzonen Deutschlands entgehen mußten. Außerdem hätten die Russen nach dem amerikanischen Plan sogar noch aufgefordert werden können, Rohmaterialien an Westeuropa zu liefern.

Molotow hatte, nach Djilas Worten, die Absicht, eine Einladung zu der nächsten Planungskonferenz anzunehmen, um dort dann einen dramatischen Abgang zu vollziehen, doch wurde sein Vorschlag von Moskau zurückgewiesen; so packten er und seine Delegation am 2. Juli die Koffer und verließen eilig Paris und das Vortreffen und verwünschten den amerikanischen Imperialismus.[22]

Die Amerikaner hatten jedoch gehofft, daß einige der osteuropäischen Länder an dem Programm teilnehmen würden. In dieser Hinsicht stellte der Marshallplan die letzte große Bemühung dar, den mächtigen und attraktiven Magnetismus der amerikanischen Wirtschaft einzusetzen, um diese Länder dem sowjetischen Einflußbereich zu entreißen. Diese Bemühung bedeutete auch eine Umstellung. 1946 hatte Washington Hilfsleistungen sehr bewußt reduziert und vermindert und sich mit einem ungeschickten Versuch, jene Länder außenpolitisch zu einem formellen Bruch mit der Sowjetunion zu zwingen, geweigert, ihnen Kredite zu gewähren.[23]

Auf Marshalls Rede erwiderte Polen, es wolle die allgemeine Europakonferenz abwarten, die am 12. Juli in Paris beginnen sollte. Gewiß waren Polens Bedürfnisse groß. Die UNRRA hatte geschätzt, daß Polen nach Ablauf ihres eigenen Programms 1947 fast 300 Millionen Dollar Unterstützung brauchen würde, nur um solch grundlegende Bedürfnisse zu befriedigen, wie «Gesundheit und Wachstum von Kindern und ihren Müttern» erforderten. Mitte 1947 waren 80 Prozent von Warschau noch in Ruinen; unter den Ruinen des Warschauer Ghettos lagen noch etwa 30 000 Leichen. Polnische Beamte gaben zu verstehen, daß sie mit dem Westen verhandeln wollten. Und wirklich versuchte Polen unter seinen kommunistischen Führern immer noch, einen von Moskau unabhängigen Weg zu verfolgen. Gomulka, der Generalsekretär der polnischen kommunistischen Partei, richtete sich nicht nach dem sowjetischen Modell. Er ging sogar so weit, daß er im Mai 1947 erklärte, der Marxismus gibt uns «weder eine fertige Universalanleitung noch ein Rezept, von dem wir mit sichtbarem Ergebnis Gebrauch machen können, ohne dabei Zeit, Ort und vorhandene Bedingungen zu berücksichtigen».[24] Die Tschechoslowakei versuchte noch offensichtlicher als Polen, auf einem unabhängigen Kurs zu bleiben. Als bekannt wurde, daß Molotow nach Paris reisen würde, war Außenminister Jan Masaryk Gast auf der Jacht des norwegischen Außenministers. «Noch nie im Leben habe ich einen Menschen so glücklich gesehen wie Masaryk», erinnerte sich der norwegische Außenminister.[25]

Nach ihrem Pariser Abgang konnten die Russen den osteuropäischen Staaten nicht gut erlauben, an dem amerikanischen Plan teilzuhaben. Die Polen verkündeten plötzlich am 9. Juli, daß sie an der drei Tage später beginnenden Folgekonferenz nicht teilnehmen würden. Für die Tschechen lag die Sache komplizierter. Sie hatten ihre Teilnahme an dem zweiten Treffen bereits zugesagt. Masaryk und der kommunistische Premierminister

Klement Gottwald, der sich wegen anderer Angelegenheiten in Moskau befand, wurden plötzlich in den Kreml befohlen. Stalin und Molotow drückten ihre «Überraschung» über das tschechische Vorhaben aus und deuteten an, was sie als Teilzweck des Marshallplans verstanden; denn sie brachten wiederholt «ihre Überzeugung vor, das eigentliche Ziel des Marshallplans auf der Pariser Konferenz sei, einen westlichen Block zu schaffen und die Sowjetunion zu isolieren ... selbst wenn irgendwann in der Zukunft die Anleihen von Amerika gewährt würden, könne das nicht ohne entscheidende Einschränkungen der politischen und wirtschaftlichen Unabhängigkeit der Nutznießer geschehen». Darum, meinten die sowjetischen Führer, würde eine tschechische Teilnahme «als eine spezifisch gegen die UdSSR gerichtete Handlung» angesehen werden. Die Tschechen nahmen ihre Zusage zurück.[26]

Der wichtigste Grund, aus dem die Sowjets den Plan ablehnten, könnte ihre Furcht gewesen sein, daß ihre Sphäre in Osteuropa gespalten würde. Daneben sahen sie den Marshallplan als Alternative zu Reparationen an – aber eine Alternative, die ihnen keinen Gewinn bringen könnte. Daß amerikanische Wirtschaftler in sowjetischen Produktionsstatistiken herumstöbern könnten, war von geringerer Bedeutung. Und da die Russen den Plan zurückwiesen, taten die osteuropäischen Staaten das gleiche.

«Angesichts der Art, in der der Zwischenfall die wirkliche Lage der Tschechoslowakei in internationalen Angelegenheiten enthüllte, könnte im Department vielleicht eine gewisse Sympathie für dieses Land, oder wenigstens bei den Gemäßigten, festgestellt werden, die es seit dem Sommer 1946 nicht gab», so kommentierte Harold Vedeler von der Abteilung für Mitteleuropäische Fragen. Aber der tschechische «Gang nach Canossa», wie Vedeler es nannte, brachte amerikanischen Politikern eine seltsame Genugtuung, weil er als zusätzlicher Beweis böswilliger sowjetischer Absichten galt. «Die Russen haben ihre Beziehungen mit den Satellitenländern ausgeräuchert», bemerkte Kennan zu Marshall. «Auf diese Beziehungen wird höchster Wert gelegt.» Die Amerikaner erkannten die sowjetische Reaktion auf den Marshallplan nicht als Defensivhandlung eines Landes, das mit den Vereinigten Staaten kaum in wirtschaftlichen Wettbewerb treten konnte, sondern eher als weiteres Anzeichen aggressiver Absichten. «Die tschechoslowakische Ablehnung der Pariser Konferenz auf sowjetischen Befehl ist nichts weniger als eine Kriegserklärung der Sowjetunion bei dem unmittelbaren Kampf um die Herrschaft in Europa», kommentierte Botschafter Smith in Moskau. «Die Fronten sind geklärt.»[27]

Die bedeutendste Front auf der Karte Europas war 1945, zwei Jahre zuvor, errichtet worden. Sie teilte Deutschland in Ost und West. Die mit dem Bleistift gezogene Trennungslinie sollte nur vorübergehend Geltung haben. Doch jetzt, 1947, stand man davor, sie dauerhafter mit Tinte nachzuziehen. Denn der Marshallplan lieferte auch eine Lösung des ärgerlichen Problems, was man mit Deutschland anfangen sollte. Die grundsätzliche Frage war nicht beantwortet worden. Würden die Vier Mächte (aber hauptsächlich die Vereinigten Staaten und die Sowjetunion) bei der Verwaltung und Bestrafung des früheren Reiches zusammenarbeiten, oder sollten die Besatzungszonen des früheren Reiches in der zunehmenden Konfrontation potentielle Verbündete der einen oder der anderen Seite werden? Seit vielen Monaten war die amerikanische Meinung fortlaufend von der Befürwortung einer Zusammenarbeit mit den Russen in Deutschland abgerückt. Die Unmöglichkeit, mit den Russen zu politischer Übereinstimmung zu gelangen, und die Kosten und Schwierigkeiten der Besatzung verstärkten den Trend. Nachdem überdies die wirtschaftliche Gesundung Europas ausblieb, wuchs im Westen die Überzeugung, daß Deutschland beim westeuropäischen Wiederaufbau eine führende Rolle zu spielen habe.[28]

Als die Amerikaner im Herbst 1946 die britische und die amerikanische Zone zur Bizone zusammenschlossen, hatten sie einen Schritt zur Teilung getan. Der Zusammenschluß geschah anfänglich allein aus wirtschaftlichen Gründen. Die Amerikaner waren bestrebt, der Bizone keinen politischen Charakter zu verleihen, erklärte General Clay im September 1946: «Denn wir glauben, dies würde die Kluft zwischen Ost und West verbreitern.»[29] Doch Ende 1946 waren die Amerikaner, wenigstens jene, die an politischen Beratungen teilnahmen, geneigt, Deutschland als Schlachtfeld zwischen Ost und West anzusehen. Im Dezember führte der frühere General John Hilldring, jetzt Staatssekretär für Besatzungsgebiete, für die Bizone zwei fundamentale Gründe an: «Das wird unseren Zwecken dienen, die Regierung der Vereinigten Staaten innerhalb von drei Jahren in Deutschland von den Roten zu befreien und ein für uns günstiges Klima zu schaffen, um unsere politischen Ideen in Deutschland einzupflanzen.» Er fügte hinzu: «Wir bekämpfen in Deutschland alle totalitären Richtungen, Nazismus und Kommunismus.»

Der Abbruch des Moskauer Außenministertreffens im April 1947 ohne Fortschritt in der Deutschlandfrage veranlaßte die Amerikaner, die nächsten Schritte zu unternehmen. Wie Clay Anfang April vermerkte: «Meine drei Wochen in Moskau gaben mir die Überzeugung, daß bei dieser Konferenz nichts von Bedeutung herauskommen wird, außer daß die Streitfragen offen auf den Tisch gelegt werden.»[30]

Wir müssen jedoch zugeben, daß ein «Erfolg» in Moskau den Amerikanern ungelegener gekommen wäre als ein Fehlschlag, denn viele fürchteten, jeglicher Kompromiß, der die Vier-Mächte-Einheit aufrechterhielte, würde der sowjetischen Beherrschung Deutschlands und des übrigen Europas die Tür öffnen. «Der gegenwärtige Zonenzustand wird weiterhin bestehen bleiben, und das ist, glaube ich, gut so», schrieb Dulles während des Moskauer Außenministerrates an Vandenberg. «Es ist nützlich, mehr Zeit zu haben, um die westlichen Zonen zu festigen, statt sie jetzt schon der kommunistischen Infiltration auszusetzen.»[31] Nach Marshalls Rückkehr aus Moskau wurde die Neuorientierung der amerikanischen Politik beschleunigt. Die Amerikaner bemühten sich mehr, das Niveau von Industrieproduktion und Wiederaufbau zu heben, und dachten mehr über die Möglichkeiten eines westdeutschen Staates nach.[32]

Doch stießen die Bemühungen, die wirtschaftliche Erholung Deutschlands voranzutreiben, auf bereits gewohnte Hindernisse. Während die allgemeinen Richtlinien klar waren, schufen ihre Durchführungen doch zwischen State Department und Verteidigungsministerium Streit und Verwirrung. Clay war häufig so aufgebracht, daß er es fast zur Gewohnheit machte, seinen unmittelbaren Rücktritt anzukündigen. Die anhaltende Kontroverse zwischen Briten und Amerikanern über die Hebung des «Industrieniveaus» oder die Enteignung der Ruhrkohlenbergwerke behinderte die Entwicklung der Bizone. Überdies schuf schon der bloße Gedanke einer wirtschaftlichen Wiedergesundung viel Widerstand, denn die Zukunft Deutschlands lag noch im ungewissen. Die Russen blieben naturgemäß in der Reparationsfrage hart und hatten vor einem erstarkten Deutschland eine fast zwanghafte Angst. Aber auch in Westeuropa, insbesondere in Frankreich, erregte die amerikanische Förderung der Erholung Deutschlands viel Opposition. Außerdem bestanden die Westeuropäer auf ihren Reparationen aus Deutschland. «Seit Mai 1946 haben wir einen Stop von Reparationen aus unserer Zone angeordnet», informierte John Steelman, ein höherer Ratgeber des Weißen Hauses, den Präsidenten im Frühjahr 1947. «Als Ergebnis wird uns zum großen Teil die Unfähigkeit vieler westeuropäischer Nationen zur Last gelegt, ihren grundlegenden Warenbestand wiederherzustellen. Überdies sind viele deutsche Industrieanlagen nicht in Betrieb, und andere rosten vor sich hin.»

Die Furcht vor der deutschen Wiedergesundung war auch in den Vereinigten Staaten weit verbreitet, sogar bei Männern, die dem Präsidenten nahestanden, wie Edwin Pauley, Trumans Reparationsratgeber. Als Herbert Hoover im März 1947 von einer im Auftrag der Regierung durchgeführten Besichtigungsreise, einem seiner jährlichen außenpolitischen Streifzüge, aus Europa zurückkam, schrieb er einen Bericht, in dem er darauf drängte, dem deutschen Wiederaufbau oberste Priorität zu verleihen. Hoovers Vorschläge verärgerten Pauley, der den Präsidenten warnte, daß wenn Sie «Deutschland wieder zu derselben beherrschenden Industriemacht machen würden, die es vor dem Kriege war ... ich nicht anders kann, als in der Zukunft ein Deutschland zu sehen, das dieser Plan hervorbringen würde – ein Deutschland, das industriell nicht nur so machtvoll wäre wie Hitlerdeutschland, sondern aufgrund der unglaublichen Fortschritte der Wissenschaft sogar *noch* machtvoller». Doch zweifelte natürlich keiner daran, daß mit Deutschland *etwas* geschehen müsse – und zwar schnell. «Wir gelangen an einen Punkt», sagte John Steelman zu dem Präsidenten, «wo fast jede Handlung eine Verbesserung wäre.» Doch fügte er hinzu: «Es muß andere Möglichkeiten geben, diese Probleme zu lösen, als den deutschen Koloß nach den von Mr. Hoover vorgeschlagenen Richtlinien wiederaufleben zu lassen.»[33]

Der Marshallplan war eine andere Möglichkeit, eine Alternativlösung des deutschen Problems. Er reduzierte die Besorgnis über die deutsche Wiedergesundung, indem er diese Nation in den Mittelpunkt eines ganz Europa betreffenden Planes stellte. Ohne Deutschland, so brachte man vor, könne Europa nicht gesunden, und die Amerikaner machten den ängstlichen Europäern klar, daß der Erfolg des Marshallplans von einem wirtschaftlich lebensfähigen Deutschland abhinge. Hilfe von den Vereinigten Staaten würde den Westeuropäern die Reparationen ersetzen, die sie von Deutschland nicht bekamen. Inzwischen würde die wirtschaftliche Genesung den größten Teil Deutschlands nach Westen orientieren und so in das westliche Gefüge einbeziehen. Hier lagen also die wichtigsten zwiefachen Ziele des Marshallplans – wirtschaftliche Wiedergesundung und wirtschaftliche Eindämmung. Hier lag auch eine Lösung der Deutschlandfrage. Doch während die amerikanischen Besatzungsbehörden die politische Fusion Bizoniens planten, die sie im August 1947 inoffiziell mit den Briten abgesprochen hatten, wollten sie doch noch nicht aufs Ganze gehen und wenigstens nicht vor dem nächsten Treffen des Außenministerrates eine separate westdeutsche Regierung errichten.[34]

Nach den Formulierungen des Marshallplans sollten die Europäer (wenn auch «mit der freundschaftlichen Hilfe Amerikas beim Entwurf») das eigentliche Programm selbst entwerfen. Das taten sie auch, allerdings nicht ohne Schwierigkeiten. Die amerikanischen Absichten waren bis zu einem gewissen Grad verdächtig. Die Briten glaubten, die Vereinigten Staaten würden versuchen, sich in das Wohlfahrtsstaats-Programm der Labour Party einzumischen; sie waren auch der Ansicht, Washington habe Englands finanzielle Probleme erschwert. Die galoppierende Inflation in den Vereinigten Staaten hatte sicherlich mit zu der Dollarknappheit geführt. Großbritannien werde von den Amerikanern «betrogen», beschwerte sich Dalton Ende Juli. «Wir sollten ihnen sagen, daß wir *nicht mehr kaufen*, und sie raten lassen, wie lange ... Das Ergebnis würde die Preise herabsetzen.» Die Franzosen widersetzten sich einer Konzentration auf Deutschlands Wiedergesundung sowohl aus stark emotionalen als auch strategischen Gründen. Man fürchtete, dieser in der französischen Innenpolitik höchst explosive Streitpunkt könne die Regierung stürzen. Überdies gab sich Frankreich Hoffnungen hin, die deutsche Stahlproduktion durch seine eigene zu ersetzen.

Auch innerhalb der amerikanischen Regierung gab es viele Konflikte. Das State Department mußte das Verteidigungsministerium davon überzeugen, daß Bizonien amtlich in die Planungen für den Marshallplan einzubeziehen war. Ende August versah Charles Bonesteel, der aus dem Verteidigungsministerium in das State Department gekommen war, Staatssekretär Lovett mit einem Skript für eine Konferenz, auf der die obersten Beamten des Verteidigungsministeriums von der Einbeziehung Bizoniens in den Marshallplan überzeugt werden sollten. Bonesteels Dialoge und Regieanweisungen zeigen abermals, daß Beamte lieber ihre eigenen Anschauungen aufpolierten, um politisch glaubwürdig zu erscheinen, statt neue zu fabrizieren: «Ihr Verhalten sollte etwas pädagogischer mit leicht diktatorischem Beiklang wirken ... Chip und Sie stellen die Gesamtsituation auf der Welt dar, weisen auf die Zweiteilung der Welt hin und auf die Notwendigkeit, der sowjetischen Welt mittels einer engeren Organisation zu begegnen. Dann sollte auf die Bedeutung hingewiesen werden, das westlich des Eisernen Vorhangs liegende Europa auf regionaler Grundlage zu behandeln.» Nach dem Rat, «die Budgetschwierigkeiten» fest in den Griff zu bekommen, kam Bonesteel zu seinem Höhepunkt. «Wir sollten dann mit der Forderung kommen, die deutschen Wirtschaftsfragen in Paris durchzusprechen ... Mit Nachdruck sollte der Sicherheitsaspekt hervorgehoben werden, wenn wir die Nationen Westeuropas, die jetzt zwischen dem Kommunismus und uns schwanken, fester an uns binden. Während der ganzen Darstellung sollte ständig auf strategische und Sicherheitsaspekte hingewiesen und sie bei jeder Gelegenheit hervorgehoben werden.»

Während die Besprechung des Marshallplans fortschritt, kam es auch innerhalb des State Department zu Zwistigkeiten. Washington ärgerte sich über den Übereifer, mit dem einer der amerikanischen Beamten zur Verleihung «freundschaftlicher Hilfe» beitrug, indem er bei Verhandlungen unter Europäern Tarifreduktionen anwandte. Will Clayton – «Doctrinaire Willy», so nannte Dalton ihn jetzt – war nach Washingtons Ansicht allzusehr bemüht, Handelsschranken zu reduzieren; amerikanische Beamte übten Druck aus, um «Mr. Clayton wieder auf die amtliche Linie zurückzuführen».[35]

Mitte September vollendeten sechzehn westeuropäische Nationen einen Entwurf – mit Bestimmungen zur Erhöhung der Produktion und des Exports, der Schaffung finanzieller Stabilität und Maßnahmen zu einer erhöhten wirtschaftlichen Zusammenarbeit. Sie übergaben ihn den Vereinigten Staaten und verlangten für die nächsten vier Jahre zwanzig Milliarden Dollar, um ihre Importe aus Amerika zu bezahlen.

Trotz der Bemühungen, mögliche Kritiken in Europa und den Vereinigten Staaten abzubiegen, hielten die amerikanischen Politiker den Marshallplan für eine «aktive Truman-Doktrin» (nach George Elseys Worten). Das heißt, er war eine Gegenbewegung gegen den sowjetischen Expansionismus. «Das Problem heißt Rußland», schrieb Verteidigungsminister Robert

Patterson im Juni 1947 an einen Zeitungsverleger. Die «wirkliche Bedrohung», sagte er, «sei der grundsätzliche Glaube der herrschenden Gruppe in der Sowjetunion, daß ein kommunistischer Staat nicht in Gemeinschaft mit demokratischen Staaten bestehen könne». Er bemerkte auch, wie die Anschauungen von den Grundsätzen von Jalta auf die von Riga umgeschwenkt waren: «Während des Krieges dachte ich, dieser Glaube sei aufgegeben worden, doch offensichtlich ist er immer noch Teil des Kredos. Das bedeutet natürliche Aggression.»[36]

Was Patterson ausdrückte, war natürlich die allgemeine Ansicht der Männer der Exekutive, die die amerikanische Außenpolitik machten. Aber nun wurde ihre gemeinsame Anschauung amtlich, öffentlich und sogar literarisch bestätigt. Das angesehene Journal *Foreign Affairs* veröffentlichte in seiner Juliausgabe einen Artikel mit dem Titel «Die Ursachen des sowjetischen Verhaltens». Sein Autor war ein gewisser Mr. X. Da der Artikel gerade zu dem Zeitpunkt erschien, wo Molotow sich in Paris mit Bevin und Bidault zusammengesetzt hatte, um Marshalls Angebot zu besprechen, bestärkte er zweifellos die Überzeugung des Kreml, daß der Marshallplan eine vorwiegend antisowjetische Maßnahme sei. Dieser Mr. X., der Autor des vielleicht berühmtesten Zeitungsartikels in der amerikanischen Geschichte, sollte sich bald als kein anderer als George Kennan zu erkennen geben – zu jener Zeit Leiter des politischen Planungsstabes im State Department und einer der wichtigsten Mitarbeiter des Marshallplans. Dieser Artikel sollte Kennans Namen für immer mit der Eindämmungspolitik verbinden.

Pate des Artikels war James Forrestal, der viele, viele Monate lang in immer neuen Formen die gleiche Frage gestellt hatte – ob die Vereinigten Staaten es mit einem überlieferten Nationalstaat oder einer militanten Religion zu tun hatten. Forrestal persönlich hatte kaum Zweifel, daß letzteres zutraf. Wir dürfen nicht vergessen, daß er über dieses Thema bei einem Professor des Smith College, Edward Willett, eine Analyse bestellt hatte. Dieser hatte die sowjetische Außenpolitik fast als reine Ideologie erklärt. Forrestal hatte die verschiedenen Entwürfe Willetts verteilt, die ganz unterschiedliche Aufnahme gefunden hatten. «Ich bezweifele die Angemessenheit einer Analyse der russischen Außenpolitik, die sich hauptsächlich auf Deduktionen von Dogmen stützt», urteilte Robert Strausz-Hupe von der Universität Pennsylvania Forrestal gegenüber. Philip Mosely von der Columbia Universität kommentierte: «Ich kann der Schlußfolgerung nicht beistimmen, daß die Sowjetunion blind auf der Grundlage philosophischer Annahmen handelt. Diese ist nur ein Element, das in eine unmittelbare und konkrete Entscheidung oder in ein Programm eintritt, innerhalb einer, sagen wir, zehnjährigen Politik, die von ihnen für die Zukunft so angelegt wird, wie sie diese gerade sehen.»[37]

Natürlich hatte Forrestal auch nach George Kennans Meinung gefragt, der ihm Ende Januar statt eines Kommentars seine eigene Schrift «Der psychologische Hintergrund der sowjetischen Außenpolitik» präsentierte. Praktisch unverändert erschien er als Artikel von Mr. X in der Juliausgabe von *Foreign Affairs.*[38] Kennan war gebeten worden, sein Urteil über eine die Rolle der Sowjetideologie betreffende Aufzeichnung abzugeben, was, wie er selbst später sagte, gewiß den Ton seines eigenen Artikels beeinflußte. Doch führte Kennan auch die Grundgedanken des Langen Telegramms weiter aus, als er hier feststellte, daß die Vereinigten Staaten es nicht mit einer Großmacht zu tun hätten, die imperialistische Ziele verfolgte, sondern hauptsächlich mit einer messianischen Religion, einer ideologischen Macht, für die Koexistenz immer eine Bedrohung darstellen würde.

«Ihre politische Aktion», schrieb Kennan, «gleicht einem ständig fließenden Strom, der sich immer, wenn eine Bewegung möglich ist, auf ein vorgegebenes Ziel hin bewegt. Sein Hauptanliegen ist sicherzugehen, daß er in dem Becken der Weltmacht jeden verfügbaren Ritz und Spalt gefüllt hat. Doch findet er auf seinem Lauf unüberwindbare Barrieren, akzeptiert er sie mit Philosophie und paßt sich ihnen an.» Die angemessene Antwort nannte Kennan «Eindämmung» – «die geschickte und wachsame Anwendung von Gegenmaßnahmen in einer Reihe ständig wechselnder geographischer und politischer Punkte, die den Wechseln und Manövern der Sowjetpolitik entsprechen». Er drückte einigen Triumph über die Herausforderung aus und «eine gewisse Dankbarkeit für die Vorsehung, die, indem sie dem amerikanischen Volk diese unerbittliche Herausforderung auferlegte, ihre gesamte Sicherheit als Nation davon abhängig machte, daß sie sich zusammenreißt und die Verantwortlichkeiten moralischen und politischen Führertums übernimmt, das die Geschichte ihm offensichtlich bestimmt hat».

Der Artikel, der den Riga-Standpunkt einer bipolaren Welt übernahm, vertrat die Meinung der Truman-Regierung. Er lieferte eine Bezeichnung – «Eindämmung» –, um diese Richtung der amerikanischen Außenpolitik zu definieren. Doch sollten wir darauf hinweisen, daß Kennan nicht nur jene ermahnen wollte, die er für die unvermeidliche Herausforderung noch als blind ansah, sondern auch jene, die zu wild Alarm geschlagen hatten. Letzteren teilte er mit, daß die Konfrontation keine Militärangelegenheit sei, Feindseligkeiten nicht unmittelbar bevorstehen müßten und ein Präventivkrieg nicht notwendig sei.

«Die Ursachen des sowjetischen Verhaltens» von Mr. X. fanden weite Aufmerksamkeit. Der Artikel wurde, so schien es, fast von der gesamten amerikanischen Presse zitiert. Sowohl *Life* wie *Reader's Digest* brachten Sonderabdrucke. «Ich meinte, es könne Sie interessieren, eine Kopie des Artikels von Mr. X in der Juliausgabe von *Foreign Affairs* zu haben, und darum habe ich einige Abzüge besorgt, von denen ich einen beilege», schrieb ein Beamter des State Department an den amerikanischen Botschafter in der Tschechoslowakei. «Einmal dürfen Sie raten, wer der Autor ist ... Wir überlassen es Ihnen, die Kopien nach eigenem Ermessen persönlich in Ihrem Amt zu verteilen.»[39]

Im Sommer 1947 war eine Zusammenarbeit aller Nationen durch die «Existenz zweier Welten» unmöglich geworden. Aus Moskau bezeichnete Botschafter Smith die tschechische Ablehnung des Marshallplans als sowjetische Kriegserklärung um die Herrschaft in Europa. Als Antwort hierauf sahen die Russen vermutlich den Marshallplan als Kriegserklärung der Vereinigten Staaten um die Herrschaft in Europa an. Trotz seiner großzügigen Formulierungen leitete er für Washington einen Neuorientierungsprozeß ein, der von Hilfsmaßnahmen und Wiederaufbau allein zu Hilfsmaßnahmen, Wiederaufbau *und* Antikommunismus führte. Amerikanische Hilfe würde nicht länger allein zum Bau von Brücken, sondern auch zur Isolierung der Kommunisten dienen. Die Russen nahmen jetzt an, die Vereinigten Staaten würden ihre große Wirtschaftsmacht besonders zur Isolierung der Sowjetunion einsetzen, und meinten, die amerikanischen Führer hätten an einem Großmächtekonsortium jegliches Interesse verloren. Der Marshallplan beschleunigte einen dramatischen Wandel der sowjetischen Außenpolitik. Daß Tschechen und sogar Polen trotz sowjetischer Mißbilligung eine Teilnahme am Marshallplan in Betracht zogen, zeigte Stalin die gefährliche Meinungsverschiedenheit innerhalb seiner Sphäre. Darum konnte er eine wechselnde internationale Umgebung nicht länger dulden. Einflußsphären bedeuteten für Stalin jetzt nicht mehr einen Prozeß gegensätzlicher Anpassung, sondern eher den einer feindseligen Konfrontation.

Im Dezember 1947 gab der amerikanische Botschafter in der Tschechoslowakei, Laurence Steinhardt, persönlich Zeugnis von dem Wechsel ab, der auf die tschechische Annahme und dann die Ablehnung der Einladung zur Besprechung des Marshallplans erfolgt war: «Es ist kein Zufall, daß die eher wohlwollende Einstellung Moskaus gegen die tschechische Regierung sich nach der Annahme plötzlich verhärtete. Mit Wohlwollen meine ich, daß die Russen bis zu jenem Zeitpunkt nicht viel Druck auf sie ausgeübt hatten. Sie hatten hie und da einige Vorschläge in Verbindung mit ihren politischen und wirtschaftlichen Entscheidungen gemacht, aber nicht mehr, als andere Regierungen untereinander machen würden, und soweit mir bekannt ist, hatten sie bis dahin weder unmittelbar eingegriffen noch Anordnungen erteilt.»[40] Vielleicht bedauerten amerikanische Politiker im Dezember 1947 die Zweideutigkeit, von der das tschechische Verhalten 1946 bis 1947 gekennzeichnet gewesen war.

Die erste öffentliche amtliche Reaktion der Russen auf den Marshallplan bestand in einer Reihe hastig improvisierter Handelsverträge mit Osteuropa, die mit einiger Übertreibung als Molotowplan bezeichnet wurden.

Das war jedoch nur der Anfang der russischen Bemühungen, sein neues Imperium zu festigen.

Wenn es in der Sowjetpolitik gegen Osteuropa und den Westen je einen Wendepunkt gab, dann trat er bei der Organisationskonferenz der Kominform zutage (das Kommunistische Informationsbüro), die im September 1947 auf einem Herrensitz stattfand, der jetzt, als Sanatorium genutzt, dem polnischen Sicherheitsdienst gehörte. Die Kominform stammte nicht in direkter Linie von den Komintern her, ihre Mitgliedschaft war bei weitem exklusiver. Sie bezeichnete sich selbst als Koordinierungsgruppe für nationale kommunistische Parteien in der Sowjetunion und Osteuropa sowie denen in Frankreich und Italien. Sie wurde völlig von den Sowjets beherrscht und dazu bestimmt, die sowjetische Macht über Osteuropa zu stärken. Sie diente auch als Auslösefaktor, um die kommunistischen Parteien Italiens und Frankreichs zu Beginn jener zersetzenden Tätigkeiten anzustacheln, die sie nach Washingtons Meinung bereits ausübten.

Durch die Kominform sollte die ideologische Einheit der kommunistischen Parteien wiederhergestellt werden, doch stand diese Ideologie nicht im Dienste von Marx, sondern in dem des Sowjetstaates. Bei dem Treffen in Polen proklamierte Andrej Shdanow, der bereits als Bewahrer der ideologischen Reinheit in der Sowjetunion galt, die Teilung des internationalen Gefüges in zwei Lager – das der «imperialistischen und antidemokratischen Mächte» und das der «demokratischen und antiimperialistischen Mächte». Seltsamerweise äußerte er, die sowjetische Außenpolitik sei weiterhin auf der Möglichkeit einer Koexistenz von Kapitalismus und Kommunismus begründet, aber nun wollten die Vereinigten Staaten einen feindlichen Block gegen die sozialistischen Staaten schaffen – das heißt: gegen die Sowjetunion. Die Vereinigten Staaten, sagte er, seien eine expansionistische Macht, wovon das Netz militärischer Basen zeugte, das sie auf der ganzen Welt errichtet hätten, und auch der Gebrauch ihrer Wirtschaftsmacht, um über Westeuropa und Großbritannien und dessen Empire eine Einflußsphäre zu schaffen. In Shdanows Worten lag etwas Wahres, obwohl die Amerikaner das kaum erkennen konnten. Auch konnten die Russen nicht zugeben, daß die amerikanische Politik teilweise eine Antwort auf eine augenscheinliche Bedrohung durch Sowjetmacht und -einfluß war. Offensichtlich war Shdanow tief besorgt über die Erstarkung der westlichen Zonen in Deutschland und ihre Einbeziehung in ein politisches und wirtschaftliches System des Westens.

Die Sowjets reagierten auf die Schaffung eines solchen westlichen Blocks auf eine Art, die einem Racheakt gleichkam. Zynische Russen, zu denen sich übereifrige Jugoslawen gesellten, brandmarkten die französischen und italienischen Parteien ob ihres parlamentarischen Reformkurses, ihrer Volksfronthaltung – ein Kurs, der gerade beim letzten Treffen der Komintern im Jahre 1943 gebilligt und, was noch bedeutender ist, von Stalin selbst während und kurz nach dem Kriege vertreten worden war. «Während ihr kämpft, um nur in der Regierung zu bleiben», schmähte Shdanow die französischen Kommunisten, «werfen die euch raus.» Er verhöhnte die Italiener: «Ihr italienischen Kameraden seid größere Parlamentarier als de Gasperi selbst. Ihr seid die größte politische Partei, und doch werfen sie euch aus der Regierung raus.» Jacques Duclos, der Vertreter der französischen kommunistischen Partei, bekam einen Schock: er saß allein im Park, pendelte mit den Beinen und ließ sich nicht ansprechen. Er weinte richtiggehend vor Wut. Die italienische und die französische Partei verließen das Treffen in Polen mit der Marschorder, den Klassenkampf zu verstärken und – wie sie es mit zerstörerischen Streiks taten – gegen den Marshallplan und den amerikanischen Einfluß in Opposition überzugehen.

Politische Meinungsverschiedenheiten in Osteuropa sollten zu einem schnellen Ende gelangen. Shdanow kritisierte den «nationalen Kommunismus». Das war ein Angriff gegen Gomulka, der einen «polnischen Weg zum Sozialismus» vertreten hatte, der breit genug sei, um Kleinunternehmer und Bauern aufzunehmen. In Wahrheit hatte Gomulka der ganzen Idee einer Kominform Widerstand geleistet, doch mußte er dem russischen Verlangen nachgeben, demzufolge die Kominform Kollektivierung (nach sowjetischem Modell) als einzig gangbaren Weg zum Sozialismus sah. Zur gleichen Zeit wurde den ostdeutschen Kommunisten in Berlin mitgeteilt, daß es keine gesonderte deutsche Straße zum Sozialismus mehr gäbe. Das Kominformtreffen bedeutete den Beginn des stalinistischen Terrorregimes in Osteuropa, obgleich das Schlimmste noch bevorstand. Im Herbst 1947 bestand in der Tschechoslowakei immer noch eine Koalitionsregierung, obgleich sie immer mehr wie ein archäologisches Relikt, ein Überbleibsel aus einer anderen Zeit und einem anderen Geist wirkte.[41]

Inzwischen hatte die Truman-Regierung in Washington große Sorge, der Kongreß könne dem Marshallplan die Billigung verweigern, obwohl die von den Europäern vorgeschlagenen 20 Milliarden schon auf 17 Milliarden Dollar herabgesetzt worden waren. Die Politiker waren sicher, daß die Ablehnung durch den Kongreß zu einem Zusammenbruch Europas führen würde. Budgetbewußte Republikaner, die jetzt auf dem Capitol Hill die Mehrheit hatten und liberalen «Schenkungen» höchst bedenklich gegenüberstanden, stimmten laut gegen weitere Hilfsmaßnahmen. Sie bemängelten, daß diese die Unmenge bereits gebilligter oder vorliegender Programme noch erhöhten und daß (nach den Worten des Abgeordneten John Taber) «im Zusammenhang mit dieser Situation keine Geschäftsprinzipien zu erkennen seien». Auch bei den Verfahrensweisen gab es Widerstand, eine noch anhaltende Verärgerung wegen der dramatischen Art, in der die Truman-Doktrin vorgebracht worden war, was anscheinend jegliche echte Debatte unmöglich gemacht hatte.[42]

Um solche Kritiken abzubiegen, beteiligte das State Department Vandenberg eng an der Entwicklung des Marshallplans. Wenige Jahre später sollte Marshall sich erinnern, daß er und der Senator aus Michigan «einander nie hätten näherkommen können, ausgenommen, ich hätte mich auf Vandenbergs Schoß gesetzt oder er sich auf den meinen». Die Administration machte beträchtliche Anstrengungen, das Projekt dem Kongreß und der Öffentlichkeit zu verkaufen. Unzählige Sonderkomitees – einige vom Präsidenten, andere vom Kongreß ernannt, weitere bestanden aus angesehenen Laien, wie dem kürzlich pensionierten Henry Stimson – studierten die Angelegenheit. Alle berichteten, daß der Marshallplan für die nationale Sicherheit von wesentlicher Bedeutung sei und den Vereinigten Staaten wirtschaftlich helfen, sie aber nicht schädigen würde. Trotzdem blieb es immer noch schwierig, den Kongreß zur Zustimmung zu bewegen.

Hier müssen wir eine bedeutende Feststellung treffen. Wie durch die Truman-Doktrin versuchte die Exekutive bewußt, die öffentliche Meinung zu «erziehen» oder sogar zu manipulieren. Doch wie beim griechisch-türkischen Hilfsprogramm geschah es, um die Öffentlichkeit zu dem eigenen düsteren Weltbild zu bekehren. Die Argumente, mit denen die Regierung das Problem der Öffentlichkeit darlegte, entsprachen jenen, die auch privat innerhalb der politischen Beratungen geäußert wurden. Bei ihrem Versuch, die öffentliche Meinung Amerikas zu erziehen, mögen die amerikanischen Führer zwei Dinge verwechselt haben – die Sowjetunion als erklärten Urheber der wirtschaftlichen Notlage in Europa und die Sowjetunion als möglichen Nutznießer dieser Notlage. Aber damals konnten sie diese Unterscheidung nicht treffen. Als Marshall im April 1947 Moskau verließ, war er davon überzeugt, daß die Sowjetunion die europäische Gesundung absichtlich hinauszögerte, um ihre eigenen politischen Ziele zu erreichen.[43]

Das Gefühl der amerikanischen Politiker, unter Druck zu stehen, das von Anfang an stark gewesen war, nahm weiterhin zu, als sich offensichtlich zeigte, daß sie die Tiefe der Krise ständig unterschätzt hatten. «Soweit ich mich erinnere, habe ich nie eine Weltlage gesehen, die sich so schnell auf wirkliche Unannehmlichkeiten hinbewegte», schrieb Staatssekretär Lovett Ende Juli, «und ich habe das Gefühl, dies ist die letzte Gelegenheit, um eine Lösung zu finden.» Wenige Wochen später besuchte Henry Ford II Lovett in seiner Eigenschaft als Mitglied der präsidentiellen Luftfahrtkommission. «Er war noch pessimistischer als die obersten Stabschefs», berichtete Ford, «er meinte, jederzeit könne es zum Krieg kommen und daß im State Department täglich mindestens zwei Krisen ausbrächen.» Auch der Präsident teilte diese Meinung. «Die Briten sind jetzt zu unseren Problemkindern geworden», schrieb Truman im August an seine Schwester. «Sie haben ihren Bankrott beschlossen, und wenn der eintritt, wird das das Ende unseres Wohlstandes und wahrscheinlich auch dessen der ganzen

Welt sein. Dann kann Onkel Joe Stalin seinen Willen haben. Sieht so aus, als ob er ihn sowieso bekommt.»[44]

Im August und September folgte eine schlechte Nachricht auf die andere: Die geringste Weizenernte in Frankreich seit 132 Jahren! Extra-Rationen für die Ruhrkohlenbergarbeiter in der verzweifelten Hoffnung, dadurch ihre Produktionsleistung zu fördern! Fast völlige Erschöpfung der Dollarreserven in Frankreich und Italien, während in den USA die Preise weiterhin anstiegen! Viele europäische Länder mußten die Ankäufe lebenswichtiger Waren aus den USA einschränken! Und umfassende Streiks – die kommunistischen Parteien im Westen folgten jetzt deutlich einer Oppositions- und Vernichtungspolitik![45]

Der Planungsstab des State Department faßte die Situation zusammen: «Der Sicherheitsspielraum in Europa, sowohl unter wirtschaftlichen wie unter politischen Gesichtspunkten, ist äußerst dünn.» Die Leiter der amerikanischen Politik leiteten daraus die Folgerung ab, daß ein Marshallplan, mit dessen Annahme und Bewilligung um die Jahresmitte 1948 zu rechnen war, zu spät kommen würde, es sei denn, daß ohne Aufschub für Soforthilfe gesorgt würde.[46]

Ende September versammelte Truman eine kleine Anzahl von Kongreßmitgliedern im Cabinet Room des Weißen Hauses. «Ich hoffe sehr, daß wir darüber zu einer Entscheidung kommen und die Dinge in Gang setzen werden», sagte Truman. «General Marshall hat noch einmal die Schwierigkeiten dargelegt, die er mit Rußland in den Vereinigten Staaten hat, und Bob Lovett hat Ihnen alle Einzelheiten berichtet. Entweder müssen wir bis zum Beginn des Marshallplans ein Zwischenhilfsprogramm aufstellen, oder die Regierungen von Frankreich und Italien werden stürzen, die österreichische auch, und dann bleibt Europa kein anderer Ausweg, als kommunistisch zu werden. Der Marshallplan wird unterminiert, und die Frage ist, wie lange wir es in einer solchen Lage aushalten könnten. Das ist ernst. Ich kann nicht genug betonen, wie ernst.»

«Ich hatte gehofft, Mr. Präsident, daß es im Kongreß keine Sondersitzung geben würde», sagte Sam Rayburn. «Kann man da nichts machen?»

«Sieht nicht so aus, als ob wir das Geld auf andere Weise kriegen könnten, Sam», erwiderte Truman. «Der Kongreß muß handeln.»

«Das ist eben die Lage», fügte Lovett hinzu.

«Dann sollten wir den Plan besser gut, bis in alle Details ausarbeiten und alles so vorbereiten, daß wir ihn zu der Minute, da der Kongreß zusammentrifft, vorlegen können», sagte Rayburn.

«Der Kommunismus hat seine Aggressionskampage gestartet», sagte Charles Eaton, der Republikaner, der im House Foreign Affairs Committee den Vorsitz führte. «Wir sind der Gefahr in Griechenland und der Türkei schon begegnet. Wir müssen dem Kommunismus Einhalt gebieten, und ich bin bereit, mit Senator Vandenberg zusammenzuarbeiten.»

Doch Charles Halleck, der Führer der Majorität, mahnte zur Vorsicht: «Mr. Präsident, Sie müssen bedenken, daß diese Programme einem wachsenden Widerstand ausgesetzt sind. Ich war beim Wahlkampf dabei und weiß Bescheid. Die Leute mögen sie nicht.»

Am 15. Oktober summierte Clark Clifford die Gründe für eine außergewöhnliche Sitzung des Kongresses: «Die beiden wichtigsten Topics des Tages sind hohe Preise und Hilfe für Europa. Sie sind unvermeidlich aneinander gebunden. Die Lage wird mit jedem Augenblick schlechter ... In Frankreich breitet sich der Untergrundbahn- und Busstreik aus, und wir müssen mit ernsthaften Unruhen rechnen. Der Präsident muß einen Plan haben. Er muß sorgfältig durchdacht werden, so daß man ihn ohne weiteres zur Ausführung bringen kann.»[47] Am 23. Oktober verkündete Truman, daß er eine außergewöhnliche Sitzung einberufen wolle. Die Kampagne für die Auslandshilfe ging weiter. «Das Volk wird nie verstehen, warum der Präsident nicht von seiner angeblich großen Macht Gebrauch macht, um ihnen Benehmen beizubringen», schrieb Truman am 14. November an seine Schwester. «Nun, der Präsident ist jedoch ein berühmter Public-relations-Mann, der seine Zeit damit verbringt, Leute zu schmeicheln, zu küssen und zu stoßen, damit sie das tun, was sie eigentlich sowieso tun sollten.» Drei Tage danach legte er einer Vollversammlung des Kongresses seinen Vorschlag für fast 600 Millionen Zwischenhilfe für Frankreich, Italien und Österreich vor. Einen Monat später, nach noch mehr Schmeicheln, Küssen und Stoßen, war er in der Lage, die Gesetzesvorlagen zu unterzeichnen, die diese Nothilfe gewährten.[48]

Zwischen Trumans Botschaft und der Billigung der Zwischenhilfe kam es zum letzten Akt, dem Antiklimax, der Jalta-Theorie – dem Londoner Treffen des Außenministerrates. Wie im letzten Frühjahr in Moskau betraf das Problem die Verfahren der deutschen Friedensregelung und was – oder was nicht – mit den Reparationen zu geschehen habe. Von Optimismus war nichts mehr übriggeblieben, die Polarisierung war zu weit fortgeschritten. Amerikaner, Briten und Franzosen waren von vornherein der Ansicht, daß dieses Treffen zu keinem Ergebnis komme und sie nicht in der Lage sein würden, mit den Deutschen eine Friedensregelung auszuarbeiten, und sie darum aktiv werden und die westlichen Zonen konsolidieren sollten. Die Russen ihrerseits rechneten mit einer vereinten westlichen Front, die ein Trizonien zu etablieren plante, und waren über die bereits zur Fusion unternommenen Schritte äußerst verärgert.[49]

Mit Hinsicht auf das künftige Treffen der Außenminister hatte Robert Murphy im Oktober die Haltung der Regierung zu Deutschland dargelegt. «Wir haben die Einstellung vertreten, die Errichtung eines Staatsgefüges abzulehnen, bis es entweder zu einem Zusammenbruch der Viermächtebeziehungen in Deutschland oder zu einer Lösung kommt.» Wenn das Londoner Treffen jedoch keine Lösung brächte, «würden wir bald danach gezwungen sein, Westdeutschland politisch zu organisieren». Er fügte hinzu, «natürlich ist das ein ernster Schritt». Man würde den Vereinigten Staaten die Spaltung Deutschlands zur Last legen, doch war Murphy deswegen nicht allzu besorgt. «Wir werden diesem Vorwurf begegnen, wenn er erhoben wird, und sind darauf vorbereitet.» Er sah eine Gefahr voraus – Berlin – «eine Insel im Herzen der sowjetischen Zone». Die Russen, erklärte er, «könnten uns das Leben leicht unerträglich machen, und dann müßten wir Berlin verlassen. Aber wir haben nicht die Absicht, das zu tun.»

Die amerikanische Haltung war ein wenig paradox. Da sie von London nichts erwarteten, waren die Amerikaner in Verein mit den Briten dabei, als Alternative zu einer Viermächte-Besatzung die Grundlagen eines neuen westdeutschen Staates zu legen. Aber allein solche Vorbereitungen mußten gewiß sowjetische Verdächtigung und Obstruktion verstärken und damit gerade diesen Fehlschlag herbeiführen, der nach Überzeugung der Amerikaner und Briten unvermeidlich war. Gerechterweise muß man jedoch zugeben, daß der Verfall der Viermächtebesatzung monatelang, schrittweise, Tag für Tag stattgefunden hatte. Zum Zeitpunkt des Londoner Treffens begannen die Amerikaner gerade, an jeglichen Bemühungen für eine Viermächteregelung zu verzweifeln. Sie fürchteten sie sogar.* [50]

So standen die Argumente und Gegenargumente zu Beginn des Londoner Treffens am 25. Oktober 1947, doch handelte es sich nicht um Wesentliches – abgesehen von dem, was gegen Ende des Treffens geschah. Frankreich ließ keinen Zweifel daran, daß es nun dem westlichen Block angehörte; die Franzosen förderten sogar Geheimbesprechungen der drei westlichen Außenminister während des Londoner Rates, um über weitere mögliche Lösungen der Deutschlandfrage zu beraten.

Molotow erkannte seine Isolierung und reagierte darauf mit starrer Unerbittlichkeit und scharfer Propaganda. Wir erinnern uns, daß William Bullitt 1933 Molotows «herrliche Stirn» bewundert hatte, die ihn an einen «erstrangigen französischen Wissenschaftler von großer Ausgeglichenheit, Freundlichkeit und Intelligenz» erinnerte. Aber jetzt erkannten alle, daß Molotows Stirn eine Beule war, die anschwoll, wenn er sich unter Druck

* Am 6. November berichtete Marshall dem Kabinett, alles, was er von den Russen beim nächsten Außenministertreffen erwarte, seien «verschiedene Listen ... der Versuch, uns durch Vereinbarungen aus Westdeutschland herauszubekommen, die das Land ohne Schutz gegen ein kommunistisches Eindringen ließen». Er erklärte: «Die Weltlage wird noch von dem russischen Bemühen während der Periode der Nachkriegsfeindseligkeiten beherrscht, ihre virtuelle Herrschaft so weit wie möglich über die gesamte europäische Landmasse auszudehnen.» Er sagte, die Amerikaner würden den sowjetischen Forderungen beim Außenministertreffen Widerstand leisten und statt dessen darauf achten, «daß [Deutschland] besser in Westeuropa integriert wird», und darum die anderen westeuropäischen Länder drängen, Westdeutschland so aufzunehmen.

gesetzt fühlte.[51] Unter solchem Streß stand er zweifellos in London, als er einen Weg zu finden versuchte, die beginnende Vereinigung der drei westlichen Zonen Deutschlands zu verhindern. Seine hitzige Redeweise bestärkte die drei Westmächte jedoch nur in ihrem Beschluß.

Über Reparationen debattierten die beiden Seiten hin und her. Die Russen verlangten immer noch Reparationen im Wert von zehn Milliarden Dollar, die bis 1965 zu liefern waren. Dieser Forderung standen die Briten nicht ganz so ablehnend gegenüber wie die Amerikaner, vielleicht, weil sie die durch die Nazis verursachten Kriegsverwüstungen stärker empfanden. Doch lehnten beide Nationen in diesem Punkt jeden Kompromiß mit den Russen ab. Das State Department glaubte, der Kongreß würde, wenn die Sowjetunion von Deutschland Reparationen erhielte, nicht für eine Europahilfe stimmen.

Am 3. Dezember berichtete Bevin Harold Nicolson von seinen am Tag zuvor gemachten anstrengenden Bemühungen, in seinem eigenen Appartment ein offenes Gespräch mit Molotow zu führen.

«Sie können mich nicht als Rußlands Feind ansehen», hatte Bevin dem sowjetischen Außenminister gesagt. «Als unsere Regierung Ihre Revolution zertreten wollte, wer hat sie daran gehindert? Das war ich, Ernest Bevin. Ich rief die Transportarbeiter auf, und sie weigerten sich, die Schiffe zu beladen. Ich wollte, daß Sie Ihre Revolution auf eigene Art und ohne Einmischung ausführten. Auch jetzt spreche ich wieder als Freund. Sie spielen ein sehr gefährliches Spiel. Und ich kann nicht erkennen, warum. Sie können doch nicht wirklich glauben, daß irgendein Amerikaner gegen Sie in den Krieg ziehen will – oder wenigstens kein zurechnungsfähiger Amerikaner. Das wollen wir ganz gewiß nicht. Aber Sie spielen mit dem Feuer, Mr. Molotow ... Wenn es zwischen Ihnen und Amerika im Osten zum Kriege kommt, könnten wir neutral bleiben. Aber wenn es zwischen Ihnen und Amerika im Westen zum Kriege kommt, werden wir auf Amerikas Seite stehen. Geben Sie sich darüber keinem Irrtum hin. Das wäre das Ende Rußlands und Ihrer Revolution. Also hören Sie damit auf, sich aufzuplustern, und sagen Sie mir, auf was Sie aus sind. Was wollen Sie wirklich?»

«Ich will ein geeintes Deutschland», erwiderte Molotow.

Das war das einzige, was Bevin aus ihm herausholen konnte.[52] Hier müssen wir jedoch etwas erklären. Ein «geeintes Deutschland» hieß, Deutschland so als wirtschaftliche Einheit zu behandeln, daß die Russen aus den Westzonen Reparationen herausholen konnten. Es sollte auch die Geburt eines starken, westlich orientierten Westdeutschland verhindern.

Inzwischen breiteten sich in Frankreich von den Kommunisten geführte Streiks aus, die gegen den Marshallplan protestieren sollten. Mit Marshalls Erlaubnis verließ John Foster Dulles London am 4. Dezember, um die französische Lage aus erster Hand zu begutachten. Er kam mit einem alarmierenden Bericht zurück – die öffentlichen Verkehrsbetriebe funktionierten in Paris nur noch zeitweilig, sein eigener Zug hatte zurückfahren müssen, weil die Schienen gesprengt worden waren, die Industrie lag still. Während der Konferenz war man allgemein der Ansicht, Europa rolle auf einen Abgrund zu. Der Korrespondent der *New York Times*, C. L. Sulzberger, schrieb in sein Tagebuch, er sei nach Brüssel gekommen, «hauptsächlich, um ein Notstandssystem zu organisieren für den Fall, daß die Verbindung mit New York durch die Streikwelle unterbrochen würde; oder für den noch schlimmeren Fall, daß sie zu einer wirklichen politischen Gefahr würde und die Kommunisten die Macht in Europa ergreifen wollten . . . ich verteile auch große Geldbatzen an Korrespondenten in Frankreich, Belgien, Italien, Spanien, so daß sie im Notfall ihre Familien aus dem Chaos herausholen können.»[53]

Am 6. Dezember planten Bevin und Marshall heimlich, wie sie die Konferenz zum Scheitern bringen könnten.

«Wir sollten», meinte Bevin, «die Debatte über die noch ausstehenden Wirtschaftsfragen forcieren und auch unsere eigenen Anforderungen für eine politische Organisierung Deutschlands in einer Weise anmelden, die zutage bringt, daß das sowjetische Ziel eine kommunistische Beherrschung Deutschlands war.»

«Offengestanden», erwiderte Marshall, «in den USA würde man gern hören, daß ich die Konferenz abbreche und die Russen zum Teufel schicke.» Doch fürchtete er, eine solche allgemeine Zustimmung würde nicht von Dauer sein. «Es wäre klug, die Meinungsverschiedenheiten bei wirklich wichtigen Angelegenheiten darzulegen und zu verstehen zu geben, daß wir handeln müßten, wenn wir darüber keine Übereinstimmung erreichen könnten – dabei müssen wir jedoch immer deutlich machen, daß wir nicht ständig dagegen waren. Natürlich war es wichtig, unser Gelände sorgfältig zu wählen und es nach unserem besten Vorteil auszunutzen.»

Marshall, der nicht die Absicht hatte, eine lange Konferenz abzusitzen, verkündete, daß das Treffen sinnlos geworden sei. Am 11. Dezember berichtete er nach Washington: «Es ist ganz offensichtlich, daß Molotow nicht nur Zeit schinden will, sondern auch nachdrücklich und fast verzweifelt versucht, Vereinbarungen zu erreichen, die für uns in den kommenden sechs Monaten in Wirklichkeit keine Annäherung, sondern eher ein Handicap darstellen würden.»

«Wir stehen alle hinter Ihnen», kabelte Truman an Marshall.[54]

Während des Wochenendes vom 13. und 14. Dezember beschloß die amerikanische Delegation, die Sitzung zu beenden. Und so verlangte Marshall bei der siebzehnten Sitzung am Montag, dem 15. Dezember, nach einer letzten Reparationsdebatte eine Vertagung. «Aufgrund des sowjetischen Obstruktionismus konnte kein wirklicher Fortschritt mehr erzielt werden», sagte er. Molotow lehnte die Verantwortung für diese Sackgasse ab und beschuldigte Marshall, er suche eine Vertagung, «um den Amerikanern freie Hand zu geben, damit sie in ihrer Zone Deutschlands tun könnten, was ihnen paßte».

Der Rat, meinte Bidault, «sollte sich lieber vertagen, statt die Viermächtebeziehungen weiter zu verschlechtern». Darin wenigstens konnten die Außenminister übereinstimmen, sie vertagten sich, ohne für ein neues Treffen ein Datum auszumachen.

Der Abbruch schuf eine gewisse Erleichterung. «Die Russen waren wenigstens gegen eine feste Front angestürmt», sagte Marshall drei Tage später mit einiger Befriedigung. Doch erkannten die Minister die Schwere der Situation. Bidault hatte persönliche Sorgen, die sowjetisch-französischen diplomatischen Beziehungen könnten abgebrochen werden und in der Tschechoslowakei könne es unmittelbar zu einem Staatsstreich kommen.[55]

Der Rat führte zu zwei speziellen Ergebnissen. Erstens stimmten die Westmächte darin überein, weiter für die Erschaffung eines neuen westdeutschen politischen Staates zu wirken, wobei sie allerdings, wie Robert Murphy es formulierte, «unziemliche Hast» vermeiden wollten. Es sollte noch ein weiterer Versuch gemacht werden, Deutschland zu vereinigen; wenn der nicht klappte, würde Bizonien die Grundlage eines neuen Staates abgeben, der, wie man hoffte, auch die französische Zone mit umfassen würde. Sie beschlossen als wirtschaftliche Maßnahme gegen die Inflation eine deutsche Währungsreform, die, wenn sie ohne die Russen erfolgte, jedoch auch von großer politischer Bedeutung war. Wenn notwendig, wollten die westlichen Länder sie allein vollziehen, obwohl Clay es nicht für absolut unmöglich hielt, die Russen dazu mit herumzukriegen.

Zweitens beschlossen Bevin und Marshall, daß eine Art westlicher Allianz entstehen müsse. «Das Problem war», so sagte Bevin, «wohin die Macht gehen würde.» Er erläuterte weiter: «Wir müssen ein demokratisches Gefüge des Westens schaffen, das die Amerikaner, uns, Frankreich, Italien und so weiter und natürlich die Dominions umschließt. Hier würde es sich nicht um eine formelle Allianz, sondern um durch Macht, Geld und entschiedenes Handeln gestärktes Einverständnis drehen. Das wäre eine Art geistige Föderation des Westens.»

Es gab «keine andere Wahl», erwiderte Marshall. Man mußte die Ereignisse so nehmen, «wie der Strom floß».[56]

Kurz vor der Eröffnung des Außenministerrates hatte Edwin Pauley, der den damals eher ehrenamtlichen Posten eines Ratgebers für Reparationsfragen einnahm, an Marshall geschrieben: «Das kommende CFM-Treffen wird von außerordentlicher Bedeutung sein. Es wird eine der großen Spaltungen amerikanischer Politik auf diesem Gebiet herbeiführen.»

Pauley behielt recht. Der Londoner Außenministerrat bedeutete das Ende der Nachkriegsbeziehungen zu der Sowjetunion, die Roosevelt mitten im

Kriege so optimistisch, wenn auch vorsichtig, umrissen hatte. Diese Ansicht war durch eine trostlose Parodie der Diplomatie außer Kraft gesetzt worden. Noch genauer können wir sagen, daß die Grundsätze von Jalta schon einige Monate zuvor gestorben waren, nämlich im Frühjahr 1947 in Moskau. In London wurden sie begraben. Die Amerikaner blickten nun in andere Richtungen.

Nationen streben danach, weniger gefährlich zu leben, etwas mehr Sicherheit zu finden, und so antworteten die Amerikaner in einer Weise auf das, was sie fürchteten – auf die Kriegsdrohung –, indem sie sich selbst auf den Krieg vorbereiteten. Der alternde Admiral Leahy gab dem Konsens unter den amerikanischen Führern Ausdruck, als er am Tag nach dem Abbruch schrieb – in einer Abhandlung seines Tagebuches, der zufolge die Sackgasse über die Deutschlandfrage durch das sowjetische Bestehen auf Reparationen verursacht worden war –, das Konsortium sei zu Ende. «Keiner der Außenminister machte einen Vorschlag für ein weiteres Treffen, und nun wird man für die Friedensregelung in Europa eine andere Methode finden müssen.» Ein Schritt dazu, sagte er, sei der separate Vertrag mit einem westlich orientierten Westdeutschland, obwohl «die Sowjetunion dem wild widersprechen und dabei bis zum Einsatz von Militärmacht gehen würde». Er fürchtete in der Tat, Rußland würde beschließen, «unverzüglich seinen ‹unvermeidlichen› Krieg zu beginnen». Für Leahy gab es keine Wahl – die amerikanische Außenpolitik mußte militarisiert werden.

«Angesichts der sehr bedrohlichen Lage, der die westliche Zivilisation ausgesetzt ist», schrieb der Admiral, «glaube ich, die Vereinigten Staaten sollten unverzüglich mit einer teilweisen Mobilisierung der Verteidigungstruppen beginnen.»[57]

Es stellt ich heraus, daß die amerikanische Flugzeugindustrie nur einen wirklichen Kunden hat – die bewaffneten Streitmächte der nationalen Regierung. FORTUNE, *März 1948*

Um zu verhindern, daß die amerikanische Politik von Krisen beherrscht wird, ist der einzige Ausweg, in Krisen zu leben – auf den Krieg vorbereitet zu sein. FORTUNE, *Dezember 1948*[1]

XIII

Der Wiederaufbau des Arsenals

In der zweiten Hälfte von 1947 und in der ersten von 1948 begannen die Vereinigten Staaten mit jener «teilweisen Mobilisierung der Verteidigungstruppen», jener von Admiral Leahy befürworteten Bedingung des ständigen Bereitseins: einer weiteren Vergrößerung des stehenden Heeres, der Integration bedeutender industrieller und intellektueller Bereiche in dieses Heer und der Förderung einer antikommunistischen Allianz.

Diese Anzeichen des wachsenden nationalen Sicherheitsstaates wurden durch die Frühjahrskrise von 1948 erkennbar. Historiker und Memoirenschreiber neigen jedoch dazu, diese Krise zu übersehen, weil sie von den Ereignissen des vorangegangenen Frühjahrs, der Truman-Doktrin und dem Marshallplan, überdeckt wird.

Allgemein gesagt, brachte das Jahr 1946 innerhalb der politischen Elite den Sieg der Riga-Grundsätze und die Durchdringung dieser Anschauungen mit der Doktrin der nationalen Sicherheit, um die deutlichen Leitgedanken der amerikanischen Außenpolitik des kalten Krieges auszubilden. Das nächste Jahr 1947 war Zeuge von zwei Ereignissen: dem Verzicht auf die Diplomatie und ihrer «Vergleichspolitik» und der Übertragung der neuen Anschauung in eine Interventions- und Eindämmungspolitik. 1948 erlangte, wie wir sehen werden, die militärische Stärke vorrangige Bedeutung, Politiker bauten einen bedeutenden Teil des Kriegsarsenals wieder auf, wozu die Errichtung einer permanenten Kriegswirtschaft gehörte. Die Frühjahrskrise war die Schmiede, in der diese Wechsel Gestalt annahmen.

Im Herbst und Winter 1947/48 hatten sich die führenden Zivilisten der Truman-Regierung gegen jegliches Anwachsen des Militärbudgets ausgesprochen. Weder wollten sie den anspruchsvollen Auslandshilfeprogrammen Geld entziehen noch die Aufmerksamkeit des Kongresses von diesen Geldbewilligungen ablenken. Auch bestand eine echte Furcht vor dem Druck, dem ein wachsendes föderales Budget die nationale Wirtschaft aussetzen würde. Truman und seine Ratgeber verlangten statt dessen, daß die Militärgattungen Konflikte über Aufgaben- und Einsatzbereiche beilegten und so durch Verhinderung von Doppelbelastung angebliche Einsparungsmaßnahmen träfen.

Doch nahmen die Waffengattungen die diplomatischen Schwierigkeiten mit der Sowjetunion wahr, um Rußland in seiner Eigenschaft als Feind hochzuspielen und so ihre expansive Doktrin der nationalen Sicherheit und ihre Beweggründe einer Wiederaufrüstung abzustützen. Der Marshallplan war für sie das Signal zur Erweiterung der militärischen Rolle in der Außenpolitik. Sie bestanden, wie sich Staatssekretär James Webb erinnerte, «auf dem sofortigen Beginn eines erheblichen Aufbauprogramms».

«Ich möchte nachdrücklich darauf hinweisen, daß meiner Ansicht nach innerhalb weniger Monate eine schwere Kriegsgefahr mit Rußland dasein wird», schrieb der Kommandeur der amerikanischen Luftstreitkräfte im Fernen Osten im Dezember 1947 an den Luftwaffengeneral Spaatz. «Wie der tote Punkt in London zeigt, wird die Weltlage weiterhin schlechter durch das wachsende innenpolitische Chaos in Frankreich und Italien und durch den Kräfteverfall der Zentralregierung in China. Die UdSSR hat sich auf dem Weg der Aggression so weit nach vorn bewegt, daß sie in derselben Richtung weitergehen muß. Die öffentliche Meinung Amerikas wird schließlich einen Stillstand der UdSSR verlangen, auch wenn die amerikanische Militärmacht ihr nicht gewachsen ist. Hier draußen im Fernen Osten müssen wir bereit sein.«[2]

Das Verlangen nach Erweiterung war eine Fortsetzung der Zusammenlegungsdebatte mit anderen Mitteln. Trotz des zwischen Robert Patterson und James Forrestal Anfang 1947 geschlossenen Waffenstillstandes hatte das Ringen unter den Waffengattungen noch sechs Monate angedauert, ohne daß die Leidenschaften sich abgekühlt hätten. «Hinsichtlich ihrer *public relations* können wir viel von der Marine lernen», schrieb W. Stuart Symington, Staatssekretär für die Luftwaffe im Verteidigungsministerium, an General George Kenney, den Oberbefehlshaber des strategischen Luftkommandos, Ende Mai 1947. «Wir könnten im Zusammenlegungsstreit jetzt in die Schlußrunde eingetreten sein, ein Streit, der die Luftwaffe ganz besonders angeht, denn wenn wir ihn nicht gewinnen und der Krieg amtlich als beendet erklärt ist, wird die Luftwaffe in ihre vorherige, unmögliche Stellung, als geringfügiges Anhängsel des Verteidigungsministeriums, zurückkehren.»[3]

In der letzten Juliwoche endlich verabschiedete der Kongreß ein Kompromißgesetz für nationale Sicherheit, das der Luftwaffe Unabhängigkeit gewährte. Am 26. Juli trat es durch Trumans Unterschrift in Kraft. Der Präsident hätte Robert Patterson gern auf dem neuen Posten eines Verteidigungsministers gesehen, aber Patterson lehnte ab, weil er, wie er sagte, nach New York zurückkehren wollte, um dort Geld zu machen. Truman wandte sich an James Forrestal, der sogleich annahm.[4]

Dieses «Unifizierungs»-Gesetz zeitigte keine wirkliche Unifizierung, sondern eher eine Koordinierung nach den Richtlinien des Eberstadt-Reports. Die Befugnisse des Verteidigungsministers waren begrenzt.

Der grundsätzliche Streit von Luftwaffe und Marine über Aufgaben- und Einsatzbereiche wurde jetzt von der Organisation auf das Thema der Geldbewilligung verlegt. Wie General Ira Eaker einer Zuhörerschaft der Nationalen Kriegsakademie verkündete, wurde das Militärbudget jetzt zum «beherrschenden Faktor» und zum «wichtigsten Topic».[5] Die Budgetstreitigkeiten betrafen vor allem den Wettstreit zwischen dem Langstreckenbomber B-36 der Luftmacht und einem «Super»-Flugzeugträger der Navy. Nach der Doktrin strategischer Bombardierungen war die Luftmacht überzeugt, daß B-36 ihr das Monopol sichern würde. Sie wollte eine «70-Gruppen»-Stärke errichten, die, wie ein Beobachter jener Zeit bemerkte, «die expansiven Absichten der Luftmacht symbolisierte». Die Luftmacht verlangte nach Stützpunkten in Gebieten wie dem Mittelmeer, um so eine Alternative zu der Flugzeugträgerflotte der Marine zu haben.[6]

Durch die Rivalität zwischen Marine und Luftmacht wurde die Darstellung der sowjetischen Gefahr verstärkt. Um Budgetanforderungen Rechtsanspruch zu verleihen, dachte sich jede Gattung angemessene Bedrohungen aus, der nur sie begegnen konnte, während sie gleichzeitig die von anderen Gattungen vorgebrachten Bedrohungen herunterzuspielen suchte. Im Dezember 1947 sprach Marineminister John Sullivan besorgt von der sowjetischen U-Boot-Flotte. «Die Deutschen haben mit weniger als 50 operierenden U-Booten beinahe die Atlantikschlacht gewonnen», erklärte er einer präsidentiellen Kommission. «Die Russen besitzen fünfmal soviel operierende U-Boote. Sie sind in der Lage, in der kürzesten Zeitspanne eine große Anzahl U-Boote neuester Bauart zu produzieren, die allen, die von der deutschen Kriegsmarine im Zweiten Weltkrieg eingesetzt wurden, weit überlegen sind.» Später im Monat versicherte der Leiter des Luftwaffennachrichtendienstes, General Spaatz, daß die Bedrohung durch russische U-Boote nur in der Einbildung bestünde. «Das gegenwärtige sowjetische Schreckgespenst, das angeführt wird, ist völlig übertrieben und ohne Realitätsbezug dargestellt.»[7]

Der Nachdruck, mit dem Forrestal 1944 in den Nachkriegsplanungen der Marine für einen Ausbau der See-Luft-Macht eingetreten war, sollte nun zum Kern der Marinestrategie werden. Mit anderen Worten, nicht nur die Luftwaffe, sondern auch die Marine war von der Luftmacht abhängig. Damit schlossen sie sich nur einem allgemeinen Trend der amerikanischen Politiker an, nämlich dem Glauben, Luftmacht sei nach den Worten Robert Pattersons «das wirksamste Mittel nationaler Politik, das wir besitzen».

Luftmacht war aus vielen Gründen attraktiv. Sie erforderte mehr materiellen als menschlichen Einsatz und ermöglichte somit eine Alternative zu einer von altersher unpopulären Maßnahme – einem großen stehenden Heer. Auch paßte diese Auffassung in doppelter Hinsicht zu Amerikas geographischer Lage: sie glich den Nachteil aus, eine Armee schnell nach Europa überführen zu müssen, während der eigentlich wunde Punkt der Vereinigten Staaten – wenn sie überhaupt einen hatten – fast ausschließlich an ihrer «Luftgrenze» lag. U-Boote stellten kaum eine wirkliche Gefahr dar. Viele waren zu der Überzeugung gelangt, daß der entscheidende Faktor des nächsten Krieges die Luftmacht sein würde. Die Luftmacht würde Amerikas Fortschrittlichkeit entsprechen und die Industrien der Nation ermutigen, Technologien zu entwickeln und zu mobilisieren. Für sie tat sich ein neuer bedeutender Industriesektor auf. Schließlich hatte die Luftmacht – ob nun Marine oder Luftwaffe – beim Volk ein tiefverwurzeltes Ansehen.[8]

1947 und 1948 bekannten sich weite Kreise zur Luftmacht-Rolle. Der wichtigste davon war die Air Policy Commission des Präsidenten. Truman errichtete die Kommission, deren fünf Mitglieder dem Rechtsanwalt Thomas Finletter unterstellt waren, im Juli 1947, um eine integrierte nationale Luftstrategie zu erarbeiten. Nach über 200 Konferenzen und Anhörung von über 150 Zeugen gab sie am 1. Januar 1948 einen weit verbreiteten Bericht, *Survival in the Air Age* (Überleben im Zeitalter der Luftfahrt). Mit ihrer offenen Unterstützung des grundlegenden Ziels der Luftwaffe, einer 70-Group Air Force, stellte die Kommission sich deutlich auf die Seite derselben.[9]

Für uns ist jedoch besonders die Art von Bedeutung, in der durch die expansive Doktrin der nationalen Sicherheit die Luftwaffe an nationaler Bedeutung gewann. Viele Zeugen formulierten deutlich eine solche Ansicht. «Vor diesen letzten beiden Kriegen bestand unsere Auffassung von Sicherheit in der Unverletzlichkeit unseres Gebietes und der Freiheit von der Gefahr einer Invasion oder eines Angriffes», sagte James Forrestal der Kommission am 3. Dezember 1947. «Nach meiner eigenen Ansicht – die, wie ich glaube, von den meisten geteilt wird – ist unsere Sicherheit sehr viel weiter zu sehen ... Man kann nicht von amerikanischer Sicherheit reden, ohne von Europa, dem Mittleren Osten, der Freiheit und Sicherheit der Seewege und der hundert Millionen unterernährter, frustrierter menschlicher Wesen auf der ganzen Welt zu reden ... In dieser besonderen Hemisphäre ein Sparta zu sein und überall sonst in der Welt das Chaos herrschen zu lassen würde uns nicht gut bekommen. Wir könnten einige Zeit überleben, aber ich glaube nicht, daß wir das unser Lebtag könnten.»

«Athen wäre besser dran gewesen, wenn es etwas stärker gewesen wäre, nicht wahr?» fragte Chairman Finletter.

«Hätte Athen ... etwas weniger Philosophie und etwas mehr Schilde gehabt, wäre das eine gute Kombination gewesen», erwiderte Forrestal.[10]

Der Bericht betraf folgende Themen: «Unsere nationale Sicherheit muß im Verhältnis zu den Gegebenheiten des modernen Krieges neu definiert werden ... Da wir innerhalb der Zukunft, die es jetzt vorzubereiten gilt, nicht mit der Schaffung einer Weltregelung rechnen können, die ihr unter dem Gesetz absolute Sicherheit gewährleisten würde, müssen wir nach dem Nächstbesten suchen – das heißt: relative Sicherheit unter dem Schutz der eigenen Waffen.»

Die Finletter-Kommission verlangte ein stehendes Heer, das «um die Luftwaffe errichtet und auf Grundlage der Luftmacht» Mittelstück eines Staates sein sollte, der sich um die Doktrin der nationalen Sicherheit organisierte. Die Kommission verlangte «einen Bereitschaftsgrad – der im amerikanischen Leben neu» war.

«Die Erschaffung eines starken stehenden Heeres, das fähig ist, das Land zu verteidigen», fuhr er fort, «wird einen unverhältnismäßigen Anteil der Regierungsgewalt in die Hände des Militärs legen und gleichzeitig den Zivilbereichen der Regierung neue und schwere Bürden auferlegen, die in Beiträgen zur nationalen Sicherheit bestehen ... Unsere Politik einer relativen Sicherheit wird uns dazu zwingen, in Friedenszeiten eine größere Heeresmacht zu unterhalten, als es je ein unabhängiger Staat getan hat.»[11]

Der Bericht veranschaulichte zwei verschiedene Auslegungen der Luftmacht. Eine, die man als «Kriegs-Kampf» bezeichnen könnte, behauptete, daß Luftmacht die prompteste Art von Militärmacht für die Vereinigten Staaten sei. Dies entsprach der grundsätzlichen Anschauung der Luftwaffe und anderer Waffengattungen. «Die unterschwellige Angst vor Rußland, die Italien, Frankreich, England und Skandinavien lähmt, kann unserem Land durch die Fähigkeit erspart bleiben, Atomzerstörungen durch die Luft herbeizuführen», erklärte General Spaatz der Kommission. «Wenn Rußland die USA bekriegt, was, wenn seine gegenwärtige Einstellung andauert, geschehen wird, kann nur eine mächtige Luftmacht schnell und hart genug zurückschlagen, um die völlige Vernichtung unserer Nation zu verhindern.»[12]

Etwas komplizierter war der Begriff der «Abschreckung». Bernard Brodie war vermutlich der erste Nachkriegsstratege, der ein auf Nuklearwaffen beruhendes Abschreckungskonzept forderte.[13] Doch betonten einige, die vor der Finletter-Kommission bezeugten, die Rolle der amerikanischen Luftmacht als Schlüsselelement der Abschreckung. «Zu einer der wesentlichsten Bedingungen, um einen Krieg mit der Sowjetunion zu vermeiden, rechne ich die Erhaltung einer starken angemessenen Luftmacht, die fähig ist, bei einem Angriff von ihrer Seite Vergeltung zu üben», bestätigte Averell Harriman. «Es gibt keinen anderen Weg, aggressive Unternehmungen von seiten der Sowjetunion für dieselbe kostspielig zu machen, außer durch einen Luftangriff ... Nach meinen eigenen Beobachtungen und Diskussionen mit Spitzenpolitikern der Sowjetunion ... war für mich ganz offensichtlich – daß die Führer der Sowjetunion nur eines fürchten, und das ist die amerikanische Luftmacht.»[14]

Die Finletter-Kommission bekannte sich zu beiden Ansichten: «Relative

Sicherheit kann nur in einer Politik liegen, die die Vereinigten Staaten so stark bewaffnet, daß andere Nationen mit einem Angriff auf uns oder unsere lebenswichtigen Interessen aufgrund der Heftigkeit des Gegenangriffs, den sie dann zu fürchten hätten, zögern und daß wir im Falle eines Angriffs fähig sein werden, ihn zum frühesten Zeitpunkt zurückzuschlagen.» Die Finletter-Kommission fürchtete, «unsere schwerste Gefahr» sei ein möglicher Widerwille der Nation, «die finanzielle Belastung» eines vergrößerten stehenden Heeres zu tragen.[15] Sie schlug vor, die Regierung solle mittels militärischer Aufträge eine ständig wachsende Flugzeugindustrie fördern – und diese Industrie sollte faktisch in das stehende Heer eingegliedert werden.

In ihrem Bekenntnis zur Luftmacht war die Finletter-Kommission somit nur die prominenteste vieler anderer Stimmen.[16]

Über die Flugzeugindustrie waren zwei Dinge klar geworden: Sie war wirtschaftlich schwach, und ihre Zukunft hing von Militäraufträgen ab. Die Industrie – sie bestand im wesentlichen aus dreizehn Flugzeuggerippebauern und zwei Motorenherstellern – war in Schwierigkeiten. Der Wert der jährlich produzierten Flugzeugrümpfe fiel von 167 Milliarden in der Kriegszeit 1944 auf 6 715 Millionen Dollar 1947. Während 1944 noch 96 000 Flugzeuge hergestellt worden waren, sank die Produktion 1947 auf 1 800. Die Industrie, die im Krieg als erste auf der Produktionsliste gestanden hatte, fiel 1947 auf den sechsten Platz zurück. 1946 verlor sie 80 Millionen Dollar – und 1947 115 Millionen.

Die erhofften und erwarteten zivilen Aufträge für die Luftfahrt nach dem Kriege hatten sich als trügerisch erwiesen, und für eine Produktion in großem Ausmaß hatten die Firmen nicht mehr die Rücklagen aus der Kriegszeit zur Verfügung. Die Industrie machte die Erfahrung, daß sie viel mehr von Militäraufträgen abhängig war, als man jemals angenommen hatte. *Aviation Week* schätzte im Februar 1948, daß 90 Prozent der Flugzeuggeschäfte direkt oder indirekt militärischer Natur waren.[17]

1947 und 1948 führte die Industrie eine machtvolle öffentliche Kampagne, die zwei Ziele hatte: erstens, die Regierung dazu zu bringen, das Bestehen einer Industrie zu unterstützen, die größer war als der zivile Bedarf; zweitens, die wesentlichen Militäraufträge für die Flugzeugindustrie zu erhöhen.[18] Militär und Presse machten dabei mit. «Da wir in einer gefährlichen Welt leben, ist es nicht übertrieben zu sagen, daß der gegenwärtige Zustand der Flugzeugindustrie ein ebenso schweres industriell-wirtschaftliches Problem darstellt, wie es heute in den USA besteht», warnte *Fortune*. «Es hat sich herausgestellt, daß die amerikanische Flugzeugindustrie nur einen wesentlichen Kunden besitzt – die Streitmächte der Regierung. Das hieß», so erklärte *Fortune*, daß die Industriemanager, während sie ihren Glauben an das «freie Unternehmertum» betonten, in Wirklichkeit zu der

Erkenntnis gekommen waren, daß sie ohne einen großen, von der Regierung «gewährleisteten Markt» nicht im Geschäft bleiben konnten.[19]

Es galt nicht nur, die Industrie am Leben zu erhalten, sie mußte wieder einmal vergrößert werden, ein Problem, das in die Sprache der nationalen Sicherheit übertragen wurde. «Während die Luftmacht der Vereinigten Staaten den gegenwärtigen Anforderungen der nationalen Sicherheit entsprechen mag», erklärte *Aviation Week* im Februar 1948, «wächst die Meinung, daß außergewöhnliche sowohl quantitative wie qualitative Steigerungen notwendig sind, um den Anforderungen der nächsten Zukunft zu entsprechen.»[20]

Es war nicht ganz klar, ob die Luftmacht die Budgetunterstützung erhalten würde, die von Industrie und Militärs für notwendig erachtet wurde. Im Jahre 1948 verlangte Truman vom Kongreß eine Erhöhung des Budgets für das Marineflugwesen für das Steuerjahr 1949 (1948-1949) um 35 Prozent. Insgesamt wurden 54 Prozent des gesamten Militärbudgets im Steuerjahr 1949 für das Flugwesen bestimmt, während der Satz im Verhältnis zum Gesamtbudget 15 Prozent betrug. Im Februar empfahl das Air Coordinating Committee Truman, die Militärflugzeugproduktion zu verdreifachen, sowohl wegen der «internationalen Lage» als auch wegen des zu geringen Zivilbedarfs, der nicht groß genug war, um die Kapazität für einen «Notfall» zu erhalten.

Aviation Week berichtete jedoch, daß die Aussichten für eine Erweiterung des Programms trübe seien: «Obwohl die Air Policy Commission des Präsidenten und jetzt auch das vereinigte Congressional Board Mittel für höhere Militärausgaben organisiert haben, bleibt der politische Druck für politisch berechnete Geldzuwendungen stärker. Da der republikanische Kongreß danach strebt, das Niveau der föderalen Ausgaben zu senken, und Abstriche an politischen Geldzuwendungen in einem Jahr der Präsidentschaftswahlen unwahrscheinlich sind, ist die Aussicht für eine wesentliche Erhöhung der Luftfahrtsbudgets nicht glänzend.»[21]

Die folgende Frühjahrskrise veränderte die Budgetplanungen.

Die Frühjahrskrise begann im Winter 1947/48 in der Tschechoslowakei. Die Koalition der Kommunisten und Nichtkommunisten, die das Land regierte, war ein Überbleibsel der Großen Allianz, die letzte Brücke zwischen den beiden Blöcken. Grundlage der Koalition war die sowohl von Präsident Eduard Beneš als auch Außenminister Jan Masaryk vertretene Auffassung, daß die Tschechoslowakei sowohl nach Osten wie nach Westen blicken sollte. Sie wußten jedoch auch, daß der Erfolg ihres Unternehmens von Ereignissen außerhalb der Tschechoslowakei abhing, nämlich einem Modus vivendi zwischen der Sowjetunion und den Vereinigten Staaten. Die seit dem vergangenen Sommer angestiegene Spannung – die sich im Marshallplan, der Kominform, der Konsolidierung der Blöcke, dem Abbruch der Diplomatie widerspiegelte – machte die Koalition immer unbeständiger. Der sowjetisch-amerikanische Konflikt begann sich in internationalen Rivalitäten zu reflektieren.

Überraschenderweise hatte der Westen, insbesondere die Vereinigten Staaten, die Tschechoslowakei bereits dem Ostblock zugeschrieben. Beneš und Masaryk waren zu dem Schluß gekommen, daß ein angemessener Grad internationaler Unabhängigkeit nur bewahrt werden konnte, wenn sie die Lage des Landes innerhalb der sowjetischen Sphäre durch Befolgung der außenpolitischen Linie der Sowjetunion akzeptierten. Bei einer Reise nach Washington im Herbst 1947 erklärte Masaryk, sie seien «von den westlichen Nationen, die ihnen unmittelbare Hilfe gewähren könnten, durch eine große Entfernung getrennt und gezwungen, aus einer durch ihre Nachbarschaft mit der Sowjetsphäre schwierigen Lage das Beste zu machen». Er fügte hinzu, er sei «nicht immer frei, die Haltung einzunehmen, die er gern wollte, und daß die tschechoslowakische Politik der der USA in die Quere kommen müsse».* (Masaryk hatte sich mit der Unsicherheit seiner und Beneš' Lage abgefunden, und – während er manchmal optimistisch und überschwenglich und manchmal melancholisch war – man konnte immer auf seine Ironie rechnen. Ein westlicher Freund fragte ihn einst, ob es für ihn nicht schwierig sei, als obersten Vertreter im Außenministerium einen Kommunistendiener zu haben. Im Gegenteil, erwiderte Masaryk, es beschleunige die Angelegenheiten ungeheuer und erspare Telefonanrufe nach und von Moskau.)

Solche Erklärungen, wie er sie hier in Washington gab, waren von geringem Nutzen. Amerikanische Beamte weigerten sich, die Bedeutung der geographischen Lage des Landes einzusehen, und konnten auch den Unterschied zwischen der tschechischen Innen- und Außenpolitik nicht wahrnehmen. James Riddleberger schrieb über Masaryk an Botschafter Steinhardt: «Ich teile Ihre Enttäuschung über diesen Mann, der wohl von seinem Hintergrund und Namen hätte Gebrauch machen können, um zugunsten prowestlicher Elemente gegen die kommunistischen Extremisten vorzugehen und ernsthaft zu versuchen, die Regierung auf einen Kurs zu bringen, der ihr die Sowjetunion nicht entfremdete, aber gleichzeitig eine freundliche

* Masaryk hätte, was er allerdings nicht tat, hinzufügen können, daß die Sowjets an der Tschechoslowakei ein ganz besonderes Interesse hatten – das Land war wahrscheinlich ihre bedeutendste Uranquelle. Das muß den Versuch der Russen, die Tschechoslowakei sicher in ihrer Sphäre zu behalten, stark motiviert haben. Eugen Loebl, stellvertretender Außenhandelsminister bis Ende 1949, schätzt, daß, wenn die Russen aufgrund eines Fünfjahresvertrages das tschechische Uran zu Weltmarktpreisen gekauft hätten, die Tschechoslowakei über zwei Milliarden Dollar erhalten hätte. Die bekanntesten Zwangsarbeitslager in der Tschechoslowakei nach 1949 waren jene, die zu den Uranbergwerken gehörten. Einige Jahre später entstand der Brauch, die Söhne von «kapitalistischen und Mittelklassefamilien» statt des Militärdienstes zu dieser Zwangsarbeit zu verpflichten.

Einstellung zu den Vereinigten Staaten bewahrte. Nach meiner Beurteilung ist er schwach oder blind gewesen.»[22]

In der Tschechoslowakei hatten die Kommunisten in der Bevölkerung mehr Rückhalt als irgendwo sonst in Osteuropa. Bei den Maiwahlen von 1947 gewannen sie 37 Prozent der Stimmen. Ohne diese Popularität wären die Kommunisten zwei Jahre später nicht so leicht an die Macht gekommen. Unglücklicherweise trug die amerikanische Politik hinsichtlich der Tschechoslowakei dazu bei, die Kommunisten öffentlich abzustützen. Amerikanische Spitzenpolitiker glaubten, sie könnten die amerikanische Wirtschaftsmacht benutzen, um die tschechische politische Lage zu beeinflussen – indem sie Hilfe nicht anboten, sondern verweigerten. «Sie brauchen keinerlei Sorge zu hegen, das State Department könnte irgendwelchen lächelnden Überredungskünsten Masaryks nachgeben», versicherte Riddleberger Steinhardt im Dezember 1946. Im Juni 1947 gelangte Steinhardt zu der gleichen Schlußfolgerung: « Meine über fünfundzwanzigjährige Erfahrung lehrt mich, daß die Hoffnung, Kredite zu erlangen, für uns sehr viel mehr bewirkt hat als die Vergabe dieser Kredite ... Wenn wir der Tschechoslowakei Kredite gewähren, sollten wir, meiner Ansicht nach, sehr viel weniger erwarten als eine Belohnung für angemessenes Verhalten, die darin besteht, verschiedene ausstehende Angelegenheiten zu regeln, sondern lieber ein Auge auf die zunehmenden antikommunistischen Kräfte in der Regierung haben.» Steinhardt fürchtete, eine verfrühte Gewährung von Krediten könne diese Kräfte schwächen.[23]

Die Verweigerung der Hilfeleistung schadete im Gegenteil jenen Kräften, indem sie ihr Ansehen im Volk unterminierte. Sie schuf den Eindruck, der Westen gäbe die Tschechoslowakei auf, und zwar zu einem Zeitpunkt, wo die Sowjetunion Hilfe zu gewährleisten schien. Die prowestlichen Politiker schienen unfähig, etwas zu bewirken, die Kommunisten nicht. Das Fehlen wirtschaftlicher Bindungen zwischen der Tschechoslowakei und dem Westen bedeutete, daß die Kommunisten sich weniger um die Folgen ihrer Machtübernahme sorgen mußten; es gab nicht viel zu verlieren. Gewiß hätten weitere Hilfeleistungen im Kongreß einigen Widerstand hervorgerufen, insbesondere nachdem die Tschechoslowakei den Marshallplan abgelehnt hatte. Aber durch das Ausbleiben der Hilfeleistung wurden die Nichtkommunisten im Stich gelassen.

Die Sommerernte von 1947 war sehr schlecht gewesen – an Korn wurden nur 63 Prozent der erwarteten Menge geerntet, an Kartoffeln nur 48 Prozent. Im Herbst brauchte die Tschechoslowakei unbedingt Nahrungsmittel aus dem Ausland, und zwar schnell. Die Regierung wandte sich an die Vereinigten Staaten. Masaryk versuchte Washington zu erklären, daß ihre Außenpolitik der Tschechoslowakei aufgezwungen sei, doch gelang es ihm nicht. Die Vereinigten Staaten hielten fest an einer Politik, den Tschechen ohne größere Revision ihrer politischen Haltung Nahrungsmittel und Anleihen zu verweigern. Die Russen jedoch versprachen mit Fanfarengetön 600 000 Tonnen Getreide – genügend, um fast 40 Prozent des Ernteausfalls zu decken. «Diese verdammten Amerikaner», soll Außenhandelsminister Ripka im Dezember 1947 in Moskau gesagt haben. «Ihretwegen müssen wir hierherkommen und auf der vorgeschriebenen Linie signieren. Wir haben den Amerikanern berichtet und um 200 000 bis 300 000 Tonnen Weizen gebeten. Und diese Idioten begannen die übliche Erpressung ... Zu diesem Zeitpunkt wandte Gottwald sich an Stalin, der uns den erforderlichen Weizen versprach ... Und nun haben diese Idioten in Washington uns direkt ins stalinistische Lager getrieben ... Die Tatsache, daß nicht Amerika, sondern Rußland uns vor der Hungersnot errettet hat, wird innerhalb der Tschechoslowakei ungeheure Auswirkungen haben – selbst bei Leuten, deren Sympathien eher dem Westen als Moskau gehören.»[24]

Auch durch eine unvermeidliche Nebenwirkung ihres Beschlusses, die Wirtschaft der Westzonen in Deutschland wiederherzustellen, unterminierten die Amerikaner die westlich orientierten Politiker in Prag. «Natürlich mögen die Tschechen die Deutschen nicht», erklärte Steinhardt einer Zuhörerschaft der Nationalen Kriegsakademie im Dezember 1947. «Das ist eine der größten Schwierigkeiten, mit denen ich dort fertig werden muß ... Was ich ganz stark empfinde, und das gilt für Nichtkommunisten wie für Kommunisten – ist ihr Ressentiment, daß wir Deutschland zu schnell aufbauen ... Sie meinen, sie müßten auf die Russen rechnen, um Schutz gegen Deutschland zu finden. Bei solchen Gefühlen können Sie durchaus als sicher annehmen, daß nichts, was wir in Deutschland aufbauen, der Tschechoslowakei gefallen wird.»[25] So trugen die amerikanischen Bemühungen in Deutschland zur Unterstützung der tschechischen Kommunisten bei.

Im Sommer 1947, und mehr noch nach dem Kominformtreffen, nahmen die politischen Kämpfe innerhalb des Landes zu. Bittere Anklagen wegen Spionage, Subversion und Staatsstreichen flogen hin und her. Der tschechische Schachmeister Ludek Pachman, damals ein aktiver Kommunist, schreibt in seinen Memoiren, die Partei habe Mitglieder im Herbst 1947 darauf hingewiesen, es sei «notwendig, vor den Wahlen auf eine entscheidende Begegnung mit den Reaktionären vorbereitet zu sein», und daß beträchtlicher Aufwand für die Organisation einer «Volksmiliz» aufgebracht würde. Steinhardt, der Premierminister Gottwald als Nationalisten und Kommunisten eher respektierte, bemerkte, daß der Premierminister seine Zuvorkommenheit und Sicherheit verloren hatte und statt dessen so «unbehaglich und nervös wie eine Katze» handelte.

Wenn es zu jener Zeit auch noch nicht selbstverständlich war, so hatten doch viele höhere amerikanische Beamte die Tschechoslowakei im Gegensatz zu den Westeuropäern jetzt abgeschrieben. Am 6. November 1947 berichtete Außenminister Marshall im Verlauf einer höchst geheimen Lagebesprechung dem Kabinett: «Der Halt beim kommunistischen Vormarsch zwingt Moskau, seine Macht in Osteuropa zu festigen. Es wird vermutlich scharf gegen die Tschechoslowakei vorgehen, denn eine relativ freie Tschechoslowakei könnte für Moskaus politische Lage ein Pfahl im Fleisch werden ... Solange die kommunistische Macht in Europa vorrückte, war es für die Russen von Vorteil, den Tschechen den äußerlichen Anschein von Freiheit zu lassen. Auf diese Weise konnte die Tschechoslowakei für weiter westlich gelegene Nationen als Köder dienen. Nun, wo Gefahr besteht, daß die politische Entwicklung eine andere Richtung einschlägt, können sich die Russen diesen Luxus nicht mehr leisten. Die Tschechoslowakei könnte zu leicht der allgemeine Eingang für wirklich demokratische Kräfte nach Osteuropa werden. Das Ausradieren demokratischer Institutionen und die Festigung der kommunistischen Macht in der Tschechoslowakei werden den politischen antikommunistischen Untergrundbewegungen im sowjetischen Satellitenbereich einen bedeutenden neuen Antrieb geben. Darum führen die Russen diesen Schritt nur widerwillig aus. Es handelt sich um eine reine Defensivbewegung.»

Dennoch hatte Washington das Land viel zu schnell abgeschrieben. Trotz des Kornproblems verbesserte sich die Lage der nichtkommunistischen Parteien aufgrund eines Führungswechsels in der Sozialdemokratischen Partei zusehends. Die Kommunisten «haben den Ball verloren», bemerkte Steinhardt im Dezember. «Ob die Antikommunisten den Ball behalten können, weiß ich nicht. Aber ihre Aussichten sind gewiß besser als vor wenigen Monaten.»[26]

Sehr bald danach büßten die prowestlichen Politiker ihren Vorteil ein: Nach allgemeiner Ansicht werden die Februarereignisse in der Tschechoslowakei als Verwirklichung eines sorgfältigen kommunistischen Plans ausgelegt. Gewiß war die Spannung angestiegen, und die tschechischen Kommunisten folgten sicher einem aggressiven Kominformkurs. Die Ereignisse spitzten sich jedoch zufällig zur Krise zu. Die Kommunisten übernahmen die Macht, indem sie hart gegen eine bereits halb offene Tür traten.

Die Nichtkommunisten in Prag befanden sich in einer sehr schwierigen Lage; sie arbeiteten unter starkem Druck, wobei sie vom Westen unangemessen unterstützt wurden, sie spielten – und verloren. Am 19. Februar kam der stellvertretende sowjetische Außenminister und frühere Botschafter in der Tschechoslowakei, V. A. Sorin, nach Prag. Sein Kommen gehörte entweder zu einem sowjetischen Plan oder sollte nur die Publizität für die Weizenlieferungen ausnützen. Am nächsten Tag, dem 20. Februar, erklärten zwölf nichtkommunistische Mitglieder, eine Minderheit der Koalition, ihren Rücktritt. Sie glaubten, sich mit Präsident Beneš deutlich verständigt zu haben – er würde nämlich ihre Rücktrittsgesuche nicht annehmen, was entweder zu einer günstigeren Neubildung des Kabinetts oder zu Wahlen vor dem angesetzten Mai-Datum führen würde. Es folgte eine fünftägige Krise. Die Kommunisten setzten Polizei ein, um politische Gegner zu suchen, zu verhaften und einzuschüchtern. Beide Seiten versuchten, öffentliche Unterstützung zu erzwingen, doch hatten die Kommunisten darin weitaus mehr Erfolg. Schnell breiteten sich im ganzen Land Gerüchte aus – von einer bevorstehenden sowjetischen Militärintervention, der Drohung eines Generalstreiks. Die Kommunisten gewannen die Unterstützung der sozialdemokratischen Führerschaft zurück.

Das Ziel all dieser Aktivitäten war letztlich Edward Beneš. Er war der schwache Punkt der nichtkommunistischen Strategie. Der Präsident, der im vergangenen Sommer einen Schlaganfall erlitten hatte, war körperlich geschwächt, erschöpft und immer noch sehr krank. Es fiel ihm sogar schwer zu reden. Er fürchtete einen Bürgerkrieg. Die Münchner Verhandlungen vor zehn Jahren hatten ihn ständig belastet; er fürchtete, die westlichen Nationen würden die Tschechoslowakei, wenn sie sich in dieser Krisenzeit behauptete, noch einmal im Stich lassen. Er meinte, keine andere Wahl zu haben. Am Morgen des 25. Februar gestattete er Gottwald, eine neue, von Kommunisten beherrschte Regierung ohne prowestliche Politiker zu bilden.[27]

Masaryk willigte ein, als Außenminister zu bleiben. Wenige Tage später beschrieb er Beneš als gebrochenen Mann; der Versuch des Präsidenten, zwischen Ost und West eine Brücke zu bilden, war offensichtlich fehlgeschlagen. Masaryk fügte hinzu, er bleibe als Außenminister, um die kommunistische Rücksichtslosigkeit zu mildern zu suchen, und insbesondere, um Menschen bei der Flucht aus dem Lande zu helfen.[28] Kurz nach den Februarereignissen begannen mit Ermutigung und spezifischen Anweisungen aus Moskau die Reihen von Verhaftungen, Reinigungen und Hinrichtungen, die ihren Höhepunkt in dem großen Schauprozeß vom November 1952 fanden, der mit seinen phantastischen Anschuldigungen und falschen Bekenntnissen die Moskauer Verfahren nachahmte und bei denen elf führende Kommunisten, einschließlich Parteisekretär Rudolf Slansky, zum Tode verurteilt wurden.[29] Das Ziel war, innerhalb einer Partei und Regierung, die im tschechoslowakischen Nationalismus weder Berechtigung noch Wurzeln hatte, ein enges Kontrollsystem zu schaffen. Das gesamte System sollte von der Sowjetunion abhängig sein.

Hätte der Westen vor dem Februar 1948 nichts unternehmen können, um die Kommunisten an der vollständigen Machtübernahme zu hindern? Gewiß lag die Tschechoslowakei innerhalb des Gebietes, das durch das Vorrücken der Roten Armee entstanden war. Aber waren die Russen wirklich in einer so beherrschenden Position? Ende 1946 hatte der britische Nachrichtendienst die Anzahl russischer Truppen in der Tschechoslowakei mit nur 5 000 beziffert; im Juni 1949 schätzten die Stabschefs des Joint Intelligence Committee sie nur auf 500 ein. Hätte der Westen, als die Ereignisse sich auf diese Art entfalteten, nicht von Deutschland aus militärisch eingreifen können, um Beneš abzustützen, damit die Sowjetunion und die tschechischen Kommunisten noch einmal nachdachten?

Wenn die Wahrheit in der Rückschau rekonstruiert werden kann, dann sieht es so aus, als hätten die amerikanischen Führer die Tschechoslowakei und ihre nichtkommunistischen Politiker bereits abgeschrieben gehabt; die amerikanischen Beamten hielten das Land bereits *vor* Februar 1948 für einen kommunistischen Staat. In diesen zehn Tagen gab Marshall zu verstehen, daß ihn die Ereignisse in der Tschechoslowakei weniger interessierten als deren Auswirkungen andernorts in Europa. «Soweit internationale Angelegenheiten betroffen sind, würde eine Machtübernahme in der Tschechoslowakei durch die kommunistische Partei in dieser Hinsicht an der seit drei Jahren bestehenden Situation nicht viel ändern», sagte der Außenminister am 24. Februar. «In den Vereinten Nationen und anderswo ist die Tschechoslowakei der sowjetischen Linie getreu gefolgt, und die Errichtung eines kommunistischen Regimes würde die weitere tschechische Politik konkretisieren und bestätigen. Wir sind jedoch wegen der möglichen Auswirkungen eines erfolgreichen kommunistischen Staatsstreiches auf westeuropäische Länder beunruhigt.»

Das alles soll natürlich nicht heißen, daß die Amerikaner den Ereignissen in der Tschechoslowakei bewußt zugestimmt hätten. Auch sind wir nicht in der Lage anzugeben, wie weit das amerikanische Desinteresse die Situation beeinflußte. Man sollte es jedoch, was bisher üblicherweise geschah, nicht außer acht lassen, denn die amerikanische Politik hat zur Isolierung der Nichtkommunisten beigetragen.

Es gab Leute, die zwei Jahre später die Berichte der Treffen kommunistischer Führer kurz nach der Machtübernahme lasen. Die Aufzeichnungen, sagten sie, zeigen bei den Kommunisten eine fast komische Verwirrung und Überraschung über das Geschehene und die Leichtigkeit, mit der es geschehen konnte. Die Kommunisten hatten den Vorteil einer zufälligen Lage, einen taktischen Fehler der Nichtkommunisten, ausgenutzt, um ihn in einen strategischen Sieg zu verwandeln. Hätten die demokratischen Parteien noch drei Monate ausgehalten, hätten die Kommunisten vielleicht an Boden verloren, und der Sowjetunion wäre kaum ein Vorwand für eine Intervention geblieben. Um eine direkte Intervention zu riskieren, war Stalin zu vorsichtig, denn er fürchtete, eine westliche Gegenaktion auszulösen. «Hinsichtlich der sowjetischen Einmischung und Einschüchterung ist jetzt klar, daß Präsident Beneš das sowjetische Gespenst sehr fürchtete», bemerkte Botschafter Steinhardt Ende April 1948. «Es gab keine Anzeichen von sowjetischen Truppenansammlungen an den Grenzen der Tschechoslowakei. Es scheint auch so, als sei das Ausmaß der sowjetischen Bedrohungen vermutlich geringer gewesen als bei jüngeren, ähnlichen Anlässen in Finnland und im Iran, zwei Länder, die solchen Drohungen erfolgreich widerstanden, während die Tschechen ihnen zum Opfer fielen.» Steinhardt fügte hinzu, die Rücktritte der nichtkommunistischen Minister hätten «ein Vakuum geschaffen, in das die Kommunisten eindrangen. Obwohl die

Kommunisten die Krise nicht auslösten (obgleich sie das zweifellos geplant hatten), nahmen sie ihren Vorteil voll wahr.»[30]

George Kennan interpretierte den kommunistischen Sieg in der Tschechoslowakei als voraussehbare Defensivbewegung, als Festigung der sowjetischen Sphäre gegen den anfänglichen Erfolg des Marshallplans und die bevorstehende Errichtung eines neuen westdeutschen Staates.

Aber die meisten Politiker nahmen die Ereignisse – nach den Geschehnissen – lediglich zum Anlaß einer Bestätigung dessen, was sie bereits glaubten, nämlich als Beweis der Aggressivität sowjetischer Absichten. Die Ereignisse in der Tschechoslowakei verliehen dem Trend, das Niveau militärischer Bereitschaft zu heben, neuen Antrieb.[31] Doch sollte man sich hier nicht mißverstehen. Washington hat die Ereignisse in Prag nicht herbeigeführt; es zog jedoch daraus seinen Nutzen.

Obwohl die Administration die sowjetischen Absichten wirklich fürchtete, übertrieb sie das Ausmaß ihrer Besorgnisse und Empörung, um die Zustimmung des Kongresses für vier Schlüsselprogramme zu gewinnen: den Marshallplan, allgemeine militärische Ausbildung, Wiedereinführung der Wehrpflicht und ein erweitertes Budget für die Luftfahrt. Um das Terrain für ein von ihnen als langwieriges Ringen angesehenen Kampfes vorzubereiten, wiesen die Sprecher ständig auf die Möglichkeit eines unmittelbaren Konfliktes hin. Die Militärs verlangten jedoch außerdem vom Kongreß noch Geld, um ihre Sonderinteressen zu fördern. Auch der Präsident war tätig, um in einem Wahljahr seine führende Stellung zu unterstreichen. Die Sache läge klarer, wenn der Historiker diesen oder jenen Faktor als entscheidend herausstellen könnte; aber das ist nicht möglich, denn die Ziele waren zu sehr miteinander verquickt, sogar bei den Personen selbst. Unbestreitbar ist jedoch, daß eine echte Krisenstimmung herrschte, auch wenn ihre Ursachen nicht genau festzulegen waren.

«Wir stehen genau derselben Situation gegenüber wie Großbritannien und Frankreich 1938/39 mit Hitler», schrieb Truman aus Key West Florida am 3. März 1948 an seine Tochter Margaret. «Die Dinge sehen schlecht aus», sagte er. «Es muß eine Entscheidung getroffen werden. Ich werde sie treffen.»

Zwei Tage später, am 5. März, traf von General Lucius Clay aus Berlin in Washington ein Kabel ein, das an Lt. General Stephen J. Chamberlain, den Leiter des Nachrichtendienstes des obersten Generalstabs, gerichtet war. Clay berichtete, daß er zwar jüngst noch einen Krieg mit den Russen für die nächsten zehn Jahre für unwahrscheinlich gehalten habe, nun aber im sowjetischen Verhalten einen «subtilen Wandel» festgestellt habe und befürchte, der Krieg könne mit «dramatischer Plötzlichkeit» ausbrechen. Er fügte hinzu: «Da belegbare Daten fehlen, bin ich nicht in der Lage, einen amtlichen Bericht vorzulegen, doch ist mein Gefühl echt.»

Das Kabel, von dem die politische Elite schnell Kenntnis erhielt, hatte beim Aufkommen der Krise in Washington keine geringere Wirkung als die tschechischen Ereignisse selbst. «Es folgte ein echtes Angstgefühl», erinnerte sich Kennan. Clays knappe Botschaft aus Berlin wurde seitdem als Voraussage der Berliner Blockade und Markstein auf dem Wege zur ständigen Polarisierung angesehen. In Wirklichkeit betraf das Telegramm sehr viel mehr Haushaltsbewilligungen des Kongresses als eine Voraussage des Wechsels im sowjetischen Verhalten. Als General Chamberlain in der letzten Februarwoche Berlin besichtigte, hatte er Clay mitgeteilt, die auf der Welt stationierten amerikanischen Streitmächte seien kaum in Kriegsbereitschaft; höhere Zuwendungen an das Militär könnten vom Kongreß abgelehnt werden. Die öffentliche Meinung Amerikas, meinte er, müßte in Schwung gebracht werden, damit höheren Ausgaben zugestimmt würde.

«Clays Kabel, das direkt und nicht auf dem üblichen Dienstweg an Chamberlain gesandt wurde, war, wie Chamberlain sah, gut zu gebrauchen», schreibt Clays Biograph. «Sein wichtigster Zweck war, den Militärbefehlshabern vor dem Kongreß als Beweisstück zu dienen; und es stand nach Clays Meinung in keiner Beziehung zu irgendeinem Wechsel der sowjetischen Strategie.»[32] Clays Botschaft brachte die öffentliche Meinung gewiß in Schwung; die Politiker sahen sie als äußerst ernste Warnung an. Die Krise spitzte sich bald zu.

Am 6. März sprach der Präsident mit Marshall. Der Außenminister, bemerkte George Elsey, «ist nervös – ein Fäßchen Dynamit für die Welt – HST sollte damit nicht anfangen.» Am gleichen Tag fragte Armeesekretär Royall den Vorsitzenden der Atomenergiekommission, David Lilienthal, wie lange man brauchen würde, um «Eier» (Atombomben) ins Mittelmeergebiet zu transportieren. Am 9. März schlug der Leiter der Marineoperationen Schritte vor, «um das amerikanische Volk auf Krieg vorzubereiten». Inzwischen war Clark Clifford aus Key West mit der Zusage des Präsidenten zurückgekehrt, daß Truman vor dem Kongreß eine bedeutende außenpolitische Rede halten wolle. Elsey verzeichnete die Gründe: «Präs. *muß* aus Prestigegründen mit einer starken außenpolitischen Rede kommen – um sein Führertum zu beweisen –, was das Land braucht und will. Präs.' Prestige hat außenpolitisch jetzt wenig Bedeutung (Palästina, China) – Vandenberg und Marshall bekommen alles Ansehen des Marshallplans.» In einem an Clifford gerichteten Memorandum fuhr Elsey fort: «Während der Präsident sich im Süden aufhielt und insbesondere seit dem Fall der Tschechoslowakei, kommen aus vielen Quellen Forderungen nach einer stärkeren amerikanischen Außenpolitik ... die für den Präsidenten wirkungsvollste Rede wäre eine über russische Beziehungen ... Eine Ansprache über Rußland könnte der Präsident besser halten als über jedes andere Thema. Seine besten Reden hat er zu Gelegenheiten gehalten, als er ‹wild› war ... seine schlechtesten, wenn es nur um ‹gute Dinge› ging.»[33]

Am 10. März erreichten Washington *bestürzende* Nachrichten. «In Prag war bekanntgegeben worden, daß der tschechoslowakische Außenminister Jan Masaryk durch einen Sturz aus dem Fenster Selbstmord begangen hatte. Einige Tage zuvor hatte er das Grab seines Vaters aufgesucht und war am 9. März zum letztenmal mit Beneš zusammengetroffen. Vielleicht sah Masaryk ein, daß Beneš keine Pläne hatte, seine eigenen Bemühungen nirgendwohin führen konnten, und hatte das Vertrauen in die Zukunft verloren. Er hinterließ jedoch kein Testament, und sein Tod blieb von zahlreichen anderen Geheimnissen umgeben. Die amtlichen tschechischen Nachforschungen über seinen Tod wurden 1968 durch die sowjetische Invasion im August jenes Jahres abgebrochen; die betreffenden Dokumente, einschließlich der Masaryk-Archive, wurden offensichtlich nach Moskau gebracht. Die bis heute gründlichste Untersuchung, die 1968 und 1969 durch einen westlichen Journalisten ausgeführt wurde, verleiht der Theorie gegen Masaryks Freitod starke Glaubwürdigkeit: Der Außenminister wollte ins Ausland fliehen, was sowohl den tschechischen Kommunisten wie den Sowjets bekannt wurde. Das hätte diese in Verlegenheit gebracht, und so wurde Masaryk ermordet, vermutlich erstickt und dann aus einem kleinen Badezimmerfenster geworfen, um seinen Tod als Selbstmord zu tarnen.

Tatsache und Art von Masaryks Tod dramatisierten, wie Kennan sich erinnerte, «mehr als alles andere die Bedeutung dessen, was in der Tschechoslowakei gerade geschehen war» – und veranschaulichten noch die neue Tiefe der Spaltung zwischen Ost und West.[34]

Am 12. März erhielten amerikanische Kommandeure im Ausland die Order, Pläne für den Ausnahmezustand zu revidieren und «sicherzustellen, daß zusätzliche Instruktionen, die zur beschleunigten Ausführung dieser Pläne notwendig sein könnten, vorbereitet werden». Am nächsten Tag legte das Oberkommando Forrestal einen Plan für den Ausnahmezustand vor, der einer gefürchteten sowjetischen Invasion Westeuropas und des Mittleren Ostens begegnen sollte. Forrestal und die militärischen Führer einigten sich über eine Zurücknahme des Entwurfs, zusätzliche Geldbewilligungen und eine militärische Verwaltung atomarer Waffen.[35]

Der Präsident hatte für das Saint Patrick's Dinner in New York, am 17. März, eine wichtige Rede geplant. Sie sollte, wie Elsey berichtete, «ein Versuchsballon für eine modifizierte Werde-hart-Politik sein; ein Versuchsballon für den Kongreß. «Doch bei einem mittäglichen Treffen im Weißen Haus am 15. März wurde ein neuer Plan besprochen – der Präsident sollte tagsüber am 17. März seine Rede an den Kongreß halten und dann nach New York zurückfliegen, um dort seine Saint-Patrick-Day's-Rede am Abend zu halten. Truman und seine Ratgeber sahen die Umstände als so dringlich an, daß sie sich zu diesem noch nie dagewesenen, dramatischen Schritt entschieden.

Am gleichen Tag übermittelte Charles Bohlen Marshalls Ansicht über die Rede: «Er wünscht eine zurückhaltende Botschaft, keine unmäßige Sprache ... einfach, geschäftsmäßig, keine ‹klingenden Phrasen› – nichts Kriegerisches oder Streitlüsternes. Nicht anklagen, sondern Fakten aufzählen.»

«Er muß schonungslos sein, damit die Botschaft ankommt!» erwiderte Clifford. «Er verlangt Gesetzgebung, wie soll er das rechtfertigen?»

Um 6 Uhr abends kam Armeesekretär Royall ins Weiße Haus. «Keine Truppen für Alaska und Grönland, um dort Luftbasen zu errichten», berichtete er. «Wenn wir Ärger bekommen, würden wir alle unsere Truppen in Japan und Europa verlieren.» Die Rede wurde am 15. und 16. März abgefaßt. «Ihre Lektüre versetzt einen richtigen Schock», bemerkte Elsey. «Scheint überzeugend.»[36]

«Zeitungen heute morgen voller Kriegsgerüchte und -anzeichen», schrieb Forrestal am 16. März in sein Tagebuch. Am selben Tag legte die CIA Truman eine alarmierende Bewertung vor, daß ein Krieg nur für die nächsten sechzig Tage nicht wahrscheinlich sei. Darüber hinaus wollte die Agentur sich nicht festlegen.

Truman erklärte vor der Stabschefkonferenz jenes Tages, daß, wenn der Kongreß nicht handele, «das Land erledigt sei». Er fügte hinzu, Marshall habe ihm geraten, mit seiner Rede «abzudrücken». Aber Truman hatte einen Entschluß gefaßt: Es sei «besser, das zu tun, als wie letztes Jahr, ohne den Kongreß und das Volk unterrichtet zu haben, in der Falle zu sitzen».

Am 17. März trat der Präsident kurz nach Mittag vor die Vollversammlung des Kongresses. «Die heutige Weltlage ist nicht in erster Linie das Ergebnis natürlicher Schwierigkeiten, die auf einen großen Krieg folgen», sagte er. «Sie geht hauptsächlich auf die Tatsache zurück, daß eine Nation sich nicht nur geweigert hat, an der Errichtung eines gerechten und ehrenvollen Friedens mitzuwirken, sondern – was noch schlimmer ist – aktiv versucht hat, das zu verhindern ... Seit Beendigung der Feindseligkeiten haben die Sowjetunion und ihre Agenten die Unabhängigkeit und den demokratischen Charakter einer ganzen Reihe von Nationen in Ost- und Mitteleuropa zerstört. Diese Reihe rücksichtsloser Handlungen und die klare Absicht, diese auch auf die verbliebenen freien Nationen Europas auszudehnen, haben die heutige kritische Situation in Europa herbeigeführt. Das tragische Ende der Republik der Tschechoslowakei hat auf die zivilisierte Welt wie eine Schockwelle gewirkt ... Wir sind an einen Punkt gelangt, an dem wir die Position der Vereinigten Staaten unmißverständlich klarstellen müssen ... In der Weltgeschichte gibt es Zeiten, wo es weiser ist zu handeln, als zu zögern. Handeln beinhaltet einiges Risiko – so ist es immer. Aber es ist sehr viel gefährlicher, nicht zu handeln.» Der Präsident legte das amerikanische Interesse an einer westlichen Militärallianz dar – deren erstes Stadium am selben Tage bereits durch die Unterzeichnung des Brüsseler Paktes vollzogen worden war. Doch stellte Truman nur drei ausdrückliche Forderungen: Billigung des Marshallplans, Gesetz für allgemeine Militärpflicht und Wiedereinführung des Militärdienstes.

Die Rede richtete sich ebensosehr an eine internationale wie an eine nationale Zuhörerschaft. Premierminister Mackenzie King in Kanada saß mit seinem Parteiausschuß in Ottawa, wo er Trumans Ansprache über Radio mithörte und ständig eine Kriegsdrohung des Präsidenten erwartete. «Dieser Tag mußte seinen Platz in der Geschichte haben», schrieb der Premierminister kurz darauf in sein Tagebuch. «Er bedeutet eine echte Demarkationslinie zwischen den bisherigen Bemühungen, Schwierigkeiten mit der UdSSR durch Versöhnung beizulegen, und der beginnenden Kraftprobe, wenn die UdSSR nicht sofort zurücksteckt.» Man darf annehmen, daß andere Staatschefs die gleiche Botschaft hörten, wenn nicht über das englische Radio, dann mittels einer Übersetzung.

Truman wiederholte die Botschaft am gleichen Abend beim St. Patricks Dinner und betonte damit die Schwere der Krise. «Antikommunistische Ansprachen durch Kardinal Spellman und Präsident Truman wurden mit großer Begeisterung aufgenommen», bemerkte Admiral Leahy zufrieden, «insbesondere eine Feststellung des Präsidenten, daß er auf eine Verbindung mit Henry Wallace und seinen kommunistischen Freunden verzichte.»[37]

Die Märzkrise betraf Henry Wallace, der Ende 1947 zum drittenmal für die Präsidentschaft kandidierte. In den ersten Monaten von 1948 ergaben Stimmzählungen, daß er für Trumans Wiederwahl die größte Bedrohung darstellte. Nach den Worten des Wahlkampagneplans, den Clark Clifford und James Rowe im Herbst 1947 aufgestellt hatten, hieß die erforderliche Strategie, «[Wallace] zu isolieren, indem man ihn in der öffentlichen Meinung mit den Kommunisten identifiziert».

So war Wallace schon seit geraumer Zeit von der Administration identifiziert worden. J. Edgar Hoover, der Leiter des Federal Bureau of Investigation, hatte die Angewohnheit, Truman «durch einen Sonderboten persönliche und vertrauliche» Briefe über die Mitarbeiter des Präsidenten zu senden, die ein Potpourri sensationeller und nichtsensationeller Informationen enthielten, die ihm durch seine Informanten zugetragen worden waren. Viele dieser Berichte hat Truman, gelinde gesagt, außer acht gelassen.* Truman war tatsächlich über die Hausmacht des FBI beunruhigt. Nach Notizen, die Clark Clifford nach einer Unterhaltung im Mai 1947 machte, war der

* Ein Querschnitt aus Hoovers Information: Stalin sei als «Führer von Sowjetrußland» abgesetzt worden (1945); Rußland führe 1940 seine ersten Atomenergieversuche an Bord eines U-Bootes aus (1945); der Assistenzsekretär der Vereinten Nationen, General Arkady Sobolow, spioniere den sowjetischen UN-Delegierten Andreij Gromyko für die NKWD aus (1946); David Lilienthal sei ein Werkzeug der Kommunisten (1947); Sowjetbeamte glaubten, die Truman-Regierung verfolge der Sowjetunion gegenüber «eine Beschwichtigungspolitik» (1948).

Präsident «stark anti-FBI ... will den FBI gewiß unterdrücken, fürchtet ‹Gestapo›». Etwa zum gleichen Zeitpunkt schrieb Truman an Clifford, «J. Edgar wird von diesem rückwärtsblickenden Kongreß vermutlich bekommen, was er will. Das ist gefährlich.» Truman fürchtete, eine starke, kämpferische, unabhängige, nachforschende Organisation könne in die Lage kommen, sowohl Regierungsbeamte wie Bürger zu terrorisieren.

Doch ist wahrscheinlich, daß eine von Hoovers Privatbotschaften – er warnte im Januar 1948, die kommunistische Partei stehe geschlossen hinter Wallace, um Truman zu besiegen und den Weg für einen «progressiven Präsidenten von 1952» vorzubereiten – im Weißen Haus sehr williges Gehör fand.

Wallace wurde seit einiger Zeit als, offen oder geheim, illoyal gegen die Vereinigten Staaten beurteilt, und Truman hatte ihm auch nicht vergeben, was er als persönliche Illoyalität ansah. Fast ein Jahr zuvor, im April 1947, hatte Truman seinen wahren Gefühlen gegen den früheren Vizepräsidenten Ausdruck gegeben: «Ich kenne Mr. Wallace seit fünfzehn oder zwanzig Jahren und hielt ihn für den besten Landwirtschaftsminister, den wir je hatten», schrieb er dem Kongreßmitglied John Folger. «Seiner Kompetenzen für andere Posten, die er innehatte, bin ich nicht so sicher. Meine Erfahrungen mit ihm als Handelsminister waren traurig. Nie wäre er Handelsminister geworden, hätte er an jenem Tag, als sein Name vorgeschlagen wurde, nicht im Senat den Vorsitz geführt. Solche Dinge scheinen ihm jedoch keinen Anreiz zu bieten. Ich fürchte, seine politische Erziehung hat in zu späten Lebensjahren begonnen. Seine Loyalitätsbegriffe, ob persönlicher oder politischer Art, scheint er von seinen Freunden in Moskau zu beziehen, und natürlich haben die für den Begriff keinerlei Definition.»

Und so schrieb Truman nach seinen harten Worten über Wallace bei seiner New Yorker Ansprache vom 17. März 1948 mit ziemlich großem Vergnügen in sein Tagebuch: «Ich hielt für die liebenswürdigen Söhne St. Patricks eine Ansprache, in der ich meine Kongreßbotschaft erweiterte und Henry Wallace aus der Demokratischen Partei vorlas.»

Doch hatte Wallace diese Aufgabe durch seine öffentliche Gleichgültigkeit gegenüber den Ereignissen in der Tschechoslowakei sehr erleichtert. In seinen ersten Kommentaren sah er die kommunistische Machtübernahme als Teil der Konsolidierung der Sphären, die in beiden Teilen Europas stattfand – eine Ansicht, die sich von der Marshalls oder Kennans gar nicht so übermäßig unterschied, obgleich Wallace gegenüber den Nichtkommunisten in der Tschechoslowakei, die schließlich in der Mehrheit waren, einen Mangel an Sympathie erkennen ließ. Wallace fuhr dann damit fort, daß er Botschafter Smith der Teilnahme an dem Komplott zu einem Coup des rechten Flügels beschuldigte, die die kommunistische Machtübernahme gewiß beschleunigt hätte. Er gab zu verstehen, daß Masaryk wohl wegen Krebs oder emotionaler Depression Selbstmord begangen hätte. Wallace gab sich nun als Mann zu erkennen, der schnell dabei war, sein eigenes Land anzuschuldigen, und sogar noch schneller, die Sowjetunion zu entlasten. Damit gab er sich als Außenseiter im politischen Empfinden der Vereinigten Staaten zu erkennen und isolierte sich als Anhänger der extremen Linken des politischen Spektrums, was genau das war, was Trumans politische Strategen für die kommende Wahlkampagne als lebenswichtig angesehen hatten. Danach fiel Wallace, der unglücklichste aller Politiker, der Presse gegenüber hilflos, zunehmend unter die Herrschaft seiner kommunistischen Parteigänger und schaltete sich damit selbst als Gefahr für Truman aus den Wahlen von 1948 aus.* Wie ein Historiker schrieb, hatte «Truman Wallace zu einem Blitzableiter gemacht, um Angriffe der Republikaner wegen Nachgiebigkeit gegen den Kommunismus abzuleiten».[38]

Am 19. März besuchte David Lilienthal Präsident Truman. «Er sah erschöpfter aus, als ich ihn je gesehen habe, und stand unter Streß», kommentierte Lilienthal. «Was hat er für eine *Woche* gehabt. Er beschloß, die weitreichende Feststellung über die Rußlandpolitik zu treffen ... Die Südstaaten haben auf ihn eingehämmert, er solle sich raushalten, und sogar Freunde wie Sparkman sagten, er solle sich nicht zur Wiederwahl stellen, um die Demokratische Partei davor zu bewahren, ‹in Stücke gerissen› zu werden.»

Das Krisenklima blieb erhalten. Am 30. März verlangte Forrestal, der Nationale Sicherheitsrat solle dringlich einen Report «über das Problem unserer nationalen Sicherheit, einschließlich des möglichen Gefahrenbereichs, der Strategie und Stärke subversiver Elemente im Gefahrenfall und vorgeschlagener Gegenmaßnahmen vorbereiten». Am folgenden Tag fragte er die Luftwaffe: «Wie schnell und in welcher Anzahl können wir die B-29er aus den Hangars bekommen?» Am 10. April bemerkte Lilienthal: «Das Kriegsgefühl, die Angst vor der Zukunft bestehen unvermindert weiter.» Später im April veröffentlichte *Business Week* eine Sonderausgabe über «Wirtschaftliche Folgen eines dritten Weltkrieges».[39]

Doch innerhalb der Regierung begann die Spannung der Frühjahrskrise bereits abzuflauen. Schon am 24. März hatte der Wirtschaftsrat den Präsidenten gefragt, ob die Wirtschaft von den «Praktiken des freien Marktes» auf die im Krieg erforderlichen Gesamtpreise und Lohnkontrollen übergehen müsse. Seine Rede vom 14. März, erwiderte der Präsident, sollte «nicht

* Lillian Hellman, die aktiv in Wallaces Präsidentschaftskampagne von 1948 mitwirkte, erinnert sich, daß Wallace sie in jenem Herbst gebeten habe, ihn auf einem Spaziergang zu begleiten. «Als wir eine Weile so gegangen waren, fragte er mich, ob es wahr sei, daß viele Leute, wichtige Leute in der Progressiven Partei Kommunisten seien. Die Frage war so überraschend, daß ich lachte und sagte, das sei gewiß wahr. Er sagte: ‹Dann ist es also wahr, was sagen Sie?› ‹Ja›, sagte ich. ‹Ich dachte, Sie hätten das gewußt. Sie machen im Büro die harte Schmutzarbeit, und ein guter Teil der schlechten Ratschläge, die man Ihnen erteilt, kommt von den Oberen. Ich glaube nicht, daß sie schaden wollen, es sind beschränkte Leute.› ‹Ich verstehe›, sagte er, und das war es.»

als eine Aufgabe der Friedensgrundlagen interpretiert werden». Am 2. April gab die CIA zu, daß sie ihre Einschätzung der Zeitspanne, in der Krieg nicht wahrscheinlich war, über sechzig Tage hin ausdehnen könne – obwohl die Luftwaffe hier nicht zustimmte.[40]

Trotzdem erreichte die Regierung die meisten ihrer Ziele. Im April billigte der Kongreß die Gesetzgebung für den Marshallplan und im Juni die dafür notwendigen Zusätze. Im gleichen Monat verlieh Truman der Vorlage durch seine Unterschrift Gesetzeskraft. Die allgemeine militärische Ausbildungspflicht hatte man im Kongreß nicht durchbringen können, doch andere wichtige Anliegen kamen durch. Am 1. April verlangte Truman für die Verteidigung im Steuerjahr 1949 (1949–1950) zusätzlich drei Milliarden Dollar. Ursprünglich hatte er zur Stärkung des Landheeres nur die Hälfte verlangen wollen, doch hatten ihn die Stabschefs von der Notwendigkeit einer größeren Summe überzeugt – die 775 Millionen für die Luftwaffe enthielt. Später im Monat wurde die Zusatzziffer auf 346 Milliarden Dollar erhöht.[41]

Die Frühjahrskrise veranlaßte unter den Truppengattungen einen allgemeinen Budgetwettbewerb. «Unter dem Ansporn der Waffengattungen, insbesondere Symingtons von der Luftwaffe, hat der Kongreß sehr heftig auf die Ansprache des Präsidenten vom 17. März reagiert», bemerkte Edwin Nourse, der Leiter des Wirtschaftsrates, am 10. Mai. «Aber neben der Rivalität der drei Zweige der Militärgattungen, die aus der Kriegsfurcht die für sie größtmögliche Expansion herausholen wollen, versuchen der Marineausschuß und andere Agenturen, das Beste daraus zu machen. Natürlich sind in einem Jahr der Präsidentenwahl viele Mitglieder des Kongresses bereit, in ihren Bezirken neue oder erneuerte Rüstungsindustrien, Flugplätze oder andere Staatsausgaben zu versprechen.» James Webb, der Leiter des Haushaltsbüros schätzte, daß die Truppen Zuwendungen von insgesamt 25 Milliarden jährlich zu bekommen suchten, wobei sie Reden und Druck einsetzten, «um das Land so in Furcht zu versetzen, daß jeder glaubte, wenn er diesen Plänen nicht zustimme, würde er für eine Katastrophe verantwortlich sein».[42]

Webb wies auf Luftfahrtsekretär Symington und General Kenney, den Kommandeur des Strategischen Luftkommandos, als extremste dieser Propagandisten hin. Um die Fonds für ihre Flugzeuganschaffungen und die 70-Group force zu erhöhen, hatte die Luftwaffe eine aggressive Kampagne vom Stapel gelassen. Beim Kongreß und im Volk gewann sie beträchtliche Unterstützung. Symington und andere Luftfahrtbeamte enthüllten Nachrichten-«Reporte» über sowjetische Luftfahrtentwicklungen, die nicht nur eine beträchtliche sowjetische Aktivität in diesem Bereich feststellen, sondern auch, daß die Russen auf Gebieten, wie zum Beispiel dem der Jetfighter, die Amerikaner bereits überholt hätten.[43]

Bei dem Gezänk der Militärgattungen verlor Truman schließlich die Geduld. Er sagte, er sei wegen Forrestal «verdammt sauer», und bezeichnete Forrestal, Symington und Armeesekretär Royall als die «drei Schafsköpfe» des Verteidigungsministeriums.

Forrestal saß zwischen zwei Stühlen. Er konnte Symington und die Luftwaffenoffiziere nicht zurückhalten. Aber auch die Administration gab dem Verteidigungsminister keinen vollen Rückhalt. Er wollte die Verteidigung so ausweiten, daß sie mehr als die Administration, aber weniger als Luftwaffe und Marine ausgab. Bei einer Haushaltsberatung im Weißen Haus am 7. Mai warnte Marshall, «die Politik dieses Landes beruht auf der Annahme, daß es keinen Krieg geben würde und wir uns nicht in diese Kriegsvorbereitungen stürzen sollten, die gerade das herbeiführen werden, was wir verhindern wollten». Truman gab klar zu verstehen, daß er das Budget nicht erhöhen wolle, und ärgerte sich über die Truppengattungen, das Verteidigungsministerium – und über Forrestal. Nach dem Treffen schrieb Truman in sein Tagebuch: «Marshall ist ein Turm der Stärke und des gesunden Menschenverstandes. Desgleichen auch Snyder und Webb. Forrestal will mit der Opposition einen Kompromiß schließen.»

«Forrestal hat völlig die Kontrolle verloren», sagte James Webb am 25. Mai, womit er Trumans Gedanken wiedergab. «Der Präsident hat den Waffengattungen Anweisungen gegeben, doch stellt sich heraus, daß Forrestal so eingeschüchtert ist, daß er nicht einmal die Anweisungen des Präsidenten an die Dienststellen verteilen mag. Statt daß Forrestal die Chefs herbeibeordert, um zu verlangen, daß sie die unteren Chargen unterweisen, mußte der Präsident heute unmittelbar mit ihnen verhandeln und übergab ihnen Briefe, die die strengsten Verweise enthalten, die ich je habe austeilen sehen, und das noch schriftlich. Es ist eine traurige und sehr beunruhigende Lage ... Der Gedanke, diesen rivalisierenden, eifersüchtigen und ungehorsamen Dienststellen, die miteinander Machtkämpfe austragen, die Aufsicht über die Atombombe zu übertragen, ist eine schreckliche Aussicht.»

Forrestal sorgte sich, der Impuls der Frühjahrskrise könne verpuffen. Die nachlassende Spannung, beklagte er sich am 29. März bei Marshall, hat zusammen «mit dem politischen Streß des Wahljahres, glaube ich, bei gewissen Elementen dieses Landes eine gefährliche Selbstzufriedenheit bewirkt». Forrestal selbst fühlte den Druck. Mitarbeiter bemerkten, daß er beim Dinner die nervöse Angewohnheit angenommen hatte, ständig seinen Finger in das Wasserglas zu tauchen und dann seine Lippen zu benetzen, ohne daß er selbst wußte, was er eigentlich tat. Auf dieses Frühjahr gehen vermutlich die unmittelbaren Umstände zurück, die schließlich zu seinem endgültigen Nervenzusammenbruch führten.[44]

Ein plötzliches Anwachsen der Aktivität in Boeingfabriken in Kansas war «die einzig sichtbare Widerspiegelung der internationalen Lage in der Flugzeugindustrie», berichtete *Aviation Week* Ende März, zwei Wochen nach Trumans Reden. Um der Flugzeugindustrie zu helfen und die Kontroversen innerhalb der Waffengattungen zu verringern, trennte Forrestal die Fonds für Flugzeugbau von dem regulären Budget, um so das erstere schnell beim Kongreß durchzubringen – damit wurden die für die Luftfahrt für das Steuerjahr 1949 geplanten zwei Milliarden vor Ende des Steuerjahres 1948 verfügbar. Nachdem Anfang Sommer die Fonds für neue Bomber und Jets bereits flossen, rüstete die Industrie sich für einen ständigen Kriegsboom. «Zum erstenmal seit Kriegsende ist die Luftfahrtindustrie aus den roten Zahlen heraus», stellte *Business Week* im Juni fest. «Grund: letzte Woche wurden von Marine und Luftwaffe große militärische Aufträge vergeben.»[45]

Für die Industrie war der Wechsel spektakulär. Das Budget der Luftwaffe im Steuerjahr 1949, das im Verlauf der Frühjahrskrise neu festgesetzt worden war, war doppelt so hoch wie 1948, und das für die Marineluftwaffe hatte sich fast in demselben Verhältnis vergrößert. Die militärische Flugzeugkörperproduktion betrug 1947 114 Millionen Pfund – 1948 25 Millionen Pfund –, während Ende 1948 für 1949 35 Millionen Pfund geplant waren. «Im laufenden Steuerjahr gibt die Regierung für die Luftfahrt 4 895 000 000 Dollar aus», berichtete *Aviation Week* im September 1948. «Das ist mehr als das Doppelte der in der Steuerperiode 1948 ausgegebenen 1 760 000 00 Dollar. Hier handelt es sich nicht um eine zeitweilige, kurzfristige Kaufwelle. Es ist der Beginn eines Fünfjahresplans für militärische Aufrüstung und Entwicklung der Zivilluftfahrt, die vom Kongreß für wesentlich erachtet wird. Es handelt sich um ein noch nie dagewesenes Luftfahrtprogramm in Friedenszeiten. Zur Zeit betragen die Militärluftfahrtbudgets für die kommenden fünf Jahre bis 31 Milliarden Dollar.» Die Ziele der Finletter-Kommission, die zu Beginn 1948 anscheinend so schwer zu erreichen waren, wurden Ende 1948 erreicht, und dann konnte Forrestal zu Beginn des Jahres 1949 erklären, die amerikanische Luftmacht könne bald den beherrschenden Einfluß auf die Welt ausüben, «den einst die britische Marine besessen» habe.[46]

Unter der Rubrik «Forschung und Entwicklung», die man als «nationales Sicherheitskomitee» von Physikern und Sozialwissenschaftlern bezeichnen könnte, weitete die Luftwaffe ihr Budget auf andere Bereiche aus und erwies sich als die am eifrigsten auf Entwicklung bedachte Waffengattung. Zu Beginn des Jahres 1948 beschrieb *Aviation Week* die Luftwaffe als «größten Forschungskontrahenten der Welt, der ständig Kontrakte von etwa 20 Millionen Wert laufen hatte».[47] Da diese Kontrakte den Universitäten und anderen Organisationen unterstellt wurden, wurde innerhalb des stehenden Heeres eine entscheidende Gruppe von Akademikern und Intellektuellen geschaffen. Wie bei der Flugzeugindustrie bedeutete diese Entwicklung eine Rückkehr zu Kriegsgepflogenheiten.

Das einflußreichste dieser Unternehmen war das «Projekt RAND», das später als RAND Corporation (RAND bedeutet «research and development») seinen Sitz in Santa Monica, Kalifornien, hatte. Es war 1945 als Nebenstelle der Douglas Aircraft gegründet worden mit dem Auftrag, ein «Studien- und Forschungs-Programm durchzuführen, das bevorzugte Methoden in der internationalen Kriegsführung» entwickeln sollte. Der Auftrag wurde sehr umfassend interpretiert.

RAND und ähnliche Programme verkörperten einen starken Einstellungswandel sowohl bei Militärs als auch Politikern und Sozialwissenschaftlern. Edward Bowles, ein wissenschaftlicher Berater der Air Force und einer der «Väter» von RAND, bemerkte 1946: «Wir können keine intelligenten, weitsichtigen strategischen Planungen durchführen, ohne dabei unsere wissenschaftlichen und technischen Hilfsmittel in Betracht zu ziehen, noch können wir der Forschung und technischen Entwicklung entsprechende Anweisungen geben, wenn deren Führung nicht eine Vorstellung von unseren strategischen Plänen hat.» Im folgenden Jahr erklärte Warren Weaver, der Vizepräsident der Rockefeller Foundation, bei einer RAND-Konferenz, die militärischen Führer seien «in der Vergangenheit durchaus willig gewesen, Zivilisten in gewissem Umfang in ihren Dienststellen aufzunehmen. Sie sagten gewöhnlich: ‹Wir haben Sie gern hier, und wenn Sie sehr schlau sind, werden wir Ihnen Fragen stellen, und Sie werden diese, so gut Sie können, beantworten; aber dann werden wir uns in einen anderen Raum begeben, die Tür schließen und unsere Entscheidung treffen› . . . Jetzt jedoch sollen wir mit ihnen ins Hinterzimmer kommen. Sie wollen über wirklich grundsätzliche Fragen sprechen und lassen wirklich Zivilisten bei den Planungen zu. Das halte ich für sehr bedeutsam.»[48]

Probleme mit der Douglas Aircraft und Sorgen über einen Interessenkonflikt, wenn es zur Bewertung von anderen Gesellschaften vorgeschlagenen Waffen käme, führten im Frühjahr 1946 zur Trennung von RAND von Douglas und seiner Wiedergeburt als unabhängige nichtkommerzielle Körperschaft. Deren folgendes Anwachsen kennzeichnete die Entwicklung einer ständigen Beziehung zwischen den Militärdiensten und der intellektuellen Gemeinschaft im Namen der nationalen Sicherheit.[49]

Die Entwicklung der Kontrahentengemeinschaft gehörte zu der wachsenden Bedeutung, die Forschung und Entwicklung beigemessen wurde. 1948 finanzierte die Regierung der Vereinigten Staaten 99 Prozent der aeronautischen Forschungen des Landes – die meisten davon militärischer Art. Das gesamte aeronautische Forschungsbudget der Regierung betrug im Steuerjahr 1948 303 Millionen Dollar; 311 Millionen Dollar waren für das Steuerjahr 1949 vorgesehen. Nach der Frühjahrskrise stieg die Zahl auf 486 Millionen Dollar. Die Umstellung kann man noch auf andere Weise, durch einen Vergleich mit der Vergangenheit, veranschaulichen. Das gesamte RAND-Budget im Steuerjahr 1949 betrug fast ebensoviel wie das *gesamte* Militärbudget von 1924 – und 50 Prozent der *totalen* Militärzuweisungen von 1937. Militärausgaben beliefen sich in ihrer Gesamtheit auf 10 Prozent des totalen nationalen Bruttoproduktes von 1948 und erhöhten sich zwischen 1948 und 1956 um durchschnittlich 22 Prozent pro Jahr, obgleich das natürlich nicht für das nationale Bruttoprodukt zutraf.[50]

Das Streben nach Sicherheit beschränkte sich nicht auf institutionelle Wechsel innerhalb der Vereinigten Staaten. Die Anwesenheit der Amerikaner auf europäischen Schlachtfeldern in zwei Weltkriegen ließ keinen Zweifel, daß die Amerikaner weiterhin Interesse hatten, jeder Macht die Hegemonie in Europa streitig zu machen, und sich mit den liberalen Demokratien Westeuropas identifizierte. Die unendlich verlängerte amerikanische Besetzung Deutschlands hob nur hervor, was bereits klar und für den Kreml gewiß offensichtlich war. Trotzdem schufen die Amerikaner mit der North Atlantic Treaty Organization einen formellen Militärpakt, um diesen Punkt noch zu unterstreichen. Die NATO galt gewiß, wie Robert Lovett im Juli 1948 erklärte, «als wesentliche Abwendung von der früheren Außenpolitik dieses Landes ... Die Vereinigten Staaten hatten Frieden mittels Schwäche gesucht ... nach vielem Herzeleid hatten sie ihre Politik revidiert und versuchten, Aggression durch den Beweis von Entschlossenheit abzuwenden. Die einzige Frage war, wie diese Entschlossenheit zum Ausdruck zu bringen war.» Es wurde nie klar, ob diese Schaustellung von Entschlossenheit eine echte militärische Bedrohung durch die Sowjetunion abwenden oder ein schwankendes Europa beruhigen sollte.

Im Dezember 1947 hatte Bevin beim Abschluß des Londoner Außenministerrates den Gedanken vorgebracht, eine Art westliches Verteidigungssystem zu errichten. Britische Beamte begannen einen detaillierteren Vorschlag auszuarbeiten, wie man, wie Orme Sargent, ständiger Staatssekretär des Foreign Office, es formulierte, der «kommunistischen Offensive» begegnen könne. Am 2. Januar 1948 legte Sargent Attlee eine Kabinettsabhandlung vor. «Fortschritt auf wirtschaftlichem Gebiet wird als solcher nicht genügen, die russische Bedrohung zum Einhalt zu bringen», hieß es. «Zu unserer Verteidigung müssen politische und faktisch auch geistige Kräfte mobilisiert werden. Darum, glaube ich, sollten wir mit Unterstützung der Amerikaner und Dominions ein demokratisches Gefüge des Westens zu bilden versuchen ... Sobald die Umstände es erlauben, sollten wir natürlich auch wünschen, Spanien und Deutschland miteinzubeziehen, ohne die ein westliches System nicht vollständig sein kann. Ein solches Konzept mag etwas phantasievoll scheinen, aber die Ereignisse schreiten fort.» Die Abhandlung sagte voraus, die Russen würden gegen einen solchen Vorschlag ebenso wild reagieren wie einst gegen den Marshallplan; sie würden es als «offensive Allianz» gegen die Sowjetunion darzustellen versuchen. «Zu diesem Punkt kann ich nur sagen, daß halbe Maßnahmen in der Situation, in die uns die russische Politik gebracht hat, nutzlos sind.»[51]

Mitte Januar gaben die Amerikaner ihre Zustimmung zu dem britischen Vorschlag kund, jedoch mit einem Vorbehalt: die Europäer sollten selbst den ersten Schritt tun; die Vereinigten Staaten würden sich dem Unternehmen im «zweiten Stadium» anschließen. Außerdem wollten sie sichergehen, daß die neue Allianz sich gegen eine sowjetische und nicht gegen eine deutsche Bedrohung richtete. Doch in einem Memorandum, das Marshall Truman übergab, hieß es: «Über die langanhaltende Beziehung der USA dazu kann es gar keine Frage geben.»[52]

Die Ereignisse in der Tschechoslowakei ließen die Sache bei den westeuropäischen Führern nur dringlicher erscheinen. «Ich weiß, daß die Ereignisse Sie angeekelt und persönlich betrübt haben», schrieb Bevin nach der kommunistischen Machtübernahme an den britischen Botschafter in Prag. «Das Miterleben einer kommunistischen Revolution, wie Sie es getan haben, ist eine einmalige Belehrung über die extreme Rücksichtslosigkeit und Hinterlist des Kommunismus, die man nur schwer oder gar nicht erfassen kann, wenn man sie nicht am Werk gesehen hat.»

«Im freien Europa müssen wir allgemein unsere Moral festigen», bedrängte John Hickerson, der Leiter des Europaamtes, Marshall am 8. März, «und das kann nur durch Handlungen dieses Landes geschehen.»[53]

Am 17. März (dem Tag der beiden Truman-Reden) wurde der Brüsseler Pakt von Großbritannien, Frankreich, Belgien, den Niederlanden und Luxemburg unterzeichnet. Er sah ein gemeinsames Verteidigungssystem vor; wurde eine Nation angegriffen, sollten die anderen ihr zu Hilfe eilen. Der einzige potentielle Angreifer, der namentlich genannt wurde, war jedoch Deutschland. Die Frage hieß nun, was die Vereinigten Staaten tun würden.[54]

Zwischen dem 22. März und 1. April trafen amerikanische, britische und kanadische Beamte im Pentagon zusammen, um über die Form zu diskutieren, die eine nordatlantische Allianz annehmen könnte. Diese Besprechungen geschahen absolut geheim, mit sorgfältigen Sicherheitsmaßnahmen – als «Täuschungsmanöver» reiste der britische Delegierte Gladwyn Jebb von Zeit zu Zeit nach New York City, um dort den Sicherheitsberatungen der UNO beizuwohnen. Wenn solche Maßnahmen auch die amerikanische Presse täuschen konnten, so wurden die Russen gewiß nicht hinters Licht geführt, denn zu den Mitgliedern der kleinen britischen Arbeitsgruppe gehörte Donald Maclean, der sowjetische Spion, der 1951 überlief. Die Bedeutung solcher Agenten im British Foreign Office ist immer noch schwer einzuschätzen. Es ist nicht sicher, ob sie je ganz geklärt werden wird. Die Spione waren gut plaziert. Bis Februar 1947 war Guy Burgess, der mit Maclean überlief, Sekretär und persönlicher Assistent von Hector McNeil, dem Staatsminister im Foreign Office, gewesen. Es ist unwahrscheinlich, daß die Sowjets Nachrichten von Agenten in solcher Stellung unbeachtet gelassen hätten, und man darf annehmen, daß Maclean den Sowjets vertrauliche

Informationen zukommen ließ, wodurch sie von Initiativen, wie der Bildung der NATO, Kenntnis erhielten.[55]

Inzwischen gelangten die Europäer zunehmend zu der Ansicht, daß die Lösung ihres Sicherheitsproblems in der Abhängigkeit lag, wie Bidault es formulierte, «in den Absichten und dem Bereitschaftsgrad der Vereinigten Staaten». Doch von diesen Absichten waren die Europäer noch nicht überzeugt. Im Mai schnauzte Lovett auf einen Ausdruck des Zweifels seitens der Franzosen: «Hinsichtlich allgemeiner Sicherheitsprobleme ‹kühlen› wir in keiner Weise ab». Die vorgesehene Teilnahme am Nordatlantikpakt war in der Tat die beste Art, die Entschlossenheit der USA zu beweisen.[56]

Doch ohne allgemeine offensichtliche Unterstützung innerhalb der Vereinigten Staaten war eine solche Entschlossenheit nicht ernst zu nehmen. Lovett und Senator Vandenberg, die im Frühjahr häufig zusammentrafen, schmiedeten die Sprache für eine Resolution, die die Teilnahme der USA an einem regionalen Sicherheitspakt unter der Rubrik von Artikel 51 der Charta der Vereinten Nationen genehmigen sollte. Der Senat billigte die sogenannte Vandenberg-Resolution am 11. Juni 1948 als «im Sinne des Senats». Der Weg zur NATO war frei.[57]

In den Monaten zwischen dem Abbruch des Londoner Außenministerrats im Dezember 1947 und Juni 1948 hatten in der Organisation der amerikanischen Sicherheit große Umwälzungen stattgefunden. Zum erstenmal seit 1778 traten die Vereinigten Staaten formell einer Militärallianz bei, die sie zwecks Verteidigung von Nationen außerhalb der westlichen Hemisphäre zum Krieg verpflichtete. Die Vereinigten Staaten hatten sich nachdrücklich für die Erhaltung des Kräftegleichgewichtes in Europa eingesetzt. In den letzten Monaten hatten sie auch eine lange Strecke zurückgelegt, um dem neuen bipolaren internationalen System eine dauerhafte Gestalt zu verleihen. Als Führer einer in ständiger Konfrontation mit dem sowjetischen Block befindlichen Koalition hatte das Land mit beträchtlichen Aufrüstungen begonnen. Der Wettstreit zwischen den Waffen sollte das Barometer für politische Kämpfe werden. Ende 1948 faßte *Fortune* den Wandel zusammen: «Der einzige Weg zu verhindern, daß die amerikanische Politik von Krisen beherrscht wird, ist, in Krisen zu leben – auf den Krieg vorbereitet zu sein.»

Die Ermahnungen Walter Lippmanns wurden allgemein überhört. Indem er die im Finletter-Report enthaltenen Annahmen und faktisch den gesamten Aufrüstungstrend kommentierte, bemerkte er: «Wir werden den höchsten Irrtum mächtiger Staaten wiederholen – zu denken, daß Macht ein Ersatz für Diplomatie ist und daß absolute Macht absolute Sicherheit gibt.»

Die Frühjahrskrise war der Auslösefaktor, der die Aufrüstung auf volle Touren brachte. Hanson Baldwin, der Herausgeber für Militärfragen der

New York Times und Leiter einer Studiengruppe eines Rates für auswärtige Fragen, hatte im Mai 1948 zu David Lilienthal geäußert, die Frühjahrskrise sei eine «reine Washington-Krise» gewesen.[58]

Doch Ende Juni, nachdem die Aufrüstung ernstlich begonnen hatte, der Wehrdienst wieder eingeführt worden war und der Kongreß sowohl die Vandenberg-Resolution als auch den Entwurf für den Marshallplan gebilligt hatte, kam eine echte Krise, die die tiefe Spaltung Europas bestätigte und alles zerbrach, was von einem Nachkriegsfrieden auf Grundlage der Großen Allianz noch übrig war. Es war eine Konfrontation gefährlich nahe dem offenen militärischen Konflikt über die wichtigste aller europäischen Fragen – die Zukunft Deutschlands.

ROYALL: Ich vertrete nachdrücklich die Meinung, daß die Frage der Berliner Währung nicht als Anlaß für einen Krieg dienen sollte.

CLAY: Wenn die Sowjets Krieg erklären, wird das nicht wegen des Berliner Währungsproblems geschehen, sondern weil sie den Zeitpunkt für günstig halten.

AUS FERNSCHREIBEN ZWISCHEN ARMEESEKRETÄR ROYALL UND GENERAL CLAY, 25. Juni 1945[1]

XIV

Das Ende des Friedens

Anfang Januar 1948 trafen General Clay und General Robertson, die Oberkommandierenden der amerikanischen und der britischen Besatzungsmacht, mit westdeutschen Politikern zusammen, um mit ihnen zu besprechen, was für Schritte zu unternehmen seien, um aus der Bizone einen Staat zu machen. «Wir können hier nicht mit gefalteten Händen herumsitzen», sagte Robertson zu den versammelten Politikern. Nach Abbruch des Londoner Außenministerrates hatten Amerikaner und Briten beschlossen, eine Lösung der Deutschlandfrage außerhalb des Rahmens der Viermächtezusammenarbeit zu suchen. Ihre Bemühungen, die sowjetische Reaktion und die darauf folgende Krise bilden zusammen die «große Teilung» in der Geschichte des kalten Kriegs, nach der es zu einem Großmächtefrieden keinen Rückweg mehr gab. Das Deutschlandproblem, das 1941 die Große Allianz geschaffen hatte, zerschlug nun die Reste eben dieser Allianz.[2] Die nachfolgende Berlinkrise war eine «große Teilung» in einem anderen Sinne, sie bedeutete nicht nur die symbolische, sondern auch die faktische Teilung Deutschlands und die Spaltung Europas, letzteres jedoch nicht in die Sphären der Stalin-Churchill-Vereinbarung von 1944, sondern in feindliche Blöcke.

Deutschland war die letzte und bedeutendste der unbeantworteten Fragen zwischen den Vereinigten Staaten und der Sowjetunion. Sie wurde zu der ernsthaftesten Nachkriegskrise in Europa. Beide Seiten antworteten auf das, was sie als Provokation durch die andere ansahen. Gerechterweise müssen wir jedoch zugeben, daß die Initiative von den Amerikanern ausging. Die Sowjets hatten keinen Anlaß, Initiativen zu ergreifen.

Im Winter 1947/48 waren die amerikanischen Politiker zu der Schlußfolgerung gelangt, daß Deutschland für viele zukünftige Jahre im internationalen Gefüge keine unabhängige Rolle spielen könnte. Unvermeidlich mußte es – ganz oder teilweise – mit einer der beiden Seiten verbündet sein.

Ein vereinigtes Deutschland, das in den sowjetischen Einflußbereich zurück fiele, so bemerkte Außenminister Marshall im Februar, würde «für alle westlichen Nationen, einschließlich der Vereinigten Staaten, die größte Sicherheitsbedrohung» darstellen. Die amerikanischen Politiker wollten die Wirtschaft der westlichen Zonen hauptsächlich durch eine Währungsreform stabilisieren und in diesen Zonen eine Regierung bilden; und ein neues Westdeutschland dem Marshallplan und der breiteren europäischen Wirtschaft anpassen – insgesamt eine bewußte Ablehnung einer Viermächtelösung und somit ein entscheidender Schritt zur Spaltung.

Die Amerikaner hatten recht in ihrer Annahme, daß ein Viermächteübereinkommen nur schwer zustande zu bringen sein werde. Aber sie glaubten fast sicher zu Unrecht, daß die Russen planmäßig vorgingen, um die Herrschaft über ganz Deutschland an sich zu bringen. «Obgleich ich den meisten Treffen des Außenministerrates nach dem Kriege beiwohnte», erinnerte sich Charles Bohlen, «wurde mir niemals klar, was die Sowjets wollten.»[3] Es ist durchaus möglich, daß das einzig klare russische Ziel der Erhalt von Reparationen war. Darüber hinaus hatten die Sowjets keine genau umrissene Idee, wie eine befriedigende Lösung für Deutschland zu erreichen sei. Inzwischen stellte sich ihr Drängen nach Reparationen allen politischen Zielen entgegen, die sie sonst hätten haben können. Die Russen wußten weitaus besser, was sie fürchteten und vermeiden wollten – ein wiedererstarktes, westlich orientiertes Deutschland, genau das wollten sie nicht. Überdies mögen die Russen durchaus der Ansicht gewesen sein, daß die Amerikaner nach einem Meisterplan vorgingen – so wie die Amerikaner sich vorstellten, daß sie selbst als Reaktion auf einen sowjetischen Meisterplan handelten.[4]

Nach der Vertagung des Außenministerrates im Dezember machten die Russen eine Anzahl versöhnlicher Gesten – Beginn der gegenseitigen Reparationslieferungen aus dem Osten, Verhandlungen über eine Leih- und Pachtregelung, Reduktion ihrer Reparationsansprüche an Österreich und Zustimmung zu einer österreichischen Währungsreform. Aber sie kamen zu spät. Die amerikanische Politik war bereits festgelegt. «Der Mißerfolg beim Londoner Treffen des CFM, irgendwelche Fortschritte in Richtung der wirtschaftlichen und politischen Einigung Deutschlands zu machen oder zu versprechen, bedeutet in der politischen Entwicklung Nachkriegs-Deutschlands einen Wendepunkt», schloß ein Mitte Januar 1948 für Marshall angefertigtes Memorandum. Die Westzonen, fuhr es fort, würden einen «zunehmend politischen Charakter» annehmen.[5]

Während bei einem Treffen in London der Außenministerrat keinen Ausweg aus der deutschen Sackgasse gefunden hatte, gelang das auf einem anderen, das kurz darauf erfolgte. Am 23. Februar trat mit Vertretern der Vereinigten Staaten, Großbritanniens, Frankreichs, Belgiens, der Niederlande und Luxemburgs eine neue Londoner Konferenz zusammen. «Meiner

Ansicht nach», bemerkte Clay, «ist dies die bedeutendste Konferenz von allen, die je über Deutschland abgehalten wurden.» Nachdem man über Vorschläge zur Errichtung eines westdeutschen Staates übereingekommen war, wurde das Treffen vorläufig auf den 6. März verschoben. Dazu gehörte ein schwacher Vorbehalt: «Eine endgültige Viermächtevereinbarung ist keineswegs auszuschließen.»[6]

Die Währungsreform sollte der grassierenden Inflation und der weitverbreiteten Hamsterei ein Ende bereiten und die westlichen Zonen für eine erfolgreiche Teilnahme am Marshallplan stabilisieren. Die Reichsmark hatte den größten Teil ihrer Kaufkraft verloren und war wegen der wenigen verfügbaren Waren in manchen Fällen auf ein Fünfhundertstel ihres Wertes abgesunken. Die Amerikaner hatten die Notwendigkeit einer Reform seit einiger Zeit beschlossen. «Die Währungsreform ist überfällig», so hatte Harriman im vergangenen August Truman nach einer Besichtigungsreise durch Deutschland informiert. «Man kann kaum verstehen, wie mit einer wertlosen Währung noch Geschäfte abgeschlossen werden ... Ich habe offengestanden starke Bedenken, daß ein Währungssystem, das die Sowjetzone mit einschließt, Erfolg haben könnte, da die sowjetischen Wirtschaftsmethoden sich von den unseren so sehr unterscheiden.»[7]

Eine Währungsreform würde sehr viel mehr als eine technische Maßnahme bedeuten. Währung ist sowohl das Symbol von Souveränität wie auch der Mechanismus, um dieselbe auszuüben. Darum würde eine neue Währung in den drei Westzonen und Westberlin eine neue politische Organisierung bedeuten. Sie würde auch den Zusammenbruch der Viermächtekontrolle, den Ausschluß der Sowjetunion aus jeder Entscheidung über Deutschland außerhalb ihrer eigenen Zone und somit noch vor der Errichtung einer westdeutschen Regierung einen entscheidenden Schritt zur Spaltung bedeuten. Als der Außenministerrat in London sich im Dezember vertagte, hatten amerikanische und britische Beamte beschlossen, noch einen Versuch zu einer allgemeinen deutschen Währungsreform zu machen und sie allein durchzuführen, wenn er nicht klappte. Der Beschluß wurde mit halbem Herzen gefaßt.

Sowohl die Vereinigten Staaten als auch die Sowjetunion brachten im Kontrollrat Währungsvorschläge vor. «Wenn meine Kollegen geduldig genug wären», erklärte Marschall Sokolowskij am 1. Februar, «würde ich den Vorschlag der USA Punkt für Punkt durchgehen, und dann würde offenbar werden, daß der amerikanische Vorschlag, von Ausnahmen abgesehen, annehmbar ist, doch müssen wir darauf bestehen, daß der sowjetische Vorschlag geprüft wird.»

Der sowjetische Vorschlag sei nicht klar, erwiderte Clay. «Über die Währungsreform wird nun seit zwei Jahren debattiert», fügte er hinzu, und die Vereinigten Staaten seinen «nicht willens, die in der amerikanischen Zone bestehenden finanziellen Bedingungen weiterhin fortbestehen zu lassen». Sokolowskij beendete die Sitzung mit der Erklärung, das neue Geld sei bereits in Clays Taschen – was nicht einmal unrichtig war, denn die Amerikaner hatten vor Ende 1947 neue Markscheine gedruckt und gehortet.[8]

Am 10. März fragte der Beamte des State Department, Frank Wisner, ob eine Vierervereinbarung «vom Standpunkt der USA überhaupt wünschenswert sei, da eine solche Währungsreform die Sowjetunion in die Lage versetzen könnte, die wirtschaftliche Gesundung Westdeutschlands weiterhin zu schädigen». Eine bizonale Währungsreform «würde ein sehr bedeutsamer Schritt zur Anerkennung der Ost-West-Teilung Deutschlands sein», sagte er. Aber, fügte er hinzu, es wäre auch «ein bedeutsamer Schritt zu der überaus notwendigen wirtschaftlichen Stabilisierung Deutschlands». Er empfahl Clay, darauf hinzuweisen, daß die amerikanische Politik nicht länger nach einem Viermächteabkommen strebe.

«Lieber schnell handeln», kritzelte Lovett auf ein Memorandum und teilte das Clay am nächsten Tage mit, der erwiderte, er habe seit geraumer Zeit das gleiche gedacht.

Zusätzlich zur Währungsreform und der Errichtung einer westdeutschen Regierung erkannten die Russen auch sowohl einen amerikanischen Trend zur Aufrüstung als auch Maßnahmen zur Schaffung einer nordatlantischen Militärallianz. Sie antworteten auf vielerlei Arten. Am 3. März berichtete Murphy, eine auf den Londoner Außenministerrat folgende «relativ harmonische Periode» im Kontrollrat sei Ende Januar durch die sowjetischen Anschuldigungen zu Ende gegangen, denen zufolge der Westen plante, den Viermächterat und die Viermächteverwaltung von Berlin zu beenden. Murphy war ganz offen der Ansicht, daß solche «Taktiken» «eine sowjetische Absicht anzeigten, die Viermächteverwaltung von Berlin zu beenden».

«Ich persönlich meine, daß der Kontrollrat als Organisation der Vergangenheit angehört», berichtete Murphy einen Monat später. Ein anderer amerikanischer Beamter bemerkte beiden für Berlin abgeordneten Kommandanten gegenüber, daß der oberste sowjetische Vertreter, der sonst bei den Verhandlungen eifrig Notizen gemacht hatte, jetzt nur noch Männchen malte.[9]

Zu Ende des Winters und zu Beginn des Frühjahrs wechselten die Vereinigten Staaten und die Sowjetunion eine Reihe von Botschaften, ein verbales Duell, bei dem jeder einen Rekord aufzustellen versuchte – wieder einmal Onus-Verlagerung –, um dem anderen die Schuld an der offensichtlich bevorstehenden Teilung Europas zuzuschieben. Die Russen erklärten, sie hätten «den Vorschlägen anderer Mächte» in den beiden Treffen des Außenministerrates von 1947 auf halbem Wege entgegenkommen wollen. «Sowohl der amerikanische Plan einer Wirtschafts‹hilfe› und der britische politische Plan eines ‹westlichen Europa› stellten gegen Osteuropa ein Westeuropa auf und führten folglich zu der politischen Spaltung Europas.»

Das State Department erklärte hingegen, der Ursprung des Problems sei in «früheren Handlungen» der Sowjetunion zu finden, und verurteilte das Bemühen, «die Verantwortung für die gegenwärtige Teilung Deutschlands, die die Sowjetregierung selbst auf sich geladen habe», auf andere abzuwälzen.[10]

Am 20. März fragte Sokolowskij nach Informationen über das Londoner Februartreffen zwischen den Vereinigten Staaten und den fünf westeuropäischen Ländern. Er erhielt keine. So verließ er den Kontrollrat. «Ich glaube, wir sind in unseren Beziehungen in eine Krise gelangt», berichtete Clay nach Washington. Ein und eine halbe Woche lang, Ende März und Anfang April, verschärften die Russen ihre Kontrolle über den Luftverkehr nach Berlin – das war die «Miniblockade» –, worauf die westlichen Länder mit der sogenannten «kleinen Luftbrücke» antworteten.[11]

Als die Londoner Konferenz Ende April wieder zusammentrat, hatten die Vereinigten Staaten und Großbritannien ihre Zielvorstellungen auf einen Nenner gebracht. «Wir wünschen bald eine provisorische deutsche Regierung», sagte William Strang, der mit deutschen Fragen betraute Beamte des Foreign Office.

Ein wesentliches Hindernis für eine Währungsreform und einen westdeutschen Staat war jedoch Frankreich. Die französische Regierung fürchtete immer noch eine antideutsche Stimmung im Lande, die politisch bedeutsamer und mächtiger war als in Großbritannien und den Vereinigten Staaten. «Machen Sie es mir nicht zu schwer», beschwor Bidault den amerikanischen Botschafter in Paris. «Ich muß der Nationalversammlung gegenübertreten, und bei der Einstellung der Kommunisten, Gaullisten und Sozialisten weiß ich nicht, wie wir da durchkommen werden. Sagen Sie Ihrer Regierung, daß ich auf Ihrer Seite stehe und sicher bin, daß wir mit der Zeit etwas Befriedigendes ausarbeiten werden, aber gleichzeitig muß ich auf die öffentliche Meinung hier Rücksicht nehmen.» Die Franzosen fürchteten, auch die Sowjets zu Gegenmaßnahmen zu veranlassen, und sorgten sich mehr als die USA und Großbritannien über Berlins isolierte Lage 150 Kilometer innerhalb der sowjetischen Zone.

Überdies faßten die Franzosen Sicherheit ganz anders auf. Sie dachten an den Zweiten Weltkrieg und an ihre alte Rivalität mit Deutschland. Die Amerikaner hatten den Zweiten Weltkrieg hinter sich gelassen, und ihre Sicherheitsvorkehrungen waren, wie wir bereits gesehen haben, im wesentlichen gegen die Sowjetunion gerichtet. «Die französische Auffassung, Deutschland jetzt als wichtigste Bedrohung anzusehen, scheint für uns altmodisch und unrealistisch», kritisierte General Marshall. «Sicherheit in beschränktem Sinne speziell auf Deutschland bezogen, scheint in der öffentlichen Meinung Frankreichs immer noch vorzuherrschen», bemerkte Botschafter Douglas, der amerikanische Vertreter auf der Londoner Konferenz. «Für die Franzosen ist es manchmal schwer, über den nächsten Nachbarn hinaus auf das wesentliche Problem zu schauen.»[12]

Um die Franzosen zu beruhigen, schlugen die Amerikaner vor, daß ihre Truppen zeitlich unbegrenzt in Europa bleiben sollten, um Frankreich sowohl vor einem rachsüchtigen Deutschland wie vor einer raubgierigen Sowjetunion zu beschützen. «Solange der europäische Kommunismus die lebenswichtigen Interessen der USA und ihre nationale Sicherheit bedroht, können wir es uns kaum leisten, unsere militärische Position in Deutschland aufzugeben», informierte Marshall am 28. Februar Douglas. «Bis jetzt haben wir alle Notwendigkeiten noch nicht genau durchdacht.» Man schlug vor, Douglas solle den Franzosen und Briten die Angelegenheit «als seine persönliche Ansicht» vortragen. Das tat Douglas bei einem Lunch mit Strang und René Massigli, dem französischen Botschafter in London. «Alle Anwesenden haben sie sogleich mit Begeisterung aufgenommen», berichtete Douglas.

Dieser kräftige Hinweis genügte nicht, um die Bedenken der Franzosen zu überwinden. Im April brach Couve de Murville, der de Gaulle nahestehende Leiter der politischen Abteilung im französischen Außenministerium, seine Ferien an der Riveria ab, um in Clays Flugzeug nach Berlin zu fliegen. Murphy stellte beglückt fest, daß Couves Denken beträchtliche «Fortschritte» gemacht hätte. «Krieg mit der Sowjetunion innerhalb der nächsten zwei oder drei Jahre ist nicht unvermeidlich – und das kann dieses Jahr heißen», sagte Couve. Er meinte, das Problem der französischen öffentlichen Meinung sei zu sehr hochgespielt worden. Jean Chauvel, der Generalsekretär des französischen Außenministeriums, der sehr auf ein Übereinkommen mit den anderen westlichen Mächten bedacht war, beurteilte Couves Einstellungswandel «als von Gott eingegeben».

Die sichtbaren Fortschritte bei der Schaffung eines westdeutschen Staates versetzten den Kreml offensichtlich in Unruhe. Nachdem die Russen im April und im Mai ihre Miniblockade Berlins aufgehoben hatten, begannen sie, wie *Business Week* es nannte, «eine richtiggehende russische Friedensoffensive», deren Höhepunkt in Einladungen aus Moskau, dann durch Stalin selbst, zu bilateralen amerikanisch-russischen Verhandlungen auf höchster Ebene gipfelte, um die Differenzen zwischen den beiden Ländern beizulegen. Die Westeuropäer waren an einem solchen Angebot höchst interessiert, doch amerikanische Beamte kamen schnell zu der Überzeugung, daß eine Annahme des russischen Angebotes ihre Bemühungen um eine Konsolidierung Westeuropas gefährden würde. Es war jedoch natürlich nicht klar, ob das sowjetische Angebot ernst gemeint war oder ob es sich nur um eine Propagandabemühung zur Aufsplitterung der westlichen Einheit handelte. Washington wollte kein Risiko eingehen, und so prüften die Vereinigten Staaten das nicht weiter nach. Statt dessen ignorierten sie ganz einfach den Vorschlag.

Anfang Juni waren die Franzosen genügend überzeugt worden, so daß die Londoner Konferenz mit einer Übereinstimmung über fünf miteinander in Beziehung stehende Punkte abschließen konnte: am 1. September sollte ein deutscher Parlamentarischer Rat zusammentreten, um mit der Ausarbeitung eines Konzepts für die Verfassung eines westdeutschen Staates zu beginnen; der neue Staat sollte wirtschaftlich in Westeuropa integriert werden; eine internationale Behörde, in der Deutschland vertreten war, sollte die Grundlagen der Ruhrindustrie beaufsichtigen, das Gebiet selbst aber sollte bei Deutschland verbleiben; die amerikanischen Truppen sollten auf unbeschränkte Zeit in Deutschland bleiben; die Amerikaner, Briten und Franzosen wollten die Wirtschaftspolitik in ihren Zonen besser zu koordinieren versuchen.[13]

Die Bühne war frei für die Berlinkrise.

Zuerst müssen wir jedoch ein höchst interessantes Problem erwähnen, nämlich die überraschend geringe Vorahnung und Vorbereitung der Amerikaner auf eine Konfrontation in Berlin. Die Amerikaner waren darauf so wenig vorbereitet, daß Kriegssekretär Royall am 31. März, bei Beginn der Miniblockade, an General Clay eine eilige Anfrage richten mußte: «Wissen Sie von irgendeiner Dokumentation über Vereinbarungen mit den Russen hinsichtlich unserer Rechte der Besetzung von und des Zugangs nach Berlin? Das State Department hat bisher eine solche Information noch nicht feststellen können.» Clay erwiderte, die Besatzungsvereinbarungen seien im Zweiten Weltkrieg ausgearbeitet, aber die Zugangsrechte bestünden nur in Form «einer mündlichen Vereinbarung ... Sie sind innerhalb von fast drei Jahren zum Gewohnheitsrecht geworden.»

Das soll nicht bedeuten, daß dieser Punkt niemals zur Sprache gestanden hätte. Ende Dezember hatte der amtierende Chef der Abteilung für mitteleuropäische Fragen «eine entschlossene sowjetische Bemühung, die westlichen Allierten aus Berlin herauszudrängen», vorausgesagt und war für die Vorbereitung von möglichen Vergeltungsmaßnahmen eingetreten. Mehr als drei Monate später drängte der stellvertretende Staatssekretär für die besetzten Gebiete, Lovett, das State Department solle damit beginnen, einen Plan gegen sowjetische Maßnahmen in Deutschland auszuarbeiten.

Ende April schrieb Kriegssekretär Royall dem früheren Kriegsminister Stimson: «Die klare Absicht der Sowjetunion scheint zu sein, uns auf Grundlage der Viermächtekontrolle aus Berlin herauszudrängen, und faktisch gibt es in Deutschland keine Viermächtekontrolle mehr. Hinsichtlich der Handlungen zu dritt, die wir nach dem Zusammenbruch des Außenministerrates im letzten Dezember unternehmen mußten, haben die Sowjets für ihr Verhalten einige Gründe. Sie können mit einiger Logik vorbringen, daß die im Februar in London begonnenen Dreimächtegespräche, die am 20. dieses Monats wiederaufgenommen werden sollten, ein Beweis für unsere Absichten sind, die Viermächtekontrolle aufzugeben. Auch unsere Errichtung eines Wirtschaftsrates in Deutschland können sie so interpretieren. Wir haben versucht, bei allen unseren Maßnahmen in Deutschland den Sowjets eine ‹offene Tür› zu lassen, doch können wir in diesem Land keine Stagnation hinnehmen und erwarten immer noch, die europäische Wirtschaft in Zusammenhang mit dem europäischen Wiederaufbauprogramm neu zu beleben. Nun üben die Sowjets, wie wir es seit Monaten erwartet haben, Druck aus, um uns aus Berlin herauszudrängen. In dieser Situation verfügen sie über die meisten Trumpfkarten; sie kontrollieren die Schienenwege und Straßen nach der Stadt und verschiedene der wichtigsten öffentlichen Einrichtungen, wie zum Beispiel die Elektrizität. General Clay hat sich in dieser Lage überaus standhaft verhalten und ist von der Regierung in Washington voll unterstützt worden. Wir haben die Möglichkeit, uns durch die Luft zu versorgen, und werden das, wenn notwendig, auch tun. Wir werden in Berlin so lange wie möglich aushalten, das heißt, bis die Sowjets das Leben selbst für eine kleine Gruppe unerträglich machen.»[14]

Ein recht bedeutsamer Grund dieses Mangels an Vorbereitung war die Art, in der General Lucius D. Clay, der amerikanische Oberkommandierende in Deutschland, und sein politischer Berater, Robert Murphy, die Lage auffaßten.

Der in Georgia als Sohn eines amerikanischen Senators, der in seiner Jugend Senatsdiener gewesen war, geborene Clay absolvierte 1918 in Westpoint mit sehr guten Ergebnissen in Englisch und Geschichte, aber sehr mäßigen in Disziplin und Betragen. Als er in der Armee aufstieg, zeichnete er sich als Ingenieur und Verwalter aus. Während des Krieges hatte er die Industrieproduktion für die Armee überwacht und war dann Byrnes' Stellvertreter im Amt für Kriegsmobilisierung geworden. Die erhebliche Unterstützung, die er von Hopkins, Byrnes und Morgenthau erhielt, erleichterte seine Beförderung zuerst als stellvertretender, dann als Oberkommandierender in Deutschland. Er verfügte über eine unerschöpfliche Arbeitskraft und trat jederzeit leidenschaftlich für alles ein, wovon er überzeugt war. «Clay ist ein prima Kerl, wenn er ausspannt», sagte man in der Armee, «das Problem ist nur, daß er niemals ausspannt.»

Während seines ersten Jahres in Deutschland war er überzeugt, daß er bei der Zusammenarbeit mit den Russen Fortschritte machte. Er schob die Schuld an größeren Schwierigkeiten den Franzosen zu und mißbilligte Kennans Langes Telegramm. Wirtschaftliche Probleme und die wachsenden Spannungen zwischen Ost und West komplizierten den Ablauf der Viermächtebesatzung, und die nie endenden Probleme drückten auf Clays Optimismus, obgleich er lange, nachdem die meisten seiner Kollegen die Sache abgetan hatten, immer noch willens war, Reparationen aus der laufenden Produktion in Betracht zu ziehen. Doch war Clay im letzten Teil des Jahres 1947 zweifellos zu der klaren Überzeugung gelangt, daß die Sowjets aggressive Pläne im Schilde führten.

«Halten Sie dies für das Vorspiel zu einer Kriegserklärung?» fragte er

James Riddleberger einmal, als er im Kontrollrat einen sowjetischen Angriff auf die amerikanische Politik angehört hatte. «Nein, Lucius», erwiderte Riddleberger, «manchmal hört es sich so an, aber ich halte den Zeitpunkt nicht für gekommen.»[15]

Seine Rolle als Nummer eins in Deutschland bestätigte nur seine fast selbstgerechte Sicherheit. «Der Job eines Militärgouverneurs konnte zu Kopf steigen», erinnerte sich John MacCloy. «Es war die einem römischen Prokonsul ähnlichste Stellung, die die moderne Welt zu bieten hatte. Sie konnten sich an ihren Sekretär wenden und sagen: ‹Bereiten Sie ein Gesetz vor.› Schon war das Gesetz da, und nach zwei oder drei Wochen konnte man seine Auswirkungen feststellen. Für einen ehrgeizigen Mann war das ein herausfordernder Job. Wohlwollender Despotismus.»

Während einer Deutschlandreise schrieb Charles Kindleberger, Leiter des Referats für deutsch-österreichische Wirtschaftsfragen im State Department, an seine Kollegen in der Heimat: «Ich finde es schwierig, mit Clay zu reden. Persönlich ist er sehr herzlich und sagt oft nach einer schonungslosen Verurteilung des State Departments, daß er mich damit nicht gemeint habe.» Clays Wirtschaftsberater sagte Kindleberger, sämtliche Ansichten des Generals seien «entweder schwarz oder weiß, denn er wisse, daß sich das Helldunkel bei der Ausführung von Entscheidungen sowieso in hinreichendem Maße entwickeln würde. Er hat große Detailkenntnis und äußert häufig unerwartet sehr feste Meinungen. Aber er arbeitet mit keinem Mitarbeiterstab, delegiert keine Vollmachten, um ein Arbeitsteam aufzubauen, das weiß, wohin es geht und warum.»

Mit seinem Rücktritt zu drohen, um seinen Willen durchzusetzen (oft mittels eines Labyrinths gegensätzlicher Anweisungen), wurde für Clay mehr Angewohnheit als Taktik – als militärischer Oberbefehlshaber reichte er wegen politischer Streitfragen wenigstens elfmal seinen Rücktritt ein. Jedesmal wurde das Gesuch abgelehnt. 1947 bemerkte Kennan, er habe bei Clay niemals «ein Verlangen nach Anweisungen» feststellen können. Im Gegenteil, der General versuchte die Flut der von Deutschland nach Washington zurückströmenden Informationen zu kontrollieren. «Der Bursche ist wirklich eifersüchtig auf seine Autorität bedacht», bemerkte Kindleberger. Im Januar 1948 widersprach Robert Murphy nachdrücklich Clays Forderung, die politischen Berater sollten in Deutschland als «politische Kommissare» fungieren. Murphy erklärte: Clay sei «niemals dafür gewesen, daß das State Department von hier aus unmittelbar Bericht erstattete», sagte aber, er habe Clay klargemacht, daß das State Department «in einem so wichtigen Gebiet wie Deutschland niemals auf seinen Sonderkanal verzichten würde». Trotzdem waren die Beziehungen zwischen Murphy und Clay im allgemeinen recht gut. Über die wichtigsten politischen Fragen teilten sie die gleiche Auffassung.[16]

Mit Murphys Unterstützung legte Clay das Problem der Berlinpolitik für die politische Elite in drei Formen dar. Da die beiden Männer bei der wirtschaftlichen Erholung und der Erschaffung eines westdeutschen Staates unbedingt Fortschritte erzielen wollten, spielten sie die möglichen nachteiligen Folgen herunter. Als Clay nach dem Abbruch des Londoner Außenministerrates im Dezember 1947 mit Marshall und Bevin das Deutschlandproblem durchsprach, stellte er eine zusätzliche Frage «hinsichtlich der Zukunft der westlichen Alliierten in Berlin». Es werde dort offensichtlich zu Schwierigkeiten kommen, erklärte er, doch würden die Alliierten sich mit kleineren Belästigungen abfinden und so lange wie möglich aushalten. «Wenn die Sache zu hart wird», sagte er, würden sie sich «an ihre Regierungen wenden, doch sollten sie das Problem nicht aufgreifen, ehe es sich entwickelt hätte».[17]

Dazu überzeugten sie andere Politiker, daß der Preis für ein Stillhalten in Deutschland beträchtlicher wäre als aller Aufwand, den ein Vorprellen mit sich bringen könnte. Als darum die Franzosen Ende Mai 1948 ihrer Besorgnis wegen eventueller sowjetischer Vergeltungsmaßnahmen in Berlin Ausdruck gaben, lehnte Botschafter Douglas diese Bedenken als «auf irrige Annahmen und Schlußfolgerungen begründet» ab. Wie Lovett Douglas erwiderte: «Gehen Sie davon aus, Clay hat in Betracht gezogen, daß die Ankündigung betreffs einer provisorischen Regierung den Sowjets die Entschuldigung gibt, den Druck auf Berlin zu verstärken, auch daß amerikanische und britische Delegationen die Gefahr einer Verzögerung in Deutschland für größer erachten als die in der sowjetischen Reaktion enthaltenen Risiken.»

Bei alledem waren Clay und Murphy jedoch willens, eine Herausforderung anzunehmen, die sie als unvermeidlich erachteten. Vielleicht hießen sie dieselbe sogar als Möglichkeit willkommen, den Trennstrich zu ziehen. Doch gleichzeitig wollten sie weder Planungen noch Vorbereitungen unternehmen, womit die Aufmerksamkeit auf wirkliche Gefahren gelenkt werden würde, um damit möglicherweise nicht nur die Franzosen und Briten, sondern auch die Politiker in Washington zu alarmieren, die den von ihnen als dringlich erachteten Prozeß der Konsolidierung Deutschlands abbremsen konnten. Wenigstens einige Aspekte einer solchen Denkweise legte Clay einer per Fernschreiber übermittelten Unterhaltung am 10. April mit dem Oberbefehlshaber, General Bradley, dar. Wir dürfen unterstellen, daß diese weder für den Kongreß noch für die öffentliche Meinung bestimmte private Unterhaltung Clays wirkliche Ansicht kurz vor der Konfrontation darstellte.

«Sie werden natürlich verstehen, daß unsere in nächster Zukunft stattfindende separate Währungsreform, der eine deutsche Teilregierung in Frankfurt folgen soll, eine wirkliche Krise zufolge haben wird ... Warum sind wir in Europa? Wir haben die Tschechoslowakei verloren. Wir haben Finnland verloren. Norwegen ist bedroht. Wir ziehen uns von Berlin zurück ... Nach Berlin wird Westdeutschland an die Reihe kommen. Unsere Stärke ist dort relativ nicht größer und unsere Position nicht fester als in Berlin. Wenn wir meinen, daß wir Europa gegen den Kommunismus verteidigen müssen, dürfen wir uns nicht von der Stelle rühren ... Wenn Amerika das nicht weiß und nicht glaubt, daß die Entscheidung jetzt fallen muß, dann wird es das nie tun, und der Kommunismus wird einen schnellen Sieg erlangen. Ich glaube, die Zukunft der Demorkratie verlangt von uns, daß wir hierbleiben, bis man uns heraustreibt. Gott weiß, daß das keine heroische Haltung ist, denn es wird nichts Heroisches darin liegen, eine Demütigung ohne Vergeltung hinzunehmen.»[18]

Mit dem Abschluß der Londoner Konferenz Anfang Juni bereiteten die Westmächte sich darauf vor, in ihren Zonen die Währungsreform durchzuführen. Die französische Nationalversammlung billigte am 17. Juni die Londoner Vereinbarungen. Am nächsten Tag verkündeten die drei westlichen Alliierten die bevorstehende Währungsreform in Westdeutschland, aus der sie Westberlin jedoch ausdrücklich ausschlossen. Die Russen hatten wieder begonnen, die Zufahrt abzublocken. Sie erklärten, daß der Westen Deutschland aufteile, und verkündeten, ganz Berlin sollte in eine ostdeutsche Währungsreform mit einbezogen werden. Deren Verwirklichung würde sowohl die sowjetische Herrschaft über die Stadt als auch einen praktischen Anspruch auf neue Machtbefugnisse durch die Russen bestätigen. Der Westen kam der sowjetischen Aktion zuvor und verkündete am 23. Juni den Umlauf der neuen D-Mark in den Westsektoren von Berlin. Am nächsten Tag sperrten die Russen die Zufahrtsstraßen zwischen Westdeutschland und Westberlin. Sie schnitten die Stromversorgung ab. Die Blockade hatte ihren Anfang genommen.

Das Schlüsselproblem war die Versorgung. In den Westsektoren Berlins lebten über zwei Millionen Menschen. Verfügbar waren hinreichend Lebensmittel für 36 Tage und Kohle für 45 Tage.

Am 24. Juni rief Clay den Luftwaffengeneral LeMay in Wiesbaden an und bat ihn, seine gesamte Flotte von C-47ern für die Berliner Versorgung zur Verfügung zu stellen. Inzwischen flogen der stellvertretende Kriegssekretär William Draper und General Albert Wedemeyer von Washington nach London, um Europa zu inspizieren. Erst nachdem sie über dem Atlantik ihr Frühstück eingenommen hatten, lasen sie ihre Telegramme und erfuhren vom Beginn der Blockade. Draper wußte, wie viele Flugzeuge in Europa verfügbar waren, und hatte auch eine Ahnung von den zur Versorgung Berlins erforderlichen Mengen, da er 1945 mit den Russen über diesen Gegenstand verhandelt hatte. Wedemeyer hatte während des Krieges mitgeholfen, die Luftbrücke über den «Berg» zu organisieren. Während des Fluges machten sie zusammen ihre Kalkulationen auf und kamen zu dem Schluß, daß eine Luftbrücke nach Berlin möglich sei. Das war aber nicht ganz sicher. Als sie in London ankamen, sprachen sie mit Clay, der zu ähnlichen Schlußfolgerungen gelangt war. Draper flog nach Berlin weiter, wo er die Sache mit Clay und dessen Stab in den Einzelheiten durchsprach. Und so wurde die Luftbrücke vom Stapel gelassen.*

Eine Luftbrücke bedeutete gewisse zusätzliche Sicherheiten. Die Luftkorridore waren der einzige schriftlich bestätigte Zuweg nach Berlin; überdies würde ein Eingreifen der Russen in den Luftverkehr eine dem Krieg sehr viel nähere Handlung darstellen, als eine Blockade der Landwege.

Höhere amerikanische und britische Beamte bestätigten rasch die Entscheidung, in Berlin zu bleiben und sich auf die Luftbrücke zu verlassen. «Wir waren in einer Periode, wo wir bleiben mußten», erklärte Truman. Bevin war nicht weniger kategorisch: «Das Aufgeben Berlins würde den Verlust Westeuropas bedeuten.»[19]

Am 22. Juli bestand die Luftbrücke aus 52 C-54ern und 80 C-47ern, von denen jede täglich zweimal hin- und zurückflog, jedesmal, um etwa 2400 Pfund Vorräte einzufliegen. Die Westmächte antworteten auch mit einer Gegenblockade gegen Ostberlin und die Ostzone, indem sie den sowjetisch kontrollierten Gebieten wichtige Industrielieferungen verweigerten. Die Gegenblockade nahm auch andere Formen an. Mitglieder der sowjetischen Militärregierung setzten sich gewöhnlich, wenn sie von ihren Villen in Potsdam durch Westberlin zu ihrem Ostberliner Hauptquartier eilten, über die festgesetzten Geschwindigkeitsbegrenzungen hinweg. Nun begann die westliche Militärpolizei, die Vorschriften strikt zu überwachen, und ein wütender Marschall Sokolowskij wurde wegen Geschwindigkeitsübertretung festgenommen und über eine Stunde lang festgehalten.[20]

Die Berlinkrise versetzte die Beziehungen zwischen der Sowjetunion auf der einen und Großbritannien und den Vereinigten Staaten auf der anderen Seite in eine verstärkte Spannung – nicht Kriegführung, aber irgendwie am Rande des Krieges. Bevin sagte, er könne sich jetzt vorstellen, «welche Qualen Neville Chamberlain im September 1938 erlitten haben mußte».

«Die Lage in Europa ist sehr gespannt, wie Sie sich denken können», schrieb Lord Ismay am 8. Juli an Eisenhower. «Wir alle stehen am Rande des Abgrundes, und obwohl alle betroffenen Parteien entschlossen sind, nicht über den Rand zu rutschen, kann es einen Windstoß geben oder jemand kann schwindelig werden und fallen; oder es könnte auch jemand bewußt eine Bosheit begehen.»[21]

* Draper, der Krieg fürchtete, flog von Berlin nach Wien, wo er zur rechten Zeit zum anläßlich des 4. Juli gegebenen Gartenfestes des Generals ankam. Er war überrascht zu sehen, wie höhere russische Beamte, da keine Krise in Sicht war, ebenso begeisterte Trinksprüche auf Amerikas Geburtstag ausbrachten wie ihre Gastgeber.

Als Clay Ende Juli nach Washington zurückkehrte, um dort mit Beamten zu beraten, wurde der Beschluß, in Berlin zu bleiben, bestärkt – trotz des Grolls der Air Force, die Sorge hatte, an anderen Schauplätzen geschwächt zu werden, weil zu viele ihrer Flugzeuge in Deutschland eingesetzt waren. Die Luftbrücke bedeutete für die höheren Luftwaffenoffiziere, die als ihre höchste Mission immer das strategische Bombardement und nicht den Transportbetrieb angesehen hatten, auch eine unerfreuliche Einstellungsveränderung.[22]

Am 28. Juni fragte Botschafter Douglas Bevin im Auftrag Washingtons, ob die Amerikaner als politische Geste drei Gruppen schwerer Bomber nach Berlin senden sollten, um so ihr Interesse an Europas Verteidigung zu bekunden. Am gleichen Tag traf Bevin eilig mit Attlee und anderen Kollegen zusammen, und die Briten stimmten zu. Am 25. Juli beorderte der Nationale Sicherheitsrat amtlich 60 B-29er – besser als «Atombomber» bekannt – nach England. Sie kamen, wie die Presse verbreitete, aus Kansas und Florida und errichteten die erste strategische Luftbasis im Vereinigten Königreich. Andere B-29er-Gruppen hatten bereits Scheinbombenangriffe auf «Ziele» wie die Nordsee und den Suezkanal ausgeführt. Im August kamen noch mehr B-29er nach England; auch in Okinawa wurde die Luftmacht verstärkt, und nach Deutschland entsandte Jets begannen «Erkundungsflüge» über das Land auszuführen.

Die verfrühte Errichtung einer Atombomberbasis in England war als solche ein bedeutsames Ereignis – die bisher implizite Drohung eines nuklearen Gegenschlags wurde nun verdeutlicht. «Indem man Nuklearwaffen zum erstenmal unmittelbar in das System der Diplomatie und Gewalt einbrachte», schrieb ein Historiker, «hörte Abschreckung auf, lediglich Theorie zu sein und wurde zum wichtigen Teil der amerikanischen Militärstrategie.»[23] Das Atomarsenal war somit ein angemessenes Werkzeug der Politik geworden.

Clay konnte die Verpflichtungen der Amerikaner Berlin gegenüber erfolgreich erklären.[24] Washington akzeptierte jedoch seinen nachfolgenden Vorschlag nicht, die Vereinigten Staaten sollten die Blockade unmittelbar abstellen. Die Russen hatten versichert, durch «technische Schwierigkeiten» zur Absperrung der Zufahrtsstraßen gezwungen worden zu sein. Clay schlug mehrmals vor, in einem bewaffneten Konvoi amerikanische Pioniere zur Reparatur der Straßen zu entsenden: «dazu sollten die gleiche Menge eines durch eine Truppe mit rückstoßfreiem Gewehr verstärkten Polizeiregimentes und ein Pionierbataillon als Eskorte für einen Konvoi von etwa zweihundert Lastwagen eingesetzt werden ... Truppen sollten Befehl er-

* Seltsamerweise sieht es so aus, als ob diese erste Gruppe von B-29ern nicht zum Transport von Atombomben umgebaut worden war, und daß die in Großbritannien stationierten amerikanischen Bomber erst 1949 so umgebaut werden konnten.

halten, den Konvoi nach Berlin zu begleiten. Er würde Anweisungen erhalten, alle Hindernisse zu beseitigen und von der Schußwaffe keinen Gebrauch zu machen, außer wenn er auf Widerstand stieße. Auf jeden Fall würden sie Befehl erhalten, Hindernisse zu beseitigen, sogar wenn ein solches Vorgehen einen Angriff auslöste.»[25]

Weshalb griff Washington Clays Empfehlungen nicht auf? Am 30. Juni berieten Forrestal und die Stabschefs die Angelegenheit. Sie kamen zu dem Entschluß, zuerst seien die diplomatischen Kanäle auszuschöpfen.

Es bestanden auch Unsicherheiten über die relative Stärke der Vereinigten Staaten und der Sowjetunion. Die militärischen Führer hatten sich so oft über den Abbau der amerikanischen Stärke beklagt, daß sie schließlich manchmal selber daran glaubten. Diese Verwirrung wird durch zwei Briefe veranschaulicht, die Colonel Frank Howley, der amerikanische Kommandant von Berlin, an Chester Bowles schickte.

«Ich glaube immer noch, man kann etwas Verstand in ihre Köpfe bringen, aber das kann nicht durch Diplomatie oder politische Worte geschehen», äußerte Howley in den gespannten Tagen Anfang April 1948 über die Russen. «Das kann nur durch die kühle Tatsache geschehen, daß wir die Militärmacht haben und sie nicht, daß wir wirtschaftlich die Waren besitzen und sie nicht, daß wir moralisch die Überzeugungen haben und sie nicht.»

Doch sogar noch während der noch gespannteren Lage zu Ende Juni schrieb Howley erneut: «Ich glaube nicht, daß wir in dieser Lage wären, wenn wir unsere Stärke bei Kriegsende nicht weggeworfen hätten. Ich glaube, dann hätten wir uns an den Konferenztisch setzen, unsere Karten offen hinlegen und zu einem jener Kompromisse gelangen können, die für den Frieden wesentlich sind. Materiell sind wir jedoch jetzt so geschwächt, daß dies die Russen geradezu auffordern muß, uns zu zerstören, über uns hinwegzutrampeln, uns zu demütigen und ohne uns zu befragen zu tun, was ihnen beliebt.»[26]

Zu der letzten Annahme bekannten sich vor allem jene, die Clays Aufforderungen, die Blockade abzubrechen, abwiesen. «Nur zu Ihrer Information» berichtete Forrestal Ende Juli Marshall, «wegen der damit verbundenen Kriegsgefahr und der ungenügenden Vorbereitung der Vereinigten Staaten auf einen Weltkrieg empfehlen die Stabschefs, Berlin nicht mittels bewaffneter Konvois zu versorgen.» In einem Bericht an den Nationalen Sicherheitsrat führte Forrestal aus, die Chefs seien der Auffassung, die Luftbrücke würde «beträchtliche Zeit» funktionieren, und sie wollten keine Handlung begehen, die «die Bühne von der örtlicher Reibungen in die eines größeren Krieges verwandelte». Für die amerikanischen Beamten in Washington schienen die Gefahren weitaus größer als für die in Deutschland. «Seltsamerweise», berichtete einer von Trumans Militärberatern dem Präsidenten nach einer Deutschlandreise, «sind die Leute, die sich dem Unruheherd Berlin am nächsten befinden, weniger besorgt über einen plötzlichen Ausbruch von Feindseligkeiten als andere, die sich weiter weg vom Schußfeld Berlin aufhalten.»[27]

Der Historiker kann die Schlußfolgerung nicht vermeiden, daß die Russen bei einer größeren Konfrontation entweder nachgegeben oder sich im Nachteil befunden hätten. Die Vereinigten Staaten waren militärisch stärker und als einzige im Besitz von Nuklearwaffen. Ob sie nun daran glaubten oder nicht, die höheren amerikanischen Beamten verfügten über ziemlich genaue Schätzungen von der Truppenstärke der Sowjets, und diese Zahlen lagen viel niedriger als jene, mit denen in der Öffentlichkeit Lärm geschlagen wurde. Anfang Juni 1948 berichtete das Nachrichtenbüro der Stabschefs, die Rote Armee sei bei 2 500 000 Mann stehengeblieben, wozu noch 400 000 in den Sicherheitsdiensten kamen. Außerdem mußten die Russen zu jenem Zeitpunkt mit einer anderen Krise innerhalb ihres eigenen neuen Reiches fertig werden, die ihre Besorgnis, ob sie überhaupt befähigt waren, die Ostzone und Osteuropa zu halten, nur erhöhen mußte.

Der neue Druck, dem die Sowjets ausgesetzt waren und der im Westen keineswegs voll wahrgenommen wurde, war der Stalin-Tito-Bruch, der sich in den gespannten Sommermonaten von 1948 nicht nur auf die sowjetischen Berechnungen auswirkte, sondern auch dazu beitrug, die politische Geographie Nachkriegseuropas umzugestalten.

Im Jahre 1947 hatte die sowjetische Wirtschaftspolitik in Jugoslawien zu Spannungen geführt. Die Russen machten von gemischten Gesellschaften Gebrauch, um die jugoslawische Wirtschaft zu beherrschen und auszubeuten, wobei sie Belgrads Autorität über sowjetische Aktivitäten innerhalb des Landes auf ein Minimum reduzierten. Das System entsprach dem in Ostdeutschland, mit der Ausnahme, daß die Russen in Jugoslawien mehr an Rohmaterialien als an Industrieerzeugnissen interessiert waren.[28] Die Beziehungen wurden dazu noch durch das jugoslawische Selbstvertrauen gegenüber den anmaßenden sowjetischen Funktionären verschärft wie auch durch das offensichtliche russische Bestreben, in dem Balkanland ein Nachrichtennetz aufzubauen. Anfang 1948 verlagerte der Konflikt sich offener in den politischen Bereich. Die Jugoslawen gaben ihrer Abneigung, sich den Russen zu unterwerfen, verbal immer deutlicher Ausdruck. Stalin schloß daraus, daß sie auf eine unabhängige Außenpolitik hinstrebten, und das zu einem Zeitpunkt, wo ihm daran lag, daß ihre Politik die sowjetischen Interessen in sogar noch größerem Ausmaß abstützte. Er war davon überzeugt, daß Tito nach einer Vorherrschaft auf dem Balkan strebte. «Der Streitfall», sagte Stalin im Februar zu Delegationen aus Jugoslawien und Bulgarien, «betrifft Auffassungen, die sich von den unseren unterscheiden.» Seine Besorgnisse gingen jedoch über die Außenpolitik hinaus. Im Gegensatz zu anderen osteuropäischen Regimen, die fast völlig von der Sowjetmacht abhingen, war die Belgrader Regierung offensichtlich stark im heimischen Boden verwurzelt. Außerdem war Tito in Verhalten und Denkweise zu unabhängig, zu selbstsicher und genoß innerhalb seines Landes und in der übrigen Welt einschließlich anderer neuer sozialistischer Länder ein zu hohes Prestige. Mit anderen Worten: Stalin sah in ihm etwas Unerträgliches – einen Rivalen.

Der russische Diktator zwang eine jugoslawische Delegation, in Moskau eine Vereinbarung über das Versprechen gegenseitiger Beratungen zu unterzeichnen – ohne daß er ihr erlaubte, vor der Unterzeichnung auch nur in Belgrad Rückfrage zu halten! Dann übte er durch die verschiedensten Taktiken Druck aus. Im März begann ein bitterer Briefwechsel. Der Ton wurde durch den ersten Brief von Stalin und Molotow bestimmt: «Wir glauben, daß die Belehrung durch die politische Karriere Trotzkijs ausreicht.» In den folgenden Schreiben fuhren die Sowjets fort, die Jugoslawen des üblen Verhaltens, der Undankbarkeit und ideologischer Abweichung anzuschuldigen – was alles von den Jugoslawen bestritten wurde.[29]

Anfänglich fiel es den Jugoslawen schwer, die Art der Angriffe aus Moskau zu begreifen. Sie gehörten zu den aufrichtigsten von Stalins «hilfreichen Trotteln». Ihre Anhänglichkeit an den Kommunismus war wie ein religiöser Glaube gewesen; Tausende von Partisanen waren mit dem Ruf «Lang lebe Stalin» gestorben. Sie hatten die deutschen Bombardierungen mit dem Gedanken ertragen, daß jede Bombe, die auf sie fiel, nicht auf Sowjetrußland fallen konnte. Sie begriffen zwar nicht genau, was los war, obwohl sie sich deutlicher an die Reinigungsprozesse in Moskau erinnerten, doch weigerten sie sich nachzugeben. «Wir sind kein Bauer auf einem Schachbrett», sagte Tito im März. Ihre Selbstgerechtigkeit war ihre Rettung.

Inzwischen schwollen die bösartigen Unterstellungen aus Moskau zu einer Flut an – einschließlich der Anklage, Tito, den die Russen im Krieg willig geopfert hätten, sei ein imperialistischer Spion. Die Russen mobilisierten auch andere kommunistische Parteien, um die Jugoslawen zu isolieren und einzuschüchtern. Am 28. Juni 1948, *vier Tage nachdem die Russen mit der Berlinblockade begonnen hatten,* schloß die Kominform Jugoslawien aus und rief zu einem Staatsstreich gegen Tito auf. Die Sowjets organisierten eine Wirtschaftsblockade, die manchen Schaden anrichtete, und stimmten, um die Jugoslawen gefügig zu machen, einen bösartigen Propagandafeldzug an. Aber Stalin hatte keinen Erfolg. Die Führung in Belgrad hielt zusammen; die Partisanenethik stützte Partei und Land. Stalin wagte es nicht, das Risiko einer direkten Militärintervention einzugehen, teils weil er wußte, daß die Russen auf unmittelbaren, starken und heftigen Widerstand stoßen würden. Kurioserweise könnte auch der Churchill-Stalin-Prozenthandel von 1944 dazu beigetragen haben, die jugoslawische Unabhängigkeit abzusichern, denn die Russen konnten nicht im voraus wissen, wie der Westen auf eine Invasion reagieren würde.[30]

Der Westen war auf den Bruch unvorbereitet. Amerikanische Beamte zweifelten anfänglich an seinem Vorhandensein. Dann wußten sie nicht, wie sie sich einstellen sollten. Sie wollten Tito nicht willkommen heißen, weil sie sowohl das Belgrader Regime verabscheuten, als auch, um ihn nicht in Verlegenheit zu bringen. Es folgte eine heftige Auseinandersetzung. Washington wies die amerikanischen Beamten in Jugoslawien und anderswo zurück, die für mehr Entgegenkommen, insbesondere bei Handelsbeziehungen, eintraten.

Man könnte annehmen, in jenen Sommermonaten von 1948 habe im Kreml beträchtliche Nervosität geherrscht. Stalin und seine Genossen mußten reichlich Bluff und Nervenstärke aufbieten. Die Russen sahen in der Schaffung eines westdeutschen Staates eine unmittelbare Bedrohung, besonders da er mit der Wiederaufrüstung in den USA und der NATO parallel lief. «Nach Lenins Worten reagierte Stalin, indem er die kapitalistische Welt mit der Bajonettspitze antippte», sagte Chruschtschow später über die Blockade. Chruschtschow bemerkte jedoch auch, daß der Plan «schlecht ausgedacht war», und behauptete, Stalin habe ihn mit keinem anderen Mitglied des Politbüros, ausgenommen vielleicht mit Molotow, abgesprochen.[31] Hätte der Westen nach den von Clay vorgeschlagenen Richtlinien gehandelt, hätten die Russen vielleicht nachgegeben.

Im Westen war Politik ursprünglich ein bedeutender, fast mit Gewißheit entscheidender Versuch, die Blockade mittels einer Militäraktion zu brechen. Truman hätte es in dem Jahr der Präsidentschaftswahlen 1948 gefährlich gefunden, Risiken einzugehen, die provokativ genug erschienen, einen Krieg auszulösen. Diesen Punkt hatten Clark Clifford und James Rowe sehr deutlich in einem Memorandum vom Herbst 1947 dargelegt, das Trumans Wahlstrategie von 1948 veranschaulichte. «Eine Auseinandersetzung mit dem Kreml könnte der Regierung beträchtliche politische Erfolge bringen.» Aber nur, so hoben sie nachdrücklich hervor, «bis zu einem gewissen Punkt – der echten Gefahr eines bevorstehenden Krieges». Im Sommer 1948 mußte Truman einen Mittelweg finden. Einerseits wollte er den Anschuldigungen wegen kriegslüsternen Verhaltens, die von dem dritten Parteikandidaten zu seiner Linken, von Henry Wallace kamen, keinen Stoff liefern. Andererseits mußte er eine mögliche Kritik des republikanischen Kandidaten, Thomas Dewey, vermeiden, er verhielte sich bei Verhandlungen mit der Sowjetunion zu weich.[32]

Ganz allgemein wäre die Bevölkerung in Großbritannien und den Vereinigten Staaten nicht bereit gewesen, sich wegen Berlin einer Kriegsgefahr auszusetzen, eine Stimmung, die sich im British Foreign Office widerspiegelte. «Ich weiß, daß Ihr Amerikaner alle für den Krieg seid», sagte Bevin im Juni halb scherzend zu Bohlen, «aber ich werde ihn euch nicht geben.» In Westeuropa waren solche Gefühle noch stärker, nicht nur unter den Mitgliedern der kommunistischen Partei, sondern im gesamten politischen Spektrum. Die Erinnerungen an die Nazibesatzung waren noch viel zu frisch, und wegen der Schaffung eines neuen westdeutschen Staates hatte es schon viele Befürchtungen gegeben. Hätte es so ausgesehen, als ob die Vereinigten Staaten Deutschland auch unter Gefahr eines Krieges wieder erneuern wollten, hätten sie isoliert dagestanden. Selbst einige höhere amerikanische Beamte teilten diese Besorgnis. «Vom politischen Standpunkt wurde Berlin größtenteils deshalb zu dem bedeutenden Symbol, das es jetzt ist, weil wir es dazu gemacht haben», erklärte Walter Bedell Smith dem politischen Planungsstab des State Department im September. «Berlin aufgeben hieße, wie man mir gesagt hat, über westeuropäische Hoffnungen auf Sicherheit ein Leichentuch werfen ... Unser gegenwärtiger hysterischer Ausbruch humanitärer Gefühle den letzteren [Deutschen] gegenüber erinnert mich, daß ich vor $3^1/_2$ Jahren als Held angesehen worden wäre, wenn es mir gelungen wäre, dieselben Deutschen mit Bomben auszurotten.»

Überdies war der amerikanische Fall nicht völlig überzeugend. In seinem Junischreiben hatte Kommandant Howley der Hoffnung Ausdruck gegeben, «die Russen würden der deutschen Einheit und der allierten Übereinstimmung nicht unwiderruflich die Tür zuschlagen».[33] Doch die westlichen Mächte schlossen, aus von ihnen für sehr gut erachteten Gründen, die Tür zu einem Viermächtezusammenwirken. Die Russen reagierten, indem sie die einzige ihnen verfügbare Tür schlossen – die Landwege nach Berlin. Für Clay war der Streitfall klar, der Frontalzusammenstoß zwischen Ost und West stand unmittelbar bevor. Doch solange die Luftbrücke einen Mittelweg zwischen Rückzug und Kollision bot, würde Washington sich zufriedengeben. Das hatten höhere Politiker Clay schon sehr bald deutlich gemacht. Am 25. Juni führte Kriegssekretär Royall mit ihm ein per Fernschreiben übermitteltes Gespräch.

«Es scheint wichtig, jetzt festzulegen, wie weit wir, um in Berlin bleiben zu können, einen Krieg riskieren werden», sagte Clay.

Royall versicherte Clay, daß seine Währungsentscheidungen voll abgestützt würden. «Ich bin der ausgesprochenen Meinung, daß die beschränkte Frage der Berliner Währung kein tauglicher Anlaß für einen Krieg ist.»

«Wenn die Sowjets Krieg erklären», erwiderte Clay, «wird das nicht wegen der Berliner Währungsentscheidung sein, sondern weil sie den Zeitpunkt für gekommen halten. In einem solchen Fall würden sie die Währungsfrage als Vorwand benutzen.» Royall wechselte das Thema.[34]

Die Vereinigten Staaten machten von diplomatischen Kanälen Gebrauch. Am 26. Juli erhielt Botschafter Smith Order, «die sowjetischen Absichten zu überprüfen und ihre Bereitwilligkeit zu testen, aus der gegenwärtigen Lage einen friedlichen Ausweg zu finden». In Begleitung des britischen und des französischen Botschafters suchte Smith zuerst Molotow und dann Stalin auf.

Wenn es jetzt zwei deutsche Staaten gäbe, brachte Stalin vor, dann könne Berlin nicht als Hauptstadt des einen Deutschland betrachtet werden, und somit würden die Alliierten das «juristische» Anrecht für ihren Aufenthalt in Berlin verlieren. Diesem Punkt widersprachen die westlichen Botschafter energisch.

Stalin ließ keinen Zweifel, daß die Blockade eine westdeutsche Konstitution verhindern sollte. Das sowjetische Manöver war bereits fehlgeschlagen; am 1. Juli 1948 waren die westlichen Militärgouverneure und die Ministerpräsidenten der 11 westdeutschen Länder in Frankfurt am Main zusammengetreten, um über eine verfassunggebende Versammlung zu beraten.

Stalin erklärte, daß ihm an einer Frage besonders viel läge. Er wisse, sagte er, «daß bald eine Art Parlamentarischer Rat gebildet werden solle, was zum Entstehen einer deutschen Regierung führen werde. Wenn das so weiter ginge, würde sich die sowjetische Regierung einem *fait accompli* gegenübersehen, und es gäbe nichts mehr zu verhandeln».

In seiner Antwort brachte Smith den gewichtigsten und scharfsichtigsten Einwand vor. «Ohne daß wir jetzt über die zwei Jahre der Frustrationen und Streitigkeiten ins Detail gehen wollen, scheinen uns die in den westlichen Zonen unternommenen Schritte als defensiv, gerade wie die sowjetische Regierung die von ihr unternommenen Schritte für defensiv erachtete.»

In Wahrheit hatten beide Regierungen ihre «Pläne», wenn diese auch mehr durch Zufälle, Verwirrung, Furcht, Veränderungen und Druck entstanden waren, als daß sie sich deutlich auf genau definierte, wünschenswerte Ziele richteten. Jeder der beiden handelte auch nach einem übertriebenen Glauben an das Ausmaß des «Planes», der die Handlungen der Gegenseite vermutlich motivierte.

Stalin wiederholte seine Klage: «Der einzig wichtige Streitfall», an den er dachte, war «die Bildung einer deutschen Regierung in den westlichen Zonen ... Das war der Streitpunkt.» Er fügte hinzu, daß er die westlichen Regierungen nicht in Verlegenheit bringen wolle, indem er sie zwang, die Londoner Vereinbarungen öffentlich zu desavouieren, doch wenn in den westlichen Zonen eine Regierung eingesetzt würde, käme die sowjetische Führung sicherlich «in Verlegenheit».

Smith erklärte, er fände das sehr interessant, er habe «das Problem zuvor nicht in diesem Licht gesehen». Der Botschafter hatte schließlich einen entscheidenden Zweck der Blockade nicht erkannt: die Schaffung eines neuen westdeutschen Staates zu verhindern. (Offensichtlich hatten auch solche Experten wie Bohlen nicht verstanden, wie wichtig dieses Ziel den Russen war.) Stalin wiederholte, was er fast eineinhalb Jahre früher beim Moskauer Außenministerrat gesagt hatte, er sei «immer davon überzeugt gewesen, daß sie nach vielen Scharmützeln doch wieder eine Grundlage für Vereinbarungen finden würden».[35]

Smith faßte die erste Gesprächsrunde sowohl für Washington als auch für Clay in Berlin zusammen: »Bezweifle, daß ich Molotow jemals so herzlich erlebt habe, und wenn man über die wirklichen sowjetischen Ziele in Deutschland nicht Bescheid wüßte, könnte man von ihrer Einstellung, die wörtlich von freundlicher Einsicht und von dem Wunsch, niemand in Verlegenheit zu bringen, geradezu überquoll, völlig getäuscht sein.» Wenn es möglich wäre, die Durchführung der Londoner Vereinbarungen «ohne ungebührliche Komplikationen oder Prestigeverlust» zu verschieben, dann, fuhr er fort, «würde uns das eine gute Trumpfkarte geben, da wir mit der endgültigen Errichtung einer westdeutschen Regierung die letzte politische Karte ausgespielt haben».

«Die Frage, was man mit den Entscheidungen der Londoner Konferenz anfangen könnte, ist ein großes Problem», schrieb Bohlen, als er die Angelegenheit für Marshall analysierte. Er sah starken Druck von seiten inländischer Gruppen und Frankreichs voraus, wenn man die Maßnahmen für eine westdeutsche Regierung zugunsten von Viermächtegesprächen aufschieben würde. Frankreich, meinte er, könne sich bei einem Außenministertreffen hinsichtlich der Deutschlandfrage sogar mit der Sowjetunion verbünden. Andererseits würde eine Einstellung dieser Maßnahmen aufgrund sowjetischen Drängens in Deutschland sehr ernsthafte Folgen nach sich ziehen, sicherlich bei General Clay und Botschafter Murphy auf heftigen Widerstand stoßen und ihre Wiederaufnahme im Falle eines Mißlingens der Viermächtegespräche schwierig, wenn nicht unmöglich, machen.»

Bohlen hatte Clays Reaktion richtig vorausgesagt. Der General wandte heftig ein, daß eine Verschiebung eine politische Katastrophe erster Ordnung bedeuten würde – sie würde die amerikanische Schwäche aufzeigen und die Deutschen demoralisieren. «Das ist», sagte er, «das einzige, was aufzugeben mir schlimmer scheint als die Aufgabe Berlins.»[36]

Einige wenige einflußreiche Politiker widersprachen. Smith wollte den juristischen Streitfall zurückstellen, um einen Modus vivendi zu finden; auf die Verpflichtungen Berlin gegenüber legte er weniger Wert. (Hier sollten wir darauf hingewiesen werden, daß er sich 1945 sehr um den Deutschlandposten bemüht hatte, den schließlich Clay erhielt.) George Kennan bemühte sich, im politischen Planungsstab ein Rezept auszuarbeiten, das die Teilung Deutschlands und Spaltung Europas verhinderte.

Doch Clays Auffassung setzte sich durch. Um Smith zu unterstützen, legte Marshall am 26. August unsere «grundsätzlichen Anforderungen für ein Übereinkommen» fest: gleiche Rechte für die vier Mächte in Berlin; «unsere Position» in Westdeutschland nicht aufgeben; «unzweideutige Aufhebung der Blockade»; Viermächtekontrolle beim Umlauf der Sowjetmark in Berlin. In einem anderen Telegramm an Smith vom gleichen Tage legte Marshall den springenden Punkt fest: «Mit Hinsicht auf die wirklich lebenswichtigen Streitfälle gibt es keinen Anlaß zur Übereilung.»[37]

Die westlichen Botschafter waren weiterhin im Kreml zusammengetroffen. Ende August hatten diese Gespräche zu einer Reihe von Anweisungen geführt, wie die alliierten Oberkommandeure in Deutschland sich bei der Ausarbeitung eines Berliner Kompromisses zu verhalten hätten. Die Verhandlungen wurden sogleich vom Kontrollrat in Berlin weitergeführt. Trotz einiger versöhnlicher Treffen und Anzeichen der Nachgiebigkeit seitens der Sowjets konnten die Kommandeure über die wichtigsten Streitfälle zu keiner Einigung kommen: Viermächtekontrolle von Berlins Währung, Handel und Luftfahrt. Nach einigen Tagen wurde die Sache an Moskau zurückverwiesen; ohne Erfolg.[38]

Clay hatte ein für allemal beschlossen, daß Abmachungen in keinem Falle mehr denkbar seien. «Wie Sie wissen», schrieb er dem früheren Außenminister Byrnes am 19. September, «würde eine Vereinbarung mit der Sowjetunion sich diesmal als unmöglich erweisen, ausgenommen unter Bedingungen, die zu unserem Abzug aus Europa führen würden, und ich bin überzeugt, daß eine starke westdeutsche, auf Westeuropa orientierte Regierung viel dazu beitragen würde, das politische und wirtschaftliche Gleichgewicht in Europa zu unseren Gunsten wiederherzustellen. Wenn das geschähe, wären wir für endgültige Verhandlungen natürlich in einer besseren Position.»

Die Übereinkunft war jedoch nicht durch «abstrakte» Unmöglichkeiten verhindert worden. Am 1. September 1948, zwei Tage nachdem die Moskauer Gespräche zu einer Anweisung geführt hatten, begann der Parlamentarische Rat in Bonn mit Konrad Adenauer als Vorsitzenden seine Arbeit. Die Amerikaner und Briten ließen keinen Zweifel, daß ihnen an der schnellen Bildung einer westdeutschen Regierung gelegen war. Die Vereinbarungen verminderten beträchtlich das sowjetische Interesse an einem Kompromiß, denn die Russen hatten die Blockade unternommen, um eben diesen Schritt zu verhindern. Wie Smith bereits dargelegt hatte, sobald die verfassunggebende Versammlung wirklich zusammengetreten war, hatte der Westen eines seiner nützlichsten Tauschobjekte aus der Hand gegeben.[39]

Aus verschiedenen Gründen verloren auch die Amerikaner das Interesse an einem Kompromiß. Die Landwege waren nicht unersetzbar; die Luftbrücke hatte sich als erfolgreicher erwiesen, als man im Juni gedacht hatte. «Die Luftbrücke hat mir bewiesen, daß wir hierbleiben können, selbst wenn wir die drei Westsektoren zu einer gesonderten Stadt zusammenfassen müssen, und wir können nur durch sowjetische Aggression vertrieben werden, ohne daß wir selbst aggressive Maßnahmen zu ergreifen brauchen.» In einer Telexbotschaft erklärte Clay am 19. September Royall: «Das wird jetzt eine Menge Geld kosten, aber doch nur den Bruchteil dessen, was wir jetzt ausgeben, um Europa zu helfen und den russischen Expansionismus zu stoppen.»[40]

Die Luftbrücke erwies sich als technische Meisterleistung. Im Dezember wurden 4 500 Tonnen täglich geflogen, 500 Tonnen mehr als der für Berlin errechnete Mindestbedarf. Der Winter wirkte sich nicht als Hindernis aus; immer noch landete oder startete alle 90 Sekunden eine Maschine. Im Frühjahr waren die täglichen Lieferungen auf 8 000 Tonnen angewachsen, so viel, wie man vor der Blockade auf Schienenwegen und Straßen zugeführt hatte.

Die Luftbrücke hatte auch beträchtliche militärische und politische Bedeutung. Sie wirkte zum Nachteil der Sowjets, indem sie das Vertrauen der Amerikaner auf ihre Luftmacht stärkte und deren Konzept erweiterte. «Die Brücke war für die Luftstrategie eine verblüffende Lektion», bemerkte *Fortune* im November. «Jetzt ist es möglich, *en masse* vom Kontinent der USA zu jedem Teil der Welt zu gelangen. Die Anomalie einer globalen Luftstrategie von 300 Meilen stündlich, die an einen Zehn-Knoten-Konvoi gebunden ist, schwindet dahin. Die Luftmacht ist in der Lage, ihr eigenes logistisches System zu liefern.» Durch Umstellung der Versorgungslogistiken machte die Luftbrücke die Vereinigten Staaten sehr viel mehr zu einer weltweiten als zu einer spezifisch «europäischen» Macht.

Die Blockade wirkte sich hinsichtlich ihres Ansehens in der internationalen Meinung für die Sowjetunion propagandistisch von größtem Nachteil aus. «Nach den Propagandaformulierungen», stellte ein Wissenschaftler fest, «wurde der Westen durch die Situation in die Lage versetzt, seine Stärke zu humanitären Zwecken einzusetzen, während die Sowjetunion als Macht angesehen wurde, die sich als politisches Mittel der Aushungerung bediente.»[41]

Auch der wirtschaftliche Wiederaufschwung, der jetzt in Deutschland einsetzte, gab den Amerikanern neues Vertrauen. «Die Russen ziehen sich zurück», sagte Marshall am 21. September zu Schumann und Bevin. «Von jetzt an ist Berlin der einzige Stützpunkt, den sie noch gegen uns haben; überall sonst, insbesondere in Deutschland, verlieren sie an Boden. Wir haben Westdeutschland auf die Beine gestellt und sind dabei, seine Wiedergesundung in einer Weise durchzuführen, daß wir wirklich sagen können, wir befinden uns auf dem Wege zum Sieg.»

Ende des Sommers 1948 waren die Beweise der Wiedergesundung unübersehbar geworden. Die Produktion in den Westzonen war von 50 Prozent des Niveaus von 1936 im Juni auf 60 Prozent im Juli angestiegen, und das Sozialprodukt wuchs schnell weiter an. Da die Währungsreform und die Aufhebung der Preiskontrollen nicht nur einen Ansporn zur Arbeit, sondern auch zum Konsum lieferten, gelten sie als Auslösefaktoren des «Wirtschaftswunders».[42]

Die Errichtung eines neuen westdeutschen Staates machte befriedigende

Fortschritte. Inzwischen kam zu der Aufrüstung in Amerika ein weiterer Trend zum Nordatlantikpakt-System. Im Juli hatte in Washington eine neue Gesprächsrunde über wichtige Fragen der Art des amerikanischen Beitritts, das Ausmaß der Mitgliedschaft und ob und wann die Vereinigten Staaten Westeuropa aufrüsten wollten, eingesetzt. Wie immer stand jedoch die Frage der sowjetischen Vorhaben im Mittelpunkt aller Diskussionen. Überraschend ist, daß die Sowjetexperten, Kennan und, in geringerem Maße Bohlen, bei der Analyse der sowjetischen Pläne mehr Zurückhaltung übten als andere Politiker, Europäer wie Amerikaner. Die beiden Männer spielten die sowjetische Bedrohung herunter und wiesen auf die sowjetische Schwäche und Vorsicht hin. Die Sowjetunion, erklärte Kennan, habe keinen Plan zur Besitzergreifung Europas. Er war über das gesamte nordatlantische Unternehmen unglücklich. Er glaubte, es würde von den Wirtschaftsproblemen ablenken, fürchtete eine Teilung Europas und Deutschlands und auch, daß die Beschäftigung mit einer nicht vorhandenen militärischen Bedrohung dazu beitragen könnte, diese Bedrohung erst zu schaffen. Bei späteren Gesprächen nahm Kennan dies, vielleicht als Reaktion auf die Kritik anderer Beamter, zurück und sagte, er und Bohlen «haben nicht andeuten wollen, daß keine Kriegsgefahr oder Kriegsbedrohung bestünde». Sie hätten nur gemeint, «daß die Sowjetunion ihrer Ansicht nach nicht absichtlich ein Aggressionsprogramm aufgestellt habe».

Mitte Juli führte Bohlen weiter aus: «Die gefährlichste Periode war 1945-47, in den Jahren kurz nach dem Kriege, als das stehende Heer der USA sich so schnell auflöste und die amerikanische Öffentlichkeit noch nicht auf die russische Gefahr aufmerksam gemacht worden war; doch war von Bedeutung, daß die sowjetische Armee sich während jener Zeit nicht bewegte. Außerdem sollten wir nicht vergessen, daß die russische Armee sich nicht über die Linie hinausbegeben hatte, die wir jetzt als ‹eiserner Vorhang› bezeichnen.» In bezug auf die jüngsten Ereignisse in Jugoslawien meinte er, Rußland habe sich als Land «gefährlich ausgedehnt ... Obwohl die sowjetischen Truppen in Deutschland zahlreich waren, galten sie allgemein nicht als befähigt, eine nachdrückliche Bewegung nach Westen durch Europa zu unternehmen ... Trotz allem, was die Russen tun oder nicht tun werden, dürfen wir uns nicht von unserer Absicht abbringen lassen, alles zu tun, was bei den gegenwärtigen Bedingungen in Europa nötig ist», fuhr Bohlen fort. «Der erste Nutzen, den irgendwelche Maßnahmen, die wir hier ergreifen könnten, erbringen sollte, würde wahrscheinlich psychologischer Art sein, ein gewisses Vertrauen in die Zukunft setzen.»

Die Gespräche endeten am 9. September mit der Absprache eines Berichtes, der den jeweiligen Regierungen vorgelegt werden sollte. Seine Analyse der sowjetischen Ziele und der internationalen Situation ließ Ungewißheit erkennen, ob die Russen nun eine militärische Bedrohung darstellten oder nicht. Diese Ungewißheit spiegelte ihrerseits den Zweifel über den Zweck des Paktsystems wider. Sollte es einem russischen Angriff entgegentreten oder nur die Völker Westeuropas beruhigen? Die wirkliche Bedeutung der künftigen NATO war vielleicht das letztere. So sah es der kanadische Botschafter in den USA, Hume Wrong, der der Washington-Gruppe erklärte: «Einer der größten Vorteile, den die Erschaffung eines solchen Systems mit sich bringen würde, wäre der Gewinn von Sicherheit, insbesondere ständiger Sicherheit über die langfristige Position der Vereinigten Staaten.»[43]

In einer unsicheren Nachkriegswelt war Sicherheit überaus wünschenswert.

Ende Oktober luden die fünf Länder des Brüsseler Paktes die Vereinigten Staaten und Kanada ein, mit amtlichen Verhandlungen für einen Nordatlantikpakt zu beginnen. Kennan war immer noch anderer Meinung. Er kritisierte, daß die «intensive Aufrüstung eine unwirtschaftliche und bedauerliche Ablenkung» darstellte und die Verlagerung der Konfrontation mit der Sowjetunion auf militärisches Gebiet fördern würde. Aber die meisten amerikanischen Politiker traten fest für den Pakt ein. Sie trieben die Aufrüstung als von höchster Dringlichkeit sowohl für Westeuropa als auch die Vereinigten Staaten voran.[44]

Für George Kennan war das eine schwierige Periode. Die Macht zur Beeinflussung der amerikanischen Politik entglitt seinen Händen; die Ereignisse überholten ihn. Kennan, der die Grundsätze von Riga so elegant kodifiziert hatte, war nun über die Starrheit ihrer Anwendung betroffen, die Hartnäckigkeit, mit der die Sowjets als militärische «Bedrohung» dargestellt wurden. Vielleicht sah er jetzt mehr die von eigenen Problemen belastete, brutale, aber vorsichtige imperialistische Macht und weniger die Welt des Revolutionsstaates. Mit anderen Worten, er hatte sich gewandelt. Schließlich war Kennan es gewesen, der dem damals bei der Jalta-Konferenz befindlichen überraschten Charles Bohlen im Winter 1945 geschrieben hatte, daß die USA und die UdSSR «Europa offen in Einflußsphären aufteilen» sollten. Jetzt, in der zweiten Hälfte des Jahres 1948, war er bereit, um eine militarisierte Teilung zu verhindern, sehr viel weiter zu gehen als alle seine Kollegen. Kennans eigene Rolle im State Department schwenkte von der eines Wissenschaftlers und Analytikers zu der eines Nörglers und Querulanten um. 1948 sah das amerikanische Volk die sowjetische Gefahr endlich auf die Weise, wie Kennan sie ihm 1944 und 1945 dargestellt hatte. Doch als der antikommunistische Konsens zu einem intellektuellen Gesetz des Landes wurde, wandte Kennan sich wieder einmal gegen die allgemeine Anschauung und machte sich damit von neuem selbst zum Außenseiter.[45]

Es gab keine Zweifel mehr, daß der antikommunistische Konsens im Lande fest verankert war. Henry Wallace' klägliche Rolle bei den Präsidentschaftswahlen im November 1948, als er weiter für die progressive Liste der dritten Partei kandidierte, war ein ausreichender Beweis.[46] Doch war das schon früher, in den ersten Monaten nach der Berlinkrise, klar gewesen. Darin lag der eigentliche Grund, weshalb die amerikanischen Politiker genügend Vertrauen und Zuversicht hatten, um nicht nach einer raschen Lösung der Blockade zu suchen. Die Berliner Luftbrücke war in der Tat der dramatische Anlaß, durch den der antikommunistische Konsens sich in der öffentlichen Meinung verankerte. «Die Meinung des amerikanischen Volkes und des Kongresses in der Berlinfrage hat jetzt zunehmend Gestalt gewonnen», berichtete Marshall im August Smith, «und jegliche Vereinbarung, die wir treffen, wird, wenn sie unsere Grundrechte auf Berlin oder Westdeutschland im Austausch gegen die Aufhebung der Blockade zu verkaufen scheint, hier mit heftiger Entrüstung aufgenommen werden. Nach allen Berichten ist das Land in seinem Beschluß, angesichts des Drucks einer illegalen Blockade nicht schwach zu werden, einiger als über jeden anderen Streitfall, an den wir uns aus Friedenszeiten erinnern.»[47]

Später im September wurde die Berlinkrise vor den Sicherheitsrat der Vereinten Nationen gebracht. Das bedeutete den endgültigen Bruch über Deutschland, das Ende der Viermächtekontrolle, die die Große Allianz nach dem Zweiten Weltkrieg weiterverkörpern sollte, und die Hinnahme einer Teilung des Kontinents. Die Vereinigten Staaten mit ihren westlichen Alliierten behaupteten sich durch Militärmacht und ununterbrochenes Streben nach nationaler Sicherheit. Übereinkunft mit der Sowjetunion war unmöglich, denn sie war, wie schon immer nach dem Rigaer Standpunkt, der Weltrevolutionsstaat.

«Die langfristigen Ziele der Sowjets sind völlig klar», sagte Walter Bedell Smith einer Gruppe von Beamten im Oktober 1948 in Washington. «Ihr letztes Ziel ist die Zerstörung des kapitalistischen Systems ... Sie glauben, das nur durch Gewalt und als Ergebnis schrecklicher Auseinandersetzungen, in denen eines der Systeme zugrunde gehen muß, erreichen zu können.»

Im vergangenen Frühjahr, sagte Smith, habe ein Komitee in der Moskauer Botschaft unter Leitung von Elbridge Durbrow eine Schätzung des Kriegspotentials der Sowjets und ihrer Einstellung zu Krieg und Frieden ausgearbeitet. «Diesmal», fuhr Smith fort, «kamen wir zu der Schlußfolgerung, daß die Sowjetunion einen Krieg nicht vom Zaun brechen wolle; daß die Sowjetunion ihre gegenwärtige Politik mit allen Mitteln, außer Krieg, weiterverfolgen würde; aber sie hatten eine Handlungsabfolge ausgelöst, die zu Feindseligkeiten führen konnte, und sie hatten dieser Tatsache Rechnung getragen. Folglich meinten wir, daß die Frage Krieg versus Frieden im Kreml ständig in Revision sei ...»

«Seit jener Zeit hat sich nichts ereignet, was unsere grundlegenden Annahmen hätte ändern können», sagte Smith, «ausgenommen, daß wir nun glauben, daß die Ereignisse, die in Berlin stattgefunden haben und jetzt in den Vereinten Nationen geschehen, uns der Möglichkeit des Kriegs etwas nähergebracht haben.»

Solche Befürchtungen blieben nicht auf das Personal der amerikanischen Botschaft in Moskau beschränkt. «Ein großartiger Tag», kommentierte Truman am 13. September ironisch in seinem Tagebuch. «Berlin ist ein Schlamassel.» Er fügte hinzu, Forrestal, Symington und die Generäle Vandenberg und Bradley «unterrichten mich über Militärbasen; Bomben, Moskau, Leningrad und so weiter. Ich habe seitdem das schreckliche Gefühl, daß wir uns am Rande des Krieges befinden. Ich hoffe nicht.»

Denn noch Jahrzehnte danach sollten sowohl die Vereinigten Staaten wie die Sowjetunion mit einem so «schrecklichen Gefühl», der täglichen Furcht vor allgemeinem Krieg, leben. Und beide Nationen sollten sich entsprechend darauf vorbereiten.

Doch gab es bei dieser Konfrontation noch ein wichtiges zusätzliches Element, nämlich die «Regel», von der sie beherrscht wurde. Die Regel war während der Berlinkrise bestätigt worden, denn beide Seiten erkannten deutlich, daß das, was immer auch bei einem Krieg herauskommen könnte, doch weniger sein würde als die wahrscheinlichen Kosten eines Krieges. Darum kam es zu einer ausdrücklichen Übereinstimmung darin, daß Krisen einzudämmen seien. Am 16. September 1948 faßte Botschafter Smith die Regel im Verhältnis zur Berlinkrise angemessen zusammen: «Meiner Ansicht nach hat der Kreml völlig die Möglichkeit abgeschrieben, daß wir den Streitfall bis zum Ausbruch von Feindseligkeiten zuspitzen könnten, gerade wie wir ihrerseits keine ähnlichen Absichten erwarten.»[48]

So brachte das Ende des Zweiten Weltkrieges keinen Frieden, sondern eher einen bewaffneten Waffenstillstand, ein empfindliches Gleichgewicht, eine stets am Rande der Katastrophe stehende Krise – immer, das heißt, wenigstens in dem Zeitraum, den dieses Buch beschrieben hat.

Epilog

Die Geschichte der Diplomatie ist die Geschichte von Beziehungen zwischen gegnerischen Mächten, die politisch keinen vertrauten Umgang hatten und auf den Appell an gemeinsame Ziele nicht reagierten. Trotzdem kam es zu Regelungen. Einige davon waren nicht von langer Dauer. Andere doch. Wenn ein Diplomat glaubt, daß gegnerische, unfreundliche Mächte nicht zu einer Regelung gebracht werden können- vergißt er, was Diplomatie überhaupt bedeutet. Wenn die Welt aus politisch miteinander vertrauten Partnern bestünde, die auf gemeinsame Appelle reagieren, gäbe es für Diplomaten nicht viel zu tun.

WALTER LIPPMANN, SOMMER 1947

Epilog: Der nationale Sicherheitsstaat — Von der Blockade zur Entspannung

Die Russen hielten die Berliner Blockade bis 1949 aufrecht, und westliche Flugzeuge flogen weiterhin den Flughafen Berlin Tempelhof an. Doch waren die politischen Konsequenzen der Blockade der russischen Absicht gänzlich entgegengesetzt, denn sie förderten den Zusammenhalt des antisowjetischen Blocks. Die westlichen Führer beeilten sich mit der Erschaffung eines westdeutschen Staates. Die Verkündung des Grundgesetzes, die Schaffung der Bundesrepublik Deutschland, waren im Februar 1949 abgeschlossen und erhielten am 8. Mai 1949 Gesetzeskraft, womit die eigentliche politische Realität, die die Blockade hatte verhindern sollen, zur Wirklichkeit wurde. Nun setzten die Amerikaner den wirtschaftlichen Wiederaufbau in Japan wie auch in Deutschland energisch fort. Frankreichs Teilnahme an der Luftbrücke zeigte einen zögernden Wandel an – statt Deutschland wurde jetzt Rußland als möglicher potentieller Gegner erkannt. Es ist nicht übertrieben zu sagen, daß die Blockade für die sowjetischen Bemühungen, die öffentliche Meinung in den drei Westzonen für sich zu gewinnen, einen vernichtenden Schlag versetzte. Der propagandistische Schnitzer sollte in der Tat weltweite Auswirkungen haben. Im Januar 1949 verkündete Truman seine Absicht, Westeuropa militärische Hilfe zu gewähren; im April wurde in Washington der Nordatlantikpakt unterzeichnet. Die Luftbrücke wurde zu einer ständig dramatischeren Schaustellung der amerikanischen Luftmacht; im April stellten westliche Piloten mit 1398 Berlinflügen innerhalb von vierundzwanzig Stunden einen neuen Rekord auf. Inzwischen befand sich das Strategische Oberkommando der Luftwaffe inmitten einer bedeutenden Neuaufbauphase, und im Februar 1949 wurde ein neuer Bomber zur ersten Reise rund um die Welt entsandt, um die neue weltweite Reichweite zu demonstrieren. Wie General Clay später im Jahr erklärte, war die Blockade «das Dümmste, was die Russen hätten unternehmen können.»[1]

Die Russen hatten den nun immer dringenderen Wunsch, die ganze schlecht eingefädelte Angelegenheit zu liquidieren. Ein Interview, das Stalin im Januar einem amerikanischen Journalisten gab, enthielt den ersten Hinweis. (Als Truman von dieser Kommunikationsart Stalins erfuhr, machte er den scherzhaften Vorschlag, der angemessene Weg einer Antwort sei für ihn, der sowjetischen Presseagentur Tass ein Interview zu geben.) Im Mai hoben die Russen endlich gegen geringfügige Konzessionen seitens des Westens die Blockade auf – eine Beendigung der Gegenblockade und ein neues Treffen des Außenministerrates.

Der Ton des Außenministertreffens, das im Mai in Paris eröffnet wurde, zeigt einen überraschenden Wandel im Charakter des Ost-West-Austausches, der während der letzten zwei Jahre vorgeherrscht hatte. «Eines ist sicher», stand in einem Memorandum des State Department, das Truman Ende Mai zuging, «die Russen sind unnatürlich höflich, zurückhaltend und nicht provokativ. Ihre Vorschläge sind unannehmbar, und das müssen sie gewußt haben. Aber ihr Verhalten war bisher einwandfrei. Wir fragen uns, ob es möglich wäre, daß das Glück des Kalten Krieges sich in den letzten zwei Jahren so dramatisch gewandelt hat, daß jetzt die Russen uns gegenüber eine Politik der Festigkeit, Geduld und unprovokativen Eindämmung verfolgen.»

Die Russen versuchten zum *Status quo ante* zurückzukehren, das heißt, den Viermächtekontrollrat neu zu bilden, um den deutschen «Militarismus» einzudämmen. Aber dafür war es viel zu spät. Der Westen konnte eine rechtzeitige Rücknahme seiner Schritte zur Errichtung eines westdeutschen Staates nicht zulassen, und am 20. Juni 1949, fast ein Jahr nachdem die Russen ihre Blockade begonnen hatten, vertagte sich die Konferenz.[2]

Doch hatte die Blockade – auf eine Weise – zu einem bedeutenden Ergebnis geführt. Diese Konfrontation, die eine implizite sowjetisch-amerikanische Vereinbarung enthielt, daß man die Krise selbst eindämmen würde, teilte Deutschland wirklich, und ein geteiltes Deutschland war schließlich auch eine Lösung der deutschen Frage.

Die Krise bewirkte noch mehr – sie bestätigte die Teilung des gesamten europäischen Kontinents.

Zwei Jahre zuvor, am 13. März 1947, dem Tag nach der Truman-Doktrin-Rede, verzeichnete H. Alexander Smith, ein republikanischer Senator aus New Jersey und guter Wilson-Anhänger, seine Stellungnahme. «Die Vereinigten Staaten müssen zu dem Problem Stellung nehmen, entweder die Verantwortung für die Leitung der Weltangelegenheiten auf sich zu nehmen oder die Welt in Bürgerkrieg und Chaos abgleiten zu lassen», sagte er. «Wir müssen der Welt dazu verhelfen, zu Sicherheit und zu Gott zurückzufinden ... aber es muß eine Welt unter den Vereinten Nationen und nicht unter zwei Einflußsphären sein. Es darf kein Ausbalancieren der Mächte geben.»

Doch gerade zu solch einem Teilen und Ausbalancieren kam es dann in Europa. Die Bemühungen, die Sphärenpolitik, die Ansicht Roosevelts, zu verleugnen, hatte nicht nur dazu beigetragen, die Spaltung schärfer zu machen, als sie sonst vielleicht gewesen wäre, sondern auch der sowjet-amerikanischen Konfrontation einen stärkeren militärischen Charakter verliehen und sie aufwendiger und gefährlicher gemacht. Doch brachte dieses Ergebnis nach der absurden und doch realen Logik internationaler Beziehungen auch eine gewisse Stabilität.

Zwischen den beiden Sphären gab es natürlich einen Unterschied. Die Amerikaner beherrschten ein Gebiet, in dem unterschiedliche Auffassungen, einschließlich der Mitwirkung großer kommunistischer Parteien, geduldet waren. Die Sowjetunion erlangte sogar noch vor Titos Abfall eine strenge Kontrolle über ihr Gebiet, in dem andere Auffassungen auf stalinistische Weise unterdrückt wurden. Ende der vierziger Jahre richtete sich der brutale Feldzug nicht mehr allein gegen «Klassenfeinde», sondern fast ebensosehr gegen Stalins «hilfreiche Trottel» – Nationalisten, Juden und jene, die in irgendeiner Verbindung mit dem Westen standen. Die «Lehrer», so wurden die sowjetischen Geheimpolizeioffiziere genannt, begannen verschiedene osteuropäische Reinigungsaktionen und sorgten dafür, daß die «Verräter»-quoten erfüllt wurden. Der Höhepunkt waren eine Reihe von Schauprozessen in ganz Osteuropa. Ein neuerstandener Terror innerhalb der Sowjetunion verfolgte heftig Intellektuelle, Veteranen der Roten Armee, Juden und «Kosmopoliten» und machte die letzten Jahre von Stalins Herrschaft zu einer der abscheulichsten Perioden der sowjetischen Geschichte.[3]

War auch der kalte Krieg in Europa noch nicht vorbei, so war doch die schlimmste internationale Gefahr überstanden. Die Unsicherheiten zwischen den Supermächten waren beseitigt, und nach der Berliner Blockade nahm der kalte Krieg einen neuen Charakter an; der erst hauptsächlich auf Europa beschränkte Antagonismus bezog nun die ganze Welt mit ein. Der Wettbewerb wurde zu neuen Peripherien, nach Asien und darüber hinaus, verlegt und zu einem weltweiten Ringen um politische Orientierung und Anhängerschaft der neuen Nationen, die auf die alten Kolonialreiche gefolgt waren. Der kalte Krieg schuf und verstärkte beständig ein dynamisches und gefährliches Wettrüsten. Nach der Anerkennung der UdSSR im Jahre 1933 hatte Elbridge Durbrow zur ersten Gruppe amerikanischer Diplomaten gehört, die mit William Bullitt in die Sowjetunion gegangen war. Als einer der ersten Rußlandexperten des State Department kehrte Durbrow 1946 nach Moskau zurück, um dort Kennans Nachfolge als Geschäftsträger anzutreten.

Als Durbrow im Oktober 1948 nach Washington zurückkehrte, sprach er zu einer Gruppe amerikanischer Beamter über «die Ziele der sowjetischen Politik». «Diese Leute brauchen sich um Wechsel in der Politik nie zu sorgen», sagte er über die Russen. «Ich war von 1934 bis 1938 in Rußland, und sie belegten Hitler mit allen möglichen Namen; 1939 waren sie Freunde geworden.»

Die Ereignisse hatten die Welt seit 1939 umgewandelt. Die Vereinigten Staaten und die Sowjetunion waren von einer flüchtigen Freundschaft innerhalb der Großen Allianz zur vollen Konfrontation übergegangen. 1948 war ein jeder des anderen wichtigstes außenpolitisches Problem. Die vergangenen Jahre hatten für Durbrow dazu beigetragen, die Riga-Grundsätze als Ausgangspunkt für die Einschätzung sowjetischer Absichten zu bestätigen. «Das grundlegende Ziel der sowjetischen Politik ist, die sowjetische Herrschaft und Kontrolle über so viele Länder wie möglich auszudehnen, mit der bewußten Absicht, die mögliche Herrschaft mit allen Mitteln, rechtmäßigen und unrechtmäßigen, zu erreichen», sagte er.

Wurde die sowjetische Politik von Machthunger oder ideologischem Eifer bestimmt? «Es ist sehr schwer zu bestimmen, wo der dialektische Materialismus aufhört und der Dynamismus Joes beginnt», sagte Durbrow. «Sie alle verbinden sich im Streben nach ihrem Ziel – nach Weltrevolution.»[4]

Diese Rede wurde vier Monate nach Ausbruch der Berlinkrise gehalten, und Durbrow predigte vor Bekehrten. Die Blockade hatte nicht nur die Teilung Deutschlands und Europas, sondern auch das Weltbild der amerikanischen Führer bestätigt.

Doch war dieses Weltbild zu kostspielig. Ihm fehlte das entsprechende Budget. Das stellte James Forrestal, einer der wichtigsten Baumeister des nationalen Sicherheitsstaates, betrübt fest. Das ganze Jahr 1948 stand Forrestal im Mittelpunkt. Truman bestand darauf, daß der Militärhaushalt für das Steuerjahr 1950 nicht über 15 Milliarden Dollar hinausging. Das Haushaltsbüro und der Rat der Wirtschaftsberater hatten den Präsidenten davon überzeugt, daß eine höhere Summe die Nation wirtschaftlich ruinieren würde. Wegen des amerikanischen Atombombenmonopols, dachte Truman, *brauchte* das Budget nicht höher zu sein. Auch hatte Forrestal weder das Prestige, noch die gesetzliche Autorität, noch das mit dem Präsidentenamt verknüpfte Vertrauen, um die Rivalitäten der Truppengattungen beizulegen. Er verhehlte nicht die Tatsache, daß er selbst ein Budget von 18 Milliarden Dollar für angemessener hielt. Im Frühjahr 1948 wurde Forrestals Unfähigkeit, die Rivalitäten zwischen den Truppengattungen und seine eigenen emotionalen Stresse und Konflikte im Zaum zu halten, für seine Umgebung offensichtlich.[5]

Im Juli 1948, kaum mehr als zwei Wochen vor Ausbruch der Blockade, versuchte Forrestal, die noch bestehenden Haushaltsschwierigkeiten durch eine indirekte Lösung zu überwinden. «Da der ganze Grund für die Beibehaltung von Militäreinheiten in diesem Lande die Bewahrung der nationalen Sicherheit ist», schrieb er in einem Memorandum für Truman, «sollte ihre Größe, Art und Zusammensetzung von einer sorgfältigen Analyse der bestehenden potentiellen Gefahren für unsere Sicherheit abhängen.» Er empfahl die Abfassung einer verständlichen Darlegung von Amerikas «nationaler Politik ... insbesondere in Beziehung zu den Russen». Solch eine Beschreibung von Gefahren würde, dessen war er sicher, die Begründung für ein höheres Budget bieten.

Truman wollte nicht mitmachen. Die Idee sei interessant, erwiderte er, doch befahl er knapp: «Was Sie zu tun haben, ist, Herr, Flotte und Luftwaffe unter einen Hut zu bringen und ein dem gebilligten Budget entsprechendes Programm aufzustellen. Darin scheint mir Ihre Verantwortung zu liegen.»[6]

So machte Forrestal den Versuch. Im August 1948 warnte er bei einem Treffen im Pentagon: «Das große Waffenprogramm und die Ausweitung der Truppen selbst genügen, um jenen, die glauben, unterstellen und behaupten wollen, daß das Militär nach Herrschaft strebt, demagogisches Material zu liefern.» Mit den versammelten Beamten bat er, ruhig unter dem Niveau des Budgets zu leben und die internen Streitereien einzustellen. Er bat die Stabschefs, die vorhandenen Gelder aufzuteilen und nicht auf ihren eigenen unkoordinierten Forderungen zu bestehen. Er fand kein Gehör. Im November beklagte er sich bei Truman, er habe die Stabschefs dazu bringen wollen, «über ein Strategiekonzept für den Gefahrenfall übereinzukommen. Dabei kamen immer, wie gewöhnlich, Geldfragen auf, denn strategische Probleme können nicht von Finanzproblemen frei sein». Er versuchte auch Außenminister Marshall herumzubekommen, er solle aufgrund der internationalen Lage für ein höheres Verteidigungsbudget eintreten, doch ohne Erfolg.

«Ich stecke drin bis über die Ohren», schrieb er im gleichen Monat an einen Freund. «Im Budgettrouble.» Im März 1949 setzte Truman Forrestal als Verteidigungssekretär faktisch vor die Tür. Er war ein gebrochener Mann. Zwei Monate später beging er Selbstmord.[7]

Sein Nachfolger im Pentagon war Louis A. Johnson, der kurz vor dem Zweiten Weltkrieg stellvertretender Kriegsminister gewesen war, ehemaliger Präsident der American Legion, Trumans Geldbeschaffer in letzter Minute bei der Wahlkampagne von 1948, der – dem Beispiel Trumans folgend – beim Ausbau der Verteidigung für Sparsamkeit eintrat. Im Frühjahr 1949 teilte der Präsident dem Nationalen Sicherheitsrat und den Stabschefs mit, er habe für das Militärbudget eine «beschränkte Höchstgrenze» festgesetzt, die er nicht nur beim nächsten, sondern auch allen folgenden Budgets beizubehalten gedenke. Der Marshallplan und andere Wirtschaftshilfeprogramme hatten vor weiteren Vergrößerungen des Militärbudgets den Vorrang.[8]

Dann, im September 1949, wurde das Gefahrenbewußtsein dramatisch gesteigert. Über den zu erwartenden Erfolg der kommunistischen Revolution in China gab es keinen Zweifel mehr. Aber noch ein weiterer dramatischer Wechsel stand bevor. Am 3. September nahm eine in ca. 6 000 m Höhe über dem nördlichen Pazifik patrouillierende amerikanische B-29 einen über der Norm liegenden radioaktiven Niederschlag wahr. Es bestand einige Neigung, diesem ersten Bericht keinen besonderen Wert beizumessen. Doch als in den nächsten Wochen starke Luftströme über Nordamerika, den Atlantik und Europa bliesen, wurde mehr Strahlung festgestellt. Irgendwann in den letzten Augusttagen hatten die Russen in der Tat einen Atombombenversuch durchgeführt.[9]

Die Nachrichten zerstörten das illusorische Vertrauen der meisten amerikanischen Politiker, das amerikanische Atommonopol würde noch mehrere Jahre dauern. Die andersdenkenden Wissenschaftler hatten recht behalten. Selbst wenn die Sowjets noch nicht sogleich über ein Abwurfsystem verfügten, so mußten die strategischen Berechnungen doch umgeschrieben werden. Aus dem Kräftegleichgewicht sollte nun ein Terrorgleichgewicht werden.

Die Atombombe war Trumans As gewesen, der Hauptgrund, weshalb er den Militärhaushalt gering halten konnte. Nun hatte das As keine vorrangige Bedeutung mehr.

Zu diesem Zeitpunkt hätten die Amerikaner über Verhandlungen nachdenken sollen. Doch hielten die meisten Politiker Gespräche mit den Russen für bedenklich und eine diplomatische Regelung für unmöglich. Stattdessen wandten sich die amerikanischen Führer der reichlich furchteinflößenden Frage zu, ob man mit der Entwicklung einer noch schrecklicheren Vernichtungswaffe beginnen solle. Sollte die Arbeit mit der Wasserstoffbombe beginnen? Nach einer erregten, emotional aufgeladenen Debatte gab Truman Ende Januar 1950 den Auftrag, die «Super» und die erforderlichen Abwurfsysteme zu entwickeln. Zum gleichen Zeitpunkt übernahm er förmlich Forrestals vor ein und einem halben Jahr gemachten Vorschlag für eine Gesamtveranlagung von Amerikas Außen- und Verteidigungspolitik.[10]

Das Schriftstück wurde im Februar und im März von Beamten des State Department und des Verteidigungsministeriums unter Leitung von Paul Nitze verfaßt, einem Investmentbankier, der George Kennans Nachfolge als Leiter des politischen Planungsstabes angetreten hatte. Das Dokument, das unter dem Namen NSC-68 bekannt wurde, ist für die Nachkriegsgeschichte ebenso bedeutend wie Kennans Langes Telegramm oder die Truman-Doktrin. Es handelte sich um die erste formale Festsetzung der amerikanischen Politik. Es drückte die völlig ausgebildete Ansicht amerikanischer Führer über eine Weltordnung mittels des kalten Krieges aus und lieferte die Begründung nicht nur für die Wasserstoffbombe, sondern für eine bedeutsame Vergrößerung des stehenden Heeres. Urheber des Projektes war Dean Acheson. Seine Ansichten spiegelt die Beschreibung des Zusammenbruchs des alten internationalen Gefüges wider. Doch mit seiner Analyse der sowjetischen Absichten und Möglichkeiten, die Beschreibungen der Bedrohungen und Erfordernisse der «nationalen Sicherheit» und seine Forderung nach einem größeren stehenden Heer war NSC-68 eine echte, angemessene Denkschrift für James Forrestal.[11]

Bei der Darlegung der «grundsätzlichen Absichten des Kreml» gab NSC-68 dramatische und unzweideutige Antworten auf die beiden wichtigsten Fragen über die Sowjetunion. Welche Beziehung zwischen Ideologie und Außenpolitik? Welche Beziehung zwischen russischen Praktiken im Inland und dem russischen Verhalten im internationalen Gefüge? «Im Gegensatz zu früheren Bewerbern auf Hegemonie wird die Sowjetunion von einem fanatischen Glauben, der unserem entgegengesetzt ist, angetrieben und versucht dem Rest der Welt ihre absolute Herrschaft aufzuzwingen», besagte NSC-68. Der Aufsatz beschrieb die, wie er es ausdrückte, «institutionalisierten Verbrechen» der Geheimpolizei und den Terror in der stalinistischen Gesellschaft. «Als totalitäre Diktatur verfolgt der Kreml mit dieser Politik jetzt die totale Unterwerfung der Völker unter seine Herrschaft. Das Konzentrationslager ist der Prototyp der Gesellschaft, die durch diese Politik geschaffen werden soll, eine Gesellschaft, in der die Persönlichkeit des Individuums so gebrochen und pervertiert ist, daß es aktiv zu seiner eigenen Entwürdigung beiträgt.»

Dann ging der Aufsatz zu der Schlußfolgerung über, daß zwischen inländischen und ausländischen Praktiken notwendigerweise eine Verbindung bestünde, daß die sowjetischen Ziele unbegrenzt seien, daß sie von der Ideologie diktiert würden und eine Koexistenz mit der Sowjetunion unmöglich sei. «Der Kreml ist unausweichlich militant», heißt es in NSC-68. «Er ist unausweichlich militant, weil er eine weltweite Revolutionsbewegung bestimmt und von ihr bestimmt wird, weil er der Erbe des russischen Imperialismus und eine totalitäre Diktatur ist ... Nach sowjetischer Theorie und Praxis ist ganz klar, daß der Kreml durch die Methoden des kalten Krieges die freie Welt unter seine Herrschaft zu bringen sucht. Der «fundamentale Plan» der Russen bedinge die Vernichtung der Vereinigten Staaten, sagte der Aufsatz, und darum stelle die Sowjetunion für die Vereinigten Staaten eine «tödliche Bedrohung» dar.

Der Aufsatz führte an, daß die Sowjetunion einen weitaus größeren Anteil ihres Gesamteinkommens für das Militär ausgäbe – 13,8 Prozent im Gegensatz zu den 7 oder 9 Prozent in den Vereinigten Staaten. Darum, führte NSC-68 an, müsse ein rascher militärischer Aufbau der westlichen Welt von innen her beginnen – das heißt, beim amerikanischen Verteidigungshaushalt. Es forderte eine drastische Erhöhung, brachte vor, daß die Vereinigten Staaten selbst in Friedenszeiten bis zu 20 Prozent ihres Gesamteinkommens für Sicherheitszwecke ausgeben könnten. Beamte des State Department verlangten faktisch eine Erhöhung des Militärhaushalts von weniger als 15 Milliarden Dollar auf eine Summe zwischen 35 und 50 Milliarden Dollar jährlich.[12]

Zu diesen wichtigsten Schlußfolgerungen gab es nur wenige abweichende Auffassungen. Bei einem Treffen in Paul Nitzes Büro im State Department geriet Verteidigungsminister Johnson in Zorn. Die Formulierungen, die er gebrauchte, um das Dokument abzuwerten, waren so heftig, daß der wichtigste Urkundenschreiber des State Department in Tränen ausbrach. Aber Johnsons Ausbruch zeugte mehr von einer unsteten Persönlichkeit als von realen Einwendungen, und er genehmigte den Entwurf, als er sicher war, daß Truman ihn unterstützte.[13]

Die einzig bedeutsame Mißbilligung kam von zwei Sowjetexperten, Kennan und Bohlen, von denen keiner zu jenem Zeitpunkt an einen Weltplan der Sowjetunion glaubte. Beide meinten, die Berechnungen des Kreml seien von Vorsicht geleitet und die Sowjets reagierten manchmal lediglich auf westliche Handlungsweisen.

Obwohl NSC-68 unmittelbar auf das Lange Telegramm zurückging (durch ein älteres Dokument, NSC-20), sorgte sich Kennan um 1950 mehr um die Folgen einer solchen Denkweise, als um die Notwendigkeit, die Angst vor den sowjetischen Absichten noch zu steigern. 1946 hatte er den Nutzen der Diplomatie abgeschrieben. 1950 stand er auf der anderen Seite, denn er fürchtete, NSC-68 würde die Ablehnung diplomatischer Gelegenheiten sanktifizieren. Er fürchtete auch ein starkes Anwachsen des stehenden Heeres und eine Militarisierung der Außenpolitik, denn für beides lieferte NSC-68 eine Begründung. Kennan konnte sich einfach nicht vorstellen, daß die Sowjetunion für Westeuropa eine echte Bedrohung darstellte.

Um 1950 verbreitete Kennan die Riga-Grundsätze nicht mehr, sondern verhielt sich ihnen gegenüber eher kritisch. «Es ist sicherer und leichter den Versuch einzustellen, die Möglichkeiten zu analysieren, die in dem Vorgehen deines Feindes liegen können oder seine Schwächen zu berechnen», schrieb Kennan in sein Tagebuch. «Es scheint sicherer, ihm bei allen Anzeichen von Stärke ohne Zweifel zu glauben und ihm blindlings *alle* aggressiven Absichten zu glauben, auch wenn manche derselben sich gegenseitig zu widersprechen scheinen.» Doch hatte Kennan nicht mehr viel Einfluß und auch immer weniger Geduld, diesen Einfluß zu versuchen, auszuüben, insbesondere nachdem Dean Acheson 1949 George Marshall als Außenminister abgelöst hatte. «Über die Ansichten, die ich in unserer mündlichen Diskussion vorzubringen hatte, war Acheson, nehme ich an, manchmal amüsiert, manchmal beteiligt, gewöhnlich interessiert,» erinnerte sich Kennan. «Doch gab es Zeiten, wo ich mich wie ein Hofnarr fühlte, man erwartete von mir, daß ich die Diskussion belebte, ich hatte das Vorrecht, schockierende Dinge zu äußern, wurde von seiten langsamerer Kollegen als intellektueller Störenfried angesehen, aber, wenn es zu endgültigen, verantwortlichen Entscheidungen über Politik kam, nicht völlig ernst genommen.»[14]

Die Voraussetzungen von NSC-68 wurden meist so schnell und vollständig angenommen, wie die von Kennans Langem Telegramm vier Jahre zuvor. Im April wurde das Dokument amtlich vom Nationalen Sicherheitsrat gebilligt. Auf viele hatte es eine überwältigende Wirkung. Der Präsident überreichte Charles Murphy eine Kopie. Dieser hatte Clark Cliffords Nachfolge als Sonderberater angetreten und gehörte zu Trumans wichtigsten Ratgebern. Murphy war stark beschäftigt, und da er sich im Laufe jenes Tages nicht mit der Schrift befassen konnte, nahm er sie mit nach Hause. «Was ich las, beunruhigte mich so sehr, daß ich am nächsten Tag nicht einmal ins Büro ging», erinnerte er sich später. «Ich saß daheim, überlas das Memorandum immer wieder und fragte mich, was man um Gottes Willen damit anfangen könne. Der wesentliche Inhalt besagte, daß wir ziemlich übel dran seien und endlich etwas dagegen unternehmen müßten ... Es schien mir fast überzeugend, darzulegen, daß wir für Verteidigung mehr ausgeben *müßten* und unsere Verteidigungsstellung nachdrücklich in Ordnung zu bringen hätten.»

Ein Wechsel im wirtschaftlichen Denken trug zur schnellen Annahme dieser Ansichten bei. James Webb, nun Unterstaatssekretär, trat nicht mehr wie früher gegen erhöhte Militärausgaben auf. Im Gegenteil setzte er sich jetzt nachdrücklich dafür ein. Auch Leon Keyserling, der künftige Leiter des Wirtschaftsrates, lehnte die alten Beschränkungen für Militärausgaben ab. Stattdessen hob er das anwachsende Potential der amerikanischen Wirtschaft hervor und vertrat die Überzeugung, das Land sei in der Lage, für die Verteidigung wesentlich mehr auszugeben.

Würden Kongreß und Volk jedoch solche Ausgaben billigen? Der Präsident stand jetzt (wie Webb die Sache in einem Märzmemorandum an Truman formulierte) «vor dem Problem, wie wir die Öffentlichkeit genügend anstacheln können, um uns beim Beginn unseres Machtaufbaus zu unterstützen, doch gleichzeitig ... nicht so sehr, damit es nicht provokativ wirkt.»[15]

Während die Administration im Frühjahr 1950 einen Weg zu finden suchte, um das Verteidigungsbudget beträchtlich zu erweitern, wurde sie durch die Ereignisse zu einer anderen verhängnisvollen Entscheidung getrieben – den ersten Schritt zur amerikanischen Intervention in Vietnam.

Seit Frühjahr 1945 war die amerikanische Politik allgemein, wenn auch wechselhaft, von Roosevelts Gedanken abgekommen, Indochina von Frankreich zu trennen. Im Dezember 1946 brach der Krieg zwischen Franzosen und Viet Minh, der nationalistischen Volksbewegung, aus, die durch die Führerschaft von Ho Chi Minh eine stark kommunistische Komponente erhielt. Kurz nach Ausbruch der Feindseligkeiten kabelte Acheson dem amerikanischen Konsul in Saigon: «Denken Sie an Ho's eindeutige Vergangenheit als Agent des internationalen Kommunismus, Fehlen eines nachweisbaren Widerrufs seiner Moskauhörigkeit, verworrene politische Situation

Frankreich und Unterstützung, die Ho von der französischen Kommunistischen Partei erhält.»

Hauptsächlich wurde Washingtons Einstellung zu Vietnam zwischen 1946 und 1948 jedoch von der europäischen Politik und von dem Wunsch bestimmt, sich die französische Regierung nicht zu entfremden. Die amerikanischen Beamten machten freilich aus ihrer Meinung kein Hehl, daß die Franzosen ein altmodisches, funktionsunfähiges Kolonialsystem am Leben zu erhalten suchten. Außenminister Marshall beauftragte im Februar 1947 die amerikanische Botschaft in Paris, die französische Regierung daran zu erinnern, daß der Konflikt in Vietnam von zwei Seiten aus gesehen werden könne. «Offengestanden haben wir für das Problem keine Lösung vorzuschlagen», fügte er hinzu. Die amerikanische Regierung weigerte sich, den Franzosen Waffen zum Einsatz in Indochina zu verkaufen.

1949 hatte der bevorstehende Sieg der Kommunisten in China zu einer Verhärtung der Vietnampolitik geführt – eine Überzeugung, daß die Entwicklungen in Indochina nicht nach den Maßstäben europäischer Politik, sondern nach der Notwendigkeit gesehen werden sollten, dem angeblich von Moskau gelenkten Vordringen des Kommunismus in Asien Einhalt zu gebieten. Diese Ansicht setzte sich immer mehr durch, als Washington hilflos Mao Tse-tungs Siegesmarsch zusehen mußte. Ende 1949 billigte Truman einen Bericht des Nationalen Sicherheitsrates, NSC 48/2, der Eindämmung und die Truman-Doktrin auf Asien ausdehnte. «Jetzt und in voraussehbarer Zukunft ist es die UdSSR, die Asien durch zusätzliche Mittel kommunistischer Konspiration und von militärischer Stärke abgestützten diplomatischen Druck zu beherrschen droht. Für die voraussehbare Zukunft muß deshalb unser unmittelbares Ziel sein, Macht und Einfluß der UdSSR in Asien einzudämmen und, wenn möglich, in solchem Maße zu reduzieren, daß die Sowjetunion die Vereinigten Staaten von diesem Gebiet aus nicht bedrohen kann.» Weiterhin verkündete er den allgemeinen Entschluß, «die nicht-kommunistischen Kräfte bei der Übernahme der Initiative in Asien zu unterstützen.»

Doch legte das Dokument mehr Wert auf andere Teile Asiens und blieb über Indochina noch zurückhaltend, immer noch in der Hoffnung, man könne eine progressive «dritte Macht» finden. Er warnte vor der Notwendigkeit, «die grundlegenden Forderungen der nationalistischen Bewegung zu befriedigen und gleichzeitig den Druck auf die Kolonialmächte zu unterschätzen, die unsere westlichen Alliierten sind.» Es schlug sofortige Maßnahmen vor, «den Franzosen die Wichtigkeit klarzumachen, Barrieren aufzuheben, indem man . . . von nichtkommunistischen nationalen Führern die Unterstützung eines wesentlichen Teils der Vietnamesen erreichte».

Im Januar 1950 erkannten Moskau und Peking Ho's Regierung diplomatisch an. Diese Regierung war eine Rivalin des Protektorats, das die Franzosen unter Kaiser Bao Dai zu errichten suchten. Danach begann die

Ausweitung des Begriffs der nationalen Sicherheit Amerikas, Vietnam deutlicher mit einzubeziehen, und die USA fingen an, nach geeigneten Mitteln zu suchen. Der stellvertretende Staatssekretär Dean Rusk informierte das Verteidigungsministerium im März, das State Department glaube, «die Mittel der Vereinigten Staaten sollten innerhalb der durch bestehende Verpflichtungen und strategische Prioritäten auferlegten Beschränkungen eingesetzt werden, um Indochina und Südostasien vor weiteren kommunistischen Übergriffen zu bewahren». Im vergangenen Herbst hatte der Kongreß das gegenseitige Verteidigungshilfsprogramm genehmigt, das den USA gestattete, auf weltweiter Basis Waffen, militärische Ausrüstung und Ausbildungshilfe zu liefern. Am 1. Mai 1950 billigte Truman, teilweise in der Hoffnung, damit den Verfall der früheren Kolonialmacht zu kompensieren und den Vereinigten Staaten eine unmittelbarere Form der Intervention zu ersparen, zehn Millionen Dollar Militärhilfe an Frankreich und die nichtkommunistischen Kräfte in Vietnam selbst.

Es war nur ein kleiner Schritt, doch war es ein Anfang. Der kalte Krieg war nach Asien gelangt. 1954 sollten die Vereinigten Staaten fast drei Milliarden Dollar Militärhilfe für Indochina aufbringen.

Die Vietnam-Entscheidung spiegelte den festen Glauben der amerikanischen Führer wider, daß sie in ein weltweites Ringen mit dem sowjetisch dirigierten Kommunismus eingetreten seien. Bei Einschätzung der Lage wurde der globale Antagonismus stets höher bewertet als die Art des lokalen Konfliktes oder die nationalistischen Bestrebungen.

Obgleich kein Anlaß zum Zweifel besteht, daß die Dinge so von ihnen gesehen wurden, und ein starker Druck seitens der öffentlichen Meinung sie gehindert hätte, nach anderen Voraussetzungen zu handeln, wäre es nach Maos Sieg in China in der Tat schwierig gewesen, irgendwelche weiteren «Verluste» von Grundeigentum an die Kommunisten zu billigen. Ein eifriger, weitbasierter Antikommunismus wurde im nationalen Bewußtsein Amerikas zu einer mächtigen, spaltenden Macht. Die Regierung wurde so sehr in die Defensive gedrängt, daß Clark Clifford in einem Memorandum an Truman vom April 1949 bemerkte, es bestehe «in den Vereinigten Staaten ein seltsamer Trend zu einer wachsenden Beschneidung der Meinungsfreiheit ... Mit der möglichen Ausnahme der Tage von John Adams und A. Mitchell Palmer würde die Lage täglich gefährlicher als je in der amerikanischen Geschichte. Die Situation kommt natürlich den Sowjets und Kommunisten gelegen ... Sie liefert den Gegnern des liberalen Programms des Präsidenten wirksame Waffen.»

Mit Thomas Deweys Niederlage von 1948 und dem Beginn der tödlichen Krankheit Arthur Vandenbergs verloren die Internationalisten ihren Einfluß auf die Außenpolitik der Republikanischen Partei. Der kommunistische Sieg in China verstärkte den republikanischen rechten Flügel, der sich auf den Standpunkt stellte, daß der «Verlust Chinas» nicht auf den Charakter der beiden Seiten im Bürgerkrieg, sondern auf die Tatsache zurückginge, daß die Administration Tschiang Kai-schek im Stich gelassen und das Land Mao ausgeliefert habe. Seit mehreren Jahren hatte die Truman-Administration vor den Gefahren kommunistischer Subversion in anderen Ländern gewarnt. Nun machte eine Anzahl von Kongreßkomitees täglich Schlagzeilen mit Anspielungen auf weitverbreitete Subversion innerhalb der Vereinigten Staaten – von einer Küste zur anderen, von Hollywood bis zum State Department. Das war eines der Hauptthemen und einer der Angriffspunkte gegen Acheson im Verlauf seiner Bestätigungshearings als Außenminister zu Anfang 1949. Der sowjetische Atomversuch zu Ausgang des Sommers 1949 erhöhte noch das allgemeine Gefühl der Unsicherheit.

Anfang 1950 erreichte der «Angriff der Primitiven», wie Acheson die überzeugten Antikommunisten bitter benannte, einen neuen Höhepunkt – und fand neue Munition. Am 21. Januar wurde der frühere Beamte des State Department Alger Hiss, der seine Verwicklung in sowjetische Spionage abgeleugnet hatte, des Meineids überführt. Vier Tage später übermittelte Acheson den Republikanern einen vorfabrizierten Streitfall: «Ich habe nicht die Absicht, Alger Hiss den Rücken zu kehren.» Am 3. Februar bekannte der Physiker Klaus Fuchs in London, er habe für die Sowjetunion das Manhattan-Projekt ausspioniert. Als Truman am Tage zuvor durch einen Mitarbeiter die Nachricht von Fuchs' Geständnis erhielt, riet er ihm: «Halten Sie Ihren Hut fest.» Der Präsident sah richtig voraus, denn die antikommunistische Hysterie erreichte neue Höhepunkte. Am 9. Februar berichtete Senator McCarthy einer Zuhörerschaft in Westvirginia, er besitze eine Liste von 205 im State Department tätigen Spionen – «Namen», sagte er, «die dem Außenminister genannt wurden.» Obwohl McCarthy die Namen niemals bekanntgab, gab er jedoch bald genug einen, seinen eigenen, her, um antikommunistische Hysterie zu beschreiben. Bei einem großen Teil der öffentlichen Meinung fand der Senator williges Gehör. Bereits in jenem Frühjahr ergab eine Gallupumfrage, daß 39 Prozent der Befragten McCarthys Anklagen für «eine gute Sache hielten». Somit wurde die Regierung immer mehr von der Rechten angegriffen und der «Sanftheit» gegen den Kommunismus beschuldigt.

Doch im Frühjahr 1950 fürchteten Truman und seine Ratgeber noch, der Kongreß würde die Gelder für das in NSC-68 umrissene wesentliche militärische Aufbauprogramm nicht bewilligen. Soweit die Regierung betroffen war, bestand eines ihrer vielen Probleme mit den McCarthyisten darin, daß diese zwar viel begieriger waren, Hexen zu jagen und angebliche inländische Subversionen aufzuspüren, als die angemessenen Gelder für Auslandshilfe und Militärausrüstung zu bewilligen.

Die Regierung mühte sich noch mit dem Problem ab, wie sie den Fundus für das NSC-68-Programm bekommen sollte, als Nordkorea am 25. Juni in den frühen Morgenstunden ostasiatischer Zeit seine Truppen über die Grenze hinweg nach Süden warf.

Der Korea-Krieg begann.[16]

Die Regierung hatte diesen Krieg gewiß nicht gewünscht, aber nachdem sie nun einmal in den Konflikt verwickelt war, zögerte sie nicht, davon Gebrauch zu machen, um den allgemeinen Aufbau von Amerikas militärischer Stärke zu fördern. Das ursprünglich auf vier Jahre vorgesehene Programm wurde auf zwei zusammengefaßt. Ausgaben für wichtige nationale Sicherheitsprogramme stiegen von 22,3 Milliarden Dollar im Steuerjahr 1951 auf 44 Milliarden Dollar im Steuerjahr 1952 bis 50,4 Milliarden im Steuerjahr 1953 an. Offensichtlich wurde ein Teil dieses Geldes für den Korea-Krieg aufgewendet, der wesentlich größte Teil diente jedoch dem allgemeinen Aufbau von Amerikas Militärmacht.

Aviation Week machte die Konsequenzen deutlich. «Das Programm der amerikanischen Flugzeugproduktion wird einer riesigen und kostspieligen Reorganisation unterzogen, um dem immensen Bewaffnungsprogramm zu entsprechen, das durch die verschlechterte politische Lage der Welt in Bewegung gesetzt wurde», erklärte sie im Dezember 1950. Zwei Monate später verkündeten die Schlagzeilen der Zeitschrift: «Mit Geld kein Problem, Militärmacht wächst.» Und: «Großes Jahr hinter uns, größeres Jahr vor uns.» Sie erklärte, die «amerikanische Luftmacht, die großartigste Waffe des Zweiten Weltkrieges, ist auf dem Rückweg zu einem weit ausgedehnten Status», und erläuterte, daß die Flugzeugindustrie auf das Niveau von 1944, dem höchsten Niveau des gesamten Weltkrieges, zurückkehrte.[17]

Mit dem koreanischen Konflikt war im kalten Krieg eine neue Phase eingeleitet worden. Durch den erweiterten Fundus war der Bau des nationalen Sicherheitsstaates jetzt abgeschlossen.

Und so wuchs sich der nationale Sicherheitsstaat, mit zusätzlichen Haushaltsmitteln ausgerüstet, zu einer furchtgebietenden Zusammenballung von Geld, Institutionen, Ideologie, Interessen, Verbindlichkeiten, Fähigkeiten und Feuerkraft aus. Das Verteidigungsbudget der Vereinigten Staaten betrug im Friedensjahr 1977 über 104 Milliarden Dollar. Der nationale Sicherheitsstaat hat seit langer Zeit ein eigenes Leben geführt. Er half, ein machtvolles Präsidentenamt zu schaffen und machte Legionen von «privaten Gesellschaften» zu ständigen Kunden des State Department. Natürlich lebt der nationale Sicherheitsstaat nicht abseits von anderen Realitäten. Er wuchs, teilweise dialektisch, zusammen mit dem «totalen Sicherheitsstaat» der Sowjetunion.

Dieses Buch hat über die Entstehung von Amerikas nationalem Sicherheitsstaat, die Ursprünge des kalten Krieges und das internationale Gefüge der Nachkriegszeit berichtet. Heute, mehr als drei Jahrzehnte nach ihrem Beginn, bricht die durch den kalten Krieg unterminierte internationale Ordnung zusammen. Wirtschaftsprobleme wurden zu höchst wichtigen politischen Streitfällen, die politischen Gruppierungen zerschnitten. Die respektablen Einheiten des östlichen und westlichen Blocks wurden reduziert, und neue Einflußzentren werden spürbar. In der kommunistischen Welt folgte auf das Schisma mit Jugoslawien die sehr viel schwerwiegendere Spaltung mit China. Ein drittes Schisma zwischen der Sowjetunion und den kommunistischen Parteien des Westens könnte bevorstehen. Auch das Militärmonopol der beiden Supermächte wurde durch die Verbreitung von konventionellen und atomaren Waffen reduziert.

Der Einsatz der Vereinigten Staaten für Vietnam war eine Auswirkung der Nachkriegsanschauungen amerikanischer Führer gewesen. Die Grundsätze von Riga und die Doktrin der nationalen Sicherheit ließen Indochina als entscheidende Arena des Kampfes erscheinen, durch den man «die grundsätzlichen Pläne» des Kommunismus durchkreuzen wollte. Die Konsequenzen dieser Intervention haben uns gelehrt, daß «grundsätzliche Pläne» trügerisch sein können und globale Verwicklungen hinter lokalen Streitfällen zurückstehen sollten. Die Erfahrung von Vietnam hat somit zwei neue Hemmnisse sowohl für Intervention wie die Vorherrschaft in der Welt geschaffen und auch grundsätzliche Fragen über die Gesamtauffassung der Weltlage gestellt.

Die spürbare Abschwächung des antikommunistischen Konsens in den Vereinigten Staaten hat auf der amerikanischen Seite dazu beigetragen, eine neue Art von Beziehung zur Sowjetunion zu ermöglichen – versuchsweise eine Entspannung. Das bedeutet nicht das Ende des Wettstreites zwischen den beiden Supermächten. Aber es bedeutet eine etwas ausdrücklichere Übereinstimmung mit den Regeln des Wettbewerbs; eine gewisse Anzahl von Projekten zur Zusammenarbeit, deren wichtigstes die auf sinngemäßer Anerkennung von Parität basierende Waffenkontrolle ist; zunehmende Kommunikation und Kontakte auf verschiedenen Niveaus und eine Verminderung der ständigen Alarmbereitschaft auf beiden Seiten. Praktisch bedeutet das die Rückkehr zu den Jalta-Grundsätzen als Grundlage von Verhandlungen mit der sowjetischen Welt und vielleicht eine Rechtfertigung Franklin Roosevelts, seiner Ziele und Methoden bei den verhängnisvollen Verhandlungen mit Stalin und Churchill, die im Winter 1945 im Ballsaal des Sommerpalastes des Zaren stattfanden. Entspannung ist mit einem Weltrevolutionsstaat nicht möglich, wohl aber mit einer mehr konventionell imperialistischen und etwas vorsichtigen Nation, die ebensosehr daran interessiert ist, das was sie hat, zu schützen, als ihren Einfluß auszudehnen. Mit einem Land dieser Art können die Vereinigten Staaten, wenn auch nicht glücklich, zusammenleben.

Geben wir uns keinem Irrtum hin. Ein Nachlassen der Spannung bedeutet nicht, daß Wilsons Vision einer harmonischen internationalen Ordnung bevorsteht Bei Verhandlungen mit der Sowjetunion und dem Versuch, ihre Ziele und Möglichkeiten zu analysieren, beschreiten wir weiterhin den Weg, den George Kennan 1950 in seinem Tagebuch «die schwankende Substanz der Imponderabilien» nannte.[18] Der globale Antagonismus zwischen der Sowjetunion und den Vereinigten Staaten bleibt weiterhin der weitaus wichtigste und gefährlichste Bestandteil internationaler Politik. Das Terrorgleichgewicht wird jetzt in so großen Megatonnen gemessen, das kein menschliches Wesen die Schrecken, die ein Atomkrieg mit sich bringen würde, mehr erfassen kann. Es ist weiterhin ein Gleichgewicht zwischen den Vereinigten Staaten und der Sowjetunion – die Projektile eines jeden bleiben auf den anderen gerichtet.

So ist der kalte Krieg immer noch mit uns, wie auch die stets verwirrenden Fragen über die Rolle der Sowjetunion in der internationalen Politik und Mittel, Bedeutung und Ausmaß der amerikanischen Sicherheit. Es gibt keine endgültigen Antworten, nur das Schauspiel, wie Menschen, von Ehrgeiz und Gelegenheiten getrieben, von Furcht und Gefahren bedrängt, sich abmühen, um inmitten des Ansturms der Ereignisse einleuchtende Sicherheiten zu finden. Darum können wir den Bericht über den zerbrochenen Frieden nicht nur als faszinierende und tragische Geschichte auffassen. In Wahrheit handelt es sich immer noch um die Geschichte von den Ursprüngen unserer eigenen Zeit.

Anmerkungen
Prolog: Die neue Lehre

1 Maynard Barnes, Lecture, Washington, D. C. Oktober 1947.

2 *Foreign Relations of the United States: Yalta*, pp. 459–462, 476, 549–556, 665; Churchill, *Triumph and Tragedy*, pp. 344–345, 388–390; Lord Moran, *Churchill*, pp. 234–236. Künftig sind hier die Ausgaben der *Foreign Relations of the United States* mit *FR* bezeichnet.

3 Claude Pepper, Interview mit Stalin, 14. September 1945, Box 46 Pepper Papers. Ein Historiker hat bemerkt, «die Lebensgeschichte der Allianz entsprach genau dem Muster von hunderten, wenn nicht tausenden früherer Koalitionen, die seit den Tagen der mesopotamischen Stadtstaaten gebildet wurden und wieder auseinanderfielen» (William H. McNeill, *America, Britain, Russia: Their Cooperation and Conflict*, p. 748).

4 Michael Vyvyan bemerkte einst, daß «1914 niemand daran gezweifelt habe, daß auf die Mobilmachung einer Großmacht Feindseligkeiten folgen müßten». In «The Approach of the War of 1914», *The New Cambridge Modern History*, 2. Aufl., Bd. 12, p. 165.

5 Dean Acheson, «Formulation of National Policy in the US», Lecture, Washington, D. C., Dezember 1947.

6 Charles Bohlen, «US-Soviet Relations Today», Lecture, Washington, D. C., 20. Februar 1948.

7 F. H. Hinsley, *Nationalism and the International System*, p. 146.

8 Siehe Arno Mayer, Wilson versus Lenin, *Political Origins of the New Diplomacy 1917–18*, insbesondere pp. 368–393, über den Beginn der Rivalität.

9 Arnold Wolfers weist darauf hin, daß alle Nationen bis zu einem gewissen Ausmaß gefährlich leben müssen. Siehe *Discord and Collaboration*, p. 158.

10 Adam Ulam gehört zu den wenigen Schriftstellern, die auf den möglichen Nutzen der Diplomatie in den Nachkriegsjahren hinweisen. Siehe *Rivals*, pp. 96–101.

11 Hinsley bemerkt, daß das internationale Gefüge immer war, was die Einstellung der Regierungen und ihrer Völker zum internationalen Gefüge daraus gemacht haben, «es wurde sogar durch Kräfte gestaltet, die außerhalb der menschlichen Kontrolle lagen» (*Power and the Pursuit of Peace*, p. 9).

12 Wegen einer Analyse des Wilsonianismus, siehe N. Gordon Levin, *Woodrow Wilson and World Politics* (insbesondere pp. VII, 2, 5), und Arthur Link, *Wilson and the Diplomatist*, pp. 11–22, 131–133. Louis Hartz behauptet in *The Liberal Tradition in America*, die amerikanische Gesellschaft werde durch den Lockeschen Konsens zusammengehalten. Das «Wilson-Programm» war natürlich nicht Wilsons *Erfindung*. Auch war es nicht nur amerikanisch. Der Begriff einer Liga geht zum Beispiel auf die Frührenaissance zurück.

13 Cordell Hull in *U.S. Department of State Bulletin*, 20. November 1943, pp. 341–345; Byrnes an Daniels, 8. Dezember 1945, Box 264, Byrnes papers.

14 So argumentiert Hans Morgenthau in Lloyd Gardner, (Hg.), *Origins of the Cold War*, p. 90.

15 Mit «politischer Elite» sind meist höhere Regierungsbeamte gemeint, die in der Mehrzahl dem Weißen Haus, dem State Department, den militärischen Stäben und dem Nachrichtendienst angehören, aber auch Männer der Exekutive und im Kongreß, die Einfluß auf die amerikanische Außenpolitik haben – durch die Ausdeutung von Ereignissen und Streitfällen, die die Vereinigten Staaten betreffen, die Aufstellung der Tagesordnung wichtiger Probleme, die Gestaltung der Politik und die Leitung und Besetzung der Institutionen und Bürokratien, die sich mit den Problemen von Amerikas außenpolitischen Beziehungen zu befassen haben.

16 So zitiert George Kennan Stalin in «Contemporary Soviet Diplomacy», Lecture, National War College, 22. Oktober 1946.

17 Bohlen an Stettinius, 26. März 1946, Stettinius-Dokumente.

18 Über die zeitgenössische Debatte siehe Theodore Draper, «Appeasement and Detente», *Commentary*, Februar 1976, pp. 27–38; Paul Nitze, «Assuring Strategic Stability in an Era of Détente», *Foreign Affairs*, Januar 1976, pp. 207–230; Daniel Yergin, «Poor Detente», *The New Republic*, 29. Mai 1976, pp. 17–21.

19 Nadeshda Mandelstam, *Hope Abandoned*, p. 611, 614, 617. Und natürlich Alexander Solschenitzyn, *Der Archipel Gulag* sowie Roy Medwedew, *Let History Judge*. Aufgrund folgender Schätzungen kommt Robert Conquest auf zwanzig Millionen Tote: zwölf Millionen starben 1936–1950 in Lagern (ein Durchschnitt von acht Millionen jährlich bei einer zehnprozentigen Todesrate); eine Million Hinrichtungen; sieben Millionen Tote als Ergebnis der Kollektivisierung. *The Great Terror*, p. 710. M. Levin schätzt, daß bei der Kollektivisierung zehn Millionen Bauern oder mehr deportiert wurden, «von denen ein großer Teil zugrunde gegangen sein muß» *(Russian Peasants and Soviet Power*, p. 508). Obwohl Solschenitzyn den «Gulag» zu einem Weltbegriff machte, war das Wort in England schon viel früher in Gebrauch gewesen. In ihrer Maiausgabe von 1947 veröffentlichte die Zeitschrift *Plain Talk* einen Artikel «Gulag-Slavery, Inc.» mit einer Karte der wichtigsten Lager. Solschenitzyn könnte diese Karte sogar in Rußland gesehen haben. Siehe Isaac Don Levine (Hg.), *Plain Talk*, pp. XI–XII, 235–239.

20 Wenige Schriftsteller haben erkannt, daß «Sicherheit» kein fester Begriff ist, sondern eher von einer Definition abhängt, und man ein so grundlegendes außenpolitisches Anliegen auf verschiedene Weise (wie Arnold Wolfers bemerkte) in «mehr oder weniger gemäßigten und in mehr oder weniger anspruchsvollen und genauen Termini» auffassen kann. *Discord and Collaboration*, pp. 72–73, 91–94. Robert W. Tucker hebt hervor, «der Wahrheit käme wohl näher, daß unsere Nachkriegspolitik sowohl ein konventionelles Sicherheitsinteresse verfolgte, als auch ein Interesse, das weit über den konventionellen Begriff der Sicherheit hinausging», und daß diese Auslegung von Sicherheit für expansionistische Zwecke gebraucht wurde. *The Radical Left and American Foreign Policy*, p. 105–107.

21 In seinem immer noch höchst relevanten Buch meint H. McNeill: «Ein Ausgleich über ‹Einflußsphären› mit den Russen hätte möglich sein können» (*America, Britain and Russia*, p. 723).

22 Piers Dixon, *Double Diploma*, p. 165.

I Die Kluft: Die Riga-Grundsätze

1 DeWitt Clinton Poole, mündliche Berichte, pp. 463–465; Maynard Barnes, «Current Situation in Bulgaria», Lecture, Washington, D. C., Juni 1947, p. 7.

2 Zur Oktoberrevolution: Adam Ulam, *The Bolsheviks*, pp. 341–375, und E. H. Carr, *The Bolshevik Revolution*, Bd. 1, pp. 100–113. Zu Trotzkij und Tschitscherin, ibid., Bd. 3, pp. 28–29, 370–380.

3 Joseph Grew, *Turbulent Era*, Bd. 1, pp. 44–58; Waldo Heinrichs, *American Ambassador*, p. 49, Foto gegenüber Seite 216.

4 «Wenn jemand, der Entscheidungen trifft, glaubt, er könne ohne theoretische Vorschläge auskommen, täuscht er sich selbst», erinnert uns Arnold Wolfers. «Wenn man näher hinschaut, entdeckt man, daß seine Auffassungen faktisch nicht aus einem intellektuellen Vakuum kommen, sondern in gewisser Weise von Verallgemeinerungen abhängig bleiben» (*Discord and Collaboration*, p. XIV). Im Hinblick auf diese Einsicht führe ich den Begriff «Grundsätze» – womit ich eine Reihe aufeinander bezogene Regeln und Prinzipien meine, die Politiker gebrauchen, um das Verhalten von Staaten zu erklären, zu interpretieren und vorherzusagen – sowohl das eigene wie das der anderen – in das internationale Gefüge ein. Diese Grundsätze beziehen sich nicht nur auf Bewertungen, sondern auch auf Handlungsabläufe. Sie sind aus Erfah-

rung, Studium, persönlicher Situation und Gruppenassoziation entstanden. In diesem Zusammenhang wird der Begriff der Grundsätze von Ernest May dargelegt in «The Nature of Foreign Policy: The Calculated Versus the Axiomatic», *Daedalus* 91 (Herbst 1962), pp. 653–667. Eine «grundsätzliche Politik», meint er, beruhe auf einem «Denken *a posteriori*». Kürzlich hat er in *Lessons of the Past: Use and Misuse of History in American Foreign Policy* über die Beziehung zwischen historischem «Lernen» und Außenpolitik dargelegt. Mit seinem Konzept der «operierenden Annahmen» versucht Hadley Arkes das gleiche Problem von einem anderen Standpunkt aus zu behandeln – die Beziehung zwischen dem, wie Leute über internationale Politik denken und der Entwicklung der Politik. *Bureaucracy, the Marshall Plan, and the National Interest*, pp. 14–15, 177–179, 199–200. Der Psychologe Irving Janis wies darauf hin, wie stark und einheitlich die Außenpolitik beeinflussende Gruppen zur Entwicklung stereotyper Gruppenbilder neigen, in *Victims of Groupthink*.

5 Robert P. Browder, *The Origins of Soviet-American Diplomacy*, pp. 3–4, 16–17, DeWitt Clinton Poole mündliche Berichte, pp. 436, 441, 446–447, 463, 465.

6 Samuel Harper, *The Russia I believe In*, pp. 126–128; Poole an Harper, 29. März 1923, Harper Papers; Daniel Yergin, «Riga», *Atlantic Monthly*, April 1975, pp. 15–22. Pooles mündliche Berichte, p. 480, Harper als wichtigster Experte.

7 Charles Bohlen, *Witness to History*, pp. 39–40; George Kennan, Memoirs, pp. 47–48; Harper, *Russia I Believe*, pp. 128, 135–137, 162. Kennan zitiert nach Kennan, «Formulation of Policy in the USSR», Lecture, 18. September 1947, Kennan-Dokumente.

8 Lane an Moore, 18. Juni 1937, Lane-Dokumente; Kelley an Harper, 15. März 1926, Harper-Dokumente.

9 *FR: USSR*, p. 6; Kelley an Harper, 10. März 1925, 11. Januar 1927, Harper-Dokumente.

10 Kelley an Steinhardt, 6. Dezember 1947, Steinhardt-Dokumente. Kritiker neigten dazu, Kelleys Ansicht über diese Urheberschaft zu teilen. Spencer Williams, ein Vertreter der amerikanisch-russischen Handelskammer in Moskau, klagte 1934 über eine «entschlossene Clique von ‹Riga Boys› unter den Beamten der Gesandtschaft, die Kelleys Standpunkt über Rußland teilen» (Thomas R. Maddux, «American Relations with the Soviet Union 1933 to 1941», Ph. D. Dissertation, Universität Michigan, 1969, p. 138).

11 Kennan, *Memoirs*, pp. 33–34, 47–49, 68–70; Bohlen, *Witness*, pp. 8–11, 28. Die Auswirkungen solcher Kontakte beschränkten sich nicht auf jene, die sich der formellen Ausbildung unterzogen. Elbridge Durbrow erinnert sich, daß er während seiner dreijährigen Ausbildung in Paris einem Haufen «Weißrussen begegnet sei, die ihnen von der Revolution und den Geschehnissen berichteten. Ich wurde interessiert und beschäftigte mich viel damit. Nach alledem gelangte ich zu meiner eigenen Ansicht, daß die Sowjetunion alles andere als irgendeine Art von Arbeiterparadies sei» (Interview mit Elbridge Durbrow).

12 Kennan, *Memoirs*, p. 59.

13 Browder, *Soviet American Diplomacy*, pp. 99–112, 49–51, 79; *FR: USSR*, pp. 28–37; Kennan, *Memoirs*, pp. 56–59; Christopher Thorne, *The Limits of Foreign Policy*, pp. 215, 276–277. Wegen des geschäftlichen Druckes auf Roosevelt siehe Edgar B. Nixion (Hg.), *Franklin Roosevelt and Foreign Affairs*, Bd. 1, pp. 55, 324–325, 403–404.

14 Orville Bullitt (Hg.), *For the President: Personal and Secret*, pp. 3–15; Louis Fischer, *Men and Politics*, pp. 299–303 (bezieht Harpo mit ein), über die Bullitt-Mission, siehe Arno Mayer, *Politics and Diplomacy of Peacemaking*, pp. 449–471, 800–801.

15 Adam Ulam, *Stalin*, pp. 332, 353, 374; Alec Nove, *Economic History of the USSR*, Kap. 7. Alexander Solschenizyn, *Der Archipel Gulag*, p. 54.

16 Bullitt, *For the President*, p. 65; *FR: USSR*, pp. 57–60; Maddux, «American Relations with the Soviet Union», p. 85.
17 Bohlen, *Witness*, pp. 14–15, 24–35; Bullitt, *For the President*, pp. XV, 69, 86, 93; Charles Thayer, *Bears in the Caviar*, pp. 115–129; Joseph Davies, *Mission to Moscow*, p. 66; Elbridge Durbrow, «Comtemporary Russia», Lecture, Washington, D. C., 7. Februar 1947; Kennan, *Memoirs*, pp. 60–63.
18 Henderson an Harper, 27. Dezember 1934.
19 *FR: USSR*, pp. 172–173; Moore an Bullitt, 8. Mai, 9. Juli 1934, Bullitt an Moore, 4. Mai 1934, Moore-Dokumente.
20 A. I. Sobolew u. a., *Outline History of the Communist International*, pp. 274, 371–400; Bullitt an Moore, 15. Juli 1935. Unterstaatssekretär R. Walton Moore erklärte, als er Roosevelt Bullitts Brief über das Kominformtreffen übermittelte, «die Vergewaltigung von Litwinows Pfand ... sei ganz vollkommen» gewesen (Moore an Miß LeHand, 1. August 1935, Moore-Dokumente).
21 Bullitt an Moore, 6. Oktober 1934, Moore-Dokumente; *FR: USSR*, pp. 143 bis 147, 221–222.
22 Lloyd Gardner, *Architects of Illusion*, p. 17; Fisher, *Men and Politics*, pp. 303–308.
23 Bullitt an Moore, 2. Juni 1935, 22. Februar, 30. März 1936, Moore-Dokumente.
24 *FR: USSR*, pp. 224–225, 244–249, 294; Bullitt, *For the President*, p. 160, Bullitt an Moore, 2. Juni 1935, Moore-Dokumente; Lane an Moore, 17. November 1936, Lane-Dokumente; Kennan, *Memoirs*, pp. 80–82.
25 Interviews mit Loy Henderson und Elbridge Durbrow; Bohlen, *Witness*, p. 17; Lane an Moore, 17. November 1936, Lane-Dokumente.
26 Kennan, *Memoirs*, pp. 6–7, 11–13, 20–21, 48–50, 76–77; Bohlen, *Witness*, p. 17; Interviews mit Loy Henderson, Foy Kohler und Elbridge Durbrow: Bullitt an Moore, 11. Mai 1935, Moore-Dokumente, Kennan an Harper, 4. Januar 1933, Harper-Dokumente. Der «presbyterianische Kirchenvorsteher» ist eine Formulierung Gardners, *Architects*, p. 285. Der Fitnessreport wird bei Maddux zitiert, «American Relations with the Soviet Union», p. 137. Kennans Anspielung auf die «geheimnisvolle Verwandtschaft» und «konservative Person» sind aus Kennan, *Memoirs*, 1950–1963, pp. 116, 264–265.
27 Bohlen, *Witness*, pp. 3–5, 35; Kennan, *Memoirs*, pp. 62–63; Hazard an Harper, 2. März 1935, Harper-Dokumente.
28 Interview mit Elbridge Durbrow und Loy Henderson; Bohlen, *Witness*, pp. 18, 45; Kennan, *Memoirs*, pp. 61, 66–67, 80–81.
29 Kennan, *Memoirs*, pp. 81–82; Bohlen, *Witness*, pp. 20–24, 30–36; Thayer, *Bears*, pp. 95–96; Bishop, *The Roosevelt-Litvinov Agreements*, pp. 222, 281 (Fußnote 50); Interviews mit Loy Henderson und Elbridge Durbrow.
30 Kennan 1938, *Memoirs*, pp. 51, 71, Kennan-Dokumente; Henderson an Kelley, 29. April 1937, Lane-Dokumente; Bohlen, *Witness*, pp. 51–53; Medvedev, *Let History Judge*, p. 239.
31 Theyer, *Bears*, pp. 165–166; Bohlen, *Witness*, pp. 42–55; Henderson an Kelley, 29. April 1937, Lane-Dokumente; Joseph Davies, *Mission to Moscow*, pp. 72, 229; Kennan 1938 *Memoirs*, pp. 59–60, Kennan-Dokumente; Kennan, *Memoirs*, p. 69.
32 Über die konventionelle Ansicht siehe Richard Ullmann, «The Davies Mission and United States-Soviet Relations 1937–41», *World Politics* 9 (Januar 1957), pp. 220–239, und Bohlen, *Witness*, pp. 44–45, 52. Davies' Ruhm begründet sich auf sein im Kriege erschienenes Buch, *Mission to Moscow*, das von der Rigaer Schule scherzhaft «Submission to Moscow» (Unterwerfung unter Moskau) genannt wurde. In *The United States and the Origins of the Cold War*, p. 35, bezeichnet John Gaddis es als «erstaunliche Mischung aus Flüchtigem und Bedeutsamem», doch kann man nicht recht einsehen, warum das hier mehr als auf andere Tagebücher zutreffen sollte. Außerdem

wurde es natürlich während des Zweiten Weltkrieges auf Verlangen des Weißen Hauses geschrieben, um Probleme der öffentlichen Meinung klären zu helfen.

33 Davies, *Mission to Moscow*, pp. 40–41; *FR: USSR*, p. 546; Maddux, «American Relations with the Soviet Union», pp. 148–149. Maddux' kurze und intelligente Beschreibung von Davies' Botschaftskarriere wird fortgesetzt in ibid., pp. 254–261. Wegen der Dienstboten und Kühlschränke, siehe Hazard an Harper, 7. Dezember 1936, Harper-Dokumente. Loy Henderson erinnert sich, Davies habe ihm während der letzten wenigen Tage des Botschafters in Moskau gesagt, Roosevelt habe ihn instruiert, seine Mission bestünde nicht darin, «der Regierung in der Heimat genaue Informationen zu liefern, sondern Stalins Vertrauen zu gewinnen. Er wußte, Stalin konnte das, was berichtet wurde, erfahren, und war darum immer zu seinem überschwenglichen Lob bereit» (Interview mit Loy Henderson). Kennan erinnert sich in seinen *Memoirs*, pp. 82–83, an ein Treffen in Hendersons Gemächern am Abend von Davies' erstem Tag in Moskau, wo die Frage eines Massenrücktritts erörtert wurde. Henderson erinnert sich anders: wegen der Anzeichen mangelnder Achtung und einer Kabale verärgert und «entschlossen, alles in meiner Macht Stehende zu unternehmen, um seine Dienstzeit hier zu einem Erfolg zu machen», erklärte er Kennan nachdrücklich, daß solche Aktionen absolut nicht in Frage kämen und die Aufgabe des Foreign Service darin bestünde, den Botschafter zu unterstützen. Interview mit Loy Henderson; Henderson an Lane, 23. Januar 1937, Lane-Dokumente.

34 Henderson an Harper, 2. März 1942, Harper-Dokumente. Henderson an Lane, 22. März 1938, Lane-Dokumente; Maddux, «American Relations with the Soviet Union», pp. 148–149; Davies, *Mission to Moscow*, pp. 276, 368, 307.

35 Kennan, *Memoirs*, pp. 83–85; Bohlen, *Witness*, pp. 39–41; Interview mit Elbridge Durbrow; Kelley an Harper, 22. Juni 1937, Harper-Dokumente.

36 Nixon (Hg.), *FDR and Foreign Affairs*, Bd. 3, p. 229; Moore an Bullitt, 26. Juni 1937, Lane-Dokumente; Poole an Harper, 27. Juni 1937, Harper-Dokumente.

37 Henderson an Lane, 7. Juni 1937; Lane an Moore, 7. September, 17. November 1936; Lane an Kelley, 20. Oktober, 9. Dezember 1936, Lane-Dokumente. Zitate aus Lane an Dunn, 18. Juni 1937, und Dunn an Lane, 8. Juli 1937, Lane-Dokumente.

38 Henderson an Harper, 20. Juli 1940, Harper-Dokumente. Die Tatsache, daß an diesen Grundsätzen stark festgehalten wurde, sollte uns jedoch nicht zu der Annahme verleiten, sie hätten ein absolutes Dogma gebildet, das alle anderen Ansichten ausschloß. Siehe zum Beispiel Henderson an Kelley, 29. April 1937, Lane-Dokumente; Kennan 1938, Memoirs, p. 21, Kennan-Dokumente; Kennan an Harper, 7. Juni 1938, Harper-Dokumente. Man sollte auch nicht annehmen, daß alle, die sich auf die Sowjetunion spezialisierten, zu jener Zeit durch das von Robert Kelley geschaffene Programm ausgebildet wurden. Foy Kohler erinnerte sich: «Als der Krieg andauerte, wurde der Unterricht in russischer Sprache und die Ausbildung ... unterbrochen, da es an Beamten fehlte. Ich zum Beispiel gehörte in dieser Hinsicht zu der, wie ich sie manchmal nannte, ‹verlorenen Generation›; denn jene, die in den letzten Kriegsjahren und kurz nach dem Krieg nach Moskau gingen, mußten sich mit einem intensiven Lehrgang in russischer Sprache begnügen und dann ihre Studien fortsetzen, nachdem sie ihr Amt angetreten hatten. Gleichzeitig übernahmen wir im Zweiten Weltkrieg viele, wenn nicht alle akademischen Rußlandexperten von außerhalb ins Department of State und solche Regierungsabteilungen wie die Leih- und Pacht-Organisation» (Brief an den Autor, 3. Februar 1976).

39 *FR: USSR*, pp. 224–225, 310–311, 773–775.

40 *FR: 1940*, III, p. 407; *FR: USSR*, pp. 310, 593 594; Henderson an Kelley, 29. April 1937, Lane-Dokumente, Kennan 1938 Memoirs, pp. 60, 72, Kennan-Dokumente; Bullitt, *For the President*, p. 200.

41 *FR: USSR*, p. 773; George Kennan, Lecture, Foreign Service School, 20. Mai 1938, Kennan-Dokumente.

42 Bohlen, *Witness*, pp. 26–29; *FR: USSR*, p. 638, 775; *FR: 1940*, III, pp. 406 bis 408.

43 Bohlen, *Witness*, pp. 67–86; Henderson an Lane, 19. Mai 1937, Lane-Dokumente.

44 Maddux, «American Relations with the Soviet Union», pp. 129–135; Interview mit James Riddleberger.

45 *FR: 1940*, I, p. 390; *FDR: Public Papers*, 1940, pp. 87–94; *FR: 1941*, I, pp. 757 bis 758. Eine ausgezeichnete Abhandlung des amerikanischen Denkens über «Totalitarismus» und die amerikanische Außenpolitik in Thomas Lifka, «The Concept of Totalitarism and American Foreign Policy 1933–1949» (Ph. D. Dissertation, 1973, Harvard University).

46 *FR: 1941*, I, pp. 766–767; Maddux, «American Relations with the Soviet Union», pp. 326–341. Viele Monate vor dem Einfall der Deutschen hatten die amerikanischen Beamten mit dem sowjetischen Botschafter in Washington eine Reihe unregelmäßiger kühler Gespräche begonnen. Henderson gab starken Bedenken Ausdruck, «daß unsere sogenannte Beschwichtigungspolitik uns irgendwo hinführen wird» (ibid., p. 335). Die Gespräche zeitigten kein Ergebnis.

47 Robert Sherwood, *Roosevelt and Hopkins*, Bd. 1, pp. 387–423; Ulam, *Stalin*, pp. 539–542, 560–561.

48 In bezug auf Henderson: Henderson an Harper, 16. März, 23. März 1942, Harper-Dokumente; Interview mit Loy Henderson. In bezug auf Bohlen: *FR: Tehran*, p. 846; Bohlen, *Witness*, p. 175–177. Im März 1944 meinte Bohlen, die Sowjetunion würde sich wahrscheinlich mit dem «Minimum-Sowjetprogramm» begnügen – Allianzen mit osteuropäischen Staaten nach dem Modell des sowjetisch-tschechischen Vertrags. Das würde «keine Bedrohung der amerikanischen Interessen in Europa» bedeuten (zitiert in Lynn Davies, *The Cold War Begins*, pp. 135–136). Man sagt, andere Beamte im State Department, die auf Bohlens Beziehungen zu FDR eifersüchtig waren, hätten scherzhaft behauptet, Bohlen sei in den Gängen des State Department hin und her gegangen und habe dabei laut Roosevelts Urteilsvermögen gepriesen – in der Annahme, daß seine Bemerkungen dem Präsidenten hinterbracht würden.

49 Kennan, *Memoirs*, p. 137–141; «Bericht über die Techniken des deutschen Imperialismus in Europa», April 1941, pp. 26–27, Kennan-Dokumente. Die Deutschen, so fuhr er in dieser Schrift fort, «sind sehr darauf bedacht, ihre Herrschaft nicht als reine Unterdrückung durch Macht und Waffen erscheinen zu lassen. Verunsichert und überempfindlich für die Meinung der Welt wollen sie beweisen, daß sie die politische Finesse besitzen, andere Länder zu regieren, von ihnen zu erhalten, was sie wünschen, und sie doch dazu zu bringen, ‹das zu mögen› ... Doch ob sie ihre Herrschaft beliebt machen können, das ist eine andere Frage. Entweder müssen sie ihr Dogma zu etwas entwickeln, das Europa insgesamt mehr befriedigt, oder sie müssen sich bescheidenere Ziele stecken und den spontanen Bedürfnissen anderer Völker mehr Raum geben. Wenn ihnen keines von beiden gelingt, könnte ihre Herrschaft in Europa lang und wirkungsvoll sein, doch würde sie nach ihrem eigenen Standpunkt nicht erfolgreich sein» (ibid., pp. 26–27, 37).

50 *FR: 1944*, IV, pp. 813–819, 839–842, 935; Interview mit Elbridge Durbrow.

II Die Grundsätze von Jalta: Roosevelts großer Plan

1 E. H. Carr, *The Twenty-Years Crisis*, VI; *FR: 1941*, I, p. 363.

2 Anthony Eden, *The Reckoning*, p. 372–374; Robert Sherwood, *Roosevelt and Hopkins*, Bd. 2, pp. 315–320; *FR: 1943*, III, p. 22; Orville Bullitt (Hg.),

For the President: Personal and Secret, pp. 583–584.
3 Stimson-Tagebuch, 6. April 1943.
4 Forrest Davis, «Roosevelt's World Blueprint», *Saturday Evening Post*, 10. April 1943, pp. 20–21, 109–110; File memo, 2. Dezember 1942, Official file 4287, Roosevelt-Dokumente; Robert Divine, *Second Chance*, p. 114 bis 115. «Old Man's Grand Design» von einem Interview mit Elbridge Durbrow.
5 Rexford Tugwell, *In Search of Roosevelt*, p. 287; Rexford Tugwell, *The Brains Trust*, p. 444; *FR: Tehran*, p. 585; Max Freeman (Hg.), *Frankfurter-Roosevelt Correspondence*, p. 186. Wenn ich Roosevelt als «Wilson-Renegat» bezeichne, befinde ich mich im Widerspruch zur überlieferten Interpretation, die Roosevelt als gläubigen Wilsonianer und auch, das tun wenigstens einige Autoren, als recht naiv darstellt. Siehe, zum Beispiel, Louis Halle, *The Cold War as History*, p. 33–34; William McNeill, America, Britain & Russia, pp. 761 bis 763, und, in gewissem Maße, Franz Schurmann, *The Logic of World Power*, pp. 1–28.
6 *FR: 1941*, I, pp. 363–366. Nachdem Amerika in den Krieg eingetreten war, schlug Staatssekretär Hull wenigstens eine Art internationaler Organisation zur Vorbereitung von Konferenzen vor, worauf Roosevelt lachte und sagte: «Ich werde Ihnen das Pentagon oder das Empire State Building geben. Dort können Sie Ihr Sekretariat unterbringen» (Cordell Hull, *Memoirs*, p. 1643).
7 Roosevelt zitiert in Thomas Lamont memo, 5. Februar 1942, pp. 127–137, Lamont-Dokumente.
8 *FR: 1943*, III, pp. 568–580; *FR: 1943*, III, pp. 35–39; Eden, *Reckoning*, pp. 372 bis 379. Im Frühjahr 1944 zwang die politische und militärische Inkompetenz von Tschiangs Regierung Roosevelt, seine Idee, China könne der vierte Polizist sein, aufzugeben. Im Mai sagte FDR seinem Kabinett, er habe «zum erstenmal Bedenken, daß China für die Dauer des Krieges zusammenhalten würde». Daraufhin schreibt Walter LaFeber, «Roosevelts Hauptanliegen mittels der Wallace-Mission in China gemäß der Jalta-Abkommen war nicht mehr, es zu einem Polizisten zu machen, sondern die Russen von den chinesischen Kommunisten zu trennen und dann die Kommunisten als Hebel zu benutzen, um Tschiang zu Reformen zu zwingen, durch die seine Regierung überleben konnte». Walter LaFeber, «Roosevelt, Churchill and Indochina: 1942–1945», *American Historical Review* 80 (Dezember 1975), pp. 1288 bis 1289.
9 Halifax an Churchill, 11. Oktober 1941, Halifax-Dokumente. Hinsichtlich der Methoden, durch die FDR sich über die öffentliche Meinung auf dem laufenden hielt, siehe Richard W. Steele, «The Pulse of the People: Franklin D. Roosevelt and the Gauging of American Public Opinion», *Journal of Contemporary History* 9 (Oktober 1974), pp. 195–216.
10 Der Historiker ist Robert Divine, *Second Chance*, p. 151. Ebenfalls ibid., pp. XVII–XIX, 4, 15, 126–145; Patterson, *Mr. Republican*, p. 341.
Wandel des öffentlichen Verhaltens während des Zweiten Weltkrieges. Über die potente Macht des wiedergeborenen Wilsonianismus, siehe David Lawrence an Thomas Lamont, 3. Juli 1944, pp. 103–204; Walter Lippmann an Lamont, 29. April 1944, pp. 105–4, Lamont-Dokumente. Über Fulbright siehe Daniel Yergin, «Fulbright's Last Frustration», *New York Times Magazine*, 24. November 1947.
11 James Patterson, *Mr. Republican*, p. 201; Aldrich an Glender, 10. April 1944, Box 29, Aldrich-Dokumente, über Dulles und Hull siehe Fred Israel (Hg.), *War Diaries of Beckinridge Long*, pp. 332–333; Hull, *Memoirs*, pp. 1690 bis 1691. Dulles stellte nach Vandenbergs Worten die «internationale östliche Denkweise» dar. (Vandenberg an Dewey, 10. Mai 1944, Vandenberg-Dokumente).
12 Arthur Vandenberg, Jr. (Hg.), *The Private Papers of Senator Vandenberg*, pp. XVII–XIX, 4, 15, 126–145; Patterson, *Mr. Republican*, p. 341.
13 *FR: Tehran*, pp. 530–532, 622; Divine, *Second Chance*, pp. 184–185; Summer Welles, *Seven Decisions*, pp. 185–190. Wegen eingehenderer Studien über

die nie endenden Stadien der Planungen des State Department siehe Harley Notter, *Postwar Foreign Policy Preparation.*

14 *FR: 1943*, pp. 36–39.

15 Lippmann an Lamont, 7. Juli 1944, pp. 105–4, Lamont-Dokumente. Wegen ähnlicher Zielsetzungen siehe Eden an Halifax, 27. April 1942, Halifax-Dokumente; Eden, *Reckoning*, pp. 366–356. Eden bemerkte 1944, daß die Briten teils aus demselben Grund wie Roosevelt eine Weltorganisation wünschten – um «die Amerikaner, und das bedeutet den amerikanischen Senat, dazu zu veranlassen», Hilfe zu garantieren bei der Niederhaltung «eines feindlichen Deutschland oder ... jedes anderen europäischen Friedensbrechers» (ibid., p. 445). Ernest May beschreibt den Hintergrund von Beziehungen der Elite in *American Imperialism: A Speculative Essay*. Wegen anderer Aspekte anglo-amerikanischer Beziehungen siehe Welles, *Seven Decisions*, pp. 72, 172; Eden, *Reckoning*, pp. 344, 405, 513; David Dilks (Hg.), *The Diaries of Sir Alexander Cadogan*, pp. 537, 542, 558–559, 577–578.

16 Stimson-Tagebuch, 22. Oktober 1943. Für Referenzen über die anglo-amerikanische Zusammenarbeit, siehe zum Beispiel Stimson-Tagebuch, 18. Dezember 1942, 11. Mai, 22. Mai, 7. September, 8. September 1943.

17 Roosevelt an Lamont, 9. Februar 1940, pp. 127–134, Lamont-Dokumente; *FDR: Public Papers*, 1940, pp. 92–93; Maddux, «American Relations with the Soviet Union», pp. 29–30, 321–341.

18 *FDR: Letters*, 1928–1945, p. 1177; William Hassett, *Off the Record with FDR*, pp. 71, 147–149; Halifax-Tagebuch, 23. Juni 1941.

19 Halifax-Tagebuch, 20. Mai 1942; Sherwood, *Roosevelt and Hopkins*, Bd. 1, pp. 4–5, 394–399, 419–420; Jonathan Daniels, *White House Witness*, p. 14.

20 Wegen des Igels, Dilks, *Cadogan-Diaries*, p. 422. Der Historiker ist M. Lewin, *Russian Peasants and Soviet Power*, p. 517. Eden, *Reckoning*, p. 291; Ulam, *Stalin*, pp. 778–779 (wegen der Parabel); E. H. Carr, *Socialism in One Country*, Bd. 1, pp. 189–205; Victor Serge, *From Stalin to Lenin*, p. 83; über die «Diktatur der industriellen Entwicklung», Heinz Brendt, *The Search for a Third Way*, p. 155, Svetlana Allilujewa, *Twenty Letters to a Friend*, p. 196, 209–210 (wegen des Geldes). Über Stalins Realismus: Sato an Tojo, 12. Juli 1945, Box 571, Byrnes-Dokumente; Harriman in *FR: Berlin*, I, pp. 61–62; die Jugoslawen an Wladimir Dedijer, *The Battle Stalin Lost*, pp. 52–54. Und dann ist da noch Stalins Understatement während des Krieges einem Amerikaner gegenüber – «Ich bin ein vorsichtiger alter Mann».

21 Der Jugoslawe in Didijer, *Battle Stalin Lost*, p. 223; über den Tod, Svetlana Allilujewa, *Twenty Letters*, pp. 6–14. Ulam, *Stalin*, pp. 739–741, stellt meisterhaft den Widersinn des Stalinkults dar. Über die Hopkins-Mission, John Erickson, *Road to Stalingrad*, p. 181 (Stalin, der Hopkins falsche Anweisungen gab), Ulam, *Stalin*, pp. 539–542, 560–561; über den Kaviar, Hopkins an Ismay, 7. August 1941, Ismay-Dokumente; Hopkins-Memorandum, 31. Oktober 1941, Box 126, Hopkins-Dokumente.

22 *FR: Teheran*, pp. 108, 530–533, 622, 489–502, 558–565, 485, 837, 555.

23 Ibid. pp. 584–585; Welles, *Seven Decisions*, pp. 190–191; Hassett, *Off the Record*, p. 226; Lubin Memorandum an das Weiße Haus, 10. Dezember 1943, Box 27, Lubin-Dokumente.

24 *FDR: Letters, 1928–45*, p. 1177; Hassett, *Off the Record with FDR*, pp. 71, 147–149, Halifax-Tagebuch, 23. Juni 1941.

25 Eleanor Roosevelt, *This I Remember*, pp. 253–254; Averell Harriman, *America and Russia in a Changing World*, pp. 165–166; *FDR: Letters, 1928–45*, pp. 1365–1366.

26 *FDR: Letters, 1928–45*, p. 1195; George Herring, *Aid to Russia*, pp. 53–61, 85–86, Edwin Locke mündliche Berichte, p. 19.

27 Roosevelt zitiert in Davies, *Cold War Begins*, p. 29; Stimson-Tagebuch, 1. Februar 1943. Als 1933 die der Anerkennung vorausgehenden Verhandlungen im Sande verliefen, hatte Roosevelt eine Bemerkung gemacht, die seine Einstellung während des Krieges ankündigte: «Donnerwetter, wenn

ich nur selbst mit einem einzigen Mann sprechen könnte, der die Russen vertritt, könnte ich das ganze Problem aus der Welt schaffen» (John Morton Blum, *From the Morgenthau Diaries: Years of Crisis*, 1928–1938, p. 55). «Als ich heute mit dem Präsidenten wegen Winstons Telegramm über Rußland sprach, fand ich ihn sehr kritisch», schrieb Halifax am 8. März 1942 in sein Tagebuch. «Seine eigene öffentliche Meinung, die allgemeine Moral, die Wirkung auf die Polen und all das übrige. Er ist weiterhin noch recht zuversichtlich, daß er die Sache durch ein Treffen mit Stalin in fünf Minuten beilegen könnte.»

28 Über Roosevelt, das State Department und Hull, siehe Byrnes' Brief, 5. Mai 1945, Box 191, Byrnes-Dokumente; Bohlen, *Witness*, pp. 122, 129, 165–166, Rosenmann, *Working with Roosevelt*, pp. 9, 202–206; Harold Smith-Tagebuch, 1. Januar 1945; Welles, *Seven Decisions*, pp. 61–62; Israel, *Breckinridge Long*, pp. 322–325; Halifax-Tagebuch, 29. November 1941. Einige neuere Schriftsteller haben Hull sowohl größere politische wie ideologische Bedeutung zugemessen, als die historischen Berichte erkennen lassen. Siehe Gabriel Kolko, *Politics of War*, p. 244. Stimsons Tagebuch ist eine gute Quelle für Hulls Rolle – oder deren Geringfügigkeit: «Hull beklagte sich häufig, daß er vom Präsidenten nichts über die diplomatischen Vorgänge in Europa erfuhr» (3. November 1943). Stimson bemerkte, daß er seine Anwesenheit bei regulären Treffen mit Hull abkürzte, «weil sie geradezu zu einer Trauerversammlung degenerierten, die Hull mit seinen Wehklagen über seine Ungelegenheiten anführte» (25. Mai 1943). Und Stimson kommentierte sardonisch Hulls Leidenschaft für «seine geliebten Handelsverträge» (11. Mai 1943). Siehe auch Arthur Krock, *Memoirs*, p. 208.

29 Halifax an Churchill, 11. Januar 1942, Halifax-Dokumente.

30 Memorandum einer Unterhaltung mit Roosevelt, 20. November 1944, Lane-Dokumente; Harriman, *Special Envoy*, pp. 369–371; Memorandum des Treffens des Präsidenten mit den Senatoren, 11. Januar 1945 (Kursive hinzugefügt), Stettinius-Dokumente. Lynn Etheridge Davis kommt zu einem ähnlichen Ergebnis, wenn sie früher im Jahre 1944 im Zusammenhang mit der polnischen Verwirrung schreibt, die Politik des State Department – «Verschiebung und Prinzipiendiplomatie» – «blieb weiterhin die *amtliche* Politik der Vereinigten Staaten Polen gegenüber. Präsident Roosevelts Andeutungen, die Vereinigten Staaten würden eine Neuorganisierung der Londoner Polenregierung unterstützen und die Curzon-Linie akzeptieren, wurden nicht veröffentlicht. Niemand teilte den Russen mit, daß Präsident Roosevelt sich ihren Grenzansprüchen gegenüber Polen nicht mehr entgegenstellte» *(Cold War Begins*, pp. 21, 43, 102–103).

31 Halifax-Tagebuch, 8. März 1942; Lord Moran, *Churchill*, p. 221.

32 Winston Churchill, *Triumph and Tragedy*, pp. 227–228; anglo-sowjetische politische Gespräche, 9.–17. Oktober 1944, VI/10, Ismay-Dokumente. Zu den vielen Historikern, die ein Fehlurteil fällten, gehörten John Wheeler-Bennett und Anthony Nicolls: «Das Gewicht wurde auf die Behelfsmäßigkeit solcher Vereinbarungen gelegt, die in vielen Fällen nur bis zur Kapitulation Deutschlands und der Schaffung einer endgültigen Friedensregelung in Kraft bleiben sollten» (*Semblance of Peace*, p. 198).

33 Ismay an Casay, 11. Dezember 1944, Ismay-Dokumente; Harriman, *Special Envoy*, p. 362.

34 Sherwood, *Roosevelt and Hopkins*, Bd. 2, pp. 469–472; Bohlen, *Witness*, pp. 161–163; Halifax-Tagebuch, 9. Oktober 1944; Halifax an Churchill, 27. Januar 1945, Halifax-Dokumente. Bohlen zitiert in Davies, *Cold War Begins*, p. 157, Allen Dulles, der Leiter der OSS in der Schweiz, stand im Verdacht, seinem Bruder John Foster Dulles und dem republikanischen Präsidentschaftskandidaten John Dewey für die Kampagne von 1944 Material gegen Roosevelt zu liefern, das die «Geheimdiplomatie» betraf (Daniels, *White House Witness*, pp. 245–246).

35 Rosenman, *Working with Roosevelt*, p. 482; *FR: Yalta*, pp. 558–559.

36 *FR. Yalta*, pp. 396-400, 894–897; Bohlen an Rosenman, 23. August 1949, Rosenman Dokumente; Dilks, *Cadogan-Diaries*, p. 706.

37 *FR: Yalta*, pp. 660–667, 611–619. Wegen der sowjetischen Konzessionen, siehe Diana Shaver Clemens, *Yalta*, pp. 42, 287–288.

38 Berichte des Mitarbeiterstabs des Außenministers, p. 5. Matthews', Report über die Krimkonferenz, 27. Februar 1945, Terminkalendernotizen, 19. Januar 1945, Stettinius-Dokumente; *FR: Yalta*, pp. 848–849.

39 *FR: Yalta*, pp. 77–81, 718–720, 776–781; Edward Stettinius, *Roosevelt and the Russians*, p. 113. Der britische Diplomat ist Pierson Dixon in *Double Diploma*, p. 140.

40 FDR über Reparationen vor Jalta, *FR: 1944*, I, p. 474: Stalin zitiert in Sherwood, *Roosevelt and Hopkins*, Bd. 1, p. 470; siehe auch Eden, *Reckoning*, p. 290; wegen der Zerstörung, Alec Nove, *Economic History of the USSR*, pp. 285–288. Obwohl es einige Überschneidungen gibt, sollte die Reparationsfrage nicht mit der berühmten bürokratischen Schlacht in Washington während des Zweiten Weltkrieges über die «Pastoralisierung» Deutschlands verwechselt werden. Über den Verlauf dieser Auseinandersetzung siehe *FR: 1944*, I, pp. 352, 358–359, John Morton Blum, Ed. *From the Morgenthau Diaries: Years of the War*, pp. 328–348, 362–363, 373; Stimson-Tagebuch, 6. September 1944; Paul Hammonds, «Directives for the Occupation of Germany», in Harold Stein, Ed. *American Civil-Military Decisions;* Morgenthaus Motto war, «Laßt sie in ihrem eigenen Saft schmoren» (Senate Judiciary Committee, *Morgenthau-Diary: Germany*, p. 1082). Stimson, der gegen die Pastoralisation war, fürchtete, «den Mittelpunkt des am höchsten industrialisierten Kontinents» in «ein unproduktives Geisterland» zu verwandeln (Stimson-Tagebuch, 5. September 1944).

41 *FR: Yalta*, pp. 622, 134, 571, 901–903, 920. Für die amtliche britische Meinung, Dalton-Tagebuch, 3. März 1945. Stettinius, zitiert in «Komitee der Drei», 13. März 1945, Stettinius-Dokumente. Ein Absatz, der bei der Veröffentlichung der *Forrestal Diaries* ausgelassen wurde (pp. 35–36), bekräftigt Stettinius' Ansicht: «Deutsche Reparationen auf 20 Milliarden angesetzt, von denen die Russen als gerechten Anteil 10 Milliarden beanspruchten, der aus Investitionsgütern bestehen sollte ... Arbeitskräfte, Maschinen und anderen Dingen, die sie noch aufzählen werden.» Forrestal-Tagebuch, 13. März 1945, p. 227.

42 Diana Shaver Clemens, *Yalta*, p. 287; Moran, *Churchill*, pp. 259, 249–250; Dilks, *Cadogan Diaries*, pp. 708–709; Churchill nach seiner Rückkehr, zitiert im Dalton-Tagebuch, 23. Februar 1945. General Ismay schrieb: «Die Konferenz war ein großer Erfolg, nicht so sehr wegen der formellen Beschlüsse, die bei ihr erreicht wurden, sondern weil alle Diskussionen, die förmlichen und unförmlichen, unter dem Zeichen freier Zusammenarbeit stattfanden ... Auf politischem Gebiet gab es viele schwere Hürden, von denen die Konferenz einige nicht nehmen konnte. Aber schließlich kamen wir doch ohne krachende Stürze auf Kurs» (Ismay an Casey, 26. Februar 1945, Ismay-Dokumente).

43 *FDR: Letters, 1928–45*, p. 1570; Bohlen an Rosenman, 23. August 1949, Rosenman-Dokumente.

44 Über Leahy, siehe Elsey-Memorandum, 27. Juni 1951, Yalta file, Elsey-Dokumente; Sherwood, *Roosevelt and Hopkins*, Bd. 2, p. 516, Stalin in *FR: Yalta*, pp. 655–666. Siehe auch Pickersgill, *Mackenzie King*, Bd. 2, pp. 325 bis 326.

45 *FDR: Public Papers*, 1944–1945, pp. 585–586; über Roosevelts privates Denken, Edgar Snow, «Fragments», *Monthly Review* (März 1957), p. 402.

46 Aufzeichnungen des Mitarbeiterstabs des Außenministers, p. 4. Matthews, «Report on the Crimea Conference», 27. Februar 1945, Stettinius-Dokumente; Feststellung von Dulles, 27. Februar 1945, Box 103, Dulles-Dokumente; wegen Byrnes, siehe Arthur Krocks Black Book, Februar 1945, Krock-Dokumente.

47 Churchill, *Triumph and Tragedy*, pp. 421, 426; Millis, *The Forrestal Diaries*, p. 36; *FDR: Letters*, 1928–1945, p. 1575; Memorandum von Grew und Dunn,

telephonische Unterredung Clay mit Stettinius, 23. März 1945, Grew-Dokumente.

48 Churchill, *Triumph and Tragedy*, pp. 447–448. Clemens, *Yalta*, p. 132, beschreibt die russische Einstellung in Jalta hinsichtlich Truppenverlegungen von der italienischen Front. Über Dulles' eigenen Standpunkt, siehe Allen Dulles, *The Secret Surrender*. Eine sehr eingehende, kritische Interpretation findet man bei Gar Amperovitz, «Schachern mit den Nazis», *Cold War Essays*. Natürlich mußte es, wenn SS-Führer sich aus den Trümmern von Hitlers zusammenstürzendem Reich retten wollten, zu Verwirrung, Mißverständnissen und falschen Interpretationen kommen.

49 *FR: 1945*, III, p. 757, V., p. 210.

50 Dilks, *Cadogan Diaries*, p. 668; *FDR: Personal Letters, 1928–45*, p. 1570; James McGregor Burns, *Soldier of Freedom*, pp. 599–600. Über den Zauberstab, Daniels, *White House Witness*, p. 276.

III Der Maulheld

1 George Kennan, Memoirs, p. 524.

2 Stimson-Tagebuch, 13. April 1945; Margaret Truman, *Harry S. Truman*, p. 216.

3 Stimson-Tagebuch, 12. April, 13. April 1945; Morgenthaus Präsidentschaftstagebuch, 14. April 1945, p. 1549; Wallace-Erinnerungen an das Begräbnisgeleit, 14–15. April 1945, Wallace-Dokumente.

4 Hopkins in Eden, *The Reckoning*, p. 529; John Morton Blum, Hg. *The Price of Vision: The Diary of Henry A. Wallace*, p. 452; Charles Mee, *Meeting at Potsdam*, p. 13; Jonathan Daniels, *White House Witness*, p. 287. Über Trumans Kontakte mit FDR, Martin Sherwin, *A World Destroyed*, p. 146; Roosevelt an Truman, 22. Januar 1945, Truman an Roosevelt, 5. April 1945, Box 238, Akte des Präsidentensekretärs, Truman-Dokumente.

5 Viel von diesen biographischen Informationen ist in Margaret Trumans Bericht *Harry S. Truman* zu finden. «Er war in Geschichte und Regierungssachen sehr belesen und in vieler Hinsicht gebildeter und scharfsichtiger, als selbst seine Bewunderer dachten», bemerkt Alonzo Hamby in der besten Studie über die Truman-Regierung, *Beyond the New Deal*, p. 508.

6 Harry Truman, *Year of Decisions*, p. 72; *FR: 1945*, V, p. 223.

7 Viele Schriftsteller sowohl orthodoxer wie revisionistischer Tendenz versuchen einen deutlichen Wechsel von Politik und Einstellung beim Übergang von Roosevelt zu Truman abzuleugnen. Eine Variante gibt vor, Roosevelt habe sich bereits gewandelt gehabt und war von den sogenannten Jalta-Grundsätzen abgerückt. Über diese allgemeine Einstellung siehe zum Beispiel: Kolko, *Politics of War*, pp. 315; 382; Robert Maddox, *The New Left and the Origins of the Cold War*, p. 78; Herbert Feis, *Churchill – Roosevelt – Stalin*, pp. 599–600; Arthur Schlesinger, Jr. «The Origins of the Cold War», *Foreign Affairs* 46 (Oktober 1967): 24; Davis, *Cold War Begins*, p. 213. Wegen einer Übersicht zu dieser Debatte siehe: Michael Leigh, «Is There a Revisionist Thesis on the Origins of the Cold War?» *Political Science Quarterly* 89 (März 1974): 106–108. In diesem und dem vorangegangenen Kapitel kommt ein deutlicher Unterschied von Auffassung und Einstellung zwischen Roosevelt und Truman zum Ausdruck. Ein Beispiel dafür sind Roosevelts Ablehnung von Harrimans Aprilkritik und deren Annahme durch Truman. Bemerkenswert ist auch, daß Stimson, der Roosevelts Ansicht vertrat, Ende April als Andersdenkender galt. Natürlich wechselte die internationale Lage schnell. Was Roosevelt getan hätte, wenn er weitergelebt hätte, kann zu interessanten Spekulationen veranlassen, die jedoch keine historische Grundlage bieten. Das gleiche Problem tritt auf, wenn man bedenkt, wie John Kennedy nach den Präsidentschaftswahlen von 1964 über Vietnam entschieden hätte.

8 Leahy-Tagebuch, 15. Juni, 19. September, 12. Oktober, 15. Dezember 1944, 11. Februar, 20. Mai 1945; Memorandum für Admiral Brown, 16. April 1945, Box 3, Elseys Notizen über Leahy, Box 103; Elsey-Dokumente; William Leahy, *I Was There*, pp. 347–349. Das Verhalten im Map Room entsprach dem von Leahy. Wie ein Mitarbeiter des Map Room sich erinnert, bestätigte die Polenfrage bereits «die düstersten Befürchtungen und Verdächtigungen hinsichtlich des künftigen Nachkriegsverhaltens der Sowjetunion ... Indem man Tag für Tag Kenntnis von Ereignissen bekam, davon las, an dieser Flut und Ebbe von Botschaften teilhatte, sich der Struktur der militärischen Ereignisse bewußt war – hatte man immer das Gefühl, daß die Sowjets von uns alles erwarteten, uns aber nicht einmal dabei helfen würden, ihnen zu helfen.» (Interview mit George Elsey.)

9 Averell Harriman, *America and Russia in a Changing World*, pp. 2–8; *FR: 1944*, IV, pp. 802–803, 944, 993, 1003; Kennan, *Memoirs*, pp. 210–211. Averell Harriman, *Special Envoy*, pp. 327, 340–344, 363.

10 Kennan an Meiklejohn, 5. Oktober 1944, Box 105–A, Hopkins-Dokumente; Kennan an Harriman, 18. September 1944, Kennan-Dokumente; *FR: 1944*, IV, p. 989; Harriman, *America and Russia*, pp. 33–34. Doch sollte man eine gegensätzliche Ansicht nicht vergessen. Sie wurde 1946 berichtet, «während Harrimans Amtszeit ... als Botschafter, Kennans Versuche, eine beständige Politik zu formulieren und vorzuschlagen, wurden durch Harriman, der über Kennans Ernsthaftigkeit in dieser Sache beträchtlich amüsiert war, sehr nachdrücklich entmutigt. Man sollte sich auch daran erinnern, daß ein ebenso befähigter Mann, Mr. Loy Henderson, nun Leiter der Abteilung für mittelöstliche Angelegenheiten, in der Kriegszeit ganz aus dem Bereich für russische Angelegenheiten entfernt wurde, weil er dem Kreml gegenüber eine standhafte Haltung empfohlen hatte. Henderson war ... «auf Eis» gelegt. (Memorandum von Tolley im Amt für Marineoperationen an Smedburg, 26. Februar 1946, Box 24, Forrestal-Dokumente.)

11 Kennan, *Memoirs*, pp. 222–223, 578–582.

12 Bohlen, *Witness*, pp. 175–176; Memorandum, 18. September 1944, Kennan an Harriman, 18. September 1944, 18. September 1944, Kennan-Dokumente.

13 *FR: 1945*, IV, pp. 988–990.

14 *FR: 1944*, IV, pp. 951, 993–994, 1001, 1009; *FR: 1945*, V, pp. 813, 832; Clark-Kerr an Eden, 16. Juli 1944, Ismay-Dokumente; Harriman über Roosevelt und Kathleen Harriman in Harriman, *Special Envoy*, pp. 370, 419. Clark-Kerr teilte nicht Harrimans Erregung. Am 27. März 1945 erklärte er, Großbritannien brauche nicht zuzulassen, daß «die jüngsten Ereignisse uns dazu bringen, das Schlimmste zu befürchten», und daß die anglo-sowjetische Allianz «uns zugute kommen und uns eine stetige, wenn auch nicht überaus hohe Dividende einbringen» würde. (Llewellyn Woodward, *British Foreign Policy in the Second World War*, Bd. 3, pp. 561–563.)

15 C. L. Sulzberger, *A Long Row of Candles*, p. 253; Millis, *Forrestal Diaries*, p. 47; *FR: 1945*, V., pp. 232, 840–843; Stettinius-Memorandum, 22. April 1945, Box 244, Stettinius-Dokumente.

16 Interviews mit Elbridge Durbrow und Joseph Johnson; Will Clayton mündliche Berichte; Harold Smith-Tagebuch, 1. Januar 1945; ERS an WJ, 10. Oktober 1948, Terminkalendernotizen, 2. Februar 1945, Box 278, 21. Dezember 1944, Notiz, Box 220, Stettinius-Dokumente; Lane-Stettinius-Gespräch, 14. März 1945, Lane-Dokumente. Für ein wenig schmeichelhaftes Bildnis Stalins siehe: Dean Acheson, *Present at the Creation*, pp. 130–134.

17 Truman, *Year of Decisions*, p. 15; Memorandum der Diskussion der Jaltareise mit H. Freeman Matthews, 19. April 1945, Box 279, Stettinius-Dokumente. Erst am 15. Mai sagte Bohlen zu Truman: «Wir alle waren der Ansicht, daß die sowjetische Nichteinhaltung» der Vereinbarungen von Jalta «weitgehend auf eine Opposition im Inneren der Regierung zurückging, der Stalin bei seiner Rückkehr begegnet war» (Memorandum einer Unterhaltung mit dem Präsidenten, 15. Mai 1945, Grew-Dokumente.)

18 Moran, *Churchill*, p. 236; Churchill, *Triumph and Tragedy*, pp. 424, 401–402; *FR: 1945*, V, p. 148.
19 Churchill, *Triumph and Tragedy*, pp. 488, 491–492; Truman, *Year of Decisions*, pp. 34, 38.
20 Truman, *Year of Decisions*, p. 31; Davies an Truman, 15. April 1954, Box 16, Davies-Dokumente.
21 Interview mit Paul Porter.
22 D. F. Fleming, «Warum gewinnen die Russen nur so langsam Vertrauen zu den Westmächten?», 21. April 1945, Box 15, Baruch-Dokumente; D. F. Fleming an den Autor, 18. Juni 1973. «Dr. Fleming, wissen Sie», erinnerte Baruch Truman, «ist der Mann, der mehr über internationale Angelegenheiten weiß als irgend jemand sonst, den ich kenne.» (Baruch an Truman, 21. April 1945, Box 71, Baruch-Dokumente.)
23 Memorandum für Stettinius, 23. Januar 1945, Stimson-Tagebuch. Ebenso Stimson-Tagebuch, 31. Dezember 1944, 22. Januar 1945; McCloy-Memorandum eines Telefongespräches mit Stimson, 19. Mai 1945, Stimson-Dokumente.
24 Stimson-McCloy, telefonisches Transkriptum, 9. Mai 1945, pp. 6, 9, Stimson-Dokumente.
25 Stimson-Tagebuch, 26. April, 10. Mai 1945.
26 Stimson-Tagebuch, 16. April 1945.
27 Interview mit Elbridge Durbrow.
28 Dilks, *Cadogan Diaries*, p. 732; Stimson-Tagebuch, 23. April 1945; Stettinius-Memorandum, 22. April 1945, Box 244, Stettinius-Dokumente.
29 *FR: 1945*, V, pp. 253–254, 1945; Davies-Journal, 23. April 1945, Box 11, Davies-Dokumente.
30 Leahy-Tagebuch, 23. April 1945; Davies-Journal, 23. April 1945, Box 11; Davies-Dokumente.
31 *FR: 1945*, V, p. 233, 256–259; Leahy-Tagebuch, 23. April 1945, Truman, Year of Decisions, pp. 81–82; Ulam, *The Rivals*, p. 64.
32 Leahy-Tagebuch, 23. April 1945; Churchill, *Triumph and Tragedy*, p. 492.
33 Leahy-Tagebuch, 23. April 1945.
34 Leahy an Dunn, 18. Juni 1937, Lane-Dokumente; *FR: 1945*, V, p. 841.
35 *FR: 1944*, IV, p. 955; *FR: Yalta*, pp. 669–671. Siehe Davis, *Cold War Begins*.
36 *FR: 1945*, V, pp. 841, 843; Blum, *Wallace Diary*, pp. 462–463.
37 Davies-Tagebuch, 12. April 1945, Box 16, Davies-Dokumente; Blum, *Wallace Diary*, pp. 441, 448, 451.
38 Blum, *Wallace Diary*, pp. 440–441, 458–459.

IV Einmal rechts und einmal links

1 Morgenthau, Präsidentschaftstagebuch, 1. Juni 1945, p. 1638.
2 Rede vom 14. Dezember 1944; Grew an Cabot, 6. Januar 1945, Grew-Dokumente; Heinrichs, *American Ambassador*, pp. 9–10, 48–49, 155–160, 231. Während der dreißiger Jahre betrachtete Grew die japanische Expansion in die Mandschurei als nützliches Bollwerk gegen den Kommunismus und widersetzte sich 1933 auch faktisch der Anerkennung der UdSSR «als einem ernsthaften Opfer von Prinzipien und Nachlassen der ethnischen Maßstäbe». (ibid. pp. 212, 286–287, 159.)
3 Grew an Lyon, 2. Mai 1945, Grew an Stettinius, 18. Juni 1945, Memoranda vom 4. Mai und 10. Mai 1945, Grew-Dokumente; Joseph Grew, *Turbulent Era*, p. 1455; Truman, *Year of Decisions*, pp. 228–31.
4 Stettinius an Dunn, 3. Januar 1945, Box 220, Stabsausschuß des Außenministers, 12. Januar 1945, Box 235, Stettinius-Dokumente; Chester Cooper, *The Lost Cruisade*, pp. 49–55. FDR an Churchill, in Walter LaFeber, «Roosevelt, Churchill and Indochina: 1942–45», *American Historical Review* 80 (Dezember 1975): 1286.

5 *FR: 1945,* V, p. 843, Stabsausschuß des Außenministers, 24. April 1945, Box 236, Stettinius-Dokumente.

6 U. S. Congress, House, Ausschuß für die bewaffneten Streitkräfte, *United States Vietnam Relations,* Verteidigungsministerium, Series Print, Bd. 1, pp. 15, 20–21. Die Verbindlichkeit war natürlich nicht vollständig, wie eine Feststellung vom Oktober 1945 zeigt: «Die USA denken nicht daran, sich der Wiederherstellung der französischen Kontrolle über Indochina zu widersetzen, und keine amtliche Feststellung der amerikanischen Regierung hat auch nur andeutungsweise die französische Hoheit über Indochina angezweifelt. Jedoch ist es nicht die politische Aufgabe dieser Regierung, den Franzosen bei der Wiedererrichtung ihrer Kontrolle über Indochina zu helfen, und der Wille der USA, die Wiederherstellung der französischen Kontrolle zu dulden, geht davon aus, daß der französische Anspruch auf eine Unterstützung durch die Bevölkerung Indochinas von künftigen Ereignissen getragen wird» (ibid. pp. 22–23). Über den Konflikt zwischen der Abteilung für europäische Angelegenheiten und der Abteilung für Südostasiatische Angelegenheiten, siehe die Aussagen von Abbot Low Moffat, des Leiters jener Abteilung (1945–1947), in U. S. Congress, Senate, Committee on Foreign Relations, *Hearings on Causes, Origins and Lessons of the Vietnam War,* 92. Kongr., 2. Sitzung, 1972, pp. 161–186, 186–187. In seinem einsichtigen und wichtigen Essay bringt Walter LaFeber vor, FDRs Hoffnungen seien durch die offensichtliche Schwäche Chinas, seine eigene Unfähigkeit, die diplomatischen und militärischen Bürokratien unter Kontrolle zu halten und den verabredeten Gegenangriff der Briten und Franzosen zunichte gemacht worden. Aber seine Behauptung – daß «Roosevelt, nicht Truman den Plan einer Treuhänderschaft aufgab und den Franzosen die Rückkehr nach Indochina gestattete» – ist nicht klar erwiesen. Walter LaFeber, «Roosevelt, Churchill, and Indochina» *American Historical Review* 80 (Dezember 1975): 1277.

7 Earl Alexander, *The Alexander Memoirs,* pp. 150–151; Adam B. Ulam, *Titoism and the Cominform,* pp. 85–86; Wladimir Dedijer, *Tito Speaks,* p. 243; *FR: 1945,* VI, p. 1166; *FR: 1945,* V, p. 1225.

8 *FR: 1945,* IV, pp. 1132–1137; *FR: 1945,* V, pp. 1222–1225.

9 Churchill, *Triumph and Tragedy,* pp. 572–574; Dilks, *Cadogan Diaries,* p. 741; Moran, *Churchill,* p. 268.

10 *FR: 1945,* IV, pp. 1132–1134, 1138, 1146–1148, 1152–1158; Churchill, *Triumph and Tragedy,* p. 556; Dedijer, *Tito Speaks,* p. 204.

11 Eden, *Reckoning,* p. 537; Stimson-Tagebuch, 30. April, 2. Mai, 7. Mai, 10. Mai, 12. Mai, 15. Mai 1945. Am 15. Mai bemerkte Stimson, der Präsident habe beschlossen, «Tito hart anzutreiben, ohne jedoch mit Waffen zu drohen. Das ist ein recht hoher Einsatz, denn ich halte Tito für einen recht guten Spieler.»

12 Der volle Text des Memorandums vom 19. Mai 1945 steht in einem Begleitschreiben an Arthur Bliss Lane vom 7. April 1947, Box 16, Lane-Dokumente. Bei der teilweisen Veröffentlichung des Memorandums zog Grew es vor, bissige Bemerkungen über Großbritannien, Frankreich und Lateinamerika auszulassen. Siehe *Turbulent Era,* pp. 1445–1446.

13 Grew an Forrestal und Grew an Stimson, 12. Mai 1945, Memorandum eines Telefongespräches, 12. Mai 1945, Stimson an Grew, 21. Mai 1945, Grew-Dokumente; Stimson-Tagebuch, 13. Mai, 15. Mai 1945; Protokolle des Dreierausschusses, 15. Mai 1945, Stettinius-Dokumente. Meine eigene Auslegung von Stettinius' Zögern entspricht der von Barton Bernstein, «Roosevelt, Truman and the Atomic Bomb», *Political Science Quarterly* 90 (Frühjahr 1945): pp. 41–43. Martin Shervin legt mehr Nachdruck auf Stimsons Übersicht über sowjet-amerikanische Schwierigkeiten, «Stimson hatte nicht die Absicht, die Sowjetunion mit der neuen Waffe zu bedrohen, doch sicher erwartete er, daß die Sowjets, nach der Demonstration ihrer Macht, sich dem amerikanischen Standpunkt eher anpassen würden» (*A World Destroyed,*

p. 190). Gar Alperovitz erklärt: «Im Gegensatz zur üblichen Meinung hatte das Kriegsministerium nichts dagegen, die politische Frage zur Sprache zu bringen, denn es fürchtete, dies könne den sowjetischen Eintritt in den Krieg gegen Japan gefährden» (*Atomatic Diplomacy*, p. 98). Alperovitz' Schlußfolgerung beruht auf einem sehr selektiven Gebrauch von Ereignissen, die beweisen sollen, daß Stimson die Strategie eines verzögerten Zusammenstoßes verfolgte (ibid. pp. 57–58), eine Strategie, die es in Wahrheit niemals gab.

14 Memorandum des Treffens mit dem Präsidenten vom 28. Mai 1945; Memorandum eines Gespräches zwischen Stimson, Forrestal und Marshall vom 29. Mai 1945, Grew an Stimson, 12. Februar 1947, Eugene Dooman an Grew, 12. April 1948, Grew-Dokumente; Stimson-Tagebuch, 29. Mai 1945; John McCloy mündliche Berichte; State-War-Navy-Coordinating Report, 13. Juni 1945, Dreierausschuß, 19. Juni 1946, Stettinius-Dokumente; Grew, *Turbulent Era*, pp. 1424, 1437, 1445–1446.

15 Davis, *Cold War Begins*, pp. 282–284.

16 Richard Gardner, *Sterling-Dollar Diplomacy*, pp. 10–11; *FR: 1945, V, pp.* 844, 948–49, 942–44. Molotow hatte angeführt, daß sowjetisch-amerikanische Beziehungen «gewisse Perspektiven» vor sich haben und auf einer «soliden wirtschaftlichen Basis» beruhen müßten. Rußlands wirtschaftliche Not war enorm, wie Stalin zu einem Senator der Vereinigten Staaten im September bemerkte, «unser internationaler Markt ist bodenlos, und wir können, Gott weiß wie viel, schlucken». (Thomas Paterson, *Soviet-American Confrontation*, p. 48.)

17 *FR: 1944*, IV, pp. 951, 997; *FR: 1945*, V, pp. 946, 966, 968, 944–998.

18 *FR: 1945*, V, pp. 1009, 1011; Truman, *Year of Decisions*, p. 80; Stabskomitee des Außenministers, 11. Mai 1945, Box 236, Stettinius-Dokumente. Vinson und Nelson zitiert in Paterson, *Soviet-American Confrontation*, p. 47. Im Dezember 1944 hatte Kennan Harriman vor der «einseitigen» amerikanischen Abhängigkeit von sowjetischen Befehlen gewarnt: »Wenn es ihnen paßt, werden die Russen nicht zögern, diese Abhängigkeit zusammen mit ihrem Einfluß auf organisierte Labor-Gruppen auszunutzen, um politische und wirtschaftliche Ziele zu erreichen, die mit den Interessen unseres Volkes nichts zu tun haben» (Kennan an Harriman, 3. Dezember 1944, Kennan-Dokumente).

19 Als Senator Vandenberg im Januar vorschlug, die amerikanische Wirtschaftskraft zum Druck auf die Russen in Osteuropa einzusetzen, hatte Roosevelt geantwortet: «Unsere wirtschaftliche Lage war keine Handelswaffe von irgendwelcher Bedeutung, weil ihr einzig gegenwärtiger Einfluß im Leih- und Pachtabkommen lag, dessen Aufhebung uns ebensosehr verletzen würde, wie die Russen.» (11. Januar 1945, Memorandum von Roosevelts Gespräch mit den Senatoren, Stettinius-Dokumente). Roosevelt sah in dem Leih- und Pachtabkommen auch ein Mittel, die russischen Vorbehalte abzuschwächen und für die Zusammenarbeit nach dem Kriege eine Grundlage zu schaffen. George Herring in *Aid to Russia*, pp. 177–178, weist darauf hin, daß Roosevelts Einstellung zur Zeit seines Todes nicht klar war.

20 Herring, *Aid to Russia*, pp. 185–190.

21 George Herring, «Lend Lease to Russia», *Journal of American History* 56 (Juni 1969): 105; Stabsausschuß des Außenministers, 11. Mai 1945, Box 236, Stettinius-Dokumente.

22 Herring, *Aid to Russia*, pp. 204–208; *FR: 1945*, V, p. 1026. In seiner aufschlußreichen und wohlinformierten Abhandlung weist Herring darauf hin, daß die Beendigung wohl auf einen bürokratischen Schnitzer zurückging und ein Zusammentreffen von Druck im Inland mit internationaler Politik. Siehe pp. 200, 209–211. Der Augenschein führt jedoch im Gegenteil zu dem Schluß, daß die internationale Politik der entscheidende Faktor war. Ein großer Teil des Drucks durch konservative Senatoren war auch der antirussischer Senatoren. In seinen Memoiren behauptet Truman, er habe die

Order zur Rückberufung nicht gelesen, sondern nur die ihm von Grew und Crowley vorgelegten Papiere unterzeichnet. Zuvor hatte Crowley jedoch Grew gesagt, er wolle sichergehen, «daß der Präsident die Lage völlig versteht, uns den Rücken deckt und jeden anderen raushält», denn die Russen «würden durch die ganze Stadt um Hilfe laufen» (Truman, *Year of Decisions*, pp. 228–231; Grew-Memorandum einer telefonischen Unterhaltung mit Crowley, 11. Mai 1945, Grew-Dokumente). Siehe Paterson, *Soviet-American Confrontation*, pp. 43–46; Blum, *Price of Vision*, p. 447.

23 *FR: 1945*, III, pp. 1186, 1189.

24 Isador Lubin, mündlicher Bericht (Columbia), pp. 84–86; Truman, *Year of Decisions*, pp. 308–312; Bruce Kuklick, *American Policy and the Division of Germany*, p. 132.

25 Stimson-Tagebuch, 19. April, 16. Mai 1945. Siehe auch Rosenman, *Working With Roosevelt*, pp. 545–546; Matthew an McCloy, 15. Juni 1945, Box 1, Matthew-Akte, State-Department-Dokumente; *Morgenthau Diary: Germany*, pp. 1490–1491.

26 Stimson-Tagebuch, 1., 2., 3. Mai 1945, Memorandum des Gesprächs Hoover-Stimson, 13. Mai 1945, Stimson-Dokumente; Hoover an Stimson, 15. Mai 1945, Hoover-Dokumente.

27 Wegen Lovett, siehe *Morgenthau Diary: Germany*, pp. 1438; Digest of State War Navy Coordinating Committee, 4. Mai 1945. Stettinius-Dokumente; Stimson-Tagebuch, 4. Mai 1945; *FR: 1945*, III, pp. 1222–1229. Diese Diskussion über das Prinzip der wichtigsten Verantwortung stammt aus Kuklick, *American Policy*, pp. 135–137. Er weist darauf hin, daß die Vereinigten Staaten die deutsche Wirtschaft auf jeden Fall hätten finanzieren müssen, bis sie in eine neue multilaterale Ordnung integriert war. Andere Faktoren hinsichtlich deutscher Zahlungen, abgesehen von Reparationen, betrafen Kriegsschäden, Trennung von Exportverbindungen und Unterbrechung der internationalen Wirtschaft.

28 Die Untergruppe einer amerikanischen Delegation hatte Ende Mai, Anfang Juni Deutschland besichtigt und gefunden, «daß die deutsche Kapazität für Kriegsproduktion noch weitgehend unversehrt war» und daß «ausgedehnte Entnahmen von Industrieanlagen und Maschinen sowohl möglich wie wünschenswert waren» (*FR: 1945*, III, p. 1228).

29 *FR: 1945*, III, pp. 1211–1213.

30 Wolfgang Leonhard, Die Revolution frißt ihre Kinder, Robert Slusser, Ed. *Soviet Economic Policy in Postwar Germany*, pp. X, 18–59. Sogar nachdem die Verwirrung Ende 1946 beigelegt war, instruierte Mikyan immer noch Beamte, die in Deutschland eingesetzt wurden: «Denken Sie daran, daß Wirtschaft die Politik bestimmt» (ibid. p. 55).

31 *FR: Berlin*, I, pp. 547–548. Über Harrimans Ansicht, *FR: 1945*, III, p. 1213. «Wir kamen mit einer Menge von Informationen über die Vorgänge in Deutschland versehen und erwarteten von den Russen ein Verständnis für den Geist der Dinge, doch dazu kam es nie», erinnerte sich Abram Bergson, ein wichtiger Wirtschaftsfachmann der Delegation. «Wir besaßen keinen systematischen Plan über die Bedeutung ihrer Vorschläge hinsichtlich Deutschlands. Das Problem war, weitgehende russische Entnahmen für den Osten mit unserer Verantwortlichkeit für den Westen zu versöhnen» (Interview mit Abram Bergson).

32 Isador Lubin, mündliche Überlieferung (Columbia), pp. 88–91; *FR: Berlin*, I, p. 521; Richard Scandrett, Jr., ein prominenter New Yorker Anwalt und Mitglied der Delegation, gab Pauley einen großen Teil der Verantwortung für das Mißlingen: «Seine ersten Äußerungen machten den Sowjets deutlich klar, daß er sich in Wirklichkeit der Wiederaufnahme der Vereinbarungen von Jalta widersetzte.» Siehe mündliche Überlieferung und Summary of Procedures der Alliierten Reparationskommission, August 1945, p. 8, Scandrett-Dokumente. Lubin und der sowjetische Wirtschaftsexperte in Lubin mündliche Überlieferung (Truman Library), pp. 28–29.

33 Stabsausschuß des Außenministers, 9. Mai 1945, Box 236, Stettinius-Dokumente; Lane an Durbrow, 4. Juni 1945, Lane-Dokumente; Austausch mit Eaton in *FR: 1945*, I, p. 297.
34 Vandenberg, *Private Papers*, p. 178.
35 Vandenberg, *Private Papers*, pp. 155, 176–180; Dilks, *Cadogan Diaries*, p. 739.
36 Byrnes an Lippmann, 30. April; Lippmann an Byrnes, 10. Mai 1945, Box 199; Byrnes an Davies, 21. Mai 1945, Box 191, Byrnes-Dokumente.
37 Margaret Truman, *Harry S. Truman*, pp. 243, 253–255.
38 Morgenthau, Präsidentschaftstagebuch, 4. Mai, 1. Juni, 6. Juni 1945, p. 1579, 1638, 1652; Davies-Tagebuch, 8. Juni 1945. Wegen Trumans Augenleiden und seiner Abneigung, Präsident zu werden, Eban Ayers Tagebuch, 17. Mai, 26. Mai 1945.
39 Davies-Journal und Tagebuch, 30. April, 13. Mai, 21. Mai 1945. Trumans Tagebucheintragungen über seine Unterhaltung mit Davies sind in Hillman, *Mr. President*, pp. 115–116.
40 Bohlen, *Witness*, p. 215; Margaret Truman, *Truman*, pp. 252–253; Arthur Bliss Lane, *I Saw Poland Betrayed*, pp. 72–73.
41 Bohlen, *Witness*, p. 244; Sherwood, *Roosevelt and Hopkins*, Bd. 2, pp. 539, 544, 645; *FR: Berlin*, I, p. 61; *FR: 1945*, V, p. 313.
42 Sherwood, *Roosevelt and Hopkins*, Bd. 2, pp. 544–551; Bohlen, *Witness*, p. 220, *FR: Berlin*, I, pp. 45–47; Morgenthau, Präsidentschaftstagebuch, 20. Juni 1945, p. 1669.
43 «Wieder die Polen?» hatte Stalin 1944 zu Harriman gesagt. «Ist das die wichtigste Frage?» Er fügte hinzu, er sei so mit den Polen beschäftigt gewesen, daß er für «Militärangelegenheiten keine Zeit» gehabt habe (Harriman, *Special Envoy*, p. 315).
44 Harriman, *America and Russia*, p. 33; *FR: 1945*, V, pp. 303–305, 308, 314, 317–319, 328–329, 335; Sherwood, *Roosevelt and Hopkins*, Bd. 2, pp. 544, 561.
45 Sherwood, *Roosevelt and Hopkins*, Bd. 2, p. 551; *FR: Berlin*, I, p. 61–62; Stimson-Tagebuch, 19. Juni 1945, Grew an Stettinius, 18. Juni 1945, Grew-Dokumente.
46 Memorandum der Unterhaltung mit dem Präsidenten, 6. Juni 1945, Stimson-Dokumente.
47 *Morgenthau Diary: Germany*, pp. 1554–1555; Bohlen, *Witness*, p. 216.
48 Sherwood, *Roosevelt and Hopkins*, Bd. 1, p. 3; Maisky, *Soviet Ambassador*, p. 183.

V Der höchste gemeinsame Nenner

1 Rede vom 17. Januar 1945, Box 50, Dulles-Dokumente; Interview mit James Riddleberger.
2 Stimson-Tagebuch, 19. Juli 1945, Feis-McCloy, Unterhaltung, 8. Dezember 1952, Box 13, Feis-Dokumente.
3 Interview mit Benjamin V. Cohen; Byrnes, *Speaking Frankly*, pp. 91–92.
4 Byrnes, *All in One Lifetime*, pp. 12, 5, 87, 107.
5 Donald Russel an Byrnes, August 1946, Box 552, Byrnes-Dokumente.
6 Wallaces Notizen über Roosevelts Begräbnis, 14.–15. April 1945, Wallace-Dokumente; Curry, *James Byrnes*, p. 340; «Primadonna», in Daniels, *White House Witness*, p. 279.
7 *FR: Berlin*, I, pp. 5–14; Dilks, *Cadogan Diaries*, p. 761; über Berlin, Charles Mee, *Meeting at Potsdam*, pp. 81–85; *The New Yorker*, 28. Juli 1945, pp. 48 bis 51, 4. August 1945, pp. 42–47; *Life*, 23. Juli 1945; Eden, *The Reckoning*, p. 541.
8 Churchill, *Triumph and Tragedy*, p. 443; *FR: Berlin*, I, p. 257; Dixon, *Double Diploma*, p. 165; *FR: Berlin*, II, pp. 1155–1157; Stimson-Tagebuch, 19. Juli, 20., 21. Juli 1945.

9 Davies, Tagebuch-Journal, 15. Juli, Davies-Tagebuch, 16. Juli 1945. Die Russen kamen rasch zu dem Schluß, daß sie es mit einer geeigneteren anglo-amerikanischen Front zu tun hatten (Shukow, *Memoirs*, pp. 670–673). So verhielt es sich auch wirklich. Wie Dixon in seinem Tagebuch vermerkt: «Diesmal bestand zwischen unserer Delegation und den Amerikanern eine sehr viel engere Bindung ... Hier sind wir ihnen viel näher und haben jeden Abend die Prozedur des folgenden Tages besprochen. Bei dem Treffen herrschte ein ausreichender Realitätssinn vor» (*Double Diploma*, p. 161).

10 Dilks, *Cadogan Diaries*, p. 765; Truman, *Truman*, p. 269; Moran, *Churchill*, p. 297.

11 *FR: Berlin*, I, p. 228; Memorandum eines Gespräches mit Truman, 26. November 1952, Box 13, Feis-Dokumente; Truman, *Year of Decisions*, pp. 312, 294; Robert Murphy, *Diplomat Among Warriors*, p. 312; wie Truman «heim» geht, in Davies' Tagebuch, 18. Juli 1945; Trumans Gelöbnis in Samuel Lubell, «Untold Tragedy of Potsdam», *Saturday Evening Post*, 8. Dezember 1945.

12 *FR: Berlin*, II, pp. 303–304, 527. Siehe Bohlen, *Witness*, pp. 228, 235; Murphy, *Diplomat*, pp. 310–312. Manche Autoren gewähren Trumans Vorschläge wegen der Wasserwege mehr Bedeutung, als sie verdienen. Siehe Lloyd Gardner, *Architects of Illusion*, pp. 78–82.

13 Davies-Tagebuch, 17. Juli, 30. Juli 1945; Dilks, *Cadogan Diaries*, p. 777; Byrnes, *Speaking Frankly*, p. 70; Feis, *Between War and Peace*, pp. 317–320. Byrnes schloß Harriman von der Konferenzrunde aus (zu Byrnes und Truman kamen Bohlen, Davies und Leahy), übersah seine Expertise und gebrauchte Davies als Verbindungsmann zu den Russen. Daß Harriman ihm das nie vergab, geht aus seinen Memoiren, *Special Envoy*, hervor.

14 Byrnes, *Speaking Frankly*, pp. 60–68; Davies' Tagebuch-Journal, 15. Juli, Tagebuch, 16. Juli 1945; Lewis Strauss, *Men and Decisions*, p. 436; Stabsausschuß des Außenministers, 25. Juli 1945, Box 235, Stettinius-Dokumente; *FR: Berlin*, I, pp. 239–241, 226–227, 357–363, 681, 715, 826–827.

15 Davies-Tagebuch, 28. Juli, 30. Juli 1945; Marshall-Plan: Interview mit Will Clayton; Clayton, mündliche Überlieferung.

16 Über Probleme der früheren Satellitenstaaten und Polen, *FR: Berlin*, II, pp. 209–214. Wegen der Verschiebung des Treffens siehe Memorandum der Unterhaltung mit dem Präsidenten, 6. Juni 1945, Stimson-Dokumente; Davies-Journal, 21. Mai 1945. Wegen Groves Zitierung und Test, Martin Sherwin, *World Destroyed*, pp. 222–224.

17 Stimson-Tagebuch, 16., 21.–23. Juni 1945; Davies-Tagebuch, 16. Juni 1945. Über den Sturmwind, *Cadogan Diaries*, p. 769; David MacIsaac, «Stratetic Bombing Survey» (Ph. D. Dissertation, Duke Universität, 1970), p. 241.

18 Walter Brown-Tagebuch, 18., 20., 24. Juli 1945. Margaret Truman, *Truman*, p. 274; Ehrman, *Grand Strategy*, p. 292; Stimson-Tagebuch, 23.–24. Juli 1945; Gespräch Feis-Byrnes, 27. Februar 1958, Byrnes-Dokumente; Millis, *Forrestal Diaries*, p. 78; Daniels, Man of Independance, p. 281.

19 Meine eigenen Forschungen schließen sich dem sorgfältigen überzeugenden Werk zweier Historiker an: Martin Sherwin in *A World Destroyed* und Barton Bernstein in «Roosevelt, Truman and the Atomic Bomb», *Political Science Quarterly* 90 (Frühjahr 1975): pp. 23–69. Beide stellen fest, daß die wenigen Monate von Trumans Präsidentschaft hinsichtlich der Bombe eine Fortsetzung grundlegender Themen und Auffassungen der fast vierjährigen Roosevelt-Politik darstellten, einschließlich der fraglos vorherrschenden Ansicht, daß die Bombe eine Kriegswaffe war, die im Krieg so schnell wie möglich eingesetzt werden sollte, und der Entscheidung, die Sowjetunion soweit wie möglich in Unkenntnis des Projektes zu halten. Bernstein hebt die Unsicherheit der Politiker darüber hervor, ob auf den ersten atomaren Angriff eine schnelle Kapitulation erfolgen würde (pp. 52–53). Das interessante Argument von Gar Alperovitz in *Atomic Diplomacy* – daß die eigentliche Entscheidung zum Einsatz der Bombe von den Problemen mit der Sowjetunion bestimmt wurde, und die Bombe ihrerseits seit April die «Stra-

tegien» gegen die Sowjetunion bestimmte – entbehrt ausreichender Grundlagen. Als Alperovitz schrieb, war ihm ein großer Teil der wichtigsten Dokumentation nicht zugänglich. Er mißt den ihm verfügbaren Unterlagen sicher zu viel Wert bei und nimmt an, die Politiker hätten im Frühjahr und Sommer 1945 bereits gewußt, was ihnen in Wirklichkeit erst im Herbst 1945 bekannt wurde. Alperovitz nimmt zu Unrecht an, es hätte eine zusammenhängende, sichere politische «Einstellung» bestanden, die so verzwickte Pläne wie die «Strategie einer verzögerten Auseinandersetzung» verfolgte. Die Politik war jedoch ehei verworren und fragmentarisch, einmal reagierte sie auf die Schwierigkeiten der sowjetisch-amerikanischen Beziehungen, wenige Wochen später auf den blutigen, fanatischen Widerstand in Okinawa. Das beherrschende Ziel war jedoch immer, den Krieg so bald wie möglich zu beenden. Über die Bombe bestanden zu viele Unsicherheiten – würde sie explodieren und wenn ja, wie würden die Auswirkungen sein? –, als daß man sie mehr als beiläufig in strategische und diplomatische Planungen hätte mit einbeziehen können. Alperovitz gibt auch gewisse strategisch falsche Interpretationen. Er behauptet (pp. 98–100), Henry Stimson habe Mitte Mai für eine Politik gestimmt, die Rußlands Kriegseintritt verzögern sollte, damit man den Krieg, ehe Rußland sich daran beteiligte, beenden konnte. Der Außenminister strebte jedoch im Gegenteil zu jener Zeit nach einem Kriegseintritt Rußlands, der zur Beendigung des Krieges beitragen sollte. Der japanische Feldzugplan, bemerkte er, enthält «*zwei* große Unsicherheitsfaktoren: erstens, ob Rußland eintreten wird, obgleich wir das für richtig halten, und zweitens, wann und wie S–1 sich auflösen wird» (Stimson-Tagebuch, 14., 15. Mai 1945; auch handschriftliches Memorandum, 19. Mai 1945, Stimson-Dokumente; Stimson an Truman, 16. Mai 1945, Box 147, Akte des Präsidentschaftssekretärs, Truman-Dokumente). Mitte Juni billigte Truman das *erste Stadium* einer Invasion der japanischen Inseln, die im November beginnen sollte, wofür Marshall versichert hatte, daß es *nicht mehr* als 63 000 Tote kosten würde (Leahy-Tagebuch, 18. Juni 1945). Welcher amerikanische Beamte, der sich an Okinawa erinnerte, würde es wagen, der sehr viel größeren Zahl von Toten zuzustimmen, die bei einem Endkampf auf den japanischen Inseln zu erwarten waren? Sie konnten nicht dasitzen und annehmen, die Arbeit würde vom strategischen Bombardement oder der Marineblockade getan werden. (Weitere Ansprüche über die Möglichkeit eines der beiden waren nicht ohne Zusammenhang mit der Unifizierungsdebatte, ein Punkt, den viele Schriftsteller übersehen.) Am 14. Juni sagte Truman dem chinesischen Außenminister, jetzt sei «sein Hauptinteresse, daß die Sowjetunion früh genug in den fernöstlichen Krieg einträte, um ihn abzukürzen und damit amerikanische und chinesische Menschenleben zu retten». (Gespräch mit dem Präsidenten, 14. Juni 1945, Grew-Dokumente.) Aus dem gleichen Grund sollte die Atombombe eingesetzt werden.

20 Welch ein geringes Ansehen genoß Attlee! Bei der Beschreibung der Vorkehrungen beim ersten Eintreffen in Potsdam berichtet Cadogan: «Einige Häuser weiter gibt es ein düsteres schäbiges kleines Gebäude, in dem Attlee untergebracht werden soll! Es paßt sehr gut – und entspricht durchaus Attlee selbst!» (Dilks, *Cadogan Diaries*, p. 761). Churchills Traum in Moran, *Churchill*, p. 305, sein Galopp und Bevins Häuschen, Ismay an Burrows, 17. August 1945, Ismay-Dokumente; Attlee in Pickersgill, *Mackenzie King*, Bd. 3, p. 71; Bidault, *Resistance*, p. 128; Sargent in Dixon, *Double Diploma*, p. 166. Wegen Attlees sozialdemokratischer Antipathie gegen den Kommunismus und seine Kritik an Harold Laski, Attlee an J. Chamberlain, 27. Dezember 1941, Box 8, Attlee-Dokumente.

21 Davies-Journal, 18. Juli 1945.

22 *FR: Berlin*, II, pp. 439–440; Kuklick, *American Policy*, pp. 155–166.

23 Feis, *Between War and Peace*, pp. 194–195.

24 Byrnes-Feis, Gespräch, 28. Januar 1958, Byrnes-Dokumente; Walter-Brown-Tagebuch, 24. Juli 1945; Feis, *Between War and Peace*, pp. 307–309.

25 Stimson-Tagebuch, 23. Juli 1945; Harriman, *America and Russia,* p. 44; Davies-Tagebuch, 17. Juli 1945.

26 Stimson-Tagebuch, 23. Juli 1945; Davies Journal, 4. August 1945.

27 Stimson-Tagebuch, 19. Juli 1945; Will Clayton mündliche Überlieferung, pp. 154–157; Millis, *Forrestal Diaries,* p. 78, Stalins Worte in Woodward, *British Foreign Policy,* Bd. 4, pp. 568–569; das SOB Zitat in Knebel und Bailey, *No High Ground,* pp. 1–2; Walter-Brown-Tagebuch, 1. August 1945; Forschungsnotizen für *Man of Independance,* pp. 4–5, Daniels Dokumente. Als Truman ins Weiße Haus zurückkehrte, ging er sofort nach oben in sein Arbeitszimmer, spielte auf dem Klavier einige Lieder, telefonierte mit seiner Frau, die sich in Independance befand, und bestellte Drinks für sich und einige Mitglieder seines Stabes. Dann begann er sofort über Potsdam zu reden. «Stalin war einer», kommentierte er, «der, wenn er einmal etwas gesagt hatte, das nächstemal auch das gleiche sagte. Mit anderen Worten, man konnte sich auf ihn verlassen.» Über Attlee hatte Truman keine besondere Meinung, sicher jedoch über Bevin, der ihn an den amerikanischen Gewerkschaftsführer John L. Lewis erinnerte. «Stalin und Molotow», sagte Truman, «mögen grobe Menschen sein, aber sie wissen sich zu benehmen.» Bevin hingegen «hatte überhaupt kein Benehmen, er war ein Bauer» (Eben-Ayers-Tagebuch, 7. August 1945). «Alter Bursche» in Eben-Ayers Tagebuch, 18. Oktober 1947.

28 Mac Arthur in David MacIsaac, «Strategic Bombing Survey» (Ph. D. Dissertation, Duke Universität, 1969), p. 241; Bernard Brodie, «The Atomic Bomb and American Security», 1. November 1945, Yale Institute of International Affairs, Memo 18, pp. 11–12. Es ist interessant zu wissen, daß Brodie, einer der bedeutendsten Strategen Amerikas im kalten Krieg, sich vor dem Krieg mit Militärfragen befaßt hatte, weil der einzige Weg, sich das Vergnügen des Reitsports zu gönnen, darin bestanden hatte, der Illinois National Guard beizutreten. Interview mit Bernard Brodie.

29 Byrnes in Davies Tagebuch, 29. Juli 1945; Churchill in Arthur Bryant, *Triumph in the West,* pp. 363–364; Stimson-Tagebuch, 30. Juli 1945.

30 Churchill, *Triumph and Tragedy,* pp. 272–275, 300–361; Davies-Tagebuch, 29. Juli 1945; Shukow, *Memoirs,* pp. 674–675; Bohlen, *Witness,* pp. 237 bis 238; Walter Brown, 24. Juli 1945, Byrnes-Dokumente. Trumans Verheimlichung war sinnlos, weil die Russen das Manhattan-Projekt bekanntlich ausspionierten, wie Henry Stimson Roosevelt berichtete (Stimson-Tagebuch, 9. September 1943, 31. Dezember 1944). Es war auch bekannt, daß französische Wissenschaftler, die an dem Projekt beteiligt waren, vermutlich Frederic Juliot, einem Wissenschaftler und Mitglied der kommunistischen Partei, davon berichtet hatten. Sherwin, *A World Destroyed,* pp. 132–135.

31 Stimson-Tagebuch, 21. Juli 1945; Feis, *Between War and Peace,* pp. 178–180.

32 Byrnes, *Lifetime,* p. 313; Theodore Achilles mündliche Überlieferung.

33 Stimson-Tagebuch, 4. September 1945; Walter-Brown-Tagebuch, 13. September 1945, Byrnes' Beschluß, die Bombe herunterzuspielen, Bushs Zitat und Molotows «falsche Feststellung» in Gregg Herken, «American Diplomacy and the Atomic Bomb» (Ph. D. Dissertation, Princetown Universität, 1973), pp. 75, 100–102, 120–121. Herkens Arbeit ist eine ausgezeichnete Analyse der Beziehungen zwischen Bombe und Nachkriegsdiplomatie. Molotows «Fehler» wird auch im Dalton-Tagebuch, 5. Oktober 1945, angeführt.

34 *FR: 1945,* II, p. 164; Walter-Brown-Tagebuch, 24. September 1945; Davies-Tagebuch, 9. Oktober 1945; Herbert Feis, *From Trust to Terror,* p. 98; Dalton-Tagebuch, 5. Oktober 1945. Nach Dalton warnte Jan Smuts aus Südafrika die Briten, den Sowjets in Afrika keine Treuhänderschaft zu geben, weil zu fürchten war, daß sie diese «zur Aufwiegelung der Stämme» benutzen würden.

35 *FR: 1945,* II, pp. 182–184; *FR: 1945,* IV, pp. 872, 329.

36 Walter-Brown-Tagebuch, 16. September 1945, *FR: 1945,* II, pp. 243–247, 263.

37 *FR: 1945,* II, pp. 194–202; *New York Times,* 26. September 1945, p. 6.

38 Walter-Brown-Tagebuch, 16. September, 17. September 1945.

39 *FR: 1945*, II, pp. 243–247, 263.
40 *FR: 1945*, II, pp. 267–268, 306–307; Walter-Brown-Tagebuch, 20. September 1945.
41 *FR: 1945*, II, pp. 206–207, 109.
42 *FR: 1945*, II, p. 516; Walter-Brown-Tagebuch, 17., 20., 21. September 1945; Leahy-Tagebuch, 22. September 1945, Gespräch Molotow-Bevin in CAB 129/3, pp. 53–56, Bevin an das Kabinett, CAB 128/3, pp. 15–16, CM (45), Kabinettsdokumente.
43 Bevin in CAB 128/3, pp. 15–16, CM (45), Kabinettsdokumente, Byrnes-Leahy, Fernschreibgespräch, 22. September 1945, Leahy-Tagebuch; Byrnes, *Lifetime*, p. 314.
44 Walter-Brown-Tagebuch, 21. September 1945; *FR: 1945*, II, pp. 485–486.
45 Allen Dulles, Carl McCardle, Thomas Dewey Interviews, Dulles mündliche Überlieferung. «Es wäre übertrieben zu hoffen, daß die ganze Welt sich sofort Gott zuwenden wird», schrieb John Foster Dulles während des Zweiten Weltkrieges als Vorsitzender des Federal Council of Churches Commission on a Just and Durable Peace, «aber irgend etwas kann in dieser Hinsicht getan werden, und ein Teil der Nachkriegsplanung sollte besonderen Wert auf die Religionsphilosophie legen und diese mit einbeziehen.» (Memo, November 1944, Box 144, Dulles-Dokumente.)
46 Dilks, *Cadogan Diaries*, p. 462; Rede, 8. Februar 1944, Box 10; Tagebuch der Chinareise, 6.–9. März 1938, Dulles an Conway, 15. Dezember 1943, Box 139, Dulles-Dokumente. Siehe auch John Foster Dulles, *War Peace and Change* und Townsend Hopes, *The Devil and John Foster Dulles*, pp. 53–61.
47 Dulles-Reden, 18. März 1943, 5. Februar 1945, Box 10, Rede vom 17. Januar 1945, Box 50, Radiointerview, 5. November 1943, Box 129, Dulles-Dokumente.
48 Dulles-Rede, 5. Februar 1945, Box 10, Lyons an Dulles, 7. Februar 1945, Dulles an Lyons, 14. Februar 1945, Box 140, Dulles-Dokumente.
49 Dulles-Rede, 16. Januar 1945, Box 10, Dulles-Dokumente. Siehe auch Rede vom 18. März 1943.
50 16. Februar 1945, Feststellung, Box 103, Dulles-Dokumente; *FR: 1945*, I, pp. 577, 644, 997.
51 Interviews mit Byrnes und McCardle, Dulles mündliche Überlieferung; Notizen über Dulles-Gespräch, Box 1, Warburg-Dokumente, Radioreport, 6. Oktober 1945, Box 80, Dulles-Dokumente.
52 Interviews mit McCardle, Dewey und Achilles, Dulles mündliche Überlieferung; Dulles, *War or Peace*, pp. 29–30; Curry, *Byrnes*, p. 351; Townsend Hopes, *Devil and John Foster Dulles*, p. 63.
53 *FR: 1945*, II, pp. 488–489.
54 Walter-Brown-Tagebuch, 17., 20. September 1945.
55 Dalton-Tagebuch, 5. Oktober 1945; Dixon, *Double Diploma*, pp. 189–195; Eden, *The Reckoning*, pp. 545–547; Pickersgill, *The Mackenzie King Record*, Bd. 3, pp. 54, 59; *FR: 1945*, II, pp. 558–559; Empire Zitat von Quentin Bell, *Virgina Woolf*, p. 178.
56 Dixon, *Double Diplomacy*, p. 191; Davies-Tagebuch, 28. Juli 1945.
57 Leahy-Tagebuch, 12. September 1945; *New York Times*, 25. September 1945; Walter-Brown-Tagebuch, 27. September 1945.
58 Dalton-Tagebuch, 5. Oktober 1945; Sulzberger, *Long Row of Candles*, p. 268; Byrnes, *Lifetime*, p. 314. Siehe Bohlen, *Witness*, p. 247, und Walter-Brown-Tagebuch, 17., 21. September 1945.
59 Stimson und Bundy, *On Active Service*, pp. 642–646; Stimson-Tagebuch, 12. August bis 3. September 1945, 4., 12., 17., 21. September 1945.
60 Stimson-Tagebuch, 21. September 1945; Forrestal-Tagebuch, 21. September 1945, pp. 493–495; Mills, *Forrestal Diaries*, pp. 94–96; Blum, *Wallace Diary*, pp. 482–484; Norman Markowitz, *Rise and Fall of People's Century*, pp. 174 bis 176. Wegen des Mißverständnisses siehe Herkin, «American Diplomacy and the Atomic Bomb», p. 7.
61 *FR: 1945*, II, pp. 48–50, 54–56, 60. Die Antworten der Kabinettsmitglieder

an Truman sind in Boxen 112, 199, Akte des Präsidentschaftssekretärs, Truman-Dokumente. Die Antwort des Landwirtschaftsministers Clinton Anderson stand Trumans eigenem Denken nahe. «Ich hörte aufmerksam auf die Aussage, daß die Russen in der Lage sein könnten, eine Atombombe innerhalb von fünf Jahren herzustellen», sagte Anderson. «Ich habe meine Zweifel. ... Wir wissen, daß an der Herstellung der Atombombe ein gewisses Element amerikanischen mathematischen und mechanischen Genies beteiligt war, das uns von der Automobilindustrie, der großen Entwicklung der Telefonindustrie und den zahllosen anderen Erfindungsprozessen mitgegeben ist ... die insbesondere das Ergebnis langer Jahre der Mechanisierung der Industrie innerhalb der Vereinigten Staaten zu sein scheinen. Ich zitierte Ihnen jene Zeilen Kiplings, nach denen sie alles kopiert hatten, was sie konnten, doch vermochten sie nicht unseren Geist zu kopieren.» Er sagte noch, daß die Russen zwar von den «Handelsgeheimnissen» zur Herstellung von Autos und Flugzeugen wüßten, während des Krieges jedoch wegen der «Werkzeugmaschinen, der Ausstattung und dem Gewußt-wie» von den Amerikanern abhängig gewesen seien. Er fügte hinzu, er habe auf einem von der Handelskammer und dem Farm Bureau veranstalteten «herrlichen Bankett» mit «etwa 675 Teilnehmern aus allen Gebieten von Illinois» gesprochen ... «Ich machte es mir zur Aufgabe, jeden Anwesenden, den ich ansprechen konnte, nach seiner Meinung zu befragen, wie weit wir bei der Freigabe der Bombe oder des Geheimnisses der Atomenergie an Rußland gehen sollten. Die Antwort war ganz einstimmig. Ich bin nicht einem einzigen Menschen begegnet, der meinte, man solle Rußland auch nur einen Teil des Geheimnisses anvertrauen.» (Anderson an Truman, 25. September 1945). Wegen Trumans ähnlicher Auffassung siehe Ayers Tagebuch, 24. September 1945.

62 Interviews mit George Kistiakiwskij und Victor Weisskopf. Wegen einer Übersicht der wichtigsten Probleme im Spionagefall Rosenberg, siehe Daniel Yergin, «Victims of a Desparate Age», *New Times* (New York), 16. Mai 1975, pp. 21–27. Der Physiker Henry Smith von der Universität Princetown war der wichtigste *Autor von Atomic Energy for Military Purposes*, das amtlich am 12. August 1945 erschien. Die Veröffentlichung überraschte einige Wissenschaftler wegen ihrer eingehenden Besprechung von Methoden zur Herstellung von geläutertem Uran und Plutonium, was von vielen als größte Schwierigkeit bei der Bombenherstellung angesehen wurde. Die Briten widersetzten sich der Veröffentlichung, desgleichen auch einige amerikanische Beamte. Andere amerikanische Beamte brachten jedoch vor, daß ein solcher Report aus verschiedenen Gründen notwendig sei; um das Weiterbestehen der wissenschaftlichen Zusammenarbeit zu sichern, weitere Fortschritte in der Atomforschung zu fördern, wilde Spekulationen zu verhindern und möglichem politischen Druck zur Freigabe technischer Informationen von vornherein zu begegnen. Margaret Gowing, *Independance and Deterrence*, Bd. 2, pp. 118–121, 124; Vannevar Bush, *Pieces of Action*, pp. 294–295, Hewlett und Anderson, *The New World*, pp. 368, 372–373, 400–401, 406.

63 Bush und andere zitiert in Herken, «American Diplomacy and the Atomic Bomb», pp. 75, 66, 124; Blum, *Wallace Diary*, p. 483.

64 Bush, *Pieces of Action*, p. 295; Clinton Anderson, *Outsider in the Senate*, p. 68; Herken, «American Diplomacy and the Atomic Bomb», pp. 23–25, 83–86, 94 (Byrnes zitiert, p. 25); Studiengruppe des Rates für auswärtige Beziehungen, «National Power and Foreign Policy», zweites Treffen, 30. November 1945, pp. 3–4, 12; Weed an McCone, 30. Oktober 1947, mit Anhang an «World's Uranium Deposits» Air-Policy-Commission-Dokumente. Im November 1946 erfuhr Growes durch das Verteidigungsministerium, die Russen hätten in Ostdeutschland ein bisher noch unbekanntes Uranlager entdeckt, und daß sie die tschechische Regierung auch «ersuchte», Uranerz aus den bekannten Lagern in diesem Lande zu liefern. Die Referenz dazu ist ein unveröffentlichtes Schriftstück von Gregg Herken, «Under a Most Deadly Illusion: Politics and Diplomacy of US Atomic Energy Police, 1942–1949», p. 39. Seine Quellenangaben enthalten Patterson an Groves, 1. November

1946, Patterson-Akte; Steinhardt an Byrnes, 19. November 1946, Harrison-Bundy-Akte, Manhattan Engineering Division Records.

65 Herken, «American Diplomacy and the Atomic Bomb», pp. 113, 47–48 (Groves), 23 (Byrnes); Harold-Smith-Tagebuch, 5. Oktober 1945.

VI Der A-I-Prioritätsjob

1 Robinson an Bohlen, 10. Dezember 1945, Box 3432, State-Department-Dokumente.

2 John J. McCloy, «Personal Impression of World Conditions», in James Kroat, Ed. *European Recovery; American Academy of Politica Science Proceedings* 21 (1944–1946, Nr. 4): 559–560; *New York Times*, 9. November 1945, p. 1; Millis, *Forrestal-Diaries*, p. 106.

3 Arnold Wolfers, *Discord and Collaboration*, p. 151; Pickersgill, *The Mackenzie King Record*, Bd. 3, p. 42; Hickerson an Matthews, 2. Oktober 1945, 711, 61/10–24, State-Department-Dokumente; Sulzberger, *Long Row of Candles*, p. 269.

4 Notizen vom Treffen am 8. November, Box 115, Dulles-Dokumente; Dulles-Rede, 30. Oktober 1945, Dokumente des Außenministerrates. Dulles führte beim Treffen des Außenministerrates drei Gründe an, aus denen die Russen die Arbeit der Londoner Konferenz zunichte gemacht hatten: die Russen hatten «Verdächtigungen gegen den Westen» gehegt, die sich nicht nur auf die vergangene Geschichte, sondern auch auf gegenwärtige Ereignisse gründeten. Einige ihrer gegenwärtigen Verdächtigungen seien gerechtfertigt, meinte er, und zitierte einen Report des Office of Strategic Service, der besagte, daß Reste einer Londoner Polengruppe vom amerikanischen Sektor Deutschlands aus einen Untergrundsender betrieben, der nach Polen ausstrahlte. Zweitens seien die Russen «harte Verhandlungspartner» und hätten in San Franzisco auf den Gedanken kommen können, daß man die Vereinigten Staaten «herumschubsen» könne. Außerdem meinte er, daß die sowjetischen Führer «eine enge Beziehung zum Westen vielleicht gar nicht wünschten aus Furcht, diese könne in ihrem eigenen Volk zu Mißstimmung und Unzufriedenheit führen. (Notizen über Dulles-Rede, Box 1, Warburg-Dokumente.)

5 Fyke Farmer in Herken, «Atomic Bomb», p. 93; Harold-Smith-Tagebuch, 5. Oktober 1945; Treffen Stettinius-Truman, 22. Oktober 1945, Box 237, Stettinius-Dokumente; *Truman Public Papers: 1945*, pp. 381–388, 431–438. Tiptonville und Navy-Day-Rede besprochen in Herkin, «Atomic Bomb», pp. 82–89. Telegramme Byrnes – Truman in Byrnes-Akte, Box 159, Akte des Präsidentschaftssekretärs, Truman-Dokumente.

6 Interview mit Loy Henderson; Henderson an Matthew, 13. November 1945, Box 1, Matthews-Akte, State-Department-Dokumente; Durbrow an den Autor, 12. Januar 1973; Durbrow an Lane, 18. Dezember 1945, Box 23, Lane-Dokumente.

7 Interview mit Benjamin Cohen. Siehe auch *New York Times*, 30. September 1945, IV, p. 5, 14. Oktober 1945, IV, p. 3.

8 *FR: 1945*, V, pp. 888–891, *FR: 1945*, II, p. 61; Davies Journal, 9. Oktober 1945; Millis, *Forrestal Diaries*, p. 107. Byrnes' Rede in *New York Times*, 1. November 1945, p. 4.

9 Mark Ethridge und C. B. Black, «Negociating on the Balkans», in *Negociating with the Russians*, Dennett und Johnson, Ed., p. 171.

10 Wegen Dulles' Überraschung siehe Ausschnitte seiner Rede vom 30. Oktober 1945, p. 7, Dokumente des Außenministerrates und Notizen über diese Rede, Box 1, Warburg-Dokumente; *New York Times*, 26. September 1945, p. 6; Ethridge an Wallace, 6. Februar 1945, Wallace-Dokumente; Interview mit Mark Ethridge.

11 Ethridge, «Report on Rumania: Background and Conclusions», 6. Dezember 1945 und Anhang, pp. 1, 11–13, FW 871 00/12–745, State-Department-Do-

kumente. Ethridge erinnerte sich an die Unerbittlichkeit, Sturheit und den Zynismus der einheimischen und sowjetischen Kommunisten. Sogar wenn die Kommunisten freundlich sein wollten, brachten sie ihn aus der Fassung: «Der Polizeichef von Bukarest rief vor unserer Abreise die amerikanische Botschaft in Moskau an und sagte: ‹Bitte, geben Sie uns die genaue Zeit von Mr. Ethridges Ankunft bekannt, denn wir wollen eine der größten spontanen Demonstrationen in der rumänischen Geschichte vorbereiten.›» (Interview mit Marc Ethridge.)

12 Ibid. pp. 10–15. Ethridge erklärte seine Voraussetzungen: «Unser größter Besitz als Nation ist im Augenblick unsere moralische Stärke in der Welt ... Wir haben für alle Länder, besiegt oder nicht, die Hoffnung aufrechterhalten, ihnen könnte die Möglichkeit garantiert werden, ihre Regierungen frei von Zwang und Gewalt zu wählen ... Einige Satellitenstaaten, wie Rumänien, mögen es verdienen, daß sie in ihrem eigenen Saft schmoren; einige von ihnen haben sich so verhalten, daß sie an uns keinen moralischen Anspruch stellen können. Aber wir sind es, die es sich nicht leisten können, durch Verleugnung unserer Versprechen unglaubwürdig zu werden.» In einem klugen Artikel über die «dreißigjährige Herrschaft» (mit dem Ablauf der Zeit wird offensichtlich, wer Schuld hat und welche politischen Vorschriften davon abzuleiten sind), führt Herbert Dinerstein an, Stalin hätte eventuell mit dem Weiterbestehen der Großen Allianz gerechnet und bei ihrer Fortsetzung viel zu gewinnen gehabt. «Koalitionen» in Osteuropa waren ein notwendiger Bestandteil. Doch diese Koalitionen wurden von denen geschaffen, die die Reinigungen überlebt hatten. (Das bezog sich ebensosehr auf die heimischen Kommunisten, wie auf die Sowjets der Besatzung.) Ihre Erfahrungen, Praktiken und politische Kultur waren keine gute Vorbereitung zu Verhandlungen mit Menschen, die sich nicht vollständig in ihrer Gewalt befanden. Schließlich hatten sie nur überlebt (und überlebten auch weiterhin) durch unbedingten Gehorsam. Während die Sowjets und ihre örtlichen Verbündeten also Koalitionen zu schaffen versuchten, schufen sie statt dessen in ganz Osteuropa Konflikte und Konfrontationen. «Was als Muster für eine Fortsetzung der Zusammenarbeit während des Krieges gedacht war, wurde bald zu einem rücksichtslosen Eliminierungsprozeß jeglicher Opposition», schreibt Dinerstein in «Der Kalte Krieg vom sowjetischen Standpunkt: die Sowjetunion und die Neuordnung des internationalen Gefüges nach dem Zweiten Weltkrieg».

13 *FR: 1945*, IV, pp. 407–408. Siehe auch Matthews an Byrnes, 16. November 1945, 874 00/11–1645, State-Department-Dokumente. Ernest May meint, der amerikanische Vertreter in Rumänien habe Ethridge einige Abweichungen der rumänischen Politik «eingepaukt». May steht dem Bericht des State Department über den Balkan als Schmelztiegel kritisch gegenüber. In Botschaften, die wahrscheinlich an den Außenminister oder den Präsidenten gelangten, zeichnete Barnes in Rumänien «einen monochromen Hintergrund. Bulgariens notorisch korrupte Bauernpartei wurde nach seinem Bericht von 60 Prozent der Bauernschaft begeistert unterstützt. Seine Kabel gaben an, daß die einzige Periode autoritärer Herrschaft in Bulgarien die Zusammenarbeit mit den Nazis während des Krieges gewesen sei.» In Wahrheit war das Land vor dem Kriege einer strengen Polizeidiktatur unterworfen gewesen. «Ob absichtlich oder nicht, förderte Barnes den irrtümlichen Eindruck, die von den Sowjets unterstützten Kommunisten hätten einem Land eine Diktatur aufgezwungen, das früher und unter anderen Umständen demokratisch gewesen wäre.» Der Vertreter in Rumänien «überschätzte auch weitgehend die historische Bedeutung der demokratischen Kräfte in den Balkanländern.» (May, *«Lessons» of the Past*, pp. 28–29.)

14 Cyril E. Black, «Witnesses to the Start of the Cold War in Eastern Europe: The View from Bulgaria», Aufsatz für die Konferenz für osteuropäische und slawische Studien, Oktober 1975, p. 24. Wegen Byrnes' Besorgnis über die sich verschlechternden Beziehungen: Visson File, 10. Dezember 1945, McNaughton File, 13. Dezember 1945, McNaughton-Dokumente; Byrnes,

Speaking Frankly, p. 109; Pressekonferenz, 11. Dezember 1945, Box 555, Byrnes-Dokumente.

15 Dixon, *Double Diploma*, p. 109; Davies-Tagebuch, 8. Dezember 1945, *FR: 1945*, II, pp. 591, 756; Byrnes, *Lifetime*, p. 332, Bevin in CAB 128/4, pp. 32 bis 33, Kabinettberichte 1945, Kabinett-Dokumente.

16 Byrnes, *Speaking Frankly*, p. 109; *FR: 1945*, IV, pp. 410–412; Kennan, *Memoirs*, pp. 286–288.

17 *FR: 1945*, II, p. 749, 629–631, 753.

18 Conant zitiert in Herken, «Atomic Bomb», p. 182, Bohlen, *Witness*, p. 249; *FR: 1945*, II, p. 736, 740–741. Wegen des Treffens Truman-Attlee-King siehe Herken, «Atomic Bomb», Kapitel 6.

19 *FR: 1945*, II, p. 757, Visson-File, 10. Dezember 1945, McNaughton-Dokumente; Beratende Kommission für Japan, 14. Oktober 1945, Hull-Memo, 10. Oktober 1945, OPD 366, S. 6, RG 165, Moderne Militärberichte. H. Freeman Matthews berichtete Byrnes: «Wenn wir in Japan einen Rat bilden, wie es die Russen für die Balkanländer getan haben, brauchen wir hinsichtlich MacArthurs oberster Autorität nichts zu befürchten ... Die Russen würden voraussichtlich erwarten, daß MacArthur die Show führt ... Unter dem russischen System führt der Präsident die Show, wie wir nur allzugut wissen, gerade so, wie es ihm paßt. Eine solche Vereinbarung würde Rußlands Prestige berücksichtigen, einen Aspekt, der unter seinem System der allerwichtigste ist.» (Matthews an Byrnes, 18. Oktober 1945, Box 3, Hickerson Files, State-Department-Dokumente.)

20 *FR: 1945*, II, pp. 776, 805–806; Bohlen, *Witness*, p. 250; Stalin über Ägypten und Indien in CAB, p. 2, Kabinett-Dokumente.

21 McNaughton-File, 4. Januar 1946, McNaughton-Dokumente; *New York Times*, 31. Dezember 1945, p. 4; Pressekonferenzen, 11., 31. Dezember 1945, Box 555, Byrnes-Dokumente. Byrnes berichtete Joseph Davies, es seien «wesentliche Fortschritte erzielt worden», und die Konferenz habe zu «einer Wiederaufnahme freundlicher Gespräche» geführt. (Davies-Tagebuch, 4. Januar 1946).

22 Sulzberger, *Long Row of Candles*, pp. 292–293; *FR: 1946*, VII, pp. 1–6; Durbrow an den Autor, 12. Januar 1973.

23 Vandenberg, *Private Papers*, pp. 225–233. Acheson behauptet in seinen Memoiren: «Vandenberg, der einen Abschnitt falsch verstanden hatte, war völlig dagegen» (*Present at the Creation*, p. 191). Nach Leahy: «Mr. Acheson scheint den Präsidenten überzeugt zu haben, daß Vereinbarung über die Atombombe richtig ist» (Leahy-Tagebuch, 28. Dezember 1945). Wegen Trumans Zusicherung an Byrnes während der Konferenz und das Herunterspielen der Kritteleien Vandenbergs und anderer Senatoren, siehe *FR: 1945*, II, pp. 610, 709–710. Über Forrestal siehe Millis, *Forrestal Diaries*, p. 111.

24 George Elsey an den Autor, 30. November 1972; Ben Cohen an James Byrnes, 21. März 1958, Box 992, Byrnes-Dokumente; Leahy-Tagebuch, 21. August, 19. Oktober 1944, 30. Juni, 17. Oktober 1945.

25 Leahy-Tagebuch, 24., 27. Oktober 1945; Walter-Brown-Tagebuch, 10. August 1945.

26 Pickersgill, *Mackenzie King*, Bd. 3, pp. 37–41; über Stettinius: Gaddis, *Origins of the Cold War*, pp. 252–253; Patterson an Truman, 27. Februar 1946, Truman an Patterson, n. d. Box 112, Akte des Präsidentschaftssekretärs, Truman-Dokumente.

27 Herbert Feis, *China Tangle*, pp. 406–412; Acheson-Memo, 11. Oktober 1945, Amtliche Akte 20–1945, Truman-Dokumente, Feis-Interview mit Truman, 26. November 1952, Box 13, Feis-Dokumente; John Melby, *Mandate of Heaven*, p. 49; Durbrow an Lane, 29. November 1945, Lane-Dokumente; Djilas, *Conversations*, p. 141.

28 Wallace-Carter telefonische Unterhaltung, 1. November 1945, Wallace-Dokumente; Leahy-Tagebuch, 28. November, 11. Dezember 1945. Früher im Jahr beschrieb Leahy einen General, der ihm gesagt hatte, das State Department sei «gefährlich unamerikanisch», als einen «Beamten mit breiter Erfahrung

in internationalen Angelegenheiten, höchsten Fähigkeiten und übergroßer Integrität». (Leahy-Tagebuch, 29. März 1945.) Nachdem er mit Hurley und General Albert Wedemeyer zusammengetroffen war, bemerkte Truman am 19. Oktober 1945: «Ich sagte ihnen, meine Politik sei es, Tschiang-Kai schek zu unterstützen.» (Box 269, Akte des Präsidentschaftssekretärs, Truman-Dokumente.)

29 Leahy-Tagebuch, 26., 28. Dezember 1945; Leahy, *I Was There*, pp. 347–348; Cohen an Byrnes, 21. März 1958, Box 992, Byrnes-Dokumente.

30 Harold-Smith-Tagebuch, 16. Oktober 1945; Samuel Rosenman mündliche Überlieferung; Interview mit Benjamin Cohen; Davies-Tagebuch, 21. Mai 1945, Davies-Journal, 18. September 1945; Anderson, *Outsider in the Senate*, pp. 77–78. Wegen «Wir können wenig machen»: Ayers Tagebuch, 17. Dezember 1945.

31 Harold-Smith-Tagebuch, 28. November, 5. Dezember 1945; Davies-Tagebuch, 8. Dezember 1945; Leahy-Tagebuch 12. Dezember 1945; wegen Byrnes' mangelnder Konsultation über Deutschland: Ayers Tagebuch, 12. Dezember 1945.

32 McNaughton File, 13. Dezember 1945, McNaughton-Dokumente; Acheson, *Present at the Creation*, p. 191.

33 Acheson, *Present at the Creation*, p. 191; McNaughton File, 4. Januar 1946, McNaughton-Dokumente; Leahy-Tagebuch, 29. Dezember 1945; Byrnes, *Lifetime*, pp. 342–343; Truman, *Year of Decision*, pp. 549–550; Clark Clifford-Interview, Forschungsnotizen für *Man of Independence*, Daniels-Dokumente.

34 Leahy-Tagebuch, 31. Dezember 1945; McNaughton File, 4. Januar 1946, McNaughton-Dokumente; Pressekonferenz, 31. Dezember 1945, Box 555, Byrnes-Dokumente.

35 Leahy-Tagebuch, 1., 4. Januar 1946; *FR: 1945*, V, pp. 633–641; Interview mit Marc Ethridge. Der vom 8. Dezember datierte Ethridge-Brief und der Ethridge-Aufsatz vom 7. Dezember sind ebenfalls zu finden in Box 172, Akte des Präsidentschaftssekretärs, Truman-Dokumente mit Begleitschreiben von Byrnes an Truman (vom 2. Januar) und Acheson (vom 11. Januar). Wegen der autoritären Geschichte Rumäniens und Bulgariens in den Zwischenkriegsjahren siehe Joseph Rothchild, *East Central Europe Between the Two World Wars*, pp. 293–322, 333–355; Ernest May, «Lessons», pp. 27–29.

36 George Curry vereinigt die gegensätzlichen Berichte in ähnlicher Weise in *James Byrnes*, pp. 189–190. Wegen der anderen Ansichten und der Truman-Briefe siehe Byrnes, *Lifetime*, pp. 400–404 und Truman, *Year of Decisions*, pp. 550–552. Truman machte am 5. Januar eine handschriftliche Notiz: «Heute schrieb ich diese Notiz und las sie meinem Außenminister vor. Ihr Inhalt war so dringlich, daß ich sie weder mit der Maschine abschreiben noch mit der Post versenden ließ, sondern sie vom Manuskript ablesen mußte, und das auch noch vorzog, um die für mich wichtigsten Punkte besser hervorheben zu können.» (Box 269, Akte des Präsidentschaftssekretärs, Truman-Dokumente.) In *Mr. President* bemerkte William Hillman: «Eines Tages sagte der Präsident, daß er manchmal Briefe schriebe, die er niemals absandte, aber doch gern abgesandt hätte» (p. 4). Ebenso relevant ist Clark Cliffords Kommentar über Trumans fast mit Gewißheit falsche Erinnerung an sein Treffen mit Byrnes wenige Tage zuvor auf der *Williamsburg*: «Clifford meint, HST habe seinem Bericht über dieses Treffen etwas von seiner späteren Erbitterung beigemengt.» (Clark-Clifford-Interview, Forschungsnotizen für *Man of Independence*, Daniels-Dokumente.)

37 Truman *Public Papers*, 1946, p. 10; Interview mit Benjamin Cohen. Mitte Januar informierte Truman auch das State Department, er wolle jetzt täglich die unklassifizierte Zusammenfassung und die täglich klassifizierte Zusammenfassung von den Londoner Sitzungen der Vereinten Nationen sehen, bei denen Byrnes die Vereinigten Staaten vertrat. Acheson an Truman, 14. Januar 1946, Box 156, Akte des Präsidentschaftssekretärs, Truman-Dokumente.

VII Die richtige Einstellung

1 Leahy-Tagebuch, 21. Februar 1946; Kennan an Hickerson, 20. Juni 1946, 711 61/6–2046, State-Department-Dokumente; *FR: 1946*, VI, pp. 732–736; W. B. Smith, *My Three Years in Moscow*, p. 53.

2 Truman an Wallace, 20. März 1946, Wallace-Dokumente (über die «richtige Einstellung»); Adolph Berle, *Navigating the Rapids*, p. 583; Leahy-Tagebuch, 20. Februar 1946; Elbrick an Lane, 11. März 1946, Box 24, Lane-Dokumente. «Ich freue mich, daß Sie der Ansicht sind, General Smith habe die richtige Einstellung», schrieb Wallace an Truman. Der Handelsminister verstand jedoch nicht recht, was die «richtige Einstellung» für Truman bedeutete. Wallace an Truman, 21. März 1946, Box 156, Akte des Präsidentschaftssekretärs, Truman-Dokumente.

3 Forrestal an Willett, 19. Dezember 1945, Box 17, Forrestal an Walsh, 15. Januar 1946, Box 71, Entwurf der Rede für Handel und Industrie, 26. Februar 1946, Box 19, Forrestal-Dokumente; Millis, *Forrestal Diaries*, pp. 57, 72, 128.

4 Edward F. Willett, «Dialectical Materialism and Russian Objectives», 14. Januar 1946, Box 17, Forrestal-Dokumente.

5 Robert Albion und Robert Connery, *Forrestal and the Navy*, pp. 184–185; Millis, *Forrestal Diaries*, pp. 127–128.

6 Bohlen-Memo, 711.61/2–1446, mit Begleitmemorandum von Maxwell Hamilton, State-Department-Dokumente; Charles Bohlen an den Autor, 15. November 1973.

7 «Capabilities and Intentions of the USSR in the Post-War Period» vom Joint Intelligence Committee der Obersten Stabschefs, Washington, D. C., Februar 1946.

8 Über Wahlen und Ansprachen, siehe Alexander Werth, *Postwar Russia*, pp. 78–92. Wegen des Wiederaufbauproblems, siehe Robert Slusser, Ed. Soviet *Economic Policy in Postwar Germany* und Alec Nove, *An Economic History of the USSR*.

9 *New York Times*, 10. Februar 1946, p. 30.

10 Millis, *Forrestal Diaries*, p. 134; Forrestal an Roy Howard, 13. Februar 1946, Box 69, Forrestal-Dokumente. Nuklearstratege Bernard Brodie erinnerte sich: «Stalins Rede war für jene, die der Spitze nicht nahe genug standen, um zu wissen, daß einige der Schwierigkeiten dort bereits abflauten, eine schockierende Sache.» (Interview mit Bernard Brodie.)

11 Matthews an Byrnes und Acheson, 11. Februar 1946, Box 2, Matthew-Akte, State-Department-Dokumente.

12 Matthews an Kennan, 13. Februar 1946; 861.00/2–1346, Durbrow an Matthews, 12. Februar 1946, 861.00/2–1246, State-Department-Dokumente.

13 Interview mit Elbridge Durbrow; Matthews an Kennan, 13. Februar 1946, 861.00/2–1346, State-Department-Dokumente.

14 Interview mit Elbridge Durbrow; Kennan *Memoirs*, pp. 290–293. Über Kennans Rücktrittsabsichten, C. Ben Wright, «Mr. X and Containment», *Slavic Review* 35 (März 1976): 12. Aufgrund eines grundlegenden dokumentarischen Irrtums schreibt Kennan das Lange Telegramm seinem Ärger über «den Schmerzensschrei der Verwirrung» des Schatzdepartments über das mangelnde sowjetische Interesse an der Weltbank und dem internationalen Geldfundus zu.

15 *FR: 1946*, VI, pp. 697–698, 708. Für Kleinkrämer und Pedanten wenigstens ist von Bedeutung, daß Kennan in seinen *Memoiren* hervorhebt, das Lange Telegramm habe 8000 Worte betragen, während der Abdruck in *FR: 1946* aus etwa 5500 Worten besteht.

16 *FR: 1946*, VI, pp. 699–700.

17 *FR: 1946*, VI, pp. 697, 702–703, 706.

18 Ibid. p. 707.

19 Kennan, *Memoirs*, pp. 292–294.

20 Byrnes an Kennan, 27. Februar 1944, 861.00/2–2746; State-Department-Dokumente.

21 Matthews an Kennan, 25. Februar 1946, 861.00/2–2546, State-Department-Dokumente. «Darf ich Ihnen mitteilen, wie sehr Ihr Kabel mich beeindruckt hat», kabelte Unterstaatssekretär William Benton an Kennan. «Ich habe von Loy Henderson und anderen viel über Sie gehört.» (7. März 1946, 861.00/3–746, State-Department-Dokumente.)

22 ALUSNA Moskau an CNO, 4. März 1946, Forrestal-Tagebuch, pp. 906–907. Einundeinhalbes Jahr später erinnerte der Marineattaché Stevens Forrestal, daß man das Lange Telegramm «immer wieder mit Profit lesen könne». Stevens an Forrestal, 30. September 1947, Box 72, Forrestal-Dokumente. Siehe auch David Lilienthal, *Atomic Energy Years*, p. 26.

23 Vitthup an Craig, 26. Februar 1946, ASW 091 Russia Modern Military records; Kennan *Memoirs*, p. 310; Interview mit George Elsey; Wright, «Mr. X and Containment», p. 14.

24 Wright, «Mr. X and Containment», p. 12.

25 Robert Elson, *The World of Time inc.*; Bd. 2, pp. 161–162. Wie schade, Kennans elegante Sätze in sarkastische «Timese» verwandelt zu sehen: «Rußland will Macht, Rußland will Prestige. Rußland will Sicherheit. Rußland sieht den Frieden als Gelegenheit, die besser ist, als die Zaren sie je hatten, besser als die Bolschewiken sie wahrscheinlich in ein oder zwei Jahrzehnten haben werden ... Durch die ideologische Natur des Übels fühlt der Kommunismus sich nur sicher, wenn er selbst der Arzt ist.» (*Time*, 1. April 1946, p. 27.)

26 Es gibt eine weitgehende Debatte über die Beziehung zwischen Außenpolitik und öffentlicher Meinung, doch ein großer Teil derselben scheint von Annahmen gestaltet zu sein, die von der Erinnerung an den Vorkriegsisolationismus ausgehen. Siehe Gabrial Almond, *The American People and Foreign Policy;* James Rosenau, Ed. *Domestic Sources of Foreign Policy;* William Caspary, «The Mood Theory», *American Political Science Review* 64 (Juni 1970); Sidney Verba, et al., »Public Opinion and War in Vietnam», ibid. 61 (Juni 1967). In Wahrheit hat der Präsident jedoch wegen seiner Majestätsaura, seinen Zugang zu vielen Hebeln, durch sein Vermögen, in entscheidenden Augenblicken an Chauvinismus und Patriotismus zu appellieren, weitgehende Möglichkeiten. Das galt sogar für die Zeit vor dem Zweiten Weltkrieg. «Die öffentliche Meinung hing in außenpolitischer Hinsicht vollständig vom Präsidenten ab», sagte Henry Stimson sechs Monate vor Pearl Harbor zu dem Meinungsforscher George Gallup. Gallup stimmte dem zu und meinte, seine Meinungsforschungen «zeigten, daß die öffentliche Meinung ständig von dem beeinflußt wurde, was der Präsident sagte». (Stimson-Tagebuch, 4. Juni 1941.)

27 John Lewis Gaddis, *The United States and the Origins of the Cold War*, pp. 52–55, 138, 146; Taft an Nielsen, 30. Januar 1946, Box 784, Smith an Taft, 1. Oktober 1945, Box 1264, Taft-Dokumente. Siehe auch Entwurfsdarlegung von Brownwell, 3. Dezember 1946, Box 146, Aldrich-Dokumente.

28 Rede vom 8. Februar 1946, Box 39, Tobey-Dokumente; H. Robbins an Dulles, 11. September 1946, Box 140, Dulles-Dokumente; Harriman, *Special Envoy*, p. 531, siehe auch Hadley Cantril, *Public Opinion 1935–1946*, Bd. 1, p. 371.

29 Interview mit James Riddleberger; Ben Cohen an Byrnes, 21. März 1958, Box 1922, Byrnes-Dokumente; Vandenberg an Armstrong, 2. April 1946, Armstrong an Vandenberg, 12. März 1946, Arthur-Vandenberg-Dokumente; Vandenberg, *Private Papers*, pp. 247–249.

30 Leffingwell an Lamont, 14. März 1946, Box 104–106, Lamont-Dokumente. Dulles muß die Anwesenden bei dem Essen mit der Vorhersage überwältigt haben, daß ganz Europa eine leichte Beute des russischen Vordringens werden, England «als kleine hilflose Insel am Ende einer kommunistischen Welt» dastehen würde und Amerika von «der Besetzung frei bleiben könne, wenn wir dem kommunistischen Ideal nicht zu viel Widerstand entgegensetzen».

31 Leffingwell an Lamont, 4., 11. März 1946, Lamont an Leffingwell, 8. März 1946, Box 104–106, Lamont an Leffingwell, 11. März 1946, p. 128–115, Lamont-Dokumente.

32 Dulles an Roswell Barnes, 8. Mai 1946, Dulles an Ernest Bevin, 28. Mai 1946,

Box 140, Dulles-Dokumente; Dulles «Thought on Soviet Foreign Policy and War To Do About It», *Life*, 3. Juni 1946, pp. 112–126, 10. Juni 1946, pp. 118–130.

33 Luce an Dulles, 16. Juni 1946, Box 140, Dulles-Dokumente, Byrnes sagte zu Dulles, der Artikel «sei eine glänzende Analyse der Situation» (Byrnes an Dulles, 8. Juni 1946; Box 140, Dulles-Dokumente). Luce erinnerte sich später: «Wir ließen ihn die Aussage machen ... Nun, ich sollte das wohl nicht ganz so formulieren. Er hatte Ideen, denen er gern Ausdruck geben wollte, und sie entsprachen weitgehend den allgemeinen Ideen, die wir hier hatten.» (Dulles' mündliche Überlieferung.) Die Veröffentlichungen von Luce standen bei dem Versuch, die öffentliche Meinung neu zu orientieren, an erster Stelle. Zum Beispiel schrieben die Gebrüder Alsop am 20. Mai 1946 in *Life* (pp. 68–76) einen Artikel von 4500 Worten über die «Tragödie des Liberalismus», der von seinem Versagen handelte, der «Herausforderung des sowjetischen Imperialismus zu begegnen». Die Kolumnisten beschrieben Henry Wallace als Neville Chamberlain der vierziger Jahre. Siehe Elson, *Time Inc.*, Bd. II, pp. 60 bis 66.

34 Moran, *Churchill*, pp. 312, 315, 322, 330–334; wegen des Friseurs: Dalton-Tagebuch, 1. November 1945.

35 Moran, *Churchill*, pp. 316, 322–323, 332; Pickersgill, *Mackenzie King*, Bd. 3, pp. 85–87.

36 Leahy-Tagebuch, 19. September 1944. Am 29. Dezember 1945 schrieb Ismay zum Beispiel an Eisenhower: «Wenn Ihre Streitkräfte und die unseren mehr oder weniger die gleiche Ausrüstung, mehr oder weniger die gleiche Doktrin, mehr oder weniger die gleiche Organisation hätten – und zwischen Ihnen KEINERLEI GEHEIMNISSE welcher Art auch immer – würden sie jedem Friedensbrecher einen harten Widerstand entgegensetzen. Danach könnte jede andere Nation, die würdig und willig war, ‹The Club› beitreten.» (Ismay-Dokumente.)

37 Harry Vaughan mündliche Überlieferung; Moran *Churchill*, p. 328; Truman an Churchill, 17. November 1945, Churchill an Halifax, 12. Dezember 1945, Box 4, Attlee-Dokumente; Ismay an Eisenhower, 29. Dezember 1945, Ismay-Dokumente.

38 Attlee an Halifax, 30. Oktober 1945, Halifax an das Foreign Office, 31. Oktober 1945, TLR an Churchill, 2. November 1945, Dokumente vom 16. Februar 1946, Box 4, Attlee-Dokumente.

39 Smith an Ismay, 23. Januar 1946, Ismay-Dokumente; Leahy-Tagebuch, 10. Februar, 3. März 1946; Notizen über das Truman-Manuskript, Box 573, Byrnes-Dokumente; Williams, *Twilight of Empire*, pp. 162–163. Aus bestimmten Gründen besteht Margaret Truman darauf, ihr Vater habe bis zum Besteigen des Zuges nichts vom Inhalt der Rede gewußt. Margaret Truman, *Truman*, p. 312. Andererseits verbrachte Churchill jedoch Anfang Februar mit Truman einundeinhalb Stunden im Weißen Haus. Der Präsident, berichtet Churchill, «hieß den Entwurf, den ich ihm von meiner Botschaft vorlegte, gut». (Wright an Dixon, 16. Februar 1946, Box 14, Attlee-Dokumente.) Wegen des Pokers: Earl of Birkenhead, *Halifax*, p. 559.

40 *Congressional Record*, 79. Kongreß, 2. Sitzung, A 1145–1147.

41 Leffingwell an Lamont, 28. März 1946, Lamont-Dokumente; Wallace' Rede «Zu Ehren von Averell Harriman», 19. März 1946, Schindler-Dokumente; Elson, *Time Inc.*, Bd. 2, p. 159. Wallace sagte auch: «Ich glaube, wir können der Sowjetregierung klarmachen, daß kein Land, so mächtig es auch in militärischer oder wirtschaftlicher Hinsicht sein mag, auch das kleinste Land auf lange Sicht mit bloßer Gewalt beherrschen kann. Rußland kann nicht rücksichtslos über Osteuropa hinweggehen und dabei besser wegkommen, als wir in Lateinamerika oder England in Indien und Afrika.» Über Churchills Vorwegnahme des öffentlichen Empfindens siehe *Public Opinion Quarterly* 10 (Sommer 1946): 263–265.

42 *Prawda*, 13., 23. März 1946. Ein hoher Sowjetbeamter, der nach seinen Aussagen mit Stalin und Molotow zusammengewesen war, als die Nachricht von der Rede nach Moskau gelangte, berichtete, sie hätten sich darüber sehr auf-

geregt, weil sie die Rede als Feindseligkeitsbeweis von seiten der «Angelsachsen» und als Bestreben ansahen, um die Sowjetunion eine Sperrkette zu schmieden. Lord Gladwyn, *Memoirs*, p. 185. Ein Beamter der Sowjetbotschaft in Washington: «Als er Churchills Rede las, habe er kaum seinen Augen trauen können ... Eine Allianz dieser Art durch zwei Alliierte als Koalition gegen einen Dritten bedeutete die Liquidierung der Dreimächtekoalition.» (Davies-Tagebuch, 15. März 1946.)

43 Charles Bohlen, *The Transformation of American Foreign Policy*, pp. 76–77; Truman, *Public Papers 1946*, p. 145; Leahy-Tagebuch, 5. März 1946; Margaret Truman, *Truman*, p. 312; Halifax an Churchill, 14. April 1946, Halifax-Dokumente. Nach einem britischen Diplomaten war Churchill sogar noch erfolgreicher in der Übermittlung seiner Botschaft bei einer inoffiziellen Rede vor 600 einflußreichen Personen am 18. März in New York City. In seinen «Referenzen in bezug auf Rußland und das russische System war er sehr frei». Seine Führer würden «das Haus durch jede offene Tür und jedes offene Fenster betreten, doch wenn sie die Tür fest vor der Nase verschlossen fänden, würden sie nicht einzudringen versuchen, sondern weitergehen. Sie wußten, wie weit sie gehen konnten, würden jedoch versuchen weiterzugehen, wenn sie nicht auf eine fest gezeichnete Widerstandslinie trafen». (Evans an Mackenzie, 21. März 1946, Box 4, Attlee-Dokumente).

44 Halifax an George VI., 28. Dezember 1945, Halifax-Dokumente; Vandenberg, *Vandenberg-Papers*, p. 231; Herter an Richard Gardner, *Sterling-Dollar Diplomacy*, p. 250. Wegen der politischen Probleme siehe Gardners klassische Studie, insbesondere Kapitel 12 und 13. Wegen Keynes: Dilks, *Cadogan Diaries*, p. 786.

45 Memorandum, Telefongespräch Pepper-Wallace, 25. März 1946, Wallace-Dokumente; Wallace-Rede, 19. März 1946, Schindler-Dokumente.

46 Davies-Tagebuch, 4. Januar 1946, Box 17, Davies-Dokumente; Cohen an Byrnes, 21. März 1958, Box 922, Byrnes-Dokumente. Wegen der «Überredung» vom State Department aus, siehe zum Beispiel Henderson an Byrnes, 3. Januar 1946, Box 548, Byrnes-Dokumente.

47 United States Senate Special Committee Investigating Petroleum Resources. «American Petroleum Interest in Foreign Countries», p. 2. Siehe auch, ibid., pp. 23–25, 320, 438; den Bericht des gleichen Ausschusses über «Wartime Petroleum Policy», p. 11; Marl Lytle, «American Iranian Relations 1941–47 and the Redifinition of National Security» (Ph. D. Dissertation, Yale University, 1972); Stimson-Tagebuch, 11. Juni 1943; Voskuil und Meyers, «Can United States Oil Reserves Meet the Postwar Demand?» in *American Interest in the War and Peace;* Herbert Feis, *Petroleum and American Foreign Policy;* Feis, «The View from EA». Über Forrestal siehe: «Oil in the Middle East», Memorandum für den Außenminister, 3. September 1945; Box 28, Telefongespräch Byrnes–Forrestal, 22. Dezember 1943, Box 28, Forrestal-Dokumente.

48 Henderson an Matthews, 13. November 1945, Box 1, Matthews-Akte, State-Department-Dokumente; *FR: 1946*, VII, p. 378; Lytle, «American Iranian Relations», p. 29. In einem Artikel, der für die Errichtung eines amerikanischen Militärflughafens in Saudi-Arabien stimmt, erklärte das State-War-Navy Coordinating Committee im Herbst 1945, daß die «amerikanischen Reserven schnell abnehmen; beim gegenwärtigen Stand von Förderung und Verbrauch reichen unsere Reserven vielleicht für 12 bis 15 Jahre. Somit wird der Ölschwerpunkt der Welt auf den Mittleren Osten verlagert, wo amerikanische Unternehmungen mit der Ausbeutung eines der größten Ölvorkommen betraut wurden (in Saudi-Arabien). Unser nationales Interesse gebietet uns, darauf zu achten, daß diese lebenswichtige Quelle in amerikanischen Händen bleibt, wo sie am wahrscheinlichsten in einem Ausmaß entwickelt werden wird, das die Beanspruchung der Reserven in der westlichen Hemisphäre beträchtlich erleichtern wird.» In dem Bericht hieß es weiter: «Saudi-Arabien besitzt nachweislich Ölreserven, die Experten auf 5 Milliarden Faß, oder ein Viertel der Reserven der USA schätzen.» (SWNCC 19/20, 20. September 1945,

CCS 381 Saudi Arabia [2–7–45], Sektion 2, RG 218, Modern Military Record.) In diesem Zusammenhang ist es interessant, darauf hinzuweisen, daß während der «Energiekrise» in der Mitte der siebziger Jahre die saudischen Reserven 1977 immer noch auf 180 Milliarden Fässer geschätzt wurden.

49 *FR Yalta*, pp. 336–337; Lytle, «American Iranian Relations», p. 5; Smith, *Three Years in Moscow*, p. 52.

50 Kolko, *Limits of Power*, p. 236; Lytle, «American-Iranian Relations», pp. 25, 55–56. Es ist interessant zu wissen, daß Senator Owen Brewster bei den Senat-Hearings über Öl, General H. L. Peckham, Verbindungsoffizier für Öl im War Department, das Zugeständnis abrang, daß ein amerikanisches «Anrecht» auf mittelöstliches Öl in weitem Ausmaß bedeuten würde, daß «unser gesamtes Militärproblem radikal verwandelt wird» und «unser gesamtes Verteidigungssystem sehr ernsthaft neu organisiert werden muß». Peckham lieferte seinerseits das militärische Grundprinzip für eine «vorfühlende» Bewegung zur Erlangung von Konzessionen: «Wenn wir unsere Ölreserven im Mittleren Osten verlören, würden diese wahrscheinlich jemand anderem zufallen ... wenn wir in diesem Lande von Kunststoffen abhängig würden, während unsere Feinde Zugang zu den verfügbaren Ölvorkommen hätten, die im Osten anscheinend leicht zugänglich sind, wären wir sehr im Nachteil.» (Senate Special Committee, «American Petroleum Interests in Foreign Countries», pp. 45–46.)

51 *FR: 1942*, IV, p. 242; Lytle, American-Iranian Relations», pp. 51, 128, 132, 138–139.

52 Lytle, «American-Iranian Relations», pp. 25, 124–145, 151; Jerrold L. Walden, «The International Petroleum Cartel in Iran», *Journal of Public Law* 2 (1962); p. 65; Elswell-Sutton, *Persian Oil*, pp. 108–111; Eden, *The Reckoning*, p. 515.

53 Young zitiert in Lytle, «American-Iranian Relations», p. 84; Auszüge des Coordinating Committee Report über amerikanische Wirtschaftspolitik im Mittleren Osten, 10. Mai 1946, Stettinius-Dokumente.

54 Richard Cottam, *Nationalism in Iran*, pp. 118–129. Nach der herkömmlichen Ansicht über den kalten Krieg hebt Cottam jedoch hervor: «Sogar die stark gegen Peschewari eingestellten Einwohner von Täbris gaben zu, daß in der Stadt unter einem Jahr demokratischer Herrschaft mehr Fortschritte gemacht wurden, als in zwanzig Jahren unter Rezah Schah. Wegen dieser Fortschritte erhielt das Regime bedeutende Unterstützung aus dem Volk. Doch die Elemente, die Unterstützung gewährten, waren gerade diejenigen Gruppen, die am wenigsten von Politik verstanden – Bauern und des Lesens unkundige Arbeiter.» (pp. 126–127.) Man kann noch hinzufügen, daß diese am wenigsten beteiligt waren und am meisten unter dem Status quo litten. Hinsichtlich der sowjetischen Interessen sind die Bemerkungen von Irans Botschafter in Washington zu Beamten des State Department nach der Krise aufschlußreich. Er unterschätzte «das Verlangen der Russen nach gleicher Behandlung bei der Erlangung von Ölkonzessionen im Iran. Er stellte fest, daß die Russen wiederholt auf die Konzessionsrechte der Briten im Süden hinwiesen, die mit vorbehaltloser Billigung der Majlis gewährt worden waren. Die Russen beklagten bitter ihre Zurücksetzung und darüber, daß ihnen im Norden nicht gleiche Rechte eingeräumt worden waren.» Memorandum der Unterhaltung mit Hussein Ala, 21. August 1946, Box 3, Hickerson-Akte, State-Department-Dokumente.

55 *FR: 1945*, II, pp. 684–690, 750–752, 760, 774, 805–808; Byrnes, *Speaking Frankly*, pp. 117–121.

56 *FR: 1946*, VII, pp. 292–301, 304, 314–315.

57 Truman, *Year of Decisions*, pp. 551–552. Über das State Department siehe Lytle, «American-Iranian Relations», p. 248; *FR: 1946*, VII, p. 289–290, 294; Russel an Miss Connor, Box 569, Byrnes-Dokumente; *Fortune*, Januar 1946, pp. 104, 235. Im Dezember hatte Dean Acheson gesagt, ihm sei ein langes Memorandum übermittelt worden, das für «eine Menge Missionen» in den Iran stimmte. «Einige Gespräche über Öl, bei denen man jedoch vorsichtig

sein mußte.» Acheson meinte, «die Entsendung von Missionen wäre ein schlechtes Geschäft – das überlieferte Mittel des Imperialismus, und andere Regierungen würden Verdacht schöpfen». (Telefonische Unterhaltung Acheson-Wallace, 10. Dezember 1945, Wallace-Dokumente.)

58 Vandenberg an Dulles, undatiert, Box 140, Dulles-Dokumente; Harriman, *Special Envoy*, p. 30. Dulles und Vandenberg versuchten die Delegation zu einem offenen Bruch mit den Russen zu zwingen, weil letztere den amerikanischen Kandidaten für das Generalsekretariat, Lester Pearson aus Kanada, abgelehnt hatten – trotz der Tatsache, daß die Russen schon zugestimmt hatten, daß die Vereinten Nationen in den Vereinigten Staaten ihren Sitz nahmen und der weiteren Tatsache, daß Kanada Britannien politisch sehr nahe stand und militärisch an die Vereinigten Staaten gebunden war. *FR: 1946*, I, pp. 175–179, 182. Man sollte auch hinzufügen, daß beide Männer in der Ölfrage gleicher Meinung waren. Dulles vertrat die amerikanischen Ölgesellschaften, die in Osteuropa einen Ersatz zu finden suchten, während Vandenberg Mitglied des Special Senate Subcommittee zur Erforschung von Ölquellen war. Allen Dulles an Steinhardt, 11. Januar 1946, Box 50, Steinhardt an J. F. Dulles, 26. Dezember 1945, Box 83, Steinhardt-Dokumente.

59 *FR: 1946*, VII, pp. 315–316.

60 Harold Nicolson, *Diaries and Letters*, 1945–1962, pp. 48–49; Byrnes an Ethridge, 29. Januar 1946, Box 232, Byrnes-Dokumente; Millis, *Forrestal Diaries*, p. 132; Curry, *James Byrnes*, Fußnote 6 auf pp. 365–366.

61 Harold Smith-Tagebuch, Konferenzen mit dem Präsidenten, 18., 28. Februar, 20. März 1946 (Notizen Appleby). Trumans Mutter auf Tageblättern, 5. Februar 1946, Box 83, Akte des Präsidentschaftssekretärs, Truman-Dokumente.

62 Joseph Jones, *The Fifteen Weeks*, p. 48; Leahy-Tagebuch, 21. Februar 1946.

63 Davies-Tagebuch, 25. März 1946, Interview mit Loy Henderson.

64 *Department of State Bulletin*, 10. März 1946, pp. 355–358; Hickerson an LaGuardia, 19. März 1946, Box 5; Hickerson-Akte, State-Department-Dokumente. Wegen anderer Äußerungen, siehe Forrestal-Tagebuch, 5. April 1946, p. 965.

65 Qavam sah das Öl weiterhin als Schlüsselproblem an. Bei seiner Rückkehr aus Moskau sagte er, «das Einverständnis mit der UdSSR über das nordiranische Öl sei vom Standpunkt der praktischen Politik schon lange überfällig» und räumte ein, es sei schwierig, die sowjetischen Klagen wegen ihrer Diskriminierung zu überhören. Trotz Byrnes' zuvor erwähnter Empfehlung, Konzessionen während der Krise nicht zu erwähnen, blieb dieses Topic in Form von Versprechungen Qavams und Anfragen der amerikanischen Botschaft, wann die iranische Regierung wohl Vertreter amerikanischer Gesellschaften empfangen würde, an der Oberfläche. Wiederum gebot Byrnes, die Gespräche einzustellen, um den Anschein zu vermeiden, «daß wir bei unseren jüngsten Aktionen vor dem Sicherheitsrat von egoistischen Interessen am iranischen Öl geleitet worden seien». (*FR: 1946*, VII, pp. 371–374, 413.)

66 Russische und amerikanische Beamte, wie auch der Generalsekretär der Vereinten Nationen, Trygve Lie, bemerkten alle diesen nützlichen iranischen Brauch, gegensätzliche Wortführer einzusetzen. Siehe Lytle, «American-Iranian Relations», pp. 284–289; Lie, *Cause of Peace*, pp. 76–78; *FR: 1946*, VII, pp. 356, 407. Andere Beispiele sind in ibid., pp. 353, 377, 379, 389, 401.

67 *FR: 1946*, VII, pp. 335, 344; Truman, *Trial and Hope*, p. 94.

68 *FR: 1946*, VII, pp. 346–358; Harriman, *Special Envoy*, p. 351. Die britische Analyse der Irankrise engte die Ölfrage ein. «Das Kabinett sollte auch die Absichten der Sowjetunion in Betracht ziehen», hatte Bevin am 11. Februar 1946 seinen Kollegen gesagt. «Ihr Verhalten zur Türkei und Persien, ihre Ansprüche auf frühere italienische Kolonien in Nordafrika wie ihr Versuch, den Sicherheitsrat zum Eingreifen in Griechenland zu bewegen, alles das weist auf das Bestreben hin, den britischen Einfluß im Mittelmeergebiet zu reduzieren.» Am 18. März sagte er jedoch, er habe «einige Gründe zu glauben, daß die Erklärung für neuere sowjetische Aktivitäten in Persien mehr in Ölinteressen als in dem Wunsch zu suchen sei, neue Territorien

oder einen Zugang zu winterfesten Häfen zu gewinnen». CAB 128/7, pp. 5 bis 6, CAB 128/5, pp. 121, Kabinettsdokumente.

69 *FR: 1946*, VII, p. 352« Lytle, «American-Iranian Relations», pp. 290–291, 297. Ende Januar sagte Truman, seiner Ansicht nach würde Potsdam als «schlechte Konferenz» in die Geschichte eingehen. Doch, fuhr er fort, «hätte man nicht mehr tun können, denn noch ehe wir begannen, wurden [wir] mit so vielen vollendeten Tatsachen konfrontiert». (Ayers-Tagebuch, 24. Januar 1946.)

70 *FR: 1946*, VII, p. 365–367, 371, 378–379; Lie, *Cause of Peace*, p. 30, 75.

71 *Truman Public Papers 1946*, pp. 163–164; *FR: 1946*, VII, pp. 369, 389; siehe ibid., pp. 390, 397, zum Beispiel über den Druck durch die Vereinigten Staaten. Am 28. März bestand Byrnes faktisch darauf, die sowjet-iranischen Verhandlungen scheitern zu lassen, denn im Falle eines Erfolges würde es so aussehen, als ob «die Vereinigten Staaten aus eigensüchtigen Gründen Druck auf den Iran ausübten».

72 Forrestal an Byrnes, 5. April 1946, Box 28, Forrestal-Dokumente. Wie sich herausstellte, bereiteten die Perser den Russen eine weitere diplomatische Niederlage. Die Majlis ratifizierten niemals die Ölabkommen, und die wegen Aserbeidschans Autonomie gegebenen Zusicherungen waren so vage, daß sie lediglich der russischen Forderung nach entgegenkommendem Verhalten entsprachen – was Teheran jedoch kalt ließ, als es im Herbst in die Provinz einfiel, die «Automnisten» massakrierte und ihre Anführer öffentlich hängte. Werth, *Postwar Russia*, pp. 125–127. Der amerikanische Botschafter in Teheran stellte am Ende der Krise fest, daß die Vereinigten Staaten vielleicht von Qavam ausgenutzt worden seien und zu stark auf die Krise reagiert haben könnten. Denn am 1. April kabelte Murray: «Ich stelle fest, daß die bloße Anwesenheit sowjetischer Truppen im Iran im weitesten Sinne einen Zwang bedeutet. Man könnte jedoch auch mit einigem Nachdruck vorbringen, daß der Verlauf von Qavams Verhandlungen in Moskau und Teheran bis heute nicht von einem übermäßigen Druck zeugt und die dabei eventuell erreichten Vereinbarungen das Ergebnis einer Diskussion des Gebens und Nehmens von beiden Seiten sind.» (*FR: 1946*, VII, p. 40.) An einer Stelle wurde nach Bericht eines Beamten der National Iranien Oil Company im Gebiet von Aserbeidschan Öl gefunden, «aber mit Hinsicht auf die geringe Durchlässigkeit der Felsdecke und die geringe Fördermenge der Brunnen sowie der technischen und wirtschaftlichen Umstände zur Zeit jener Entdeckung wurde es nicht als kommerziell brauchbar angesehen und weitere Nutzungen bis nach Erforschung der Lagerstätte und anderer technischer Faktoren verschoben.» (Abbas Ghaffari an den Autor, 22. Januar 1974.)

73 *FR: 1946*, VI, pp. 734–35, Smith, *Three Years in Moscow*, pp. 52–53. Über Truman und Smith: Truman, Terminkalendernotizen, 23. März 1946, Box 269, Akte des Präsidentschaftssekretärs, Truman-Dokumente.

74 Murphy an Matthews, 3. April 1946, 861.00/4–346, Matthews an Murphy, 18. April 1946, Matthews-Akte, State-Department-Dokumente; McNaughton-Akte, 20. April 1946, McNaughton-Dokumente.

75 Byrnes in Paris, in *FR: 1946*, II, p. 204; Leahy-Tagebuch, 13., 18. März 1946; Vandenberg an Dulles, ohne Datum, Box 140, Dulles-Dokumente; Truman-Anmerkung zur Rede vom 28. Februar, Box 626, Byrnes-Dokumente.

VIII Das Evangelium der nationalen Sicherheit

1 Salisbury zitiert in Bernard Brodie, *War and Politics*, p. 356; *Larousse Modern Dictionary*.

2 Stimson an Roosevelt, 21. Oktober 1941, Stimson-Dokumente; Stimson-Tagebuch, 17. Dezember 1941.

3 Die Literatur über den Begriff «nationale Sicherheit» ist sehr umfassend, die Anzahl kritischer Untersuchungen der Konzeption jedoch gering. Wegen drei Erörterungen siehe Bernard Brodie, *War and Politics*, pp. 341–364; Arnold Wolfers, «National Security as an Abiguous Symbol», *Discord and*

Collaboration, pp. 147–165; und (Kurzfassung) Adam Yarmolinsky, *The Military Establishment*, pp. 93–95.

4 U.S. Congress, Senate, Committee on Military Affairs, *Department of Armed Forces, Department of Military Security, Hearings on S. 84 and S. 1482*, 79 Kongr., 1. Sitzung, 1945, pp. 98–99, 117, 755. Vergleiche U.S. Congress, House of Representatives, Select Committee on Post-War Military Policy, *Proposal to Etablish a Single Department of Armed Forces*, 78. Kongr., 2. Sitzung, 1944.

5 John Hamilton, Ed. *The Federalist* (Nummer 41), pp. 62–69, 319. Siehe Joseph Johnson, «American Security and World Security», in Willcox und Hall, Ed., *The United States in the Postwar World*, p. 281; Richard Current, «The United States and Collective Security», in DeConde, Ed., *Isolation and Security*, pp. 33–35. Ende des 19. Jahrhunderts debattierten Studenten von Yale über die Frage: «Hängt die nationale Sicherheit von der Förderung heimischer Industrien ab?» (W. W. Rostow, *How it All Began*, pp. 191–192). In den frühen dreißiger Jahren beschloß Charles Beard, die Bedeutung des Begriffs «nationales Interesse» zu erforschen, weil er feststellte, daß er immer mehr an Bedeutung gewann. Nachdem er ihn vom marxistischen Standpunkt überprüft hatte, kam er zu dem Schluß, daß er in dieser oder jener Form als Konzeption zur Förderung amerikanischer Gebietsausdehnungen und Exporte galt und nicht ein allgemeines, sondern «besonderes» Interesse beinhaltete. Seine Interpretation ist interessant, wenn auch ungenau. Charles Beard, *The Idea of National Interest*, Bd. 4, pp. 21–23, 29, 141–144, 167, 310, 331–345. Doch weist Beard nach, daß nationales Interesse die Rolle eines Leitgedankens spielt, so etwa wie ich die «nationale Sicherheit» nach 1945 ausgelegt habe: «Seit Gründung der Republik haben Staatsmänner und Publizisten von nationalem Interesse gesprochen und geschrieben, als ob es sich um eine Art transzendenter Einheit handele ... Sie haben sie als Postulat angesehen, das im allgemeinen und besonderen automatisch Regeln zur Kontrolle von außenpolitischen Verhaltensweisen und Maßnahmen bietet. Nach ihren Versicherungen und Übereinkommen ist das Vorbringen des nationalen Interesses für amerikanische Staatsmänner eine bindende Verpflichtung – die höchste Verpflichtung, während andere Betrachtungen gelegentlich in der Politik auftauchen.» (ibid, p. 548).

6 Felix Gilbert an den Autor, 15. März 1976; Harold Sprout an den Autor, 29. November 1973. Edward Mead Earle bot 1940 für «Nationale Sicherheit» noch die alte «Festung» auf: «Isolation, Neutralität, die Monroe-Doktrin, Seemacht, Vorherrschaft in der Karibischen See und Verbot, amerikanisches Territorium zugunsten einer europäischen oder asiatischen Macht zu übertragen.» Earle, «National Security and Foreign Policy», Yale Review 29 (März 1940): p. 458. Ein Jahr später, im März 1941, war Earle mit vielen anderen zu dem Schluß gekommen, daß die Unabhängigkeit Großbritanniens und die Erhaltung seiner Seemacht ebenfalls zu Einsätzen der nationalen Sicherheit Amerikas geworden waren. Er hob hervor, daß nationale Sicherheit «ohne Bezug auf moralische Erwägungen» im «Bestehen einer geordneten Welt von lebenswichtiger Bedeutung» sei. Earle, «The Threat to American Security: Its Changing Condition», in *Annals of American Academy of Political and Social Science* 218 (November 1941): 193. Ebenso einflußreich war eine andere Gruppe von Wissenschaftlern, die in Verbindung mit dem Yale Institute of International Studies standen. Die wichtigsten waren Arnold Wolfers, insbesondere sein *Britain and France between the World Wars* und Nicholas Spykman, gewöhnlich als «Geopolitiker» bekannt und Autor von *America's Strategy in World Politics.*

7 Walter Lippmann, *U.S. Foreign Policy: Shield of the Republic*, pp. 35–36, 106; Joseph E. Johnson, «American Security and World Security», in Willcox and Hall, »*The United States in the Postwar World*, p. 281; *Life*, 17. September 1945, p. 10, Allan W. Betts, «Industrial Demobilization Problems in the Army Air Force», Lecture, Army Industrial College, 22. Oktober 1945, Baldwin-Dokumente.

8 Wegen einer Vordiskussion über die Rolle des «Leitgedankens» in der amerikanischen Außenpolitik, siehe Michael Mandelbaum und Daniel Yergin, «Balancing for Power», *Yale Review* 62 (Frühjahr 1973): p. 321–331.

9 Arnold Wolfers, *Discord and Collaboration*, pp. 151–152. In einem wichtigen und einsichtigen Artikel, der den legalen Wert der «Nationalen Sicherheit» in Frage stellt, bringt Robert Post vor, die Begriffsbestimmung sei subjektiv: «Obwohl die politische Rhetorik sich oft auf nationale Sicherheit bezieht, als ob diese eine Tatsache außerhalb der Kontrolle der Politiker wäre, wird nationale Sicherheit mehr von der Politik bestimmt als umgekehrt. Es ist nicht möglich, nationale Sicherheit mit einem militärischen oder anderen Inhalt zu versehen, der sich von der politischen Ausrichtung der außenpolitischen Ziele unterscheidet.» Robert C. Post, «National Security and the Amended Freedom of Information Act», *Yale Law Journal* 85 (Januar 1976): 412–413. Nationale Sicherheit kann jedoch insofern als «Faktum» bezeichnet werden, als sie sich auf wesentliche Werte bezieht, die offensichtlich und unmittelbar bedroht sind.

10 Über die Nachkriegskonventionen siehe Samuel Huntington, *The Common Defense*, pp. 13–14, 26, 427; Armstrong, in Eight International Study Conference on Collective Security, Meeting 4/4a, Liddell-Hart-Dokumente; McCloy, War Council minutes, 7. November 1945, Box 23, Patterson-Dokumente.

11 Auch jüngere Beamte sahen die dreißiger Jahre als wichtigste Zeit der Ausbildung für außenpolitische Fragen an. Als junger Professor im Mills College in Kalifornien widmete Dean Rusk viel Zeit und Mühe für eine Studie über den Zwischenfall in der Mandschurei, weil er das instinktive Gefühl hatte, er sei «wichtiger, als die meisten Leute erkannt hätten» (Interview mit Dean Rusk). «Ich habe über den Zwischenfall in der Mandschurei nichts veröffentlicht, obwohl ich ungeheuer viel Zeit damit verbracht habe, mich darüber zu informieren. Ich war immer der Ansicht, daß man nicht Bäume fällen sollte, nur um jeden Artikel über jeden Gegenstand, an dem man interessiert ist, zu veröffentlichen.» (Dean Rusk an den Autor, 5. Dezember 1973). In einem von ihm veröffentlichten Artikel brachte Dean Rusk vor, daß Zusammenarbeit in internationalen Angelegenheiten durch das Aufkommen von Diktaturen wahrscheinlicher würde. Dean Rusk, «Some Effects of Dictatorship on the Prospects for International Cooperation», *Proceedings of the Institute of World Affairs* 12 (Dezember 1934): 188–193.

12 Harriman, in *FR: 1944*, IV, p. 993; Kennan in Wright, «Mr. X and Containment», *Slavic Review* 35 (März 1976): 22; Roosevelt in Forrest Pogue, *Education of a General*, pp. 335, 344. Der unbeachtete amerikanische Diplomat George Messersmith zitiert von Arnold Offner, in *American Appeasement*, p. 272.

13 Ferdinand Eberstadt, «Mobilization of War Potential», Lecture, Washington, D. C., 8. Oktober 1946; Forrestal-Rede, 23. März 1946, Box 30, Forrestal-Dokumente.

14 Albion and Connery, *Forrestal and the Navy*, p. 287; Harold und Margaret Sprout, Ed., *Foundations of National Power*, p. 668.

15 Anglo-sowjetische politische Aussprachen, 9.–17. Oktober 1944, pp. 44–45, VI/10, Ismay-Dokumente, Stalins «Objektives Gesetz» wurde später während der Entstalinisierungsdebatten zum Streitfall. Siehe Thomas Wolfe, *Soviet Power and Europe*, pp. 60–61.

16 Ismay in III/7/12/4, Ismay-Dokumente.

17 Eine in der Tat so klassisch bürokratische Schlacht, daß es eine Überfülle von Literatur gibt. Einige wichtige Quellen: Lawrence J. Legere jr., «Unifications of the Armed Forces» (Ph. D. Dissertation, Harvard Universität, 1951). Demetrios Caraley, *The Politics of Military Unifications;* Vincent Davies, *Postwar Defense Policy and the U.S. Navy*, 1943–1946. Teilweise: Paul Y. Hammond, *Organizing for Defense* und Samuel P. Huntington, *The Common Defense.*

18 Caraley, *Military Unification*, Kapitel 3 und 4; Smith, *Air Force Plans*,

p. 15. Der Ratgeber ist Bruce Hopper an Spaatz, 14. September 1945, Box 20, Spaatz-Dokumente.

19 Legere, «Unification of the Armed Forces», pp. 235–253; Smith, *Air Force Plans*, p. 2; Davis, *Postwar Defense Policy*, pp. 37, 84–86, 99; Stimson-Tagebuch, 2. Mai 1944; Millis, *Forrestal Diaries*, p. 60. Über den Plan des Pentagon siehe Stimson-Tagebuch, 22. November 1942.

20 Smith, *Air Force Plans*, pp. 35–38, 75–83, 105–107.

21 «U.S. Post-War Aviation Aims in Europa», 22. Dezember 1944, Box 58, Spaatz-Dokumente. Die für die Basen angebotenen Argumente enthielten militärische Gründe, «wichtige psychologische Vorteile bei der Einkreisung Deutschlands», um den Deutschen klarzumachen, daß die Vereinten Nationen «immer noch einig darin waren, zur Stärkung des Friedens in Europa beizutragen» und die Amerikaner darin ihren Beitrag zu einer internationalen Polizeiluftmacht leisteten.

22 Lovett an Spaatz, 22. April 1945, Spaatz-Dokumente; Notizen der Europareise, 10. Mai 1945, Bd. 5, Box 26, Patterson-Dokumente. Der Historiker ist David MacIsaac, «The United States Strategic Bombing Survey, 1944–47», (Ph. D. Dissertation, Duke Universität, 1969), p. 182. MacIsaak weist darauf hin, daß die Presse allgemein die Interpretation der Luftwaffe über die Wirkung strategischer Bombardierung akzeptierte. Ibid., pp. 210–211. Strategische Bombardierungen bedeuteten von anderen Operationen unabhängig durchgeführte Bombenoperationen gegen die (meist industriellen) Ressourcen der gegnerischen Kriegskapazität. Wegen einer Aussage eines Luftwaffenangehörigen über strategische Bombardierung siehe General Carl Spaatz, «Strategic Air Power», *Foreign Affairs*, April 1946, p. 388. Die Ideen Guilio Douhets, des ersten amtlichen Theoretikers der strategischen Bombardierungen, wurden Anfang der zwanziger Jahre bei der Ausbildung amerikanischer Luftwaffenoffiziere mit angewandt. Mitte der dreißiger Jahre bestand die notwendige Technologie in Form der experimentellen B-17 und gegen Ende des Jahrzehnts wurde die Theorie mit Hervorhebung der Zielwahl gut ausgearbeitet. MacIsaac, «Strategic Bombing Survey», pp. 9–15; Smith, *Air Force Plans*, pp. 8, 28–29.

23 Lovett an Spaatz, 22. April 1945, Spaatz-Dokumente; Norstadt in Smith, *Air Force Plans*, p. 70; Forrestal in Senate Military Affairs Committee, *Department of the Armed Forces*, p. 108.

24 Arnold Rogow, *Victim of Duty*, pp. 52, 57, 230–231. Rogows Arbeit ist eine psychoanalytisch orientierte Biographie, die viele Aussagen von Forrestals Freunden enthält, manchmal in seinen Geisteszustand eindringt, manchmal aber nur einfach übertreibt.

25 Rogow, *Victim of Duty*, pp. 60, 49, 79–80.

26 Ibid., p. 117; Forrestal-Tagebuch, 19. April 1946, p. 1013.

27 Interview mit Dean Rusk.

28 De Gaulle in Rogow, *Victim of Duty*, pp. 239–240; Harriman, *Special Envoy*, p. 293; Jonathan Daniels, *Frontier on the Potomac*, p. 223; Krieg «am Horizont», Forrestal-Tagebuch, 15. Mai 1946, p. 1063.

29 Rogow, *Victim of Duty*, p. 289.

30 Ibid., p. 228; Hanson Baldwin, «Big Boss of the Pentagon», *New York Times Magazine*, 29. August 1948; John L. Sullivan mündliche Überlieferung, pp. 54–55. Wegen des Kabinetts: Anderson, *Outsider*, p. 80. Wegen der Ereignisse vom 29. März: Marx Leva mündliche Überlieferung, pp. 42–47.

31 Rogow, *Victim of Duty*, p. 228; Millis, *Forrestal Diaries*, pp. 554–555. Wegen Louis Johnson: Marx Leva, mündliche Überlieferung, pp. 47–48.

32 Anderson, *Outsider*, pp. 79–80.

33 Vincent Davies, *Postwar Defense Policy*, pp. 114–116, 149–150.

34 Zwei allgemein zum Widerspruch herausfordernde Studien, Vincent Davis' *Postwar Defense Policy and the U.S. Navy* und Perry McCoy Smiths *Air Force Plans for Peace* behaupten – meiner Ansicht nach irrtümlich –, die Anforderungen der internationalen Politik seien ein stärkerer Faktor als die echte Wahrnehmung von Gefahr. Der Grund mag darin liegen, daß der erste

Faktor «rationaler» scheint als der zweite, wenn wir an das denken, was wir heute über die Nachkriegslage der Sowjetunion wissen. Smith hebt jedoch hervor, daß ein beträchtlicher Unterschied zwischen den Ansichten der Luftwaffenplaner und denen ihrer höheren Beamten bestanden haben kann (*Air Force Plans*, p. 110).

35 Smith, *Air Force Plans*, pp. 37, 44–45, 48, 105. Die Doktrin der strategischen Bombardierung veranlaßte die Luftwaffenoffiziere, die Sowjetunion als geringere Gefahr einzuschätzen, weil sie anscheinend kaum strategische Kapazitäten besaß, und ihr auch als Ziel weniger Bedeutung zuzumessen, weil sie wegen ihrer riesigen Landmasse und weitverstreuten Industrie keine geeigneten Ziele bot. Ibid., pp. 52–53.

36 Ibid., pp. 69, 81.

37 Spaatz-Memo, 11. Oktober 1945, Box 22, Spaatz-Dokumente, Snyder in Ayers-Tagebuch, 24. August 1945.

38 Weil, «American Military and the Cold War», pp. 269–270; Senate Committee on Military Affairs, *Department of Armed Services*, pp. 291–292. Dollittle erklärte, warum der überlieferte Begriff «Verteidigung» nicht mehr galt. Die «Lektion kommt von dem verstorbenen Weisen aus South Bend, Ind. – ‹Die einzige Verteidigung ist ein kräftiger Angriff.› Vieles Denken über das Wort ‹Verteidigung› ist recht nebelhaft gewesen ... Politisch sind wir ein defensives Volk, militärisch können wir es aber nie sein.»

39 Analyse des Nachrichtendienstes an General George McDonald, 12. November 1946, Box 21, Spaatz-Dokumente: «Die UdSSR wird vorwiegend eine Landmacht bleiben. Die überlieferte Auffassung von der [Roten] Armee als einzigem sicheren Schutzschild und einziger wirksamer Angriffswaffe wird in der Zukunft bestehen bleiben.» Die sowjetische Luftwaffe «wird in ihrer Absicht im wesentlichen ‹taktisch› bleiben».

40 Smith, *Air Force Plans*, p. 94; Memorandum der Stabschefs im Anhang an Hickersons Brief an Johnson, 9. Oktober 1944, Box 5, Hickerson-Akte, State-Department-Dokumente; *FR: Potsdam*, II, pp. 1420–1432.

41 Patton an Stimson, 1. September 1945, Stimson-Dokumente. Patton prahlte, seine Tanks könnten in dreißig Tagen in Moskau sein – das sei besser, als «darauf zu warten, daß die Russen die Vereinigten Staaten angreifen, wenn sie schwach sind und nur über zwei Divisionen verfügen». (Murphy, *Diplomat*, pp. 329–330.)

42 Stimson-Tagebuch, 7. September 1944; Weil, «American Military and the Cold War», pp. 300–303.

43 Interview mit Averell Harriman, Dulles mündliche Überlieferung; Weil, «American Military and the Cold War», pp. 290–291. Wegen Eisenhowers Bedenken, Eisenhower an Thompson, 8. August 1945, Box 107, Eisenhower-Dokumente.

44 «Valedictory» erwähnt in Heath an Riddleberger, 25. November 1946, 861.5048/11–2546, State-Department-Dokumente; War Council minutes, 3. Dezember 1945, Box 23, Patterson-Dokumente; siehe auch Eisenhower an Shukow, 6. Dezember 1945, Box 6, Clark-Dokumente.

45 Wedemeyer trug im November 1945 seine Schlußfolgerung vor, wonach die russischen Führer sich mehr mit nationaler Entwicklung und Sicherheit befaßten, als daß sie «für den Kommunismus zu Felde zögen». (Forrestal-Tagebuch, 23. November 1945, p. 656.)

46 Murphy an Matthews, 3. April 1946, 861.00/4–346, Matthew an Murphy, 18. April 1946, Matthews-Akte, State Department-Dokumente.

47 Interviews mit Myron Gilmore und Elting Morison; Eberstadt an Forrestal, 18. April 1946, Matthews-Akte, State-Department-Dokumente.
von so prominenten Persönlichkeiten wie Baruch und Dulles ihre Meinung einholt, hob Eberstadt Rußland als wichtigsten Faktor bei der Gestaltung der stehenden Heere nach dem Kriege hervor. Eberstadt an Baruch, 20. August 1945, Box 69, Baruch-Dokumente.

48 U.S. Congress, Senate, Committee on Naval Affairs, *Unification of the War and Navy Departments and Postwar Organization for National Security*,

Report to Hon. James Forrestal, Secretary of Navy, 79. Kongr., 1. Sitzung, 1945, pp. 1, 3–6 (Eberstadt-Report).

49 Ibid. p. 42. Ein Mitglied des Teams vom Eberstadt-Report erinnert sich daran, daß zu den wichtigsten Quellen Lippmanns Buch und die Schriften von Edward Mead Earle gehörten. Interview mit Myron Gilmore.

50 Eberstadt-Report, pp. 6–14, 16–18, 37, 21, 150–152, 163, 181.

51 Lovett, in War Council minutes, 7. November 1945, Box 23, Patterson-Dokumente, Cornwall Jones an Ismay, 3. Dezember 1945, Ismay an Smith, 18. Dezember 1945, Ismay-Dokumente. «Die Vorschläge Eberstadts waren vom Ungeeigneten abhängig», schrieb Budgetdirektor Harold Smith am 22. Mai 1946 an Truman. «Sie würden den drastischsten Wechsel in der Spitzenstruktur der Regierung herbeiführen – den Präsidenten persönlich betreffend –, der seit vielen Jahren stattgefunden hat. Sie wurden nicht vom Standpunkt des Präsidenten entwickelt, sondern von und für den Minister einer der Militärgattungen.» Insbesondere warnte er vor einem gemeinsamen Verteidigungsrat, der den Präsidenten seiner Autorität und Verantwortung [entkleiden] würde, die er nicht verlieren darf, wenn er unter unserer Regierungsform noch Präsident bleiben will. Darüber hinaus weist er den Militärs übermäßig Gewalt zu, de facto ein Veto über die Außenpolitik.» (Box 145, Akte des Präsidentschaftssekretärs, Truman-Dokomente.)

52 *Vital Speeches,* 12 (1945–1946): 169, War Council minutes, 19. Dezember 1945, Box 23, Patterson-Dokumente.

53 Harold-Smith-Tagebuch, 19. Dezember 1945, 28. Februar, 20. März 1946. «Mir scheint, daß die Anforderungen der Marine sehr groß sind», meinte Truman, nachdem er die Haushaltanschläge der Marine für das Steuerjahr 1947 durchgesehen hatte. «Wenn meine Schätzungen richtig sind, würde das ein fast unmögliches Budget erfordern.» (Truman an Harold Smith. 27. November 1945, Box 145, Akte des Präsidentschaftssekretärs, Truman-Dokumente.)

54 Hoyt Vandenberg, «Central Intelligence Group and Its Mission», Lecture, Washington. D. C. April 1947; Sherman Kent, «Strategic Intelligence», Lecture, Washington, D. C. Januar 1947 (auch für den Militärattaché). Roberta Wohlstetter analysiert in *Pearl Harbor: Warning and Decision* die Unfähigkeit, die richtigen «Signale» oder Hinweise aus den «Hintergrundgeräuschen» vor Pearl Harbor zu erkennen. Für den OSS Arnold an Secretary, Joint Chiefs, 5. September 1945, CCS 385, Sektion 2, Pt. 10, RG 218, Modern Military records; R. Harris Smith, *OSS:* Harry Howe Ransom, *The Intelligence Establishment,* pp. 56–76.

55 Harold-Smith-Tagebuch, 9. Januar 1946. Über die Zeremonie im Weißen Haus und ITT: Leahy-Tagebuch, 24. Januar, 7. Februar 1946; Ayers-Tagebuch, 24. Januar 1946. Zum bürokratischen Streit über die Kontrolle des Nachrichtenwesens nach dem Krieg siehe Acheson, *Present at the Creation* und U.S. Congress, Senate, Select Committee to Study Governmental Operations with Respect to Intelligence Activities, *Final Report: Supplementary Detailed Staff Reports on Foreign and Military Intelligence,* Buch IV, 94, Kongr. 2. Sitzung, 1975, pp. 6–9, 13–14.

56 Ibid. pp. 9–11, 13–15. General Vandenberg stellte 1947 fest, daß das Nachrichtenwesen in Washington von 26 verschiedenen Regierungsstellen versorgt werde, D. C. «Central Intelligence Group», Lecture, Washington, D. C. April 1947.

57 Harold-Smith-Tagebuch, 28. Februar 1946; Forrestals Kommentare über Willetts Entwurf: 21. Dezember 1945, Edward F. Willett, «Dialectical Materialism and Russian Objectives», 14. Januar 1946, pp. 37–38, Box 17, Notizkarten für die Rede vor der Industrie- und Handelskammer, 25. Februar 1946, Box 19, Forrestal-Dokumente; Salisbury, in Brodie, *War and Politics,* p. 356; Forrestal an Truman, 3. November 1945, Box 45, Forrestal-Dokumente.

58 Millis, *Forrestal Diaries,* pp. 141, 149–150; Forrestal-Tagebuch, 21., 22. März 1944, pp. 941–944; Rogow, *Victim of Duty,* p. 159; Davies, *Postwar Defense Policy,* p. 224.

59 Lovett, in Weil, «American Military», p. 227; Patterson an Forrestal, 11. März 1946, Box 27, Patterson-Dokumente; Patterson an Stimson, 22. April 1946, Stimson-Dokumente.
60 *FR: 1946*, VI, p. 733; Smith, *Three Years in Moscow*, p. 51.

IX Die Würfel fallen: Der antikommunistische Konsens

1 Dulles zitiert in Herken, «Atomic Bomb», p. II, Bohlen, *FR: 1946*, II, pp. 146 bis 147; Thompson an Lane, 26. Juni 1946, Box 25, Lane-Dokumente.
2 Harriman zitiert in Sulzberger, *Long Row of Candles*, p. 311; Dulles in Herken. «Atomic Bomb», p. II; Fulbright in Yergin, «Fulbright's Last Frustation», *New York Times Magazine*, 24. November 1947, p. 14; Harold-Smith-Tagebuch, 2. Mai 1946. Am 30. Mai 1946 schrieb Robert Kelley, der «Vater» der Rigaer Schule, an Laurence Steinhardt: «Trotz seiner Arbeit in Paris hat Byrnes offensichtlich nicht das Vertrauen der vorhandenen Mächte gewonnen» (Box 50, Steinhardt-Dokumente). Interview mit Benjamin Cohen über die Opposition des State Department gegen Verhandlungen über Satellitenverträge. Man kann fast konkret erkennen, wie das Bild der Sowjetunion sich für die Beamten des State Department abrundete, wenn man folgendes State-Department-Memorandum über internationale Politik liest: «Der entscheidende Beweis, ob die Sowjets sich bereits für eine Politik der Ausdehnung entschlossen haben, ist nicht leicht zu erbringen, denn sie haben vielerlei Methoden verschleierten Eindringens und einer Kontrolle entwikkelt ... In den wenigen letzten Monaten hat sich sowjetischer Einfluß oder Kontrolle in vielen Gebieten erweitert ... Es ist nicht völlig klar, ob es für sowjetische Ambitionen, die zum großen Teil auf Einschätzungen der angeblichen Sicherheitserfordernisse der UdSSR beruhen, Begrenzungen gibt, oder ob die Sowjets, was leider wahrscheinlicher ist, sich auf eine Ausdehnungspolitik eingelassen haben, die allein durch die Beschränkungen der sowjetischen Macht, oder eventuell den bewaffneten Widerstand einer anderen Großmacht, einzudämmen ist ... Die Interessen der Vereinigten Staaten gestatten angesichts solcher Taktiken der Sowjetunion gegenüber keine unsichere Politik.» (Department of State, «USSR: Policy and Information Statement», 15. Mai 1946, Box 15, Clifford-Dokumente.)
3 Lord Gladwyn, *Memoirs*, p. 193; Byrnes war in Verlegenheit. Siehe Blum, *Wallace Diary*, p. 585. «Wir können keinen dauernden Frieden komplottieren», sagte Ben Cohen am 12. Mai, «Was wir abzusichern versuchen sollten, ist ein zeitweiliger fünfundzwanzigjähriger Frieden, in der Hoffnung, daß die Lage in diesem Zeitraum erträglicher werden wird, und eine neue Generation den Frieden mit einem neuen Plan aufnimmt.» (Sulzberger, *Long Row*, p. 313.) Während Byrnes Cohen schätzte und sich auf ihn verließ, wußte er dennoch, daß Cohen in so entscheidenden Kammern wie dem Senat der Vereinigten Staaten keinerlei Einfluß besaß.
4 Vandenberg an Dulles, 13. Mai 1946, Box 140, Dulles-Dokumente; Vandenberg an Luce, 28. Mai 1946, Vandenberg-Dokumente.
5 Bevin an Byrnes, 16. Mai 1946, Box 2, Matthews-Akte, State-Department-Dokumente, Vandenberg, *Private Papers*, p. 293; Curry, *James Byrnes*, pp. 210–224; über *Time*, Laguerre Akte, 18. Mai 1946, McNaughton-Dokumente.
6 Dixon, *Double Diploma*, pp. 212–213; Vandenberg, *Private Papers*, pp. 292 bis 298; Curry, *James Byrnes*, pp. 225–232. Über die Bar, Laguerre-Akte, 18. Mai 1946, McNaughton-Dokumente.
7 *FR: 1946*, II, p. 204.
8 *FR: 1945*, II, pp. 267–268; Byrnes an Childs, 12. Juni 1946, Byrnes-Dokumente; Interview mit Benjamin Cohen.
9 Interview mit James Riddleberger; Davies-Tagebuch, 13. September 1946; *FR: 1946*, II, pp. 62. 83.
10 In der Iranfrage kritisierte Molotow die amerikanische Weigerung, die Er-

wägungen bis zum 10. April zu verschieben. Die Amerikaner konnten vor Erstaunen nur den Kopf schütteln. «Die Bemerkungen Molotows und Wyschinskijs zeugen wiederum von der sowjetischen These, daß Beziehungen zwischen den Großmächten wichtiger waren als die strikte Einhaltung der Charta», kommentierte Bohlen, «und daß ihre Handlungen und Politik faktisch außerhalb der Rechtsprechung des Sicherheitsrates lagen.» (*FR: 1946*, VII, p. 442.)

11 *FR: 1946*, II, pp. 146–147, 173, 432; Curry, *James Byrnes*, p. 224.

12 Mowrer an Pollock, 4. Juni 1946, Pollock-Dokumente.

13 Murphy, *Diplomat*, p. 317; McCloy an Hilldring et al., 10. Oktober 1945, Eisenhower-Dokumente; James-Pollock-Tagebuch, 15. August, 20. September, 6. Oktober, 13. Oktober, 26. November, 14. Dezember 1945, 1. Januar 1946. Daß die sowjet-amerikanischen Beziehungen *innerhalb* Deutschlands im ersten Besatzungsjahr gut waren, geht aus William Draper mündliche Überlieferung hervor, pp. 37–38, 47.

14 Pollock-Tagebuch, 8. März 1946. Bei Treffen des Kontrollrates an jenem Tage bemerkte Pollock, «immer wenn er in die Klemme geriet, wandte General Sokolowskij sich an Clay».

15 *FR: 1946*, V, pp. 506–508; Matthews an Acheson, 3. April 1946, Box 2, Matthews-Akte, State-Department-Dokumente; wegen der Differenzen zwischen Kriegsministerium und State Department, John Gimbel, «On the Implementation of the Potsdam Agreement», *Political Science Quarterly* 87 (Juni 1972): 250–258.

16 *FR: 1946*, V, pp. 517–519, 536; W. B. Smith an den Außenminister, 25. Mai 1946, 861.00/5–2546, State-Department-Dokumente.

17 Die Versuche der Amerikaner, in Island eine Basis zu errichten, waren im April und Mai, als der Streitfall auf die Titelseiten kam und in Island einen politischen Sturm hervorrief, fehlgeschlagen. Als Molotow den Streitfall in Paris zur Sprache brachte, behauptete Byrnes geschickt, man habe nur eine kleine Benzinstation errichten wollen. (*FR: 1946*, II, p. 248). Budgetdirektor Harold Smith schrieb jedoch am 2. Mai 1946 in sein Tagebuch, der Präsident habe ärgerlich festgestellt, daß Senator Claude Pepper «eine Rede gehalten habe, die die Vereinbarungen hinsichtlich der Basen in Island vergiftet» habe.

18 Nove, *An Economic History of the USSR*, p. 296; J. P. Nettl, *The Eastern Zone and Soviet Policy*, pp. 185, 201, 205, 231, 295, 304, 310; Murphy an Matthews, 17. Juni 1946, Matthews-Akte, State-Department-Dokumente. Clay in Kindleberger an De Wilde, 3. August 1946, Kindleberger-Dokumente. Die Rivalitäten innerhalb der sowjetischen Bürokratien und Stalins Umgebung werden, wenn auch nicht eingehend, erwähnt von Wladimir Rudoph, «The Execution of Policy 1945–1947», in *Soviet Economic Policy in Postwar Germany*, Robert Slusser, Ed. pp. 46–56. Wegen der sowjetischen Auffassung von Reparationen als wichtigsten Teil der «Entwaffnung» Deutschlands, siehe zum Beispiel: I. Faingar, «Economic Disarmament of Germany and the Reparations Question», *Mirovoe Khoziaistvo i Mirovaia Politika* (1946, Nummer 7–8): 12–29.

19 Manuel Gottlieb, *The German Peace Settlement and the Berlin Crisis*, pp. 148 bis 155; Murphy an Matthews, 17. Juni 1946, Matthews-Akte, State-Department-Dokumente; Gimbel, *American Occupation of Germany*, p. 26. Wegen der Ziffern über die deutsche Industrie siehe J. K. Galbraith, «Is There a German Policy?, *Fortune*, Januar 1947. Galbraith war der Leiter der Overall Economic Effects Division of the United States Strategic Bombing Survey. Siehe auch United States Strategic Bombing Survey, *The Effects of Strategic Bombing on the German War Economy* (Report 3), pp. 51, 230 (Tafel 37). Wegen der Befürchtung, zu dem militärischen Establishment der Sowjetunion beizutragen, siehe Murphy an Eisenhower, Clay, Smith, 3. September 1945, Eisenhower-Dokumente.

20 Millis, *Forrestal Diaries*, p. 172, *FR: 1946*, II, pp. 486–488. Wegen der Bemühungen des State Department, das Kriegsministerium zu seiner Ansicht

zu bekehren, siehe Smith, *Clay Papers*, Bd. 1, pp. 110–111; John Gimbel, «On the Implementation of the Potsdam Agreement», *Political Science Quarterly* 87 (Juni 1972): pp. 251–254, 262–263.

21 Lucius Clay, *Decisions in Germany*, pp. 122, 132; B. U. Ratchford und W. D. Ross, *Berlin Reparations Assignment*, pp. 193–194. Charles Kindleberger erinnert sich in einem Brief an den Autor an sein eigenes Erstaunen über Clays Entscheidung hinsichtlich der Reparationsfrage in Deutschland. (31. August 1976.) Über die französische Einstellung siehe Gimben, *American Occupation*, pp. 57–61. William Hardy McNeill, der lange vor Öffnung der Archive schrieb, bezeichnet Clays Entscheidung wie viele andere Autoren irrtümlich als vorrangig gegen die Sowjetunion gerichtet. *America, Britain, and Russia*, pp. 652, 725–726. Nachträgliche Beweise haben Gimbels Ansicht unterstützt, wenn er Kritikern wie Thomas Paterson (*Soviet-American-Confrontation*, p. 254) widerspricht, die Clay Auffassungen des State Department zu einer Zeit unterstellt haben, als er deutlich anders dachte oder sich wenigstens zurückhielt. Kindleberger, der damals Leiter der Abteilung für deutsch-österreichische Fragen im State Department war, stellt in einem Brief aus Berlin an J. K. Galbraith und Edward Mason deutlich die Differenzen zwischen Clay und dem State Department heraus: «Clay leitet eine deutsche Show, das State Department versucht ihm ab und zu beizubringen, daß er auch die Folgen für dritte Länder beachten muß. Das galt vor allem in Frankreich, wo unsere Politik darin bestand, die Regierung zu verhätscheln, aus Furcht, daß die Kommunisten aus unserer Standfestigkeit Kapital schlagen könnten, während die Franzosen unserer Deutschlandpolitik den Dolch in den Rücken stießen. Unser im letzten Herbst mißlungener Versuch, die Ruhr-Rheinland-Frage zu lösen, wird hier (und im Kriegsministerium) immer noch bitter empfunden. Als wir Druck anwandten, war es zu spät, und wir konnten unsere Drohungen, die französische Politik durch die Anleihe an Deutschland zu binden, nicht durchführen, weil die Anleihe zum Kauf der Wahlen verwendet wurde. Bei einer Anzahl von Fragen – Rückerstattung, Reparationen, Internationalisierung der Wasserstraßen, DP's, die Aufteilung der wenigen Güter zwischen dem deutschen Verbrauch und dem Export – ist die Deutschlandpolitik auch die Politik eines dritten Landes. Clay wäre jedoch bereit, völlig der Einstellung beizupflichten, daß die Deutschlandpolitik eine Rußlandpolitik ist, obwohl er dabei nicht so weit gehen würde wie Joseph Alsop, der meint, die einzige Außenpolitik ist Rußlandpolitik und sie muß sich jetzt gleichzeitig auf Deutschland, den Mittleren Osten und auf China beziehen und letzten Endes auch, wenn wir eines der Länder verlieren, auf Lateinamerika, Afrika und den gesamten Fernen Osten. Kurz nach meiner Ankunft hier sandte ich ein Telegramm, in dem ich auf der Notwendigkeit bestand, zwischen amerikanischer Außenpolitik in Deutschland als solcher und amerikanischer Außenpolitik mittels Deutschland anderswo zu unterscheiden. Ich bin mehr denn je von der Notwendigkeit überzeugt, die Unterscheidung machen zu müssen; doch weiß ich immer noch nicht, wie das zu bewerkstelligen ist.» (13. August 1946, Kindleberger-Dokumente).

22 Pollock-Tagebuch, 13., 22. Mai, 2. Juni 1946; Clay, *Decision*, pp. 76–78; Rostow zitiert in Gimbel, *Marshall Plan*, pp. 136–137.

23 Clay, *Decision*, pp. 130–131; Curry, *James Byrnes*, pp. 234–235, Interviews mit James Riddleberger und Benjamin Cohen; Kindleberger an DeWilde, 3. August 1946 (erster Brief), Kindleberger-Dokumente. Über die Briten, CAB 128/7, p. 16, Kabinetts-Dokumente.

24 Clay an Joseph Dodge, 31. Juli 1946, Dodge-Dokumente; Kindleberger an DeWilde, 3. August 1946 (Brief zwei für Clay über Reparationen), Kindleberger-Dokumente; wegen der Antwort an Eisenhower: Smith, *Clay*, Bd. 2, pp. 243–244. Die rückwirkende Ansicht, Clay habe zu jener Zeit die UdSSR als wichtigstes Deutschlandproblem erachtet, findet sich auch in Notizen, die Forrestal im Juli machte, als er im Verlauf einer Weltreise nach Berlin kam. «Nach seinen eigenen Erfahrungen und den Kontakten mit russischen Militärs», meinte Clay, «wünschten die Russen keinen Krieg, und wir sollten es

möglich finden, mit ihnen auszukommen». Forrestal konnte Clays Meinung nicht erschüttern, zumal er Stalins Wahlansprache vom Februar 1946 zitierte, die er als Botschaft auffaßte – daß «die Weltrevolution noch im Gange» sei (Eintragung über die Weltreise, 16. Juli 1946, Box 69, Forrestal-Dokumente.) Clay an Joseph Dodge am 25. Juli 1946. «Während ich die großen Schwierigkeiten einer Zusammenarbeit mit den Russen anerkenne, weigere ich mich immer noch, pessimistisch zu sein, und fürchte, die alte ‹rote Furcht› wird in diesen Tagen zu Hause zu sehr hochgespielt» (Dodge-Dokumente).

25 Interview mit Benjamin Cohen; Curry, *James Byrnes*, pp. 248–249; Clay, *Decision*, pp. 78–80; *Department of State Bulletin*, 15. September 1946, p. 496. Wegen des Briefes an Snyder siehe Gimbel, «Implementation of Potsdam Agreements», *Political Science Quarterly* 87 (Juni 1972): p. 248; Byrnes an Truman, 2. September 1946, Box 52, Akte des Präsidentschaftssekretärs, Truman-Dokumente.

26 Byrnes, *Speaking Frankly*, p. 194; Curry, *James Byrnes*, pp. 236–237.

27 Byrnes an Ball, 22. Juli 1946, Box 225, Byrnes-Dokumente; Harold Nicolson, *Diaries and Letters*, 1945–1962, pp. 65–73; Sulzberger, *Long Row*, p. 316.

28 *FR: 1946*, VII, pp. 827–836; Anglo-sowjetische politische Gespräche, 9., 17. Oktober 1944, pp. 6–7, 42, VI/10, Ismay-Dokumente.

29 *FR: Potsdam*, II, pp. 1015, 1422, 1496–1497; *USSR: Tehran, Yalta and Potsdam Conferences*, p. 340; *FR: 1946*, VII, p. 837.

30 Forrestal-Tagebuch, 14. August 1946, p. 1202; Millis, *Forrestal Diaries*, p. 193.

31 *FR: 1946*, VII, pp. 840–847, 857–858; Millis, *Forrestal Diaries*, p. 192; Jones, *Fifteen Weeks*, pp. 62–63; Acheson, *Present at the Creation*, pp. 261–265.

32 Forrestal-Tagebuch, 21. August 1946, pp. 1217–1218. Die Jugoslawen hatten mehrmals gegen die Verletzung ihres Luftraums protestiert und behaupteten, im Zusammenhang mit der ständigen Spannung in Triest hunderte solcher Verletzungen hingenommen zu haben. (Dedijer, *Tito Speaks*, pp. 259–261.) Die Briten, die befürchteten, daß die Vereinigten Staaten sich auf einen Krieg vorbereiteten, empfahlen unmittelbare türkisch-sowjetische Gespräche, einen Vorschlag, den die Türken nicht aufgreifen wollten. Der Generalsekretär des türkischen Außenministeriums versicherte dem amerikanischen Botschafter, «die Sowjetagenten verbreiteten in den Kaffeehäusern Geschichten, denen zufolge die Schwierigkeiten zwischen der Türkei und Rußland durch unmittelbare Gespräche leicht behoben werden könnten». (*FR: 1946*, VII, pp. 804, 879).

33 *FR: 1946*, VII, pp. 894–898. Einige Politiker glaubten immer, die Ereignisse würden sich auf diese Weise entwickeln. Rußlands «entschlossenes wirtschaftliches Eindringen» in Ungarn, kabelte John McCloy im Oktober 1945 aus Europa, «hebt wieder die große Bedeutung des Wirtschaftsfaktors bei der Gesamtsituation hervor. Der politische ist sogar von geringerer Bedeutung, denn ohne den ersteren kann man politisch nichts aufbauen». (McCloy an Hildring et al., 10. Oktober 1945, Eisenhower-Dokumente.)

34 *FR: 1946*, V, p. 422; Forrestal-Tagebuch, 19. April 1946, p. 1020. Clayton behauptete angesichts der Kritik, daß die wirtschaftlichen Grundlagen für die Anleihe ausreichend seien, gab aber zu, er «habe große Schwierigkeiten, beim Denken über Europa die politischen von den wirtschaftlichen Erwägungen zu trennen». (*FR: 1946*, I, p. 1426; V, pp. 432, 443–445.)

35 Kolko, *Limits of Power*, pp. 160–162; *FR: 1946*, I, pp. 1435, 1446–1447. Wegen der Exportkontrollen siehe Secretaries of War and Navy to the Chairman of the State-War-Navy Coordinating Committee, 26. Juni 1946, CCS, 091.31 (9/28/45), Sektion I, RG 218, Modern Military Records.

36 *FR: 1946*, VI, pp. 216–217, 225, 235–236; VII, pp. 223–224; Byrnes, *Speaking Frankly*, pp. 143–144; Interview mit Benjamin Cohen. Wegen der Reaktion der nichtkommunistischen Tschechen siehe Hubert Ripka, *Czechoslovakia Enslaved*, p. 49.

37 Lilienthal, *Atomic Energy Years*, pp. 30, 55, 59, 43; Margaret Coit, *Mr. Baruch*, pp. 567, 572, 576; Baruch, *The Public Years*, p. 367; Baruch-Memo-

randum in D. F. Fleming, 10. Juli 1946, Box 62, Baruch-Dokumente. Wegen des Bestehens auf Sanktionen siehe Memorandum vom 7. Juni 1946; Treffen von Byrnes und Truman, Baruch-Dokumente. Wegen Baruchs «boom» und Monopolansprüchen siehe Herken, «Atomic Bomb», pp. 302, 312. Wegen der Besorgnis, die private Kontrolle der Uraniumlager zu verlieren, siehe ibid. pp. 309, 316, 325–326 und John Hancock, «U.S. Plan for Control of Atomic Energy», Lecture, National War College, 13. September 1946, pp. 8–9, Baruch-Dokumente.

38 Eberstadt an Baruch, 23. Mai 1946, Baruch an die Obersten Stabschefs, 23. Mai 1946, Eisenhower an Baruch, 14. Juni 1946, Box 52, Baruch-Dokumente. Siehe auch Spaatz an Baruch, ohne Datum, Box 52, Baruch-Dokumente.

39 Hancock-Memorandum, 29. Juli 1946, Box 52, Baruch-Dokumente; Lilienthal, *Atomic Energy*, p. 123; *FR: 1946*, I, p. 965; Joseph Lieberman, *The Scorpion and the Tarantula*, p. 274.

40 Wegen des «versteckten Vetos», Lloyd Gardner, *Architects*, p. 193; Lieberman, *Scorpion*, p. 328.

41 *FR: 1945*, II, p. 82–84; Coit, *Mr. Baruch*, p. 572; der Wissenschaftler ist Luard, *Peace and Opinion*, pp. 8–9. Wegen der Unvereinbarkeit der Ansichten siehe Baruch an Truman, 2. Juli 1946, Baruch-Dokumente. Wegen einer Diskussion des «Sprungs über den eigenen Schatten», den die Amerikaner von den Russen verlangten, siehe Herken, «Atomic Bomb», pp. 350, 331.

42 Hancock-Memorandum, 29. Juli 1946, Box 52, Baruch-Memorandum an Fleming, 10. Juli 1946, Box 62, Baruch-Dokumente; *FR: 1946*, I, p. 805. Siehe Lilienthal, *Atomic Energy*, pp. 43, 49, 69.

43 Notizen über die Konferenz mit General McNaughton und Mr. Ignatieff, 1. August 1946, Box 52, Treffen des Generalstabs, 23. August 1946, Baruch-Dokumente; Coit, *Baruch*, p. 595; Lieberman, *Scorpion*, pp. 338–344; John Hancock, «U.S. Plan for Control of Atomic Energy», Lecture, National War College, 13. September 1946, p. 21, Baruch-Dokumente. Über Eberstadt siehe Eberstadt an Baruch, 13. September 1946, Baruch-Dokumente und Herken, «Atomic Bomb», p. 400.

44 Gardner, *Architects*, p. 173; *FR: 1946*, I, pp. 107–119, 1103–1104; Herken, «Atomic Bomb», p. 350. Über Großbritanniens erfolgloses Bemühen, die Zusammenarbeit an der Atombombe nach dem Krieg fortzusetzen, siehe Margaret Gowing, *Independence and Deterrence.*

45 Clifford, Briefe an den Außenminister und andere, 18. Juli 1946, Clifford-Dokumente; Elsey-Notizen, 18. Juli 1946, Box 63, «L'Affaire Wallace», 17. September 1946, Elsey-Dokumente. Anfänglich ersuchte Truman Clifford lediglich, eine verständliche Aufstellung der von der Sowjetunion gebrochenen Vereinbarungen anzulegen. George Elsey, mündliche Überlieferung, p. 263. Truman zitiert von David Lilienthal, *Atomic Energy Years*, p. 434.

46 James Forrestal an den Präsidenten, 25. Juli 1946 mit Memorandum von C. W. Nimitz, «Discussion of Recent Activities of the Soviet Union», 23. Juli 1946, Box 15, Clifford-Dokumente.

47 Robert Patterson an den Präsidenten, 27. Juli 1946; «Estimate of Soviet Policy Relating to the Soviet Army and Air Force»; «Excerpt from a Discussion of Recent Activities of the Soviet Union», Box 15, Clifford-Dokumente. Armeeoffiziere sahen in der Tatsache eine Androhung, daß die Dänen sich nach dem Abzug der Sowjets «unverständlicherweise» weigerten, dem amerikanischen Personal Zutritt zur Insel Bornholm zu gewähren. Nach ihrer Ansicht gab es keinen Mittelweg. Patterson behauptete, die Sowjets bemühten sich, «die amerikanischen Installationen von Basen zu verhindern, die für unsere nationale Sicherheit im Atlantik und Pazifik notwendig sind – als ob die Amerikaner nie versucht hätten, die sowjetischen Absichten, an den Dardanellen eine Militärbasis zu errichten, zu verhindern».

48 Department of State, «USSR: Policy and Information Statement», 15. Mai 1946; Dean Acheson an Clark Clifford, 6. August 1946 und Liste der Vereinbarungen, Box 15, Clifford-Dokumente. Smiths Telegramm vom 15. Juni 1946 ist abgedruckt in *FR: 1946*, VI, pp. 761–762. Siehe auch Office of Intelli-

gence Coordination and Liasion, «Soviet Observance of Treaty Obligations», 2. August 1946, 711.61/7–1846, State-Department-Dokumente.

49 Patterson an Truman, 27. Juli 1946, Pauley an Clifford, 2. Juli 1946, Pauley-Memorandum für den Präsidenten, 24. Juli 1946, Box 15, Clifford-Dokumente.

50 «American Relations with the Soviet Union», veröffentlicht als Appendix A in Arthur Krock, *Memoirs: Sixty Years on the Firing Line*, pp. 419, 422, 425, 431, 468, 470–473, 481–482.

51 Wegen der Clifford-Anekdote, Richard Freeland, *Truman Doctrine and the Origins of McCarthyism*, p. 67 und Margaret Truman, *Truman*, p. 347. Siehe auch «L'Affaire Wallace», 17. September 1946, Elsey-Dokumente.

52 Rosenman, *Working With Roosevelt*, p. 213; siehe Norman Markowitz, *The Rise and the Fall of the People's Century; für* «Post War Dream Boys», J. Samuel Walker, *Henry A. Wallace and American Foreign Policy*, p. 92.

53 Blum, Ed. *Wallace Diary*, pp. 512, 531–533; Markowitz, *People's Century*, pp. 52, 174; Wallace an Stanley Isaacs, 16. Oktober 1945, an Josiah Bailey, 12. April 1945, Wallace-Dokumente.

54 Blum, *Wallace Diary*, pp. 9–10, 250, 488. Wallace selbst schien zum Beispiel schockiert, als Truman beim Dinner im Weißen Haus scherzhaft äußerte, «wir brauchten eigentlich keinen Präsidenten, sondern einen Klavierspieler in einem Warenhaus». (Blum, *Wallace Diary*, p. 478.)

55 Harry Truman an Henry Wallace, 25. Juli 1944, Wallace-Dokumente; Blum, *Wallace Diary*, pp. 475, 490–491, 524, 551.

56 Morgenthau, Präsidentschaftstagebuch, 6. Juni 1945, p. 1652; «Interview with the President», 10. Juni 1946, Teil I, Box ii, Bowles-Dokumente. Über Bowles sagte Truman: «Bowles ist ein großartiger Bursche, aber manchmal treibt er mich zum Wahnsinn. In jeder Montagmorgenzeitung wird ihm eine Schlagzeile gewidmet, und ich glaube manchmal, daß er wirklich zu viele Reden hält. Er hat Zutritt zur OPA und einigen anderen Agenturen und neigt dazu, die Öffentlichkeitsarbeit zu übertreiben.» (Harold-Smith-Tagebuch, 15. Mai 1946.)

57 Telefongespräch zwischen Wallace und Edwin Smith, 29. Oktober 1945, Wallace-Dokumente; Blum, *Wallace Diary*, p. 528. Siehe auch Wallaces Vorschläge für die Botschaft des State of Union, 28. Dezember 1945, Wallace-Dokumente.

58 Bei einem Essen in seinem Haus am 2. Januar behauptete der Kolumnist Joseph Alsop, er sei «höllisch verzweifelt» und bestand darauf, daß wir «die russischen Absichten erfahren müßten». Doch war er sicher, daß die Absichten Rußlands denen von Hitlerdeutschland entsprachen. Ein anderer Gast, William Gaud, wollte «die Russen in den Unterleib treten». Wallace bezeichnete diese Äußerungen als «Quatsch». «Nun, dann stehen wir gleich», erwiderte Gaud. Wallace brachte, unterstützt vom Obersten Bundesrichter Hugo Black und etwas lauer auch von Ben Cohen, vor, daß die Russen auch ihre Argumente hätten und einige der amerikanischen «Absichten» ebenso fragwürdig erscheinen könnten. Die Scatologie lief weiter. Solche Auffassungen, sagte Alsop, seien ein «Faß Pferdemist». (Blum, *Wallace Diary*, pp. 536–538.)

59 Ibid, pp. 497, 503, 538; Vorschlag für die Botschaft der State of the Union, 28. Dezember 1945, pp. 2–3, Wallace an Stinnes («competitive rearmament»), 3. April 1946, Wallace-Dokumente. In der Tat hatte Farmer Wallace sich 1933 der Anerkennung Rußlands widersetzt, teilweise, weil Stalin gegen die Kulaken vorging. (Markowitz, *People's Century*, pp. 164–166, 193, Fußnote 8.)

60 Blum, *Wallace Diary*, pp. 513, 525, 528–529, 535, 553; Wallace an Eisenhower, 15. August 1945, Wallace-Dokumente.

61 Wallace-Pepper, Telefongespräch, 25. März 1946, Wallace-Dokumente.

62 Blum, *Wallace Diary*, pp. 565–568.

63 Markowitz, *People's Century*, pp. 179–180; Blum, *Wallace Diary*, pp. 557 bis 563, 573, 577, 582; Wallace-Brief und Memorandum an Truman, 21. März

1946, Wallace-Dokumente. Wallace war von seinem Besuch 1944 in Sibirien außergewöhnlich beeindruckt. Er kommentierte zum Beispiel mit einer gewissen Begeisterung den wirtschaftlichen Fortschritt in Magadan, ohne sich dessen bewußt zu sein, daß es sich hier um eines der notorischsten Zwangsarbeitslager der UdSSR handelte. Einige Jahre später erfuhr er, wie geschickt die Russen bei der Errichtung Potemkinscher Dörfer gewesen waren. Verräterische hölzerne Wachtürme waren kurz vor seiner Ankunft beseitigt worden; Gefangene waren drei Tage von der Arbeit befreit und mit Filmvorführungen unterhalten worden. In den Schaufenstern erschienen plötzlich Konsumwaren. Wallace verspätete Entdeckung wirft ein komisches Licht auf die während der Reise gemachten Tagebucheintragungen. Einer seiner sowjetischen Gastgeber, schrieb Wallace, «sagte, der ganze Gedanke des Magadanunternehmens sei von Stalin gekommen». (Blum, *Wallace Diary*, p. 337.) Wegen der bühnenreifen Inszenierungen siehe Walker, *Wallace and Foreign Policy*, pp. 107 bis 108.

64 Blum, *Wallce Diary*, pp. 589–601; Elsey-Notizen, 24. Juli 1946, Box 63, Elsey-Dokumente; Truman an Wallace, 8. August 1946, Box 156, Akte des Präsidentschaftssekretärs, Truman-Dokumente; Hippelhauser an Hauser, 17. Juli 1946, Wallace-Dokumente. Wegen Ickes, siehe Hamby, *Beyond the New Deal*, pp. 71–73.

65 Wallace-Hippelhauser, Telefongespräch, 10. September 1946, Wallace an Parsons, 12. November 1946, Wallace an Richard Patterson (wegen des «Bösewerdens»), 12. September 1946, Wallace-Dokumente; Blum *Wallace Diary*, pp. 602, 612–613; Markowitz, *People's Century*, pp. 181–184; Millis, *Forrestal Diaries*, pp. 206–209; James Riddleberger, mündliche Überlieferung, p. 39. Trumans spätere Behauptung, er habe «keine Zeit gehabt, die Rede zu lesen», scheint das Beispiel einer Wunscherinnerung. Truman, *Decisions*, pp. 557–558.

66 Blum, *Wallace Diary*, pp. 661–669.

67 Wallace-Hannegan Telefongespräch, 20. September 1946, Wallace-Dokumente; Blum, *Wallace Diary*, pp. 613–629; Markowitz, *People's Century*, pp. 185 bis 193; Margaret Truman, *Truman*, pp. 317–320; Truman, *Decisions*, pp. 559–560; Byrnes, *All in One Lifetime*, pp. 374–375; Vandenberg, *Private Papers*, pp. 300–301; Matthews an Murphy, 19. September 1956, Matthews-Akte, State-Department-Dokumente. Truman an Garner, 21. September 1946, Russische Mappe, Box 187 und zwei Mitteilungen von Byrnes, Box 84, Akte des Präsidentschaftssekretärs, Truman-Dokumente. Daß Wallace nicht Urheber des Julibriefes ist, siehe zum Beispiel Wallace–Charles Ross und Wallace–Ralph Ingersoll Telefongespräche, 17., 20. September 1946.

68 Byrnes an Forrestal, 20. September 1946, Box 289, Russel an Byrnes, 20. September 1946, Box 552, Ethridge an Byrnes, 24. September 1946, Box 514, Byrnes-Dokumente; Dulles an Irving Fisher, 23. September 1946, Box 140, Dulles-Dokumente.

69 «L'Affaire Wallace», 17. September 1946, Elsey-Dokumente; Clifford an Truman, in Krock, *Sixty Years*, p. 419.

70 Patterson an Vandenberg, 29. Juli 1946, Box 27, Patterson-Dokumente; George Kennan, Lecture, 17. September 1946, Kennan-Dokumente; George Kennan, «Trust as a Factor in International Relations», Lecture am Yale Institute of International Studies, 1. Oktober 1946, Box 20, Forrestal-Dokumente; für «wildwütig», Davies-Tagebuch, 10. September 1946.

X Das Ende der Diplomatie

1 Hickerson an Matthews, 17. Februar 1947, Box 3, European Affairs Akte, State-Department-Dokumente; Rede vom 17. Januar 1947, Box ii, Dulles-Dokumente.

2 Lane an Keith, 14. Oktober 1946, Lane-Dokumente; Dalton-Tagebuch, 10. September 1946; Nicolson, *Diaries and Letters*, 1945–1962, p. 73.

3 Durbrow an den Außenminister, 31. Oktober 1946, 861.00/10–3146, Heath an Riddleberger, 25. November 1946, 861.5048/11–2546, State-Department-Dokumente. Es ist jedoch darauf hinzuweisen, daß Byrnes und John Hilldring, der Unterstaatssekretär für die besetzten Gebiete, auf Anfragen des Senats im Oktober 1946 vertraulich erklärten, daß Frankreich bei der wirtschaftlichen Vereinigung Deutschlands das wichtigste Hindernis gewesen sei, deswegen aber weniger getadelt worden sei, als es verdient hätte, und dazu noch jede «zusätzliche Tonne Kohle», die in Deutschland gefördert worden war, erhalten hatte – beides, um die Wahlanstrengungen der französischen Kommunisten zu unterlaufen. Vielleicht beruhte Hilldrings Bereitwilligkeit, die Franzosen zu tadeln, auf der Tatsache, daß er kürzlich aus dem Kriegsministerium, wo er Leiter der Abteilung für Zivilangelegenheiten gewesen war, ins State Department übergewechselt war. John Gimbel, «Implementation of the Potsdam Agreement», *Political Science Quarterly* 87 (Juni 1972): p. 261–263.

4 Forrestal-Tagebuch, 8. Dezember 1946, pp. 1389–1390; *FR: 1946*, II, pp. 1264 bis 1269; Bohlen, *Witness*, pp. 255–256.

5 Interview mit Benjamin Cohen; Bohlen, *Witness*, p. 256; Walter Lippmann, «A Year of Peacemaking», *Atlantic Monthly*, Dezember 1946, pp. 36–38.

6 Ismay an Smith, 18. Dezember 1945, Ismay-Dokumente; Melby, *Mandate of Heaven*, pp. 85, 92, 212, 218; Robert Ferrell, *George C. Marshall*, pp. 26–36. Marshalls Zwiespältigkeit und Frustration wegen seiner Chinamission von 1946 gehen aus einem kurzen Bericht hervor, den er 1954 an Truman schrieb: «Jetzt folgte da ein ernsthafter Streit über die Vertretung der Delegierten bei der auf den 5. Mai angesetzten Verfassunggebenden Versammlung. Er bewirkte eine zusätzliche Erbitterung sowohl auf der politischen Szene als auch bei den Politikern dahinter. Der Generalissimus verschob dann die Versammlung, weil er, wie er feststellte, keine geeignete Grundlage für die Vertretung der Delegierten finden konnte. Das war ein sehr schwerer Schlag, und von da an verschlechterten sich die Dinge zum Schlimmsten. Während des größten Teils der Zeit nach dem 10. Januar fand ich die kommunistischen Vertreter und die meisten ihrer Hilfskräfte in der Praxis empfänglicher für die Anweisungen des Dreierausschusses, als die Nationalisten. Ich glaubte, die Kommunisten waren der Ansicht, sie könnten die Schlacht leichter auf politischem Boden gewinnen, als auf dem taktischen Schlachtfeld, denn sie hatten eine straffere Organisation, während die nationalistische Seite viele umstrittene Elemente enthielt. Die Kommunisten folgten dieser Linie, meiner Meinung nach, sehr beständig bis Anfang Juli, nach der Verschiebung der Verfassunggebenden Versammlung. Die nationalistischen Befehlshaber schienen allesamt entschlossen, Machtpolitik zu betreiben ... (vom Frühjahr an) kam es zu einer Reihe von Zwischenfällen, die jeweils von der chinesischen Regierung wie von den kommunistischen Kräften provoziert wurden und zu einem völligen Abbruch der zwecks Beendigung der Feindseligkeiten geschaffenen Beziehungen führten ... Von jetzt an verhielten sich die Kommunisten sehr mißtrauisch, wandten sich ganz verächtlich faktisch gegen jeden Vorschlag, den ich oder die nationalistische Regierung machten, um einen Ausgleich der Differenzen herbeizuführen. Anderseits spielte der Generalissimus für die nationalistische Regierung unterschiedliche Rollen. Manchmal schien er sich ernsthaft um eine vernünftige Grundlage einer Einigung zu bemühen, mir schien aber immer, daß sein Verhalten und das seiner Führer hinter der Bühne zur Machtprovokation neigte.» Marshall fuhr fort: «Es war ein großer Nachteil, daß der Generalissimus während der ganzen Zeit sich mit Individuen verbündet hatte, die seit des Generalissimus' Marsch von Kanton zum Jangtse immer an Macht zugenommen hatten. Ursprünglich hatten diese jungen Männer vermutlich die sehr edle Absicht, China von den Schlingen und Verrätereien der Vergangenheit zu befreien. Aber ihr stetiger Machtzuwachs ohne faktische Opposition führte natürlich zu einem veränderten Verhalten, bis sie sich jeglichen durch die amerikanische Politik diktierten Bemühungen widersetzten. Nachdem sie 1946 teilweise in Mißkredit geraten

waren, gewannen sie ständig an Macht zurück und entdeckten, daß die Entwicklung des politischen Chinakampfes in den Vereinigten Staaten ihnen zum Vorteil gereichte.» George Marshall, Memorandum über China, 18. Mai 1954, Box 174, Akte des Präsidentschaftssekretärs, Truman-Dokumente.

7 Stimson-Tagebuch, 22. Februar 1943; Frankfurter Tagebuch, 14. November 1947.

8 Hickerson an Dunn, 15. Februar 1947, «Relations with the Soviet Union», Memorandum für Außenminister Marshall, 17. Januar 1947, European Affairs-File, State-Department-Dokumente; Lenin, «One Step Forward, Two Steps Back», *Gesammelte Werke*, Bd. 7, pp. 414–415.

9 Siehe zum Beispiel die Kommentare der Senatoren Austin und Connally in NBC, «Our Foreign Policy: Our Relations with Russia», 16. April 1946, pp. 6–7, Box 564, Connally-Dokumente.

10 Truman an das Committee on Expenditures, 20. April 1946, Box 145, Akte des Präsidentschaftssekretärs, Truman-Dokumente; Patterson an Bush, 23. April 1946, Box 18, War Council Minutes, 16. Mai 1946, Box 23, Patterson an Austin, 17. Oktober 1946, Patterson an Conant, 17. Oktober 1946, Patterson an Brown, 20. Januar 1947, Box 27, Patterson-Dokumente; Millis, *Forrestal Diaries*, pp. 222–231; Byrnes an Forrestal, 28. Oktober 1946, Box 289, Byrnes-Dokumente. Eine Schrift, die Forrestal dem Präsidenten im Januar 1947 sandte, warnte immer noch, «daß ausländische Beispiele von vereinigten Waffengattungen den ungebrochenen Rekord halten, nie einen Krieg gewonnen zu haben». Mit Begleitschreiben Foskett an Truman, 14. Januar 1947, Box 145, Akte des Präsidentschaftssekretärs, Truman-Dokumente.

11 Sowohl Hewlett und Anderson *(New World*, p. 581) als auch Herken («Atomic Bomb», p. 363) heben die sofortige Enttäuschung hervor. Über Pattersons folgende Begeisterung, War Council Minutes, 1. August 1946, Box 23, Patterson-Dokumente.

12 Eisenhower an Baruch, 14. Juni 1946, Spaatz an Baruch, 11. Juni 1946, Box 58, Baruch-Dokumente.

13 Herken, «Atomic Bomb», p. 426; Hewlett und Anderson, *New World*, p. 631; Conants Schätzung vom Oktober 1946, in Box 27, Patterson-Dokumente. Über das Vertrauen in die Dauer des atomaren Monopols, siehe Herken, «Atomic Bomb», p. 408; Joint Staff Planners, «Estimate of Probable Developments in World Political Situation up to 1956», 8. November 1946, p. 12, CCS 092 (10–9–46), RG 218, Modern Military Records. Am 3. April 1947 warnte die Atomenergiekommission Truman, der «gegenwärtige Vorrat an Bomben [sei] sehr gering», daß keine zusammengefügt sei, daß der wichtigste Bombentyp noch nicht getestet, die Produktion kritischer Stoffe wie Plutonium und Uranium «gänzlich unzureichend» sei, und in nächster Zukunft ein Mangel an Uran drohe. «Wir fanden, daß die Obersten Stabschefs über die Vorgänge nicht informiert waren», erklärten die Bevollmächtigten. «Welche korrektiven Maßnahmen auch getroffen werden mögen, sie werden gewiß sobald wie möglich zusätzliche Aufwendungen an Geld, Material, Ausstattung und menschlicher Energie erfordern.» Sie schlossen mit einem in diesem Zusammenhang anachronistischen Aufruf zum Handeln: «Auf verschiedenen kritischen Gebieten müssen wir jetzt voll unter Dampf gehen.» Box 200, Akte des Präsidentschaftssekretärs, Truman-Dokumente.

14 John Hancock, «U.S. Plan for Control of Atomic Energy», Lecture National War Collage, 13. September 1946, Box 62, Baruch-Dokumente; Patterson an Vandenberg, 29. Juli 1946, an de Seversky, 8. Februar 1947, Box 18, War Council Minutes, 15. Januar 1947, Box 23, Patterson-Dokumente; Herken, «Atomic Bomb», pp. 417–424, 430–432. Über Shockley, siehe «National Power and Foreign Policy», zweites Treffen und Anhang, 30. November 1945, Council on Foreign Relations Study Group.

15 Vannevar Bush, *Pieces of the Action*, p. 288; Kolko, *Limits of Power*, pp. 96 bis 97; Patterson an Stabschef, 17. März 1946, Box 27, War Council Minutes, 5. Dezember 1946, Box 23, Patterson-Dokumente; Yarmolinsky, *The Military Establishment*, pp. 291–293; Bush an Patterson, 21. Mai 1946, 334 Joint

Research and Development Board, 3. Juli 1946, RG 218, Modern Military Records; Hewlett und Anderson, *New World*, p. 625; *Fortune*, September 1946, p. 223. Über 1947 R&D, siehe *Business Week*, 6. September 1947, p. 30. Über das «Schwellen»-Zitat, Memorandum mit Begleitbrief, Foskett an Truman, 14. Januar 1947, Box 145, Akte des Präsidentschaftssekretärs, Truman-Dokumente. Natürlich war die Marine wenig geneigt, «der Schlagkraft» zuzustimmen, und das gleiche von Forrestal beauftragte Memorandum informierte Truman: «Die amerikanische Öffentlichkeit ist bei der sogenannten Kriegsführung des Drück-auf-den-Knopf bereits über Bord gegangen und reagiert auf die Kampagne der AAFs, daß allein Luftmacht (in der Waffenentwicklung wahrscheinlich das unbeständigste Element) das Land sichern kann. Verläßlichkeit auf eine Idee – die Maginotlinie – wirkte sich für Europa fatal aus. Wir können dem gleichen Irrtum unterliegen.»

16 *Aviation News*, 2. September 1946, p. 20, 28. Oktober 1946, pp. 17–18, 10. März 1947, p. 12, 5. Mai 1947, p. 7.

17 Patterson an Truman, 23. Juni 1947, Truman an Patterson, 26. Juni 1947, Box 157, Akte des Präsidentschaftssekretärs, Truman-Dokumente, *Aviation Week*, 2. April 1947, p. 34. Eine Analyse des Nachrichtendienstes der Luftwaffe, die wahrscheinlich deshalb in nüchternem Ton gehalten war, weil sie weder für Haushalt- noch Zusammenlegungszwecke gebraucht werden sollte, erklärte: «Die UdSSR werden vornehmlich eine Landmacht bleiben. Die überlieferte Auffassung der Armee als einziger Schutzschild und einzig sicher wirksame Angriffswaffe wird auch in Zukunft bestehen bleiben.» Die sowjetische Luftmacht «wird in ihrer Absicht im wesentlichen ‹taktisch› bleiben». (An General George McDonald, 12. November 1946, Box 21, Spaatz-Dokumente.) Eine ähnliche Schlußfolgerung, wenn auch in ihrer Schärfe übertrieben, findet sich in Robert Kilmax, *A History of Soviet Air Power*, p. 220–227.

18 Leahy an den Kriegs- und Marineminister, 23. August 1946, Stabschefs, «United States Strategic Interests in Iran», JCS 1714/3, 14. Oktober 1946, CCS 092, Sektion 1, RG 218, Modern Military Records; wegen des Beistandss für Lateinamerika, Patterson an Acheson, 17. April 1947, Box 27, Patterson-Dokumente.

19 Stabschefplaner, «Estimate of Probable Developments in the World Political Situation up to 1956», 8. November 1946, pp. 7–8, CCS 092 (10–9–46), RG 218, Modern Military Records, Baruch an den Außenminister, 28. April 1947, 711.614–2847, State Department-Dokumente.

20 John R. Deane, Lecture, Washington D. C. Oktober 1946; Joint Working Committee, Moskauer Botschaft, «Soviet Stregth and Weakness», September 1946; siehe auch Joint Intelligence Committee, «Capabilities and Intentions of the USSR in the Post-War Period», Februar 1946; Hanson Baldwin, «Analysis of Russian Military Strength», *Army and Navy Bulletin*, 27. April 1946, p. 7, Patterson an den Präsidenten, 27. Juli 1946, p. 2, Clifford-Dokumente. Über Austins Schätzung, siehe NBC, «Our Foreign Policy: Our Relations with Russia», 6. April 1946, p. 6, Box 564, Connally-Dokumente.

21 C. C. Lototzky, Ed. *The Soviet Army*, pp. 313–314; Huntington, *Common Defense*, p. 133; über die Briten, «National Power and Foreign Policy», dreizehntes Treffen, 31. Oktober 1946, Council on Foreign Relations Study Group, Oberste Stabsplaner, «Estimate of Probable Developments», 8. Nobember 1946, pp. 2, 7–8, 10, CCS 092 (10–9–46), RG 218, Modern Military Records. Indem er die politische und strategische Bedeutung der Ungleichheit von Menschenmaterial im stehenden Heer der Sowjetunion und Amerikas erkennt, übersieht Thomas Wolfe, wie viele andere Kommentatoren, die Briten. Siehe seine *Soviet Power and Europe*, pp. 10–11.

22 Hanson Baldwin, «Special Articles», *Armed Force*, 26. Juli 1947, p. 3; Patterson an Hopper, 16. Juni 1947, Box 27, Patterson-Dokumente.

23 Hickerson an Matthews, 17. Februar 1947, Hickerson an Acheson, 25. Februar 1947, Box 3, Akte Europäische Angelegenheiten, State Department-Dokumente. Hickersons Kommentare erfolgten auf verschiedene Beispiele «ver-

söhnlichen» Verhaltens von seiten der Sowjets. Zuvor hatte Luftwaffengeneral Lauris Norstad in einer Instruktion an den Präsidenten erklärt: «Wir betrachten es jedoch nicht als wahrscheinlich, daß die Sowjets in den nächsten fünf bis zehn Jahren bewußt nach einer bewaffneten Auseinandersetzung streben. Der Zeitraum von 10 bis 15 Jahren scheint von jetzt an gerechnet der kritischste.» Die Gründe für diesen Mangel an Eile? «Erschöpftes Kriegspotential, eine unvollkommene Assimilierung der Satellitenstaaten, Mangel an strategischer Luftmacht oder einer wirksamen Verteidigung gegen eine solche; und unser Besitz der Atombombe.» («Postwar Military Establishment», 29. Oktober 1946, Box 52, Hoyt-Vandenberg-Dokumente.)

XI Es geht ums Ganze

1 Acheson im amerikanischen Senat, Committee on Foreign Relations, *The Legislative Origins of the Truman Doctrine* (Exekutive Session, 80. Kongreß, 2. Sitzung, 1947, p. 95, Davies-Tagebuch, 11. Februar 1947.
2 Central Intelligence Group», Revised Soviet Tactics in International Affairs», ORE 1/1, 6. Januar 1947, Byrnes-Dokumente.
3 Der Historiker ist Gaddis Smith, *Dean Acheson*, p. 414. Hier ist von seiner Biographie, insbesondere Kapitel 1, 2 und 16, Gebrauch gemacht worden.
4 Dean Acheson, *Morning and Noon*, p. 52.
5 Ibid. pp. 267–278, Smith, *Acheson*, pp. 15–16, 417; Acheson, *Morning and Noon*, p. 219, 269–270. Siehe auch Ronald Steel, *Imperialists and Other Heroes*, pp. 27–28.
6 Acheson, *Present*, pp. 132, 154; Interview mit Dean Rusk.
7 Acheson, *Present*, pp. 170, 270; Dean Acheson, «Formulation of Policy in the United States», Lecture, Washington, D. C. Dezember 1947, Interview mit Eugene Rostow.
8 *FR: 1945*, II, pp. 48–50; Acheson, «Formulation of Policy», Lecture, Washington, D. C., Dezember 1947; Acheson 1946 zitiert in *Fortune*, April 1949, p. 174.
9 Ibid.; Hickerson an Dunn, 15. Februar 1947, Hickerson-Akte, Box 6, State Department-Dokumente.
10 Jones an Benton, 26. Februar 1947, Jones-Dokumente, *FR: 1947*, V, pp. 2–3.
11 Interviews mit Mark Ethridge und Paul Porter; *FR: 1947*, V, pp. 17, 24–25. Siehe auch ibid.; pp. 17–22, 28.
12 Norman Ness, «Current Situation in Greece», Lecture, Washington, D. C., März 1947; *FR: 1947*, V, pp. 29–30.
13 Byrnes an Taft, 19. März 1947, Box 790, Taft-Dokumente; Dalton an den Premierminister, 28. November 1946 und «Notes on a Difference of Opinion», 20. Januar 1947, Miscellaneous III–4, 1943–1946, Dalton-Dokumente; Dalton-Tagebuch, 6., 7. Februar, 14. März 1947; Memorandum vom 16. Februar 1947, in Liddel-Hart-Dokumente.)
14 Dalton-Tagebuch, 14. März 1947; Interview mit Loy Henderson; *FR: 1947*, V, pp. 32–37.
15 Jones, *Fifteen Weeks*, p. 133; Memorandum und Chronologie für den Entwurf der Präsidentenbotschaft, Jones-Dokumente; *FR: 1947*, V, p. 66; Senate Committee on Foreign Relations, *Origins of the Truman Doctrine*, p. 12, 142. John Lewis Gaddis bringt vor, die Truman-Doktrin bedeute keinen entscheidenden Wendepunkt, und die eigentliche Bindung sei 1950 in Korea und nicht 1947 im Nahen Osten erfolgt. Er unterschätzt jedoch nicht nur die allgemeine Ansicht der Politiker, daß ein neuer Anfang wenigstens bevorstünde, sondern auch die Tatsache, daß die amerikanischen Führer in der Doktrin wenigstens eine Ansicht und Methode gefunden hatten, durch die sie ihre Ideologie anwenden konnten. Außerdem kann es natürlich mehr als einen Wendepunkt geben. Siehe John Gladis, «Was the Truman Doctrine a Real Turning Point?» *Foreign Affairs*, Januar 1947, pp. 386–402.

16 *FR: 1947*, V, p. 56–58, 96–98; Senate Foreign Relations Committee, *Origins of the Truman Doctrine*, p. 20. Millis, *Forrestal Diaries*, pp. 251–252.

17 *FR: 1947*, V, pp. 59–61, 107–108 (Kursive hinzugefügt); Acheson, *Present*, p. 293; Jones, *Fifteen Weeks*, p. 141.

18 John Hilldring, Lecture, Washington, D. C., 5. Dez. 1946, *FR: 1947*, V, p. 47.

19 George Kennan, Lecture, 20. Februar 1947, Kennan-Dokumente; Kennan, *Memoirs*, pp. 332–338; Bohlen, *Witness*, p. 261; Elsey an Clifford, 7. März 1947, Griechische Akte, Clifford-Dokumente.

20 Truman, *Public Papers: 1947*, pp. 178–179.

21 Joyce und Gabriel Kolko behaupten, die Rede sei nicht viel mehr als ein «zynisches» Manöver gewesen, durch das die öffentliche Meinung manipuliert werden sollte, und die «eigentliche Absicht des Präsidenten und seiner Ratgeber» sei in einer Rede des Präsidenten vom 6. März 1947 über den freien Handel und eine offene Weltwirtschaft zu finden: Kolko, *Limits of Power*, pp. 331, 341. Diese Schlußfolgerung beruht auf dem Mißverstehen vieler Tatsachen. Diese Politiker können die Ereignisse unrichtig gesehen und übertrieben haben, aber sie *glaubten* nicht nur kalkulierende Profitsucher zu sein. Ihre Auslegung weist auf ein grundlegendes Problem hin, das sowohl in *Limits of Power* als auch dem früheren Buch von Gabriel Kolko, *Politics of War*, zu finden ist, eine wesentliche Mißinterpretation, die umfangreiche Arbeiten und viele persönliche Einsichten übergeht. Die Kolkos schreiben aufgrund der Annahme eines simplen wirtschaftlichen Determinismus, den sie bestätigen, aber nie beweisen. Für sie besteht die Quelle aller Aktion in so etwas wie «Kapitalismus». Sie behaupten, Politiker seien nur dann aufrichtig, wenn sie wirtschaftlichen Motiven Ausdruck verleihen, beweisen jedoch nie die Richtigkeit dieser Behauptung, noch ziehen sie in Betracht, daß wirtschaftliche Argumente nur Werbereden sein könnten, die den Kongreß beeinflussen sollen. Ein weiteres Mißverständnis liegt in ihrer Neigung, zweitrangige Beamte als erstrangige einzustufen, um durch deren Zitate ihre Thesen abzustützen. Sie haben hingegen recht, wenn sie herausstellen, daß die Truman-Doktrin einen Verzicht auf Diplomatie bedeutet hat. Siehe *Limits of Power*, p. 343. Richard Freeland erkennt richtig, daß die Truman-Doktrin Geschäftstüchtigkeit mit Aufrichtigkeit vereinte; obgleich ich aufgrund der Ähnlichkeit zwischen internationaler Administrationsdiskussion und öffentlicher Darlegung mehr Gewicht auf die Aufrichtigkeit lege. Siehe Freeland, *Truman Doctrine*, p. 101.

22 «American Attitudes on U.S. Policy Towards Russia», Anhang an das Russel-Memorandum, 21. Februar 1947, 711.61/2–2147, State Department-Dokumente; Lane an Durbrow, 4. Juni 1945, Lane an Matthews, 1. März 1946, Lane-Memorandum über das Truman-Gespräch, 21. März 1947, Lane-Dokumente.

23 Taft-Statement, 12. März 1947, Box 1260, Taft-Dokumente; Patterson, *Mr. Republican*, pp. 369–372; «The Responsibility of Power», Rede, 31. Mai 1947, Herter-Dokumente; Alonzo Hamby, *Beyond the New Deal*, pp. 173–178. Mrs. Roosevelts Ansichten in Russel an Acheson, 27. März 1947, 711.61/3–2747 und Briefentwurf im Anhang an das Acheson-Memorandum an Hassett, 5. Mai 1947, 711.61/5–647, State-Department-Dokumente; Schlesinger in Hickerson an Acheson, 17. April 1947, Hickerson-Akte, State Department-Dokumente. Wegen der Bemühungen der Administration 1947, mit dem wachsenden Antikommunismus im Inland fertig zu werden, siehe Alan Harper, *The Politics of Loyalty*, pp. 48, 255–263, 34–35; Richard Fried, *Men Against McCarthy*, pp. 3–6; Susan Hartmann, *Truman and the 80th Congress*, pp. 20–28; Norman Thomas in W. A. Swangerg, *Norman Thomas*, p. 304. Über die Suche nach Verrätern in der Sowjetunion nach dem Kriege, siehe Ulam, *Stalin*, pp. 642–650; Medvedev, *Let History Judge*, pp. 480 bis 485, 491. Richard Freeland bringt eine starke These vor – die Truman-Regierung habe teils die Loyalität [der Bürger] auszunutzen gesucht, «um den Eindruck weitverbreiteter subversiver Tätigkeiten» zu schaffen und die antikommunistischen Leidenschaften zu schüren, damit ihr Auslandshilfepro-

gramm beim Kongreß durchgebracht wurde. Freeland widerspricht sich jedoch selbst, wenn er (richtig) darauf hinweist, daß das Loyalitätsprogramm den Kongreß so weit beschwichtigen sollte, daß er sich anderen Programmen der Regierung gefügiger erwies. Es ist aber zweierlei, ob solche Dinge beschwichtigt oder aufgewühlt werden sollen. Siehe seine *Truman Doctrine*, pp. 10, 129–130.

24 *FR: 1947*, V, pp. 114, 361; Senate Foreign Relations Committee, *Origins of the Truman Doctrine*, pp. 46, 131.

25 Ibid. pp. 134, 160. Siehe auch Marshall an Bowles, 15. Juli 1947, Bowles-Dokumente.

26 George Kennan, «Russia's National Objectives», Lecture, 10. April 1947, Kennan-Dokumente.

27 Interviews mit Paul Porter und Mark Ethridge; für Mac Veagh: Senate Foreign Relations Committee, *Origins of the Truman Doctrine*, pp. 67, 39–40. Mac Veaghs Brief ist zitiert von John Iatrides, «The United States and Greece: 1945–1963», der Harvard-Universität vorgelegtes Dokument, 18. April 1975, pp. 9–10.

28 *FR: 1947*, V, pp. 21–22; Interview mit Paul Porter.

29 Interview mit Mark Ethridge.

30 Interview mit Paul Porter.

31 John Iatrides, *Revolt in Athens*, pp. 6, 22, 74–76, 149, 199, 221–224; L. S. Stavrinos, *Greece*, pp. 78–79, 89–90, 123–124, 145; William H. McNeill, «The Greek Problem», p. 6, Box 177, Connally-Dokumente. Iatrides ausgeglichene und gründliche *Revolt in Athens* ist bis heute das Schlüsselwerk zum Verständnis des griechischen Bürgerkrieges. Iatrides' Zitat ist aus «The United States and Greece: 1945–1963», p. 12.

32 McNeill, «The Greek Problem», p. 5, Box 177, Connally-Dokumente; Interview mit David Balfour; Iatrides, *Revolt in Athens*, pp. 257, 261–262, 283–284; Stavrinos, *Greece*, pp. 148–150. David Balfour, der britische Geschäftsträger in jener Zeit, behauptet, die Briten hätten zwar Waffen geliefert und die griechischen Sicherheits- und Polizeieinheiten ausgebildet, seien jedoch außerstande gewesen, deren Kommando und die Beförderungen zu beeinflussen: Interview mit David Balfour.

33 McNeill, «Greek Problem», pp. 7, 12, Box 177, Connally-Dokumente; Interview mit David Balfour; Iatrides, *Revolt in Athens*, p. 267; Stavrinos, *Greece*, pp. 168–171, 174–176; Bevin zitiert im Dalton-Tagebuch, 10. September 1946; MacVeagh zitiert von Iatrides, «The United States and Greece: 1945–1963», p. 10.

34 Dominique Eudes, in *The Kapetanios* (insbesondere pp. 100–103, 110–112, 116–121, 181–184, 234–240), hebt den Bruch zwischen der kommunistischen Führung der Städte und den Guerillas auf dem Lande hervor.

35 Subhi Sadi, Memorandum über Griechenland, 25. Juli 1947, Box 10, Aldrick-Dokumente; McNeill, «Greek Problem», p. 2, Box 177, Connally-Dokumente.

36 Acheson, «Formulation of Policy», Lecture, Washington, D. C., Dezember 1947; Subhi-Sadi-Report, 24. Oktober 1947, Box 10, Aldrich-Dokumente; Lovett zitiert in *FR: 1947*, V, p. 314.

37 Interview mit Paul Porter; *FR: 1947*, V, p. 295. Wegen der Bestrebungen, eine dritte Macht zu finden, siehe Don Kingsley an Clifford, undatiert, Elsey-Dokumente; Averell Harriman, Lecture, Washington, D. C., Dezember 1947. Samuel Popkins bespricht die paradoxe Auswirkung der Intervention in einem in Kürze erscheinenden Buch über den Vietnamkrieg.

38 Dulles an Vandenberg, 28. August 1947, Vandenberg-Dokumente; *FR: 1947*, V, pp. 440–442, 468, 472–473. «Die militärische Lage hat sich in bemerkenswertem Grad verschlechtert, seit den militärischen und wirtschaftlichen Programmen die ursprüngliche Beihilfe gewährt wurde», schrieb Eisenhower am 22. Oktober 1947 an den Armeeminister. «Bis zu einer Verbesserung der militärischen Lage scheint es höchst unwahrscheinlich, daß das ursprünglich geplante Wirtschaftsprogramm erfolgreich durchgeführt werden kann.» (CCS 092,8–22–46, Sektion 8, RG 218 Modern Military Records.)

39 Über die Dokumente und Kopien siehe Iatrides, «United States and Greece: 1945–1963», p. 11; wegen der Jugoslawen siehe Dedijer, *Battle Stalin Lost*, pp. 269–270; über die Zersplitterung innerhalb der griechischen Bewegung siehe Eudes, *Kapetanios*, pp. 307–355; wegen einer Besprechung von «weil eine große Nation kleine Kriege verliert» siehe Andrew Mack, «The Politics of Assymmetric Conflict», *World Politics* 24 (Januar 1975), 175–200; wegen einer Analyse der militärischen Niederlage der Guerillas: George Kousoulas, *Revolution and Defeat*, pp. 248, 270, und Edgar O'Ballance, *The Greek Civil War*, pp. 194–220. Bei einer wichtigen Neubewertung behauptet Kousoulas, Stalin habe sich der Guerillabewegung widersetzt (wie auch deren Unterstützung durch Jugoslawien), weil er befürchtete, sie würde «bei den Amerikanern eine entscheidene Reaktion hervorrufen» und somit zu einer ständigen Anwesenheit der Amerikaner in Griechenland führen, «die je nach Stärke der Provokation erhöht würde» und die «die sowjetischen Pläne für ein Osteuropa aus von Moskau kontrollierten Staaten beeinträchtigen» könnte. Außerdem meinte Kousoulas im Zusammenhang mit dem griechischen Bürgerkrieg, daß der Bruch zwischen Tito und Stalin «die Frage aufbringt, ob eine prokommunistische revolutionäre Bewegung in einem bestimmten Land notwendigerweise Teil eines umfassenden koordinierten Expansionsschemas sein muß, das von der wichtigsten kommunistischen Macht in diesem Gebiet geleitet wird». Siehe «The Truman Doctrine and the Stalin-Tito Rift: A Reapprisal», *The South Atlantic Quarterly* 72 (Sommer 1973): pp. 431–432, 438.

40 Leahy-Tagebuch, 27. Februar 1947; George Kennan, «Orientation and Comments on National Security Problem», 14.–28. März 1947, Kennan-Dokumente.

41 Churchill in Pickersgill, *Mackenzie King Record*, Bd. 3, p. 236; Stalin in Djilas, *Conversations*, p. 141.

42 Acheson in Foreign Senate Relations Committee, *Origins of the Truman Doctrine*, p. 22; Erklärung an Mrs. Roosevelt in Russell an Acheson, 27. März 1947, 711. 61/3–2747, State Department-Dokumente; Interview mit Mark Ethridge.

43 Acheson in Foreign Relations Committee, *Origins of the Truman Doctrine*, p. 95; Bidault, *Resistance*, p. 145; zu Bevin: Williams, *Nothing So Strange*, pp. 243–244.

44 Sulzberger, Long Row, p. 347; Howard K. Smith Transkriptum, 16. März 1947, Box 15, Dulles-Dokumente; Murphy, *Diplomat*, p. 342; *FR: 1947*, II, 169; Interview mit Frederick Reinhart, Dulles mündliche Überlieferung. Wegen der Anweisung, Visson an Conant, 27. Februar 1947, McNaughton-Dokumente; zu Bohlen, *Witness*, pp. 258–260.

45 Draper an Hoover, 25. April 1947, Hoover Post-presidential-Dokumente. Dulles schrieb am 29. März 1947 an Arthur Vandenberg, «Das Bestehen der Sowjetunion auf Reparationen aus der laufenden Produktion der Westzonen ist weiterhin ein ungelöstes Problem» (Vandenberg-Dokumente). Siehe auch Edward Mason, «Reflections on the Moscow Conference», *International Organization* 1 (September 1947): 475–487.

46 *FR: 1947*, II, p. 259; Werth, *Post-War Russia*, pp. 217–219, 229, 233; Stalin-Stassen Transkript, 9. April 1947, Box 549, Taft-Dokumente; Nove, *Economic History of the USSR*, pp. 287–293; Strobe Talbott, ed., *Krushchew Remembers*, pp. 227–244.

47 Clay an Dodge, 24. März 1947, Dodge-Dokumente; Werth, *Post-War Russia*, p. 226; Dulles an Vandenberg, 29. März 1947, Dulles-Dokumente; GRJ und CPK an DeWilde, 29. März 1947; siehe auch Mason an Thorpe, 26. März 1947, Kindleberger an DeWilde; 24. März 1947, Kindleberger-Dokumente.

48 *FR: 1947*, II, pp. 141, 273, 304, 336, 394–396; Kindleberger an DeWilde, 1. April 1947, Kindleberger-Dokumente; Kennan, «Rußlands nationale Ziele», Rede vom 10. April 1947, Kennan-Dokumente. Eine Schätzung der sowjetischen Absichten in Deutschland, die vom Nachrichtendienst der amerikanischen Militärregierung in Deutschland verfaßt worden war, warnte Anfang

Mai, die Sowjets beabsichtigten «die völlige Einbeziehung ganz Deutschlands in die sowjetische Einflußsphäre». Reparationen aus der laufenden Produktion, besagte der Bericht, würden die Mittel bereitstellen, durch die die Sowjets wirtschaftlich das zu erreichen suchen, was ihnen politisch nicht gelang. (Leiter des Nachrichtendienstes, «Soviet Russia in Germany: Special Intelligence Summary», 8. März 1947, Pollock-Dokumente). Wegen Dulles' Einfluß auf Marshall und den Zusammenstoß mit Clay siehe Gimbel, *American Occupation*, pp. 120–123 und Kindleberger an DeWilde, 29. März 1947, Kindleberger-Dokumente.

49 Dulles an Vandenberg, 10. April 1947, Dulles-Dokumente. Wegen Clay siehe Kindleberger an DeWilde, 29. März 1947, Kindleberger-Dokumente und Smith, *Clay Papers*, p. 332. Über Marshall und Stalin *FR: 1947*, II, pp. 337–344; Stalins äußerliche Erscheinung in Reston an Krock, Black Book, Frühjahr 1947, Krock-Dokumente; über Bevins Singen, Werth, *Post-War Russia*, p. 247.

50 Hickerson an Dunn, 26. Mai 1947, Box 6, Hickerson-Akte, State-Department-Dokumente; Bohlen. *Witness*, p. 262–263; Forrestal-Tagebuch, 28. April 1947, pp. 1600–1602.

51 Edward Mason, «Reflections on the Moscow Conference», *International Organization* 1 (September 1947): 475–487; Dulles, Rede, 29. April 1947, Box 11, Diskussionstreffen, Außenministerrat, 6. Juni 1947, Dulles-Dokumente.

XII Die Sicherheitszone

1 Telephontranskript, 13. März 1947, Jones-Dokumente.

2 *Truman Public Papers: 1947*, p. 212. Siehe auch Elsey an Freeland, 11. Mai 1947, Elsey-Dokumente.

3 Oberst Behn in Wasson an Lamont, 25. Februar 1946, Lamont-Dokumente; Stimson-Tagebuch, 19. April, 25. Juli 1945. Über die Reaktion eines anderen Augenzeugen auf Europas Zerfall, siehe Lane an Dewey, 14. August 1945, Lane an Durbrow, 3. August 1945, Lane-Dokumente. Studien über multilaterale Planungen sind zum Beispiel R. Gardner, *Sterling-Dollar Diplomacy* und Freeland, *Truman Doctrine*.

4 Penrose, *Economic Planing for Peace*, pp. 321–333; Edward Mason, mündliche Überlieferung, pp. 29–31. Über die Rücksicht auf die öffentliche Meinung der USA und internationale Hilfeleistungen vgl. Lubin an Hopkins, 6. Januar 1944, und Bericht an Lubin durch Cantril und Lambert, 15. November 1943, Post-War Planing File, Hopkins-Dokumente.

5 War Council Notizen, 7. November 1945, Box 23, Patterson-Dokumente; Penrose, *Economic Planing*, p. 320; Williams, *Twilight of Empire*, p. 136; Truman, *Decisions*, p. 236; Byrnes zitiert in *FR: 1946*, I, p. 1441; Clayton-Wallace Telefongespräch, 15. April 1946, Wallace-Dokumente.

6 Blum, *Wallace Diary*, p. 554; Notizen über die Weltreise, 15. April 1946, Wallace-Dokumente.

7 Dalton-Tagebuch, 15. Oktober 1946.

8 Vereinte Nationen, *Economic Report: World Economic Situation 1945–47*, pp. 123–125; Ingvar Svennilson, *Growth and Stagnation in the European Economy*, pp. 253, 246; Vereinte Nationen, *Economic Situation and Prospects of Europe*, p. 5. Siehe auch Richard Mayne, *The Recovery of Europe*, pp. 117–118 und *Business Week*, 2. August 1947.

9 Vereinte Nationen, *Situation and Prospects of Europe*, pp. 53–55, 62–74, 44; Harry Price, *The Marshall Plan and Its Meaning*, pp. 29–32; Dirk Stikker, *Men of Responsibility*, pp. 163–165; Nourse an Truman, 7., 19. Mai, 18. Oktober 1948, Nourse-Dokumente; «Some Aspects of Foreign Aid Program», 18. Oktober 1948, Salant-Dokumente.

10 «Overseas Deficit», 2. Mai 1947, III–4, Miscellanea, Dalton-Dokumente. Siehe auch Memorandum an Mr. Rowen für den Premierminister, 29. Juli 1947, Attlee-Dokumente.

11 Dobney, *Clayton*, p. 198; Cleveland an Jones, 2. Juli 1947, Jones-Dokumente. Siehe auch Salant an Clark, 12. Mai 1947, Salant-Dokumente. *FR: 1947*, III, pp. 210–211. Freeland behauptet (*Truman Doctrine*, p. 154), die Pläne zur Hilfe für Europa seien aus innenpolitischen Gründen zurückgestellt worden. Die Politiker erkannten jedoch im Gegenteil die wirtschaftlichen Probleme erst im Winter und Frühjahr 1946/47.

12 Acheson-Rede, 18. April 1947, Box 1, Jones-Dokumente.

13 Bohlen und Marshall: Interviews in Harry Price' Sammlung mündlicher Überlieferungen; Gimbel, *American Occupation*, pp. 123, 150; Lovett an Lamont, 31. Juli 1947, Lamont-Dokumente; James-Reston-Notizen, Bd. 1, Black Book, Krock-Dokumente. Über Marshalls frühes Drängen auf eine europaweite Auffassung siehe Marshall an Bowles, 17. Februar 1947, Bowles-Dokumente. Kennan, der damit beauftragt war, das Programm als Leiter des politischen Planungsstabs zu entwerfen, hatte sich einige Zeit sehr für die europaweite Auffassung interessiert. 1942 schlug er vor: «Wir bemühen uns, das ganze Kontrollsystem zu übernehmen, das die Deutschen für die Verwaltung der europäischen Wirtschaft erstellt haben, erhalten den Apparat, setzen zu seiner Leitung unsere eigenen Leute in die Schlüsselpositionen und wenden dann dieses System zur Ausführung jeglicher Politik, die wir alsbald nach dem Kriege für Zentraleuropa betreiben möchten, an.» Zwei Jahre später bemerkte er, europäische Integration schien in irgendeiner Form der Föderation die beste Lösung des Deutschlandproblems, und «der einzige Weg aus dem Konfliktelabyrinth, das Europa heute darstellt». Kennan an Burleigh, 18. Juni 1942, Bemerkungen zu Mitarbeitern in Lissabon, Juni 1944, Kennan-Dokumente.

14 Vereinte Nationen, *Situation and Prospects of Europe*, p. 61; Wirtschaftsrat, «Third Quarter Review», 1. Oktober 1947, Nourse-Dokumente; Harriman and Hoover zitiert in Forrestal-Tagebuch, 9. April 1947, pp. 1566 bis 1567. Die Kolkos behaupten irrtümlich: «Als eine kapitalistische Nation, die ihren internationalen Markt nicht ausweiten kann, um das Nationaleinkommen zwecks Aufnahme des Überflusses neu zu verteilen, würden die Vereinigten Staaten bald wieder in die Depression geraten, die erst der Zweite Weltkrieg beendet hat. Die Alternative war, hauptsächlich durch Subventionen statt Anleihen Dollars zu exportieren.» (*Limits of Power*, p. 360).

15 *FR: 1947*, II, p. 240, III, p. 220; Dobney, *Clayton*, p. 202. Smith' Gespräch in F.P.M. an Peterson, 16. Mai 1947, ASW 091 Russland, RG 107, Modern Military Records. «Ich stimme mit dem allgemeinen Ziel des Marshallplans, die westeuropäischen Länder in ihrem Kampf gegen den Kommunismus zu unterstützen, überein», schrieb Taft am 28. November 1947 an Harry Bannister, Box 786, Taft-Dokumente.

16 Leffingwell an Lamont, 21. Mai 1947, Lamont-Dokumente; Smith, *Clay Papers*, pp. 356; Keyes an Hoover, 21. Mai 1947, Hoover-Dokumente.

17 Djilas, *Conversations*, p. 141.

18 Dalton-Tagebuch, 10. September 1946; *FR: 1947*, III, p. 894.

19 Kolko, *Limits of Power*, pp. 212–215; Hugh Seton-Watson, *The East European Revolution*, pp. 190–202; Vedeler an Steinhardt, 12. August 1947, Box 55, Steinhardt-Dokumente; Hoghes an Booth, 11. Juni 1947, Hughes-Dokumente. Über die «gemäßigte Koalition», «Secret Summary for Secretary», 2. Juni 1947, mit Marshall an Truman, 2. Juni 1947, Box 180, Akte des Präsidentschaftssekretärs, Truman-Dokumente.

20 *FR: 1947*, III, pp. 224–225, 237–238; Memorandum vom 5. Juni 1947, Rede, Jones-Dokumente.

21 Interviews Marshall und Bohlen, Price of oral history collection; Unterhaltungen Forrestals mit Ploesser, 2. Juli 1947, Box 92, Forrestal-Dokumente. Über das Abschreiben der Wirtschaftskommission für Europa, siehe George Kennan, «Problems of U.S. Foreign Policy», Lecture, Washington, D. C., 6. Mai 1947.

22 B. Ponomaryov, *History of Soviet Foreign Policy, 1945–70*, p. 163; **Bohlen-**

Interview in Price' Sammlung mündliche Überlieferung; Price, *Marshall Plan*, pp. 26–29; Djilas, *Conversations*, pp. 99–100.

23 *FR: 1947*, III, p. 235; Hickerson an Acheson, 11. April 1947, Hickerson an Labouisse, 5. April 1947, Winiewicz-Thompson-Gespräch, 3. April 1947, Box 3, Hickerson-Akten, State Department-Dokumente; Patterson, *Soviet-American Confrontation*, pp. 210–211; Robert Elson, «New Strategy in Foreign Policy», *Fortune*, Dezember 1947, p. 222.

24 *FR: 1947*, III, pp. 260–261; Notizen über Polen, 10. September 1947, Herter-Dokumente; Pate an Lane, 21. März 1947, mit UNRRA-Notizen, Lane-Dokumente, Gomulka zitiert in Nicholas Bethell, *Gomulka*, p. 135; Karel Jech, Ed., *The Czechoslovak Economy, 1945–48*, p. 54. Für das ursprünglich starke polnische Interesse am Marshallplan, siehe auch Eugen Loebl, *Sentenced & Tried*, p. 25.

25 Interview mit Halvard Lange, Price, Sammlung mündliche Überlieferung.

26 *FR: 1947*, III, pp. 318–322; Ripka, *Czechoslovakia Enslaved*, pp. 56–71; Jech, *Czechoslovak Economy*, pp. 55–56.

27 Vedeler an Steinhardt, 12. August 1947, Box 55; Steinhardt-Dokumente; *FR: 1947*, III, pp. 335, 327.

28 Eisenhower an Clay, 1. März 1946, Clay-Akte, Eisenhower-Dokumente.

29 Clay an Warburg, 1. März 1946, Clay-Akte, Eisenhower-Dokumente.

30 John Hilldring, Lecture, Washington, D. C. 5. Dezember 1946; Clay an Dodge, 23. Dezember 1946, Dodge-Dokumente; Clay an Hoover, 7. April 1947, Hoover-Dokumente.

31 Memorandum des Hoover-McNeil-Gespräches, 20. Februar 1947, Hoover-Dokumente; Dulles an Vandenberg, 29. März 1947, Dulles-Dokumente.

32 Forrestal-Tagebuch, 28. April 1947, pp. 1600–1601; Hoover an Taber, 26. Mai 1947, Taber-Dokumente.

33 Smith, *Clay Papers*, pp. 387–391, 345, 372, 375, 412–413; Clay an Hoover, 8. Juni 1947, Hoover-Dokumente; Gimbel, *American Occupation*, pp. 156 bis 158, 170; Forrestal-Tagebuch, 17. Mai 1947, p. 1618; Pauley an Truman, 15. April 1947, Steelman an Truman, n. d. Box 133, Akte des Präsidentschaftssekretärs, Truman-Dokumente. Wegen Hoovers Bericht siehe Gimbel, *Marshall Plan*, pp. 182–184. Die Bizone bedeutete für die Briten deutlich ein politisches Dilemma. Über ihre Bemühungen, ihre schwere finanzielle Belastung in Deutschland gegen die Furcht abzuwägen, daß die USA ihre Pläne einer Sozialisierung der Schwerindustrie an der Ruhr verhindern würden, siehe CAB 128/6, pp. 45, 126–128, Kabinetts-Dokumente.

34 Royall an Taber, 8. August 1947, Taber-Dokumente; Smith, *Clay Papers*, p. 416; Gimbel, *American Occupation*, p. 195. In seiner ausgezeichneten neuen Studie, *The Origins of the Marshall Plan*, behauptet John Gimbel, das «amerikanische Wirtschaftsdilemma in Deutschland» sei «die wichtigste Motivation für den Marshallplan» gewesen (p. 279). Nur wenn man Deutschland mit einer allgemeinen westeuropäischen Gesundung verband, konnten die USA den französischen Widerstand gegen ein neubelebtes Deutschland überwinden. Er dokumentiert überzeugend, daß die Viermächtebesatzung im Gegensatz zu späteren Erinnerungen wegen der französischen – und nicht der sowjetischen – Obstruktion zusammengebrochen sei. Siehe pp. 33–34, 48–49, 85–97, 112, 127–131, 138–139. In der Tat sagt er zu Recht, daß die Geschichte der deutschen Besatzung von 1945 und 1946 im Jahre 1947 und danach neu geschrieben wurde. Er widmet dem Reparationenstreit und der Rolle der «versteckten Reparationen» viel Aufmerksamkeit. Er hebt auch den weiterbestehenden Bruch zwischen dem über Frankreich und das übrige Europa besorgten State Department und Clay sowie dem Verteidigungsministerium hervor, das bestrebt war, die Besatzungsprobleme von sich abzuwälzen, indem es Deutschland wieder auf die Füße stellte. Obwohl ich der These beipflichte, daß der Marshallplan eine «Lösung» des Deutschlandproblems bot und seine Ausführungen auch sehr geschickt und sorgfältig dargelegt sind, sieht er die Sache meiner Ansicht nach zu eng. Der Marshallplan war eine Bemühung, mit dem «Problem» Europa fertig zu werden, das drei Dimensionen hatte:

Deutschland, die westeuropäische Wirtschaft und die Sowjetunion. Gimbel meint zu Recht, man habe auf Deutschland einen unkorrekten Interpretationsgrundsatz – hier genannt als die Grundsätze von Riga – bezogen. Trotzdem waren Befürchtungen und Mißdeutungen der Sowjetunion unter den amerikanischen Politikern sehr echt. Zweitens entsprach ihrer Besorgnis über Deutschland sehr weitgehend eine Besorgnis über die Geschehnisse in der Wirtschaft des restlichen Westeuropa, denen er praktisch keine Bedeutung beimißt. Endlich übersieht er bei der Darlegung der Kontroverse zwischen State Department und Verteidigungsministerium die Bedeutung der engen persönlichen Beziehungen zwischen Byrnes und Clay. Und es ist nicht überraschend, daß er im Frühjahr und Sommer von 1947 keinen «Plan» finden kann. Was vorhanden war – und daraus entstand der Plan –, war eine Krisenwahrnehmung, ein Gefühl für Gefahr und Verantwortung und einige allgemeine Absichten, sowie allgemeine Gedanken über die Notwendigkeit einer verständlichen Antwort. Mit Berücksichtigung alles dessen bedeutet Gimbels Buch einen wichtigen Beitrag zur Literatur und weist bedeutsam auf die Art hin, in der der Marshallplan das Deutschlandproblem lösen sollte. Doch weder im Geiste seiner Urheber noch tatsächlich war der Plan von der Konfrontation mit der Sowjetunion unabhängig.

35 Dalton-Tagebuch, 30. Juli, 26. Juni 1947; Bonesteel an Lovett, 27. August 1947, 740.00119 Control (Deutschland) 8–2747, State Department-Dokumente; wegen «freundschaftlicher Hilfe» und Clayton, *FR: 1947*, III, pp. 223–230, 370; wegen Frankreich: Gimbel, *Marshall Plan*, pp. 252–254. Am 23. Juni bemerkte General Albert Wedemeyer in einem Bericht über eine im vergangenen Monat stattgefundene Europareise, er habe in Berlin «ein verhaltenes antiamerikanisches Gefühl» festgestellt. «Lew Douglas, der Botschafter, bestätigte das. Es ist verständlich – niemand hat gegen Gläubiger freundliche Gefühle, und viele sehen uns als Shylocks an. Das Leben ist sehr hart.» Wedemeyer fügte jedoch hinzu: «Über den fast allgemeinen britischen Wunsch, den Amerikanern in politischer, wirtschaftlicher und militärischer Hinsicht nahe zu bleiben, kann kein Zweifel bestehen.» Anhang an Notiz von Humelsine, 15. Juli 1947, FW 740.001 19 Control (Deutschland) 7–749, State Department-Dokumente. Die katastrophalen fünf Wochen zwischen dem 15. Juli, als die Briten das Pfund in Vereinbarung mit dem anglo-amerikanischen Anleiheübereinkommen konvertibel machten, und dem 20. August, als die Briten die Konvertibilität aufhoben, schürten den britischen Antagonismus. Siehe R. Gardner, *Sterling-Dollar Diplomacy*, pp. 306–325, 337–342.

36 Elsey zitiert in Paterson, *Soviet-American Confrontation*, p. 207; Paterson an Hoyt, 23. Juni 1947, Paterson-Dokumente.

37 Forrestal an Lippmann, 7. Januar 1946, Mosely an Forrestal, 14. Oktober 1947, Box 70, Strausz-Hupe an Forrestal, 14. März 1946, Box 71, Forrestal-Dokumente; Forrestal-Tagebuch, 15. Oktober 1946, p. 1301.

38 Kennan, «Psychological Background», Box 18, O'Connor-Notiz, 7. Oktober 1946, Box 68, Forrestal-Dokumente; Kennan, *Memoirs*, pp. 373–376.

39 George Kennan, «The Sources of Soviet Conduct», *Foreign Affairs*, Juli 1947; Riddleberger an Steinhardt, 29. August 1947, Box 55, Steinhardt-Dokumente.

40 Vandenberg an Roberts, 12. August 1947, Arthur-Vandenberg-Dokumente; Laurence Steinhardt, Lecture, Washington, D. C. Dezember 1947.

41 Siehe Dedijer, *Tito Speaks*, pp. 302–306; Bethell, *Gomulka*, pp. 135–138, 146–147; Djilas, *Conversations*, pp. 99–101; Shulman, *Stalin's Foreign Policy Reappraised*, pp. 14–17, 84; Werth, *Post-War Russia*, pp. 294–326; Sobolev, *Communist International*, pp. 512–515; Ulam, *The Rivals*, pp. 131 bis 134; wegen der deutschen Kommunisten siehe Leonhard, Die Revolution entläßt ihre Kinder; wegen einer westlichen Überwachung des polnischen Weges: John Scott, «Report on Poland», 1. Juni 1947, Box 55, Steinhardt-Dokumente.

42 *FR: 1947*, III, pp. 350–351; Taber an Hoover, 21. Mai 1947, Hoover-Dokumente; Taft an Bannister, 28. November 1947, Box 786, Taft-Dokumente; Hinshaw an Aldrich, 27. Oktober 1947, Box 82, Aldrich-Dokumente.

43 Marshall-Interview in Price' Sammlung mündliche Überlieferung; Vandenberg an Roberts; 12. August 1947, Arthur-Vandenberg-Dokumente.
44 Forrestal-Tagebuch, 26. Juli 1947, p. 1751; Lovett an Lamont, 31. Juli 1947, Lamont-Dokumente; Ford an Johnston, Air Policy Comission Papers; Margaret Truman, *Truman*, p. 352.
45 Southard an Snyder, 12. August 1947, Snyder-Dokumente; «Notes on Boat Trip Coming Over» und London, 3. September 1947. Herter-Dokumente; Lovett an Taber, 21. September 1947, Taber-Dokumente; *Business Week*, 9. August 1947, p. 86, 6. September 1947, p. 102.
46 *FR: 1947*, III, pp. 344–346, 361, 470–471, 475–476; Leahy-Tagebuch, 29. September 1947; Margaret Truman, *Truman*, p. 354.
47 Über den Dialog: McNaughton-Akte an Bermingham, 4. Oktober 1947, McNaughton-Dokumente; Memorandum, 15. Oktober 1947, Box 4, Clifford-Dokumente.
48 Truman, *Truman*, p. 356; *Truman: Public Papers, 1947*, pp. 475–476, 492 bis 498; Leahy-Tagebuch, 17. November 1947.
49 *FR: 1947*, II, pp. 684, 680, 687, 713.
50 Robert Murphy, «The Current Situation in Germany», Lecture, Washington, D. C. Oktober 1947; Marshalls Darstellung mit Humelsine an den Landwirtschaftsminister, 12. November 1947, 711.61/11–1247, Geheimakte, State Department-Dokumente.
51 *FR: 1947*, II, pp. 732, 738, 749, 756; *FR: USSR*, pp. 57–60; Acheson, *Present at the Creation*, p. 313.
52 *FR: 1947*, II, pp. 731, 757, 759; 817–818; Nicolson, *Diaries*, pp. 107–108.
53 Dulles, *War or Peace*, pp. 106–107; Sulzberger, *Long Row of Candles*, p. 373.
54 *FR: 1947*, II, pp. 751–773, 764–765. Wegen Marshalls Mangel an Geduld siehe John-Hickerson-Interview, Dulles mündliche Überlieferung.
55 *FR: 1947*, II, pp. 769–772, 826, 812.
56 Ibid., pp. 819, 823, 827, 815–817. Smith, *Clay*, pp. 501–502 (falsches Datum).
57 Pauley in *FR: 1947*, III, p. 715, Clay an Patterson, 23. Dezember 1947, Box 30, Patterson-Dokumente; Leahy-Tagebuch, 16. Dezember 1947.

XIII Der Wiederaufbau des Arsenals

1 *Fortune*, März 1948, p. 95, Dezember 1948, p. 209.
2 Webb, Brief vom 3. April 1957, zitiert von Paul Hammond in «Super Carriers and B–36 Bombers; Appropriations, Strategy and Politics», in Harold Stein, Ed. *American Civil-Military Decisions*, pp. 472–473; Whitehead an Spaatz, 9. Dezember 1947, Box 28, Spaatz-Dokumente.
3 Symington an Kennay, 30. Mai 1947, Box 23, Spaatz-Dokumente. Siehe auch War Council Meeting, 19. März 1947, Box 23, Patterson-Dokumente; Forrestal-Tagebuch, 18. April 1947, pp. 1580–1581; Caraley, *Military Unification*, pp. 174–182.
4 Millis, *Forrestal Diaries*, pp. 294–296, 299.
5 Ira Eaker, «Army Air Forces», Lecture, 5. Juni 1947, p. 4, National War College, Box 259, Spaatz-Dokumente.
6 Spaatz an Symington, 30. Dezember 1947, Box 28, Spaatz-Dokumente. Der Wissenschaftler ist Paul Hammond, «Super Carriers», in Stein, *Civil-Military Decisions*, p. 483.
7 Sullivan-Aussage, 2. Dezember 1947, Air Policy Commission Papers; «USSR Submarines», McDonald an Spaatz, 30. Dezember 1947, Box 28; Spaatz-Dokumente. Forrestal und die drei Minister der anderen Waffengattungen waren im Oktober 1947 übereingekommen, «daß wir, wo immer möglich, eine Publizität des Wettstreits vermeiden sollten». (Aktenvermerk über Treffen der drei Minister mit Forrestal, 13. Oktober 1947, Box 2, Hoyt-Vandenberg-Dokumente.) Diese Vereinbarung hatte faktisch überhaupt keinen Bestand. Überdies war die Vorführung sowjetischer Bedrohungen, ob wirklich oder eingebildet, eine der wirksamsten Formen der Wettstreits-

publizität. Gelegentlich schimmerte eine bewußte Falschdeutung durch. Vor der Air Policy Commission berichtete General Spaatz von verschiedenen alarmierenden Statistiken: daß die Gesamtheit der bewaffneten sowjetischen Streitmächte die der Amerikaner 1946 um 98 Prozent und 1947 um 134 Prozent übertraf; daß 1946 die sowjetische Luftwaffe über 23 Prozent weniger Personal verfügte, die USAF 1947 aber über 33 Prozent mehr verfügt hätte. Sodann die höchst dramatische Statistik zugunsten des Aufbaus der Luftwaffe: «Während ihre [sowjetische] relative numerische Überlegenheit insgesamt in der Zwischenzeit um 36 Prozent angestiegen ist, hat sich der relative Zuwachs an Luftwaffenpersonal auf 56 Prozent gesteigert.» Mit unbeabsichtigter Treuherzigkeit wie auch einiger Verwirrung schloß er: «Diese relativen Ziffern beweisen wenig, trotzdem deuten sie auf einen Trend und vielleicht eine strategische Absicht hin.» (Air Policy Board Instruktion, 16. September 1947, p. 2, Box 29, Spaatz-Dokumente.)

8 Patterson an Hopper, 16. Juni 1947, Box 27, Patterson-Dokumente. Hammonds weist auf die volkstümliche Unterstützung hin, «Super Carriers», in Stein, *Civil-Military Decisions*, p. 476.

9 Als ein Pro-Air-Force-Dokument siehe President's Air Policy Commission, *Survival in the Air*, p. 25; Symington an Finletter, 28. Oktober 1947, Air-Police-Commission-Dokumente; *Fortune*, März 1948, pp. 151–152.

10 Forrestal-Aussage, 3. Dezember 1947, Air-Policy-Commission-Dokumente.

11 Air Policy Commission, *Survival in Air Age*, pp. 4–8, 133.

12 Air-Policy-Board-Instruktion, 16. September 1947, Box 29, Spaatz-Dokumente. Ein Mitarbeiter von Spaatz beschrieb die strategische Ansicht der Luftwaffe: «So wie ich unsere Planung von Luftoperationen in Kriegszeiten verstehe, die in den kommenden vier bis 15 Jahren stattfinden könnten, werden wir als Vergeltungsmaßnahme zuerst so schnell wie möglich unsere weitreichenden strategischen Bomber einsetzen. Atombomben werden angewandt werden, und das zu attackierende Zielsystem wird jenes sein, das ein Höchstmaß an ‹schonungsloser› Wirkung erbringt. Das heißt, daß die von uns zu erhoffenden Ergebnisse jene wären, die den größten unmittelbaren Schaden und Zerstörung beim Feind verursachten und damit seine Fähigkeit reduzierten, gegen lebenswichtige Objekte der Vereinigten Staaten und ihrer Verbündeten zu operieren ... Gleichzeitig mit dieser Vergeltungsaktion oder ‹schonungslosen› Phase, deren Ergebnisse uns hoffentlich Zeit geben werden, unsere gesamten Kräfte zu sammeln, müssen wir vorgeschobene Basen besetzen und halten, von denen aus es möglich sein wird, die zur Errichtung der Luftkontrolle notwendigen Operationen rund um die Uhr durchzuführen ... Die Schätzungen unseres Nachrichtendienstes geben an, daß der potentielle Feind Europa bis zum Ärmelkanal und die Pyrenäen in etwa zehn Tagen überrollen könnte; außerdem würden wir des Gebietes im Mittleren Osten als Basis für Luftoperationen beraubt werden, auch wenn der potentielle Feind dieses Gebiet nicht mit Gewalt besetzen würde. Überdies vervollständigen ihre Satellitenstaaten in Südosteuropa den Perimeter einer Verteidigung in der Tiefe.» Solch ein Konzept verlangte natürlich eine intensive und expansive Beschleunigung der Entwicklung und Produktion neuer Luftfahrzeuge. «Requirements Based upon U.S. Air Force Concept for the Employment of Air Power», Landry an Spaatz, 27. Januar 1948, Box 28, Spaatz-Dokumente.

13 Brodie legte seinen Standpunkt dar in «The Atomic Bomb and American Security», Memorandum Nr. 18, Yale Institute of International Studies, 1945: «Bisher war das Hauptziel unseres stehenden Heeres, Kriege zu gewinnen. Von nun an muß sein Hauptziel sein, sie zu verhindern. Es kann keinen anderen sinnvollen Zweck haben.» Brodies Essay erschien in einer Sammlung, die er im folgenden Jahr herausgab: *The Absolute Weapon*. Arnold Wolfers hatte in dem Band auch einen Essay. Samuel Huntington (*The Common Defense*, pp. 45–46, 451) nennt die Publikation «einen bemerkenswert voraussehenden Band» und fügt hinzu, «Abschreckung war Wolfers Wort. Seine Nachsilbe war falsch, das Konzept aber richtig». Siehe auch

Michael Howard, *Studies in War and Peace*, pp. 159–160; Bernard Brodie, *War and Politics*, pp. 376–379.

14 Harriman-Aussage, 8. September 1947, Air-Policy-Commission-Dokumente. Thomas Wolfe schreibt: «Man kann vielleicht die Frage stellen, ob der Plan der nuklearen Abschreckung, so wie er heute allgemein aufgefaßt wird, in den späten Vierzigern in den Vereinigten Staaten bereits eine voll entwickelte Nation strategischen Denkens war.» (*Soviet Power and Europe*, p. 34.) Die angemessene Antwort ist, daß der Plan in der Entwicklung war; einige unterstützten ihn; einige, einschließlich jener in der Luftwaffe, die sich auf strategische Bombardierungen verließen, nicht.

15 President's Air Policy Commission, *Survival in the Air Age*, pp. 6, 133.

16 Siehe zum Beispiel *Aviation Week*, 5. Januar 1948, p. 11, 16. Februar 1948, p. 9.

17 *Aviation Week*, 23. Februar 1948, pp. 35, 26, 21–22, 42–44, 15. Januar 1948, p. 15, 28. Februar 1949, p. 20.

18 *Fortune*, Januar 1948, pp. 77, 80; *Aviation Week*, 6. Oktober 1947, p. 11, 12. Januar 1948, pp. 77, 80; *Aviation Week*, 6. Oktober 1947, p. 11, 12. Januar 1948, p. 14; *Aviation News*, 2. Juni 1947, p. 7.

19 Ira Eaker, «Army Air Forces», Lecture, 5. Juni 1947, p. 16, National War College, Box 259, Spaatz-Dokumente; *Fortune*, März 1948, p. 95, Januar 1948, pp. 157, 81.

20 *Aviation Week*, 23. Februar 1948, p. 11.

21 *Aviation Week*, 19. Januar 1948, p. 11, 23. Februar 1948, p. 52, 16. Februar 1948, p. 9. Wegen der «trüben» Chancen, *Aviation Week*, 5. Januar 1948, p. 11.

22 Masaryk in *FR: 1947*, IV, p. 243; Riddleberger an Steinhardt, 2. Dezember 1946, Box 51, Steinhardt-Dokumente; Loebl, *My Mind on Trial*, pp. 70 bis 73; wegen der Zwangsarbeit, Jiri Pelikan, *The Czechoslovak Political Trials: 1950–54*, p. 53.

23 Riddleberger an Steinhardt, 2. Dezember 1946, Box 51, Steinhardt an Riddleberger, Juni 1947, Box 84, Steinhardt-Dokumente.

24 Über die Ernte: Jech, *The Czechoslovak Economy*, p. 57; wegen der Bemühungen, amerikanisches Korn zu bekommen, *FR: 1947*, IV, pp. 243, 247, 251. Ripka über sowjetisches Korn: zitiert von Werth, *Postwar Russia*, pp. 328 bis 329. «Stalins Akt hat große Publizität erfahren», berichtete *Business Week*. «Die kommunistische Presse läßt sich keine Gelegenheit entgehen, die Vorteile des ‹Molotowplans› vor dem langsamer beginnenden Marshallplan herauszustreichen.» (27. Dezember 1947, p. 74.)

25 Laurence Steinhardt, Lecture, 15. Dezember 1947, pp. 18–19, National War College, Steinhardt-Dokumente.

26 Ludek Pachman, *Checkmate in Prague*, p. 38; Steinhardt an Williamson, 1. Oktober 1947, Box 85, Laurence Steinhardt, Lecture, 15. Dezember 1947, p. 17, National War College, Steinhardt-Dokumente; Marshalls Kommentare im Anhang an Huemelsine an den Landwirtschaftsminister, 12. November 1947, 711.61/11–1247, Geheimdokumente des State Department. Überraschend ist, daß die Kokols unkritisch und ohne Dokumentation die kommunistischen Anschuldigungen wegen eines größeren reaktionären Komplotts in der Slowakei übernehmen. *Limits of Power*, p. 390.

27 Ripka, *Czechoslovakia Enslaved*, vermittelt die persönliche Ansicht eines führenden nichtkommunistischen Politikers.

28 *FR: 1948*, IV, pp. 741–742.

29 Pelikan, *The Czechoslovak Political Trials:* pp. 64, 112–113. Arthur Londons *The Confession* ist eine eindrucksvolle Darstellung eines gläubigen Kommunisten – eines von Stalins «nützlichen Trotteln» –, der in den Terror geriet. Das gleiche gilt für Eugen Loebls *My Mind on Trial.*

30 Über Bevin, Marshall und Steinhardt, *FR: 1948*, pp. 736–737, 749–750. Über die sowjetische Streitmacht in der Tschechoslowakei siehe Ismay an den Premierminister, 23. Oktober 1946, Box 22, Attlee-Dokumente; Joint Intelligence Committee, «Estimated Strength», 4. Juni 1948, CCS 091.711 (4–30–46)

RG 218, Modern Military Records. Die Information über die «komischen» Notizen stammte aus einem Interview.

31 Kennan, *Memoirs*, pp. 399, 423–425. Kennan war sich der russischen Ziele nicht so sicher, wie der Leser denken könnte. Am 18. Dezember 1947 hatte er einer Gruppe des National War College mitgeteilt: «Ihre unmittelbaren Pläne zielen heute auf die baldmöglichste Konsolidierung ihrer Macht in der Tschechoslowakei ab und die konkrete Machtübernahme mittels Gewalt in Griechenland, Italien und Frankreich.» («What is Policy?» Lecture, National War College, Kennan-Dokumente.) Paul Hammond («Super Carrier», in Stein, *Civil-Military Decisions*, p. 473) fügt hinzu, die Frühjahrskrise «hatte somit zwei Ursprünge, eine allgemeine Bewegung der Ereignisse hinsichtlich der strategischen Position der Vereinigten Staaten, die die amerikanische Öffentlichkeit bewegte, und gewisse spezifisch potentielle Anforderungen an die Militäreinheiten, in die nur die Exekutive eingeweiht war».

32 Margaret Truman, *Truman*, pp. 358–360; Kennan, *Memoirs*, p. 422; Clays Botschaft und Hintergrund in Smith, Clay, pp. 568–569.

33 Notizen vom 17. März 1948, Rede, Box 20, Elsey-Dokumente; Elsey an Clifford, 5. März 1948, Box 31, Clifford-Dokumente; Lilienthal, *Atomic Energy Years*, p. 302; Memorandum vom Chef der Marineoperationen, 19. März 1948, CCS 334, Armed Forces Policy Council, Modern Military Records.

34 Kennan, *Memoirs*, p. 422; wegen Spekulationen über Masaryks Tod, *FR: 1948*, IV, pp. 743–744. Claire Sterling ist der Forscher, Autor von *The Masaryk Case*. Premierminister Mackenzie King von Kanada bemerkte, nachdem er über Radio von Masaryks Tod erfahren hatte: «Eines ist gewiß. Das ist der Beweis, daß es mit den Kommunisten in der Tschechoslowakei keine Zusammenarbeit gibt.» (Pickersgill, Mackenzie King, Bd. 4, p. 165.)

35 Wegen der Übersicht der Notstandspläne: Smith, *Clay Papers*, II, p. 569; Leahy-Tagebuch, 14. März 1948; wegen Forrestal, Millis: *Forrestal Diaries*, 393.

36 Notizen über den 17. März 1948, Rede, Box 20, Elsey-Dokumente; Millis, *Forrestal Diaries*, pp. 394–395.

37 *Truman: Public Papers: 1948*, pp. 182–186; Pickersgill, *Mackenzie King*, Bd. 4, pp. 170, 175–176; Leahy-Tagebuch, 17. März 1948; Ayers-Tagebuch, 16. März 1948.

38 Hamby, *Beyond the New Deal*, pp. 202–207, 230–231; Richard Walton, *Henry Wallace, Harry Truman and the Cold War*, Kap. 4; Truman an Folger, 19. April 1947, Box 141, Hoover an Vaughan, 29. März 1947, Box 167, Hoover an Allen, 3. Juni 1946, Hoover an Vaughan, 19. November 1945, 5. Oktober 1945, 27. Januar 1948, 31. Dezember 1948, Box 169, Akte des Präsidentschaftssekretärs, Truman-Dokumente. Wegen Trumans Verdächtigung Hoovers und des FBI siehe Freeland, *Truman Doctrine*, pp. 205–206. Lilian Hellman, *Scoundrel Time*, p. 121; wegen des Tagebuchs, Hillman, *Mr. President*, p. 135. Clifford und Historiker Robert Divine, *Foreign Policy and U.S. Presidential Elections*, pp. 172–174, 179–184. In einem ähnlichen Essay meint Divine: «Die Eroberung von Wallace bedeutete den Beginn von Trumans politischer Wiederauferstehung.» (In «The Cold War and Election of 1948», *Journal of American History* 59, Juni 1972: 96–99.) Über das Memorandum Clifford-Rowe, Joseph Goulden, *The Best Years*, p. 363.

39 Lilienthal, *Atomic Energy Years*, pp. 305, 313; zu Forrestal an den Nationalen Sicherheitsrat, 30. März 1948 und Forrestal-Frage, Symington an Spaatz, 31. März 1948, Box 28, Spaatz-Dokumente; *Business Week*, 24. April 1948, pp. 19–23.

40 Nourse, Kayserling und Clark an Truman, 24. März 1948, Memorandum, 10. Mai 1948, Nourse-Dokumente; Millis, *Forrestal Diaries*, p. 409.

41 Millis, *Forrestal Diaries*, p. 436; Truman: *Public Papers: 1948*, p. 198; Organisationsakte, Box 262, Spaatz-Dokumente.

42 Memorandum, 10. Mai 1948, Nourse-Dokumente; Webb in Lilienthal, *Atomic Energy Years*, pp. 350–351.

43 *Business Week,* 10. April 1948, pp. 15, 120; zu den regelmäßigen Berichten über sowjetische Entwicklungen, *Aviation Week,* 19. April 1948, p. 15; 17. Mai 1948, p. 13; 14. Juni 1948, pp. 14–15; wegen weiterer Unternehmungen: ibid. 4. April 1948, pp. 11, 12. April 1948, p. 11. *Business Week,* 1. Mai 1948, p. 30. Wegen der Marine vgl. *Aviation Week,* 10. Mai 1948, p. 11.

44 Marshalls Warnung und Forrestals Beschwerde in Millis, *Forrestal Diaries,* pp. 432, 438; Truman-Tagebuch, 7. Mai 1948, Box 269, Akte des Präsidentschaftssekretärs, Truman-Dokumente; Webb, in Lilienthal, *Atomic Energy Years,* pp. 350–351; wegen Forrestals bevorstehendem Zusammenbruch: *New York Times Magazine,* 29. August 1948, p. 148; für «Schafsköpfe» und «verdammt sauer» werden: Ayers-Tagebuch, 21., 26. April 1948.

45 Aviation Week, 29. März 1948, p. 8, 7. Juni 1948, p. 11; *Business Week,* 19. Juni 1948, p. 26.

46 Über das Steuerbudget, *Aviation Week,* 5. Juli 1948, p. 10. Wegen der Zunahme des Flugzeugrumpfgewichtes, die neuen Generationen, ibid., 28. Februar 1949, pp. 10–12, 20; wegen der langfristigen Kaufwelle ibid. 6. September 1948, p. 9; über Forrestals Voraussage ibid. 14. Februar 1949, p. 12.

47 *Aviation Week,* 23. Februar 1948, p. 43.

48 Über RANDS Mandat, Verteidigungsminister, *Second Annual Report: Fiscal Year 1949,* pp. 286–287; Bruce L. R. Smith, *The Rand Corporation,* p. 47. Bowles und Weaver, zitiert in ibid. pp. 35, 51.

49 Wie wichtig war diese Entwicklung? Smith, der 1966 schreibt, beginnt sein Buch: «Das Aufkommen von Forschungen ohne Profit oder beratender Korporationen ist das überraschendste Phänomen von Amerikas Verteidigungsorganisation nach dem Kriege. Eine kleine, aber einflußreiche Gemeinde, die großenteils aus zivilen Forschern und Strategen bestand, versorgt jetzt die Verteidigungspolitiker bei vielen wichtigen Problemen mit Beratung. Führende Mitglieder dieser Gruppe spielen jetzt in der Verteidigungspolitik eine Rolle, die vor mehreren Jahrzehnten kaum vorstellbar gewesen wäre. Ein ausländischer Beobachter, dem dieses Phänomen auffiel, daß die Vertreter gewisser amerikanischer Forschungsorganisationen durch die Korridore des Pentagon wandeln, «etwa wie die Jesuiten vor dreihundert Jahren durch die Höfe von Madrid oder Wien gewandelt sind». (Smith, *Rand,* p. 1).

50 *Aviation Week,* 23. Februar 1948, pp. 42, 44, 28. Februar 1949, p. 23. Wegen der Vergleiche mit der Vergangenheit, Verteidigungsminister, *Second Annual Report: Fiscal 1949,* p. 49. Wegen des GNP, Alvin Hansen, *The Postwar Economy,* pp. 24–30. Zu bemerken ist jedoch, die Militärausgaben betrafen 1948 zehn Prozent der GNO und 1962 zwölfeinhalb Prozent.

51 Lovett, in *FR: 1948,* III, pp. 150, 153; Sargent an den Premierminister, 2. Januar 1948, mit Kabinettsentwurf, Box 28, Attlee-Dokumente.

52 *FR: 1948,* III, pp. 3–6, 8–12; Marshall an Truman, 11. Februar 1948, Box 178, Akte des Präsidentschaftssekretärs, Truman-Dokumente.

53 Bevin in Dixon, *Double Diploma,* p. 255; Hickerson, in *FR: 1948,* III, p. 40. Über die Wirkungen der Tschechoslowakei auf die Planungen der Allianz siehe auch Lord Gladwyn, *Memoirs,* p. 213.

54 Raymond Dennett und Robert Turner, *Documents on American Foreign Relations: 1948,* pp. 585–588.

55 Wegen der Geheimhaltungsbemühungen: *FR: 1948,* III, pp. 59–61; Lord Gladwyn, *Memoirs,* pp. 215–216. Die besten Quellen über Maclean und Burgess wie auch Kim Philby sind zwei ernsthafte journalistische Studien: Patrick Seale und Maureen McConville, Philby: *The Road to Moscow,* p. 194; und Bruce Page, David Leitch und Phillip Knightley, Philby: *The Spy who betrayed a Nation,* pp. 201–202, 224. Als Gladwyn Webb drei Jahrzehnte später die Frage der Konsequenzen von Macleans Beteiligung gestellt wurde, erwiderte er: «Ich habe wirklich keine Ahnung, bis zu welchem Ausmaß Macleans Berichte – die meiner Ansicht nach hauptsächlich in mündlicher Information und nicht in der Übergabe eigentlicher Dokumente bestanden, obwohl ich mich auch darin irren mag – der sowjetischen Regierung nützlich

waren. Wenn sie Eindrücke aus anderen Quellen bestärkten, daß die westlichen Demokratien sich zusammentun wollten, um in Europa und anderswo eine Verteidigungsfront zu schaffen, könnten sie möglicherweise vom westlichen Standpunkt aus nützlich gewesen sein». (Brief an den Autor, 24. August 1976.)

56 Bidault in *FR: 1948*, III, p. 142; wegen Beteiligung an einer Allianz als Maßstab nationaler Sicherheit, siehe ibid. p. 85; Lovett in *FR: 1948*, II, p. 233.

57 Vandenberg, *Papers of Senator Vandenberg*, pp. 399–411.

58 *Fortune*, Dezember 1948, p. 209; Lilienthal, *Atomic Energy Years*, pp. 550 bis 551; Walter Lippmann, «The Finletter Report», *New York Herald Tribune*, 15. Januar 1948.

XIV Das Ende des Friedens

1 Clay-Royall, in Smith, *Clay*, p. 702.

2 Robertson, in *FR: 1948*, II, p. 8; Clay, *Decision*, p. 348.

3 Marshall, in *FR: 1948*, II, pp. 71–73; Bohlen, *Witness*, p. 274.

4 Wegen der Reparationen als wichtigstem sowjetischen Ziel und wie das mit anderen Zielen in Gegensatz geriet, siehe Gottlieb, *Berlin Crisis*, pp. 178 bis 181, und Nettl, *Eastern Zone*, pp. 282, 299, 302–306. Gimbel, *American Occupation*, pp. 203–205, bespricht die zweiseitige Auffassung von Meisterplänen. Einige Zeit lang waren die Briten sich der Widersprüche der Sowjetpolitik in Deutschland bewußt gewesen. William Strang, der politische Berater des britischen Kommandanten in Deutschland, bemerkte am 3. Dezember 1946, daß «die Verarmung der Sowjetzone die Deutschen sehr abstoßen muß, selbst jene Deutschen, auf die sich die sowjetischen Behörden wegen der Förderung ihres Einflusses in Deutschland am meisten verlassen. Das ist das Dilemma, mit dem die Russen in Deutschland ständig konfrontiert wurden. Die Anforderungen ihrer Wirtschaft und Sicherheit widersprechen verschiedenen ihrer politischen Ziele. Das ist die Erklärung für einige der Verzögerungen und Widersprüche der sowjetischen Deutschlandpolitik, und wir können damit rechnen, daß es so weitergeht.» CAB 129/15, pp. 207 bis 208, Kabinettsdokumente.

5 Wegen der anscheinend versöhnlichen Gesten der Sowjets, *Business Week*, 7. Februar 1948, pp. 15, 103; Memorandum von Fuller, 13. Januar 1948, 740.001 19 19 Kontrollrat (Deutschland)/1–1348, State Department-Dokumente.

6 Smith, *Clay*, p. 548; *FR: 1948*, II, pp. 142–145.

7 *Business Week*, 11. Oktober 1947, p. 105; Harriman an Truman, 12. August 1947, Box 28, Spaatz-Dokumente.

8 *FR: 1948*, II, pp. 871–873; Clay, *Decisions*, pp. 211–212.

9 Wisner und Lovett, *FR: 1948*, II, pp. 879–880; Murphy und Männchen malen: ibid., pp. 878–879, 892, 901. In der Tat hatte Clay seit einiger Zeit gefühlt, daß die wirtschaftliche Wiedergesundung durch Währungsprobleme behindert wurde. Am 23. Dezember 1946 hatte er geschrieben, das Moskauer Treffen des Außenministerrates vom März 1947 «würde der allerletzte Termin sein, und wenn es keine Vereinbarungen erbringt, schlagen wir vor, in der britischen und amerikanischen Zone eine neue Währung in Umlauf zu setzen». (An Joseph Dodge, Dodge-Dokumente.)

10 *FR: 1948*, II, pp. 339, 341, 352–353, 360, 363.

11 Saltzman an Lovett, 8. April 1948, 740.00119 Kontrollrat (Deutschland) 4–848, State Department-Dokumente; Gimbel, *American Occupation*, p. 205; *FR: 1948*, II, pp. 889, 892–893.

12 Strang, Marshall und Douglas in *FR: 1948*, II, pp. 218, 281, 71, 110.

13 Marshall, Douglas, Vereinbarungen, Couve, in ibid., pp. 101, 138, 304–314, 169–170; Jean Chauvel, *Commentaire*, p. 199. Über Friedensoffensive: *Business Week*, 15. Mai 1948, pp. 9, 15; Divine, Beamter des State Depart-

ment, bemerkte: «Langsam häuft sich der Augenschein, daß die sowjetischen Beamten im Ausland unterhalb der Spitze vorsichtig auf Reaktionen zu Behauptungen achten, daß wichtige Probleme zwischen Ost und West durch unmittelbare Verhandlungen auf höchster Ebene ausgebügelt werden könnten.» (Stevens an Thompson, 6. Mai 1948, 711.61/5–648, State Department-Dokumente.) Aber Truman mochte keine Spitzendiplomatie und glaubte in dieser Hinsicht nur, daß es unmöglich sei, mit den Russen zu irgendwelchen sinnvollen Vereinbarungen zu kommen. Die Sowjetunion «hat niemals irgendwelche von ihr getroffenen Vereinbarungen gehalten», sagte er seinen Mitarbeitern. Da «es nichts zu verhandeln gab», bestand auch kein Sinn in einem Spitzentreffen. «Was kann man machen?» fragte er. Ayers-Tagebuch, 18. Mai 1948.

14 Über Clay und Royall, Smith, *Clay*, p. 602; Aktenvermerk von Lightner, stellvertretender Leiter der Abteilung für mitteleuropäische Angelegenheiten, 26. Dezember 1947, 740.00119 Kontrollrat (Deutschland)/12–2647, Saltzman an Lovett, 8. April 1948, 740.00119 Kontrollrat (Deutschland)/4–848, State Department-Dokumente; Royall an Stimson, 21. April 1948, Stimson-Dokumente. Um ihre Behauptung zu unterstützen, daß die Amerikaner eine «zu handhabende Krise [wünschten], die nicht zum Krieg führte» und die «durch Anstacheln des Kongresses im Inlande nützliche Folgen hätte» (was natürlich mit ihrer allgemeinen Ansicht übereinstimmt), behaupten die Kolkos, die amerikanischen Führer seien «im April ziemlich überzeugt gewesen, daß man Berlin durch die Luft versorgen könne». (*Limits of Power*, p. 491.) Die offensichtliche Quelle für diese Behauptung der Kolkos ist der Brief Royalls an Stimson. Doch Royall sprach nicht von einer Versorgung der gesamten Stadt, sondern nur der des amerikanischen Kontingentes in derselben.

15 Smith, *Clay*, I, pp. XXI–XXXII; *New York Times Magazine*, 4. Juli 1948, 15. Juli 1945; wegen der Kritik des Langen Telegramms, Murphy an Matthews, 3. April 1946, 861.00/4–346, State-Department-Dokumente. Siehe pp. 212–213 oben. Interview mit James Riddleberger. «Clay begann auch immer mehr Einfluß zu haben», erinnerte sich Riddleberger auch.

16 Smith, *Clay*, Bd. 1 p. XXX; McCloy zitiert in ibid., p. XXV; Kennan, Lecture, National War College, 6. Mai 1947, p. 30, Kennan-Dokumente; Murphy an Hickerson, 5. Januar 1948, 740.00119 Kontrollrat (Deutschland)/1–548, State-Department-Dokumente; Kindleberger an DeWilde, 16. August 1946, Kindleberger-Dokumente.

17 Smith, *Clay*, p. 517. Am 10. April 1948 fragte Hickerson Murphy nach seiner «offenen Ansicht» über die Errichtung einer westdeutschen Regierung bei der westlichen Lage in Berlin. Murphys Antwort: «Mit Hinsicht auf kürzliches Verhalten und Führung der Russen in Berlin würde unsere Lage in Berlin meiner Meinung nach durch Errichtung einer Westdeutschen Regierung vor einem ähnlichen russischen Schritt nicht ernsthaft beeinträchtigt werden.» (*FR: 1948*, II, pp. 176, 179.)

18 Douglas und Lovett, *FR: 1948*, II, pp. 266–267, 272; Clay und Bradley, Smith, *Clay*, p. 623.

19 Truman, in Millis, *Forrestal Diaries*, p. 454; Bevin, in *FR: 1948*, II, p. 982; William Draper mündliche Überlieferung, pp. 64–70.

20 Murphy, *Diplomat*, p. 352; Smith, *Clay*, Bd. 2, pp. 709–710; Clay, *Decision*, pp. 372–373; «Berlin Situation: Air», Donnelly an Landry, 8. Juli 1948, Box 178, Akte des Präsidentschaftssekretärs, Truman-Dokumente.

21 Bevin, in Lord Strang, *Home and Abroad*, p. 298; Ismay an Eisenhower, 8. Juli 1948, Ismay-Dokumente.

22 Truman, *Years of Trial*, pp. 124–126; *FR: 1948*, II, pp. 925, 928, 130, 977, 982; Leahy-Tagebuch, 22. Juli 1948.

23 Millis, *Forrestal Diaries*, pp. 453–456; Forrestal an Marshall, 9. August 1948, 740.00119 Kontrollrat (Deutschland)/8–948, 20. August 1948, 740.00119 Kontrollrat (Deutschland)/8–2048, State-Department-Dokumente; W. Phillips Davison, *The Berlin Blockade*, pp. 129–130, 155–157; *Aviation Week*, 2. August 1948, p. 10. Der Historiker ist Walter Millis, *Arms and Men*, p. 323. Wegen

der Entscheidung vom 28. Juni und der Modifizierung der B-29: Gowing, *Independence and Deterrence,* Bd. 1, pp. 310–311.

24 Siehe Smith, *Clay,* pp. 623, 677; *FR: 1948,* II, pp. 176–177, 179. «Initiative, Antrieb, Führung und Kraft alles dessen, was getan wurde, kamen mehr von General Clay und dem Armeesekretär, als von dem Präsidenten und dem Nationalen Sicherheitsrat», erinnerte sich Charles Saltzman, Assistent Secretary of State for Occupied Areas in den Jahren 1947–1949; Saltzman mündliche Überlieferung, p. 23.

25 Smith, *Clay,* pp. 623, 677; *FR: 1948,* II, pp. 918, 957–958; Millis, *Forrestal Diaries,* pp. 459–460; Murphy, *Diplomat,* p. 354.

26 Wegen der Stabschefs siehe Leahy-Tagebuch, 30. Juni 1948; Howley an Bowles, 5. April 1948, 23. Juni 1948, Bowles-Dokumente.

27 Forrestal an Marshall, 28. Juli 1948 (mit Reber-Memorandum), 740.00119 Kontrollrat (Deutschland)/7–2848, State-Department-Dokumente; «Amerikanische Militäraktion mit Hinsicht auf Berlin», Bericht an den Nationalen Sicherheitsrat, p. 2, 28. Juli 1948, Box 204, Landry an Truman, 28. September 1948, Box 126, Akte des Präsidentschaftssekretärs, Harry S. Truman-Dokumente.

28 Dedijer, *Battle Stalin Lost,* pp. 198, 34, 73–96; Ulam, *Titoism and the Cominform,* pp. 77–78. Wegen der sowjetischen Wirtschaftsoperation in Ostdeutschland, siehe Nettl, *The Eastern Zone.* Wegen der sowjetischen Streitmächte, Joint Intelligence Committee, «Estimated Strengths», 4. Juni 1948, CCS 091.711 (4–30–46), RG 218, Modern Military Records.

29 Dedijer, *Tito Speaks,* pp. 327, 333, 343; *Battle Stalin Lost,* p. 106; Ulam, *Titoism,* pp. 115–130.

30 Dedijer, *Battle Stalin Lost,* pp. 40–43, 93–94; *Tito Speaks,* p. 337. «Ich bin absolut sicher, daß wenn die Sowjetunion und Jugoslawien eine gemeinsame Grenze hätten, Stalin militärisch eingegriffen hätte», sagte Chruschtschow später. «Er hätte jedoch Bulgarien durchqueren müssen, und Stalin wußte, daß wir dazu nicht stark genug waren. Er befürchtete, die amerikanischen Imperialisten unterstützten aktiv die Jugoslawen – nicht aus Sympathie mit der jugoslawischen Form des Sozialismus, sondern um das sozialistische Lager zu spalten und zu demoralisieren.» (Talbott, *Khrushchev Remembers: The Last Testament,* p. 205.)

31 Wegen der Debatte unter den amerikanischen Beamten, *FR: 1948,* IV, pp. 1076 bis 1081, 1083, 1085–1088, 1092–1099, 1105–1106, 1110; Talbott, *Khrushchev: Last Testament,* pp. 217–218

32 Wegen der Beziehung zwischen der Berlinkrise und der doppelten Herausforderung an Truman durch Dewey und Wallace siehe Robert Divine, «The Cold War and the Election of 1948», *Journal of American History* 59 (Juni 1972): 90–110. Clifford zitiert, ibid. p. 93.

33 Bevin in Bohlen, *Witness,* p. 279; Smith, in *FR: 1948,* II, pp. 1194–1197; Howley an Bowles, 23. Juni 1948, Bowles-Dokumente. Am 30. Juli übergab Marshall Truman einen Bericht des State Department, demzufolge die öffentliche Meinung sich in überwältigendem Ausmaße dagegen aussprach, sich aus Berlin «herausdrängen» zu lassen, aber auch Verhandlungen zustimmte, solange eine «Lösung nicht unsere Prinzipien und nationalen Interessen verletzt». (Box 171, Akte des Präsidentschaftssekretärs, Truman-Dokumente.)

34 Clay-Royall, in Smith, Clay, p. 702; *FR: 1948,* III, p. 207; *FR: 1948,* II, p. 928.

35 *FR: 1948,* II, pp. 381, 991, 999–1006; wegen Bohlen, Bohlen an Marshall, 4. August 1948, 740.00119 Kontrollrat (Deutschland)/8–448, State Department-Dokumente.

36 Smith und Clay, in *FR: 1948,* II, pp. 1006–1007, 1032; Bohlen an Marshall, 4. August 1948, 740.00119 Kontrollrat (Deutschland)/8–448, State-Departcan *Occupation,* p. 225.

37 Wegen Marshall, *FR: 1948,* II, pp. 1083–1085; wegen Smiths anderer Meinung, ibid. pp. 1160, 1194–1197; wegen Kennan, ibid. pp. 1287–1297, 1320–1338, Kennan, *Memoirs,* pp. 443–449; wegen Walter Bedell Smiths

Interesse an dem Deutschlandjob, den Clay 1945 erhielt, siehe Smith, *Clay*, pp. XXXI, XXXIV.

38 Wegen der Moskauer Vereinbarungen und sowjetischen Konzessionen siehe Leahy-Tagebuch, 31. August 1948; Smith *Clay*, pp. 835–836, 846, 850, 866; Bohlen an Marshall, 20. August 1948, Box 188, Akte des Präsidentschaftssekretärs, Truman-Dokumente. Für die Anweisung, Dennett und Turner, *Documents on American Foreign Relations: 1948*, pp. 95–97. Die schwierigste Frage für die Militärgouverneure betraf die Viermächtekontrolle von Berlins Währung. «Die Angelegenheit ist von höchster Bedeutung und kann sich als entscheidender Punkt zum Abbruch der Diskussionen erweisen», informierte Marshall Truman am 2. September 1948. «Wir meinen, diese Verhandlungen sollten nicht in Berlin über einen anscheinend technischen Punkt scheitern, sondern eher in Moskau über das grundlegende Problem, das dieser technische Punkt veranschaulicht ... [daß] das gesamte finanzielle Leben der Stadt einseitig unter sowjetische Kontrolle geriete.» (Box 178. Akte des Präsidentschaftssekretärs, Truman-Dokumente.)

39 Clay in Smith, *Clay*, p. 859; wegen der konstituierenden Versammlung, Konrad Adenauer, Erinnerungen.

40 Clay, in Smith, *Clay*, pp. 867, 875; Marshall in *FR: 1948*, II, pp. 1178. Clay wiederholte seine Ansicht einen Monat später bei einer Unterhaltung mit Forrestal und Leahy: «Wir können die Bevölkerung im amerikanischen Sektor Berlins unbeschränkt weiterernähren, bis die Sowjets Gewalt anwenden, um uns daran zu hindern, was er nicht erwartet» (Leahy-Tagebuch, 21. Oktober 1948).

41 Clay, *Decision*, pp. 382, 386; *Fortune*, November 1948, pp. 89, 220, 223; *Aviation Week*, 29. Februar 1948, p. 80. Der Wissenschaftler ist Shulman, *Stalin's Foreign Policy*, p. 66. Man muß wie Paul Hammond darauf hinweisen, daß «die Luftbrücke eine Höchstleistung der Luftwaffe, jedoch nicht nur der amerikanischen Air Force war, denn etwa 25 Prozent der Fracht wurden von der Marine befördert, und auch die RAF nahm aktiv daran teil.» (Hammond, «Super Carriers», in Stein, *Civil-Military Decisions*, p. 485.)

42 Marshall in *FR: ˉ948*, II, pp. 1178; Smith, *Clay*, p. 858; Leahy-Tagebuch, 21. Oktober 1948. Charles Kindleberger weist darauf hin, daß der Währungsreform etwas zu viel Bedeutung beigemessen wird; Überschüsse gab es schon vor der Reform, doch wurden sie gehamstert. «Das ursprüngliche Ziel der Reform war, den Schwarzen Markt weiß zu machen und die Waren aus den Hinterzimmern ins Schaufenster zu bringen.» Charles Kindleberger, «The Marshall Plan and the Cold War», *International Journal* 23 (Sommer 1968): pp. 379–381.

43 Wegen Kennan, *Memoirs*, p. 431, *FR: 1948*, III, pp. 157, 177; wegen Bohlen, *FR: 1948*,, III, pp. 193, 186; wegen des Washington-Dokuments und Wrong ibid., pp. 237–249.

44 Ibid. pp. 270, 285.

45 Ibid. p. 177; *FR: 1948*, II, p. 1287–1297, 1320–1338; Kennan, *Memoirs*, pp. 443–450; Bohlen, *Witness*, p. 175.

46 Robert Divine behauptet, die Wahlen von 1948 seien mehr als ein Referendum über Trumans Außenpolitik gewesen, was man für gewöhnlich annimmt, aber auch, daß es ein unvollständiges Referendum war – indem das Zweiparteiensystem neu belebt wurde, verlor Thomas Dewey durch die Berlinkrise sein potentiell wirksamstes Argument gegen Trumans Führung des kalten Krieges. «In der Retrospektive wird offensichtlich, daß die Berlinkrise bei den Wahlen von 1948 Trumans größter Aktivposten war. So wie ihn das sowjetische Vorgehen in der Tschechoslowakei im Februar dazu befähigt hatte, Wallace auszuschalten, so half die sowjetische Blockade Berlins Truman, Dewey von einem Großangriff gegen die Beschwichtigungspolitik abzuhalten. Es gibt kaum Zweifel, daß ein solcher Angriff wirksam gewesen wäre. Stimmproben der öffentlichen Meinung im Sommer 1948 zeigten ein weites Mißvergnügen über Trumans Handhabung des kalten Krieges ... Statt unter einem republikanischen Angriff auf die Außenpolitik zu leiden,

war Truman in der Lage, das öffentliche Vertrauen durch sorgfältige Handhabung der Berlinkrise wiederzugewinnen. Er fühlte mit Recht, daß der Wunsch des amerikanischen Volkes nach einer harten Politik nicht bis zum Krieg ging.» Divine, «The Cold War and the Election of 1948», *Journal of American History* 59 (Juni 1972): p. 109.

47 *FR: 1948*, II, pp. 1983–1085. Als Anzeichen der öffentlichen Unterstützung der Elite riet eine Gruppe von einflußreichen Außenseitergutachtern über die Deutschlandfrage dem State Department Mitte September: «Wir müssen zugeben, daß es praktisch keine Möglichkeit gibt, die Russen an diesem Scheideweg zu einer Vereinbarung» über ein Programm zur Widerherstellung eines geeinigten Deutschland, «zu für uns annehmbaren Bedingungen zu bringen. Darum müssen wir bereit sein, die westdeutschen Übereinkommen energisch in die Tat umzusetzen, [und] versuchen, in der Vergangenheit gemachte Fehler zu vermeiden und mit den Deutschen zu einem echten Erfolg zu kommen, ohne uns allzusehr über die Möglichkeit langfristiger Komplikationen zu sorgen.» Kennan an Marshall, 17. September 1948, 740.00119 Kontrollrat (Deutschland)/9–1748, State Department-Dokumente.

48 Wegen Smith, *FR: 1948*, II, p. 1161, und Walter Bedell Smith, Lecture, Washington, D. C., Oktober 1948, Hillman, *Mr. President*, p. 141.

Epilog: Der nationale Sicherheitsstaat – von der Blockade zur Entspannung

1 Shulman, *Stalin's Foreign Policy*, pp. 12–20, 27–30, 64–68; Adenauer, *Memoirs*, pp. 125–138. Wegen Lippmann, siehe *The Cold War*, p. 50. Lucius Clay, Lecture, 26. Oktober 1949, Außenministerrat-Dokumente. Clay fügte hinzu: «Die Luftbrücke und unsere belastende Gegenblockade hatten die Wirkung, den Franzosen zu zeigen, wo die größere Bedrohung ihrer Sicherheit lag, und sie schließlich dahin zu bringen, an der Errichtung einer westdeutschen Regierung teilzunehmen und Schritte zu einer französisch-deutschen Annäherung in die Wege zu leiten.»

2 Shulman, *Stalin's Foreign Policy*, pp. 74–75; Acheson, *Present*, pp. 352 bis 363, 383–396; Memorandum gerichtet an Webb, 26. Mai 1949, Box 163, Akte des Präsidentschaftssekretärs, Truman-Dokumente; Ayers-Tagebuch, Januar 1949.

3 H.-Alexander-Smith-Tagebuch, 13. Mai 1947. Wegen Osteuropa, siehe zum Beispiel Eugen Loebl, *My Mind on Trial*, Jiri Pelikan, *The Czechoslovak Political Trials* und Artur London, *The Confession*.

4 Elbridge Durbrow, «The Objectives of Soviet Policy», Lecture, Washington, D. C., 21. Oktober 1948.

5 Millis, *Forrestal Diaries*, pp. 462–469, 475–479, 497–500, 506, 510–517; Lilienthal, *Journals*, pp. 351, 385–386.

6 Forrestal an Truman, 10. Juli 1948 (mit Notiz für den Nationalen Sicherheitsrat), Truman an Forrestal, 13. Juli 1948, Box 156, Akte des Präsidentschaftssekretärs, Truman-Dokumente.

7 Transkriptum, Zusammentreffen im Pentagon, 24. August 1948, p. 6, CCS, 337–6–48, 5.1, Modern Military Records; Forrestal an Truman, 9. November 1948, Box 120, Akte des Präsidentschaftssekretärs, Truman-Dokumente; Millis, *Forrestal Diaries*, pp. 498, 510, 535. Wegen Forrestals Ansichten über Marshall siehe *FR: 1948*, I, pp. 644–655.

8 Truman Aussage an den Nationalen Sicherheitsrat und die Obersten Stabschefs, Frühjahr 1949, Box 150, Akte des Präsidentschaftssekretärs, Truman-Dokumente. Wegen Johnson siehe Hammond, «NSC-68: Prologue to Rearmement», in Schilling, Hammond and Snyder, *Strategy, Politics and Defense Budgets*, pp. 280, 292–293.

9 Richard Hewlett und Francis Duncan, *Atomic Shield*, pp. 362–369. Das Long Range Detection Program war erst seit etwa einem Jahr in Kraft. Die Atomenergiekommission mußte die Luftwaffe hart bedrängen, um sie zur Mit-

arbeit an der Aufstellung eines solchen Programms zu bewegen und ging sogar so weit, der Luftwaffe zu einem Zeitpunkt das Geld zu «leihen». Die Trägheit der Luftwaffe ging vielleicht auf deren Überzeugung zurück, daß es bis zu einem erfolgreichen russischen Test noch einige Jahre Zeit wären. Siehe «History of Long Range Detection Program», 21. Juli 1948, Box 199, Akte des Präsidentschaftssekretärs, Truman-Dokumente.

10 Wegen der Debatte über die Wasserstoffbombe, Hewlett und Duncan, *Atomic Shield,* Kapitel 12; Lilienthal, *Journals,* pp. 580–635. Wegen der Order, Truman an Lilienthal, 31. Januar 1950 und Bericht des Special Committee, nachträglich aber ohne Datum, Box 202, Akte des Präsidentschaftssekretärs, Truman-Dokumente. Wenige Tage, nachdem er befohlen hatte, das Wasserstoffbombenprojekt in Angriff zu nehmen, erläuterte Truman, die Entscheidung sei eigentlich im vergangenen Herbst getroffen worden, als der Haushalt für die Atomenergiekommission aufgestellt wurde. Auf jeden Fall habe es keine richtige Wahl gegeben, sagte er: «Wir mußten es tun», Ayers-Tagebuch, 4. Februar 1950.

11 Wegen der Geschichte des Entwurfs der NSC-68 siehe Hammond «NSC-68», in Schilling, *Strategy,* pp. 298-330. Hammond jedoch war sich Forrestals Vorschlag von 1948 offensichtlich nicht bewußt. Gaddis Smith bezeichnet das Dokument als «eine Darlegung ganz in Achesons Sinne». (*Acheson,* p. 161).

12 NSC-68, Bericht an den Nationalen Sicherheitsrat, 14. April 1950, Record group 341, Modern Military Records, pp. 6, 9, 10, 13, 14, 25, 30, 34, 63–65.

13 Smith, *Acheson,* p. 160.

14 Hammond, «NSC-68», in Schilling, *Strategy,* pp. 308–318; Kennan, *Memoirs,* pp. 450, 490–494, 526–528. Kennans Meinungswechsel wurde überaus deutlich in einer die Zukunft betreffenden Rede, die er am 16. Februar 1949 vor dem Außenministerrat hielt. Er sagte, er versuche über den Punkt hinauszusehen, an dem die Russen aufhören würden, ein «verzweifelt akutes» Problem darzustellen, zu dem, was wir heute Umweltprobleme und ökologische Fragen nennen. Er meinte, Stalin würde ein «nationalistisches Deutschland, wegen dem er ‹feilschen› könne, einem kommunistischen Deutschland vorziehen, das nicht seiner Kontrolle unterstellt sei». Kennan sah bereits Anzeichen der Spannung zwischen sowjetischen und chinesischen Kommunisten. Er ermahnte die Vereinigten Staaten, bei dem Versuch, Weltprobleme zu lösen, etwas Bescheidenheit zu zeigen. «Wir müssen vorsichtig sein, beim Gebrauch großer Worte und bei der zu sorglosen Anwendung solcher Worte, wie ‹Weltführerschaft›, ‹Hebung des Weltlebensstandards›.» Es gab keinen Zweifel an seiner Mißbilligung Achesons und anderer Kollegen, als er sagte: «Wir müssen soweit wie möglich vermeiden, die gegenwärtige Ost-West-Linie zu verhärten und sollten ständig mit den Russen verhandeln, auch wenn wir einsehen müssen, daß dies nutzlos Zeit kostet und wir erst in Jahren auf Erfolg hoffen können.» Außenministerrat-Dokumente.

15 Murphy in Margaret Truman, *Truman,* p. 431 und Charles Murphy mündliche Überlieferung, pp. 184–187; Leon Kayserling mündliche Überlieferung, pp. 155–160; Webb an Truman, 5. März 1950, Box 141, Akte des Präsidentschaftssekretärs, Truman-Dokumente; Hammond, «3NSC-68», in Schilling, *Strategy,* pp. 333–334; Edward Flash, *Economic Advice and Presidential Leadership: The Council of Economic Advisers,* pp. 27–39: Webb war lange Zeit als Bösewicht angesehen worden, der die Militärbudgets herunterdrückte. Am 17. Oktober 1946 beklagte sich ein General beim Kriegsrat, daß «Mr. Webb sich durch das Budget in Geschäfte einmische, die ihn nichts angehen». (War Council Minutes, Box 23, Patterson-Dokumente.)

16 Über Vietnam: *Pentagon Papers,* Buch 1, pp. A–45–46, Buch 8, pp. 85, 97 bis 103, 218, 266, 271, 288, 321; über Militärhilfe Chester Cooper, *The Lost Crusade,* pp. 88. David McLellan behauptet, die amerikanische Politik wechselte im Frühjahr 1950 und ging von dem Wunsch, die Kolonialmacht (Frankreich) aus Vietnam herauszubringen dazu über, ihr Bleiben zu wünschen, so daß die Vereinigten Staaten – gemäß ihrer weltweiten Auslegung örtlicher Streitigkeiten – zur «Eindämmung» des Kommunismus nicht unmittelbar

eingreifen mußten. Siehe Dean Acheson, *Present at the Creation*, pp. 263–265. Über McCarthy: Fried, *Men Against McCarthy*, pp. 20, 43–46, 74; wegen der Acheson-Zitate, *Creation*, pp. 462, 470; Truman zitiert in dem Buch seiner Tochter, *Truman*, p. 419; Clifford an Truman, April 1949, Clifford-Akten.

17 Huntington, *Common Defense*, p. 54; *Aviation Week*, 18. Dezember 1950, p. 20, 26. Februar 1951, pp. 11, 25. «Wir kamen, denke ich, zu dem festen Beschluß, daß unser Kurs sich von dem vergangenen scharf unterscheiden mußte», erinnerte sich Charles Murphy später. «Und so war die nächste Frage, ‹Wie soll man das dem Kongreß und dem amerikanischen Volk beibringen?› Und wir bemühten uns im Juni 1950 noch um diese Frage, als die Nordkoreaner in Südkorea eindrangen, und von da an erklärten wir es mit Formulierungen des Koreaproblems, was meiner Ansicht nach erlaubt war. Es wurde etwas verworren, aber wir hatten, denke ich, den ausgesprochenen Glauben, daß die allgemeinen Notwendigkeiten, soweit die Verteidigung betroffen war, eine bedeutende Verstärkung unserer Verteidigungskraft wie auch unserer Teilnahme am Koreakrieg erforderten.» (Charles Murphy mündliche Überlieferung.) General Marshall berichtete einer Gruppe von Kongreßleuten im Dezember 1950, das Pentagon sei bei seiner Arbeit von der Annahme ausgegangen, daß die amerikanische Stärke in vier Jahren aufzubauen sei, jetzt jedoch viel schneller vorzugehen plane – und versuche, das für 1954 Geplante schon 1952 zu erreichen. Acheson trübte das Wasser in derselben Instruktion gewiß noch, als er sagte: «Seit Ende Juni war klar, daß die Sowjetunion gegen die Machtposition der Vereinigten Staaten einen allgemeinen Angriff begonnen hat. Es war klar, die sowjetischen Führer hatten erkannt, daß ihre Politik zu einem allgemeinen Krieg führen konnte, und es war auch klar, daß sie bereit waren, die Gefahr auf sich zu nehmen.» Treffen des Präsidenten mit den Kongreßführern, 13. Dezember 1950, Box 164, Akte des Präsidentschaftssekretärs, Truman-Dokumente, pp. 3, 8. Am 20. Dezember 1950 sagte Luftwaffensekretär Thomas Finletter, 18,5 Prozent des Nationaleinkommens würden für Militäraufwendungen ausgegeben. Außenministerrat-Dokumente.

18 Kennan, *Memoirs*, p. 527.

Quellen und Literatur

Hauptarchive

Churchill College, Cambridge, England

Akten von
- A. V. Alexander
- Clement Attlee
- Edward Halifax (Mikrofilm)

Harvard University, Cambridge, Massachusetts

Akten von
- Winthrop Aldrich
- Joseph Grew
- Christian Herter
- Thomas Lamont

Library of Congress, Washington, D.C.

Akten von
- Tom Connally
- Herbert Feis
- Felix Frankfurter
- Phillip Jessup
- Robert Patterson
- Carl Spaatz
- Laurence Steinhardt
- Robert A. Taft
- Hoyt Vandenberg

Nationalarchive, Washington, D.C.

Modern Military records (RG 218)
sowie Akten von
- Claude Pepper
- State Department Decimal Series
- State Department: H. Freeman Matthews und John Hickerson – Akten

Princeton University, Princeton, New Jersey

Akten von
- Bernard Baruch
- John Foster Dulles
- James Forrestal
- George Kennan
- Arthur Krock
- David Lilienthal
- Adlai Stevenson

Franklin D. Roosevelt Library, Hyde Park, New York

Akten von
- John Carmody
- Oscar Cox
- William D. Hassett
- Leon Henderson
- Harry L. Hopkins
- Isador Lubin
- R. Walton Moore
- Henry M. Morgenthau, jr.
- Samuel Rosenman
- President's Soviet Protocol Committee
- Franklin Roosevelt: Map Room – Dokumente
- Franklin Roosevelt: Offizielle Dokumente
- Franklin Roosevelt: President's secretary's Akten

Franklin D. Roosevelt Library, Hyde Park, New York

Akten von
- Dean Acheson
- George V. Allen
- Assistant Secretary of State for Economic Affairs
- Eben Ayers
- Thomas Blaisdell
- William Clayton
- Clark Clifford – Dokumente und Akten
- Jonathan Daniels
- Robert Dennison
- George Elsey
- Ellen Clayton Garwood
- William D. Hassett
- Herschell Johnson
- Joseph M. Jones
- David D. Lloyd
- Edwin Locke
- Frank McNaughton
- Charles Murphy
- National Security Committee – Dokumente
- Edwin G. Nourse
- J. Anthony Panuch
- President's Advisory Commission on Universal Training Dokumente
- President's Air Policy Commission Dokumente
- President's Committee on Foreign Aid Dokumente
- Notizen von Harry B. Price
- Samuel Rosenman
- Charles Ross
- Walter S. Salant
- Alfred Schindler
- John W. Snyder
- Sidney Souers
- Steven Springarn
- John Steelman
- Harry S. Truman (Central files)
- Harry S. Truman: Vertrauliche Akten
- Harry S. Truman: Offizielle Dokumente
- Harry S. Truman: President's secretary's Akten
- Harry Vaughan
- James Webb

Yale University, New Haven, Connecticut

Akten von
- Hanson Baldwin
- Chester Bowles
- Jerome Frank
- Arthur Bliss Lane
- Henry Stimson
- Arnold Wolfers

Ferner habe ich zu danken dem National War College für seine Mithilfe.

Andere Manuskript-Sammlungen Dokumente und Akten

Clement Attlee, University College, Oxford, England
James Byrnes, Clemson University, Clemson, South Carolina
Council on Foreign Relations papers, Council on Foreign Relations, New York
Hugh Dalton, London School of Economics
Joseph Dodge, Detroit Public Library
Dwight Eisenhower, Eisenhower Library, Abilene, Kansas
Foreign Office and Cabinet papers, Public Record Office, London
Samuel Harper, University of Chicago
Herbert Hoover, Herbert Hoover Library, West Branch, Iowa
Hastings Ismay, Liddell Hart Military Archives, King's College, London
James Pollock, University of Michigan
Sam Rayburn, Rayburn Library
Richard Scandrett, Columbia University
Edward Stettinius, jr., University of Virginia
John Taber, Cornell University, Ithaca, New York
Charles Tobey, Dartmouth College, Hanover, New Hampshire
Arthur Vandenberg, University of Michigan
Henry Wallace, University of Iowa
James Warburg, John F. Kennedy Library, Waltham, Massachusetts

Besonderen Dank schulde ich Lady Liddell Heart, H. Stuart Hughes und Charles Kindleberger für ihre Freundlichkeit, Nachforschungen in Schriftstücken zu gestatten, die sich in ihrem privaten Besitz befinden.

Nicht veröffentlichte Tagebücher

Eben Ayers, Truman Library
Walter Brown, Byrnes-Dokumente, Clemson University
Hugh Dalton, London School of Economics
Joseph Davies, Tageb. und Kalender, Library of Congress
James Forrestal, Princeton University
Felix Frankfurter, Library of Congress
Lord Halifax, Hickleton-Dokumente, Garrowby, York
William Leahy, Library of Congress
Henry Morgenthau (und Präsidenten-Tagebuch), Roosevelt Library
James Pollock, University of Michigan
H. Alexander Smith, Princeton University
Harold Smith, Truman Library
Henry Stimson, Yale University

Befragungen

Die nachstehend genannten Persönlichkeiten waren so großzügig, sich für Befragungen zur Verfügung zu stellen, die im allgemeinen eine bis zwei Stunden in Anspruch nahmen. Viele dieser Befragungen wurden auf Tonband aufgenommen.

Frank Altschul
David Balfour
Abram Bergson
Bernard Brodie
Benjamin V. Cohen
Elbridge Durbrow
George Elsey
Mark Ethridge
J. William Fulbright
Myron Gilmore
Loy Henderson
H. Stuart Hughes
Joseph E. Johnson
George Kistiakowsky
Foy Kohler
Elting Morison
Paul Porter
James Riddleberger
Eugene V. Rostow
Dean Rusk
Raymond Vernon
Victor Weisskopf

Mündliche Überlieferungen

Columbia University Oral History Collection

Harvey Bundy
Will Clayton
Isador Lubin
Marshall Plan
Mündliche Darstellung
DeWitt Clinton Poole

Cornell University
Richard Scandrett

Dulles Oral Histories (Princeton)
Theodore Achilles
Elliott Bell
James Byrnes
Thomas Dewey
Allen Dulles
Averell Harriman
Joseph C. Harsch
John Hickerson
Henry Luce
Carl McCardle
John McCloy
Frederick Reinhardt

Truman Library Oral History Collections
John Abbott
Theodore Achilles
George E. Allen
Willis Armstrong
David E. Bell
Ralph Block
Charles Bohlen
Bruce C. Clarke
William Draper
George Elsey
Thomas Finletter
William D. Hassett
Loy Henderson
Leon Keyserling
Halvard Lange
David Lawrence
Marx Leva
Edwin Locke
Max Lowenthal
Isador Lubin
George Marshall
Edward Mason
Clifford Matlock
H. Freeman Matthews
Charles Murphy
Frank Pace
James Reston
James Riddleberger
Samuel I. Rosenman
Charles Saltzman
John Sullivan
Harry Vaughan

Dokumente

Commission for the Publication of Diplomatic Documents. *Correspondence Between the Chairman of the Council of Ministers of the USSR and the Presidents of the USA and the Prime Ministers of Great Britain During the Great Patriotic War of 1941–5.* Moskau: Foreign Language Publishing House, 1957; New York: Capricorn Books, 1965.

Great Britain, Parliament. *Hansard's Parliamentary Debates.*

Great Britain, Secretary of State for Foreign Affairs. *Selected Documents on Germany and the Question of Berlin: 1944–1961.* Cmnd. 1552, December 1961.

The Pentagon Papers. New York Times Edition. New York: Bantam, 1971.

The Tehran, Yalta & Potsdam Conferences: Documents. Moskau: Progress Publishers, 1969.

Harry S. Truman: Public Papers. 1945–1950.

United Nations, Department of Economic Affairs. *Economic Report: Salient Features of the World Economic Situation 1945–7.* New York: 1948.

United Nations, Economic Commission for Europe. *A Survey of the Economic Situation and Prospects of Europe.* Geneva: United Nations, 1948.

U.S. Congress. *Congressional Record.*

U.S. Congress. House. *Armed Services Committee. U.S.-Vietnam Relations.* By the Department of Defense. Series Print. Bd. 1. 1971 (Pentagon Papers.)

U.S. Congress. House. Select Committee on Post-War Military Policy. *Proposal to Establish a Single Department of Defense: Hearings.* 78th Cong., 2nd sess., 1944.

U.S. Congress. Senate. Committee on Foreign Relations. *Causes, Origins, and Lessons of the Vietnam War: Hearings.* 92nd Cong., 2nd sess., 1972.

— *Documents on Germany: 1944–61.* Prepared by the Historical Office, Department of State, Washington, D.C.: Government Printing Office, 1961.

— *Foreign Relief Aid: 1947. Hearings Held in Executive Session before the Senate Committee on Foreign Relations on S. 1774.* 80th Cong., 1st sess., 1947. Historical series, 1973.

— *Foreign Relief Assistance Act of 1948. Hearings Held in Executive Session.* 80th Cong., 2nd sess., 1948. Historical Series, 1973.

— *Legislative Origins of the Truman Doctrine. Hearings Held in Executive Session on S.938.* 80th Cong., 1st sess., 1947. Hstorical Series, 1973.

— *The Vandenberg Resolution and the North Atlantic Treaty. Hearings Held in Executive Session on S. Res. 239 and on Executive L.* 80th Cong., 2nd sess., 1948; 81st Cong., 1st sess., 1949. Historical Series, 1973.

U.S. Congress. Senate. Committee on Foreign Relations and Committee on Armed Services. *Military Assistance Program: 1949. Joint Hearings Held in Executive Session on S.2388.* 81st Cong., 1st sess., 1949. Historical Series, 1974.

U.S. Congress. Senate. Committee on Naval Affairs. *Unification of the War and Navy Departments and Postwar Organization for National Security: Report to James Forrestal.* 79th Cong., 1st sess., 1945. (Eberstadt-Report.)

U.S. Congress. Senate. Military Affairs Committee. *Department of Armed Forces, Department of Military Security: Hearings.* 79th Cong., 1st sess., 1945.

U.S. Congress. Senate. Select Committee to Study Governmental Operations with Respect to Intelligence Activities. *Final Report: Supplementary Detailed Staff Reports on Foreign and Military Intelligence.* Book IV. 94th Cong., 2nd sess., 1976.

U.S. Congress. Senate. Special Committee Investigating Petroleum Resources. *American Petroleum Interests in Foreign Countries: Hearings.* 79th Cong., 1st sess., 1945.
— *Wartime Petroleum Policy: Hearings.* 79th Cong., 1st sess., 1945.
U.S. Council of Economic Advisers. *Annual Report to the President,* 1946–8.
— *The Impact of Foreign Aid upon the Domestic Economy.* Washington: Government Printing Office, October 1947.
U.S. Department of State. *Foreign Relations of the United States* (cited as FR).
U.S. National Military Establishment. *Annual Report of the Secretary of the Army: 1948.* Washington: Government Printing Office, 1949.
— *First Report of the Secretary of Defense: 1948.* Washington: Government Printing Office, 1949.
United States Strategie Bombing Survey. *The Effects of Strategic Bombing on the German War Economy.* Washington, D.C.: 1945.

Bücher

Abell, Tyler (Hg.): *Drew Pearson: Diaries 1949–1959.* New York: Holt, Rinehart and Winston, 1974.
Acheson, Dean: *Morning and Noon.* Boston: Houghton Mifflin, 1965.
— *Present at the Creation: My Years in the State Department.* New York: New American Library, 1970.
— *Sketches from Life.* New York: Harper & Brothers, 1960.
Adenauer, Konrad: *Erinnerungen, 1945–1953.* 5. Aufl. 1970, Deutsche Verlags-Anstalt, Stuttgart.
Albion, Robert G., und Connery, Robert H.: *Forrestal and the Navy.* New York: Columbia University Press, 1962.
Alexander, Harold: *The Alexander Memoirs.* London: Cassell, 1962.
Alliluyeva, Svetlana: *Zwanzig Briefe an einen Freund.* 1969 S. Fischer-Taschenbuch-Ausgabe Nr. 972.
Almond, Gabriel: *The American People and Foreign Policy.* New York: Harcourt, Brace 1950.
Alperovitz, Gar: *Atomic Diplomacy: Hiroshima and Potsdam.* New York: Vintage Books, 1967.
— *Cold War Essays.* New York: Anchor Books, 1970.
Ambrose, Stephen E.: *Rise to Globalism: American Foreign Policy Since 1938.* London, Allen Lane, Penguin Press, 1971.
Anderson, Clinton, und Viorst, Milton: *Outsider in the Senate.* New York: World Publishing, 1970.
Anderton, David: *Strategic Air Command.* New York: Scribner's, 1976.
Arkes, Hadley: *Bureaucracy, the Marshall Plan and the National Interest.* Princeton: Princeton University Press, 1972.
Arnold, H. H.: *Global Mission.* London: Hutchinson, 1951.
Auty, Phyllis: *Tito.* London: Penguin, 1974.

Baldwin, Hanson W.: *The Price of Power.* New York: Harper & Brothers, 1947.
Barnet, Richard J: *Roots of War: The Men and Institutions behind U.S. Foreign Policy.* Baltimore: Penguin, 1973
Barraclough, Geoffrey: *An Introduction to Contemporary History.* London: Pelican Book, 1969.
Baruch, Bernard: *The Public Years.* New York: Holt, Rinehart and Winston, 1960.
Beard, Charles: *The Idea of National Interest.* New York: Macmillan, 1934.
Beitzell, Robert: *The Uneasy Alliance.* New York: Knopf, 1972.
Bell, Quentin: *Virginia Woolf.* New York: Harcourt Brace Jovanovich, 1972.
Berle, Adolph: *Navigating the Rapids 1918–1971.* New York: Harcourt Brace Jovanovich, 1973.
Bernstein, Barton (Hg.): *Politics and Policies of the Truman Administration.* Chicago: Quadrangle, 1970.
(Hg.): *Towards a New Past: Dissenting Essays in American History.* New York: Pantheon, 1968.
Bethell, Nicholas: *Gomulka.* London: Penguin, 1972.
Bialer, Seweryn (Hg.): *Stalin and His Generals.* New York: Pegasus, 1969.
Bidault, Georges: *Resistance: The Political Autobiography.* Übersetzt von Marianne Sinclair. New York: Praeger, 1965.
Birkenhead, Earl of: *Halifax:* London: Hamish Hamilton, 1965.
Bishop, Donald G.: *The Roosevelt-Litvinov Agreements.* Syracuse: Syracuse University Press, 1965.
Blum, John Morton: *From the Morgenthau Diaries: Years of Crisis, 1928–38.* Boston: Houghton Mifflin, 1959.

— *From the Morgenthau Diaries: Years of War, 1941–45.* Boston: Houghton Mifflin, 1967.
— *V Was for Victory.* New York: Harcourt Brace Jovanovich, 1976.
— (Hg.): *The Price of Vision: The Diary of Henry A. Wallace.* Boston: Houghton Mifflin, Boston, 1973.
Bohlen, Charles: *The Transformation of American Foreign Policy.* New York: W.W. Norton, 1969.
— *Witness to History 1929–69.* New York: W. W. Norton, 1973.
Bowles, Chester: *Promises to Keep: My Years in Public Life, 1941–1969.* New York: Harper & Row, 1971.
Brandt, Heinz: *The Search for a Third Way.* Übersetzt von Salvator Attanasio. New York: Doubleday, 1970.
Brodie, Bernard: *Strategy in the Missile Age.* Princeton: Princeton University Press, 1959.
— (Hg.): *The Absolute Weapon.* New York: Harcourt, Brace, 1946.
Browder, Robert Paul: *The Origins of Soviet-American Diplomacy.* Princeton: Princeton University Press, 1953.
Bryant, Sir Arthur: *Triumph in the West: Based on the Personal Diaries of Field Marshal Lord Alanbrooke.* Garden City: Doubleday, 1959.
Brzezinski, Zbigniew: *The Soviet Bloc.* Cambridge: Harvard University Press, 1969.
Bullitt, Orville H. (Hg.): *For the President: Personal and Secret: Correspondence Between Franklin Roosevelt and William C. Bullitt.* Boston: Houghton Mifflin, 1972.
Burns, James MacGregor: *Roosevelt: The Soldier of Freedom.* New York: Harcourt Brace Jovanovich, 1970.
Bush, Vannevar: *Pieces of the Action.* New York: William Morrow, 1970.
Byrnes, James F.: *All in One Lifetime.* New York: Harper & Brothers, 1958.
— *Speaking Frankly.* New York: Harper & Brothers, 1947.

Calleo, David P., und Rowland, Benjamin M.: *America and the World Political Economy: Atlantic Dreams and National Realities.* Bloomington: Indiana University Press, 1973.
Calvocoressi, Peter, und Wint, Guy: *Total War.* London: Allen Lane, Penguin Press, 1972.
Cantril, Hadley: *Public Opinion 1935–1946.* Princeton: Princeton University Press, 1951.
Caraley, Demetrios: *The Politics of Military Unification.* New York: Columbia University Press, 1966.
Carr, Edward Hallett: *The Bolshevik Revolution 1917–23.* 3 vols. London: Pelican Books, 1966.
— *Socialism in One Country 1924–26.* Vol. 1. London: Pelican Books, 1970.
— *The Twenty-Years Crisis 1919–39.* London: Macmillan, 1939; New York: Harper Torchbook, 1964.
Chadwin, Mark Lincoln: *The Hawks of World War II.* Chapel Hill: University of North Carolina Press, 1968.
Chauvel, Jean: *Commentaire: D'Alger à Berne 1944–1952.* Paris: Fayard, 1972.
Chuikov, Wassilij I.: *Das Ende des Dritten Reiches;* Deutsche Ausgabe München, 1966.
Churchill, Winston: *Der Zweite Weltkrieg;* Deutsche Ausgabe Zürich, 1949–1953.
Clay, Lucius D.: *Decision in Germany.* Garden City: Doubleday, 1950.
Clemens, Diane Shaver: *Yalta.* New York: Oxford University Press, 1970.
Cochran, Bert: *Harry Truman and the Crisis Presidency.* New York: Funk & Wagnalls, 1973.
Cohen, Stephen F.: *Bukharin and the Bolshevik Revolution.* New York: Vintage Books, 1975.
Cohen, Warren I.: *America's Response to China.* New York: John Wiley, 1971.
Coit, Margaret L.: *Mr. Baruch.* Boston: Houghton Mifflin, 1957.
Conquest, Robert: *The Great Terror.* Überarb. Aufl. New York: Collier Books, 1973.
Cooper, Chester L.: *The Lost Crusade: America in Vietnam.* Greenwich: Fawcett Premier Book, 1972.
Cooper, Duff: *Old Men Forget.* London: Rupert Hart-Davis, 1953.
Cottam, Richard W.: *Nationalism in Iran.* Pittsburgh: Unitersity of Pittsburgh Press, 1964.

Daniels, Jonathan: *Frontier on the Potomac.* New York: Macmillan, 1946.
— *The Man of Independence.* Philadelphia: J. B. Lippincott, 1950.
— *White House Witness.* New York: Doubleday, 1975.
Davies, Joseph: *Mission to Moscow.* New York: Pocket Books, 1943.
Davis, Lynn Etheridge: *The Cold War Begins.* Princeton: Princeton University Press, 1974.
Davis, Vincent: *Postwar Defense Policy and the US Navy, 1943–1946.* Chapel Hill: University of North Carolina Press, 1966.
Davison, W. Phillips: *The Berlin Blockade.* Princeton: Princeton University Press, 1958.
Deane, John R.: *The Strange Alliance: The Story of Our Efforts at Wartime Cooperation with Russia.* New York: Viking, 1947.
DeConde, Alexander (Hg.): *Isolation and Security.* Durham: Duke University Press, 1957.
Dedijer, Vladimir: *Stalins verlorene Schlacht, Erinnerungen 1948–53.* Deutsche Ausgabe Europa-Verlag, Wien, 1970.
— *Tito Speaks.* London: Weidenfeld and Nicolson, 1954.
de Gaulle, Charles: *Memoiren,* Deutsche Ausgabe Düsseldorf, 1961.

Dehio, Ludwig: *The Precarious Balance: Four Centuries of the European Power Struggle.* Übersetzt von Charles Fullman. New York: Knopf, 1962.
Dennett, Raymond, und Johnson, Joseph E. (Hg.): *Negotiating with the Russians.* Boston: World Peace Foundation, 1951.
Dennett, Raymond, und Turner, Robert K. (Hg.): *Documents on American Foreign Relations.* Bd. 8–10. Princeton: Princeton University Press, 1948–50.
Deutscher, Isaac: *Stalin: A Political Biography.* Überarb. Aufl. London: Pelican Books, 1966.
Dilks, David (Hg.): *The Diaries of Sir Alexander Cadogan 1938–45.* London: Cassell, 1971.
Divine, Robert: *Foreign Policy and U.S. Presidential Elections.* New York: Franklin Watts, 1974.
— *Roosevelt and World War II.* Baltimore: Johns Hopkins Press, 1969.
— *Second Chance: The Triumph of Internationalism in America during World War II.* New York: Atheneum, 1967.
Dixon, Piers: *Double Diploma: The Life of Sir Pierson Dixon.* London: Hutchinson, 1968.
Djilas, Milovan: *Gespräche mit Stalin.* Deutsche Ausgabe Frankfurt, 1962.
Dobney, Frederick J. (Hg.): *Selected Papers of Will Clayton.* Baltimore: Johns Hopkins Press, 1971.
Dolgun, Alexander, und Watson, Patrick: *Alexander Dolgun's Story: An American in the Gulag.* New York: Ballantine Books, 1976.
Druks, Herbert M.: *Harry S. Truman and the Russians 1945–53.* New York: Robert Speller & Sons, 1966.
Dulles, Allen W.: *The Craft of Intelligence.* New York: Harper & Row, 1963.
— *The Secret Surrender.* New York: Harper & Row, 1966.
Dulles, John Foster: *War, Peace, and Change.* New York: Harper & Brothers, 1939.
— *War or Peace.* New York: Macmillan, 1950.

Eden, Anthony: *The Eden Memoirs: The Reckoning.* London: Cassell, 1965.
Earle, Edward Mead (Hg.): *Makers of Modern Strategy.* Princeton: Princeton University Press, 1943.
Ehrman, John: *Grand Strategy.* Bd. 6. London: Her Majesty's Stationery Office, 1956.
Elliott, William Y. (Hg): *The Political Economy of American Foreign Policy.* New York: Henry Holt, 1955.
Elson, Robert T.: *The World of Time Inc.* Bd. 2. New York: Atheneum, 1973.
Elwell-Sutton, L. P.: *Persian Oil.* London: Lawrence and Wishart, 1955.
Erickson, John: *The Road to Stalingrad: Stalin's War with Germany.* Bd. 1. New York: Harper & Row, 1975.
Eudes, Dominique: *The Kapetanios.* Übersetzt von John Howe. New York: Monthly Review Press, 1972.

Feis, Herbert: *The Atomic Bomb and the End of World War II.* Princeton: Princeton University Press, 1966.
— *Between War and Peace: The Potsdam Conference.* Princeton: Princeton University Press, 1960.
— *The China Tangle.* Princeton: Princeton University Press, 1953.
— *Churchill-Roosevelt-Stalin.* Princeton: Princeton University Press, 1957.
— *From Trust to Terror.* New York: Norton, 1970.
— *Petroleum and American Foreign Policy.* Palo Alto: Stanford University Press, 1944.
— *Three International Episodes Seen from EA.* New York: Norton, 1946; Neuauflage in Norton Library, 1966.
Feld, Mischa Jac, und Peterman, Ivan H.: *The Hug of the Bear.* New York: Holt, Rinehart und Winston, 1961.
Ferrell, Robert: *George C. Marshall.* Bd. 15. The American Secretaries of State and their Diplomacy, hrsg. von Robert Ferrell. New York: Cooper Square Publishers, 1966.
Fischer, Louis: *Men and Politics.* New York: Duell, Sloan and Pearce, 1941.
Flash, Edward: *Economic Advice and Presidential Leadership.* New York: Columbia University Press, 1965.
Fleming, D. W.: *The Cold War and Its Origins 1917–60.* 2 Bde. Garden City: Doubleday, 1961.
Fontaine, André: *History of the Cold War.* Übersetzt von D. D. Paige, Bd. 1. New York: Knopf, 1968.
Fox, William T. R.: *The American Study of International Relations.* Columbia: University of South Carolina Press, 1968.
— *The Super-powers.* New York: Harcourt, Brace, 1944.
Freedman, Max (Hg.): *Roosevelt and Frankfurter: Their Correspondence 1928–45.* Boston: Little, Brown, 1967.
Freeland, Richard M.: *The Truman Doctrine and the Origins of McCarthyism.* New York: Knopf, 1972.
Freidel, Frank: *FDR: Launching the New Deal.* Boston: Little, Brown, 1973.
Friedman, Otto: *The Break-up of Czech Democracy.* London Victor Gollancz, 1950.

Gaddis, John Lewis: *The United States and the Origins of the Cold War.* New York: Columbia University Press, 1972.
Galbraith, John Kenneth: *The New Industrial State.* Boston: Houghton Mifflin, 1967.
Gallup, George: *The Gallup Poll: Public Opinion 1935–71.* Bd. 1. New York: Random House, 1972.
Gannon, Robert I.: *The Cardinal Spellman Story.* Garden City: Doubleday, 1962.
Gardner, Lloyd C.: *Architects of Illusion.* Chicago: Quadrangle, 1972.
Gardner, Lloyd C., Schlesinger, Arthur, jr., und Morgenthau, Hans J.: *The Origins of the Cold War.* Waltham: Ginn, 1970.
Gardner, Richard N.: *Sterling Dollar Diplomacy.* New York: Oxford University Press, 1956. Überarb. Aufl. New York: McGraw-Hill, 1969.
Gimbel, John: *The American Occupation of Germany: Politics and the Military 1945–49.* Stanford: Stanford University Press, 1968.
— *The Origins of the Marshall Plan.* Stanford: Stanford University Press, 1976.
Ginzburg, Eugenia: *Into the Whirlwind.* Übersetzt von Paul Stevenson und Manya Harari. London: Penguin, 1968.
Gladwyn, Lord: *The Memoirs of Lord Gladwyn.* London: Weidenfeld and Nicolson, 1972.
Gottlieb, Manuel: *The German Peace Settlement and the Berlin Crisis.* New York: Paine-Whitman, 1960.
Goulden, Joseph C.: *The Best Years: 1945–1950.* New York: Atheneum, 1976.
Gowing, Margaret: *Independence and Deterrence Britain and Atomic Energy 1945–52.* 2 Bde. London: Macmillan, 1974.
Greene, Graham: *The Quiet American.* New York: Viking, 1956; Bantam, 1974.
Greenfield, Kent Roberts: *American Strategy in World War II: A Reconsideration.* Baltimore: Johns Hopkins Press, 1973.
Grew, Joseph C.: *Turbulent Era.* 2 Bde. Boston: Houghton Mifflin, 1952.

Halifax, Earl of: *Fulness of Days.* London: Collins, 1957.
Halle, Louis J.: *The Cold War as History.* New York: Harper & Row, 1967.
Hamby, Alonzo L.: *Beyond the New Deal: Harry S. Truman and American Liberalism.* New York: Columbia University Press, 1973.
Hamilton, John (Hg.): *The Federalist.* Philadelphia: J. B. Lippincott, 1866.
Hammond, Paul Y.: *Organizing for Defense.* Princeton: Princeton University Press, 1961.
Hansen, Alvin H.: *The Postwar American Economy.* New York: Norton, 1964.
Harper, Samuel: *The Russia I Believe In.* Chicago: University of Chicago Press, 1945.
Harriman, W. Averell: *America and Russia in a Changing World.* Garden City: Doubleday, 1971.
Harriman, W. Averell, und Abel, Elie: *Special Envoy to Churchill and Stalin.* Deutsche Ausgabe Seewald-Verlag, Stuttgart 1979.
Hartmann, Susan M.: *Truman and the 80th Congress.* Columbia: University of Missouri Press, 1971.
Hartz, Louis: *The Liberal Tradition in America: An Interpretation of American Political Thought Since the Revolution.* New York: Harcourt, Brace & World, 1955.
Hassett, William D.: *Off the Record with FDR, 1942–5.* New Brunswick: Rutgers University Press, 1958.
Heinrichs, Waldo H.: *American Ambassador: Joseph Grew and the Development of the United States Diplomatic Tradition.* Boston: Little, Brown, 1966.
Hellman, Lillian: *Scoundrel Time.* Boston: Little, Brown, 1976.
Henderson, Hubert: *The Inter-War Years and Other Papers.* Hrsg. von Henry Clay. Oxford: Oxford University Press, 1955.
Herring, George: *Aid to Russia 1941–46.* New York: Columbia University Press, 1973.
Herz, Martin: *Beginnings of the Cold War.* Bloomington: University of Indiana Press, 1966.
Hewlett, Richard G., und Anderson, Oscar E., jr.: *The New World: 1939–46.* University Park: Pennsylvania State University Press, 1962.
Hewlett, Richard G., und Duncan, Francis: *Atomic Shield: 1947–52.* University Park: Pennsylvania State University Press, 1969.
Hillman, William: *Mr. President.* New York: Farrar, Straus & Young, 1952.
Hinsley, F. H.: *Nationalism and the International System.* London: Hodder & Stoughton, 1973.
— *Power and the Pursuit of Peace.* Cambridge: Cambridge University Press, 1967.
Hoopers, Townsend: *The Devil and John Foster Dulles.* Boston: Atlantic-Little, Brown, 1973.
Horowitz, David (Hg.): *Containment and Revolution.* Boston: Beacon Press, 1968.
Howard, Michael: *Studies in War and Peace.* New York: Viking Press, 1971.
Hughes, H. Stuart: *The United States and Italy.* Cambridge, Mass.: Harvard University Press, 1965.
Hull, Cordell: *Memoirs.* 2 Bde. New York: Macmillan, 1948.
Huntington, Samuel: *The Common Defense.* New York: Columbia University Press, 1961.

Iatrides, John: *Revolt in Athens: The Greek Communist »Second-Round«, 1944–1945.* Princeton: Princeton University Press, 1972.
Israel, Fred (Hg.): *The War Diaries of Breckinridge Long.* Lincoln: University of Nebraska Press, 1966.
Issraeljan, Victor: *The Anti-Hitler Coalition.* Moskau: Progress Publishers, 1971.

Janeway, Eliot: *The Struggle for Survival.* New York: Weybright and Talley, 1968.
Janis, Irving L.: *Victims of Groupthink: A Psychological Study of Foreign-Policy and Fiascoes.* Boston: Houghton Mifflin, 1972.
Jech, Karel (Hg.): *The Czechoslovak Economy 1945–1948.* Prague: State Pedagogical Publishing House, 1968.
Jones, Joseph M.: *The Fifteen Weeks.* New York: Harcourt, Brace & World, 1964.

Kaiser, Robert G.: *Cold Winter, Cold War.* New York: Stein and Day, 1974.
Kennan, George: *Memoiren 1925–50.* Deutsche Ausgabe Stuttgart, 1968.
— *Memoiren 1950–63.* Deutsche Ausgabe Stuttgart.
— *Russia and the West Under Lenin and Stalin.* New York: New American Library, 1961.
Kilmarx, Robert: *A History of Soviet Air Power.* New York: Praeger, 1962.
Kirkendall, Richard S. (Hg.): *The Truman Period as a Research Field: A Reappraisal 1972.* Columbia: University of Missouri Press, 1974.
Knebel, Fletcher, und Bailey, Charles W., II.: *No High Ground.* New York: Bantam, 1961.
Kolko, Gabriel: *The Politics of War.* London: Weidenfeld and Nicolson, 1968.
— *The Roots of American Foreign Policy.* Boston: Beacon Press, 1969.
Kolko, Joyce, and Kolko, Gabriel: *The Limits of Power: The World and United States Foreign Policy, 1945–54.* New York: Harper & Row, 1972.
Kousoulas, D. George: *Revolution and Defeat: The Story of the Greek Communist Party.* London: Oxford University Press, 1965.
Krock, Arthur: *Memoirs: Sixty Years on the Firing Line.* New York: Funk & Wagnalls, 1968.
Kuklick, Bruce: *American Policy and the Division of Germany.* Ithaca: Cornell University Press, 1972.
Kuusinen, Aino: *The Rings of Destiny: Inside Soviet Russia from Lenin to Brezhnev.* Übersetzt von Paul Stevenson. New York: William Morrow, 1974.

LaFeber, Walter: *America, Russia and the Cold War.* 3. Auflage. New York: John Wiley and Son, 1976.
— *The New Empire.* Ithaca: Cornell University Press, 1963.
Lane, Arthur Bliss: *I Saw Poland Betrayed.* Neuauflage. Boston: Western Islands, 1965.
Lash, Joseph: *Eleanor and Franklin.* New York: New American Library, 1971.
— *Eleanor: The Years Alone.* New York: New American Library, 1973.
Leahy, William: *I Was There.* New York: Whittlesey House, 1950.
Lenin, Vladimir Ilyich: *Collected Works.* Bd. 7. Moskau: Progress, 1966.
Leonhard, Wolfgang: *Die Revolution entläßt ihre Kinder,* 1969, Kiepenheuer & Witsch, Köln.
Levin, N. Gordon: *Woodrow Wilson and World Politics.* New York: Oxford University Press, 1967.
Levine, Isaac Don (Hg.): *Plain Talk: An Anthology.* New Rochelle: Arlington House, 1976.
Lewin, M.: *Russian Peasants and Soviet Power: A Study of Collectivization.* Übersetzt von Irene Nove. New York: W. W. Norton, 1975.
Liddell Hart, Basil: *The History of the Second World War.* New York: Putnam's, 1971.
Lie, Trygve: *In the Cause of Peace.* New York: Macmillan, 1954.
Lieberman, Joseph I.: *The Scorpion and the Tarantula: The Struggle to Control Atomic Weapons 1945–9.* Boston: Houghton Mifflin, 1970.
Lilienthal, David: *Journals: The Atomic Energy Years 1945–50.* New York: Harper & Row, 1964.
Link, Arthur: *Wilson the Diplomatist.* Baltimore: Johns Hopkins, 1957.
Lippmann, Walter: *The Cold War.* Ronald Steel (Hg.) New York: Harper & Row, 1972.
— *U.S. Foreign Policy: Shield of the Republic.* New York: Pocket Books, 1943.
Loebl, Eugen: *My Mind on Trial.* New York: Harcourt Brace Jovanovich, 1976.
— *Sentenced & Tried: The Stalinist Purges in Czechoslovakia.* London: Elek Books, 1969.
London, Artur: *The Confession.* Übersetzt von Alastair Hamilton. New York: William Morrow, 1970.
Lototzky, C. C. (Hg.): *The Soviet Army.* Moskau: Progress, 1971.
Luard, Evan: *Peace and Opinion.* London: Oxford University Press, 1962.

Maddox, Robert James: *The New Left and the Origins of the Cold War.* Princeton: Princeton University Press, 1973.
Maier, Charles S.: »Revisionism and the Interpretation of Cold War Origins«. *Perspectives in American History IV.* Cambridge, Mass.: Harvard University Press, 1970.
Maisky, Ivan: *Memoirs of a Soviet Ambassador.* Übersetzt von Andrew Rothstein. New York: Scribner's, 1968.

Mandelstam, Nadezhda: *Hope Abandoned.* Übersetzt von Max Hayward. London: Collins and Harvill, 1974.
— *Hope Against Hope.* Übersetzt von Max Hayward. London: Collins and Harvill, 1971.
Marchetti, Victor, und Marks, John D.: *The CIA and the Cult of Intelligence.* New York: Knopf, 1974.
Markowitz, Norman D.: *The Rise and Fall of the People's Century: Henry A. Wallace and American Liberalism.* New York: The Free Press, 1973.
Mason, Edward S., und Asher, Robert E.: *The World Bank Since Bretton Woods.* Washington, D.C.: Brookings Institution, 1973.
May, Ernest R.: *American Imperialism: A Speculative Essay.* New York: Atheneum, 1968.
— *»Lessons« of the Past.* New York: Oxford University Press, 1973.
Mayer, Arno: *Politics and Diplomacy of Peacemaking.* New York: Vintage Books, 1969.
— *Wilson versus Lenin: The Political Origins of the New Diplomacy 1917–18.* Cleveland: World Publishing, 1964.
Mayne, Richard: *The Recovery of Europe 1945–73.* Überarb. Aufl. New York: Anchor Books, 1973.
McIntire, Ross T.: *White House Physician.* New York: G. P. Putnam's, 1946.
McLellan, David S.: *Dean Acheson: The State Department Years.* New York: Dodd, Mead, 1976.
McNeill, William H.: *America, Britain & Russia: Their Cooperation and Conflict, 1941–46.* New York: Oxford, 1953.
von Colleen Taylor. Hrsg. von David Joravsky and Georges Haupt. New York: Knopf,
Medvedev, Roy A.: *Let History Judge: The Origins and Consequences of Stalinism.* Übersetzt 1972.
Mee, Charles: *Meeting at Potsdam.* New York: M. Evans, 1975.
Melby, John F.: *The Mandate of Heaven: Record of a Civil War in China 1945–49. Garden* City: Anchor Books, 1971.
Mikolajczyk, Stanislaw: *The Rape of Poland.* New York: McGraw-Hill, 1948.
Miller, Lynn H., und Pruessen, Ronald W.: *Reflections on the Cold War.* Philadelphia: Temple Unitersity Press, 1973.
Millis, Walter: *Arms and Men.* New York: G. P. Putnam's, 1956.
Millis, Walter (Hg.): *The Forrestal Diaries.* New York: Viking, 1951.
Millis, Walter; Mansfield, Harvey C.; und Stein, Harold: *Arms and the State.* New York: Twentieth Century Fund, 1958.
Moore, Barrington: *Reflections on the Causes of Human Misery and Upon Certain Proposals to Eliminate Them.* Boston: Beacon Press, 1973.
Moran, Lord: *Churchill: The Struggle for Survival.* Boston: Houghton Mifflin, 1966.
Morison, Elting E.: *Turmoil and Tradition: A Study of the Life and Times of Henry B. Stimson.* Boston: Houghton Mifflin, 1960.
Murphy, Robert: *Diplomat Among Warriors.* New York: Pyramid Books, 1965.

Nettl, J. P.: *The Eastern Zone and Soviet Policy in Germany 1945–50.* London: Oxford University Press, 1951.
Nicolson, Harold: *Diaries and Letters 1945–62.* Hrsg. von Nigel Nicolson. London: Fontana, 1971.
Nixon, Edgar B. (Hg.): *Franklin D. Roosevelt and Foreign Affairs.* 3 Bde. Cambridge, Mass.: Harvard University Press, 1969.
Notter, Harley: *Postwar Foreign Policy Preparation 1939–45.* Washington: Department of State, 1949.
Nove, Alec: *An Economic History of the USSR.* London: Allen Lane, Penguin Press, 1969.

O'Ballance, Edgar: *The Greek Civil War, 1944–49.* New York: Praeger, 1966.
Offner, Arnold: *American Appeasement: United States Foreign Policy and Germany 1933–1938.* New York: Norton, 1976.

Pachman, Ludek: *Checkmate in Prague.* Übersetzt von Rosemary Brown. New York: Macmillan, 1975.
Page, Bruce; Leitch, David; und Knightley, Phillip: *Philby: The Spy Who Betrayed a Generation.* London: Penguin, 1969.
Paterson, Thomas: *Soviet-American Confrontation.* Baltimore: Johns Hopkins Press, 1973.
— (Hg.): *Cold War Critics.* Chicago: Quadrangle, 1971.
Patterson, James T.: *Mr. Republican: A Biography of Robert A. Taft.* Boston: Houghton Mifflin, 1972.
Pelikan, Jiri (Hg.): *The Czechoslovak Political Trials, 1950–1954.* London: Macdonald, 1971.
Penrose, E. F.: *Economic Planning for the Peace.* Princeton: Princeton University Press, 1953.
Phillips, Cabell: *The Truman Presidency.* New York: Macmillan, 1966.
Pickersgill, J. W., und Forster, D. F.: *The Mackenzie King Record.* Bd. 2, 3, 4. Toronto: University of Toronto Press, 1968, 1970.
Pogue, Forrest C:. *Education of a General.* New York: Viking, 1963.

— *George C. Marshall: Ordeal and Hope.* New York: Viking, 1966.
— *George C. Marshall: Organizer of Victory.* New York: Viking, 1973.
Ponomaryov, B.; Gromyko, A.; und Khvostov, V. (Hg.): *History of Soviet Foreign Policy 1917–1945.* Moskau: Progress, 1969.
— (Hg.): *History of Soviet Foreign Policy 1945–70.* Moskau: Progress, 1974.
President's Air Policy Commission: *Survival in the Air Age.* Washington, D.C.: U.S. Government Printing Office, 1948.
Price, Harry Bayard: *The Marshall Plan and Its Meaning.* Ithaca: Cornell University Press, 1955.

Radosh, Ronald: *American Labor and United States Foreign Policy.* New York: Random House, 1969.
Range, Willard: *Franklin Roosevelt's World Order.* Athens: University of Georgia Press, 1959.
Ransom, Harry Howe: *The Intelligence Establishment.* Cambridge, Mass.: Harvard University Press, 1970.
Ratchford, B. U., und Ross, W. D.: *Berlin Reparations Assignment.* Chapel Hill: University of North Carolina Press, 1947.
Ridgway, Matthew B.: *Soldier: The Memoirs of Matthew B. Ridgway.* New York: Harper, 1956.
Ripka, Hubert: *Czechoslovakia Enslaved.* London: Victor Gollancz, 1950.
Roberts, Henry: *Eastern Europe: Politics, Revolution and Diplomacy.* New York: Knopf, 1970.
Rogow, Arnold: *Victim of Duty.* London: Rupert Hart-Davis, 1966.
Roosevelt, Eleanor: *This I Remember.* New York: Harper & Brothers, 1949.
Roosevelt, Elliott (Hg.): *Franklin Roosevelt: His Personal Letters 1928–1945.* 2 Bde. New York: Duell, Sloan & Pearce, 1950.
Rosenau, James (Hg.): *Domestic Sources of Foreign Policy.* New York: Free Press, 1967.
Rosenman, Samuel, I.: *Working With Roosevelt.* New York: Harper & Brothers, 1952.
Rosenman, Samuel I. (Hg.): *The Public Papers and Addresses of Franklin D. Roosevelt.* New York: Harper & Brothers, Macmillan, Random House, 1938–50.
Rostow, W. W.: *Hov It All Began: Origins of the Modern Economy.* New York: McGraw-Hill, 1975.
Rothchild, Joseph: *East Central Europe between the Two World Wars.* Seattle: University of Washington Press, 1974.
Rozek, Edward J.: *Allied Wartime Diplomacy: A Pattern in Poland.* New York: John Wiley, 1958.

Samuelson, Paul: *The Collected Scientific Papers.* Bd. 2. Hrsg. von Joseph Stiglitz, Cambridge, Mass.: MIT Press, 1966.
Schilling, Warner; Hammond, Paul Y.; und Snyder, Glenn H.: *Strategy, Politics, and Defense Budgets.* New York: Columbia University Press, 1962.
Schlesinger, Arthur, jr.: *The Imperial Presidency.* Boston: Houghton Mifflin, 1973.
Schurmann, Franz: *The Logic of World Power.* New York: Pantheon, 1974.
Scott, Otto J.: *The Creative Ordeal: The Story of Raytheon.* New York: Atheneum, 1974.
Seale, Patrick, und McConville, Maureen: *The Long Road to Moscow.* London: Hamish Hamilton, 1973.
Senate Judiciary Committee: *Morgenthau Diaries: Germany.* Washington: Government Printing Office, 1967.
Serge, Victor: *From Lenin to Stalin.* New York: Monad Press, 1973.
— *Memoirs of a Revolutionary.* Übersetzt von Peter Sedgwick. London: Oxford University Press, 1975.
Seton-Watson, Hugh: *The East European Revolution.* 3. Aufl. New York: Praeger, 1956.
Sharp, Tony: *The Wartime Alliance and the Zonal Division of Germany.* London: Oxford University Press, 1975.
Sherwin, Martin: *A World Destroyed.* New York: Knopf, 1975.
Sherwood, Robert E.: *Roosevelt and Hopkins.* Neuaufl. in 2 Bdn. New York: Bantam, 1950.
Shtemenko, S. M.: *The Soviet General Staff at War.* Moskau: Progress, 1970.
Shulman, Marshall D.: *Beyond the Cold War.* New Haven: Yale University Press, 1966.
— *Stalin's Foreign Policy Reappraised.* Cambridge, Mass.: Harvard University Press, 1963.
Slusser, Robert (Hg.): *Soviet Economic Policy in Postwar Germany.* New York: Research Program on the USSR, 1953.
Smith, Bruce L. R.: *The Rand Corporation: Case Study of a Nonprofit Advisory Corporation.* Cambridge, Mass.: Harvard University Press, 1966.
Smith, Gaddis: *Dean Acheson.* The American Secretaries of State and Their Diplomacy, Bd. 16. Hrsg. von Robert H. Ferrell. New York: Cooper Square Publishers, 1972.
Smith, Jean Edward (Hg.): *The Papers of General Lucius D. Clay: Germany 1945–49.* 2 Bde. Bloomington: Indiana University Press, 1974.

Smith, Perry McCoy: *The Air Force Plans for Peace, 1943–45*. Baltimore: Johns Hopkins Press, 1970.
Smith, R. Harris: *OSS: The Secret History of America's First Central Intelligence Agency*. Berkeley: University of California Press, 1972.
Smith, Walter Bedell: *My Three Years in Moscow*. Philadelphia: J. B. Lippincott, 1950.
Smyth, Henry D.: *Atomic Energy for Military Purposes: The Official Report on the Development of the Atomic Bomb*. Princeton: Princeton University Press, 1945.
Sobolev, A. I.: *Outline History of the Communist International*. Moskau: Progress, 1971.
Solzhenitsyn, Alexander I.: *The Gulag Archipelago: 1918–1956*. Übersetzt von Thomas Whitney. New York: Harper & Row, 1974. Deutschspr. Ausg. Scherz-Verlag, Bern-München, 1975–1976.
Spaak, Paul-Henri: *The Continuing Battle: Memoirs of a European*. Übersetzt von Henry Fox. Boston: Little, Brown, 1972.
Spanier, John W.: *American Foreign Policy Since World War II*. 3. Aufl. New York: Praeger, 1968.
Sprout, Harold, und Sprout, Margaret (Hg.): *Foundations of National Power*. Princeton: Princeton University Press, 1945.
Spykman, Nicholas John: *America's Strategy in World Politics*. New York: Harcourt, Brace, 1942.
Stavrianos, L. S.: *Greece: American Dilemma and Opportunity*. Chicago: Henry Regnery, 1952.
Steel, Ronald: *Imperialists and Other Heroes: A Chronicle of the American Empire*. New York: Random House, 1971.
Stein, Harold (Hg.): *American Civil-Military Decisions*. Birmingham: University of Alabama, 1963.
Sterling, Claire: *The Masaryk Case*. New York: Harper & Row, 1970.
Stettinius, Edward R., jr.: *Roosevelt and the Russians*. Garden City: Doubleday, 1949.
Stikker, Dirk: *Men of Responsibility*. New York: Harper & Row, 1966.
Stimson, Henry L., und Bundy, McGeorge: *On Active Service in Peace and War*. New York: 1947.
Strang, Lord: *Home and Abroad*. London: André Deutsch, 1956.
Strauss, Lewis L.: *Men and Decisions*. Garden City: Doubleday, 1962.
Sulzberger, C. L.: *A Long Row of Candles: Memoirs and Diaries 1934–54*. New York: Macmillan, 1969.
Svennilson, Ingvar: *Growth and Stagnation in the European Economy*. Geneva: U.N. Economic Commission for Europe, 1954.

Talbott, Strobe (Hg. u. Übersetzer): *Khrushchev Remembers*. Boston: Little, Brown, 1970.
— (Hg. u. Übersetzer): *Khrushchev Remembers: The Last Testament*. New York: Bantam Books, 1976.
Taylor, A. J. P., et al.: *Churchill Resived: A Critical Assessment*. New York: Dial Press, 1969.
Taylor, Maxwell: *The Uncertain Trumpet*. New York: Harper & Brothers, 1960.
Thayer, Charles: *Bears in the Caviar*. Philadelphia: J. B. Lippincott, 1951.
Theoharis, Athan: *Seeds of Repression: Harry S. Truman and the Origins of McCarthyism*. Chicago: Quadrangle, 1971.
— *The Yalta Myths: An Issue in U.S. Politics 1945–50*. Columbia: University of Missouri Press, 1970.
Thorne, Christopher: *The Limits of Foreign Policy*. New York: Putnam's, 1973.
Thruelsen, Richard: *The Grumman Story*. New York: Praeger, 1976.
Truman, Harry S.: *Memoirs: Year of Decisions*. Garden City: Doubleday, 1955.
— *Memoirs Years of Trial and Hope*. Garden City: Doubleday, 1956. Deutsche Ausgabe (2 Bde.) Stuttgart, 1955–56.
Truman, Margaret: *Harry S. Truman*. New York: William Morrow, 1973.
Tsoucalas, Constantine: *The Greek Tragedy*. London: Penguin, 1969.
Tucker, Robert W.: *The Radical Left and American Foreign Policy*. Baltimore: Johns Hopkins Press, 1971.
Tugwell, Rexford Guy: *The Democratic Roosevelt*. Neuaufl. mit neuem Vorwort. Baltimore: Penguin, 1969.
— *In Search of Roosevelt*. Cambridge, Mass.: Harvard University Press, 1972.

Ulam, Adam B.: *The Bolsheviks*. New York: Collier Books, 1965.
— *Expansion and Coexistence: The History of Soviet Foreign Policy 1917–67*. New York: Praeger, 1968.
— *The Rivals*. New York: Viking, 1971.
— *Stalin: The Man and His Era*. New York: Viking, 1973.
— *Titoism and the Cominform*. Cambridge: Harvard University Press, 1952.
Upton, A. F.: *Communism in Scandinavia and Finland*. Garden City: Anchor Books, 1973.

Vandenberg, Arthur, jr. (Hg.): *The Private Papers of Senator Vandenberg.* Boston: Houghton Mifflin, 1972.
Vernon, Raymond: *Sovereignty at Bay.* New York: Basic Books, 1971.

Walker, J. Samuel: *Henry A. Wallace and American Foreign Policy.* Westport, Conn.: Greenwood Press, 1976.
Walker, Richard L., und Curry, George: *E. R. Stettinius, jr., and James F. Byrnes.* The American Secretaries of State and Their Diplomacy, Bd. 14. Hrsg. von Robert H. Ferrell und Samuel Flagg Bemis. New York: Cooper Square Publishers, 1965.
Walton, Richard J.: *Henry Wallace, Harry Truman, and the Cold War.* New York: Viking, 1967.
Waltz, Kenneth: *Man, the State and War.* New York: Columbia University Press, 1959.
Wedemeyer, Albert C.: *Wedemeyer Reports.* New York: Henry Holt, 1958. Deutsche Ausgabe: Der verwaltete Krieg; Gütersloh 1960.
Welch, William: *American Images of Soviet Foreign Policy.* New Haven: Yale University Press, 1970.
Welles, Summer: *Seven Decisions That Shaped History.* New York: Harper & Brothers, 1951.
Werth, Alexander: *Russia: The Post-War Years.* New York: Taplinger Publishing Company, 1971.
— *Russia at War.* New York: Avon Books, 1965.
Wheeler-Bennett, John, und Nicholls, Anthony: *The Semblance of Peace.* New York: St. Martin's Press, 1972.
Willcox, William B., und Hall, Robert B. (Hg.): *The United States in the Postwar World.* Ann Arbor: University of Michigan Press, 1947.
Williams, Francis: *Nothing So Strange.* London: Cassell, 1970.
— *Twilight of Empire: Memoirs of Prime Minister Clement Attlee.* New York: Barnes: 1962.
Williams, William Applemann: *The Tragedy of American Diplomacy.* Neuaufl. New York: Delta Books, 1962.
Williamson, Harold F., et al.: *The American Petroleum Industry.* Bd. 2. Evanston: Northwestern University, 1963.
Winch, Donald: *Economics and Policy: A Historical Study.* London: Fontana, 1972.
Wohlstetter, Roberta: *Pearl Harbor: Warning and Decision.* Stanford: Stanford University Press, 1962.
Wolfe, Bertram: *Khrushchev and Stalin's Ghost.* New York: Praeger, 1957.
Wolfe, Thomas: *Soviet Power and Europe.* Baltimore: Johns Hopkins, 1970.
Wolfers, Arnold: *Britain and France between Two Wars.* New York: Harcourt, Brace, 1940; Neuaufl., Norton, 1966.
— *Discord and Collaboration.* Baltimore: Johns Hopkins Press, 1962.
Woodward, Sir Llewellyn: *British Foreign Policy in the Second World War.* London: Her Majesty's Stationery Office, 1962.

Xydis, Stephen G.: *Greece and the Great Powers.* Thessaloniki: Institute for Balkan Studies, 1963.

Yarmolinsky, Adam: *The Military Establishment.* New York: Harper & Row, 1971.

Zhukov, Georgei K.: *Memoirs of Marshal Zhukov.* New York: Delacorte, 1971.

Anderes, nichtpubliziertes Material

Acheson, Dean: «Formulation of Policy in the United States.» Lecture, Washington, D.C., Dezember 1947.
Barnes, Maynard: «Current Situation in Bulgaria.» Lecture, Washington, D.C., 3. Juni 1947.
— Lecture, Washington, D.C., 31. Oktober 1947.
Black, Cyril E.: «Witnesses to the Start of the Cold War in Eastern Europe: The View from Bulgaria.» Paper, Oktober 1975.
Bohlen, Charles: «U.S.-Soviet Relations Today.» Lecture, Washington, D.C., 20. Februar 1948.
Brown, Irving: «The Role of Communism in the European Labor Movement.» Lecture, Washington, D.C., 31. Oktober 1946.
Council on Foreign Relations: *American Interests in the War and the Peace.* Mimeographed series.
Deane, John: «Military Power and Organization in the USSR.» Lecture, Washington, D.C., 19. Oktober 1946.
Dinerstein, Herbert: «The Cold War from the Soviet Point of View: The Soviet Union and the Reordering of the International System after World War II.» Paper, 1976.
Durbrow, Elbridge: «Contemporary Russia.» Lecture, Washington, D.C., 7. Februar 1947.
— «Objectives of Soviet Policy.» Lecture, Washington, D.C., 21. Oktober 1948.

Eberstadt, Ferdinand: «Mobilization of War Potential.» Lecture, Washington, D.C., 8. Oktober 1946.
Fairchild, Muir S.: «Russian Air Power.» Lecture, Washington, D.C., 7. Oktober 1946.
Harriman, Averell: «Background to American-Soviet Relations.» Lecture, Washington, D.C., 1. Dezember 1947.
Herken, Gregg: «American Diplomacy and the Atomic Bomb, 1945–1946.» Ph.D. dissertation, Princeton University, 1973.
— «Under a Most Deadly Illusion: Politics and Diplomacy of U.S. Atomic Energy Policy: 1942–1949.» Paper, n.d.
Hilldring, John: «Occupation Policies and Problems.» Lecture, Washington, D.C., 5. Dezember 1946.
Iatrides, John: «The United States and Greece, 1945–1963: Politics of Alliance and Penetration.» 18. April 1975.
Johnson, Joseph: «Problems of Security in the Period Following World War II.» Lecture, Washington, D.C., November 1946.
Joint Intelligence Committee of Joint Chiefs of Staff: «Capabilities and Intentions of the USSR in the Post-War Period.» Washington, D.C., 7. Februar 1946.
Joint Working Committee: U.S. Moscow Embassy. «Soviet Strength and Weakness.» September 1946.
Kennan, George: «Problems of U.S. Foreign Policy.» Lecture, National War College, 6. Mai 1947.
— «What Is Policy?» Lecture. National War College, Washington, D.C., 15. Dezember 1947.
Kent, Sherman: «Strategic Intelligence.» Lecture, Washington, D.C., 6. Januar 1947.
Legere, Lawrence J.: «Unification of the Armed Forces.» Ph.D. dissertation, Harvard University, 1951.
Lifka, Thomas: «The Concept of Totalitarianism and American Foreign Policy 1933–1949.» Ph.D. dissertation, Harvard University, 1973.
Lytle, Mark H.: «American-Iranian Relations 1941–7 and the Redefinition of National Security.» Ph.D. dissertation, Yale University, 1973.
MacIsaac, David: «The United States Strategic Bombing Survey 1944–47.» Ph.D. dissertation, Duke University, 1969.
Maddux, Thomas R.: «American Relations with the Soviet Union, 1933–41.» Ph.D. dissertation, University of Michigan, 1969.
Maier, Charles: Papers for seminars on «The United States and European Reorganization in the Wake of World War II.» Lehrman Institute, New York, 1975–76 (Xeroxed).
Mastny, Vojtech: Papers for seminars on «Aims and Motives of Soviet Policies 1944–1945.» Lehrman Institute, New York, 1974–75 (Xeroxed).
Murphy, Robert: «Current Situation in Germany.» Lecture, Washington, D.C., 20. Oktober 1947.
Ness, Norman: «Current Situation in Greece.» Lecture, Washington, D.C., 20. März 1947.
Patterson, Robert: «Pressing War Department Problems.» Lecture, Washington, D.C., 12 Juni 1947.
Smith, Walter Bedell: «Current Situation in USSR.» Lecture, Washington, D.C., 1. Oktober 1948.
Vandenberg, Hoyt: «Central Intelligence Group and Its Mission.» Lecture, Washington, D.C., 8. April 1947.
Weil, Martin: «The American Military and the Cold War.»
Yale Institute of International Affairs: Memoranda. Mimeographed series.
Yergin, Daniel H.: «The Rise of the National Security State: Anti-Communism and the Origins of the Cold War.» Ph.D. dissertation, Cambridge University, 1974.

Namenverzeichnis

CIP-Kurztitelaufnahme der Deutschen Bibliothek

Yergin, Daniel:
Der zerbrochene Frieden: d. Ursprung d. Kalten Krieges
u. d. Teilung Europas / Daniel Yergin.
[Aus d. Amerikan. übers. von Eva Rapsilber]. –
Frankfurt am Main: Societäts-Verlag, 1979.
Einheitssacht.: Shattered peace ‹dt.›
ISBN 3-7973-0343-2